SONICE 119
백소나 소방

2025년 소방공무원 채용시험 완벽대비

소방직을 합격으로 이끌다.
나만 알고 싶은

**SO NICE
소방관계법규
실전동형
모의고사**

백소나 편저

도서출판 더은

CONTENTS
차례

문제편

SONICE 소방관계법규 모의고사(빨간불+파란불) 1회	3
SONICE 소방관계법규 모의고사(빨간불+파란불) 2회	21
SONICE 소방관계법규 모의고사(빨간불+파란불) 3회	40
SONICE 소방관계법규 모의고사(빨간불+파란불) 4회	61
SONICE 소방관계법규 모의고사(빨간불+파란불) 5회	82
SONICE 소방관계법규 모의고사(빨간불+파란불) 6회	102
SONICE 소방관계법규 모의고사(빨간불+파란불) 7회	123
SONICE 소방관계법규 모의고사(빨간불+파란불) 8회	144

정답 및 해설 편

SONICE 소방관계법규 모의고사(빨간불+파란불) 1회	4
SONICE 소방관계법규 모의고사(빨간불+파란불) 2회	34
SONICE 소방관계법규 모의고사(빨간불+파란불) 3회	66
SONICE 소방관계법규 모의고사(빨간불+파란불) 4회	99
SONICE 소방관계법규 모의고사(빨간불+파란불) 5회	134
SONICE 소방관계법규 모의고사(빨간불+파란불) 6회	165
SONICE 소방관계법규 모의고사(빨간불+파란불) 7회	204
SONICE 소방관계법규 모의고사(빨간불+파란불) 8회	234

2025년 03월 29일 시행

2025년 소방공무원 채용시험 대비
SONICE 소방관계법규 모의고사 1회

응시번호	
성 명	

시 험 과 목

제1과목 소방관계법규 🔥빨간불 모의고사 1회 ·················· 4~11

제2과목 소방관계법규 🔥파란불 모의고사 1회 ·················· 12~20

응시자 준수사항

※ "시험 감독관 또는 방송"의 안내에 따라 다음 사항을 반드시 지켜 주시기 바랍니다.

1. 시험지 표지에 "응시번호 및 성명"을 기재하여 주십시오.

2. 시험이 시작되면 시험지의 "과목 순서", "페이지 수량", "인쇄 상태"를 확인해 주십시오.

3. 문제를 주의 깊게 읽고 문항의 취지에 가장 적합한 하나의 정답만을 고르십시오.

4. 문제 내용에 관한 질문은 하실 수 없습니다.

01회 소방관계법규 + 빨간불

점수 : 개 / 25개(경력채용 40개)

1. 「소방기본법」상 화재로 오인할 만한 우려가 있는 불을 피우거나 연막(煙幕) 소독을 하려는 자가 시·도의 조례로 정하는 바에 따라 관할 소방본부장 또는 소방서장에게 신고해야 하는 지역으로 옳은 보기를 모두 고른 것은?

보기
ㄱ. 목조건물이 밀집한 지역
ㄴ. 노후·불량건축물이 밀집한 지역
ㄷ. 석유화학제품을 생산하는 공장이 있는 지역
ㄹ. 시·도지사가 필요하다고 인정하는 지역

① ㄱ, ㄴ
② ㄱ, ㄷ
③ ㄴ, ㄷ
④ ㄱ, ㄷ, ㄹ

2. 「소방기본법」 및 같은 법 시행령상 손실보상의 기준 및 보상금액에 관한 설명으로 옳지 않은 것은? (단, 소방활동 종사 명령에 따른 손실보상은 제외한다.)

① 손실을 입은 물건을 수리할 수 있는 때에는 수리비에 상당하는 금액으로 보상한다.
② 손실을 입은 물건을 수리할 수 없는 때에는 조달청에서 조사한 해외시장의 시가로 보상한다.
③ 영업자가 손실을 입은 물건의 수리나 교환으로 인하여 영업을 계속할 수 없는 때에는 영업을 계속할 수 없는 기간의 영업이익액에 상당하는 금액을 더하여 보상한다.
④ 물건의 멸실·훼손으로 인한 손실 외의 재산상 손실에 대해서는 직무집행과 상당한 인과관계가 있는 범위에서 보상한다.

3. 「소방기본법」 및 같은 법 시행규칙상 소방정보통신망의 구축·운영에 관한 설명으로 옳지 않은 것은?

① 소방청장 및 시·도지사는 119종합상황실 등의 효율적 운영을 위하여 소방정보통신망을 구축·운영할 수 있다.
② 소방청장 및 시·도지사는 소방정보통신망의 안정적 운영을 위하여 소방정보통신망의 회선을 이중화할 수 있다. 이 경우 이중화된 각 회선은 서로 다른 사업자로부터 제공받아야 한다.
③ 소방정보통신망의 회선을 이중화한 경우 하나의 회선에 장애가 발생하면 다른 회선으로 즉시 전환되도록 구축·운영해야 한다.
④ 소방청장 및 시·도지사는 소방정보통신망이 안정적으로 운영될 수 있도록 월 1회 이상 소방정보통신망을 주기적으로 점검·관리해야 한다.

4. 「소방의 화재조사에 관한 법률 시행규칙」상 화재조사 시험에 관한 설명으로 옳은 것은?

① 소방청장이 화재조사에 관한 시험을 실시하는 경우에는 시험의 과목·일시·장소 및 응시 자격·절차 등을 시험 실시 90일 전까지 소방청의 인터넷 홈페이지에 공고해야 한다.
② 소방공무원 중 화재조사관의 전문능력 향상을 위한 전문교육을 이수한 사람은 자격시험에 응시할 수 있다.
③ 화재감정기관에서 8주 이상 화재조사에 관한 전문교육을 이수한 사람은 자격시험에 응시할 수 있다.
④ 소방청장이 인정하는 외국의 화재조사 관련 기관에서 8주 이상 화재조사에 관한 전문교육을 이수한 사람은 자격시험에 응시할 수 있다.

5. 「소방의 화재조사에 관한 법률」상 화재현장의 보존에 관한 설명으로 옳지 않은 것은?

① 소방관서장은 화재조사를 위하여 필요한 범위에서 화재현장 보존조치를 하거나 화재현장과 그 인근 지역을 통제구역으로 설정할 수 있다.
② 방화 또는 실화의 혐의로 수사의 대상이 된 경우에는 관할 경찰서장 또는 해양경찰서장이 통제구역을 설정한다.
③ 누구든지 소방관서장 또는 경찰서장의 허가 없이 설정된 통제구역에 출입하여서는 아니 되며, 위반 시 200만원 이하의 과태료에 해당한다.
④ 화재현장 보존조치를 하거나 통제구역을 설정한 경우 누구든지 소방관서장 또는 경찰서장의 허가 없이 화재현장에 있는 물건 등을 이동시키거나 변경·훼손하여서는 아니 되며, 위반 시 200만원 이하의 과태료에 해당한다.

6. 「소방시설공사업법 시행령」상 공사감리자 지정대상 특정소방대상물의 범위에 해당하지 않는 것은?

① 옥외소화전설비를 신설·개설 또는 증설할 때
② 연소방지설비를 신설·개설하거나 살수구역을 증설할 때
③ 비상콘센트설비를 신설·개설하거나 전용회로를 증설할 때
④ 연결송수관설비를 신설·개설하거나 송수구역을 증설할 때

7. 「소방시설공사업법 시행령」상 "소방기술과 관련된 자격·학력 및 경력의 인정 업무"의 위탁절차로 옳은 것은?

① 시·도지사 → 소방시설업자협회에 위탁한다.
② 시·도지사 → 소방기술과 관련된 법인 또는 단체에 위탁한다.
③ 소방청장 → 한국소방안전원에 위탁한다.
④ 소방청장 → 소방시설업자협회, 소방기술과 관련된 법인 또는 단체에 위탁한다.

8. 「소방시설공사업법」 및 같은 법 시행령상 공사의 하자보수에 대한 설명으로 옳지 않은 것은?

① 관계인은 하자보수 보증기간에 소방시설의 하자가 발생하였을 때에는 공사업자에게 그 사실을 알려야 하며, 통보를 받은 공사업자는 3일 이내에 하자를 보수하거나 보수 일정을 기록한 하자보수계획을 관계인에게 서면으로 알려야 한다.
② 관계인은 공사업자가 하자보수계획이 불합리하다고 인정되는 경우에는 소방청장에게 그 사실을 알릴 수 있다.
③ 3일 이내에 하자를 보수하지 아니하거나 하자보수계획을 관계인에게 거짓으로 알린 자는 200만원 이하의 과태료에 해당한다.
④ 비상조명등, 무선통신보조설비의 하자보수 보증기간은 2년, 상수도소화용수설비, 자동화재탐지설비의 하자보수 보증기간은 3년이다.

9. 「소방시설공사업법」 및 같은 법 시행령상 완공검사에 대한 설명으로 옳은 것은?

① 설계업자는 소방시설공사를 완공하면 소방본부장 또는 소방서장의 완공검사를 받아야 한다.
② 착공신고대상에 해당하는 공사의 경우에는 공사감리 결과보고서로 완공검사를 갈음하되, 대통령령으로 정하는 특정소방대상물의 경우에는 소방본부장이나 소방서장이 소방시설공사가 공사감리 결과보고서대로 완공되었는지를 현장에서 확인할 수 있다.
③ 간이스프링클러설비가 설치되는 특정소방대상물은 완공검사를 위한 현장확인 대상 특정소방대상물에 해당한다.
④ 가연성가스를 제조·저장 또는 취급하는 시설 중 지하에 매설된 가연성 가스탱크의 저장용량 합계가 1천톤 이상인 시설은 완공검사를 위한 현장확인 대상 특정소방대상물에 해당한다.

10. 「소방시설공사업법 시행규칙」상 소방시설공사 시공능력 평가의 신청에 관한 설명으로 옳지 않은 것은?

① 소방시설공사의 시공능력을 평가받으려는 공사업자는 소방시설공사 시공능력평가신청서에 서류를 첨부하여 소방시설업자협회에 매년 2월 15일까지 제출해야 한다.
② 소방시설업자협회는 공사업자가 첨부해야 할 서류를 갖추지 못하였을 때에는 10일의 보완기간을 부여하여 보완하게 해야 한다.
③ 시공능력은 공사업자가 도급받을 수 있는 1건의 공사도급금액으로 하고, 시공능력 평가의 유효기간은 공시일부터 1년간으로 한다.
④ 소방시설업자협회는 시공능력을 평가한 경우에는 그 사실을 해당 공사업자의 등록수첩에 기재하여 발급하고, 매년 7월 31일까지 각 공사업자의 시공능력을 일간신문 또는 인터넷 홈페이지를 통하여 공시하여야 한다.

11. 「화재의 예방 및 안전관리에 관한 법률」 제7조에 따른 개인의 주거(실제 주거용도로 사용되는 경우에 한정한다)에 대한 화재안전조사를 실시할 수 있는 경우로 옳은 보기를 모두 고른 것은?

> 보 기
>
> ㄱ. 관계인의 승낙이 있는 경우
> ㄴ. 화재발생의 우려가 뚜렷하여 긴급한 필요가 있는 경우
> ㄷ. 소방청장, 소방본부장 또는 소방서장이 필요하다고 인정하는 경우

① ㄱ, ㄴ
② ㄱ, ㄷ
③ ㄴ, ㄷ
④ ㄱ, ㄴ, ㄷ

12. 「화재의 예방 및 안전관리에 관한 법률」 및 같은 법 시행규칙상 소방안전관리에 관한 업무수행에 관한 기록·유지에 관한 설명으로 옳지 않은 것은?

① 기록하여야 하는 업무는 피난시설, 방화구획 및 방화시설의 관리, 소방시설이나 그 밖의 소방 관련 시설의 관리 및 화기 취급의 감독의 업무이다.
② 소방안전관리대상물의 소방안전관리자는 소방안전관리업무 수행에 관한 기록을 주 1회 이상 작성·관리해야 한다.
③ 소방안전관리자는 소방안전관리업무 수행 중 보수 또는 정비가 필요한 사항을 발견한 경우에는 이를 지체 없이 관계인에게 알리고, 기록해야 한다.
④ 소방안전관리자는 업무 수행에 관한 기록을 작성한 날부터 2년간 보관해야 한다.

13. 「화재의 예방 및 안전관리에 관한 법률」상 소방안전관리대상물을 제외한 특정소방대상물의 관계인이 수행하여야 하는 업무로 옳지 않은 것은?

① 화재발생 시 초기대응
② 화기 취급의 감독
③ 소방훈련 및 교육
④ 소방시설이나 그 밖의 소방 관련 시설의 관리

14. 「화재의 예방 및 안전관리에 관한 법률」 및 같은 법 시행령상 "누구든지 화재예방강화지구에서 하여서는 아니되는 행위"로 옳지 않은 것은?

① 모닥불, 흡연 등 화기의 취급
② 용접·용단 등 불꽃을 발생시키는 행위
③ 「위험물안전관리법」 제2조제1항제1호에 따른 위험물을 방치하는 행위
④ 타고 남은 불 또는 화기가 있을 우려가 있는 재를 방치하는 행위

15. 「화재의 예방 및 안전관리에 관한 법률 시행령」상 화재안전취약자 지원 대상으로 옳지 않은 것은?

① 「장애인복지법」 제6조에 따른 중증장애인
② 「영유아보육법」 제2조에 따른 어린이집의 영유아
③ 「노인복지법」 제27조의2에 따른 홀로 사는 노인
④ 「다문화가족지원법」 제2조 제1호에 따른 다문화가족의 구성원

16. 「소방시설 설치 및 관리에 관한 법률 시행령」상 성능위주설계를 해야 하는 특정소방대상물의 범위에 해당하지 않는 것은? (단, 신축하는 것만 해당한다.)

① 지상으로부터 높이가 200미터 이상인 아파트등
② 연면적 3만제곱미터 이상인 항만시설
③ 터널 중 수저터널 또는 길이가 5천미터 이상인 것
④ 창고시설 중 지하층의 층수가 2개 층 이상이고 지하층의 바닥면적의 합계가 3만제곱미터 이상인 것

17. 「소방시설 설치 및 관리에 관한 법률 시행령」상 방염대상물품 중 제조 또는 가공 공정에서 방염처리를 한 물품에 해당하지 않는 것은?

① 벽지류(두께가 2밀리미터 미만인 종이벽지는 제외한다)
② 공간을 구획하기 위하여 설치하는 간이 칸막이
③ 전시용 합판·목재 또는 섬유판, 무대용 합판·목재 또는 섬유판(합판·목재류의 경우 불가피하게 설치 현장에서 방염처리한 것을 포함한다)
④ 섬유류 또는 합성수지류 등을 원료로 하여 제작된 소파·의자(단란주점영업, 유흥주점영업 및 노래연습장업의 영업장에 설치하는 것으로 한정한다)

18. 「소방시설 설치 및 관리에 관한 법률」 및 같은 법 시행규칙상 조치명령등의 기간연장에 관한 설명으로 옳은 것은?

① 소방대상물의 증축·용도변경 또는 대수선 등의 공사로 조치명령등을 그 기간 내에 이행할 수 없는 경우에 조치명령등의 기간연장을 신청할 수 있다.
② 시장·상가·복합건축물 등 소방대상물의 관계인이 여러 명으로 구성되어 조치명령 또는 이행명령의 이행에 대한 의견을 조정하기 어려운 경우에 조치명령등의 기간연장을 신청할 수 있다.
③ 조치명령 또는 이행명령의 연기를 신청하려는 관계인 등은 조치명령등의 이행기간 만료일 3일 전까지 조치명령등의 연기신청서에 조치명령등을 그 기간 내에 이행할 수 없음을 증명할 수 있는 서류를 첨부하여 소방청장, 소방본부장 또는 소방서장에게 제출해야 한다.
④ 신청서를 제출받은 소방청장, 소방본부장 또는 소방서장은 신청받은 날부터 5일 이내에 조치명령등의 연기 신청 승인 여부를 결정하여 조치명령등의 연기 통지서를 관계인 등에게 통지해야 한다.

19. 「소방시설 설치 및 관리에 관한 법률 시행령」상 건축허가등의 동의대상물 범위로 옳지 않은 것은?

① 연면적 200제곱미터 이상인 노유자 시설 및 수련시설
② 특정소방대상물 중 의원(입원실 또는 인공신장실이 있는 것으로 한정한다)·조산원·산후조리원
③ 「의료법」 제3조제2항제3호라목에 따른 요양병원. 다만, 의료재활시설은 제외한다.
④ 가스시설로서 지상에 노출된 탱크의 저장용량의 합계가 30톤 이상인 것

20. 「소방시설 설치 및 관리에 관한 법률 시행령」상 특정소방대상물의 분류로 옳지 않은 것은?

① 문화 및 집회시설 중 전시장 - 견본주택
② 노유자시설 중 아동 관련 시설 - 병설유치원
③ 항공기 및 자동차 관련 시설 - 공항시설
④ 자원순환 관련 시설 - 고물상

21. 「위험물안전관리법」 및 같은 법 시행령상 사고조사위원회의 위원이 될 수 있는 사람으로 옳은 것은?

① 한국소방산업기술원의 임직원 중 위험물 안전관리 관련 업무에 5년 이상 종사한 사람
② 한국화재보험협회의 임직원 중 위험물 안전관리 관련 업무에 5년 이상 종사한 사람
③ 국립소방연구원의 임직원 중 위험물 안전관리 관련 업무에 5년 이상 종사한 사람
④ 한국가스안전공사의 임직원 중 위험물 안전관리 관련 업무에 5년 이상 종사한 사람

22. 「위험물안전관리법」 및 같은 법 시행령, 시행규칙상 자체소방대에 대한 설명으로 옳은 것은?

① 용기에 위험물을 옮겨 담는 일반취급소에서 취급하는 제4류 위험물의 최대수량이 지정수량의 50만배 이상인 경우에는 자체소방대를 설치하여야 하는 사업소에 해당한다.
② 옥외탱크저장소에 저장하는 제6류 위험물의 최대수량이 지정수량의 50만배 이상인 경우에는 자체소방대를 설치하여야 하는 사업소에 해당한다.
③ 아세톤을 240만리터를 취급하는 제조소에는 자체소방대를 설치하여야 하는 사업소에 해당한다.
④ 포수용액을 방사하는 화학소방자동차의 대수는 규정에 의한 화학소방자동차의 대수의 3분의 1 이상으로 하여야 한다.

23. 「위험물안전관리법」상 제조소등의 허가를 받고 설치하여야 하는 대상으로 옳은 것은?

① 주택의 난방시설(공동주택의 중앙난방시설을 제외한다)을 위한 취급소
② 축산용으로 필요한 건조시설을 위한 지정수량 20배의 저장소
③ 수산용으로 필요한 가스시설을 위한 지정수량 20배의 저장소
④ 농예용으로 필요한 난방시설을 위한 지정수량 20배의 저장소

24. 「위험물안전관리법」상 예방규정의 이행 실태를 정기적으로 평가할 수 있는 자로 옳은 것은?

① 소방청장
② 시·도지사
③ 소방본부장 또는 소방서장
④ 한국소방산업기술원장

25. 「위험물안전관리법」 및 같은 법 시행규칙상 제조소등의 완공검사에 대한 설명으로 옳지 않은 것은?

① 허가를 받은 자가 제조소등의 설치를 마쳤거나 그 위치·구조 또는 설비의 변경을 마친 때에는 당해 제조소등마다 소방본부장 또는 소방서장이 행하는 완공검사를 받아 기술기준에 적합하다고 인정받은 후가 아니면 이를 사용하여서는 아니된다.
② 지하탱크가 있는 제조소등의 경우에는 당해 지하탱크를 매설하기 전에 완공검사를 신청하여야 한다.
③ 이동탱크저장소의 경우에는 이동저장탱크를 완공하고 상시 설치 장소를 확보한 후에 완공검사를 신청하여야 한다.
④ 이송취급소의 경우에는 이송배관 공사의 전체 또는 일부를 완료한 후에 완공검사를 신청하여야 한다. 다만, 지하·하천 등에 매설하는 이송배관의 공사의 경우에는 이송배관을 매설하기 전에 신청하여야 한다.

※ 26번 문항 이후는 경력채용 응시자만 풀이하십시오.
(공개채용 응시자는 추가문제로 활용하세요.)

26. 「소방기본법」 상 한국소방안전원의 업무로 옳지 않은 것은?

① 소방기술과 안전관리에 관한 각종 간행물 발간
② 소방업무에 관하여 행정기관이 위탁하는 업무
③ 소방기술 및 소방산업의 국제협력을 위한 조사·연구
④ 화재 예방과 안전관리의식 고취를 위한 대국민 홍보

27. 「소방기본법」 상 소방자동차 교통안전 분석 시스템 구축운영에 관한 설명으로 옳은 것은?

① 소방청장, 소방본부장 및 소방서장은 대통령령으로 정하는 소방자동차에 행정안전부령으로 정하는 기준에 적합한 운행기록장치를 장착하고 운용하여야 한다.
② 소방청장, 소방본부장 및 소방서장은 소방자동차의 안전한 운행 및 교통사고 예방을 위하여 운행기록장치 데이터의 수집·저장·통합·분석 등의 업무를 전자적으로 처리하기 위한 시스템을 구축·운영할 수 있다.
③ 소방청장, 소방본부장 및 소방서장은 소방자동차 교통안전 분석 시스템으로 처리된 자료를 이용하여 소방자동차의 장비운용자 등에게 어떠한 불리한 제재나 처벌을 하여서는 아니 된다.
④ 소방자동차 교통안전 분석 시스템의 구축·운영, 운행기록장치 데이터 및 전산자료의 보관·활용 등에 필요한 사항은 대통령령으로 정한다.

28. 「소방의 화재조사에 관한 법률」 상 관계인등에 해당하지 않는 것은?

① 화재발생과 관계된 사람
② 화재 현장을 목격한 사람
③ 화재가 발생한 소방대상물의 점유자
④ 화재 현장을 감식·감정한 사람

29. 「소방시설공사업법 시행령」 상 소방시설공사업의 보조기술인력이 될 수 있는 사람으로 옳지 않은 것은?

① 소방시설관리사 자격을 취득한 사람
② 소방설비산업기사 자격을 취득한 사람
③ 소방공무원으로 재직한 경력이 3년 이상인 사람으로서 자격수첩을 발급받은 사람
④ 행정안전부령으로 정하는 소방기술과 관련된 학력을 갖춘 사람으로서 자격수첩을 발급받은 사람

30. 「소방시설공사업법」 제23조에 따라 특정소방대상물의 관계인 또는 발주자는 해당 도급계약의 수급인이 정당한 사유 없이 일정 기간 소방시설공사를 계속하지 아니하는 경우에는 도급계약을 해지할 수 있다. 다음 중 그 기간에 해당하는 기준으로 옳은 것은?

① 10일 이상
② 15일 이상
③ 30일 이상
④ 90일 이상

31. 「화재의 예방 및 안전관리에 관한 법률 시행규칙」 상 소방안전관리대상물의 소방훈련 및 교육에 관한 설명으로 옳은 것은?

① 소방안전관리대상물의 관계인은 소방훈련과 교육을 연 2회 이상 실시해야 한다.
② 소방본부장 또는 소방서장이 화재예방을 위하여 필요하다고 인정하여 2회의 범위에서 추가로 실시할 것을 요청하는 경우에는 소방훈련과 교육을 추가로 실시해야 한다.
③ 소방안전관리대상물의 관계인은 소방훈련과 교육을 실시했을 때에는 그 실시 결과를 소방훈련·교육 실시 결과 기록부에 기록하고, 이를 소방훈련 및 교육을 실시한 날부터 3년간 보관해야 한다.
④ 소방본부장 또는 소방서장은 2급 및 3급 소방안전관리대상물의 관계인으로 하여금 소방훈련과 교육을 소방기관과 합동으로 실시하게 할 수 있다.

32. 「화재의 예방 및 안전관리에 관한 법률」상 업무의 위탁 절차에 따라 소방청장이 한국소방안전원에 위탁하는 업무로 옳지 않은 것은?

① 강습교육 및 실무교육
② 소방안전관리자 자격증의 발급 및 재발급
③ 건설현장 소방안전관리자 선임신고의 접수
④ 소방안전관리 등에 관한 종합정보망의 구축·운영

33. 「화재의 예방 및 안전관리에 관한 법률 시행령」상 화재예방안전진단 대상의 시설기준으로 옳지 않은 것은?

① 천연가스 인수기지 및 공급망 중 가스시설
② 전통시장 중 점포가 500개 이상인 전통시장
③ 발전소 중 연면적이 5천제곱미터 이상인 발전소
④ 공항시설 중 여객터미널의 연면적이 1천제곱미터 이상인 공항시설

34. 「소방시설 설치 및 관리에 관한 법률」상 자동차에 차량용 소화기를 설치 또는 비치해야 하는 대상으로 옳은 보기를 모두 고른 것은?

보기
ㄱ. 이륜자동차
ㄴ. 화물자동차
ㄷ. 특수자동차
ㄹ. 5인승 이상의 승용자동차

① ㄱ
② ㄴ, ㄷ
③ ㄷ, ㄹ
④ ㄴ, ㄷ, ㄹ

35. 「소방시설 설치 및 관리에 관한 법률 시행령」별표 6에 따라 화재안전기준을 달리 적용해야 하는 특수한 용도 또는 구조를 가진 특정소방대상물 중 원자력발전소에 설치하지 않을 수 있는 소방시설로 옳은 것은?

① 연결송수관설비
② 스프링클러설비
③ 옥내소화전설비
④ 상수도소화용수설비

36. 「소방시설 설치 및 관리에 관한 법률」및 같은 법 시행규칙상 자체점검 중 종합점검에 대한 설명으로 옳지 않은 것은?

① 종합점검이란 소방시설등의 작동점검을 포함하여 소방시설등의 설비별 주요 구성 부품의 구조기준이 화재안전기준과 「건축법」등 관련 법령에서 정하는 기준에 적합한 지 여부를 소방청장이 정하여 고시하는 소방시설등 종합점검표에 따라 점검하는 것을 말한다.
② 최초점검이란 소방시설이 신설된 경우 「건축법」에 따라 건축물을 사용할 수 있게 된 날부터 60일 이내 점검하는 것을 말한다.
③ 스프링클러설비가 설치된 특정소방대상물은 종합점검을 실시해야 하는 대상에 해당한다.
④ 종합점검은 연 1회 이상(특급 소방안전관리대상물은 분기별 1회 이상) 실시한다.

37. 「위험물안전관리법 시행규칙」상 옥외탱크저장소의 위치·구조 및 설비의 기준에 관한 설명으로 옳지 않은 것은?

① 지정수량의 1,000배 초과 2,000배 이하의 위험물을 저장 또는 취급하는 옥외저장탱크의 주위에는 9미터 이상 너비의 공지를 보유하여야 한다.
② 옥외저장탱크에 물분무설비로 방호조치를 하는 경우에는 그 보유공지를 규정에 의한 보유공지의 3분의 1 이상의 너비(최소 3미터 이상)로 할 수 있다.
③ 옥외저장탱크에 설치하는 밸브없는 통기관의 지름은 30밀리미터 이상으로 하여야 한다.
④ 옥외저장탱크에 설치하는 밸브없는 통기관에는 인화점이 38℃ 미만인 위험물만을 저장 또는 취급하는 탱크에 설치하는 통기관에는 화염방지장치를 설치하고, 그 외의 탱크에 설치하는 통기관에는 40메쉬 이상의 구리망 또는 동등 이상의 성능을 가진 인화방지장치를 설치하여야 한다.

38. 「위험물안전관리법 시행규칙」상 옥내소화전설비 및 옥외소화전설비의 설치기준에 관한 설명으로 옳지 않은 것은?

① 옥내소화전은 제조소등의 건축물의 층마다 당해 층의 각 부분에서 하나의 호스접속구까지의 수평거리가 25m 이하가 되도록 설치할 것
② 수원의 수량은 옥내소화전이 가장 많이 설치된 층의 옥내소화전 설치개수(설치개수가 5개 이상인 경우는 5개)에 7.8㎥를 곱한 양 이상이 되도록 설치할 것
③ 수원의 수량은 옥외소화전의 설치개수(설치개수가 4개 이상인 경우는 4개의 옥외소화전)에 13.5㎥를 곱한 양 이상이 되도록 설치할 것
④ 옥외소화전설비는 모든 옥외소화전(설치개수가 4개 이상인 경우는 4개의 옥외소화전)을 동시에 사용할 경우에 각 노즐끝부분의 방수압력이 450㎪ 이상이고, 방수량이 1분당 350L 이상의 성능이 되도록 할 것

39. 「위험물안전관리법 시행규칙」상 옥내저장소의 위치·구조 및 설비의 기준에 따라 하나의 저장창고의 바닥면적을 1,000[㎡] 이하로 하여야 하는 위험물로 옳지 않은 것은?

① 제1류 위험물 중 염소산염류
② 제2류 위험물 중 황화인
③ 제3류 위험물 중 나트륨
④ 제4류 위험물 중 제1석유류

40. 「위험물안전관리법」 및 같은 법 시행규칙상 운송책임자에 대한 설명으로 옳지 않은 것은?

① 알킬알루미늄, 알킬리튬은 운송책임자의 감독·지원을 받아 운송하여야 하는 위험물에 해당한다.
② 운송책임자의 감독·지원을 받지 아니한 위험물운송자의 경우에는 1천만원 이하의 벌금에 해당한다.
③ 「국가기술자격법」에 따른 위험물 분야의 자격을 취득한 자는 운송책임자가 될 수 있다.
④ 위험물의 운송에 관한 안전교육을 수료하고 관련 업무에 2년 이상 종사한 경력이 있는 자는 운송책임자가 될 수 있다.

01회 소방관계법규 + 파란불

점수 : 개 / 25개(경력채용 40개)

1. 「소방기본법 시행규칙」 별표 1에 따라 소방체험관의 설립 및 운영에 관한 기준 중 교수요원이 될 수 있는 사람으로 옳지 않은 것은?

① 소방 관련학과의 석사학위 이상을 취득한 소방공무원
② 소방청장이 실시하는 인명구조사시험 또는 화재대응능력 시험에 합격한 소방공무원
③ 「소방기본법」 제16조 또는 제16조의2에 따른 소방활동이나 소방지원활동을 3년 이상 수행한 경력이 있는 소방공무원
④ 5년 이상 근무한 소방공무원 중 시·도지사가 체험실의 교수요원으로 적합하다고 인정하는 사람

2. 「소방기본법」에 따라 "행정안전부령"으로 규정하는 〈보기〉의 개수는?

보기
ㄱ. 소방기관 설치에 필요한 사항
ㄴ. 119종합상황실의 설치·운영에 필요한 사항
ㄷ. 소방기술민원센터의 설치·운영 등에 필요한 사항
ㄹ. 소방박물관의 설립과 운영에 필요한 사항
ㅁ. 소방신호의 종류와 방법
ㅂ. 소방업무에 관한 종합계획 및 세부계획의 수립·시행에 필요한 사항
ㅅ. 소방업무를 수행하는 데 필요한 인력과 장비 등에 관한 기준
ㅇ. 소방용수시설과 비상소화장치의 설치기준

① 1개
② 3개
③ 5개
④ 7개

3. 「소방기본법 시행령」 상 소방안전교육사시험에 응시할 수 있는 사람으로 옳지 않은 것은?

① 「고등교육법」 제2조제1호부터 제6호까지의 규정의 어느 하나에 해당하는 학교에서 간호학과에 개설된 교과목 중 소방안전교육과 관련하여 소방청장이 정하여 고시하는 교과목을 총 10학점 이수한 사람
② 「응급의료에 관한 법률」 제36조제2항에 따라 1급 응급구조사 자격을 취득한 후 응급의료 업무 분야에 2년간 종사한 사람
③ 「의료법」 제7조에 따라 간호사 면허를 취득한 후 간호업무 분야에 2년간 종사한 사람
④ 「영유아보육법」 제21조에 따라 보육교사의 자격을 취득한 사람으로서 2년간 보육업무 경력이 있는 사람

4. 「소방기본법」 및 같은 법 시행령상 소방업무에 관한 종합계획의 수립·시행에 관한 설명으로 옳지 않은 것은?

① 소방청장은 소방업무에 관한 종합계획을 시·도지사의 협의를 거쳐 계획 시행 전년도 10월 31일까지 수립해야 한다.
② 소방업무에 관한 종합계획에는 장애인, 노인, 임산부, 영유아 및 어린이 등 이동이 어려운 사람을 대상으로 한 소방활동에 필요한 조치에 관한 사항이 포함되어야 한다.
③ 시·도지사는 종합계획의 시행에 필요한 세부계획을 계획 시행 전년도 12월 31일까지 수립하여 소방청장에게 제출하여야 한다.
④ 소방청장은 소방업무의 체계적 수행을 위하여 필요한 경우 시·도지사가 제출한 세부계획의 보완 또는 수정을 요청할 수 있다.

5. 「소방의 화재조사에 관한 법률 시행령」상 국가화재정보시스템의 운영에 따라 화재정보에 포함되어야 하는 사항으로 옳은 보기의 개수는?

> **보기**
> ㄱ. 화재피해상황
> ㄴ. 화재안전조사의 실시결과에 관한 사항
> ㄷ. 소방안전관리자 선임 및 해임에 관한 사항
> ㄹ. 관계인의 보험가입 정보 등에 관한 사항
> ㅁ. 소방시설 등의 설치·관리 및 작동 여부에 관한 사항

① 없다. ② 1개
③ 2개 ④ 3개

6. 「소방의 화재조사에 관한 법률」 및 같은 법 시행령상 화재합동조사단의 구성·운영에 관한 설명으로 옳은 것은?

① 소방관서장은 사상자가 5명 이상 발생한 화재가 발생한 경우 종합적이고 정밀한 화재조사를 위하여 유관기관 및 관계 전문가를 포함한 화재합동조사단을 구성·운영할 수 있다.
② 소방관서장은 화재가 자주 발생하였거나 발생할 우려가 뚜렷한 곳에 대한 조사가 필요한 경우 종합적이고 정밀한 화재조사를 위하여 유관기관 및 관계 전문가를 포함한 화재합동조사단을 구성·운영할 수 있다.
③ 「국가기술자격법」에 따른 국가기술자격의 직무분야 중 안전관리 분야에서 산업기사 이상의 자격을 취득한 사람은 화재합동조사단의 단원이 될 수 있다.
④ 「고등교육법」 제2조에 따른 학교 또는 이에 준하는 교육기관에서 화재조사, 소방 또는 안전관리 등 관련 분야 조교수 이상의 직에 1년 이상 재직한 사람은 화재합동조사단의 단원이 될 수 있다.

7. 「소방시설공사업법 시행령」상 착공신고 대상에 해당하는 〈보기〉를 있는 대로 고른 것은?

> **보기**
> ㄱ. 다중이용업소에 감시제어반의 일부를 정비하는 공사
> ㄴ. 발전시설에 호스릴 할론소화설비의 방호구역을 증설하는 공사
> ㄷ. 근린생활시설에 화재조기진압용 스프링클러설비의 방호구역을 증설하는 공사
> ㄹ. 업무시설에 캐비닛형 간이스프링클러설비를 신설하는 공사
> ㅁ. 위험물 취급소에 호스릴 옥내소화전설비를 신설하는 공사

① ㄱ, ㄴ ② ㄴ, ㄹ
③ ㄱ, ㄴ, ㄹ ④ ㄷ, ㄹ, ㅁ

8. 「소방시설공사업법」 및 같은 법 시행령상 소방기술자의 배치기준에 따라 "제연설비가 설치된 연면적 8천제곱미터인 아파트의 공사 현장"에 배치해야 하는 최저 등급의 소방기술자로 옳은 것은?

① 행정안전부령으로 정하는 특급기술자인 소방기술자
② 행정안전부령으로 정하는 고급기술자인 소방기술자
③ 행정안전부령으로 정하는 중급기술자인 소방기술자
④ 행정안전부령으로 정하는 초급기술자인 소방기술자

9. 「소방시설공사업법 시행령」상 소방공사 감리의 종류, 방법 및 대상 중 상주공사 감리에 대한 설명으로 옳은 것은?

① 연면적 3만제곱미터 이상인 아파트에 대한 소방시설의 공사는 상주공사감리에 해당한다.
② 상주공사감리의 감리원이 행정안전부령으로 정하는 기간 중 부득이한 사유로 14일 이내의 범위에서 현장을 이탈하는 경우에는 감리일지 등에 기록하여 발주청 또는 발주자의 확인을 받아야 한다.
③ 감리업자는 감리원이 행정안전부령으로 정하는 기간 중 법에 따른 교육이나 「민방위기본법」 또는 「예비군법」에 따른 교육을 받는 경우나 「근로기준법」에 따른 유급휴가로 현장을 이탈하게 되는 경우에는 감리업무에 지장이 없도록 감리원의 업무를 대행할 사람을 감리현장에 배치해야 한다.
④ 지정된 업무대행자는 주 2회 이상 공사 현장에 배치되어 감리의 업무를 수행하며, 그 업무수행 내용을 감리원에게 통보하고 감리일지에 기록해야 한다.

10. 「소방시설공사업법 시행령」상 일반소방공사감리업(기계분야)에 대한 설명으로 옳지 않은 것은?

① 기술인력으로는 기계분야의 특급 감리원 1명 이상, 고급 감리원 1명 이상, 중급 감리원 1명 이상, 초급 감리원 1명 이상을 갖추어야 한다.
② 아파트에 설치되는 기계분야 소방시설(제연설비는 제외한다)의 감리를 할 수 있다.
③ 위험물제조소등에 설치되는 기계분야 소방시설의 감리를 할 수 있다.
④ 공장의 경우에는 1만제곱미터 미만의 특정소방대상물(제연설비가 설치되는 특정소방대상물은 제외한다)에 설치되는 기계분야 소방시설의 감리를 할 수 있다.

11. 「화재의 예방 및 안전관리에 관한 법률 시행령」에서 규정하는 건설현장 소방안전관리대상물의 기준에 해당하지 않는 것은?

① 신축·증축·개축·재축·이전·용도변경 또는 대수선을 하려는 부분의 연면적의 합계가 1만5천제곱미터 이상인 것
② 신축·증축·개축·재축·이전·용도변경 또는 대수선을 하려는 부분의 연면적이 5천제곱미터 이상인 것으로서 물류창고
③ 신축·증축·개축·재축·이전·용도변경 또는 대수선을 하려는 부분의 연면적이 5천제곱미터 이상인 것으로서 지상층의 층수가 11층 이상인 것
④ 신축·증축·개축·재축·이전·용도변경 또는 대수선을 하려는 부분의 연면적이 5천제곱미터 이상인 것으로서 지하층의 층수가 2개 층 이상인 것

12. 「화재의 예방 및 안전관리에 관한 법률」 및 같은 법 시행령, 시행규칙상 누구든지 화재예방강화지구 등에서 금지하는 행위에 관한 설명이다. 밑줄 친 부분에 대한 설명으로 옳지 않은 것은?

> 보 기
> 누구든지 화재예방강화지구 및 이에 준하는 대통령령으로 정하는 장소[ㄱ]에서는 행위[ㄴ]를 하여서는 아니 된다. 다만, 행정안전부령으로 정하는 바에 따라 안전조치[ㄷ]를 한 경우에는 그러하지 아니한다.

① ㄱ의 장소에는 "점포가 500개 이상인 전통시장"이 해당한다.
② ㄴ의 행위에는 "「위험물안전관리법」에 따른 위험물을 방치하는 행위"가 해당한다.
③ ㄷ의 안전조치에는 "소화기 등 소방시설을 비치 또는 설치한 장소에서 화기 등을 취급하는 경우"가 해당한다.
④ ㄷ의 안전조치 중 소방관서장과 사전 협의를 하는 경우 소방관서장은 5일 이내에 화재예방 안전조치 협의 결과 통보서를 협의를 신청한 자에게 통보해야 한다.

13. 「화재의 예방 및 안전관리에 관한 법률 시행령」상 화재안전영향평가심의회의 위원이 될 수 있는 사람 중 "소방기술사 등 대통령령으로 정하는 화재안전과 관련된 분야의 학식과 경험이 풍부한 전문가"에 해당하는 사람으로 옳지 않은 것은?

① 국립소방연구원에서 화재안전 관련 업무를 수행하는 사람으로서 해당 기관이나 법인 또는 단체의 장이 추천하는 사람
② 한국화재보험협회에서 화재안전 관련 업무를 수행하는 사람으로서 해당 기관이나 법인 또는 단체의 장이 추천하는 사람
③ 한국가스안전공사에서 화재안전 관련 업무를 수행하는 사람으로서 해당 기관이나 법인 또는 단체의 장이 추천하는 사람
④ 한국전기안전공사에서 화재안전 관련 업무를 수행하는 사람으로서 해당 기관이나 법인 또는 단체의 장이 추천하는 사람

14. 「화재의 예방 및 안전관리에 관한 법률 시행령」상 화목 등 고체연료를 사용할 때에 지켜야 하는 사항으로 옳은 것은?

보기
ㄱ. 고체연료는 보일러 본체와 수평거리 2미터 이상 간격을 두어 보관하거나 난연재료로 된 별도의 구획된 공간에 보관할 것
ㄴ. 연통은 천장으로부터 0.6미터 떨어지고, 연통의 배출구는 건물 밖으로 0.6미터 이상 나오도록 설치할 것
ㄷ. 연통의 배출구는 보일러 본체보다 1미터 이상 높게 설치할 것
ㄹ. 연통이 관통하는 벽면, 지붕 등은 규조토 등 난연재 또는 불연재로 처리할 것
ㅁ. 연통재질은 불연재료로 사용하고 연결부에 청소구를 설치할 것

① ㄱ, ㄹ
② ㄴ, ㄷ
③ ㄴ, ㅁ
④ ㄷ, ㅁ

15. 「화재의 예방 및 안전관리에 관한 법률」및 같은 법 시행령, 시행규칙상 화재예방안전진단의 실시 절차에 관한 설명으로 옳지 않은 것은?

① 소방안전관리대상물이 건축되어 화재예방안전진단대상의 소방안전 특별관리시설물에 해당하게 된 경우 해당 소방안전 특별관리시설물의 관계인은 「건축법」제22조에 따른 사용승인 또는 「소방시설공사업법」제14조에 따른 완공검사를 받은 날부터 5년이 경과한 날이 속하는 해에 최초의 화재예방안전진단을 받아야 한다.
② 안전등급이 우수인 경우에는 안전등급을 통보받은 날부터 6년이 경과한 날이 속하는 해에 화재예방안전진단을 받아야 한다.
③ 안전등급이 미흡·불량인 경우에는 안전등급을 통보받은 날부터 4년이 경과한 날이 속하는 해에 화재예방안전진단을 받아야 한다.
④ 화재예방안전진단을 실시한 안전원 또는 진단기관은 화재예방안전진단이 완료된 날부터 60일 이내에 소방청장, 소방본부장 또는 소방서장에게 화재예방안전진단 결과 보고서에 서류를 첨부하여 제출해야 한다.

16. 「소방시설 설치 및 관리에 관한 법률 시행규칙」상 종합점검의 대상에 해당하는 것은?

① 자동화재탐지설비가 설치된 터널
② 포소화설비가 설치된 연면적 5천제곱미터 이상인 제조소등
③ 옥내소화전설비가 설치된 연면적 1천제곱미터 이상인 공공기관으로서 소방대가 근무하는 것
④ 「다중이용업소의 안전관리에 관한 특별법 시행령」에 따라 「모자보건법」제2조제10호에 따른 산후조리업의 다중이용업의 영업장이 설치된 특정소방대상물로서 연면적이 2,000㎡ 이상인 것

17. 「소방시설 설치 및 관리에 관한 법률 시행령」상 소화수조 또는 저수조를 설치해야 하는 경우에 대한 설명이다. 괄호 안에 들어갈 내용으로 옳은 것은?

> 상수도소화용수설비를 설치해야 하는 특정소방대상물의 대지 경계선으로부터 (㉠)[m] 이내에 지름 (㉡)[mm] 이상인 상수도용 배수관이 설치되지 않은 지역의 경우에는 화재안전기준에 따른 소화수조 또는 저수조를 설치해야 한다.

	㉠	㉡
①	140	65
②	180	65
③	140	75
④	180	75

18. 「소방시설 설치 및 관리에 관한 법률 시행규칙」상 성능위주설계평가단에 대한 설명으로 옳은 것은?

① 평가단은 평가단장을 제외하고 50명 이내의 평가단원으로 성별을 고려하여 구성한다.
② 평가단원은 소방공무원 중 소방설비산업기사 이상의 자격을 가진 사람으로서 제3조에 따른 건축허가등의 동의 업무를 1년 이상 담당한 사람으로서 중앙소방학교에서 실시하는 성능위주설계 관련 교육과정을 이수한 사람이 될 수 있다.
③ 위촉된 평가단원의 임기는 2년으로 하되, 1회에 한정하여 연임할 수 있다.
④ 평가단의 회의는 평가단장과 평가단장이 회의마다 지명하는 6명 이상 8명 이하의 평가단원으로 구성·운영하며, 과반수의 출석으로 개의하고 출석 평가단원 과반수의 찬성으로 의결한다. 다만, 성능위주설계의 변경신고에 대한 심의·의결을 하는 경우에는 건축물의 성능위주설계를 검토·평가한 평가단원 중 5명 이상으로 평가단을 구성·운영할 수 있다.

19. 「소방시설 설치 및 관리에 관한 법률」 및 같은 법 시행령상 지방소방기술심의위원회에 대한 설명으로 옳지 않은 것은?

① 소방시설에 하자가 있는지의 판단에 관한 사항을 심의한다.
② 소방본부장 또는 소방서장이 「위험물안전관리법」 제2조제1항제6호에 따른 제조소등의 시설기준 또는 화재안전기준의 적용에 관하여 기술검토를 요청하는 사항을 심의한다.
③ 지방소방기술심의위원회의 위원장은 소방본부장 또는 소방서장이 해당 위원 중에서 위촉한다.
④ 지방소방기술심의위원회는 위원장을 포함하여 5명 이상 9명 이하의 위원으로 구성한다.

20. 「소방시설 설치 및 관리에 관한 법률 시행령」상 특정소방대상물의 소방시설 설치의 면제 기준에 관한 설명으로 옳지 않은 것은?

① 옥내소화전설비를 설치해야 할 특정소방대상물 중 소방본부장 또는 소방서장이 옥내소화전설비의 설치가 곤란하다고 인정하는 경우로서 호스릴 방식의 미분무소화설비 또는 옥외소화전설비를 화재안전기준에 적합하게 설치한 경우에는 그 설비의 유효범위에서 설치가 면제된다.
② 비상경보설비를 설치해야 할 특정소방대상물에 단독경보형 감지기를 2개 이상의 단독경보형 감지기와 연동하여 설치한 경우에는 그 설비의 유효범위에서 설치가 면제된다.
③ 자동화재속보설비를 설치해야 하는 특정소방대상물에 자동화재탐지설비를 화재안전기준에 적합하게 설치한 경우에는 그 설비의 유효범위에서 설치가 면제된다.
④ 연결송수관설비를 설치해야 하는 소방대상물에 옥외에 연결송수구 및 옥내에 방수구가 부설된 옥내소화전설비, 스프링클러설비, 간이스프링클러설비 또는 연결살수설비를 화재안전기준에 적합하게 설치한 경우에는 그 설비의 유효범위에서 설치가 면제된다. 다만, 지표면에서 최상층 방수구의 높이가 70m 이상인 경우에는 설치해야 한다.

21. 「위험물안전관리법 시행령」상 정기점검을 받아야 하는 제조소등에 해당하지 않는 것은?

① 3,000[kg]의 질산을 취급하는 제조소
② 15,000[kg]의 황을 저장하는 옥외저장소
③ 60,000[L]의 에틸알코올을 저장하는 옥내저장소
④ 150,000[L]의 경유를 저장하는 옥외탱크저장소

22. 「위험물안전관리법」 및 같은 법 시행규칙상 탱크안전성능시험자(탱크시험자)에 대한 설명으로 옳은 것은?

① 탱크시험자가 되고자 하는 자는 행정안전부령으로 정하는 기술능력·시설 및 장비를 갖추어 시·도지사에게 등록하여야 한다.
② 등록한 사항 가운데 대통령령으로 정하는 중요사항을 변경한 경우에는 그 날부터 30일 이내에 시·도지사에게 변경신고를 하여야 한다.
③ 시·도지사는 규정에 따른 탱크시험자 등록기준에 미달하게 된 경우에는 그 등록을 취소하여야 한다.
④ 탱크시험자로 등록하지 아니하고 탱크시험자의 업무를 한 자는 1년 이하의 징역 또는 1천만원 이하의 벌금에 처한다.

23. 「위험물안전관리법 시행규칙」상 이동탱크저장소의 위치·구조 및 설비의 기준 중 방파판, 방호틀에 대한 설명으로 옳지 않은 것은?

① 방파판은 두께 1.6㎜ 이상의 강철판 또는 이와 동등 이상의 강도·내열성 및 내식성이 있는 금속성의 것으로 할 것
② 방파판은 하나의 구획부분에 2개 이상의 방파판을 이동탱크저장소의 진행방향과 평행으로 설치하되, 각 방파판은 그 높이 및 칸막이로부터의 거리를 모두 동일하게 할 것
③ 방호틀은 두께 2.3㎜ 이상의 강철판 또는 이와 동등 이상의 기계적 성질이 있는 재료로써 산모양의 형상으로 하거나 이와 동등 이상의 강도가 있는 형상으로 할 것
④ 방호틀은 정상부분은 부속장치보다 50㎜ 이상 높게 하거나 이와 동등 이상의 성능이 있는 것으로 할 것

24. 「위험물안전관리법 시행령」상 위험물에 해당하는 것은?

① 비중이 1.0인 질산
② 농도가 60[wt%]인 과산화수소
③ 1기압에서 인화점이 섭씨 50도인 고체
④ 마그네슘을 함유한 것으로서 지름 5밀리미터의 막대 모양의 것

25. 「위험물안전관리법 시행규칙」상 제조소의 위치·구조 및 설비의 기준 중 배출설비에 대한 설명으로 옳지 않은 것은?

① 배출설비가 설치되어 유효하게 환기가 되는 건축물에는 환기설비를 하지 아니 할 수 있다.
② 배출능력은 바닥면적 1㎡당 20㎥ 이상인 것으로 하여야 한다. 다만, 전역방식의 경우에는 1시간당 배출장소 용적의 18배 이상인 것으로 할 수 있다.
③ 급기구는 높은 곳에 설치하고, 가는 눈의 구리망 등으로 인화방지망을 설치할 것
④ 배출구는 지상 2m 이상으로서 연소의 우려가 없는 장소에 설치하고, 배출 덕트가 관통하는 벽부분의 바로 가까이에 화재시 자동으로 폐쇄되는 방화댐퍼(화재 시 연기 등을 차단하는 장치)를 설치할 것

※ 26번 문항 이후는 경력채용 응시자만 풀이하십시오.
(공개채용 응시자는 추가문제로 활용하세요.)

26. 「소방기본법 시행규칙」상 119종합상황실 실장은 화재 및 재난상황 발생 시 그 사실을 지체 없이 상급기관에 보고하여야 한다. 보고해야 하는 상황으로 옳은 것은?

보 기

ㄱ. 지정수량 1천배의 위험물 취급소에서 발생한 화재
ㄴ. 사망자 4명, 부상자 5명이 발생한 아파트 화재
ㄷ. 지상 2층이고, 각 층의 바닥면적의 합이 1만제곱미터인 공장 화재
ㄹ. 긴급구조통제단장의 현장지휘가 필요한 재난상황

① ㄱ, ㄴ
② ㄱ, ㄹ
③ ㄴ, ㄷ
④ ㄷ, ㄹ

27. 「소방기본법」상 소방력의 동원에 관한 설명으로 옳지 않은 것은?

① 소방청장은 해당 시·도의 소방력만으로는 소방활동을 효율적으로 수행하기 어려운 화재, 재난·재해, 그 밖의 구조·구급이 필요한 상황이 발생할 때에는 각 시·도지사에게 행정안전부령으로 정하는 바에 따라 소방력을 동원할 것을 요청할 수 있다.
② 동원 요청을 받은 시·도지사는 정당한 사유 없이 요청을 거절하여서는 아니 된다.
③ 소방청장은 시·도지사에게 동원된 소방력을 화재, 재난·재해 등이 발생한 지역에 지원·파견하여 줄 것을 요청하거나 필요한 경우 직접 소방대를 편성하여 화재진압 및 인명구조 등 소방에 필요한 활동을 하게 할 수 있다.
④ 소방청장이 직접 소방대를 편성하여 소방활동을 하게 하는 경우에는 화재, 재난·재해 등이 발생한 지역을 관할하는 소방본부장 또는 소방서장의 지휘에 따라야 한다.

28. 「소방의 화재조사에 관한 법률」상 화재감정기관의 지정·운영에 관한 설명이다. 괄호 안에 들어갈 내용으로 옳은 것은?

보 기

(ㄱ)은 과학적이고 전문적인 화재조사를 위하여 (ㄴ)으로 정하는 시설과 전문인력 등 지정기준을 갖춘 기관을 화재감정기관으로 지정·운영하여야 한다.

① ㄱ: 소방청장,
   ㄴ: 대통령령
② ㄱ: 소방청장,
   ㄴ: 행정안전부령
③ ㄱ: 소방청장, 소방본부장 또는 소방서장,
   ㄴ: 대통령령
④ ㄱ: 소방청장, 소방본부장 또는 소방서장,
   ㄴ: 행정안전부령

29. 「소방시설공사업법 시행규칙」상 소방기술자 실무교육기관의 지정서 발급권자 및 발급일로 알맞게 짝지어진 것은?

① 소방청장, 15일 이내
② 소방청장, 30일 이내
③ 소방청장, 소방본부장 또는 소방서장, 30일 이내
④ 소방청장, 소방본부장 또는 소방서장, 15일 이내

30. 「소방시설공사업법 시행령」상 소방시설공사 분리 도급의 예외에 해당하는 것은? (단, 주어지지 않은 조건은 고려하지 않는다.)

① 복합건축물에 옥내소화전설비를 신설하는 공사
② 의료시설에 자동화재속보설비를 신설하는 공사
③ 문화 및 집회시설에 스프링클러설비를 신설하는 공사
④ 항공기 및 자동차 관련 시설에 포소화설비를 신설하는 공사

31. 「화재의 예방 및 안전관리에 관한 법률」 및 같은 법 시행령상 화재안전조사위원회의 구성에 관한 설명으로 가장 옳지 않은 것은?

① 소방관서장은 화재안전조사를 효율적으로 수행하기 위하여 화재안전조사위원회를 구성하여 운영할 수 있다.
② 화재안전조사위원회는 위원장 1명을 포함하여 7명 이내의 위원으로 성별을 고려하여 구성하고, 위원장은 소방관서장이 된다.
③ 소방 관련 법인 또는 단체에서 소방 관련 업무에 5년 이상 종사한 사람은 화재안전조사위원회의 위원이 될 수 있다.
④ 과장급 직위 이상의 소방공무원은 화재안전조사위원회의 위원이 될 수 있다.

32. 「화재의 예방 및 안전관리에 관한 법률」 및 같은 법 시행령상 화재의 예방 및 안전관리에 관한 기본계획에 포함되어야 하는 사항으로 옳지 않은 것은?

① 화재예방정책의 기본목표 및 추진방향
② 화재의 예방과 안전관리 관련 장비의 구비·보급
③ 화재의 예방과 안전관리를 위한 대국민 교육·홍보
④ 계절별·시기별·소방대상물별 화재예방대책의 추진 및 평가 등에 관한 사항

33. 「화재의 예방 및 안전관리에 관한 법률 시행령」상 소방안전관리자 자격시험에 응시할 수 있는 사람의 자격으로 옳지 않은 것은?

① 소방공무원으로 10년 이상 근무한 경력이 있는 사람은 특급 소방안전관리자 자격시험을 응시할 수 있다.
② 2급 소방안전관리대상물의 소방안전관리자로 선임될 수 있는 자격을 갖춘 후 2급 소방안전관리대상물의 소방안전관리보조자로 5년 이상 근무한 실무경력이 있는 사람은 1급 소방안전관리자 자격시험을 응시할 수 있다.
③ 소방본부 또는 소방서에서 1년 이상 화재진압 또는 그 보조 업무에 종사한 경력이 있는 사람은 2급 소방안전관리자 자격시험을 응시할 수 있다.
④ 「대통령 등의 경호에 관한 법률」에 따른 경호공무원 또는 별정직공무원으로 1년 이상 안전검측 업무에 종사한 경력이 있는 사람은 3급 소방안전관리자 자격시험을 응시할 수 있다.

34. 「소방시설 설치 및 관리에 관한 법률 시행규칙」상 차량용 소화기의 설치 또는 비치 기준에 따라 "화물자동차(피견인자동차 제외) 및 특수자동차 중 대형 이상"에 비치하여야 하는 소화기로 옳은 것은?

① 능력단위 1단위 이상인 소화기 1개 이상을 사용하기 쉬운 곳에 설치한다.
② 능력단위 2단위 이상인 소화기 2개 이상을 설치한다.
③ 능력단위 2단위 이상인 소화기 1개 이상 또는 능력단위 1단위 이상인 소화기 2개 이상을 설치한다.
④ 능력단위 2단위 이상인 소화기 1개 이상 및 능력단위 1단위 이상인 소화기 1개 이상을 설치한다.

35. 「소방시설 설치 및 관리에 관한 법률 시행령」상 제연설비를 설치해야 하는 특정소방대상물로 옳지 않은 것은?

① 운동시설 중 무대부의 바닥면적이 300제곱미터인 경우에는 해당 무대부
② 문화 및 집회시설 중 영화상영관으로서 수용인원 300명인 경우에는 해당 영화상영관
③ 운수시설 중 시외버스정류장으로서 지하층 또는 무창층의 바닥면적이 3천제곱미터인 경우에는 모든 층
④ 지하층이나 무창층에 설치된 판매시설로서 해당 용도로 사용되는 바닥면적의 합계가 500제곱미터인 경우 해당 부분

36. 「소방시설 설치 및 관리에 관한 법률 시행령」상 소방청장의 형식승인을 받아야 하는 소방용품으로 옳은 것은?

① 시각경보기
② 공기안전매트
③ 가스관선택밸브
④ 음향장치 중 사이렌

37. 「소방시설 설치 및 관리에 관한 법률 시행령」상 자체점검결과를 공개할 경우 공개할 수 있는 사항으로 옳지 않은 것은?

① 자체점검 결과
② 특정소방대상물의 정보
③ 자체점검 기간 및 점검자
④ 소방청장이 특정소방대상물을 이용하는 불특정다수인의 안전을 위하여 공개가 필요하다고 인정하는 사항

38. 「위험물안전관리법 시행령」상 1인의 위험물안전관리자를 중복선임할 경우 대리자가 위험물안전관리자를 보조하여야 하는 제조소등으로 옳은 것은?

① 옥내저장소
② 옥외저장소
③ 이송취급소
④ 주유취급소

39. 「위험물안전관리법 시행규칙」별표 14 판매취급소의 위치·구조 및 설비의 기준 중 위험물을 배합하는 실에 관한 설명으로 옳지 않은 것은?

① 바닥면적은 6㎡ 이상 15㎡ 이하로 할 것
② 내화구조 또는 불연재료로 된 벽으로 구획할 것
③ 출입구 문턱의 높이는 바닥면으로부터 0.1m 이상으로 할 것
④ 출입구에는 수시로 열 수 있는 자동폐쇄식의 60분+방화문, 60분방화문 또는 30분방화문을 설치할 것

40. 「위험물안전관리법 시행규칙」별표 13 주유취급소의 위치·구조 및 설비의 기준 중 셀프용 고정주유설비의 기준에 따라 1회 주유량 및 주유시간(경유)의 상한이 알맞게 짝지어진 것은?

① 100[L] 이하, 4분 이하
② 100[L] 이하, 6분 이하
③ 600[L] 이하, 8분 이하
④ 600[L] 이하, 12분 이하

2025년 03월 29일 시행

2025년 소방공무원 채용시험 대비
SONICE 소방관계법규 모의고사 2회

응시번호	
성 명	

시 험 과 목

제1과목 소방관계법규 🔥빨간불 모의고사 2회 ·················· 22~30

제2과목 소방관계법규 🔥파란불 모의고사 2회 ·················· 31~39

응시자 준수사항

※ "시험 감독관 또는 방송"의 안내에 따라 다음 사항을 반드시 지켜 주시기 바랍니다.

1. 시험지 표지에 "응시번호 및 성명"을 기재하여 주십시오.

2. 시험이 시작되면 시험지의 "과목 순서", "페이지 수량", "인쇄 상태"를 확인해 주십시오.

3. 문제를 주의 깊게 읽고 문항의 취지에 가장 적합한 하나의 정답만을 고르십시오.

4. 문제 내용에 관한 질문은 하실 수 없습니다.

02회 소방관계법규 + 빨간불

1. 「소방기본법」 및 같은 법 시행규칙상 소방지원활동 및 생활안전활동에 관한 설명으로 옳은 것은?

① 소방시설 오작동 신고에 따른 조치활동과 끼임, 고립 등에 따른 위험제거 및 구출 활동은 생활안전활동에 해당한다.
② 유관기관·단체 등의 요청에 따른 소방지원활동에 드는 비용은 지원요청을 한 유관기관·단체 등에게 부담하게 할 수 있다.
③ 누구든지 정당한 사유 없이 출동하는 소방대의 생활안전활동을 방해하서는 아니되며, 방해할 경우 300만원 이하의 벌금에 해당한다.
④ 소방서장은 소방지원활동 및 생활안전활동의 상황을 종합하여 연 2회 소방본부장에게 보고해야 한다.

2. 「소방기본법 시행령」상 운행기록장치 장착 소방자동차의 범위로 옳은 것은?

① 무인방수차, 구급차
② 소방펌프차, 구조차
③ 소방고가차, 배연차
④ 소방행정차, 소방화학차

3. 「소방기본법」 및 같은 법 시행규칙상 소방신호의 종류 및 방법에 관한 설명으로 옳지 않은 것은?

① 화재예방, 소방활동 또는 소방훈련을 위하여 사용되는 소방신호의 종류와 방법은 행정안전부령으로 정한다.
② 경계신호란 화재예방상 필요하다고 인정되거나 화재위험경보 시 발령하며, 타종신호 방법은 1타와 연 2타를 반복한다.
③ 해제신호는 소화활동이 필요 없다고 인정되는 때 발령하며, 싸이렌신호 방법은 10초 간격을 두고 1분씩 3회이다.
④ 소방신호의 방법은 그 전부 또는 일부를 함께 사용할 수 있으며, 소방대의 비상소집을 하는 경우에는 훈련신호를 사용할 수 있다.

4. 「소방의 화재조사에 관한 법률」 및 같은 법 시행령상 화재조사의 실시에 관한 내용으로 옳지 않은 것은?

① 소방청장, 소방본부장 또는 소방서장은 소방활동과 동시에 화재조사를 하여야 한다.
② 소방청장, 소방본부장 또는 소방서장은 화재조사를 하는 경우 소방시설 등의 설치·관리 및 작동 여부에 관한 사항에 대하여 조사하여야 한다.
③ 소방청장, 소방본부장 또는 소방서장은 화재조사를 하는 경우 화재안전조사의 실시 결과에 관한 사항에 대하여 조사하여야 한다.
④ 소방청장, 소방본부장 또는 소방서장은 화재조사를 하는 경우 화재발생건축물과 구조물, 화재유형별 화재위험성 등에 관한 사항에 대하여 조사하여야 한다.

5. 「소방의 화재조사에 관한 법률 시행령」상 관계인등에 대한 출석요구 및 질문에 관한 설명으로 옳지 않은 것은?

① 소방서장 등은 관계인등의 출석을 요구하려면 출석일 3일 전까지 출석 일시와 장소, 출석 요구 사유 및 그 밖에 화재조사와 관련하여 필요한 사항을 관계인등에게 알려야 한다.
② 관계인등은 지정된 출석 일시에 출석하는 경우 업무 또는 생활에 지장이 있을 때에는 소방서장 등에게 출석 일시를 변경하여 줄 것을 신청할 수 있다.
③ 소방서장 등은 화재조사의 목적을 달성할 수 있는 범위에서 출석 일시를 변경할 수 있다.
④ 소방서장 등은 출석한 관계인등에게 수당과 여비를 지급하여야 한다.

6. 「소방시설공사업법 시행규칙」상 소방시설업의 변경신고에 관한 설명으로 옳지 않은 것은?

① 소방시설업자는 상호(명칭) 또는 영업소 소재지, 대표자, 기술인력에 해당하는 등록사항이 변경된 경우에는 변경일부터 30일 이내에 소방시설업 등록사항 변경신고서에 변경사항별로 서류를 첨부하여 소방시설업자협회에 제출하여야 한다.
② 변경신고 서류를 제출받은 소방시설업자협회는 등록사항의 변경신고 내용을 확인하고 5일 이내에 제출된 소방시설업 등록증·등록수첩 및 기술인력 증빙서류에 그 변경된 사항을 기재하여 발급하여야 한다.
③ 영업소 소재지가 등록된 시·도에서 다른 시·도로 변경된 경우에는 제출받은 변경신고 서류를 접수일로부터 3일 이내에 해당 시·도지사에게 보내야 한다.
④ 소방시설업자협회는 등록사항의 변경신고 접수현황을 매월 말일을 기준으로 작성하여 다음 달 10일까지 시·도지사에게 알려야 한다.

7. 「소방시설공사업법」상 소방공사감리업을 등록한 자가 수행하여야 하는 업무로 옳은 보기의 개수는?

> **보 기**
> ㄱ. 소방시설등 설계 변경 사항의 적합성 검토
> ㄴ. 소방시설등의 설치계획표의 적합성 검토
> ㄷ. 공사업자가 작성한 시공 상세 도면의 적법성과 기술상의 합리성
> ㄹ. 완공된 소방시설등의 성능시험
> ㅁ. 설계업자가 한 소방시설등의 시공이 설계도서와 화재안전기준에 맞는지에 대한 지도·감독

① 1개 ② 2개
③ 3개 ④ 4개

8. 「소방시설공사업법 시행령」상 하도급계약 자료의 공개기준에 따른 괄호 안에 들어갈 내용으로 옳은 것은?

> **보 기**
> • 소방시설공사등의 하도급계약 자료의 공개는 하도급에 관한 사항을 통보받은 날부터 (ㄱ)일 이내에 해당 소방시설공사등을 발주한 기관의 인터넷 홈페이지에 게재하는 방법으로 하여야 한다.
> • 소방시설공사등의 하도급계약 자료의 공개대상 계약규모는 하도급계약금액이 (ㄴ)만원 이상인 경우로 한다.

	ㄱ	ㄴ
①	7	1천
②	7	3천
③	30	3천
④	30	1천

9. 「소방시설공사업법 시행규칙」상 감리업자가 소방공사의 감리를 마쳤을 때 소방공사감리 결과보고(통보)서를 알리거나 보고하여야 하는 대상 및 기한의 연결로 옳은 것은?

① 감리업자가 소방공사의 감리를 마쳤을 때에는 소방공사감리 결과보고(통보)서에 소방청장이 정하여 고시하는 소방시설 성능시험조사표 등의 서류를 첨부하여 공사가 완료된 날부터 30일 이내에 특정소방대상물의 관계인, 소방시설공사의 도급인 및 특정소방대상물의 공사를 감리한 건축사에게 알려야 한다.
② 감리업자가 소방공사의 감리를 마쳤을 때에는 소방공사감리 결과보고(통보)서에 소방공사 감리일지 등의 서류를 첨부하여 공사가 완료된 날부터 7일 이내에 특정소방대상물의 관계인, 소방시설공사의 도급인 및 특정소방대상물의 공사를 감리한 건축사에게 알려야 한다.
③ 감리업자가 소방공사의 감리를 마쳤을 때에는 소방공사감리 결과보고(통보)서에 소방공사 감리일지 등의 서류를 첨부하여 공사가 완료된 날부터 7일 이내에 소방본부장 또는 소방서장에게 보고해야 한다.
④ 감리업자가 소방공사의 감리를 마쳤을 때에는 소방공사감리 결과보고(통보)서에 소방시설 성능시험조사표 등의 서류를 첨부하여 공사가 완료된 날부터 30일 이내에 소방본부장 또는 소방서장에게 보고해야 한다.

10. 「소방시설공사업법」 및 같은 법 시행령상 공사대금의 지급보증에 대한 설명으로 옳은 것은?

① 수급인이 국가, 지방자치단체 또는 대통령으로 정하는 공공기관이 발주하는 공사를 도급받은 경우로서 수급인이 발주자에게 계약의 이행을 보증하는 때에는 발주자도 수급인에게 공사대금의 지급을 보증하거나 담보를 제공하여야 한다.
② 발주자는 공사대금의 지급보증 또는 담보 제공을 하기 곤란한 경우에는 수급인이 그에 상응하는 보험 또는 공제에 가입할 수 있도록 계약의 이행보증을 받은 날부터 30일 이내에 보험료 또는 공제료를 지급하여야 한다.
③ 발주자 및 수급인은 공사 1건의 도급금액이 3천만원 미만인 소규모 소방시설공사의 경우 계약이행의 보증이나 공사대금의 지급보증, 담보의 제공 또는 보험료등의 지급을 아니할 수 있다.
④ 발주자가 공사대금의 지급보증, 담보의 제공 또는 보험료 등의 지급을 하지 아니한 때에는 수급인은 30일 이내 기간을 정하여 발주자에게 그 이행을 촉구하고 공사를 중지할 수 있다.

11. 「화재의 예방 및 안전관리에 관한 법률 시행령」상 화재안전조사위원회의 위원이 될 수 있는 사람으로 옳지 않은 것은?

① 시・도 소속 소방공무원
② 소방 관련 분야의 석사 이상 학위를 취득한 사람
③ 소방 관련 법인 또는 단체에서 소방 관련 업무에 5년 이상 종사한 사람
④ 「고등교육법」 제2조의 학교 또는 연구소에서 소방과 관련한 교육 또는 연구에 5년 이상 종사한 사람

12. 「화재의 예방 및 안전관리에 관한 법률」 및 같은 법 시행령, 시행규칙상 소방안전관리자 선임의 연기신청을 할 수 있는 소방안전관리대상물로 옳은 것은?

① 가연성 가스를 1천톤 이상 저장・취급하는 시설
② 연면적 10만제곱미터 이상의 지하가
③ 「공동주택관리법」 제2조제1항제2호의 어느 하나에 해당하는 공동주택으로서 자동화재속보설비가 설치된 공동주택
④ 특정소방대상물로서 호스릴 방식 물분무등소화설비와 스프링클러설비가 설치된 것

13. 「화재의 예방 및 안전관리에 관한 법률」 및 같은 법 시행규칙상 소방안전관리대상물 근무자 및 거주자 등에 대한 소방훈련에 대한 설명으로 옳은 것은?

① 소방안전관리대상물의 관계인은 그 장소에 근무하거나 거주하는 사람 등에게 소화・통보・피난 등의 훈련과 소방안전관리에 필요한 교육을 할 수 있다.
② 피난훈련은 그 소방대상물에 출입하는 사람을 안전한 장소로 대피시키고 유도하는 훈련을 포함하여야 한다.
③ 소방안전관리대상물의 관계인은 소방훈련과 교육을 연 2회 이상 실시해야 한다.
④ 소방청장, 소방본부장 또는 소방서장은 특급 및 1급 소방안전관리대상물의 관계인으로 하여금 소방훈련과 교육을 소방기관과 합동으로 실시하게 할 수 있다.

14. 「화재의 예방 및 안전관리에 관한 법률 시행령」상 특수가연물에 관한 내용으로 옳은 보기의 개수는?

> **보기**
> ㄱ. 나무부스러기는 400킬로그램 이상의 가연물을 말한다.
> ㄴ. 고무류·플라스틱류 중 발포시킨 것은 3,000킬로그램 이상의 가연물을 말한다.
> ㄷ. 석탄·목탄류를 발전용으로 저장하는 경우에는 바닥면적을 200제곱미터 이하로 하여야 한다.
> ㄹ. 쌓는 부분 바닥면적의 사이는 실외의 경우 1.2미터 또는 쌓는 높이의 1/2 중 큰 값 이상으로 간격을 둘 것
> ㅁ. 특수가연물 표지 중 화기주의 표시 부분의 바탕은 붉은색으로, 문자는 백색으로 할 것
> ㅂ. 실외에 쌓아 저장하는 경우 쌓는 부분이 대지경계선, 도로 및 인접 건축물과 최소 0.6미터 이상 간격을 둘 것. 다만, 쌓는 높이보다 9미터 이상 높은 내화구조 벽체를 설치한 경우는 그렇지 않다.

① 없다.　　　② 1개
③ 3개　　　　④ 5개

15. 「화재의 예방 및 안전관리에 관한 법률」 및 같은 법 시행령상 관리의 권원이 분리된 특정소방대상물의 소방안전관리 중 소방본부장 또는 소방서장이 관리의 권원을 조정할 수 있는 기준에 관한 설명이다. 괄호 안에 들어갈 내용으로 가장 적합한 것은?

> (㉠) 또는 (㉡)((㉢)을/를 포함한다.)이/가 별도로 설치되어 있는 경우 : 설치된 (㉠) 또는 (㉡)이/가 화재를 감지·소화 또는 경보할 수 있는 부분을 각각 하나의 관리 권원으로 보아 각각 소방안전관리자 선임

	㉠	㉡	㉢
①	소화수조	소방시설용 전원	비상전원
②	화재 수신기	소화수조	옥상수조
③	소방시설용 전원	감시제어반	동력제어반
④	화재 수신기	소화펌프	가압송수장치

16. 「소방시설 설치 및 관리에 관한 법률 시행령」상 소방시설 정보관리시스템 구축·운영 대상으로 옳은 보기로만 짝지어진 것은? (단, 소방안전관리대상물로 가정한다.)

① 숙박이 가능한 수련시설, 발전시설, 운수시설
② 항공기 및 자동차 관련 시설, 공동주택, 의료시설
③ 위험물 저장 및 처리 시설, 근린생활시설, 지하상가
④ 문화 및 집회시설, 노유자 시설, 업무시설

17. 「소방시설 설치 및 관리에 관한 법률 시행령」상 소방시설관리업의 업종별 등록기준 및 영업범위 중 전문 소방시설관리업의 기술인력 기준이다. 괄호 안에 들어갈 내용으로 옳은 것은?

구분	기술인력
주된 기술 인력	1) 소방시설관리사 자격을 취득한 후 소방 관련 실무경력이 (㉠)년 이상인 사람 1명 이상 2) 소방시설관리사 자격을 취득한 후 소방 관련 실무경력이 (㉡)년 이상인 사람 1명 이상
보조 기술 인력	1) (㉢)점검자 이상의 기술인력 : 2명 이상 2) (㉣)점검자 이상의 기술인력 : 2명 이상 3) (㉤)점검자 이상의 기술인력 : 2명 이상

① ㉠ : 3, ㉡ : 1, ㉢ : 특급, ㉣ : 고급, ㉤ : 중급
② ㉠ : 3, ㉡ : 1, ㉢ : 고급, ㉣ : 중급, ㉤ : 초급
③ ㉠ : 5, ㉡ : 3, ㉢ : 고급, ㉣ : 중급, ㉤ : 초급
④ ㉠ : 5, ㉡ : 3, ㉢ : 특급, ㉣ : 고급, ㉤ : 중급

18. 「소방시설 설치 및 관리에 관한 법률 시행규칙」 상 성능위주설계의 신고 및 변경신고 시 괄호 안에 들어갈 내용으로 알맞게 짝지어진 것은?

> **보기**
> 검토·평가를 요청받은 소방청장 또는 소방본부장은 요청을 받은 날부터 ( ) 이내에 평가단의 심의·의결을 거쳐 해당 건축물의 성능위주설계를 검토·평가해야 한다.

	신고	변경신고
①	20일	7일
②	20일	14일
③	21일	14일
④	21일	7일

19. 「소방시설 설치 및 관리에 관한 법률」 상 정의로 옳은 것은?

① "소방시설등"이란 소방시설과 대피공간, 그 밖에 소방 관련 시설로서 대통령령으로 정하는 것을 말한다.
② "특정소방대상물"이란 건축물 등의 규모·용도 및 수용인원 등을 고려하여 소방시설을 설치하여야 하는 소방대상물로서 대통령령으로 정하는 것을 말한다.
③ "성능위주설계"란 건축물 등의 재료, 공간, 이용자, 화재 특성 등을 객관적으로 고려하여 공정한 방법으로 화재위험성을 평가하고 그 결과에 따라 화재안전성능이 확보될 수 있도록 특정소방대상물을 설계하는 것을 말한다.
④ "화재안전기준" 중 성능기준이란 화재안전 확보를 위하여 재료, 공간 및 설비 등에 요구되는 안전성능으로서 소방청장의 승인을 받은 기준을 말한다.

20. 「소방시설 설치 및 관리에 관한 법률 시행령」 상 화재안전기준을 달리 적용해야 하는 특수한 용도 또는 구조를 가진 특정소방대상물과 해당 특정소방대상물에 설치하지 않을 수 있는 소방시설의 종류로 알맞게 짝지어진 것은?

① 펄프공장의 작업장, 음료수 공장의 세정 또는 충전을 하는 작업장 - 스프링클러설비, 상수도소화용수설비 및 연결살수설비
② 펄프공장의 작업장, 음료수 공장의 세정 또는 충전을 하는 작업장 - 자동화재탐지설비, 상수도소화용수설비 및 연결살수설비
③ 원자력발전소, 중·저준위방사성폐기물의 저장시설 - 연결송수관설비 및 연결살수설비
④ 원자력발전소, 중·저준위방사성폐기물의 저장시설 - 옥내소화전설비, 소화용수설비, 연결송수관설비 및 연결살수설비

21. 「위험물안전관리법 시행규칙」 상 지하탱크저장소의 위치·구조 및 설비의 기준 중 액체위험물의 누설을 검사하기 위한 관에 관한 설명으로 옳은 것은?

> **보기**
> ㄱ. 이중관으로 할 것. 다만, 소공이 있는 상부는 단관으로 할 수 있다.
> ㄴ. 재료는 철근콘크리트구조로 할 것
> ㄷ. 상부는 물이 침투하지 아니하는 구조로 하고, 뚜껑은 검사 시에 쉽게 열 수 있도록 할 것
> ㄹ. 관의 상부부분으로부터 탱크의 중심 높이까지의 부분에는 소공이 뚫려 있을 것
> ㅁ. 관은 탱크전용실의 바닥 또는 탱크의 기초까지 닿게 할 것

① ㄱ, ㄴ
② ㄱ, ㄷ
③ ㄷ, ㄹ
④ ㄷ, ㅁ

22. 「위험물안전관리법」상 위험물시설의 설치 및 변경 중 변경신고에 대한 설명이다. 괄호 안에 들어갈 내용으로 옳은 것은?

> 보기
> 제조소등의 위치·구조 또는 설비의 변경없이 당해 제조소등에서 저장하거나 취급하는 위험물의 품명·수량 또는 지정수량의 배수를 변경하고자 하는 자는 변경하고자 하는 날의 (ㄱ)까지 (ㄴ)이/로 정하는 바에 따라 (ㄷ)에게 신고하여야 한다.

	ㄱ	ㄴ	ㄷ
①	1일 전	시·도의 조례	시·도지사
②	1일 전	행정안전부령	시·도지사
③	1일 후	행정안전부령	소방청장
④	1일 후	시·도의 조례	소방청장

23. 「위험물안전관리법 시행규칙」상 예방규정의 이행 실태 평가 중 정기평가를 실시하는 주기로 옳은 것은?

① 최초평가를 실시한 날을 기준으로 3년마다 실시
② 최초평가를 실시한 날을 기준으로 4년마다 실시
③ 직전 정기평가를 실시한 날을 기준으로 5년마다 실시
④ 직전 정기평가를 실시한 날을 기준으로 6년마다 실시

24. 「위험물안전관리법」 및 같은 법 시행규칙상 위험물안전관리자의 직무대행에 관한 설명으로 옳지 않은 것은?

① 안전관리자를 선임한 제조소등의 관계인은 안전관리자가 여행·질병 그 밖의 사유로 인하여 일시적으로 직무를 수행할 수 없는 경우에는 대리자로 지정하여 직무를 대행하게 하여야 한다.
② 안전관리자의 해임 또는 퇴직과 동시에 다른 안전관리자를 선임하지 못하는 경우에는 대리자로 지정하여 직무를 대행하게 하여야 한다.
③ 위험물안전에 관한 기본지식과 경험이 있는 자로서 소방공무원으로 3년 이상 경력이 있는 자는 대리자로 지정할 수 있다.
④ 대리자가 안전관리자의 직무를 대행하는 기간은 30일을 초과할 수 없다.

25. 「위험물안전관리법 시행규칙」상 제조소등에서의 위험물의 저장 및 취급에 관한 기준에 따라 위험물의 유별 저장·취급의 공통기준 중 중요기준에 관한 내용이다. 괄호 안에 들어갈 내용으로 옳은 것은?

> 보기
> 제2류 위험물은 (ㄱ)와의 접촉·혼합이나 불티·불꽃·고온체와의 접근 또는 과열을 피하는 한편, (ㄴ) 및 이를 함유한 것에 있어서는 물이나 산과의 접촉을 피하고 (ㄷ)에 있어서는 함부로 증기를 발생시키지 아니하여야 한다.

① ㄱ: 산화제,
   ㄴ: 황화인,
   ㄷ: 인화성 고체
② ㄱ: 산화제,
   ㄴ: 철분·금속분·마그네슘,
   ㄷ: 인화성 고체
③ ㄱ: 가연물,
   ㄴ: 철분·금속분·마그네슘,
   ㄷ: 적린
④ ㄱ: 가연물,
   ㄴ: 황린,
   ㄷ: 적린

※ 26번 문항 이후는 경력채용 응시자만 풀이하십시오.
(공개채용 응시자는 추가문제로 활용하세요.)

26. 「소방기본법」 및 같은 법 시행령상 소방자동차 전용구역에 관한 설명으로 옳지 않은 것은?

① 「건축법 시행령」 별표1 제2호가목의 아파트 중 세대수가 100세대 이상인 아파트에는 소방활동의 원활한 수행을 위하여 공동주택에 소방자동차 전용구역을 설치하여야 한다.
② 소방본부장 또는 소방서장은 소방자동차가 접근하기 쉽고 소방활동이 원활하게 수행될 수 있도록 각 동별 전면 또는 후면에 소방자동차 전용구역을 1개소 이상 설치해야 한다.
③ 하나의 전용구역에서 여러 동에 접근하여 소방활동이 가능한 경우로서 소방청장이 정하는 경우에는 각 동별로 설치하지 않을 수 있다.
④ 전용구역 노면표지를 지우거나 훼손하는 행위는 전용구역 방해행위에 해당하며, 100만원 이하의 과태료에 해당한다.

27. 「소방기본법」상 다음 〈보기〉의 행위를 할 경우 해당하는 과태료[ㄱ]와 과태료 부과·징수권자[ㄴ]가 알맞게 짝지어진 것은?

> **보 기**
> 화재로 오인할 만한 우려가 있는 불을 피우거나 연막소독을 하려는 자가 신고를 하지 아니하여 소방자동차를 출동하게 한 자

① ㄱ: 20만원 이하의 과태료,
  ㄴ: 소방본부장 또는 소방서장
② ㄱ: 500만원 이하의 과태료,
  ㄴ: 소방본부장 또는 소방서장
③ ㄱ: 500만원 이하의 과태료,
  ㄴ: 시·도지사, 소방본부장 또는 소방서장
④ ㄱ: 20만원 이하의 과태료,
  ㄴ: 시·도지사, 소방본부장 또는 소방서장

28. 「소방의 화재조사에 관한 법률」 및 같은 법 시행령, 시행규칙상 화재조사전담부서에 관한 설명으로 옳은 것은?

① 소방청장, 소방본부장 또는 소방서장은 화재조사전담부서에 화재조사관을 5명 이상 배치해야 한다.
② 국립과학수사연구원에서 2주 이상 화재조사에 관한 전문교육을 이수한 소방공무원은 소방청장이 실시하는 자격시험에 응시할 수 있다.
③ 「국가기술자격법」에 따른 국가기술자격의 직무분야 중 화재감식평가 분야의 산업기사 자격을 취득한 소방공무원은 화재조사관이 될 수 있다.
④ 전담부서에 배치된 화재조사관은 의무 보수교육을 2년마다 받아야 한다. 다만, 전담부서에 배치된 후 처음 받는 의무 보수교육은 배치 후 6개월 이내에 받아야 한다.

29. 「소방시설공사업법」 및 같은 법 시행령상 감리업자가 아닌 자가 감리를 할 수 있는 대상이다. 다음의 밑줄 친 부분에 해당하는 것으로 옳은 것은?

> **보 기**
> 용도와 구조에서 특별히 안전성과 보안성이 요구되는 소방대상물로서 대통령령으로 정하는 장소에서 시공되는 소방시설물에 대한 감리는 감리업자가 아닌 자도 할 수 있다.

① 「문화유산의 보존 및 활용에 관한 법률」 제23조에 따라 보물 또는 국보로 지정된 목조건축물
② 「방사성폐기물 관리법」 제2조제3호에 따른 방사성폐기물 관리시설이 설치되는 장소
③ 「위험물안전관리법」 제2조제6호에 따른 제조소등이 설치되는 장소
④ 「원자력안전법」 제2조제10호에 따른 관계시설이 설치되는 장소

30. 「소방시설공사업법 시행규칙」상 소방기술자 양성·인정 교육훈련의 실시 등에 관한 설명으로 옳은 것은?

① 소방기술자 양성·인정 교육훈련기관의 지정 요건에 따라 전국 6개 이상의 시·도에 이론교육과 실습교육이 가능한 교육·훈련장을 갖춰야 한다.
② 소방기술자 양성·인정 교육훈련기관의 지정 요건에 따라 소방기술자 양성·인정 교육훈련을 실시할 수 있는 전담인력을 4명 이상 갖춰야 한다.
③ 소방기술자 양성·인정 교육훈련기관의 지정 요건에 따라 교육과목별 교재 및 강사 매뉴얼을 갖춰야 하며, 교육훈련의 신청·수료, 성과측정, 경력관리 등에 필요한 교육훈련관리시스템을 구축·운영하여야 한다.
④ 소방기술자 양성·인정 교육훈련기관은 다음 연도 교육훈련계획을 수립하여 해당 연도 12월 31일까지 소방본부장 또는 소방서장의 승인을 받아야 한다.

31. 「화재의 예방 및 안전관리에 관한 법률」 및 같은 법 시행령상 소방안전 특별관리기본계획·시행계획의 수립·시행에 관한 설명으로 옳지 않은 것은?

① 소방청장은 소방안전특별관리를 체계적이고 효율적으로 하기 위하여 시·도지사와 협의하여 소방안전 특별관리기본계획을 예방 및 안전관리에 관한 기본계획에 포함하여 수립 및 시행하여야 한다.
② 소방청장은 소방안전 특별관리기본계획을 5년마다 수립하여 관계 중앙행정기관의 장에게 통보해야 한다.
③ 시·도지사는 특별관리기본계획을 시행하기 위하여 매년 소방안전 특별관리시행계획을 수립·시행하고, 그 결과를 다음 연도 1월 31일까지 소방청장에게 통보해야 한다.
④ 소방청장 및 시·도지사는 특별관리기본계획 또는 특별관리시행계획을 수립하는 경우 성별, 연령별, 화재안전취약자별 화재 피해현황 및 실태 등을 고려해야 한다.

32. 「화재의 예방 및 안전관리에 관한 법률 시행규칙」 상 소방안전관리자 자격증의 발급권자[ㄱ] 및 발급기한[ㄴ]으로 알맞게 짝지어진 것은?

① ㄱ: 소방청장, ㄴ: 3일 이내
② ㄱ: 소방청장, ㄴ: 1개월 이내
③ ㄱ: 소방청장, 소방본부장 또는 소방서장, ㄴ: 1개월 이내
④ ㄱ: 소방청장, 소방본부장 또는 소방서장, ㄴ: 3일 이내

33. 「소방시설 설치 및 관리에 관한 법률 시행령」 상 임시소방시설의 종류로 옳은 것은?

① 방화포
② 누전경보기
③ 옥내소화전설비
④ 자동화재탐지설비

34. 「소방시설 설치 및 관리에 관한 법률」 및 같은 법 시행령상 소방시설등의 자체점검 결과의 조치 등에 따라 "중대위반사항"에 해당하는 것은?

> 보기
> ㄱ. 소방시설용 비상전원의 고장으로 소방시설이 작동되지 않는 경우
> ㄴ. 실내장식물이 철거되어 본래의 기능을 못하는 경우
> ㄷ. 소화배관 등이 차단되어 소화약제가 자동 방출되지 않는 경우
> ㄹ. 화재 수신기의 고장으로 화재 수신기와 연동된 보안시설의 작동이 불가능한 경우

① ㄱ, ㄷ
② ㄱ, ㄹ
③ ㄴ, ㄷ
④ ㄴ, ㄹ

35. 「소방시설 설치 및 관리에 관한 법률 시행령」 상 소방시설관리사 시험위원이 될 수 있는 사람으로 옳지 않은 것은?

① 소방시설관리사
② 소방위 이상의 소방공무원
③ 소방 관련 분야의 석사 이상의 학위를 취득한 사람
④ 대학에서 소방안전 관련 학과 조교수 이상으로 2년 이상 재직한 사람

36. 「소방시설 설치 및 관리에 관한 법률 시행령」상 특정소방대상물의 관계인이 특정소방대상물에 설치·관리해야 하는 소방시설의 종류 중 누전경보기의 설치대상이다. 괄호 안에 들어갈 내용으로 옳은 것은? (단, 위험물 저장 및 처리 시설 중 가스시설, 터널 및 지하구의 경우는 제외한다.)

> **보기**
> 누전경보기는 계약전류용량이 (ㄱ)암페어를 초과하는 특정소방대상물(내화구조가 아닌 건축물로서 벽·바닥 또는 반자의 전부나 일부를 (ㄴ) 재료에 철망을 넣어 만든 것만 해당한다)에 설치해야 한다.

① ㄱ: 100, ㄴ: 불연재료 또는 준불연재료인
② ㄱ: 100, ㄴ: 불연재료 또는 준불연재료가 아닌
③ ㄱ: 300, ㄴ: 불연재료 또는 준불연재료가 아닌
④ ㄱ: 300, ㄴ: 불연재료 또는 준불연재료인

37. 「위험물안전관리법 시행규칙」상 특정·준특정옥외탱크저장소의 구조 등에 관한 정기점검을 실시할 수 있는 시기로 옳은 것은?

① 최근의 정밀정기검사를 받은 날부터 10년
② 최근의 중간정기검사를 받은 날부터 11년
③ 특정·준특정옥외탱크저장소의 설치허가에 따른 완공검사합격확인증을 발급받은 날부터 12년
④ 특정·준특정옥외저장탱크에 안전조치를 한 후 구조안전점검시기 연장신청을 하여 해당 안전조치가 적정한 것으로 인정받은 경우에는 최근의 중간정기검사를 받은 날부터 13년

38. 「위험물안전관리법」및 같은 법 시행령, 시행규칙상 1인의 안전관리자를 중복하여 선임할 수 있는 경우로 옳지 않은 것은? (단, 동일인이 설치한 경우로 한정한다.)

① 동일구 내에 있는 9개의 암반탱크저장소
② 동일구 내에 있는 29개의 옥외탱크저장소
③ 동일구 내에 있는 각 취급소의 최대수량이 지정수량의 3천배인 5개의 취급소
④ 위험물을 차량에 고정된 탱크에 옮겨 담기 위한 5개의 일반취급소(일반취급소 간의 보행거리가 300미터 이내인 경우에 한한다)와 그 일반취급소에 공급하기 위한 위험물을 저장하는 저장소

39. 「위험물안전관리법」및 같은 법 시행령, 시행규칙상 다음 보기에서 설명하는 탱크안전성능검사를 신청하는 시기로 옳은 것은?

> **보기**
> 탱크의 배관 그 밖의 부속설비를 부착하기 전에 행하는 당해 탱크의 본체에 관한 공사에 있어서 탱크의 용접부가 행정안전부령으로 정하는 기준에 적합한지 여부를 확인함

① 제조소등의 공사를 완료한 후
② 탱크본체에 관한 공사의 개시 전
③ 위험물탱크의 기초 및 지반에 관한 공사의 개시 전
④ 위험물을 저장 또는 취급하는 탱크에 배관 그 밖의 부속설비를 부착하기 전

40. 「위험물안전관리법」및 같은 법 시행령상 예방규정에 관한 설명으로 옳지 않은 것은?

① 대통령령이 정하는 제조소등의 관계인은 당해 제조소등의 화재예방과 화재 등 재해발생시의 비상조치를 위하여 행정안전부령이 정하는 바에 따라 예방규정을 정하여 당해 제조소등의 완공검사를 받기 전에 시·도지사에게 제출하여야 한다.
② 암반탱크저장소, 이송취급소는 예방규정을 정하여야 하는 제조소등에 해당한다.
③ 지정수량 200배 이상의 옥외탱크저장소는 예방규정을 정하여야 하는 제조소등에 해당한다.
④ 제4류 위험물 중 제1석유류만을 지정수량 10배 이하로 취급하는 일반취급소로서 위험물을 차량에 고정된 탱크에 주입하는 일반취급소는 예방규정을 정하지 않아도 된다.

02회 소방관계법규 + 파란불

점수 : 개 / 25개(경력채용 40개)

1. 「소방기본법 시행령」상 소방활동구역에 출입할 수 있는 자로 옳은 보기의 개수는?

보기
ㄱ. 화재조사업무에 종사하는 사람
ㄴ. 취재인력 등 보도업무에 종사하는 사람
ㄷ. 소방활동구역 안에 있는 소방대상물의 관리자
ㄹ. 시·도지사가 소방활동을 위하여 출입을 허가한 사람
ㅁ. 수도·기계의 업무에 종사하는 사람으로서 원활한 소방활동을 위하여 필요한 사람

① 없다. ② 1개
③ 2개   ④ 3개

2. 「소방기본법 시행령」 별표 3에 따른 과태료의 부과기준이다. 소방자동차 전용구역의 위반행위에 대한 과태료 금액의 내용으로 옳은 것은?

위반행위	과태료 금액(만원)		
	1회	2회	3회 이상
소방자동차 전용구역에 차를 주차하거나 전용구역에의 진입을 가로막는 등의 방해행위를 한 경우	㉠	㉡	㉢

	㉠	㉡	㉢
①	50	50	100
②	50	100	100
③	100	100	100
④	100	150	150

3. 「소방기본법 시행규칙」상 소방용수시설 및 비상소화장치의 설치기준에 관한 설명으로 옳은 보기의 개수는?

보기
ㄱ. 소방호스 및 관창은 「소방시설 설치 및 관리에 관한 법률」 제37조제5항에 따라 소방청장이 정하여 고시하는 형식승인 및 제품검사의 기술기준에 적합한 것으로 설치할 것
ㄴ. 「국토의 계획 및 이용에 관한 법률」 제36조 제1항 제1호의 규정에 의한 공업지역에 설치하는 경우 소방대상물과의 수평거리는 140미터 이하가 되도록 할 것
ㄷ. 소화전은 상수도와 연결하여 지하식 또는 지상식의 구조로 하고, 소방용호스와 연결하는 소화전의 연결금속구의 구경은 65밀리미터로 할 것
ㄹ. 급수탑의 급수배관 구경은 150밀리미터 이상으로 하고, 개폐밸브는 지상에서 1.5미터 이상 1.7미터 이하의 위치에 설치하도록 할 것

① 1개 ② 2개
③ 3개 ④ 4개

4. 「소방기본법」 및 같은 법 시행령, 시행규칙상 소방장비 등에 대한 국고보조에 대한 설명으로 옳지 않은 것은?

① 국가는 소방장비의 구입 등 시·도의 소방업무에 필요한 경비의 전부 또는 일부를 보조한다.
② 소방헬리콥터 및 소방정, 소방전용 통신설비 및 전산설비는 국고보조 대상사업의 범위에 해당한다.
③ 국고보조 대상이 되는 소방자동차 중 펌프차는 240마력 이상인 것이 대형, 170마력 이상 240마력 미만인 것이 중형, 120마력 이상 170마력 미만인 것이 소형에 해당한다.
④ 국고보조 대상이 되는 고가(사다리의 길이가 33m 이상인 것에 한한다) 사다리 소방차는 330마력 이상인 것이 해당한다.

5. 「소방의 화재조사에 관한 법률 시행령」상 화재합동조사단의 구성·운영에 따라 화재합동조사단이 화재조사를 완료하면 보고해야 하는 화재조사 결과에 포함되어야 하는 사항으로 옳은 것은?

> 보 기
> ㄱ. 현행 제도의 문제점 및 개선 방안
> ㄴ. 소방시설 등의 설치·관리 및 작동 여부에 관한 사항
> ㄷ. 관계인의 보험가입 정보 등에 관한 사항
> ㄹ. 화재현장 보존조치나 통제구역 설정의 이유 및 주체

① ㄱ, ㄴ ② ㄱ, ㄷ
③ ㄴ, ㄹ ④ ㄷ, ㄹ

6. 「소방의 화재조사에 관한 법률」 및 같은 법 시행령상 감정기관의 지정·운영에 관한 설명으로 옳은 보기의 개수는?

> 보 기
> ㄱ. 소방청장은 과학적이고 전문적인 화재조사를 위하여 행정안전부령으로 정하는 시설과 전문인력 등 지정기준을 갖춘 기관을 화재감정기관으로 지정·운영하여야 한다.
> ㄴ. 소방청장은 지정된 감정기관에서의 과학적 조사·분석 등에 소요되는 비용의 전부 또는 일부를 지원하여야 한다.
> ㄷ. 의뢰받은 감정을 정당한 사유 없이 거부하거나 1개월 이상 수행하지 않은 경우에는 지정을 취소하여야 한다.
> ㄹ. 소방청장은 감정기관의 지정을 취소하려면 청문을 하여야 한다.
> ㅁ. 지정이 취소된 화재감정기관은 지정이 취소된 날부터 3일 이내에 화재감정기관 지정서를 반환해야 한다.

① 없다. ② 1개
③ 3개   ④ 5개

7. 「소방시설공사업법 시행규칙」상 소방기술과 관련된 자격·학력 및 경력의 인정 범위에 따라 다음 보기에 해당하는 자에 대한 소방기술자, 소방공사감리원, 자체 점검자의 등급으로 옳게 짝지어진 것은?

> 소방설비산업기사 자격을 취득한 후 11년간 소방 관련 업무를 수행한 사람
> • (ㄱ)급 기술자
> • (ㄴ)급 감리원
> • (ㄷ)급 점검자

	ㄱ	ㄴ	ㄷ
①	고	고	고
②	고	특	특
③	특	고	특
④	특	고	고

8. 「소방시설공사업법」 및 같은 법 시행규칙상 소방시설업의 등록취소와 영업정지에 관한 설명으로 옳은 것은?

① 시·도지사는 소방시설업자가 다른 자에게 자기의 성명이나 상호를 사용하여 소방시설공사등을 수급 또는 시공하게 하거나 소방시설업의 등록증 또는 등록수첩을 빌려준 경우에는 그 등록을 취소하여야 한다.
② 다른 자에게 자기의 성명이나 상호를 사용하여 소방시설공사등을 수급 또는 시공하게 하거나 소방시설업의 등록증이나 등록수첩을 빌려준 자는 300만원 이하의 벌금에 해당한다.
③ 소방시설업자의 지위를 승계한 상속인이 등록 결격사유에 해당할 때에는 상속을 개시한 날부터 1년 동안은 등록취소를 적용하지 아니한다.
④ 시·도지사는 등록취소·시정명령 또는 영업정지를 하는 경우에는 처분일부터 30일 이내에 소방시설업자협회에 그 사실을 알려주어야 한다.

9. 「소방시설공사업법」 및 같은 법 시행령상 발주자가 "「공공기관의 운영에 관한 법률」 제5조에 따른 공기업 및 준정부기관인 경우" 하도급계약에 관한 설명으로 옳지 않은 것은?

① 발주자는 하수급인의 시공 및 수행능력, 하도급계약 내용의 적정성 등을 심사하기 위하여 하도급계약심사위원회를 둘 수 있다.
② 하도급계약심사위원회는 위원장 1명과 부위원장 1명을 포함하여 10명 이내의 위원으로 구성한다.
③ 발주자는 하수급인 또는 하도급계약 내용의 변경을 요구하려는 경우에는 하도급에 관한 사항을 통보받은 날 또는 그 사유가 있음을 안 날부터 30일 이내에 서면으로 하여야 한다.
④ 발주자는 수급인이 정당한 사유 없이 하수급인 또는 하도급계약 내용의 변경요구에 따르지 아니하여 공사 등의 결과에 중대한 영향을 끼칠 우려가 있는 경우에는 해당 소방시설공사등의 도급계약을 해지할 수 있다.

10. 「소방시설공사업법 시행령」상 소방공사 감리원의 배치기준 및 배치기간에 관한 설명으로 옳은 것은?

① 연면적 5천제곱미터 이상 3만제곱미터 미만인 특정소방대상물의 공사 현장에는 보조감리원을 두어야 한다.
② 소방시설공사 현장의 연면적 합계가 20만제곱미터 이상인 경우에는 20만제곱미터를 초과하는 연면적에 대하여 20만제곱미터마다 보조감리원 1명 이상 추가로 배치하여야 한다.
③ 감리업자는 소방공사 감리원을 상주 공사감리 및 일반공사 감리로 구분하여 소방시설공사의 착공신고일부터 소방시설 완공검사증명서 발급일까지의 기간 중 행정안전부령으로 정하는 기간 동안 배치한다.
④ 감리업자는 시공관리, 품질 및 안전에 지장이 없는 경우로서 발주자가 공사의 중단을 요청하는 경우로서 발주자가 서면으로 승낙하는 경우에는 해당 공사가 중단된 기간 동안 감리원을 공사현장에 배치하지 아니할 수 있다.

11. 「화재의 예방 및 안전관리에 관한 법률 시행령」상 이동식 난로를 사용할 수 있는 장소로 옳은 것은? (단, 난로가 쓰러지지 않도록 받침대를 두어 고정시키거나 쓰러지는 경우 즉시 소화되고 연료의 누출을 차단할 수 있는 장치가 부착된 경우는 고려하지 않는다.)

① 「공중위생관리법」 제2조제1항제2호에 따른 숙박업, 같은 항 제3호에 따른 목욕장업 및 같은 항 제6호에 따른 세탁업의 영업장
② 「영화 및 비디오물의 진흥에 관한 법률」 제2조제10호에 따른 영화상영관
③ 「건축법」 제2조제1호에 따른 부속구조물
④ 「박물관 및 미술관 진흥법」 제2조제1호에 따른 박물관 및 같은 조 제2호에 따른 미술관

12. 「화재의 예방 및 안전관리에 관한 법률」 및 같은 법 시행령상 화재안전조사 결과 공개에 따라 공개할 수 있는 것은?

<보기>
ㄱ. 자체점검 기간 및 점검자
ㄴ. 피난시설, 방화구획 및 방화시설의 설치 및 관리 현황
ㄷ. 소방안전관리자 선임 및 해임 현황
ㄹ. 특정소방대상물의 정보 및 자체점검 결과
ㅁ. 화재예방안전진단 실시 결과

① ㄱ, ㄹ
② ㄴ, ㄷ
③ ㄴ, ㅁ
④ ㄷ, ㅁ

13. 「화재의 예방 및 안전관리에 관한 법률 시행규칙」상 소방안전관리등급 및 설치된 소방시설에 따른 대행인력의 배치등급의 기준으로 옳은 것은? (단, 연면적은 5천제곱미터 이상인 특정소방대상물에 한한다.)

① 1급 소방안전관리대상물 – 제연설비가 설치된 경우
　– 특급 점검자 이상 1명 이상
② 2급 소방안전관리대상물 – 스프링클러설비가 설치된 경우
　– 고급 점검자 이상 1명 이상
③ 2급 소방안전관리대상물 – 옥내소화전설비가 설치된 경우
　– 중급 점검자 이상 1명 이상
④ 3급 소방안전관리대상물 – 자동화재탐지설비가 설치된 경우
　– 초급 점검자 이상 1명 이상

14. 「화재의 예방 및 안전관리에 관한 법률 시행규칙」상 화재예방안전진단기관의 장비기준에 따라 "소방분야"에 갖춰야 하는 장비로 옳지 않은 것은?

① 검전기　　② 조도계
③ 누전계　　④ 음량계

15. 「화재의 예방 및 안전관리에 관한 법률」 및 같은 법 시행규칙상 불시 소방훈련 및 교육에 관한 설명으로 옳지 않은 것은?

① 소방본부장 또는 소방서장은 화재 발생 시 불특정 다수의 인명피해가 예상되어 소방본부장 또는 소방서장이 소방훈련·교육이 필요하다고 인정하는 특정소방대상물의 근무자등에게 불시에 소방훈련과 교육을 실시하여야 한다.
② 소방본부장 또는 소방서장은 불시 소방훈련과 교육을 실시하려는 경우에는 소방안전관리대상물의 관계인에게 불시 소방훈련·교육 실시 10일 전까지 불시 소방훈련·교육 계획서를 통지해야 한다.
③ 소방본부장 또는 소방서장은 불시 소방훈련·교육 실시 결과에 대한 평가를 실시하려는 경우에는 평가 계획을 사전에 수립해야 한다.
④ 평가는 현장평가를 원칙으로 하되, 필요에 따라 서면평가 등을 병행할 수 있다. 이 경우 불시 소방훈련·교육 참가자에 대한 설문조사 또는 면접조사 등을 함께 실시할 수 있다.

16. 「소방시설 설치 및 관리에 관한 법률 시행령」상 수용인원의 산정 방법에 따라 다음 〈보기〉에 적합한 종교시설에 수용인원으로 옳은 것은?

보기
- 바닥면적의 합계가 1,380[㎡]인 종교시설이다.
- 바닥면적 외의 관람석 부분에 450[cm]인 긴 의자가 15개 설치되어 있다.

① 300명　　② 350명
③ 400명　　④ 450명

17. 「소방시설 설치 및 관리에 관한 법률 시행령」상 무선통신보조설비를 설치하여야 하는 대상으로 옳지 않은 것은? (단, 위험물 저장 및 처리시설 중 가스시설은 제외한다.)

① 터널로서 길이가 500m 이상인 것
② 지하상가로서 연면적 1천㎡ 이상인 것
③ 지하층의 바닥면적의 합계가 1천㎡ 이상인 것은 지하층의 모든 층
④ 층수가 30층 이상인 것으로서 16층 이상 부분의 모든 층

18. 「소방시설 설치 및 관리에 관한 법률 시행규칙」 제23조에 따라 소방시설등의 자체점검 결과의 조치로 옳은 것은?

① 관리업자등은 자체점검을 실시한 경우에는 그 점검이 끝난 날부터 10일 이내에 소방시설등 자체점검 실시결과 보고서에 소방본부장 또는 소방서장이 정하여 고시하는 소방시설등점검표를 첨부하여 관계인에게 제출해야 한다.
② 자체점검 실시결과 보고서를 제출받은 관계인은 자체점검이 끝난 날부터 30일 이내에 소방시설등 자체점검 실시결과 보고서에 서류를 첨부하여 소방본부장 또는 소방서장에게 서면이나 소방청장이 지정하는 전산망을 통하여 보고해야 한다.
③ 소방시설등의 자체점검 결과 이행계획서를 보고받은 소방본부장 또는 소방서장은 이행계획의 완료 기간을 정하여 관계인에게 통보해야 한다.
④ 완료기간 내에 이행계획을 완료한 관계인은 이행을 완료한 날부터 15일 이내에 소방시설등의 자체점검 결과 이행완료 보고서에 서류를 첨부하여 소방본부장 또는 소방서장에게 보고해야 한다.

19. 「소방시설 설치 및 관리에 관한 법률」상 소방시설기준 적용의 특례에 따라 대통령령 또는 화재안전기준의 변경으로 강화된 기준을 적용할 수 있는 소방시설의 종류로 옳지 않은 것은?

① 비상경보설비
② 비상방송설비
③ 자동화재탐지설비
④ 자동화재속보설비

20. 「소방시설 설치 및 관리에 관한 법률」 및 같은 법 시행령상 건축허가등의 동의 여부를 알릴 경우 원활한 소방활동 및 건축물 등의 화재안전성능을 확보하기 위하여 검토 자료 또는 의견서를 첨부할 수 있는 사항으로 옳지 않은 것은?

① 「건축법」 제49조제3항에 따른 소방관 진입창
② 「소방기본법」 제21조의2에 따른 소방자동차 전용구역의 설치
③ 「주택건설기준 등에 관한 규정」 제26조에 따른 주택단지 안 도로의 설치
④ 소방자동차의 접근이 가능한 통로의 설치

21. 「위험물안전관리법 시행규칙」 별표 6 옥외탱크저장소의 위치·구조 및 설비의 기준에 따른 방유제의 기준으로 옳은 것은?

> **보기**
> ㄱ. 이황화탄소 등 인화성 액체위험물의 옥외탱크저장소의 주위에는 방유제를 설치하여야 한다.
> ㄴ. 방유제는 높이 0.5m 이상 3m 이하, 두께 0.1m 이상, 지하매설깊이 3m 이상으로 할 것
> ㄷ. 방유제 내의 설치하는 옥외저장탱크의 수는 10(방유제내에 설치하는 모든 옥외저장탱크의 용량이 20만리터 이하이고, 당해 옥외저장탱크에 저장 또는 취급하는 위험물의 인화점이 70℃ 이상 200℃ 미만인 경우에는 20) 이하로 할 것. 다만, 인화점이 200℃ 이상인 위험물을 저장 또는 취급하는 옥외저장탱크에 있어서는 그러하지 아니하다.
> ㄹ. 방유제에는 그 내부에 고인 물을 외부로 배출하기 위한 배수구를 설치하고 이를 개폐하는 밸브 등을 방유제의 외부에 설치할 것
> ㅁ. 높이가 1m를 넘는 방유제 및 간막이 둑의 안팎에는 방유제내에 출입하기 위한 계단 또는 경사로를 약 100m마다 설치할 것

① ㄴ, ㄷ
② ㄷ, ㄹ
③ ㄱ, ㄷ, ㄹ
④ ㄴ, ㅁ

22. 「위험물안전관리법 시행령」상 "액상"의 정의이다. 괄호 안에 들어갈 내용으로 옳은 것은?

> "액상"이라 함은 수직으로 된 시험관에 시료를 55밀리미터까지 채운 다음 당해 시험관을 수평으로 하였을 때 시료액면의 선단이 (㉠)밀리미터를 이동하는데 걸리는 시간이 (㉡)초 이내에 있는 것을 말한다.

	㉠	㉡		㉠	㉡
①	30	60	②	30	90
③	50	90	④	50	60

23. 「위험물안전관리법 시행규칙」상 위험물의 운반에 관한 기준에 따라 위험등급Ⅲ의 위험물을 모두 고른 것은?

> 〈보기〉
> ㄱ. 과망가니즈산염류
> ㄴ. 금속의 인화물
> ㄷ. 제2석유류
> ㄹ. 하이드라진유도체(제2종)

① ㄱ
② ㄱ, ㄴ
③ ㄱ, ㄴ, ㄷ
④ ㄱ, ㄴ, ㄷ, ㄹ

24. 「위험물안전관리법 시행규칙」상 제조소등에서의 위험물의 저장 및 취급에 관한 기준에 따라 옥내저장소에서 위험물을 저장하는 경우 용기를 겹쳐 쌓지 아니하여야 하는 기준을 위반한 것은?

① 제4류 위험물 중 제2석유류를 수납하는 용기를 겹쳐 쌓는 경우로서 4m
② 제4류 위험물 중 제3석유류를 수납하는 용기를 겹쳐 쌓는 경우로서 4m
③ 제4류 위험물 중 제4석유류를 수납하는 용기를 겹쳐 쌓는 경우로서 4m
④ 기계에 의하여 하역하는 구조로 된 용기만을 겹쳐 쌓는 경우로서 6m

25. 「위험물안전관리법 시행규칙」상 주유취급소의 위치·구조 및 설비의 기준 중 고정주유설비 및 고정급유설비에 대한 설명으로 옳지 않은 것은?

① 고정주유설비 또는 고정급유설비의 주유관의 길이는 50m 이내로 하고 그 끝부분에는 축적된 정전기를 유효하게 제거할 수 있는 장치를 설치하여야 한다.
② 고정주유설비의 중심선을 기점으로 하여 도로경계선까지 4m 이상, 부지경계선·담 및 건축물의 벽까지 2m(개구부가 없는 벽까지는 1m) 이상의 거리를 유지할 것
③ 고정급유설비의 중심선을 기점으로 하여 도로경계선까지 4m 이상, 부지경계선 및 담까지 1m 이상, 건축물의 벽까지 2m(개구부가 없는 벽까지는 1m) 이상의 거리를 유지할 것
④ 고정주유설비와 고정급유설비의 사이에는 4m 이상의 거리를 유지할 것

※ 26번 문항 이후는 경력채용 응시자만 풀이하십시오.
(공개채용 응시자는 추가문제로 활용하세요.)

26. 「소방기본법」 및 같은 법 시행령상 소방기술민원센터에 대한 설명으로 옳지 않은 것은?

① 소방청장 또는 소방본부장은 소방기술민원센터를 소방청 또는 소방본부에 각각 설치·운영한다.
② 소방기술민원센터는 센터장을 포함하여 18명 이내로 구성한다.
③ 소방청장 또는 소방본부장은 소방기술민원센터의 업무수행을 위하여 필요하다고 인정하는 경우에는 관계 기관의 장에게 소속 공무원 또는 직원의 파견을 요청할 수 있다.
④ 규정한 사항 외에 소방기술민원센터의 설치·운영에 필요한 사항은 소방청에 설치하는 경우에는 소방청장이 정하고, 소방본부에 설치하는 경우에는 소방본부장이 정한다.

27. 「소방기본법 시행규칙」상 소방안전교육훈련의 시설, 장비, 강사자격 및 교육방법 등의 기준으로 옳은 것은?

① 소방공무원으로서 3년 이상 근무한 경력이 있는 사람은 강사가 될 수 있다.
② 소방안전교육훈련은 이론교육과 실습(체험)교육을 병행하여 실시하되, 실습(체험)교육이 전체 교육시간의 100분의 30 이상이 되어야 한다.
③ 시·도지사는 소방안전교육훈련 중 발생한 사고로 인한 교육훈련대상자 등의 생명·신체나 재산상의 손해를 보상하기 위한 보험 또는 공제에 가입하여야 한다.
④ 시·도지사는 소방안전교육훈련의 실시결과, 만족도 조사 결과 등을 기록하고 이를 2년간 보관하여야 한다.

28. 「소방기본법」상 국가가 소방기술의 연구·개발사업 수행하게 할 수 있는 기관이나 단체로 옳은 것은?

보기

ㄱ. 국공립 연구기관
ㄴ. 「소방기본법」 제40조에 따른 한국소방안전원
ㄷ. 「소방의 화재조사에 관한 법률」 제17조에 따른 화재감정기관
ㄹ. 「소방산업의 진흥에 관한 법률」 제14조에 따른 한국소방산업기술원

① ㄱ, ㄴ   ② ㄱ, ㄹ
③ ㄴ, ㄷ   ④ ㄴ, ㄹ

29. 「소방시설공사업법 시행규칙」상 감리원의 세부 배치 기준에 따라 일반 공사감리 대상인 경우 "1명의 감리원"이 담당하는 소방공사감리현장에 관한 설명으로 옳은 것은?

① 일반 공사감리 대상인 아파트의 경우에는 현장의 개수에 관계없이 1명의 감리원이 연면적 10만제곱미터 이내의 공사현장을 감리할 수 있다.
② 소방공사감리현장은 10개 이하이거나 감리현장 연면적의 총 합계가 1만제곱미터 이하이어야 한다.
③ 소방공사감리현장은 5개 이하이거나 감리현장 연면적의 총 합계가 10만제곱미터 이하이어야 한다.
④ 자동화재탐지설비 또는 옥내소화전설비 중 어느 하나만 설치하는 2개의 소방공사감리현장이 최단 차량주행거리로 30킬로미터 이내에 있는 경우에는 1개의 소방공사감리현장으로 본다.

30. 「소방시설공사업법 시행령」상 감리업자를 선정하는 주택건설공사의 규모 및 대상 등으로 옳지 않은 것은?

① 시·도지사가 감리업자를 선정해야 하는 주택건설공사의 규모 및 대상은 「주택법」에 따른 공동주택(기숙사는 제외한다)으로서 300세대 이상인 것으로 한다.
② 시·도지사는 감리업자를 선정하려는 경우에는 주택건설사업계획을 승인한 날부터 7일 이내에 다른 공사와는 별도로 소방시설공사의 감리를 할 감리업자의 모집공고를 해야 한다.
③ 시·도지사는 「주택법 시행령」 제31조에 따른 공사 착수기간의 연장 등 부득이한 사유가 있어 사업주체가 요청하는 경우에는 그 사유가 없어진 날부터 7일 이내에 제2항에 따른 모집공고를 할 수 있다.
④ 모집공고는 일간신문에 싣거나 해당 특별시·광역시·특별자치시·도 또는 특별자치도의 게시판과 인터넷 홈페이지에 30일 이상 게시하는 등의 방법으로 한다.

31. 「화재의 예방 및 안전관리에 관한 법률 시행령」상 건설현장 소방안전관리대상물의 소방안전관리자의 업무로 옳은 것은?

> 보 기
> ㄱ. 공사진행 단계별 피난안전구역, 피난로 등의 확보와 관리
> ㄴ. 건설현장 작업자를 제외한 소방훈련·교육의 실시
> ㄷ. 소방안전관리에 관한 업무수행에 관한 기록·유지
> ㄹ. 자위소방대 및 초기대응체계의 구성, 운영 및 교육
> ㅁ. 건설현장의 소방계획서의 작성

① ㄱ, ㄴ
② ㄱ, ㅁ
③ ㄴ, ㄷ
④ ㄴ, ㄹ

32. 「화재의 예방 및 안전관리에 관한 법률 시행령」상 2급 소방안전관리자를 선임해야 하는 소방안전관리대상물의 범위로 옳지 않은 것은?

① 연면적 10만제곱미터인 지하구
② 가연성 가스를 300톤 저장하는 시설
③ 이산화탄소소화설비를 설치해야 하는 특정소방대상물
④ 공동주택관리법 제2조제1항제2호의 어느 하나에 해당하는 공동주택으로서 할론소화설비가 설치된 것

33. 「화재의 예방 및 안전관리에 관한 법률」 및 같은 법 시행령상 소방안전 특별관리시설물에 해당하는 것은?

> 보 기
> ㄱ. 점포가 300개 이상인 전통시장
> ㄴ. 「물류시설의 개발 및 운영에 관한 법률」 제2조제5호의2에 따른 물류창고로서 연면적 3만제곱미터 이상인 것
> ㄷ. 「문화유산의 보존 및 활용에 관한 법률」 제2조제3항의 지정문화유산 및 「자연유산의 보존 및 활용에 관한 법률」 제2조제5호에 따른 천연기념물등인 시설
> ㄹ. 「초고층 및 지하연계 복합건축물 재난관리에 관한 특별법」 제2조제1호·제2호의 초고층 건축물 및 지하연계 복합건축물

① ㄱ, ㄷ
② ㄴ, ㄷ
③ ㄴ, ㄹ
④ ㄷ, ㄹ

34. 「화재의 예방 및 안전관리에 관한 법률 시행령」상 화재안전조사의 항목으로 옳지 않은 것은?

① 「소방기본법」 제21조의2에 따른 소방자동차 전용구역의 설치에 관한 사항
② 「소방시설공사업법」 제13조에 따른 착공신고, 같은 법 제14조에 따른 완공검사에 관한 사항
③ 「화재의 예방 및 안전관리에 관한 법률」 제36조에 따른 피난계획의 수립 및 시행에 관한 사항
④ 「소방시설 설치 및 관리에 관한 법률」 제15조에 따른 건설현장 임시소방시설의 설치 및 관리에 관한 사항

35. 「소방시설 설치 및 관리에 관한 법률 시행령」상 간이스프링클러설비를 설치해야 하는 특정소방대상물로 옳지 않은 것은?

① 근린생활시설로 사용하는 부분의 바닥면적 합계가 1천㎡ 이상인 것은 모든 층
② 정신의료기관 또는 의료재활시설로 사용되는 바닥면적의 합계가 300㎡ 이상 600㎡ 미만인 시설
③ 교육연구시설 내에 합숙소로서 연면적 100㎡ 이상인 경우에는 모든 층
④ 공동주택 중 아파트등 및 기숙사(아파트등 및 기숙사에 설치하는 간이스프링클러설비는 화재안전기준에 따른 주택전용 간이스프링클러설비를 설치한다)

36. 「소방시설 설치 및 관리에 관한 법률 시행규칙」상 상시 점검능력의 평가를 신청할 수 있는 경우로 옳지 않은 것은?

① 신규로 소방시설관리업의 등록을 한 자
② 소방시설관리업자의 변경신고를 한 자
③ 소방시설관리업자의 지위를 승계한 자
④ 점검능력 평가 공시 후 다시 점검능력 평가를 신청하는 자

37. 「소방시설 설치 및 관리에 관한 법률 시행규칙」상 소방시설관리업자가 소방시설관리업의 등록증 및 등록수첩을 지체 없이 시·도지사에게 반납해야 하는 경우로 옳은 것은?

<보 기>
ㄱ. 소방시설관리업의 영업이 정지된 경우
ㄴ. 소방시설관리업의 등록이 취소된 경우
ㄷ. 소방시설관리업을 휴업한 경우
ㄹ. 소방시설관리업을 폐업한 경우

① ㄱ, ㄷ
② ㄱ, ㄹ
③ ㄴ, ㄷ
④ ㄴ, ㄹ

38. 「소방시설 설치 및 관리에 관한 법률」상 벌칙이 다른 하나는?

① 형식승인의 변경승인을 받지 아니한 자
② 소방용품의 형식승인을 받지 아니하고 소방용품을 제조하거나 수입한 자
③ 합격표시를 하지 아니한 소방용품을 판매·진열하거나 소방시설공사에 사용한 자
④ 구매자에게 명령을 받은 사실을 알리지 아니하거나 필요한 조치를 하지 아니한 자

39. 「위험물안전관리법 시행규칙」상 옥외탱크저장소의 위치·구조 및 설비의 기준에 따라 밸브 없는 통기관의 설치기준으로 옳지 않은 것은?

① 지름은 30㎜ 이상일 것
② 끝부분은 수평면보다 45도 이상 구부려 빗물 등의 침투를 막는 구조로 할 것
③ 인화점이 38℃ 미만인 위험물만을 저장 또는 취급하는 탱크에 설치하는 통기관에는 화염방지장치를 설치하고, 그 외의 탱크에 설치하는 통기관에는 40메쉬(mesh) 이상의 구리망 또는 동등 이상의 성능을 가진 인화방지장치를 설치할 것
④ 인화점이 70℃ 이상인 위험물만을 해당 위험물의 인화점 미만의 온도로 저장 또는 취급하는 탱크에 설치하는 통기관에는 화염방지장치를 설치하지 않을 수 있다.

40. 「위험물안전관리법 시행규칙」상 제조소의 위치·구조 및 설비의 기준 중 옥외설비의 바닥에 관한 설명으로 옳은 것은?

① 바닥의 최고부에 집유설비를 하여야 한다.
② 바닥은 콘크리트 등 위험물이 스며들지 아니하는 재료로 하고, 턱이 있는 쪽이 높게 경사지게 하여야 한다.
③ 바닥의 둘레에 높이 0.15m 이상의 턱을 설치하는 등 위험물이 외부로 흘러나가지 아니하도록 하여야 한다.
④ 위험물(온도 20℃의 물 100g에 용해되는 양이 1g 이상인 것에 한한다)을 취급하는 설비에 있어서는 당해 위험물이 직접 배수구에 흘러들어가지 아니하도록 집유설비에 유분리장치를 설치하여야 한다.

2025년 03월 29일 시행

2025년 소방공무원 채용시험 대비
SONICE 소방관계법규 모의고사 3회

응시번호	
성 명	

시 험 과 목

제1과목 소방관계법규 🔥빨간불 모의고사 3회 ·················· 41~50

제2과목 소방관계법규 🔥파란불 모의고사 3회 ·················· 51~60

응시자 준수사항

※ "시험 감독관 또는 방송"의 안내에 따라 다음 사항을 반드시 지켜 주시기 바랍니다.

1. 시험지 표지에 "응시번호 및 성명"을 기재하여 주십시오.

2. 시험이 시작되면 시험지의 "과목 순서", "페이지 수량", "인쇄 상태"를 확인해 주십시오.

3. 문제를 주의 깊게 읽고 문항의 취지에 가장 적합한 하나의 정답만을 고르십시오.

4. 문제 내용에 관한 질문은 하실 수 없습니다.

03회 소방관계법규 + 빨간불

1. 「소방기본법 시행령」상 소방업무에 관한 세부계획 추진실적 등의 평가에 관한 설명으로 옳지 않은 것은?

① 소방청장은 재난·재해, 그 밖의 위급한 상황으로부터 국민의 생명·신체 및 재산을 보호하기 위하여 세부계획 수립의 적절성, 세부계획 추진실적 등에 대하여 정기적으로 평가할 수 있다.
② 소방청장은 평가를 하려는 경우 다음 연도의 평가계획을 12월 31일까지 시·도지사에게 통지해야 한다.
③ 통지를 받은 시·도지사는 전년도 세부계획 추진실적 등을 1월 31일까지 소방청장에게 제출해야 하고, 소방청장은 평가결과를 3월 31일까지 시·도지사에게 통보해야 한다.
④ 규정한 사항 외에 세부계획 추진실적 등의 평가에 필요한 사항은 소방청장이 정한다.

2. 「소방기본법」상 정의이다. ㄱ, ㄴ에 들어갈 내용으로 옳은 것은?

보기
○ 소방대상물 : 건축물, (ㄱ), 선박(「선박법」 제1조의2제1항에 따른 선박으로서 항구에 매어둔 선박만 해당한다), 선박 건조 구조물, 산림, 그 밖의 인공 구조물 또는 물건
○ 소방본부장 : 특별시·광역시·특별자치시·도 또는 특별자치도에서 화재의 예방·경계·진압·(ㄴ) 및 구조·구급 등의 업무를 담당하는 부서의 장

① ㄱ: 차량, ㄴ: 교육
② ㄱ: 차량, ㄴ: 조사
③ ㄱ: 항공기, ㄴ: 조사
④ ㄱ: 항공기, ㄴ: 교육

3. 「소방기본법」상 소방력의 기준 및 소방장비 등에 대한 국고보조에 관한 설명으로 옳지 않은 것은?

① 소방기관이 소방업무를 수행하는 데에 필요한 인력과 장비 등에 관한 기준은 행정안전부령으로 정한다.
② 소방청장은 소방력의 기준에 따라 관할구역의 소방력을 확충하기 위하여 필요한 계획을 수립하여 시행하여야 한다.
③ 소방자동차 등 소방장비의 분류·표준화와 그 관리 등에 필요한 사항은 따로 법률에서 정한다.
④ 국가는 소방장비의 구입 등 시·도의 소방업무에 필요한 경비의 일부를 보조하며, 보조 대상사업의 범위와 기준 보조율은 대통령령으로 정한다.

4. 「소방기본법 시행령」상 손실보상심의위원회의 위원이 될 수 있는 사람으로 옳지 않은 것은?

① 「보험업법」 제186조에 따른 손해사정사
② 판사·검사 또는 변호사로 5년 이상 근무한 사람
③ 소방안전 또는 의학 분야에 관한 학식과 경험이 풍부한 사람
④ 「고등교육법」 제2조에 따른 학교에서 건축학 또는 기계공학을 가르치는 부교수 이상으로 5년 이상 재직한 사람

5. 「소방기본법」상 벌칙이 다른 하나는?

① 사람을 구출하는 일 또는 불을 끄거나 불이 번지지 아니하도록 하는 일을 방해한 사람
② 소방대가 화재진압·인명구조 또는 구급활동을 위하여 현장에 출동하거나 현장에 출입하는 것을 고의로 방해하는 행위를 한 사람
③ 정당한 사유 없이 소방용수시설 또는 비상소화장치를 사용하거나 소방용수시설 또는 비상소화장치의 효용을 해치거나 그 정당한 사용을 방해한 사람
④ 사람을 구출하거나 불이 번지는 것을 막기 위하여 필요할 때에는 화재가 발생하거나 불이 번질 우려가 있는 소방대상물 및 토지를 일시적으로 사용하거나 그 사용의 제한 또는 소방활동에 필요한 처분을 방해한 자

6. 「소방의 화재조사에 관한 법률」및 같은 법 시행령상 국가화재정보시스템의 운영에 관한 사항으로 옳지 않은 것은?

① 소방청장, 소방본부장 또는 소방서장은 화재조사 결과, 화재원인, 피해상황 등에 관한 화재정보를 종합적으로 수집·관리하여 화재예방과 소방활동에 활용할 수 있는 국가화재정보시스템을 구축·운영하여야 한다.
② 화재정보의 수집·관리 및 활용 등에 필요한 사항은 대통령령으로 정한다.
③ 소방청장, 소방본부장 또는 소방서장은 국가화재정보시스템을 활용하여 화재정보를 기록·유지 및 보관해야 한다.
④ 규정한 사항 외에 국가화재정보시스템의 운영 및 활용 등에 필요한 사항은 소방청장이 정한다.

7. 「소방시설공사업법」상 청문을 실시하여야 하는 대상으로 옳은 것은?

<보기>
ㄱ. 소방안전관리자의 자격 취소처분
ㄴ. 진단기관의 지정취소처분
ㄷ. 소방시설업의 영업정지처분
ㄹ. 소방기술 인정 자격정지처분

① ㄷ
② ㄱ, ㄷ
③ ㄴ, ㄷ
④ ㄷ, ㄹ

8. 「소방시설공사업법 시행령」상 소방시설공사의 시공을 일부 하도급할 수 있는 경우로 옳지 않은 것은? (단, 소방시설공사의 착공신고대상 중 신설하는 공사의 소방설비 중 하나 이상의 소방설비를 설치하는 공사를 하도급하는 것으로 가정한다.)

① 소방시설공사업과 「건설사업기본법」제9조 에 따른 건설업을 함께 하는 공사업자가 소방시설공사와 해당 사업의 공사를 함께 도급받은 경우
② 소방시설공사업과 「전기공사업법」제4조 에 따른 전기공사업을 함께 하는 공사업자가 소방시설공사와 해당 사업의 공사를 함께 도급받은 경우
③ 소방시설공사업과 「전기사업법」제2조 에 따른 송전사업을 함께 하는 공사업자가 소방시설공사와 해당 사업의 공사를 함께 도급받은 경우
④ 소방시설공사업과 「정보통신공사업」제14조 에 따른 정보통신공사업을 함께 하는 공사업자가 소방시설공사와 해당 사업의 공사를 함께 도급받은 경우

9. 「소방시설공사업법 시행령」상 성능위주설계를 할 수 있는 자격·기술인력 및 자격에 따른 설계범위 중 자격(㉠) 및 기술인력(㉡)의 연결이 옳은 것은?

① ㉠ : 일반 소방시설설계업을 등록한 자,
　㉡ : 소방기술사 1명 이상
② ㉠ : 전문 소방시설설계업 등록기준에 따른 기술인력을 갖춘 자로서 소방청장이 정하여 고시하는 단체,
　㉡ : 소방기술사 1명 이상
③ ㉠ : 전문 소방시설설계업을 등록한 자,
　㉡ : 소방기술사 2명 이상
④ ㉠ : 일반 소방시설설계업 등록기준에 따른 기술인력을 갖춘 자로서 소방청장이 정하여 고시하는 단체,
　㉡ : 소방기술사 2명 이상

11. 「화재의 예방 및 안전관리에 관한 법률 시행령」상 특수가연물의 저장 및 취급 기준에 따라 실외에 나무껍질을 쌓는 경우에 "쌓는 부분 바닥면적의 사이 간격"으로 옳은 것은? (단, 쌓는 높이는 4[m]이다.)

① 1.2m 이상　② 2.0m 이상
③ 3.0m 이상　④ 4.0m 이상

10. 「소방시설공사업법 시행규칙」상 소방기술자의 실무교육에 관한 설명으로 옳지 않은 것은?

① 소방기술자가 정하여진 교육을 받지 아니하면 그 교육을 이수할 때까지 그 소방기술자는 소방시설업 또는 「소방시설 설치 및 관리에 관한 법률」 제29조에 따른 소방시설관리업의 기술인력으로 등록된 사람으로 보지 아니한다.
② 소방본부장 또는 소방서장은 소방기술자에 대한 실무교육을 효율적으로 하기 위하여 실무교육기관을 지정할 수 있다.
③ 소방기술자는 실무교육을 2년마다 1회 이상 받아야 한다.
④ 소방기술자 실무교육에 관한 업무를 위탁받은 실무교육기관 또는 「소방기본법」 제40조에 따른 한국소방안전원의 장은 소방기술자에 대한 실무교육을 실시하려면 교육일정 등 교육에 필요한 계획을 수립하여 소방청장에게 보고한 후 교육 10일 전까지 교육대상자에게 알려야 한다.

12. 「화재의 예방 및 안전관리에 관한 법률」상 화재예방강화지구의 지정에 관한 설명으로 옳지 않은 것은?

① 시·도지사는 노후·불량건축물이 밀집한 지역을 화재예방강화지구로 지정하여 관리할 수 있다.
② 시·도지사가 화재예방강화지구로 지정할 필요가 있는 지역을 화재예방강화지구로 지정하지 아니하는 경우 소방청장은 해당 시·도지사에게 해당 지역의 화재예방강화지구 지정을 요청할 수 있다.
③ 소방청장, 소방본부장 또는 소방서장은 대통령령으로 정하는 바에 따라 화재예방강화지구 안의 소방대상물의 위치·구조 및 설비 등에 대하여 화재안전조사를 하여야 한다.
④ 소방청장, 소방본부장 또는 소방서장은 대통령령으로 정하는 바에 따라 화재예방강화지구의 지정 현황, 화재안전조사의 결과, 소방설비등의 설치 명령 현황, 소방훈련 및 교육 현황 등이 포함된 화재예방강화지구에서의 화재예방에 필요한 자료를 매년 작성·관리하여야 한다.

13. 「화재의 예방 및 안전관리에 관한 법률 시행규칙」상 자위소방대가 수행하는 기능으로 옳은 것을 모두 고른 것은?

> 〈보 기〉
> ㄱ. 화재 발생 시 피난유도
> ㄴ. 화재 발생 시 비상연락
> ㄷ. 화재 발생 시 인명·재산피해 최소화를 위한 조치

① ㄱ
② ㄱ, ㄴ
③ ㄴ, ㄷ
④ ㄱ, ㄴ, ㄷ

14. 「화재의 예방 및 안전관리에 관한 법률 시행규칙」상 소방안전관리자의 실무교육에 관한 설명으로 옳지 않은 것은?

① 소방청장은 실무교육의 대상·일정·횟수 등을 포함한 실무교육의 실시 계획을 매년 수립·시행해야 한다.
② 소방청장은 실무교육을 실시하려는 경우에는 실무교육 실시 10일 전까지 일시·장소, 그 밖에 실무교육 실시에 필요한 사항을 인터넷 홈페이지에 공고하고 교육대상자에게 통보해야 한다.
③ 소방안전관리자는 소방안전관리자로 선임된 날부터 6개월 이내에 실무교육을 받아야 하며, 그 이후에는 2년마다(최초 실무교육을 받은 날을 기준일로 하여 매 2년이 되는 해의 기준일과 같은 날 전까지를 말한다) 1회 이상 실무교육을 받아야 한다.
④ 소방공무원으로 5년 이상 근무한 사람은 실무교육을 담당할 강사로 임명 또는 위촉될 수 있다.

15. 「화재의 예방 및 안전관리에 관한 법률」 및 같은 법 시행령, 시행규칙상 괄호 안에 들어갈 내용이 공통된 것을 모두 고른 것은?

> 〈보 기〉
> ㄱ. 소방청장은 1급 소방안전관리자 자격시험을 ( ) 실시한다.
> ㄴ. 소방안전관리대상물의 소방안전관리자는 소방안전관리 업무 수행에 관한 기록을 ( ) 작성·관리해야 한다.
> ㄷ. 소방안전관리대상물의 관계인은 피난시설의 위치, 피난경로 또는 대피요령이 포함된 피난유도 안내정보를 ( ) 피난안내방송을 실시하는 방법 등으로 근무자 또는 거주자에게 정기적으로 제공하여야 한다.

① ㄱ
② ㄱ, ㄴ
③ ㄴ, ㄷ
④ ㄱ, ㄴ, ㄷ

16. 「소방시설 설치 및 관리에 관한 법률 시행령」상 특정소방대상물의 관계인이 특정소방대상물에 설치·관리해야 하는 소방시설의 종류로 옳지 않은 것은?

① 교육연구시설 내에 합숙소로서 연면적 100㎡ 이상인 경우에는 모든 층에는 간이스프링클러설비를 설치해야 한다.
② 소화수를 수집·처리하는 설비가 설치되어 있지 않은 중·저준위방사성폐기물의 저장시설에는 물분무등소화설비 중 이산화탄소소화설비, 할론소화설비 또는 할로겐화합물 및 불활성기체 소화설비를 설치해야 한다.
③ 지상 1층 및 2층의 바닥면적의 합계가 9천㎡ 이상인 것에는 옥외소화전설비를 설치해야 한다.
④ 수련시설(숙박시설이 있는 것만 해당한다)로서 바닥면적이 400㎡ 이상인 층이 있는 것에는 자동화재속보설비를 설치해야 한다.

17. 「소방시설 설치 및 관리에 관한 법률 시행령」상 소방용품의 종류로 옳은 보기를 모두 고른 것은?

> **보 기**
>
> ㄱ. 소화설비를 구성하는 제품 또는 기기
>   - 기동용 수압개폐장치, 가스관선택밸브
> ㄴ. 경보설비를 구성하는 제품 또는 기기
>   - 누전경보기 및 가스누설경보기
> ㄷ. 피난구조설비를 구성하는 제품 또는 기기
>   - 피난구유도등, 휴대용비상조명등
> ㄹ. 소화용으로 사용하는 제품 또는 기기
>   - 고체에어로졸 자동소화장치용 소화약제

① ㄱ, ㄴ
② ㄱ, ㄴ, ㄷ
③ ㄱ, ㄴ, ㄹ
④ ㄴ, ㄷ, ㄹ

18. 「소방시설 설치 및 관리에 관한 법률」 및 같은 법 시행규칙상 점검능력평가에 관한 설명으로 옳지 않은 것은?

① 점검능력 평가 및 공시의 목적은 특정소방대상물의 관계인이 적정한 관리업자를 선정할 수 있도록 하기 위함이다.
② 소방시설 관리업자의 지위를 승계한 자는 상시 점검능력 평가를 신청할 수 있다.
③ 상시 점검능력 평가 결과는 소방청장 및 시·도지사에게 통보한 날부터 3일 이내에 평가기관의 인터넷 홈페이지를 통하여 공시해야 한다.
④ 소방청장은 점검능력 평가 및 공시에 관한 업무를 한국소방산업기술원에 위탁한다.

19. 「소방시설 설치 및 관리에 관한 법률 시행규칙」상 공동주택(아파트등으로 한정한다) 세대별 점검방법 중 일부이다. 괄호 안에 들어갈 내용으로 옳은 것은?

> **보 기**
>
> 관리자는 수신기에서 원격 점검이 불가능한 경우 매년 작동점검만 실시하는 공동주택은 1회 점검 시 마다 전체 세대수의 (ㄱ)퍼센트 이상, 종합점검을 실시하는 공동주택은 1회 점검 시 마다 전체 세대수의 (ㄴ)퍼센트 이상 점검하도록 자체점검 계획을 수립·시행해야 한다.

① ㄱ: 30, ㄴ: 50
② ㄱ: 50, ㄴ: 30
③ ㄱ: 30, ㄴ: 60
④ ㄱ: 60, ㄴ: 30

20. 「소방시설 설치 및 관리에 관한 법률 시행령」상 특정소방대상물의 정의 및 종류의 연결이 옳지 않은 것은?

① 방송통신시설 - 데이터센터, 전신전화국, 통신용 시설
② 터널 - 차량(궤도차량을 포함한다) 등의 통행을 목적으로 지하, 수저 또는 산을 뚫어서 만든 것
③ 전기저장시설 - 20킬로와트시(kWh)를 초과하는 리튬·나트륨·레독스플로우 계열의 2차 전지를 이용한 전기저장장치 또는 무정전전원공급장치(UPS)의 시설
④ 다세대주택 - 주택으로 쓰는 1개 동의 바닥면적(2개 이상의 동을 지하주차장으로 연결하는 경우에는 각각의 동으로 본다) 합계가 660㎡ 이하이고, 층수가 4개 층 이하인 주택

21. 「위험물안전관리법 시행규칙」상 간이탱크저장소의 위치·구조 및 설비의 기준에 대한 설명으로 옳지 않은 것은?

① 밸브없는 통기관은 옥외에 설치하되, 그 끝부분의 높이는 지상 2m 이상으로 하여야 한다.
② 전용실 안에 설치하는 경우에는 탱크와 전용실의 벽과의 사이에 0.5[m] 이상의 간격을 유지하여야 한다.
③ 간이저장탱크는 두께 3.2mm 이상의 강판으로 흠이 없도록 제작하여야 하며, 70kPa의 압력으로 10분간의 수압시험을 실시하여 새거나 변형되지 아니하여야 한다.
④ 하나의 간이탱크저장소에 설치하는 간이저장탱크는 그 수를 3 이하로 하고, 동일한 품질의 위험물의 간이저장탱크를 2 이상 설치하지 아니하여야 한다.

22. 「위험물안전관리법」상 위험물 안전관리에 관한 협회를 설립할 수 있는 자로 옳은 보기를 모두 고른 것은?

보기
ㄱ. 위험물운반자
ㄴ. 위험물안전관리자
ㄷ. 제조소등의 관계인
ㄹ. 탱크안전성능시험자

① ㄱ, ㄴ
② ㄱ, ㄹ
③ ㄴ, ㄷ
④ ㄷ, ㄹ

23. 「위험물안전관리법」 및 같은 법 시행규칙상 예방규정에 포함되어야 하는 내용으로 옳지 않은 것은?

① 위험물시설의 운전 또는 조작에 관한 사항
② 제조소등의 위치·구조 및 설비를 명시한 서류와 도면의 정비에 관한 사항
③ 위험물의 안전관리업무를 담당하는 자의 직무 및 조직에 관한 사항
④ 이동탱크저장소에 있어서는 탱크공사 현장책임자의 조건 등 탱크공사 현장에 대한 감독체제에 관한 사항

24. 「위험물안전관리법」 및 같은 법 시행규칙상 정기검사에 관한 설명으로 옳지 않은 것은?

① 정기점검의 대상이 되는 제조소등의 관계인 가운데 대통령령으로 정하는 제조소등의 관계인은 행정안전부령으로 정하는 바에 따라 시·도지사로부터 해당 제조소등이 기술기준에 적합하게 유지되고 있는지의 여부에 대하여 정기적으로 검사를 받아야 한다.
② 정기검사의 대상은 옥외탱크저장소 중 저장 또는 취급하는 액체위험물의 최대수량이 50만리터 이상인 것이다.
③ 정밀정기검사는 특정·준특정옥외탱크저장소의 설치허가에 따른 완공검사합격확인증을 발급받은 날부터 12년에 받을 수 있다.
④ 정밀정기검사를 받아야 하는 특정·준특정옥외탱크저장소의 관계인은 정밀정기검사를 구조안전점검을 실시하는 때에 함께 받을 수 있다.

25. 「위험물안전관리법 시행규칙」상 경보설비의 종류로 옳은 것은?

보기
ㄱ. 확성장치　　ㄴ. 비상벨장치
ㄷ. 간이소화장치　　ㄹ. 가스누설경보기

① ㄱ, ㄴ
② ㄱ, ㄷ
③ ㄴ, ㄷ
④ ㄴ, ㄹ

※ 26번 문항 이후는 경력채용 응시자만 풀이하십시오.
(공개채용 응시자는 추가문제로 활용하세요.)

26. 「소방기본법」 및 같은 법 시행규칙상 소방교육·훈련에 관한 설명으로 옳은 것은?

① 소방청장, 소방본부장 또는 소방서장은 소방업무를 전문적이고 효과적으로 수행하기 위하여 소방대원에게 필요한 교육·훈련을 실시할 수 있다.
② 소방청장, 소방본부장 또는 소방서장은 화재를 예방하고 화재 발생 시 인명과 재산피해를 최소화하기 위하여 「노인복지법」 제32조에 따른 노인주거복지시설을 이용하는 노인으로 소방안전에 관한 교육과 훈련을 실시할 수 있다.
③ 소방대원에게 실시할 교육·훈련의 종류에는 화재진압훈련, 인명구조훈련, 응급처치훈련, 인명대피훈련, 현장지휘훈련이 있으며 4시간 이상 실시하여야 한다.
④ 소방안전교육훈련의 시설, 장비 기준에 따라 이동안전체험차량은 어린이 30명(성인은 15명)을 동시에 수용할 수 있는 실내공간을 갖춘 자동차를 두어야 한다.

27. 「소방기본법」 및 같은 법 시행령상 화재로 오인할 만한 우려가 있는 불을 피우거나 연막 소독을 하려는 자가 관할 소방본부장 또는 소방서장에게 신고하여야 하는 지역 또는 장소로 옳은 보기의 개수는?

보기
ㄱ. 창고가 밀집한 지역
ㄴ. 소방시설·소방용수시설 또는 소방출동로가 없는 지역
ㄷ. 「산업입지 및 개발에 관한 법률」 제2조제8호에 따른 산업단지
ㄹ. 시·도의 조례로 정하는 지역 또는 장소

① 1개
② 2개
③ 3개
④ 4개

28. 「소방기본법」상 소방업무에 관한 종합계획의 수립·시행에 관한 설명으로 옳지 않은 것은?

① 소방청장은 화재, 재난·재해, 그 밖의 위급한 상황으로부터 국민의 생명·신체 및 재산을 보호하기 위하여 소방업무에 관한 종합계획을 5년마다 수립·시행하여야 한다.
② 소방업무의 종합계획은 소방자동차의 우선 통행 등에 관한 홍보를 포함한다.
③ 시·도지사는 관할 지역의 특성을 고려하여 종합계획의 시행에 필요한 세부계획을 매년 수립하여 소방청장에게 제출하여야 한다.
④ 소방청장은 소방업무의 체계적 수행을 위하여 필요한 경우 시·도지사가 제출한 세부계획의 보완 또는 수정을 명령할 수 있다.

29. 「소방의 화재조사에 관한 법률 시행규칙」상 화재조사의 결과를 공표할 때 포함시켜야 하는 사항으로 옳지 않은 것은?

① 화재원인에 관한 사항
② 대응활동에 관한 사항
③ 화재발생 건축물과 구조물 현황
④ 화재로 인한 인명·재산피해에 관한 사항

30. 「소방의 화재조사에 관한 법률」상 소방공무원과 경찰공무원의 협력으로 옳지 않은 것은?

① 관계인등에 대한 진술 확보에 관한 사항
② 화재조사에 관한 연구개발사업에 관한 사항
③ 화재현장의 출입·보존 및 통제에 관한 사항
④ 화재조사에 필요한 증거물의 수집 및 보존에 관한 사항

31. 「소방시설공사업법」상 하도급대금의 지급에 관한 사항이다. 괄호 안에 들어갈 내용으로 옳은 것은?

> 보 기
>
> 수급인은 발주자로부터 도급받은 소방시설공사등에 대한 (ㄱ)을 받은 경우에는 하도급대금의 전부를, (ㄴ)을 받은 경우에는 하수급인이 시공하거나 수행한 부분에 상당한 금액을 각각 지급받은 날(수급인이 발주자로부터 대금을 어음으로 받은 경우에는 그 어음만기일을 말한다)부터 (ㄷ)일 이내에 하수급인에게 현금으로 지급하여야 한다.

	ㄱ	ㄴ	ㄷ
①	기성금	준공금	7
②	기성금	준공금	15
③	준공금	기성금	7
④	준공금	기성금	15

32. 「소방시설공사업법」 및 같은 법 시행령상 소방시설업자협회에 관한 설명으로 옳지 않은 것은?

① 소방시설업자는 소방시설업자의 권익보호와 소방기술의 개발 등 소방시설업의 건전한 발전을 위하여 소방시설업자협회를 설립할 수 있다.
② 소방시설업자협회를 설립하려면 소방시설업자 10명 이상이 발기하고 창립총회에서 정관을 의결한 후 시·도지사에게 인가를 신청하여야 한다.
③ 소방시설업자협회는 소방시설업의 기술발전과 소방기술의 진흥을 위한 조사·연구·분석 및 평가의 업무를 수행한다.
④ 소방시설업자협회는 소방시설업의 기술발전과 관련된 국제교류·활동 및 행사의 유치의 업무를 수행한다.

33. 「소방시설공사업법 시행령」상 소방공사 감리원의 배치기준 및 배치기간에 따라 소방시설공사 현장의 기준 중 "연면적 3만제곱미터 이상 20만제곱미터 미만인 아파트"의 보조감리원이 될 수 있는 사람을 모두 고른 것은?

> 보 기
>
> ㄱ. 행정안전부령으로 정하는 특급감리원의 소방공사 감리원
> ㄴ. 행정안전부령으로 정하는 고급감리원의 소방공사 감리원
> ㄷ. 행정안전부령으로 정하는 중급감리원의 소방공사 감리원
> ㄹ. 행정안전부령으로 정하는 초급감리원의 소방공사 감리원

① ㄹ
② ㄱ, ㄴ
③ ㄱ, ㄴ, ㄷ
④ ㄱ, ㄴ, ㄷ, ㄹ

34. 「화재의 예방 및 안전관리에 관한 법률 시행령」상 소방안전관리보조자를 선임해야 하는 소방안전관리대상물의 범위에 따라 세대수 및 연면적에 관계 없이 소방안전관리보조자를 선임해야 하는 대상으로 옳은 것은?

① 야간 및 휴일에 이용되는 근린생활시설
② 야간 및 휴일에 이용되는 공동주택 중 기숙사
③ 소방서장이 휴일에 이용되지 않는다고 인정한 수련시설
④ 숙박시설로 사용되는 바닥면적의 합계가 1천500제곱미터 미만이고 관계인이 24시간 상시 근무하고 있는 것

35. 「화재의 예방 및 안전관리에 관한 법률 시행규칙」상 통계자료의 작성 및 관리에 관한 업무를 수행하게 할 수 있는 기관으로 옳지 않은 것은?

① 「통계법」 제15조에 따라 지정된 통계작성지정기관
② 「소방기본법」 제40조제1항에 따라 설립된 한국소방안전원
③ 「소방산업의 진흥에 관한 법률」 제14조제1항에 따라 설립된 한국소방산업기술원
④ 「정부출연연구기관 등의 설립·운영 및 육성에 관한 법률」 제8조에 따라 설립된 정부출연연구기관

36. 「소방시설 설치 및 관리에 관한 법률」 및 같은 법 시행령상 특정소방대상물에 설치하는 소방시설 중 강화된 소방시설기준의 적용 대상으로 옳지 않은 것은?

① 공동구에 설치하는 자동확산소화기
② 의료시설에 설치하는 스프링클러설비
③ 노유자시설에 설치하는 간이스프링클러설비
④ 전력 및 통신사업용 지하구에 설치하는 유도등

37. 「위험물안전관리법 시행규칙」상 옥내저장소의 위치·구조 및 설비의 기준에 따라 다층건물인 옥내저장소에 저장 또는 취급하는 위험물의 종류로 옳지 않은 것은?

① 황화인
② 마그네슘
③ 제2석유류
④ 제4석유류

38. 「위험물안전관리법」상 각종 명령의 권한자가 다른 하나는?

① 탱크시험자에 대하여 당해 업무를 적정하게 실시하게 하기 위하여 필요하다고 인정하는 때에는 감독상 필요한 명령을 할 수 있다.
② 공공의 안전을 유지하거나 재해의 발생을 방지하기 위하여 긴급한 필요가 있다고 인정하는 때에는 제조소등의 관계인에 대하여 당해 제조소등의 사용을 일시정지하거나 그 사용을 제한할 것을 명할 수 있다.
③ 제조소등에서의 위험물의 저장 또는 취급이 규정에 위반된다고 인정하는 때에는 당해 제조소등의 관계인에 대하여 동항의 기준에 따라 위험물을 저장 또는 취급하도록 명할 수 있다.
④ 제조소등의 관계인이 유출된 위험물의 제거 등 그 밖에 재해의 발생방지를 위한 응급조치를 강구하지 아니하였다고 인정하는 때에는 응급조치를 강구하도록 명할 수 있다.

39. 「위험물안전관리법 시행규칙」상 제조소의 위치·구조 및 설비의 기준에 따라 보유공지를 면제할 수 있는 방화상 유효한 격벽에 대한 설명으로 옳지 않은 것은?

① 방화벽은 불연재료로 할 것. 다만 취급하는 위험물이 제6류 위험물인 경우에는 내화구조로 할 수 있다.
② 방화벽에 설치하는 출입구 및 창 등의 개구부는 가능한 한 최소로 할 것
③ 출입구 및 창에는 자동폐쇄식의 60분+방화문 또는 60분방화문을 설치할 것
④ 방화벽의 양단 및 상단이 외벽 또는 지붕으로부터 50cm 이상 돌출하도록 할 것

40. 「위험물안전관리법」 및 같은 법 시행규칙상 제조소등의 사용 중지 시 실시하여야 하는 "행정안전부령으로 정하는 안전조치"에 해당하는 것으로 옳은 보기의 개수는?

> **보기**
> ㄱ. 탱크·배관 등 위험물을 저장 또는 취급하는 설비에서 위험물 및 가연성 증기 등의 제거
> ㄴ. 관계인이 아닌 사람에 대한 해당 제조소등에의 출입금지 조치
> ㄷ. 해당 제조소등의 위험물안전관리자의 성명 및 선임일자 게시
> ㄹ. 위험물의 사고 예방에 필요한 조치

① 1개　　② 2개
③ 3개　　④ 4개

03회 소방관계법규 + 파란불

점수 : 개 / 25개(경력채용 40개)

1. 「소방기본법」 및 같은 법 시행령상 소방력의 동원에 관한 설명으로 옳은 것은?

① 소방청장은 특별히 국가적 차원에서 소방활동을 수행할 필요가 인정될 때에는 각 시·도지사에게 대통령령으로 정하는 바에 따라 소방력을 동원할 것을 요청할 수 있다.
② 소방청장은 시·도지사에게 동원된 소방력을 화재, 재난·재해 등이 발생한 지역에 지원·파견하게 할 수 있다.
③ 동원된 소방대원이 다른 시·도에 파견·지원되어 소방활동을 수행할 때에는 특별한 사정이 없으면 화재, 재난·재해 등이 발생한 지역을 관할하는 시·도지사의 지휘에 따라야 한다.
④ 동원된 소방력의 소방활동 수행 과정에서 발생하는 경비는 화재, 재난·재해나 그 밖의 구조·구급이 필요한 상황이 발생한 시·도에서 부담하는 것을 원칙으로 하며, 구체적인 내용은 해당 시·도가 서로 협의하여 정한다.

2. 「소방기본법」상 관계인이 소방대상물에 화재, 재난·재해, 그 밖의 위급한 상황이 발생한 경우에 소방대가 현장에 도착할 때까지 하여야 하는 조치사항으로 옳은 것은?

<보기>
ㄱ. 대피를 유도하는 방법으로 사람을 구출하는 조치
ㄴ. 수도의 개폐장치를 차단하는 조치
ㄷ. 소방대상물을 일시적으로 사용하지 못하게 하는 조치
ㄹ. 가스·전기 또는 유류 등 위험물질의 공급을 차단하는 조치
ㅁ. 불을 끄거나 불이 번지지 아니하도록 하는 조치

① ㄱ, ㄷ
② ㄱ, ㅁ
③ ㄴ, ㄹ
④ ㄷ, ㅁ

3. 「소방기본법 시행규칙」상 "소화활동이 필요없다고 인정되는 때 발령"하는 소방신호의 타종신호(㉠)와 싸이렌신호(㉡)로 옳은 것은?

① ㉠ : 1타와 연 3타를 반복,
㉡ : 5초 간격을 두고 10초씩 3회
② ㉠ : 연 3타 반복,
㉡ : 10초 간격을 두고 1분씩 3회
③ ㉠ : 난타,
㉡ : 1분간 3회
④ ㉠ : 상당한 간격을 두고 1타씩 반복,
㉡ : 1분간 1회

4. 「소방기본법」상 다음 <보기>의 강제처분에 관한 설명으로 옳지 않은 것은?

<보기>
소방활동을 위하여 긴급하게 출동할 때에는 소방자동차의 통행과 소방활동에 방해가 되는 주차 또는 정차된 차량 및 물건 등을 제거하거나 이동시킬 수 있다.

① 소방본부장, 소방서장 또는 소방대장은 <보기>에 따른 소방활동에 방해가 되는 주차 또는 정차된 차량의 제거나 이동을 위하여 관할 지방자치단체 등 관련 기관에 견인차량과 인력 등에 대한 지원을 요청할 수 있다.
② 시·도지사는 ①에 따라 견인차량과 인력 등을 지원한 자에게 시·도의 조례로 정하는 바에 따라 비용을 지급할 수 있다.
③ 정당한 사유 없이 <보기>의 처분에 따르지 아니한 자는 3년 이하의 징역 또는 3천만원 이하의 벌금에 해당한다.
④ <보기>에 해당하는 경우로서 법령을 위반하여 소방자동차의 통행과 소방활동에 방해가 된 경우는 정당한 보상을 하지 않는다.

5. 「소방의 화재조사에 관한 법률」 및 같은 법 시행령, 시행규칙상 화재조사전담부서에 관한 설명으로 옳은 것은?

① 소방관서장은 전문성에 기반하는 화재조사를 위하여 화재조사전담부서를 설치·운영할 수 있다.
② 소방관서장은 화재조사전담부서에 화재조사관을 5명 이상 배치해야 한다.
③ 전담부서에 갖추어야 할 장비 중 절연저항계, 누설전류계는 감식기기에 해당하며, 접점저항계는 감정용기기에 해당한다.
④ 전담부서에는 화재조사 분석실의 구성장비를 유효하게 보존·사용할 수 있고, 환기 시설 및 수도·배관시설이 있는 20제곱미터 이상의 실을 갖추어야 한다.

6. 「소방의 화재조사에 관한 법률 시행령」상 화재감정기관의 지정기준 중 전문인력에 관한 설명으로 옳은 보기의 개수는?

> **보기**
> ㄱ. 주된 기술인력을 3명 이상, 보조 기술인력을 2명 이상 보유하여야 한다.
> ㄴ. 「국가기술자격법」에 따른 국가기술자격의 직무분야 중 화재감식평가 분야의 산업기사 자격 취득 후 화재조사 관련 분야에서 5년 이상 근무한 사람은 주된 기술인력이 될 수 있다.
> ㄷ. 화재조사관 자격 취득 후 화재조사 관련 분야에서 3년 이상 근무한 사람은 주된 기술인력이 될 수 있다.
> ㄹ. 이공계 분야의 석사학위 취득 후 화재조사 관련 분야에서 2년 이상 근무한 사람은 주된 기술인력이 될 수 있다.
> ㅁ. 소방청장이 인정하는 화재조사 관련 국제자격증 소지자는 주된 기술인력이 될 수 있다.

① 없다.   ② 1개
③ 3개   ④ 5개

7. 「소방시설공사업법 시행규칙」상 소방시설 자체점검 점검자의 기술등급 중 기술자격에 따른 기술등급에 관한 설명으로 옳지 않은 것은?

① 소방설비산업기사 자격을 취득한 후 소방시설관리업체에서 10년 이상 점검업무를 수행한 사람은 특급 점검자에 해당한다.
② 위험물기능장 자격을 취득한 후 15년 이상 소방 관련 업무를 수행한 사람은 특급 점검자에 해당한다.
③ 건축설비기사 자격을 취득한 후 10년 이상 소방 관련 업무를 수행한 사람은 중급 점검자에 해당한다.
④ 가스기능장 및 전기기능장의 자격을 취득한 사람은 초급 점검자에 해당한다.

8. 「소방시설공사업법」 및 같은 법 시행규칙상 착공신고의 변경신고에 대한 설명으로 옳은 것은?

> **보기**
> ㄱ. 공사업자는 책임시공 및 기술관리 소방기술자가 변경된 경우에는 변경일부터 30일 이내에 소방시설공사 착공(변경)신고서에 서류 중 변경된 서류를 첨부하여 소방본부장 또는 소방서장에게 신고하여야 한다.
> ㄴ. 공사업자는 설치되는 소방시설의 종류가 변경된 경우에는 완공검사 또는 부분완공검사를 신청하는 서류나 공사감리 결과보고서에 포함하여 소방본부장 또는 소방서장에게 보고하여야 한다.
> ㄷ. 공사업자는 건축물의 내부마감재료가 변경된 경우에는 변경일부터 30일 이내에 소방시설공사 착공(변경)신고서에 서류 중 변경된 해당 서류를 첨부하여 소방본부장 또는 소방서장에게 신고하여야 한다.
> ㄹ. 소방본부장 또는 소방서장은 착공신고 또는 변경신고를 받은 날부터 2일 이내에 신고수리 여부를 신고인에게 통지하여야 한다.

① ㄱ, ㄴ   ② ㄱ, ㄹ
③ ㄴ, ㄷ   ④ ㄴ, ㄹ

9. 「소방시설공사업법」 및 같은 법 시행규칙상 위반사항에 대한 조치로 옳은 것은?

① 감리업자는 감리를 할 때 소방시설공사가 설계도서나 화재안전기준에 맞지 아니할 때에는 설계업자에게 알리고, 공사업자에게 그 공사의 시정 또는 보완 등을 요구하여야 한다.
② 소방시설공사가 설계도서나 화재안전기준에 맞지 않게 공사를 계속할 경우 소방본부장 또는 소방서장에게 해야 할 보고를 거짓으로 한 자는 1년 이하 징역 또는 1천만원 이하의 벌금에 해당한다.
③ 소방공사감리업자는 공사업자에게 해당 공사의 시정 또는 보완을 요구하였으나 이행하지 아니하고 그 공사를 계속할 때에는 시정 또는 보완을 이행하지 아니하고 공사를 계속하는 날부터 7일 이내에 소방시설공사 위반사항보고서를 소방본부장 또는 소방서장에게 제출하여야 한다.
④ 관계인은 감리업자가 소방본부장이나 소방서장에게 보고한 것을 이유로 감리계약을 해지하거나 감리의 대가 지급을 거부하거나 지연시키거나 그 밖의 불이익을 주어서는 아니 되며, 이를 위반할 경우 100만원 이하의 벌금에 해당한다.

10. 「소방시설공사업법」 및 같은 법 시행령상 하자보수에 관한 설명으로 옳은 것은?

보 기

ㄱ. 공사업자는 소방시설공사 결과 자동화재탐지설비 등 대통령령으로 정하는 소방시설에 하자가 있을 때에는 행정안전부령으로 정하는 기간 동안 그 하자를 보수하여야 한다.
ㄴ. 관계인은 하자보수 보증기간에 소방시설의 하자가 발생하였을 때에는 공사업자에게 그 사실을 알려야 하며, 통보를 받은 공사업자는 3일 이내에 하자를 보수하거나 보수 일정을 기록한 하자보수계획을 관계인에게 전자우편 또는 문자전송으로 알려야 한다.
ㄷ. 관계인은 공사업자가 하자보수를 이행하지 아니한 경우에는 소방본부장 또는 소방서장에게 그 사실을 알릴 수 있다.
ㄹ. 소방본부장이나 소방서장은 통보를 받았을 때에는 중앙소방기술심의위원회에 심의를 요청하여야 한다.
ㅁ. 하자보수 보증기간은 소화활동설비 중 무선통신보조설비의 경우 2년, 무선통신보조설비를 제외한 기타의 소화활동설비의 경우 3년이다.

① ㄱ, ㅁ
② ㄷ, ㅁ
③ ㄱ, ㄷ, ㅁ
④ ㄴ, ㄷ, ㄹ

11. 「소방시설공사업법 시행규칙」상 소방시설업자 등의 처분통지에 따라 소방청장 또는 시·도지사는 처분일부터 7일 이내에 소방시설업자협회에 그 사실을 알려주어야 하는 사항으로 옳은 보기를 모두 고른 것은?

보 기

ㄱ. 과징금을 부과하는 경우
ㄴ. 소방시설에 시정명령을 하는 경우
ㄷ. 소방시설업에 영업정지를 하는 경우
ㄹ. 소방기술 인정 자격수첩의 자격을 정지하는 경우

① ㄱ, ㄹ
② ㄴ, ㄷ
③ ㄱ, ㄷ, ㄹ
④ ㄱ, ㄴ, ㄷ, ㄹ

12. 「화재의 예방 및 안전관리에 관한 법률 시행규칙」상 건설현장 소방안전관리자의 선임신고에 관한 내용으로 옳지 않은 것은?

① 건설현장 소방안전관리대상물의 공사시공자는 소방안전관리자를 선임한 경우에는 착공신고 전까지 건설현장 소방안전관리자 선임신고서에 서류를 첨부하여 소방본부장 또는 소방서장에게 신고해야 한다.
② 소방본부장 또는 소방서장은 건설현장 소방안전관리대상물의 공사시공자가 소방안전관리자를 선임하고 신고하는 경우에는 신고인에게 건설현장 소방안전관리자 선임증을 발급해야 한다.
③ 소방본부장 또는 소방서장은 건설현장 소방안전관리자의 선임신고를 접수하거나 해임 사실을 확인한 경우에는 지체 없이 관련 사실을 종합정보망에 입력해야 한다.
④ 소방본부장 또는 소방서장은 건설현장 소방안전관리대상물 선임신고의 효율적 처리를 위하여 건축허가등의 동의를 하는 경우에는 지체 없이 해당 소방안전관리대상물의 위치, 연면적 등의 정보를 종합정보망에 입력해야 한다.

13. 「화재의 예방 및 안전관리에 관한 법률 시행규칙」상 소방안전관리대상물의 적용받지 아니하는 특정소방대상물의 관계인에 대하여 소방안전교육을 받아야 하는 대상이다. 괄호 안에 들어갈 내용으로 옳은 것은?

> **보기**
> 소방안전교육의 교육대상자는 소방안전관리대상물의 적용받지 않는 특정소방대상물 중 다음의 어느 하나에 해당하는 특정소방대상물의 관계인으로서 관할 (㉠)이 소방안전교육이 필요하다고 인정하는 사람으로 한다.
> 1. (㉡)가 설치된 공장·창고 등의 특정소방대상물
> 2. 그 밖에 관할 (㉢)이 화재에 대한 취약성이 높다고 인정하는 특정소방대상물

① ㉠ : 소방청장,
  ㉡ : 소화기 또는 비상경보설비,
  ㉢ : 소방서장
② ㉠ : 소방청장,
  ㉡ : 소화기 또는 비상방송설비,
  ㉢ : 소방본부장 또는 소방서장
③ ㉠ : 소방서장,
  ㉡ : 소화기 또는 비상경보설비,
  ㉢ : 소방본부장 또는 소방서장
④ ㉠ : 소방서장,
  ㉡ : 소화기 또는 비상방송설비,
  ㉢ : 소방서장

14. 「화재의 예방 및 안전관리에 관한 법률 시행령」상 소방안전관리자 자격시험에 응시할 수 있는 사람의 자격에 대한 내용으로 옳지 않은 것은?

① 소방설비산업기사의 자격 취득 후 1급 소방안전관리대상물의 소방안전관리자로 2년 이상 근무한 실무경력이 있는 사람은 특급 소방안전관리자 자격시험에 응시할 수 있다.
② 산업안전기사 또는 산업안전산업기사의 자격을 취득한 후 2년 이상 2급 소방안전관리대상물의 소방안전관리자로 근무한 실무경력이 있는 사람은 1급 소방안전관리자 자격시험에 응시할 수 있다.
③ 「의용소방대 설치 및 운영에 관한 법률」 제3조에 따라 의용소방대원으로 임명되어 3년 이상 근무한 경력이 있는 사람은 2급 소방안전관리자 자격시험에 응시할 수 있다.
④ 소방행정학(소방학 및 소방방재학을 포함한다) 또는 소방안전공학(소방방재공학 및 안전공학을 포함한다) 분야에서 석사 이상 학위를 취득한 사람은 1급 소방안전관리자 자격시험에 응시할 수 있다.

15. 「화재의 예방 및 안전관리에 관한 법률」 및 같은 법 시행령상 화재안전조사단 및 화재안전조사위원회에 대한 설명으로 옳은 것은?

> **보기**
> ㄱ. 소방관서장은 화재안전조사를 효율적으로 수행하기 위하여 대통령령으로 정하는 바에 따라 소방본부에는 중앙화재안전조사단을, 소방서에는 지방화재안전조사단을 편성하여 운영할 수 있다.
> ㄴ. 중앙화재안전조사단 및 지방화재안전조사단은 각각 단장을 포함하여 60명 이내의 단원으로 성별을 고려하여 구성한다.
> ㄷ. 화재안전조사위원회는 위원장 1명을 포함하여 7명 이내의 위원으로 성별을 고려하여 구성하며, 위원회의 위원장은 소방관서장이 된다.
> ㄹ. 소방관서장은 화재안전조사의 대상을 객관적이고 공정하게 선정하기 위하여 필요한 경우 화재안전조사위원회를 구성하여 화재안전조사의 대상을 선정할 수 있다.
> ㅁ. 위촉위원의 임기는 2년으로 하며, 두 차례에 한정하여 연임할 수 있다.

① ㄱ, ㄷ   ② ㄱ, ㄹ
③ ㄴ, ㅁ   ④ ㄷ, ㄹ

16. 「소방시설 설치 및 관리에 관한 법률」상 벌칙의 종류가 다른 하나는?

① 소방시설등에 대하여 스스로 점검을 하지 아니하거나 관리업자등으로 하여금 정기적으로 점검하게 하지 아니한 자
② 형식승인의 변경승인을 받지 아니한 자
③ 자격정지처분을 받고 그 자격정지기간 중에 관리사의 업무를 한 자
④ 성능위주설계평가단의 업무를 수행하면서 알게 된 비밀을 이 법에서 정한 목적 외의 용도로 사용하거나 다른 사람 또는 기관에 제공하거나 누설한 자

17. 「소방시설 설치 및 관리에 관한 법률 시행령」상 임시소방시설의 종류 중 다음 〈보기〉에 해당하는 시설에 대한 설명으로 옳지 않은 것은?

> **보 기**
> 물을 방사하여 화재를 진화할 수 있는 장치로서 소방청장이 정하는 성능을 갖추고 있을 것

① 연면적 3천제곱미터 이상인 공사의 화재위험작업현장에 설치한다.
② 4층 이상의 층으로서 해당 층의 바닥면적이 600제곱미터 이상인 공사의 화재위험작업현장에 설치한다.
③ 무창층으로서 해당 층의 바닥면적이 600제곱미터 이상인 공사의 화재위험작업현장에 설치한다.
④ 소방청장이 정하여 고시하는 기준에 맞는 소화기(연결살수설비의 송수구 인근에 설치한 경우로 한정한다)를 설치한 경우 보기의 시설을 설치한 것으로 본다.

18. 「소방시설 설치 및 관리에 관한 법률 시행령」상 건축허가등의 동의대상물의 범위로 옳지 않은 것은?

① 공동주택, 숙박시설
② 인공신장실이 있는 의원
③ 지상에 노출된 탱크의 저장용량의 합계가 100톤인 가스시설
④ 연면적 300제곱미터인 정신의료기관으로서 입원실이 없는 정신건강의학과 의원

19. 「소방시설 설치 및 관리에 관한 법률 시행규칙」상 건축허가등의 동의 회신기한이 "10일"인 것은?

① 지하 3층, 지상 47층인 아파트
② 지하 7층, 지상 23층인 근린생활시설
③ 연면적 10만제곱미터인 아파트
④ 가연성 가스를 1천톤 이상 저장·취급하는 시설

20. 「소방시설 설치 및 관리에 관한 법률 시행규칙」상 성능위주설계의 신고 시 제출해야 하는 서류 중 "소방시설 설계도면"에 해당하지 않는 것은?

① 종합방재실 설치 및 운영계획
② 소화용수설비 및 연결송수구 설치 위치 평면도
③ 건축물의 구조 설계에 따른 피난계획 및 피난 동선도
④ 소방시설의 내진설계 계통도 및 기준층 평면도(내진 시방서 및 계산서 등 세부 내용이 포함된 상세 설계도면은 제외한다)

21. 「위험물안전관리법 시행규칙」상 소화난이도등급Ⅲ의 이동탱크저장소에 비치해야 하는 자동차용 소화기의 설치기준으로 옳지 않은 것은?

① 기계포 2L 이상
② 소화분말 3.3kg 이상
③ 이산화탄소 3.2kg 이상
④ 무상의 강화액 8L 이상

22. 「위험물안전관리법 시행규칙」상 지정수량의 위험물 20배를 취급하고 있는 위험물 판매취급소의 연면적 100㎡인 경우 소화설비의 설치기준에 의한 위험물 및 건축물의 소요단위의 합으로 옳은 것은? (단, 취급소의 외벽은 내화구조이다.)

① 1
② 2
③ 3
④ 4

23. 「위험물안전관리법 시행규칙」상 옥내저장소의 위치·구조 및 설비의 기준에 관한 설명으로 옳은 것은?

① 저장창고는 지면에서 처마까지의 높이가 6m 미만인 단층건물로 하고 그 바닥을 지반면보다 낮게 하여야 한다.
② 제2류 위험물 중 황화인을 저장하는 창고는 1,000㎡ 이하로 하여야 한다.
③ 제3류 위험물 중 황린을 저장하는 창고는 1,000㎡ 이하로 하여야 한다.
④ 제6류 위험물을 저장하는 창고는 2,000㎡ 이하로 하여야 한다.

24. 「위험물안전관리법」상 위험물안전관리자에 관한 설명으로 옳은 것은?

① 이송취급소에는 위험물안전관리자를 선임하여야 하고, 위험물안전관리자를 선임하지 아니할 경우 1,000만원 이하의 벌금에 해당한다.
② 안전관리자를 선임한 제조소등의 관계인은 그 안전관리자를 해임하거나 안전관리자가 퇴직한 때에는 해임하거나 퇴직한 날부터 15일 이내에 다시 안전관리자를 선임하여야 한다.
③ 제조소등의 관계인은 안전관리자를 선임한 경우에는 선임한 날부터 14일 이내에 행정안전부령으로 정하는 바에 따라 소방본부장 또는 소방서장에게 신고하여야 한다.
④ 제조소등의 관계인이 안전관리자를 해임하거나 안전관리자가 퇴직한 경우 그 관계인 또는 안전관리자는 시·도지사에게 그 사실을 알려 해임되거나 퇴직한 사실을 확인받을 수 있다.

25. 「위험물안전관리법 시행규칙」별표 18에 따라 옥내저장소에 있어서 위험물을 유별로 정리하여 저장하는 한편, 서로 1m 이상의 간격을 두는 경우에는 동일한 저장소에서 저장할 수 있다. 다음 중 해당 규정을 적용할 수 있는 위험물로 옳은 것은?

① 제1류 위험물과 제4류 위험물을 저장하는 경우
② 제1류 위험물 중 알칼리금속의 과산화물과 제5류 위험물을 저장하는 경우
③ 제1류 위험물과 제3류 위험물 중 금수성물질을 저장하는 경우
④ 제2류 위험물 중 인화성 고체와 제4류 위험물을 함께 저장하는 경우

※ 26번 문항 이후는 경력채용 응시자만 풀이하십시오.
(공개채용 응시자는 추가문제로 활용하세요.)

26. 「소방기본법」 및 같은 법 시행령상 한국119청소년단에 관한 설명으로 옳지 않은 것은?

① 청소년에게 소방안전에 관한 올바른 이해와 안전의식을 함양시키기 위하여 한국119청소년단을 설립한다.
② 개인·법인 또는 단체는 한국119청소년단의 시설 및 운영 등을 지원하기 위하여 금전이나 그 밖의 재산을 기부할 수 있다.
③ 이 법에 따른 한국119청소년단이 아닌 자는 한국119청소년단 또는 이와 유사한 명칭을 사용할 수 없으며, 이를 2회 위반할 경우 과태료 100만원에 해당한다.
④ 소방기본법에서 규정한 것을 제외하고는 「민법」 중 사단법인에 관한 규정을 준용한다.

27. 「소방기본법」 및 같은 법 시행령상 손실보상의 청구기간, 지급절차 및 방법에 관한 설명으로 옳은 것은?

① 손실보상을 청구할 수 있는 권리는 손실이 있음을 안 날부터 2년, 손실이 발생한 날부터 5년간 행사하지 아니하면 시효의 완성으로 소멸한다.
② 소방청장 또는 시·도지사는 손실보상심의위원회의 심사·의결을 거쳐 특별한 사유가 없으면 보상금 지급 청구서를 받은 날부터 30일 이내에 보상금 지급 여부 및 보상금액을 결정하여야 한다.
③ 소방청장 또는 시·도지사는 보상금 지급 여부 및 보상금액 결정일부터 10일 이내에 행정안전부령으로 정하는 바에 따라 결정 내용을 청구인에게 통지하여야 한다.
④ 보상금을 지급하기로 결정한 경우에는 특별한 사유가 없으면 통지한 날부터 7일 이내에 보상금을 지급하여야 한다.

28. 「소방기본법 시행규칙」상 소방체험관에 갖추어야 하는 체험실의 종류로 옳은 것은?

① 보건안전 체험실 - 식품안전 체험실
② 자연재난안전 체험실 - 지절성 재난 체험실
③ 교통안전 체험실 - 버스안전 체험실
④ 생활안전 체험실 - 작업안전 체험실

29. 「소방시설공사업법」상 "소방기술자"에 해당하는 보기의 개수는?

보기

ㄱ. 소방시설관리사로서 소방시설관리업의 기술인력으로 등록된 사람
ㄴ. 소방안전관리자로서 소방시설관리업의 기술인력으로 등록된 사람
ㄷ. 위험물기능사로서 소방시설업의 기술인력으로 등록된 사람
ㄹ. 소방안전교육사로서 소방시설업의 기술인력으로 등록된 사람
ㅁ. 소방기술 경력 등을 인정받은 사람으로서 소방시설업의 기술인력으로 등록된 사람

① 1개   ② 2개
③ 3개   ④ 4개

30. 「소방시설공사업법」 및 같은 법 시행규칙상 등록사항의 변경신고에 관한 설명으로 옳지 않은 것은?

① 소방시설업자는 행정안전부령으로 정하는 중요한 사항이 변경된 경우에는 변경일부터 30일 이내에 소방시설업 등록사항 변경신고서에 변경사항별로 서류를 첨부하여 소방시설업자협회에 제출하여야 한다.
② "행정안전부령으로 정하는 중요 사항"이란 상호(명칭) 또는 영업소 소재지, 대표자, 기술인력을 말한다.
③ 변경신고 서류를 제출받은 소방시설업자협회는 등록사항의 변경신고 내용을 확인하고 5일 이내에 제출된 소방시설업 등록증·등록수첩 및 기술인력 증빙서류에 그 변경된 사항을 기재하여 발급하여야 한다.
④ 소방시설업자협회는 등록사항의 변경신고 접수현황을 매월 말일을 기준으로 작성하여 다음 달 7일까지 시·도지사에게 알려야 한다.

31. 「소방시설공사업법 시행령」상 완공검사를 위한 현장 확인 대상 특정소방대상물의 범위로 옳지 않은 것은?

① 운수시설
② 노유자시설
③ 다중이용업소
④ 문화 및 집회시설

32. 「화재의 예방 및 안전관리에 관한 법률 시행령」상 특수가연물의 정의로 옳지 않은 것은?

① 사류 : 불연성 또는 난연성이 아닌 실(실부스러기와 솜털을 포함한다)과 누에고치를 말한다.
② 볏짚류 : 마른 볏짚·북데기와 이들의 제품 및 건초(축산용 도로 사용하는 것을 포함한다)를 말한다.
③ 면화류 : 불연성 또는 난연성이 아닌 면상 또는 팽이모양의 섬유와 마사 원료를 말한다.
④ 넝마 및 종이부스러기 : 불연성 또는 난연성이 아닌 것(동물 또는 식물의 기름이 깊이 스며들어 있는 옷감·종이 및 이들의 제품을 포함한다)으로 한정한다.

33. 「화재의 예방 및 안전관리에 관한 법률 시행령」상 화재예방안전진단기관의 시설, 전문인력 등 지정기준에 따라 전문인력에 해당하는 분야로 옳지 않은 것은?

① 건축분야
② 기계분야
③ 전기분야
④ 화공분야

34. 「화재의 예방 및 안전관리에 관한 법률 시행령」상 관리의 권원별 소방안전관리자 선임 및 조정 기준에 따라 "하나의 관리권원으로 보아 소방안전관리자 1명을 선임"해야 하는 경우로 옳은 보기를 모두 고른 것은?

> **보 기**
> ㄱ. 법령 또는 계약 등에 따라 별도로 관리하는 경우
> ㄴ. 하나의 종합방재실 및 화재수신기가 설치된 경우
> ㄷ. 하나의 화재수신기 및 소화펌프가 설치된 경우

① ㄱ
② ㄴ
③ ㄷ
④ ㄱ, ㄷ

35. 「화재의 예방 및 안전관리에 관한 법률 시행령」상 특수가연물의 저장 및 취급 기준에 따라 "쌓는 높이를 15미터 이하"로 할 수 있는 경우로 옳은 것은?

> **보 기**
> ㄱ. 방화포를 설치하는 경우
> ㄴ. 살수설비를 설치하는 경우
> ㄷ. 방사능력 범위에 해당 특수가연물이 포함되도록 자동확산소화기를 설치하는 경우
> ㄹ. 방사능력 범위에 해당 특수가연물이 포함되도록 대형수동식소화기를 설치하는 경우

① ㄱ, ㄷ
② ㄱ, ㄹ
③ ㄴ, ㄷ
④ ㄴ, ㄹ

36. 「소방시설 설치 및 관리에 관한 법률 시행령」상 길이가 800미터인 터널에 설치해야 하는 소방시설의 종류로 옳은 보기의 개수는?

> **보 기**
> ㄱ. 소화기구
> ㄴ. 비상방송설비
> ㄷ. 연결살수설비
> ㄹ. 옥내소화전설비
> ㅁ. 자동화재탐지설비

① 1개
② 2개
③ 3개
④ 4개

37. 「소방시설 설치 및 관리에 관한 법률 시행규칙」상 소방시설등 자체점검 중 작동점검에 대한 설명으로 옳지 않은 것은?

① 작동점검이란 소방시설등을 인위적으로 조작하여 소방시설이 정상적으로 작동하는지를 소방청장이 정하여 고시하는 소방시설등 작동점검표에 따라 점검하는 것을 말한다.
② 「화재의 예방 및 안전관리에 관한 법률 시행령」별표 4 제1호가목의 특급 소방안전관리대상물은 작동점검의 대상에서 제외된다.
③ 「위험물안전관리법」제2조제6호에 따른 제조소등은 작동점검의 대상에서 제외된다.
④ 자동화재속보설비가 설치된 특정소방대상물은 「소방시설공사업법 시행규칙」별표 4의2에 따른 특급점검자가 점검할 수 있다.

38. 「소방시설 설치 및 관리에 관한 법률 시행령」상 단독경보형 감지기를 설치해야 하는 특정소방대상물이다. 괄호 안에 들어갈 내용으로 옳은 것은?

> **보기**
> ○ 공동주택 중 연립주택 및 다세대주택((ㄱ)으로 설치할 것)
> ○ 연면적 (ㄴ)[㎡] 미만의 유치원

① ㄱ : 복합형, ㄴ : 400
② ㄱ : 복합형, ㄴ : 600
③ ㄱ : 연동형, ㄴ : 600
④ ㄱ : 연동형, ㄴ : 400

39. 「소방시설 설치 및 관리에 관한 법률 시행규칙」 별표 8 행정처분 기준에 따라 처분권자는 위반행위의 동기·내용·횟수 및 위반 정도 등 다음에 해당하는 사유를 고려하여 그 처분을 가중하거나 감경할 수 있다. 다음 중 감경 사유에 해당하지 않는 것은?

① 유도표지가 정해진 위치에 붙어 있지 않은 경우
② 자동화재탐지설비 감지기 2개 이하가 설치되지 않은 경우
③ 스프링클러설비 헤드가 살수반경에 미치지 못하는 경우
④ 위반 행위자가 처음 해당 위반행위를 한 경우로서 3년 이상 소방시설관리사의 업무, 소방시설관리업 등을 모범적으로 해 온 사실이 인정되는 경우

40. 「위험물안전관리법 시행령」상 옥외저장소에 저장할 수 있는 위험물의 종류로 옳은 것은? (다만, 「국제해사기구에 관한 협약」에 의하여 설치된 국제해사기구가 채택한 「국제해상위험물규칙」(IMDG Code)에 적합한 용기에 수납된 위험물은 제외한다.)

> **보기**
> ㄱ. 제2류 위험물 중 적린
> ㄴ. 제3류 위험물 중 탄화칼슘
> ㄷ. 제4류 위험물 중 동식물유류
> ㄹ. 제6류 위험물 중 과산화수소

① ㄱ, ㄴ
② ㄱ, ㄷ
③ ㄴ, ㄷ
④ ㄷ, ㄹ

2025년 03월 29일 시행

2025년 소방공무원 채용시험 대비
SONICE 소방관계법규 모의고사 4회

응시번호	
성 명	

시 험 과 목

제1과목 소방관계법규 🔥빨간불 모의고사 4회 ·················· 62~71

제2과목 소방관계법규 🔥파란불 모의고사 4회 ·················· 72~81

응시자 준수사항

※ "시험 감독관 또는 방송"의 안내에 따라 다음 사항을 반드시 지켜 주시기 바랍니다.

1. 시험지 표지에 "응시번호 및 성명"을 기재하여 주십시오.

2. 시험이 시작되면 시험지의 "과목 순서", "페이지 수량", "인쇄 상태"를 확인해 주십시오.

3. 문제를 주의 깊게 읽고 문항의 취지에 가장 적합한 하나의 정답만을 고르십시오.

4. 문제 내용에 관한 질문은 하실 수 없습니다.

04회 소방관계법규 + 빨간불

1. 「소방기본법」 및 같은 법 시행규칙상 소방자동차 교통안전 분석 시스템에 관한 설명으로 옳지 않은 것은?

① 소방청장은 소방자동차의 안전한 운행 및 교통사고 예방을 위하여 운행기록장치 데이터의 수집·저장·통합·분석 등의 업무를 전자적으로 처리하기 위한 시스템을 구축·운영할 수 있다.
② 소방청장, 소방본부장 및 소방서장은 소방자동차 운행기록장치에 기록된 데이터를 6개월 동안 저장·관리해야 한다.
③ 소방청장, 소방본부장 및 소방서장은 운행기록장치 데이터 중 과속, 급감속, 급출발 등의 운행기록을 점검·분석해야 한다.
④ 소방청장, 소방본부장 및 소방서장은 분석 결과를 소방자동차의 안전한 소방활동 수행에 필요한 교통안전정책의 수립, 교육·훈련 등에 활용할 수 있다.

2. 「소방기본법」 제21조에 따라 소방자동차의 우선 통행에 관한 설명으로 옳은 것은?

① 모든 차와 사람은 소방자동차(지휘를 위한 자동차와 구조·구급차는 제외한다.)가 화재진압 및 구조·구급 활동을 위하여 출동을 할 때에는 이를 방해하여서는 아니 되며, 이를 방해할 경우 5년 이하의 징역 또는 5천만원 이하의 벌금에 해당한다.
② 소방자동차가 화재진압 및 구조·구급 활동 및 출동을 위하여 필요할 때에는 사이렌을 사용할 수 있으며, 훈련 시에는 사이렌을 사용할 수 없다.
③ 모든 차와 사람은 소방자동차가 화재진압 및 구조·구급 활동을 위하여 사이렌을 사용하여 출동하는 경우에는 소방자동차의 출동에 지장을 주는 행위를 하여서는 아니 되며, 지장을 줄 경우 300만원 이하의 벌금에 해당한다.
④ 소방기본법에서 규정하는 일부의 경우를 제외하고 소방자동차의 우선 통행에 관하여는 「도로교통법」에서 정하는 바에 따른다.

3. 「소방기본법 시행규칙」 상 소방용수표지에 관한 설명으로 옳은 보기를 모두 고른 것은?

<보기>

ㄱ. 지하에 설치하는 승하강식의 소화전의 경우 맨홀 뚜껑은 지름 648밀리미터 이상의 것으로 할 것
ㄴ. 지하에 설치하는 소화전 또는 저수조의 경우에는 맨홀 뚜껑에는 "소화전·주정차금지" 또는 "저수조·주정차금지"의 표시를 할 것
ㄷ. 지하에 설치하는 저수조의 경우에는 맨홀뚜껑 부근에는 노란색 반사도료로 폭 30센티미터의 선을 빗금무늬로 그 둘레를 따라 칠할 것
ㄹ. 지상에 설치하는 소화전의 경우 안쪽 문자는 붉은색, 바깥쪽 문자는 파란색으로, 안쪽 바탕은 흰색, 바깥쪽 바탕은 노란색으로 하고, 반사재료를 사용해야 한다.

① ㄴ
② ㄱ, ㄴ
③ ㄴ, ㄷ
④ ㄷ, ㄹ

4. 「소방기본법 시행규칙」 상 소방업무의 상호응원협정에 포함되어야 하는 사항으로 옳지 않은 것은?

① 화재의 예방·경계활동에 관한 사항
② 화재조사활동에 관한 사항
③ 소방장비 및 기구의 정비와 연료의 보급에 관한 사항
④ 출동대원의 수당·식사 및 의복의 수선에 관한 사항

5. 「소방의 화재조사에 관한 법률 시행령」상 화재조사의 대상, 내용·절차에 관한 설명으로 옳지 않은 것은?

① 항해 중인 선박은 소방청장, 소방본부장 또는 소방서장이 화재조사를 실시해야 할 대상에 해당하지 않는다.
② 화재조사는 소방활동 중 조사 → 화재현장 조사 → 정밀조사 → 화재조사 결과 보고 순으로 실시한다.
③ 정밀조사는 감식·감정, 화재원인 판정 등을 말한다.
④ 소방청장, 소방본부장 또는 소방서장은 화재조사를 하는 경우 「산림보호법」 제42조에 따른 산불 조사 등 다른 법률에 따른 화재 관련 조사가 원활히 수행될 수 있도록 협조해야 한다.

6. 「소방시설공사업법」 및 같은 법 시행규칙상 지위승계 신고에 관한 설명으로 옳은 것은?

① 소방시설업자 지위 승계를 신고하려는 자는 그 상속일, 양수일, 합병일 또는 인수일부터 14일 이내에 서류를 소방시설업자협회에 제출해야 한다.
② 지위승계 신고 서류를 제출받은 소방시설업자협회는 접수일부터 10일 이내에 지위를 승계한 사실을 확인한 후 그 결과를 시·도지사에게 보고하여야 한다.
③ 시·도지사는 소방시설업의 지위승계 신고의 확인 사실을 보고받은 날부터 5일 이내에 소방시설업자협회를 경유하여 지위승계인에게 등록증 및 등록수첩을 발급하여야 한다.
④ 지위승계에 관하여는 등록의 결격사유를 준용한다. 다만, 상속인이 등록결격사유의 어느 하나에 해당하는 경우 상속받은 날부터 3개월 동안은 그러하지 아니하다.

7. 「소방시설공사업법 시행령」상 공사현장의 소방기술자 배치기준에 따라 "1명의 소방기술자를 2개의 공사 현장을 초과하여 배치하여도 되는 경우"로 옳은 것은?

① 건축물의 연면적이 4천제곱미터인 공사 현장을 6개 배치하는 경우
② 건축물의 연면적이 3천제곱미터인 공사 현장 2개와 건축물의 연면적이 6천제곱미터인 공사 현장 1개를 배치하는 경우
③ 건축물의 연면적이 3천제곱미터인 공사 현장을 7개 배치하는 경우
④ 건축물의 연면적이 2천제곱미터인 공사 현장 4개와 건축물의 연면적이 5천제곱미터인 공사 현장 3개를 배치하는 경우

8. 「소방시설공사업법」 및 같은 법 시행령, 시행규칙상 하도급계약심사위원회에 대한 설명으로 옳지 않은 것은?

① 하도급계약심사위원회는 위원장 1명과 부위원장 1명을 포함하여 10명 이내의 위원으로 구성한다.
② 위원회의 위원장은 발주기관의 장이 된다.
③ 소방 분야의 석사학위를 취득하고 그 분야에서 3년 이상 연구 또는 실무경험이 있는 사람은 부위원장과 위원이 될 수 있다.
④ 위원의 임기는 3년으로 하며, 한 차례만 연임할 수 있다.

9. 「소방시설공사업법」상 소방시설업을 등록할 할 수 있는 사람은?

① 「위험물안전관리법」에 따른 금고 이상의 실형을 선고받고 그 집행이 끝나거나(집행이 끝난 것으로 보는 경우를 포함한다) 면제된 날부터 1년이 지난 사람
② 「소방시설 설치 및 관리에 관한 법률」에 따른 금고 이상의 형의 집행유예를 선고받은 날부터 2년이 지난 사람
③ 피성년후견인에 해당하여 등록이 취소된 경우로서 등록하려는 소방시설업 등록이 취소된 날부터 3년이 지난 사람
④ 법인의 임원이 피성년후견인에 해당하는 경우 그 법인

10. 「소방시설공사업법 시행규칙」 제16조에 따라 감리원의 세부 배치 기준 중 일반 공사감리에 관한 설명으로 옳지 않은 것은?

① 기계분야의 감리원 자격을 취득한 사람과 전기분야의 감리원 자격을 취득한 사람 각 1명 이상을 감리원으로 배치할 것
② 소방시설용 배관(전선관을 포함한다)을 설치하거나 매립하는 때부터 소방시설 완공검사증명서를 발급받을 때까지 소방공사감리현장에 감리원을 배치할 것
③ 감리원은 주 1회 이상 소방공사감리현장에 배치되어 감리할 것
④ 1명의 감리원이 담당하는 소방공사감리현장은 5개 이하로서 감리현장 연면적의 총 합계가 10만제곱미터 이하일 것

11. 「화재의 예방 및 안전관리에 관한 법률 시행령」상 옮긴 물건 등의 보관기간 및 보관기간 경과 후 처리에 관한 설명이다. 괄호 안에 들어갈 내용으로 옳은 것은?

> **보 기**
> ○ 옮긴물건등의 보관기간은 (㉠)까지로 한다.
> ○ (㉡)은/는 매각되거나 폐기된 옮긴물건등의 소유자가 보상을 요구하는 경우에는 보상금액에 대하여 소유자와의 협의를 거쳐 이를 보상해야 한다.

① ㉠ : 공고기간의 종료일로부터 7일,
  ㉡ : 소방청장, 소방본부장 또는 소방서장
② ㉠ : 공고기간의 종료일로부터 7일,
  ㉡ : 시·도지사
③ ㉠ : 공고기간의 종료일 다음 날부터 7일,
  ㉡ : 시·도지사
④ ㉠ : 공고기간의 종료일 다음 날부터 7일,
  ㉡ : 소방청장, 소방본부장 또는 소방서장

12. 「화재의 예방 및 안전관리에 관한 법률」 및 같은 법 시행령상 조치명령등의 기간연장을 신청할 수 있는 경우로 옳은 보기의 개수는?

> **보 기**
> ㄱ. 경매 등의 사유로 소유권이 변동 중이거나 변동된 경우
> ㄴ. 관계인의 질병, 사고, 장기출장의 경우
> ㄷ. 시장·상가·복합건축물 등 소방대상물의 관계인이 여러 명으로 구성되어 조치명령등의 이행에 대한 의견을 조정하기 어려운 경우
> ㄹ. 소방대상물의 증축·용도변경 또는 대수선 등의 공사로 조치명령등을 그 기간 내에 이행할 수 없는 경우
> ㅁ. 권한 있는 기관에 자체점검기록부, 교육·훈련일지 등 조치명령등의 이행에 필요한 장부·서류 등이 압수되거나 영치되어 있는 경우
> ㅂ. 관계인이 운영하는 사업에 부도 또는 도산 등 중대한 위기가 발생하여 조치명령등을 그 기간 내에 이행할 수 없는 경우

① 1개   ② 2개
③ 3개   ④ 4개

13. 「화재의 예방 및 안전관리에 관한 법률」 및 같은 법 시행령상 관리의 권원이 분리된 소방안전관리대상물에 해당하는 보기를 모두 고른 것은? (단, 기준으로 답할 것)

> **보기**
> ㄱ. 연면적 3천제곱미터 이상인 복합건축물
> ㄴ. 지하층을 포함한 층수가 11층 이상인 복합건축물
> ㄷ. 지하가
> ㄹ. 지하구
> ㅁ. 판매시설 중 상점

① ㄷ
② ㄱ, ㄷ
③ ㄴ, ㄷ
④ ㄱ, ㄹ, ㅁ

14. 「화재의 예방 및 안전관리에 관한 법률」 및 같은 법 시행령, 시행규칙상 2급 소방안전관리대상물에 대한 설명으로 옳은 것은? (단, 주어지지 않은 조건은 고려하지 않는다.)

> **보기**
> ㄱ. 소방공무원으로 5년간 근무한 경력자를 소방안전관리자로 둘 수 있으며, 다른 안전관리자와 소방안전관리자를 겸할 수 없다.
> ㄴ. 관리업자로 하여금 소방안전관리업무 중 대통령령으로 정하는 업무를 대행하게 할 수 있다.
> ㄷ. 소방안전관리자에 대한 강습교육이 소방안전관리자 선임기간 내에 있지 않아 소방안전관리자를 선임할 수 없는 경우에는 소방안전관리자 선임의 연기를 신청할 수 있다.
> ㄹ. 소방훈련 및 교육을 실시한 날부터 30일 이내에 소방훈련·교육 실시 결과서를 작성하여 소방본부장 또는 소방서장에게 제출해야 한다.

① ㄱ, ㄴ
② ㄱ, ㄷ
③ ㄴ, ㄷ
④ ㄴ, ㄹ

15. 「소방시설 설치 및 관리에 관한 법률 시행규칙」상 차량용 소화기의 설치 또는 비치 기준에 관한 설명으로 옳지 않은 것은?

① 특수자동차 중 중형 이하의 경우에는 능력단위 1 이상인 소화기 1개 이상을 사용하기 쉬운 곳에 설치한다.
② 경형승합자동차에는 능력단위 1 이상의 소화기 1개 이상을 사용하기 쉬운 곳에 설치 또는 비치한다.
③ 승합자동차 중 승차정원 36인 이상인 경우에는 능력단위 3 이상인 소화기 1개 이상 및 능력단위 2 이상인 소화기 1개 이상을 설치한다. 다만, 2층 대형승합자동차의 경우에는 위층 차실에 능력단위 3 이상인 소화기 1개 이상을 추가 설치한다.
④ 특수자동차 중 대형 이상의 경우에는 능력단위 3 이상인 소화기 1개 이상 및 능력단위 2 이상인 소화기 2개 이상을 사용하기 쉬운 곳에 설치한다.

16. 「소방시설 설치 및 관리에 관한 법률 시행령」상 화재위험작업으로 옳은 보기를 모두 고른 것은?

> **보기**
> ㄱ. 인화성·가연성·폭발성 물질을 취급하거나 가연성 가스를 발생시키는 작업
> ㄴ. 용접·용단 등 불꽃을 발생시키거나 화기를 취급하는 작업
> ㄷ. 전열기구, 가열전선 등 열을 발생시키는 기구를 취급하는 작업
> ㄹ. 산화알루미늄, 산화마그네슘 등을 취급하여 불연성 부유분진을 발생시킬 수 있는 작업
> ㅁ. 용접·용단 등 불꽃을 발생시키거나 화기를 취급하는 작업과 비슷한 작업으로 소방본부장 또는 소방서장이 정하여 고시하는 작업

① ㄴ, ㄷ
② ㄱ, ㄴ, ㄷ
③ ㄱ, ㄴ, ㄷ, ㄹ
④ ㄱ, ㄴ, ㄷ, ㅁ

17. 「소방시설 설치 및 관리에 관한 법률 시행령」상 둘 이상의 특정소방대상물이 연결통로로 연결된 경우로서 하나의 특정소방대상물로 보지 않는 것은?

① 터널로 연결된 경우
② 플랜트설비의 배관으로 연결되어 있는 경우
③ 60분+ 방화문이 설치되어 있는 피트(전기설비 또는 배관설비 등이 설치되는 공간을 말한다)로 연결된 경우
④ 내화구조로 된 길이 5m인 연결통로로서 벽 높이가 바닥에서 천장까지 높이의 2분의 1 미만인 경우

18. 「소방시설 설치 및 관리에 관한 법률 시행령」상 '유사한 소방시설의 설치 면제의 기준'에 대한 설명이다. 괄호 안에 들어갈 내용으로 옳게 연결된 것은?

> **보기**
> 자동화재탐지설비의 기능(감지·수신·경보기능을 말한다)과 성능을 가진 (ㄱ), (ㄴ) 또는 (ㄷ)를 화재안전기준에 적합하게 설치한 경우에는 그 설비의 유효범위에서 설치가 면제된다.

① ㄱ: 옥내소화전설비,
　 ㄴ: 스프링클러설비,
　 ㄷ: 자동화재속보설비
② ㄱ: 화재알림설비,
　 ㄴ: 간이스프링클러설비,
　 ㄷ: 스프링클러설비
③ ㄱ: 화재알림설비,
　 ㄴ: 스프링클러설비,
　 ㄷ: 물분무등소화설비
④ ㄱ: 비상경보설비,
　 ㄴ: 물분무소화설비,
　 ㄷ: 미분무소화설비

19. 「소방시설 설치 및 관리에 관한 법률 시행규칙」상 제연설비의 점검장비의 종류로 옳지 않은 것은?

① 풍속풍압계
② 공기주입시험기
③ 폐쇄력측정기
④ 압력차측정기

20. 「위험물안전관리법 시행규칙」상 옥외탱크저장소의 위치·구조 및 설비에 관한 기준 중 펌프설비에 관한 기준이다. 괄호 안에 들어갈 내용으로 옳은 것은?

> **보기**
> 가. 펌프설비의 주위에는 너비 (㉠)[m] 이상의 공지를 보유할 것. 다만, 방화상 유효한 격벽을 설치하는 경우와 (㉡) 위험물 또는 지정수량의 (㉢)배 이하 위험물의 옥외저장탱크의 펌프설비에 있어서는 그러하지 아니하다.
> 나. 펌프설비로부터 옥외저장탱크까지의 사이에는 당해 옥외저장탱크의 보유공지 너비의 (㉣) 이상의 거리를 유지할 것

	㉠	㉡	㉢	㉣
①	3	제4류	10	1/2
②	3	제6류	10	1/3
③	3	제6류	20	1/3
④	5	제4류	20	1/2

21. 「위험물안전관리법」 상 위험물의 저장·취급에 관한 규정으로 옳지 않은 것은?

① 지정수량 미만인 위험물의 저장 또는 취급에 관한 기술상의 기준은 행정안전부령으로 정한다.
② 지정수량 이상의 위험물을 저장소가 아닌 장소에서 저장하거나 제조소등이 아닌 장소에서 취급하여서는 아니된다.
③ 시·도의 조례가 정하는 바에 따라 관할소방서장의 승인을 받아 지정수량 이상의 위험물을 90일 이내의 기간동안 임시로 저장 또는 취급하는 경우에는 제조소등이 아닌 장소에서 지정수량 이상의 위험물을 취급할 수 있다.
④ 제조소등의 위치·구조 및 설비의 기술기준은 행정안전부령으로 정한다.

22. 「위험물안전관리법 시행규칙」 상 위험물 운송시 준수하여야 하는 사항이다. 장거리 운송을 하는 때 위험물운송자가 2명 이상 하여야 하는 경우는?

① 운송책임자를 동승시킨 경우
② 운송하는 위험물이 제2류 위험물인 경우
③ 운송하는 위험물이 제3류 위험물(칼슘 또는 알루미늄의 탄화물과 이것만을 함유한 것에 한한다)
④ 운송하는 위험물이 제4류 위험물(특수인화물에 한한다)인 경우

23. 「위험물안전관리법 시행령」 상 제조소등의 설치허가 시 한국소방산업기술원의 기술검토를 받아야 하는 대상이다. 괄호 안에 들어갈 내용으로 옳은 것은? (단, 기준으로 답할 것)

<보기>
○ 지정수량의 (㉠)배 이상의 위험물을 취급하는 제조소 또는 일반취급소 : 구조·설비에 관한 사항
○ 옥외탱크저장소(저장용량이 (㉡)리터 이상인 것만 해당한다) 또는 (㉢) : 위험물탱크의 기초·지반, 탱크본체 및 소화설비에 관한 사항

① ㉠ : 1천, ㉡ : 50만, ㉢ : 지하탱크저장소
② ㉠ : 3천, ㉡ : 100만, ㉢ : 암반탱크저장소
③ ㉠ : 1천, ㉡ : 50만, ㉢ : 암반탱크저장소
④ ㉠ : 3천, ㉡ : 100만, ㉢ : 지하탱크저장소

24. 「위험물안전관리법 시행규칙」 상 탱크안전성능검사와 완공검사의 신청시기의 연결이 옳지 않은 것은?

① 지하탱크가 있는 제조소등의 완공검사 - 당해 지하탱크를 매설하기 전
② 이동탱크저장소의 완공검사 - 이동저장탱크를 완공하고 상시 설치 장소를 확보한 후
③ 탱크안전성능검사 중 용접부검사 - 탱크본체에 관한 공사를 완료한 후
④ 탱크안전성능검사 중 충수·수압검사 - 위험물을 저장 또는 취급하는 탱크에 배관 그 밖의 부속설비를 부착하기 전

25. 「위험물안전관리법 시행규칙」 상 화학소방자동차의 기준 중 "포수용액 방사차"에 대한 설명으로 옳지 않은 것은?

① 포수용액의 방사능력이 매분 2,000L 이상일 것
② 소화약액탱크 및 소화약액혼합장치를 비치할 것
③ 50만L 이상의 포수용액을 방사할 수 있는 양의 소화약제를 비치할 것
④ 포수용액을 방사하는 화학소방자동차의 대수는 규정에 의한 화학소방자동차의 대수의 3분의 2 이상으로 할 것

※ 26번 문항 이후는 경력채용 응시자만 풀이하십시오.
(공개채용 응시자는 추가문제로 활용하세요.)

26. 「소방기본법 시행규칙」상 종합상황실의 실장의 업무로 옳지 않은 것은?

① 재난상황의 전파 및 보고
② 하급소방기관에 대한 출동요청 또는 동급 이상의 소방기관 및 유관기관에 대한 출동지령
③ 재난상황이 발생한 현장에 대한 지휘 및 피해현황의 파악
④ 재난상황의 수습에 필요한 정보수집 및 제공

27. 「소방기본법 시행령」상 손실보상심의위원회의 설치 및 운영에 관한 내용으로 옳지 않은 것은?

① 소방청장 또는 시·도지사는 손실보상청구 사건을 심사·의결하기 위하여 필요한 경우 각각 손실보상심의위원회를 구성·운영할 수 있다.
② 보상위원회는 위원장 1명을 포함하여 5명 이상 7명 이하의 위원으로 구성한다.
③ 청구금액이 300만원 이하인 사건에 대해서는 소방공무원의 위원 3명으로만 구성할 수 있다.
④ 「보험업법」 제186조에 따른 손해사정사는 손실보상심의위원회의 위원이 될 수 있다.

28. 「소방기본법 시행령」상 소방교육사시험에 응시할 수 있는 사람으로 옳지 않은 것은?

① 간호사 면허를 취득한 후 간호업무 분야에 1년간 종사한 사람
② 2급 응급구조사 자격을 취득한 후 응급의료 업무 분야에 2년간 종사한 사람
③ 의용소방대원으로 임명된 후 7년간 의용소방대 활동을 한 경력이 있는 사람
④ 지방소방학교에서 2주간 소방안전교육사 관련 전문교육과정을 이수한 소방공무원

29. 「소방시설공사업법」 및 같은 법 시행령상 감리에 관한 설명으로 옳지 않은 것은?

① 소방공사감리업을 등록한 자는 피난시설 및 방화시설의 기술상의 합리성 검토 업무를 수행하여야 한다.
② 소방공사감리업을 등록한 자는 공사업자가 작성한 시공상세 도면의 적법성 검토 업무를 수행하여야 한다.
③ 감리업자가 수행하여야 하는 업무를 위반하여 감리를 하거나 거짓으로 감리한 자는 1년 이하의 징역 또는 1천만원 이하의 벌금에 해당한다.
④ 용도와 구조에서 특별히 안전성과 보안성이 요구되는 소방대상물로서 「원자력안전법」에 따른 관계시설이 설치되는 장소에서 시공되는 소방시설물에 대한 감리는 감리업자가 아닌 자도 할 수 있다.

30. 「소방시설공사업법 시행령」상 소방시설공사의 착공신고 대상으로 옳은 것은? (단, 제조소등과 다중이용업소는 제외한다.)

① 무선통신보조설비의 전용회로를 증설하는 공사
② 자동화재속보설비의 경계구역을 증설하는 공사
③ 「건설산업기본법 시행령」별표 1에 따른 기계설비·가스공사업자가 소방용 외의 용도와 겸용되는 제연설비의 제연구역을 증설하는 공사
④ 간이스프링클러설비의 방호구역을 증설하는 공사

31. 「화재의 예방 및 안전관리에 관한 법률」상 건설현장 소방안전관리대상물의 소방안전관리자의 업무로 옳지 않은 것은?

① 건설현장의 소방계획서의 작성
② 건설현장 소방안전관리에 대한 기록
③ 초기대응체계의 구성·운영 및 교육
④ 화기취급의 감독, 화재위험작업의 허가 및 관리

32. 「화재의 예방 및 안전관리에 관한 법률」상 화재예방강화지구의 화재안전조사를 한 결과 화재의 예방강화를 위하여 필요하다고 인정할 때에는 관계인에게 소화기구, 소방용수시설 또는 그 밖에 소방에 필요한 설비의 설치를 명할 수 있다. 이 때, 소방설비등의 설치 명령을 정당한 사유 없이 따르지 아니한 자에 해당하는 벌칙 또는 과태료로 옳은 것은?

① 300만원 이하의 벌금
② 200만원 이하의 과태료
③ 300만원 이하의 과태료
④ 3년 이하의 징역 또는 3천만원 이하의 벌금

33. 「화재의 예방 및 안전관리에 관한 법률 시행령」상 보일러 등의 설비 또는 기구 등의 위치·구조 및 관리와 화재예방을 위하여 불의 사용에 있어서 지켜야 하는 사항 중 노·화덕설비에 관한 기준이다. 괄호 안에 들어갈 내용으로 옳은 것은?

> **보기**
> 시간당 열량이 (㉠)킬로칼로리 이상이 노를 설치하는 경우에는 다음의 사항을 지켜야 한다.
> 1) 「건축법」제2조제1항제7호에 따른 주요구조부는 (㉡) 이상으로 할 것
> 2) 창문과 출입구는 「건축법 시행령」제64조에 따른 60분+방화문 또는 60분 방화문으로 설치할 것
> 3) 노 주위에는 (㉢)미터 이상의 공간을 확보할 것

① ㉠ : 10만, ㉡ : 불연재료, ㉢ : 0.1
② ㉠ : 10만, ㉡ : 내화구조, ㉢ : 1
③ ㉠ : 30만, ㉡ : 내화구조, ㉢ : 0.1
④ ㉠ : 30만, ㉡ : 불연재료, ㉢ : 1

34. 「소방시설 설치 및 관리에 관한 법률 시행규칙」상 소방시설 등의 자체점검 시 점검인력의 배치기준에 따른 점검한도 세대수에 대한 설명이다. 괄호 안에 들어갈 내용으로 옳은 것은?

> **보 기**
> ○ 점검인력 1단위가 하루 동안 점검할 수 있는 아파트등의 세대수는 종합점검 및 작동점검에 관계없이 (ㄱ)로 한다.
> ○ 점검인력 1단위에 보조 기술인력을 1명씩 추가할 때마다 (ㄴ)씩을 점검한도 세대수에 더한다.

① ㄱ: 200세대, ㄴ: 60세대
② ㄱ: 200세대, ㄴ: 80세대
③ ㄱ: 250세대, ㄴ: 60세대
④ ㄱ: 250세대, ㄴ: 80세대

35. 「소방시설 설치 및 관리에 관한 법률」상 소방용품의 제품검사 후 수집검사에 관한 설명으로 옳은 것은?

① 소방청장, 소방본부장 또는 소방서장은 소방용품의 품질관리를 위하여 필요하다고 인정할 때에는 유통 중인 소방용품을 수집하여 검사할 수 있다.
② 소방청장, 소방본부장 또는 소방서장은 수집검사 결과 행정안전부령으로 정하는 중대한 결함이 있다고 인정되는 소방용품에 대하여는 그 제조자 및 수입자에게 행정안전부령으로 정하는 바에 따라 회수·교환·폐기 또는 판매중지를 명하고, 형식승인 또는 성능인증을 취소할 수 있다.
③ 소방용품의 회수·교환·폐기 또는 판매중지 명령을 받은 제조자 및 수입자는 해당 소방용품이 이미 판매되어 사용 중인 경우 행정안전부령으로 정하는 바에 따라 구매자에게 그 사실을 알리고 회수 또는 교환 등 필요한 조치를 하여야 한다.
④ 구매자에게 소방용품의 회수·교환·폐기 또는 판매중지 명령을 받은 사실을 알리지 아니하거나 필요한 조치를 하지 아니한 자는 300만원 이하의 벌금에 해당한다.

36. 「소방시설 설치 및 관리에 관한 법률」 및 같은 법 시행령상 특정소방대상물이 증축되는 경우 원칙적으로 소방시설기준 적용에 관한 설명으로 옳은 것은?

① 기존 부분을 포함한 특정소방대상물의 전체에 대하여 증축 전의 소방시설의 설치에 관한 대통령령 또는 화재안전기준을 적용해야 한다.
② 기존 부분은 증축 전에 적용되던 소방시설의 설치에 관한 대통령령 또는 화재안전기준을 적용하고 증축 부분은 증축 당시의 소방시설의 설치에 관한 대통령령 또는 화재안전기준을 적용해야 한다.
③ 증축 부분은 증축 전에 적용되던 소방시설의 설치에 관한 대통령령 또는 화재안전기준을 적용하고 기존 부분은 증축 당시의 소방시설의 설치에 관한 대통령령 또는 화재안전기준을 적용해야 한다.
④ 기존 부분을 포함한 특정소방대상물의 전체에 대하여 증축 당시의 소방시설의 설치에 관한 대통령령 또는 화재안전기준을 적용해야 한다.

37. 「소방시설 설치 및 관리에 관한 법률 시행령」상 무창층의 정의이다. 괄호 안에 들어갈 내용으로 옳은 것은?

> **보 기**
> "무창층"이란 (ㄱ) 중 요건을 모두 갖춘 개구부의 면적의 합계가 해당 층의 바닥면적의 (ㄴ)가 되는 층을 말한다.

① ㄱ : 지하층, ㄴ : 1/10 이하
② ㄱ : 지하층, ㄴ : 1/30 이하
③ ㄱ : 지상층, ㄴ : 1/30 이하
④ ㄱ : 지상층, ㄴ : 1/10 이하

38. 「위험물안전관리법」 및 같은 법 시행령상 소방청장이 한국소방안전원에 위탁하는 것으로 옳지 않은 것은?

① 위험물안전관리자로 선임된 자에 대한 안전교육
② 위험물운반자의 요건을 갖추려는 사람에 대한 안전교육
③ 탱크시험자의 기술인력으로 종사하는 자에 대한 안전교육
④ 위험물취급자격자의 자격을 갖추려는 사람에 대한 안전교육

39. 「위험물안전관리법 시행규칙」 상 안전관리대행기관의 폐업 시 서류를 첨부하여 제출하여야 하는 시기(ㄱ)와 대상(ㄴ)이 알맞게 짝지어진 것은?

① ㄱ: 1일 전까지, ㄴ: 소방청장
② ㄱ: 1일 전까지, ㄴ: 시·도지사
③ ㄱ: 14일 이내, ㄴ: 시·도지사
④ ㄱ: 14일 이내, ㄴ: 소방청장

40. 「위험물안전관리법 시행령」 상 운송책임자의 감독·지원을 받아 운송하여야 하는 위험물로 옳은 것은?

① 알칼리금속 및 알칼리토금속
② 칼슘 또는 알루미늄의 탄화물
③ 알킬알루미늄, 알킬리튬
④ 금속의 수소화물, 금속의 인화물

04회 소방관계법규 + 파란불

1. 「소방기본법」 및 같은 법 시행령상 소방업무에 관한 종합계획의 수립·시행에 관한 설명으로 옳은 보기를 모두 고른 것은?

〈보 기〉
ㄱ. 소방청장은 화재, 재난·재해, 그 밖의 위급한 상황으로부터 국민의 생명·신체 및 재산을 보호하기 위하여 소방업무에 관한 종합계획을 5년마다 수립·시행하여야 하고, 이에 필요한 재원을 확보하도록 노력하여야 한다.
ㄴ. 종합계획에는 장애인, 노인, 임산부, 영유아 및 어린이 등 이동이 어려운 사람을 대상으로 한 소방활동에 필요한 조치에 관한 사항이 포함되어야 한다.
ㄷ. 시·도지사는 관할 지역의 특성을 고려하여 종합계획의 시행에 필요한 세부계획을 매년 수립하여 관계 중앙행정기관의 장에게 제출하여야 하며, 세부계획에 따른 소방업무를 성실히 수행하여야 한다.
ㄹ. 소방청장은 소방업무의 체계적 수행을 위하여 필요한 경우 시·도지사가 제출한 세부계획의 보완 또는 수정을 요청할 수 있다.
ㅁ. 소방청장은 소방업무에 관한 종합계획을 관계 중앙행정기관의 장과의 협의를 거쳐 계획 시행 전년도 10월 31일까지 수립해야 한다.

① ㄱ, ㄴ, ㄹ
② ㄱ, ㄴ, ㅁ
③ ㄷ, ㄹ, ㅁ
④ ㄱ, ㄴ, ㄹ, ㅁ

2. 「소방기본법」 및 같은 법 시행령상 소방자동차 전용구역으로 옳은 것은?

① 소방자동차 전용구역을 설치하지 아니할 수 있는 공동주택은 하나의 대지에 하나의 동으로 구성되고 「도로교통법」 제32조 또는 제33조에 따라 정차가 가능한 편도 2차선 이상의 도로에 직접 접하여 소방자동차가 도로에서 직접 소방활동이 가능한 공동주택이다.
② 소방안전관리자는 소방자동차가 접근하기 쉽고 소방활동이 원활하게 수행될 수 있도록 각 동별 전면 또는 후면에 소방자동차 전용구역을 1개소 이상 설치해야 한다.
③ 하나의 전용구역에서 여러 동에 접근하여 소방활동이 가능한 경우로서 소방청장이 정하는 경우에는 각 동별로 설치하지 않을 수 있다.
④ 「주차장법」 제19조에 따른 부설주차장의 주차구획 내에 주차하는 경우에는 100만원 이하의 과태료에 해당한다.

3. 「소방기본법」 및 같은 법 시행령상 한국소방안전원에 관한 설명으로 옳지 않은 것은?

① 한국소방안전원의 장은 소방기술과 안전관리의 기술향상을 위하여 5년마다 교육 수요조사를 실시하여 교육계획을 수립하고 소방청장의 승인을 받아야 한다.
② 한국소방안전원장은 교육결과를 객관적이고 정밀하게 분석하기 위하여 필요한 경우 교육 관련 전문가로 구성된 위원회를 운영할 수 있다.
③ 평가위원회는 위원장 1명을 포함하여 9명 이하의 위원으로 성별을 고려하여 구성한다.
④ 안전원에 임원으로 원장 1명을 포함한 9명 이내의 이사와 1명의 감사를 두고, 원장과 감사는 소방청장이 임명한다.

4. 「소방기본법」 상 소방활동 종사 명령에 대한 설명으로 옳은 보기의 개수는?

〈보 기〉
ㄱ. 소방청장, 소방본부장 또는 소방서장은 화재, 재난·재해, 그 밖의 위급한 상황이 발생한 현장에서 소방활동을 위하여 필요할 때에는 그 관할구역에 사는 사람 또는 그 현장에 있는 사람으로 하여금 사람을 구출하는 일 또는 불을 끄거나 불이 번지지 아니하도록 하는 일을 하게 할 수 있다.
ㄴ. 소방청장, 소방본부장 또는 소방서장은 소방활동에 필요한 보호장구를 지급하는 등 안전을 위한 조치를 하여야 한다.
ㄷ. 소방활동에 종사한 사람은 소방청장 또는 시·도지사로부터 소방활동의 비용을 지급받을 수 있다.
ㄹ. 소방대상물에 화재, 재난·재해, 그 밖의 위급한 상황이 발생한 경우 그 관계인은 소방활동의 비용지급을 받을 수 없다.
ㅁ. 사람을 구출하는 일 또는 불을 끄거나 불이 번지지 아니하도록 하는 일을 방해한 사람은 3년 이하의 징역 또는 3천만원 이하의 벌금에 해당한다.
ㅂ. 소방활동 종사로 인하여 사망하거나 부상을 입은 자에게 손실보상심의위원회의 심사·의결에 따라 정당한 보상을 하여야 한다.

① 2개
② 3개
③ 4개
④ 5개

5. 「소방의 화재조사에 관한 법률」 및 같은 법 시행령, 시행규칙상 괄호 안에 들어갈 권한자가 다른 것은?

① (   )은 화재조사가 필요한 경우 관계인등을 소방관서에 출석하게 하여 질문할 수 있다.
② (   )은 화재조사 결과를 중앙행정기관의 장, 지방자치단체의 장, 그 밖의 관련 기관·단체의 장 또는 관계인 등에게 통보하여 유사한 화재가 발생하지 않도록 필요한 조치를 취할 것을 요청할 수 있다.
③ (   )은 화재조사 기법에 필요한 연구·실험·조사·기술개발 등을 지원하는 시책을 수립할 수 있다.
④ (   )은 화재와 관련된 이해관계인 또는 화재발생 내용 입증이 필요한 사람이 화재를 증명하는 서류 발급을 신청하는 때에는 화재증명원을 발급하여야 한다.

6. 「소방의 화재조사에 관한 법률 시행규칙」상 화재조사 결과의 공표에 관한 설명으로 옳지 않은 것은?

① 소방청장, 소방본부장 또는 소방서장은 화재, 그 밖의 긴급한 상황이 발생할 경우 인명 또는 재산 피해의 우려가 현저하다고 판단되는 경우에는 화재조사 결과를 공표할 수 있다.
② 소방청장, 소방본부장 또는 소방서장은 국민이 유사한 화재로부터 피해를 입지 않도록 하기 위해 필요한 경우에는 화재조사 결과를 공표할 수 있다.
③ 소방청장, 소방본부장 또는 소방서장은 화재조사의 결과를 공표할 때에는 화재원인에 관한 사항, 화재로 인한 인명·재산피해에 관한 사항, 화재발생 건축물과 구조물에 관한 사항을 포함시켜야 한다.
④ 화재조사 결과의 공표는 소방관서의 인터넷 홈페이지에 게재하거나, 「신문 등의 진흥에 관한 법률」에 따른 신문 또는 「방송법」에 따른 방송을 이용하는 등 일반인이 쉽게 알 수 있는 방법으로 한다.

7. 「소방의 화재조사에 관한 법률」 및 같은 법 시행령, 시행규칙상 화재조사 증거물 수집에 관한 설명으로 옳은 것은?

【 보 기 】
ㄱ. 소방관서장은 화재조사를 위하여 필요한 경우 증거물을 수집하여 검사·시험·분석 등을 할 수 있다. 다만, 범죄수사와 관련된 증거물인 경우에는 수사기관의 장과 협의하여 수집할 수 있다.
ㄴ. 소방관서장은 화재조사를 위하여 필요한 최대한의 범위에서 화재조사관에게 증거물을 수집하여 검사·시험·분석 등을 하게 할 수 있다.
ㄷ. 화재조사 증거물을 수집하는 경우 증거물의 수집과정을 사진 촬영 또는 영상 녹화의 방법으로 기록해야 한다.
ㄹ. 사진 또는 영상 파일은 화재조사전담부서의 전산망에 전송하여 보관한다.

① ㄱ, ㄴ
② ㄱ, ㄷ
③ ㄴ, ㄷ
④ ㄴ, ㄹ

8. 「소방시설공사업법」 및 같은 법 시행령상 다음 〈보기〉의 특정소방대상물에 대한 설명으로 옳지 않은 것은?

【 보 기 】
연면적 5만제곱미터 업무시설의 공사 현장

① 공사현장에는 고급 기술자 이상의 소방기술자를 배치하여야 한다.
② 공사현장에는 특급 감리원 이상의 소방공사 감리원을 배치하여야 한다.
③ 상주공사감리 대상에 해당하며 보조 감리원을 초급 감리원 이상의 소방공사 감리원으로 배치하여야 한다.
④ 일반소방시설공사업에서 공사할 수 있으며, 일반소방공사 감리업에서 감리할 수 없다.

9. 「소방시설공사업법 시행령」상 공사감리자 지정대상 특정소방대상물의 범위에 해당하는 것은?

① 상업용 주방자동소화장치를 신설할 때
② 자동화재속보설비를 신설할 때
③ 화재조기진압용 스프링클러설비를 개설할 때
④ 캐비닛형 간이스프링클러설비의 방호구역을 증설할 때

10. 「소방시설공사업법」및 같은 법 시행규칙상 소방시설업자가 보관하여야 하는 관계서류이다. 소방공사감리업이 하자보수 보증기간까지 보관하여야 하는 서류로 옳지 않은 것은?

① 소방공사 감리일지
② 소방공사 감리기록부
③ 소방시설 성능시험조사표
④ 소방시설의 완공 당시 설계도서

11. 「화재의 예방 및 안전관리에 관한 법률 시행령」상 소방안전관리자의 자격기준에 관한 설명이다. 다음 〈보기〉의 소방안전관리자에 대한 설명으로 옳은 것은?

― 보 기 ―
지하 3층, 지상 25층이고,
지상으로부터 높이가 120미터인 복합건축물

① 소방설비기사의 자격을 취득한 후 3년 이상 1급 소방안전관리대상물의 소방안전관리자로 근무한 실무경력이 있는 사람은 해당 특정소방대상물에 소방안전관리자로 선임될 수 있다.
② 특급 소방안전관리대상물의 소방안전관리보조자로 10년 이상 근무한 실무경력이 있는 사람으로서 소방청장이 정하는 시험에 합격한 경우에는 해당 특정소방대상물에 소방안전관리자로 선임될 수 있다.
③ 소방설비산업기사의 자격을 취득한 후 5년 이상 1급 소방안전관리대상물의 소방안전관리자로 근무한 실무경력이 있는 사람은 해당 특정소방대상물에 소방안전관리자로 선임될 수 있다.
④ 1급 소방안전관리대상물의 소방안전관리자로 3년 이상 근무한 실무경력이 있는 사람으로서 소방청장이 정하는 시험에 합격한 경우에는 해당 특정소방대상물에 소방안전관리자로 선임될 수 있다.

12. 「화재의 예방 및 안전관리에 관한 법률」및 같은 법 시행령상 다른 안전관리자와 소방안전관리자를 겸할 수 없는 소방안전관리대상물을 모두 고른 것은? (단, 특정소방대상물 중 아파트등은 제외하며, 주어지지 않은 조건은 고려하지 않는다.)

― 보 기 ―
ㄱ. 연면적 20만제곱미터인 특정소방대상물
ㄴ. 지하 3층, 지상 27층인 특정소방대상물
ㄷ. 자동화재탐지설비를 설치한 특정소방대상물
ㄹ. 연면적 1만5천제곱미터인 지하구

① ㄱ
② ㄱ, ㄴ
③ ㄷ, ㄹ
④ ㄱ, ㄴ, ㄹ

13. 「화재의 예방 및 안전관리에 관한 법률」 및 같은 법 시행규칙상 피난계획의 수립 및 시행에 관한 설명으로 옳은 것은?

① 소방안전관리대상물에 해당하지 아니하는 특정소방대상물의 관계인은 그 장소에 근무하거나 거주 또는 출입하는 사람들이 화재가 발생한 경우에 안전하게 피난할 수 있도록 피난계획을 수립·시행할 수 있다.
② 피난계획에는 그 소방안전관리대상물의 구조, 피난시설 등을 고려하여 설정한 피난경로가 포함되어야 한다.
③ 소방안전관리대상물에 해당하지 아니하는 특정소방대상물의 관계인은 피난시설의 위치, 피난경로 또는 대피요령이 포함된 피난유도 안내정보를 근무자 또는 거주자에게 정기적으로 제공하여야 한다.
④ 피난유도 안내정보를 피난안내방송으로 실시할 경우 반기별 1회 이상 실시하여야 한다.

14. 「화재의 예방 및 안전관리에 관한 법률」 상 실태조사에 관한 설명으로 옳지 않은 것은?

① 소방청장은 기본계획 및 시행계획의 수립·시행에 필요한 기초자료를 확보하기 위하여 실태조사를 할 수 있다.
② 실태조사에는 소방대상물의 용도별·규모별 현황, 소방대상물의 화재의 예방 및 안전관리 현황, 제조소등 설치 현황, 기본계획 및 시행계획의 수립·시행을 위하여 필요한 사항이 포함된다.
③ 소방청장은 소방대상물의 현황 등 관련 정보를 보유·운용하고 있는 관계 중앙행정기관의 장, 지방자치단체의 장, 공공기관의 장 또는 관계인 등에게 실태조사에 필요한 자료의 제출을 요청할 수 있다.
④ 소방청장은 실태조사를 실시하려는 경우 실태조사 시작 7일 전까지 조사 일시, 조사 사유 및 조사 내용 등을 포함한 조사계획을 조사대상자에게 서면 또는 전자우편 등의 방법으로 미리 알려야 한다.

15. 「화재의 예방 및 안전관리에 관한 법률」 및 같은 법 시행령상 관리의 권원이 분리된 특정소방대상물의 소방안전관리 중 "총괄소방안전관리자"에 대한 설명으로 옳지 않은 것은?

① 관리의 권원별 관계인은 상호 협의하여 특정소방대상물의 전체에 걸쳐 소방안전관리상 필요한 업무를 총괄하는 소방안전관리자를 권원별 선임된 소방안전관리자 중에서 선임하거나 별도로 선임하여야 한다.
② 총괄소방안전관리자는 소방안전관리대상물의 등급별 선임자격을 갖춰야 한다. 이 경우 관리의 권원이 분리되어 있는 특정소방대상물에 대하여 소방안전관리대상물의 등급을 결정할 때에는 해당 특정소방대상물 중에서 등급이 높은 특정소방대상물으로 한다.
③ 공동소방안전관리협의회는 권원별 선임된 소방안전관리자 및 총괄소방안전관리자("총괄소방안전관리자등"이라 한다)로 구성한다.
④ 총괄소방안전관리자등은 특정소방대상물 전체의 소방계획 수립 및 시행에 관한 사항을 공동소방안전관리협의회의 협의를 거쳐 공동으로 수행한다.

16. 「화재의 예방 및 안전관리에 관한 법률」 및 같은 법 시행령, 시행규칙상 화재예방안전진단기관에 관한 설명으로 옳은 것은?

① 소방청장으로부터 진단기관으로 지정을 받으려는 자는 행정안전부령으로 정하는 시설과 전문인력 등 지정기준을 갖추어 소방청장에게 지정을 신청하여야 한다.
② 화재예방안전진단 결과를 소방본부장 또는 소방서장, 관계인에게 제출하지 아니한 경우에는 그 지정을 취소하여야 한다.
③ 소방청장은 지정신청서를 접수한 경우에는 지정기준 등에 적합한지를 검토하여 30일 이내에 진단기관 지정 여부를 결정해야 한다.
④ 화재예방안전진단기관의 전문인력 중 교육훈련분야에서는 소방안전교육사를 1명 이상 갖추어야 한다.

17. 「화재의 예방 및 안전관리에 관한 법률」상 화재예방안전진단에 관한 설명으로 옳은 것은?

① 대통령령으로 정하는 소방안전 특별관리시설물의 관계인은 화재의 예방 및 안전관리를 체계적·효율적으로 수행하기 위하여 대통령령으로 정하는 바에 따라 한국소방산업기술원 또는 소방청장이 지정하는 화재예방안전진단기관으로부터 정기적으로 화재예방안전진단을 받아야 한다.
② 화재예방안전진단을 받은 연도에는 소방훈련과 교육 및 자체점검을 받은 것으로 본다.
③ 화재예방안전진단 결과를 행정안전부령으로 정하는 바에 따라 시·도지사, 관계인에게 제출하여야 한다.
④ 시·도지사는 제출받은 화재예방안전진단 결과에 따라 보수·보강 등의 조치가 필요하다고 인정하는 경우에는 해당 소방안전 특별관리시설물의 관계인에게 보수·보강 등의 조치를 취할 것을 명할 수 있다.

18. 「소방시설 설치 및 관리에 관한 법률 시행규칙」상 건축허가 동의를 요구하는 경우에 첨부해야 할 서류로 옳지 않은 것은? (단, 소방시설공사 착공신고 대상에 해당하지 않는다.)

① 소방시설의 계통도
② 소방시설 설치계획표
③ 소방시설별 층별 평면도
④ 실내장식물 방염대상물품 설치계획(건축물의 마감재료는 제외한다)

19. 「소방시설 설치 및 관리에 관한 법률 시행령」상 〈보기〉의 조건에 따라 수용인원을 산정할 경우 인원수로 옳은 것은?

― 보 기 ―
- 강의실의 바닥면적은 250[m²]이다.
- 강의실의 바닥면적에는 난연재료로 바닥에서 천장까지 벽으로 구획된 복도의 바닥면적 10[m²]가 포함되어 있다.
- 강의실의 바닥면적에는 화장실의 바닥면적 10[m²]가 포함되어 있다.

① 124명 ② 125명
③ 126명 ④ 127명

20. 「소방시설 설치 및 관리에 관한 법률 시행령」상 특정소방대상물의 증축에 관한 설명으로 옳지 않은 것은?

① 기존 부분과 증축 부분이 내화구조로 된 바닥과 벽으로 구획된 경우에는 기존 부분에 대해서는 증축 당시의 소방시설의 설치에 관한 대통령령 또는 화재안전기준을 적용하지 않는다.
② 기존 부분과 증축 부분이 60분 방화문으로 구획되어 있는 경우에는 기존 부분에 대해서는 증축 당시의 소방시설의 설치에 관한 대통령령 또는 화재안전기준을 적용하지 않는다.
③ 자동차 생산공장 등 화재 위험이 낮은 특정소방대상물 내부에 연면적 33제곱미터 초과의 직원 휴게실을 증축하는 경우에는 기존 부분을 포함한 특정소방대상물의 전체에 대하여 증축 당시의 소방시설의 설치에 관한 대통령령 또는 화재안전기준을 적용해야 한다.
④ 자동차 생산공장 등 화재 위험이 낮은 특정소방대상물에 캐노피(기둥으로 받치거나 매달아 놓은 덮개를 말하며, 3면 이상에 벽이 없는 구조의 것을 말한다)를 설치하는 경우에는 기존 부분에 대해서는 증축 당시의 소방시설의 설치에 관한 대통령령 또는 화재안전기준을 적용하지 않는다.

21. 「소방시설 설치 및 관리에 관한 법률」상 우수품질인증 소방용품에 대한 지원에 따라 우수품질인증 소방용품을 우선 구매·사용하도록 노력하여야 하는 기관 및 단체로 옳은 것은?

보기
ㄱ. 중앙행정기관
ㄴ. 「지방공기업법」 제49조에 따라 설립된 지방공사
ㄷ. 「지방자치단체 출자·출연 기관의 운영에 관한 법률」 제2조에 따른 출자·출연 기관
ㄹ. 「공공기관의 운영에 관한 법률」 제5조에 따른 공기업·준정부기관
ㅁ. 「정부출연연구기관 등의 설립·운영 및 육성에 관한 법률」 제8조에 따라 설립된 정부출연연구기관

① ㄱ, ㄴ
② ㄱ, ㄴ, ㄷ
③ ㄱ, ㄴ, ㄹ
④ ㄷ, ㄹ, ㅁ

22. 「소방시설 설치 및 관리에 관한 법률 시행령」상 방염처리된 물품을 사용하도록 권장할 수 있는 것으로 옳은 보기를 있는 대로 고른 것은?

보기
ㄱ. 다중이용업소 중 노래연습장업의 영업장에서 사용하는 섬유류 또는 합성수지류 등을 원료로 하여 제작된 소파·의자
ㄴ. 건축물 내부의 천장 또는 벽에 부착하거나 설치하는 가구류
ㄷ. 종교시설에서 사용하는 침구류
ㄹ. 의료시설에서 사용하는 소파 및 의자

① ㄱ, ㄴ
② ㄴ, ㄹ
③ ㄱ, ㄴ, ㄹ
④ ㄴ, ㄷ, ㄹ

23. 「위험물안전관리법」 및 같은 법 시행령상 누구든지 제조소 등에서는 지정된 장소가 아닌 곳에서 흡연을 하여서는 아니 된다. 이를 위반하여 흡연을 한 경우로서 1회 위반 시 해당하는 과태료로 옳은 것은?

① 과태료 100만원
② 과태료 150만원
③ 과태료 200만원
④ 과태료 250만원

24. 「위험물안전관리법」 및 같은 법 시행령, 시행규칙상 동일구 내에 있거나 상호 100미터 이내의 (보행)거리에 있는 저장소로서 동일인이 설치한 경우 1인의 안전관리자를 중복하여 선임할 수 있는 경우에 해당하는 보기의 개수는?

보기
ㄱ. 11개의 옥내저장소
ㄴ. 30개의 옥외탱크저장소
ㄷ. 10개의 지하탱크저장소
ㄹ. 11개의 암반탱크저장소
ㅁ. 30개의 옥외저장소

① 1개
② 2개
③ 3개
④ 4개

25. 「위험물안전관리법 시행규칙」상 제조소의 위치·구조 및 설비의 기준에 따라 괄호 안에 들어갈 내용으로 옳은 것은? (단, 제6류 위험물을 취급하는 제조소를 제외한다.)

보기
• 「문화유산의 보존 및 활용에 관한 법률」 제2조제3항에 따른 지정문화유산 및 「자연유산의 보존 및 활용에 관한 법률」 제2조제5호에 따른 천연기념물등에 있어서는 (ㄱ)[m] 이상
• 「공연법」 제2조제4호에 따른 공연장으로서 (ㄴ)명 이상의 인원을 수용할 수 있는 것에 있어서는 30m 이상

① ㄱ: 20, ㄴ: 100
② ㄱ: 20, ㄴ: 300
③ ㄱ: 50, ㄴ: 300
④ ㄱ: 50, ㄴ: 100

※ 26번 문항 이후는 경력채용 응시자만 풀이하십시오.
(공개채용 응시자는 추가문제로 활용하세요.)

26. 「소방기본법」상 생활안전활동에 관한 설명으로 옳지 않은 것은?

① 소방청장·소방본부장 또는 소방서장은 신고가 접수된 생활안전 및 위험제거 활동(화재, 재난·재해, 그 밖의 위급한 상황에 해당하는 것은 제외한다)에 대응하기 위하여 소방대를 출동시켜 생활안전활동을 하게 하여야 한다.
② 단전사고 시 비상전원 또는 조명의 공급, 끼임, 고립 등에 따른 위험제거 및 구출 활동은 생활안전활동에 해당한다.
③ 누구든지 정당한 사유 없이 출동하는 소방대의 생활안전활동을 방해하여서는 아니 되며, 이를 위반할 경우 100만원 이하의 벌금에 해당한다.
④ 소방대원은 소방지원활동 및 생활안전활동을 한 경우 소방지원활동등 기록지에 해당 활동상황을 상세히 기록하고, 소속 소방관서에 2년간 보관해야 한다.

27. 「소방기본법 시행규칙」상 종합상황실의 실장이 재난상황 발생 시 그 사실을 지체 없이 소방서의 종합상황실의 경우는 소방본부의 종합상황실에, 소방본부의 종합상황실의 경우는 소방청의 종합상황실에 각각 보고하여야 하는 상황으로 옳지 않은 것은?

① 노후·불량건축물이 밀집한 지역에서 발생한 화재
② 석유화학제품을 생산하는 공장이 있는 지역에서 발생한 화재
③ 위험물의 저장 및 처리 시설이 밀집한 지역에서 발생한 화재
④ 소방시설·소방용수시설 또는 소방출동로가 있는 지역에서 발생한 화재

28. 「소방의 화재조사에 관한 법률 시행령」상 지정이 취소된 화재감정기관이 화재감정기관 지정서를 반환해야 하는 기한으로 옳은 것은?

① 지정이 취소된 날부터 3일 이내
② 지정이 취소된 날부터 7일 이내
③ 지정이 취소된 날부터 10일 이내
④ 지정이 취소된 날부터 30일 이내

29. 「소방시설공사업법」상 소방시설업의 등록을 취소하여야 하는 경우로 옳지 않은 것은?

① 거짓이나 그 밖의 부정한 방법으로 등록한 경우
② 영업정지 기간 중에 소방시설공사등을 한 경우
③ 소방시설업의 등록증 또는 등록수첩을 빌려준 경우
④ 소방시설업의 등록 결격사유에 해당하게 된 경우

30. 「소방시설공사업법」 및 같은 법 시행규칙상 감리업자가 감리를 할 때 위반사항에 대하여 조치하여야 할 사항으로 옳지 않은 것은?

① 관계인에게 위반사항에 대해 알려야 한다.
② 설계업자에게 그 설계도면의 수정 또는 보완을 요구하여야 한다.
③ 공사업자에게 그 공사의 시정 또는 보완을 요구하여야 한다.
④ 3일 이내에 소방본부장이나 소방서장에게 그 사실을 보고하여야 한다.

31. 「소방시설공사업법」상 벌칙이 다른 하나는?

① 공사감리 계약을 해지하거나 대가 지급을 거부하거나 지연시키거나 불이익을 준 관계인
② 해당 소방시설업자가 아닌 자에게 소방시설공사등을 도급한 자
③ 소방시설업의 영업정지처분을 받고 그 영업정지 기간에 영업을 한 자
④ 감리업무를 위반하여 감리를 하거나 거짓으로 감리한 자

32. 「화재의 예방 및 안전관리에 관한 법률 시행령」상 보일러 등의 위치·구조 및 관리와 화재예방을 위하여 불의 사용에 있어서 지켜야 하는 사항에 관한 설명으로 옳은 것은?

① 주택에서 사용하는 가정용 보일러 본체와 벽·천장 사이의 거리는 0.6[m] 이상이어야 한다.
② 주택에서 사용하는 건조설비와 벽·천장 사이의 거리는 0.5[m] 이상이어야 한다.
③ 주택에서 조리용도로 사용되는 화덕을 설치하는 장소의 벽·천장은 불연재료로 된 것이어야 한다.
④ 이동식 난로는 다중이용업소, 학원, 독서실, 숙박업, 목욕장업, 세탁업의 영업장에서 사용해서는 안 된다.

33. 「화재의 예방 및 안전관리에 관한 법률」및 같은 법 시행규칙상 소방안전관리자 정보의 게시에 관한 설명으로 옳지 않은 것은?

① 소방안전관리대상물의 출입자가 쉽게 알 수 있도록 소방안전관리자의 성명과 그 밖에 행정안전부령으로 정하는 사항을 게시하여야 한다.
② 소방안전관리자의 성명 및 선임일자, 연락처, 근무 위치(화재 수신기 또는 소방펌프실을 말한다) 등의 사항을 게시하여야 한다.
③ 소방안전관리자 성명 등의 게시는 소방안전관리자 현황표에 따른다. 이 경우 소방시설등 자체점검기록표를 함께 게시할 수 있다.
④ 소방안전관리자의 성명 등을 게시하지 아니한 자는 200만원 이하의 과태료에 해당한다.

34. 「화재의 예방 및 안전관리에 관한 법률」및 같은 법 시행령상 소방안전 특별관리시설물에 해당하는 것은?

① 점포가 300개 이상인 전통시장
② 연면적이 3만제곱미터 이상인 물류창고
③ 수용인원이 100명 이상인 영화상영관
④ 초고층 건축물 및 지하연계 복합건축물

35. 「소방시설 설치 및 관리에 관한 법률 시행령」상 유사한 소방시설의 설치면제에 대한 설명으로 옳지 않은 것은?

① 옥외소화전설비를 설치해야 하는 문화유산인 목조건축물에 옥내소화전설비를 화재안전기준에서 정하는 방수압력·방수량·옥외소화전함 및 호스의 기준에 적합하게 설치한 경우에는 설치가 면제된다.
② 상수도소화용수설비를 설치해야 하는 특정소방대상물의 각 부분으로부터 수평거리 140m 이내에 공공의 소방을 위한 소화전이 화재안전기준에 적합하게 설치되어 있는 경우에는 설치가 면제된다.
③ 비상경보설비 또는 단독경보형 감지기를 설치해야 하는 특정소방대상물에 자동화재탐지설비 또는 화재알림설비를 화재안전기준에 적합하게 설치한 경우에는 그 설비의 유효범위에서 설치가 면제된다.
④ 물분무등소화설비를 설치해야 하는 차고·주차장에 스프링클러설비를 화재안전기준에 적합하게 설치한 경우에는 그 설비의 유효범위에서 설치가 면제된다.

36. 「소방시설 설치 및 관리에 관한 법률 시행령」상 간이스프링클러설비의 설치대상으로 옳지 않은 것은?

① 근린생활시설 중 의원, 치과의원 및 한의원으로서 입원실 또는 인공신장실이 있는 시설
② 의료시설 중 정신의료기관 또는 의료재활시설로 사용되는 바닥면적의 합계가 300㎡ 이상 600㎡ 미만인 시설
③ 근린생활시설로 사용하는 부분의 바닥면적 합계가 600㎡ 이상인 것은 모든 층
④ 교육연구시설 내에 합숙소로서 연면적 100㎡ 이상인 경우에는 모든 층

37. 「소방시설 설치 및 관리에 관한 법률 시행령」상 방염성능기준 이상의 실내장식물 등을 설치해야 하는 특정소방대상물로 옳은 것은?

① 근린생활시설 중 한의원
② 교육연구시설 중 기숙사
③ 방송통신시설 중 데이터센터
④ 건축물의 옥내에 있는 운수시설

38. 「위험물안전관리법 시행규칙」상 주유취급소의 위치·구조 및 설비의 기준에 따라 담 또는 벽의 일부분에 부착할 수 있는 방화상 유효한 구조의 유리에 대한 설명으로 옳지 않은 것은?

① 하나의 유리판의 가로의 길이는 5[m] 이내일 것
② 주유취급소 내의 지반면으로부터 70[cm]를 초과하는 부분에 한하여 유리를 부착할 것
③ 유리를 부착하는 위치는 주입구, 고정주유설비 및 고정급유설비로부터 4[m] 이상 거리를 둘 것
④ 유리를 부착하는 범위는 전체의 담 또는 벽의 길이의 2/10를 초과하지 아니할 것

39. 「위험물안전관리법 시행규칙」상 안전관리대행기관의 업무수행에 관한 내용으로 옳지 않은 것은?

① 안전관리대행기관으로 지정받고자 하는 자는 서류를 첨부하여 소방청장에게 제출하여야 한다.
② 소방청장은 안전관리대행기관에 대하여 필요한 지도·감독을 하여야 한다.
③ 안전관리대행기관은 지정받은 사항의 변경이 있는 때에는 그 사유가 있는 날부터 30일 이내에 서류를 첨부하여 소방청장에게 제출하여야 한다.
④ 안전관리대행기관은 기술인력을 안전관리자로 지정함에 있어서 1인의 기술인력을 다수의 제조소등의 안전관리자로 중복하여 지정하는 경우에는 안전관리자의 업무를 성실히 대행할 수 있는 범위 내에서 관리하는 제조소등의 수가 25를 초과하지 아니하도록 지정하여야 한다.

40. 「위험물안전관리법 시행령」상 제조소등의 종류 및 규모에 따라 선임하여야 하는 안전관리자의 자격이다. 괄호 안에 들어갈 수 있는 자격기준으로 옳지 않은 것은?

제조소등의 종류 및 규모		안전관리자의 자격
제조소	1. 제4류 위험물만을 취급하는 것으로서 지정수량 5배 이하의 것	㉠
	2. "1."에 해당하지 아니하는 것	㉡

① ㉠ - 소방공무원으로 근무한 경력이 3년 이상인 자
② ㉠ - 안전관리자 교육이수자
③ ㉡ - 위험물산업기사
④ ㉡ - 3년 이상의 실무경력이 있는 위험물기능사

2025년 03월 29일 시행

2025년 소방공무원 채용시험 대비
SONICE 소방관계법규 모의고사 5회

응시번호	
성 명	

시 험 과 목

제1과목 소방관계법규 🔥빨간불 모의고사 5회 ·················· 83~91

제2과목 소방관계법규 🔥파란불 모의고사 5회 ·················· 92~101

응시자 준수사항

※ "시험 감독관 또는 방송"의 안내에 따라 다음 사항을 반드시 지켜 주시기 바랍니다.

1. 시험지 표지에 "응시번호 및 성명"을 기재하여 주십시오.

2. 시험이 시작되면 시험지의 "과목 순서", "페이지 수량", "인쇄 상태"를 확인해 주십시오.

3. 문제를 주의 깊게 읽고 문항의 취지에 가장 적합한 하나의 정답만을 고르십시오.

4. 문제 내용에 관한 질문은 하실 수 없습니다.

05회 소방관계법규 + 빨간불

1. 「소방기본법」상 소방업무의 응원에 대한 설명으로 옳지 않은 것은?

① 소방본부장이나 소방서장은 소방활동을 할 때에 긴급한 경우에는 이웃한 소방본부장 또는 소방서장에게 소방업무의 응원을 요청할 수 있다.
② 소방업무의 응원 요청을 받은 소방본부장 또는 소방서장은 정당한 사유 없이 그 요청을 거절하여서는 아니 된다.
③ 소방업무의 응원을 위하여 파견된 소방대원은 응원을 요청한 소방본부장 또는 소방서장의 지휘에 따라야 한다.
④ 시·도지사는 소방업무의 응원을 요청하는 경우를 대비하여 출동 대상지역 및 규모와 필요한 경비의 부담 등에 관하여 필요한 사항을 대통령령으로 정하는 바에 따라 이웃하는 시·도지사와 협의하여 미리 규약으로 정하여야 한다.

2. 「소방기본법」상 소방기관의 설치에 관한 설명으로 옳지 않은 것은?

① 시·도의 화재 예방·경계·진압 및 조사, 소방안전교육·홍보와 화재, 재난·재해, 그 밖의 위급한 상황에서의 구조·구급 등의 업무를 수행하는 소방기관의 설치에 필요한 사항은 대통령령으로 정한다.
② 소방업무를 수행하는 소방본부장 또는 소방서장은 소방청장의 지휘와 감독을 받는다.
③ 소방청장은 화재 예방 및 대형 재난 등 필요한 경우 시·도 소방본부장 및 소방서장을 지휘·감독할 수 있다.
④ 시·도에서 소방업무를 수행하기 위하여 시·도지사 직속으로 소방본부를 둔다.

3. 「소방기본법」상 소방청장 또는 시·도지사가 손실보상심의위원회의 심사·의결에 따라 정당한 보상을 하여야 하는 것은?

〈보기〉
ㄱ. 생활안전활동에 따른 조치로 인하여 손실을 입은 자
ㄴ. 소방활동 종사로 인하여 사망하거나 부상을 입은 자
ㄷ. 소방활동을 위하여 긴급하게 출동할 때에는 법령을 위반하여 소방자동차의 통행과 소방활동에 방해가 되는 주차 또는 정차된 차량 및 물건 등을 제거하거나 이동시키는 처분으로 인하여 손실을 입은 자
ㄹ. 화재 발생을 막거나 폭발 등으로 화재가 확대되는 것을 막기 위하여 가스·전기 또는 유류 등의 시설에 대하여 위험물질의 공급을 차단하는 등 필요한 조치로 인하여 손실을 입은 자
ㅁ. 화재 발생 시 화재현장에서 피난명령에 대한 처분으로 손실을 입은 자

① ㄱ, ㄴ, ㄹ
② ㄱ, ㄹ, ㅁ
③ ㄴ, ㄷ, ㄹ
④ ㄴ, ㄹ, ㅁ

4. 「소방기본법 시행규칙」상 소방용수시설 및 지리조사에 관한 내용이다. 다음 중 조사내용에 해당하지 않는 것은?

① 건축물의 개황
② 도로주변의 토지의 고저
③ 소방대상물에 인접한 도로의 폭·교통상황
④ 소방대상물에 인접한 지역에 대한 유동인원의 현황

5. 「소방의 화재조사에 관한 법률」상 화재조사의 실시에 관한 설명으로 옳지 않은 것은?

① 소방청장, 소방본부장 또는 소방서장은 화재발생 사실을 알게 된 때에는 지체 없이 화재조사를 하여야 한다. 이 경우 수사기관의 범죄수사에 지장을 주어서는 아니 된다.
② 소방청장, 소방본부장 또는 소방서장은 화재조사를 하는 경우 화재로 인한 인명·재산피해상황에 대하여 조사하여야 한다.
③ 소방관서장은 화재조사를 하는 경우 관계인의 보험가입 정보 등에 관한 사항에 대하여 조사하여야 한다.
④ 소방관서장은 화재조사를 하는 경우 화재발생건축물과 구조물, 화재유형별 화재위험성 등에 관한 사항에 대하여 조사하여야 한다.

6. 「소방의 화재조사에 관한 법률」및 같은 법 시행령상 화재합동조사단을 구성·운영할 수 있는 경우로 옳은 것은?

① 발생횟수가 빈번한 화재
② 화재조사관이 5명 투입된 화재
③ 재산피해액이 10억원 발생한 화재
④ 사망자 7명, 부상자 3명이 발생한 화재

7. 「소방시설공사업법」및 같은 법 시행규칙상 소방시설업의 등록사항 변경신고 및 휴업·폐업 등의 신고에 대한 설명으로 옳지 않은 것은?

① 소방시설업자는 등록한 사항 중 행정안전부령으로 정하는 중요 사항을 변경할 때에는 행정안전부령으로 정하는 바에 따라 시·도지사에게 신고하여야 한다.
② 변경신고 서류를 제출받은 소방시설업자협회는 등록사항의 변경신고 내용을 확인하고 5일 이내에 제출된 소방시설업 등록증·등록수첩 및 기술인력 증빙서류에 그 변경된 사항을 기재하여 발급하여야 한다.
③ 소방시설업자는 휴업·폐업 또는 재개업 신고를 하려면 휴업·폐업 또는 재개업일부터 30일 이내에 소방시설업 휴업·폐업·재개업 신고서에 서류를 첨부하여 협회를 경유하여 시·도지사에게 제출하여야 한다.
④ 폐업신고를 한 자가 소방시설업 등록이 말소된 후 1년 이내에 같은 업종의 소방시설업을 다시 등록한 경우 해당 소방시설업자는 폐업신고 전 소방시설업자의 지위를 승계한다.

8. 「소방시설공사업법」상 동일한 특정소방대상물의 소방시설에 대한 시공과 감리를 함께 할 수 있는 경우로 옳은 것은?

① 법인과 그 법인의 임직원의 관계인 경우
② 「독점규제 및 공정거래에 관한 법률」제2조 제11호에 따른 기업집단의 관계인 경우
③ 공사업자(법인인 경우 법인의 대표자 또는 임원을 말함)와 감리업자(법인인 경우 법인의 대표자 또는 임원을 말함)가 다른 자인 경우
④ 공사업자(법인인 경우 법인의 대표자 또는 임원을 말함)와 감리업자(법인인 경우 법인의 대표자 또는 임원을 말함)가 「민법」제777조에 따른 친족관계인 경우

9. 「소방시설공사업법」상 위반행위에 따른 벌칙이 다른 것은?

① 소방시설공사를 다른 업종의 공사와 분리하여 도급하지 아니한 자
② 관계인의 정당한 업무를 방해하거나 업무상 알게 된 비밀을 누설한 사람
③ 다른 자에게 자기의 성명이나 상호를 사용하여 소방시설공사등을 수급 또는 시공하게 하거나 소방시설업의 등록증이나 등록수첩을 빌려준 자
④ 부정한 청탁을 받고 재물 또는 재산상의 이익을 취득하거나 부정한 청탁을 하면서 재물 또는 재산상의 이익을 제공한 자

10. 「소방시설공사업법 시행규칙」 별표 1 소방시설업에 대한 행정처분기준에 따라 "다른 자에게 자기의 성명이나 상호를 사용하여 소방시설공사등을 수급 또는 시공하게 하거나 소방시설업의 등록증 또는 등록수첩을 빌려준 경우"를 1차 위반할 경우 해당 하는 행정처분으로 옳은 것은?

① 경고(시정명령)
② 영업정지 3개월
③ 영업정지 6개월
④ 등록취소

11. 「화재의 예방 및 안전관리에 관한 법률」 및 같은 법 시행령상 화재예방안전진단의 범위로 옳지 않은 것은?

① 화재위험요인의 조사에 관한 사항
② 소방시설등의 유지·관리에 관한 사항
③ 초기대응체계의 구성·운영 및 교육에 관한 사항
④ 화재예방안전진단 결과 보수·보강 등 개선요구 사항 등에 대한 이행 여부

12. 「화재의 예방 및 안전관리에 관한 법률」 제46조에 따라 청문을 실시해야 하는 경우로 옳은 것은?

> **보기**
> ㄱ. 소방안전관리자의 자격 취소
> ㄴ. 소방안전관리대상물의 지정 취소
> ㄷ. 우수 소방대상물의 지정 취소
> ㄹ. 화재예방안전진단기관의 지정 취소

① ㄱ, ㄴ
② ㄱ, ㄹ
③ ㄴ, ㄷ
④ ㄴ, ㄹ

13. 「화재의 예방 및 안전관리에 관한 법률」 및 같은 법 시행령상 관리의 권원이 분리된 특정소방대상물의 소방안전관리자를 선임하여야 하는 대상으로 옳은 것은?

> **보기**
> ㄱ. 지하가
> ㄴ. 판매시설 중 상점
> ㄷ. 지하 5층, 지상 8층인 복합건축물
> ㄹ. 연면적 5만제곱미터인 복합건축물

① ㄱ, ㄷ
② ㄱ, ㄹ
③ ㄴ, ㄷ
④ ㄷ, ㄹ

14. 「화재의 예방 및 안전관리에 관한 법률 시행령」 상 총괄소방안전관리자등이 공동소방안전관리협의회의 협의를 거쳐 공동으로 수행하여야 하는 업무로 옳지 않은 것은?

① 공용 부분의 자위소방대 및 초기대응체계의 유지·관리에 관한 사항
② 특정소방대상물 전체의 소방계획 수립 및 시행에 관한 사항
③ 특정소방대상물 전체의 소방훈련·교육의 실시에 관한 사항
④ 공용 부분의 소방시설 및 피난·방화시설의 유지·관리에 관한 사항

15. 「화재의 예방 및 안전관리에 관한 법률 시행령」 상 소방안전관리보조자를 선임해야 하는 소방안전관리대상물의 범위와 선임대상별 자격 및 인원 기준에 따라 세대수가 2,000세대인 아파트에 선임해야 하는 소방안전관리보조자의 최소 인원으로 옳은 것은?

① 4명
② 5명
③ 6명
④ 7명

16. 「소방시설 설치 및 관리에 관한 법률 시행령」상 임시소방시설의 종류 및 정의의 연결로 옳지 않은 것은?

① 간이소화장치 : 물을 방사하여 화재를 진화할 수 있는 장치로서 소방청장이 정하는 성능을 갖추고 있을 것
② 비상조명등 : 화재가 발생한 경우 안전하고 원활한 피난활동을 할 수 있도록 자동 점등되는 조명장치로서 소방청장이 정하는 성능을 갖추고 있을 것
③ 간이피난유도선 : 화재가 발생한 경우 피난구 방향을 안내할 수 있는 장치로서 소방청장이 정하는 성능을 갖추고 있을 것
④ 가스누설경보기 : 가연성 가스가 누설되거나 발생된 경우 이를 탐지하여 경보하는 장치로서 성능인증 및 제품검사를 받은 것

17. 「소방시설 설치 및 관리에 관한 법률 시행령」상 인명구조기구 중 공기호흡기를 설치해야 하는 특정소방대상물로 옳은 것은?

- 보 기 -
ㄱ. 호스릴 이산화탄소소화설비를 설치해야 하는 특정소방대상물
ㄴ. 판매시설 중 대규모점포
ㄷ. 문화 및 집회시설 중 동·식물원
ㄹ. 지하상가

① ㄱ, ㄷ   ② ㄱ, ㄹ
③ ㄴ, ㄷ   ④ ㄴ, ㄹ

18. 「소방시설 설치 및 관리에 관한 법률 시행령」상 건축허가등의 동의 여부를 알릴 경우 원활한 소방활동 및 건축물 등의 화재안전성능을 확보하기 위하여 검토 자료 또는 의견서를 첨부할 수 있는 사항으로 옳지 않은 것은?

① 「건축법」제49조제3항에 따른 대피공간
② 「주택건설기준 등에 관한 규정」제26조에 따른 주택단지 안 도로의 설치
③ 「건축법」제64조 및 「주택건설기준 등에 관한 규정」제15조에 따른 승강기의 설치
④ 「건축법 시행령」제40조제2항에 따른 옥상광장, 같은 조 제3항에 따른 비상문자동개폐장치 또는 같은 조 제4항에 따른 헬리포트의 설치

19. 「소방시설 설치 및 관리에 관한 법률」및 같은 법 시행규칙상 성능위주설계의 변경신고를 하는 경우로 옳은 보기를 모두 고른 것은?

- 보 기 -
ㄱ. 특정소방대상물의 내장재의 변경이 있는 경우
ㄴ. 특정소방대상물의 연면적의 변경이 있는 경우
ㄷ. 특정소방대상물의 용도의 변경이 있는 경우
ㄹ. 특정소방대상물의 높이의 변경이 있는 경우

① ㄱ, ㄴ   ② ㄴ, ㄷ
③ ㄴ, ㄹ   ④ ㄷ, ㄹ

20. 「소방시설 설치 및 관리에 관한 법률 시행령」상 방염성능기준에 대한 설명으로 옳은 것은?

① 불꽃에 의하여 완전히 녹을 때까지 불꽃의 접촉 횟수는 3회 이상일 것
② 버너의 불꽃을 제거한 때부터 불꽃을 올리며 연소하는 상태가 그칠 때까지 시간은 30초 이내일 것
③ 탄화(炭化)한 면적은 50제곱센티미터 이상, 탄화한 길이는 20센티미터 이상일 것
④ 소방본부장 또는 소방서장이 정하여 고시한 방법으로 발연량(發煙量)을 측정하는 경우 최대연기밀도는 400 이하일 것

21. 「위험물안전관리법」및 같은 법 시행령, 시행규칙상 위험물의 운송에 관한 설명으로 옳은 것은?

- 보 기 -
ㄱ. 당해 위험물의 취급에 관한 국가기술자격을 취득하고 관련 업무에 1년 이상 종사한 경력이 있는 자는 운송책임자가 될 수 있다.
ㄴ. 알칼리금속, 알칼리토금속, 알칼리금속 또는 알칼리토금속의 물질을 함유하는 위험물은 운송책임자의 감독·지원을 받아 운송하여야 하는 위험물에 해당한다.
ㄷ. 위험물운송자는 이동탱크저장소에 의하여 위험물을 운송하는 때에는 행정안전부령으로 정하는 기준을 준수하는 등 당해 위험물의 안전확보를 위하여 세심한 주의를 기울여야 하며, 이를 위반할 경우 500만원 이하의 과태료에 해당한다.
ㄹ. 위험물운송자는 장거리에 걸치는 운송을 하는 때에는 2명 이상의 운전자로 하여야 한다. 다만, 운송하는 위험물이 제3류 위험물 중 황린의 경우에는 그러하지 아니하다.

① ㄱ, ㄴ   ② ㄱ, ㄷ
③ ㄴ, ㄹ   ④ ㄷ, ㄹ

22. 「위험물안전관리법」상 위험물안전관리자의 직무대행에 관한 설명으로 옳지 않은 것은?

① 안전관리자가 여행·질병 그 밖의 사유로 인하여 일시적으로 직무를 수행할 수 없는 경우에는 위험물안전관리자의 직무를 대행하게 하여야 한다.
② 해당 제조소등의 위험물안전관리자만으로는 안전관리 활동을 효율적으로 수행하기 어려운 경우에는 위험물안전관리자의 직무를 대행하게 하여야 한다.
③ 국가기술자격법에 따른 위험물의 취급에 관한 자격취득자 또는 위험물안전에 관한 기본지식과 경험이 있는 자로서 행정안전부령이 정하는 자가 위험물안전관리자의 직무대행자로 지정하여 그 직무를 대행하게 하여야 한다.
④ 대리자가 위험물안전관리자의 직무를 대행하는 기간은 30일을 초과할 수 없다.

23. 「위험물안전관리법」 및 같은 법 시행령상 정기점검의 대상인 제조소등에 해당하는 것을 모두 고른 것은?

보기
ㄱ. 이송취급소
ㄴ. 이동탱크저장소
ㄷ. 간이탱크저장소
ㄹ. 지정수량 150배의 위험물을 저장하는 옥외탱크저장소
ㅁ. 지정수량 100배의 위험물을 저장하는 옥내저장소
ㅂ. 위험물을 취급하는 탱크로서 지상에 설치된 탱크가 있는 주유취급소

① ㄱ, ㄴ
② ㄴ, ㄹ
③ ㄷ, ㅁ, ㅂ
④ ㄱ, ㄴ, ㅂ

24. 「위험물안전관리법 시행규칙」에 따른 옥외탱크저장소의 위치·구조·설비의 기준상 옥외저장탱크의 펌프설비에 관한 설명으로 옳지 않은 것은?

① 펌프실의 지붕을 폭발력이 위로 방출될 정도의 가벼운 불연재료로 할 것
② 펌프설비로부터 옥외저장탱크까지의 사이에는 당해 옥외저장탱크의 보유공지 너비의 3분의 1 이상의 거리를 유지할 것
③ 펌프실의 바닥의 주위에는 높이 0.2m 이상의 턱을 만들고 바닥은 콘크리트 등 위험물이 스며들지 아니하는 재료로 적당히 경사지게 하여 그 최저부에는 집유설비를 설치할 것
④ 펌프설비의 주위에는 너비 5m 이상의 공지를 보유할 것. 다만, 방화상 유효한 격벽을 설치하는 경우와 제6류 위험물 또는 지정수량의 10배 이하 위험물의 옥외저장탱크의 펌프설비에 있어서는 그러하지 아니하다.

25. 「위험물안전관리법 시행규칙」 별표 15 이송취급소의 위치·구조·설비의 기준에 따라 이송취급소를 설치할 수 있는 장소로 옳지 않은 보기를 모두 고른 것은?

보기
ㄱ. 철도 및 도로의 터널 안
ㄴ. 주택의 밀집 지역으로서 인구가 집중되는 곳
ㄷ. 호수·저수지 등으로서 수리의 수원이 되는 곳
ㄹ. 급경사지역으로서 붕괴의 위험이 있는 지역

① ㄱ, ㄴ, ㄷ
② ㄱ, ㄴ, ㄹ
③ ㄱ, ㄷ, ㄹ
④ ㄴ, ㄷ, ㄹ

※ 26번 문항 이후는 경력채용 응시자만 풀이하십시오.
(공개채용 응시자는 추가문제로 활용하세요.)

26. 「소방기본법」상 강제처분에 관한 설명으로 옳지 않은 것은?

① 소방본부장, 소방서장 또는 소방대장은 사람을 구출하거나 불이 번지는 것을 막기 위하여 필요할 때에는 화재가 발생하거나 불이 번질 우려가 있는 소방대상물 및 토지를 일시적으로 사용하거나 그 사용의 제한 또는 소방활동에 필요한 처분을 할 수 있다.
② 소방본부장, 소방서장 또는 소방대장은 소방활동을 위하여 긴급하게 출동할 때에는 소방자동차의 통행과 소방활동에 방해가 되는 주차 또는 정차된 차량 및 물건 등을 제거하거나 이동시킬 수 있다.
③ 소방본부장, 소방서장 또는 소방대장은 소방활동에 방해가 되는 주차 또는 정차된 차량의 제거나 이동을 위하여 관할 지방자치단체 등 관련 기관에 견인차량과 인력 등에 대한 지원을 요청할 수 있고, 요청을 받은 관련 기관의 장은 정당한 사유가 없으면 이에 협조하여야 한다.
④ 소방청장 또는 시·도지사는 견인차량과 인력 등을 지원한 자에게 행정안전부령으로 정하는 바에 따라 비용을 지급할 수 있다.

27. 「소방기본법 시행규칙」제2조 종합상황실의 설치·운영에 관한 내용으로 옳지 않은 것은?

① 종합상황실은 소방청과 시·도의 소방본부 및 소방서에 각각 설치·운영하여야 한다.
② 종합상황실에는 「소방력 기준에 관한 규칙」에 의한 구조·구급대원을 배치하여야 한다.
③ 종합상황실에는 소방청장이 정하는 유·무선통신시설을 갖추어야 한다.
④ 종합상황실은 24시간 운영체제를 유지하여야 한다.

28. 「소방의 화재조사에 관한 법률 시행규칙」상 화재조사전담부서에 배치된 화재조사관을 위한 의무 보수교육에 관한 설명이다. 괄호 안에 들어갈 내용으로 옳은 것은?

> 전담부서에 배치된 화재조사관은 의무 보수교육을 (ㄱ) 받아야 한다. 다만, 전담부서에 배치된 후 처음 받는 의무 보수교육은 배치 후 (ㄴ) 이내에 받아야 한다.

① ㄱ : 매년,   ㄴ : 6개월
② ㄱ : 매년,   ㄴ : 1년
③ ㄱ : 2년마다, ㄴ : 1년
④ ㄱ : 2년마다, ㄴ : 6개월

29. 「소방시설공사업법」상 공사대금의 지급보증에 관한 설명으로 옳지 않은 것은?

① 수급인이 국가, 지방자치단체 또는 대통령령으로 정하는 공공기관 외의 자가 발주하는 공사를 도급받은 경우로서 수급인이 발주자에게 계약의 이행을 보증하는 때에는 발주자도 수급인에게 공사대금의 지급을 보증하거나 담보를 제공하여야 한다.
② 발주자는 공사대금의 지급보증 또는 담보 제공을 하기 곤란한 경우에는 수급인이 그에 상응하는 보험 또는 공제에 가입할 수 있도록 계약의 이행보증을 받은 날부터 30일 이내에 보험료 또는 공제료를 지급하여야 한다.
③ 발주자가 공사대금의 지급보증, 담보의 제공 또는 보험료 등의 지급을 하지 아니한 때에는 수급인은 30일 이내 기간을 정하여 발주자에게 그 이행을 촉구하고 공사를 중지할 수 있다.
④ 발주자가 촉구한 기간 내에 그 이행을 하지 아니한 때에는 수급인은 도급계약을 해지할 수 있다.

30. 「소방시설공사업법」 및 같은 법 시행령상 소방시설업의 등록에 관한 설명으로 옳은 것은?

① 특정소방대상물의 소방시설공사등을 하려는 자는 업종별로 장비, 기술인력 등 대통령령으로 정하는 요건을 갖추어 시·도지사에게 소방시설업을 등록하여야 한다.
② 옥내소화전설비, 스프링클러설비등, 물분무등소화설비, 상수도소화용수설비 및 제연설비는 일반 소방시설설계업의 기계분야에 해당한다.
③ 소방공무원으로 재직한 경력이 1년 이상인 사람으로서 자격수첩을 발급받은 사람은 소방시설설계업의 보조기술인력이 될 수 있다.
④ 연면적 3만제곱미터 미만의 특정소방대상물에 설치되는 전기분야 소방시설의 공사·개설·이전·정비는 일반 소방시설공사업의 영업범위에 해당한다.

31. 「화재의 예방 및 안전관리에 관한 법률」 및 같은 법 시행령상 옮긴 물건 등의 보관기관 및 보관기간 경과 후 처리에 관한 설명으로 옳지 않은 것은?

① 소방서장 등은 옮긴 물건 등을 보관하는 경우에는 그날부터 14일 동안 해당 소방관서의 인터넷 홈페이지에 그 사실을 공고해야 하며, 옮긴물건등의 보관기간은 공고기간의 종료일 다음 날부터 7일까지로 한다.
② 소방서장 등은 보관기간이 종료된 때에는 보관하고 있는 옮긴물건등을 매각해야 한다. 다만, 보관하고 있는 옮긴물건등이 부패·파손 또는 이와 유사한 사유로 정해진 용도로 계속 사용할 수 없는 경우에는 폐기할 수 있다.
③ 소방서장 등은 보관하던 옮긴물건등을 매각한 경우에는 지체 없이 「국가재정법」에 따라 세입조치를 해야 한다.
④ 소방서장 등은 매각되거나 폐기된 옮긴물건등의 소유자가 보상을 요구하는 경우에는 매각되거나 폐기된 사실을 통지하고 보상하지 않는다.

32. 「화재의 예방 및 안전관리에 관한 법률 시행령」상 화재예방강화지구의 관리에 관한 설명으로 옳지 않은 것은?

① 소방관서장은 화재예방강화지구 안의 소방대상물의 위치·구조 및 설비 등에 대한 화재안전조사를 연 1회 이상 실시해야 한다.
② 소방관서장은 화재예방강화지구 안의 관계인에 대하여 소방에 필요한 훈련 및 교육을 연 1회 이상 실시할 수 있다.
③ 소방관서장은 훈련 및 교육을 실시하려는 경우에는 화재예방강화지구 안의 관계인에게 훈련 또는 교육 7일 전까지 그 사실을 통보해야 한다.
④ 시·도지사는 화재예방강화지구의 지정 현황, 화재안전조사의 결과, 소방설비등의 설치(보수, 보강을 포함한다) 명령 현황, 소방훈련 및 교육의 실시 현황, 그 밖에 화재예방강화를 위하여 필요한 사항을 행정안전부령으로 정하는 화재예방강화지구 관리대장에 작성하고 관리해야 한다.

33. 「화재의 예방 및 안전관리에 관한 법률 시행규칙」상 소방안전관리자 및 소방안전관리보조자에 대한 실무교육의 실시에 관한 설명으로 옳지 않은 것은?

① 소방청장은 실무교육의 대상·일정·횟수 등을 포함한 실무교육의 실시 계획을 매년 수립·시행해야 한다.
② 소방청장은 실무교육을 실시하려는 경우에는 실무교육 실시 10일 전까지 일시·장소, 그 밖에 실무교육 실시에 필요한 사항을 인터넷 홈페이지에 공고하고 교육대상자에게 통보해야 한다.
③ 소방안전관리자는 소방안전관리자로 선임된 날부터 6개월 이내에 실무교육을 받아야 하며, 그 이후에는 2년마다 1회 이상 실무교육을 받아야 한다.
④ 소방안전관리 강습교육 또는 실무교육을 받은 후 1년 이내에 소방안전관리자로 선임된 사람은 해당 강습교육을 수료하거나 실무교육을 이수한 날에 실무교육을 이수한 것으로 본다.

34. 「소방시설 설치 및 관리에 관한 법률 시행령」상 강화된 소방시설기준의 적용대상에 관한 설명으로 옳지 않은 것은?

① 노유자 시설에 설치하는 스프링클러설비, 자동화재탐지설비 및 단독경보형 감지기
② 의료시설에 설치하는 스프링클러설비, 간이스프링클러설비, 자동화재탐지설비 및 자동화재속보설비
③ 전력 및 통신사업용 지하구에 설치하는 소화기, 자동소화장치, 자동화재탐지설비, 통합감시시설, 유도등 및 연소방지설비
④ 「국토의 계획 및 이용에 관한 법률」 제2조제9호에 따른 공동구에 설치하는 소화기, 자동소화장치, 자동화재탐지설비, 통합감시시설, 유도등 및 연소방지설비

35. 「소방시설 설치 및 관리에 관한 법률」 및 같은 법 시행령상 지방소방기술심의위원회에 대한 설명으로 옳지 않은 것은?

① 소방시설에 하자가 있는지의 판단에 관한 사항을 심의하기 위하여 시·도에 지방소방기술심의위원회를 둔다.
② 소방본부장 또는 소방서장이 「위험물안전관리법」 제2조제1항제6호에 따른 제조소등의 시설기준 또는 화재안전기준의 적용에 관하여 기술검토를 요청하는 사항을 심의하기 위하여 시·도에 지방소방기술심의위원회를 둔다.
③ 소방기술과 관련하여 소방본부장 또는 소방서장이 소방기술심의위원회의 심의에 부치는 사항을 심의하기 위하여 시·도에 지방소방기술심의위원회를 둔다.
④ 지방소방기술심의위원회는 위원장을 포함하여 5명 이상 9명 이하의 위원으로 구성하며, 위원장은 시·도지사가 해당 위원 중에서 위촉한다.

36. 「소방시설 설치 및 관리에 관한 법률 시행령」상 "화재안전기준 중 기술기준"에 대한 위임절차로 옳은 것은?

① 소방청장은 화재안전기준 중 기술기준에 대한 관리·운영 권한을 한국소방산업기술원장에게 위임한다.
② 소방청장은 화재안전기준 중 기술기준에 대한 관리·운영 권한을 국립소방연구원장에게 위임한다.
③ 소방청장은 화재안전기준 중 기술기준에 대한 관리·운영 권한을 소방서장에게 위임한다.
④ 소방청장은 화재안전기준 중 기술기준에 대한 관리·운영 권한을 한국소방안전원장에게 위임한다.

37. 「소방시설 설치 및 관리에 관한 법률 시행규칙」상 연소 우려가 있는 건축물의 구조가 갖춰야 하는 기준으로 옳지 않은 것은?

① 건축물대장의 건축물 현황도에 표시된 대지경계선 안에 둘 이상의 건축물이 있는 경우
② 각각의 건축물이 다른 건축물의 외벽으로부터 수평거리가 1층의 경우에는 5미터 이하인 경우
③ 각각의 건축물이 다른 건축물의 외벽으로부터 수평거리가 2층 이상의 층의 경우에는 10미터 이하인 경우
④ 개구부(영 제2조제1호 각 목 외의 부분에 따른 개구부를 말한다)가 다른 건축물을 향하여 설치되어 있는 경우

38. 「위험물안전관리법 시행령」상 탱크안전성능검사의 종류로 옳지 않은 것은?

① 용접부검사
② 기초·지반검사
③ 충수·수압검사
④ 수직·수평도검사

39. 「위험물안전관리법 시행규칙」상 자체소방대 설치 제외 대상인 일반취급소로 옳지 않은 것은?

① 상호응원 협정을 체결한 일반취급소
② 용기에 위험물을 옮겨 담는 일반취급소
③ 보일러, 버너 그 밖에 이와 유사한 장치로 위험물을 소비하는 일반취급소
④ 유압장치, 윤활유순환장치 그 밖에 이와 유사한 장치로 위험물을 취급하는 일반취급소

40. 「위험물안전관리법 시행규칙」별표 6 옥외탱크저장소의 위치·구조 및 설비의 기준에 따라 밸브 없는 통기관에 대한 설명으로 옳지 않은 것은?

① 인화점이 38[℃] 미만인 위험물만을 저장 또는 취급하는 탱크에 설치하는 통기관에는 화염방지장치를 설치하고, 그 외의 탱크에 설치하는 통기관에는 40메쉬(mesh) 이상의 구리망 또는 동등 이상의 성능을 가진 인화방지장치를 설치할 것
② 인화점이 70[℃] 이상인 위험물만을 해당 위험물의 인화점 미만의 온도로 저장 또는 취급하는 탱크에 설치하는 통기관에는 인화방지장치를 설치 제외할 수 있다.
③ 지름은 30mm 이상이고, 끝부분은 수평면보다 45[°] 이상 구부려 빗물 등의 침투를 막는 구조로 할 것
④ 가연성의 증기를 회수하기 위한 밸브를 통기관에 설치하는 경우에 있어서는 당해 통기관의 밸브는 저장탱크에 위험물을 주입하는 경우를 제외하고는 항상 폐쇄되어 있는 구조로 하는 한편, 개방하였을 경우에 있어서는 10[kPa] 이하의 압력에서 폐쇄되는 구조로 할 것

05회 소방관계법규 + 파란불

점수 : 개 / 25개(경력채용 40개)

1. 「소방기본법」 및 같은 법 시행령상 소방활동구역에 관한 설명으로 옳은 보기의 개수는?

<보기>
ㄱ. 소방청장이 소방활동을 위하여 출입을 허가한 사람은 소방활동구역에 출입할 수 있다.
ㄴ. 취재인력 등 보도업무에 종사하는 사람은 소방활동구역에 출입할 수 있다.
ㄷ. 전기·기계·통신의 업무에 종사하는 사람으로서 원활한 소방활동을 위하여 필요한 사람은 소방활동구역에 출입할 수 있다.
ㄹ. 대통령령으로 정하는 사람 외에 소방활동구역에 출입한 사람은 200만원 이하의 벌금에 해당한다.

① 없다.
② 1개
③ 2개
④ 3개

2. 「소방기본법 시행규칙」 상 소방자동차 운행기록장치 데이터의 보관 및 운행기록장치 데이터 등의 제출에 관한 설명으로 옳지 않은 것은?

① 소방청장, 소방본부장 및 소방서장은 소방자동차 운행기록장치에 기록된 데이터를 6개월 동안 저장·관리해야 한다.
② 소방청장은 소방자동차의 안전한 운행 및 교통사고 예방을 위하여 소방본부장 또는 소방서장에게 운행기록장치 데이터 및 그 분석 결과 등 관련 자료의 제출을 요청할 수 있다.
③ 소방본부장은 관할 구역 안의 소방서장에게 운행기록장치 데이터 등 관련 자료의 제출을 요청할 수 있다.
④ 소방본부장 또는 소방서장은 자료의 제출을 요청받은 경우에는 소방청장 또는 소방본부장에게 해당 자료를 제출해야 한다. 이 경우 소방서장이 소방청장에게 자료를 제출하는 경우에는 소방본부장을 거치지 않고 제출할 수 있다.

3. 「소방기본법 시행규칙」 상 자체소방대의 교육·훈련 등의 지원을 할 수 있는 것으로 옳지 않은 것은?

① 자체소방대 교육·훈련 계획의 수립
② 소방기관에서 실시하는 자체소방대의 현장실습
③ 「소방공무원 교육훈련규정」 제2조에 따른 교육훈련기관에서의 자체소방대 교육훈련과정
④ 소방청장이 자체소방대의 역량 향상을 위하여 필요하다고 인정하는 교육·훈련

4. 「소방기본법 시행령」 제1조의2에 따른 소방기술민원센터의 수행업무로 옳은 것은?

<보기>
ㄱ. 소방기술민원과 관련된 현장 확인 및 처리
ㄴ. 소방기술민원과 관련된 정보시스템의 운영·관리
ㄷ. 소방기술민원과 관련된 재난상황의 전파 및 보고
ㄹ. 소방기술민원과 관련된 현장 지휘 및 조정·통제

① ㄱ, ㄴ
② ㄱ, ㄷ
③ ㄴ, ㄷ
④ ㄴ, ㄹ

5. 「소방의 화재조사에 관한 법률」 상 벌칙과 과태료의 연결이 옳지 않은 것은?

① 정당한 사유 없이 출석을 거부하거나 질문에 대하여 거짓으로 진술한 사람 – 200만원 이하의 과태료
② 정당한 사유 없이 증거물 수집을 거부·방해 또는 기피한 사람 – 300만원 이하의 벌금
③ 정당한 사유 없이 화재조사관의 출입 또는 조사를 거부·방해 또는 기피한 사람 – 300만원 이하의 벌금
④ 소방관서장의 명령을 위반하여 보고 또는 자료 제출을 하지 아니하거나 거짓으로 보고 또는 자료를 제출한 사람 – 300만원 이하의 벌금

6. 「소방의 화재조사에 관한 법률」 및 같은 법 시행령상 국가화재정보시스템의 구축·운영에 대한 설명으로 옳지 않은 것은?

① 소방청장은 화재조사 결과, 화재원인, 피해상황 등에 관한 화재정보를 종합적으로 수집·관리하여 화재예방과 소방활동에 활용할 수 있는 국가화재정보시스템을 구축·운영하여야 한다.
② 소방관서장은 국가화재정보시스템을 활용하여 화재정보를 수집·관리해야 한다.
③ 화재정보에는 화재원인, 화재피해상황, 관계인의 보험가입 정보 등에 관한 사항이 포함된다.
④ 규정한 사항 외에 국가화재정보시스템의 운영 및 활용 등에 필요한 사항은 소방청장이 정한다.

7. 「소방시설공사업법」 및 같은 법 시행규칙상 소방시설업의 등록증 또는 등록수첩의 재발급 및 반납에 대한 설명으로 옳지 않은 것은?

① 소방시설업자는 소방시설업 등록증 또는 등록수첩을 잃어버리거나 소방시설업 등록증 또는 등록수첩이 헐어 못 쓰게 된 경우에는 시·도지사에게 소방시설업 등록증 또는 등록수첩의 재발급을 신청할 수 있다.
② 시·도지사는 재발급신청서를 제출받은 경우에는 3일 이내에 소방시설업자협회를 경유하여 소방시설업 등록증 또는 등록수첩을 재발급하여야 한다.
③ 소방시설업자는 소방시설업 등록이 취소된 경우 3일 이내에 소방시설업자협회를 경유하여 시·도지사에게 그 소방시설업 등록증 및 등록수첩을 반납하여야 한다.
④ 소방시설업자는 소방시설업 등록증 또는 등록수첩을 잃어버리고 재발급을 받은 경우로서 이를 다시 찾은 경우 지체 없이 소방시설업자협회를 경유하여 시·도지사에게 그 소방시설업 등록증 및 등록수첩을 반납하여야 한다.

8. 「소방시설공사업법」 및 같은 법 시행령상 완공검사에 대한 설명으로 옳은 보기는?

> **보기**
> ㄱ. 감리업자는 소방시설공사를 완공하면 소방본부장 또는 소방서장의 완공검사를 받아야 한다.
> ㄴ. 공사업자는 소방대상물 일부분의 소방시설공사를 마친 경우에도 전체 시설이 준공되기 전에는 부분적으로 사용할 수 없다.
> ㄷ. 문화 및 집회시설, 다중이용업소, 지하상가, 수련시설은 완공검사를 위한 현장확인 대상 특정소방대상물의 범위에 해당한다.
> ㄹ. 간이스프링클러설비가 설치되는 특정소방대상물은 완공검사를 위한 현장확인 대상 특정소방대상물의 범위에 해당한다.

① ㄷ, ㄹ
② ㄱ, ㄷ
③ ㄴ, ㄹ
④ ㄱ, ㄷ, ㄹ

9. 「소방시설공사업법」 상 소방시설업을 등록할 수 있는 사람으로 옳은 것은?

> **보기**
> ㄱ. 법인의 임원이 피성년후견인에 해당하는 경우 그 법인
> ㄴ. 피성년후견인으로 등록이 취소된 날부터 3년이 지난 사람
> ㄷ. 「소방기본법」에 따른 집행유예를 선고받고 선고받은 날부터 3년이 지난 사람
> ㄹ. 「위험물안전관리법」에 따른 금고 이상의 실형을 선고받고 면제된 날부터 3년이 지난 사람

① ㄱ, ㄴ
② ㄱ, ㄹ
③ ㄴ, ㄷ
④ ㄴ, ㄹ

10. 「소방시설공사업법 시행령」상 공사감리자를 지정할 수 있는 특정소방대상물의 범위에 해당하는 보기의 개수는?

> ㄱ. 비상방송설비를 신설 또는 개설할 때
> ㄴ. 비상경보설비를 신설 또는 개설할 때
> ㄷ. 비상콘센트설비를 신설·개설하거나 전용회로를 증설할 때
> ㄹ. 통합감시시설의 감시구역을 증설할 때
> ㅁ. 간이스프링클러설비의 살수구역을 증설할 때
> ㅂ. 비상조명등을 신설 또는 개설할 때

① 1개　　② 2개
③ 3개　　④ 4개

11. 「화재의 예방 및 안전관리에 관한 법률」 및 같은 법 시행령상 화재안전조사의 방법·절차에 관한 설명으로 옳은 것은?

> ㄱ. 소방관서장은 화재안전조사를 실시하려는 경우 사전에 조사대상, 조사기간 및 조사사유 등 조사계획을 소방관서의 인터넷 홈페이지나 전산시스템을 통해 7일 이상 공개해야 한다.
> ㄴ. 화재안전조사는 관계인의 승낙 없이 소방대상물의 공개시간 또는 근무시간 이외에는 할 수 없다. 다만, 화재안전조사의 실시를 사전에 통지하거나 공개하면 조사목적을 달성할 수 없다고 인정되는 경우에는 그러하지 아니하다.
> ㄷ. 통지를 받은 관계인은 경매 등의 사유로 소유권이 변동 중이거나 변동된 경우에는 화재안전조사를 통지한 소방관서장에게 대통령령으로 정하는 바에 따라 화재안전조사를 연기하여 줄 것을 신청할 수 있다.
> ㄹ. 소방관서장은 화재안전조사의 연기를 승인한 경우라도 연기기간이 끝나기 전에 연기사유가 없어졌거나 긴급히 조사를 해야 할 사유가 발생하였을 때는 관계인에게 미리 알리고 화재안전조사를 할 수 있다.

① ㄱ, ㄷ　　② ㄱ, ㄹ
③ ㄴ, ㄷ　　④ ㄴ, ㄹ

12. 「화재의 예방 및 안전관리에 관한 법률 시행령」상 특수가연물의 정의로 옳지 않은 것은?

① 면화류 : 불연성 또는 난연성이 아닌 면상(綿狀) 또는 팽이 모양의 섬유와 마사(麻絲) 원료를 말한다.
② 넝마 및 종이부스러기 : 불연성 또는 난연성이 아닌 것(동물 또는 식물의 기름이 깊이 스며들어 있는 옷감·종이 및 이들의 제품을 포함한다)으로 한정한다.
③ 볏짚류 : 마른 볏짚·북데기와 이들의 제품 및 건초를 말하며, 축산용도로 사용하는 것을 포함한다.
④ 고무류·플라스틱류 : 불연성 또는 난연성이 아닌 고체의 합성수지제품, 합성수지반제품, 원료합성수지 및 합성수지 부스러기(불연성 또는 난연성이 아닌 고무제품, 고무반제품, 원료고무 및 고무 부스러기를 포함한다)를 말한다. 다만, 합성수지의 섬유·옷감·종이 및 실과 이들의 넝마와 부스러기는 제외한다.

13. 「화재의 예방 및 안전관리에 관한 법률 시행령」상 화재안전영향평가의 방법·절차·기준 등에 따라 화재안전영향평가의 기준에 포함하는 사항으로 옳은 것은?

> ㄱ. 법령이나 정책의 화재위험 유발요인
> ㄴ. 법령이나 정책이 화재피해에 미치는 영향 등 사회경제적 파급 효과
> ㄷ. 화재위험 유발요인을 제어 또는 관리할 수 있는 법령이나 정책의 개선 방안
> ㄹ. 법령이나 정책이 소방대상물의 재료, 공간, 이용자 특성 및 화재 확산 경로에 미치는 영향

① ㄱ
② ㄱ, ㄴ
③ ㄱ, ㄴ, ㄷ
④ ㄱ, ㄴ, ㄷ, ㄹ

14. 「화재의 예방 및 안전관리에 관한 법률 시행령」상 건설현장 소방안전관리대상물에 해당하지 않는 것은?

① 신축을 하려는 부분의 연면적의 합계가 5만제곱미터인 공항시설
② 증축을 하려는 부분의 연면적이 1만5천제곱미터이고 지하 3층, 지상 6층인 복합건축물
③ 대수선을 하려는 부분의 연면적이 6천제곱미터이고 지하 1층, 지상 8층인 숙박시설
④ 용도변경을 하려는 부분의 연면적이 5천제곱미터이고 지하 2층, 지상 10층인 냉동창고

15. 「화재의 예방 및 안전관리에 관한 법률 시행령」상 소방안전 특별관리기본계획·시행계획의 수립·시행에 관한 내용이다. 괄호 안에 들어갈 내용으로 옳은 것은?

> (ㄱ)는 특별관리기본계획을 시행하기 위하여 매년 소방안전 특별관리시행계획을 수립·시행하고, 그 결과를 (ㄴ) 소방청장에게 통보해야 한다.

① ㄱ : 시·도지사,
　 ㄴ : 다음 연도 1월 31일까지
② ㄱ : 시·도지사,
　 ㄴ : 전년도 1월 31일까지
③ ㄱ : 관계 중앙행정기관의 장 및 시·도지사,
　 ㄴ : 전년도 1월 31일까지
④ ㄱ : 관계 중앙행정기관의 장 및 시·도지사,
　 ㄴ : 다음 연도 월 31일까지

16. 「소방시설 설치 및 관리에 관한 법률」 및 같은 법 시행규칙상 소방시설관리업 등록사항의 변경신고에 관한 설명으로 옳지 않은 것은?

① 관리업자는 등록한 사항 중 행정안전부령으로 정하는 중요사항이 변경되었을 때에는 행정안전부령으로 정하는 바에 따라 시·도지사에게 변경사항을 신고하여야 한다.
② 관리업자는 등록사항 중 기술인력이 변경됐을 때에는 변경일부터 30일 이내에 소방시설관리업 등록사항 변경신고서에 그 변경사항별로 서류를 첨부하여 시·도지사에게 제출해야 한다.
③ 관리업자는 등록사항 중 명칭·상호 또는 영업소 소재지가 변경됐을 때에는 변경일부터 30일 이내에 소방시설관리업 등록사항 변경신고서에 그 변경사항별로 서류를 첨부하여 시·도지사에게 제출해야 한다.
④ 시·도지사는 변경신고를 받은 경우 3일 이내에 소방시설관리업 등록증 및 등록수첩을 새로 발급하거나 제출된 소방시설관리업 등록증 및 등록수첩과 기술인력의 기술자격증에 그 변경된 사항을 적은 후 내주어야 한다.

17. 「소방시설 설치 및 관리에 관한 법률」상 특정소방대상물에 설치하는 소방시설의 관리에 관한 설명으로 옳지 않은 것은?

① 특정소방대상물의 관계인은 대통령령으로 정하는 소방시설을 화재안전기준에 따라 설치·관리하여야 한다. 이 경우 「장애인·노인·임산부 등의 편의증진 보장에 관한 법률」 제2조제1호에 따른 장애인등이 사용하는 소방시설(경보설비 및 피난구조설비를 말한다)은 대통령령으로 정하는 바에 따라 장애인등에 적합하게 설치·관리하여야 한다.
② 소방본부장이나 소방서장은 소방시설이 화재안전기준에 따라 설치·관리되고 있지 아니할 때에는 해당 특정소방대상물의 관계인에게 필요한 조치를 명할 수 있다.
③ 특정소방대상물의 관계인은 소방시설을 설치·관리하는 경우 화재 시 소방시설의 기능과 성능에 지장을 줄 수 있는 폐쇄(잠금을 포함한다.)·차단 등의 행위를 하여서는 아니된다. 다만, 소방시설의 점검·정비를 위하여 필요한 경우 폐쇄·차단은 할 수 있다.
④ 소방본부장 또는 소방서장은 특정소방대상물의 관계인이 소방시설의 점검·정비를 위하여 폐쇄·차단을 하는 경우 안전을 확보하기 위하여 필요한 행동요령에 관한 지침을 마련하여 고시하여야 한다.

18. 「소방시설 설치 및 관리에 관한 법률」 및 같은 법 시행령, 시행규칙상 소방시설등의 자체점검 이행계획 완료의 연기신청에 관한 설명으로 옳지 않은 것은?

① 특정소방대상물의 관계인은 천재지변이나 그 밖에 대통령령으로 정하는 사유로 이행계획을 완료하기 곤란한 경우에는 소방본부장 또는 소방서장에게 대통령령으로 정하는 바에 따라 이행계획 완료를 연기하여 줄 것을 신청할 수 있다.
② 「재난 및 안전관리 기본법」 제3조제1호에 해당하는 재난이 발생한 경우에는 면제신청을 할 수 있으며, 관계인이 운영하는 사업에 부도 또는 도산 등 중대한 위기가 발생하여 이행계획을 완료하기 곤란한 경우에는 연기신청을 할 수 있다.
③ 이행계획 완료의 연기를 신청하려는 관계인은 완료기간 만료일 3일 전까지 소방시설등의 자체점검 결과 이행계획 완료 연기신청서에 기간 내에 이행계획을 완료하기 곤란함을 증명할 수 있는 서류를 첨부하여 소방본부장 또는 소방서장에게 제출해야 한다.
④ 이행계획 완료의 연기 신청서를 제출받은 소방본부장 또는 소방서장은 연기 신청을 받은 날부터 3일 이내에 완료기간의 연기 여부를 결정하여 소방시설등의 자체점검 결과 이행계획 완료 연기신청 결과 통지서를 연기 신청을 한 자에게 통보해야 한다.

19. 「소방시설 설치 및 관리에 관한 법률 시행령」상 자체점검 결과 공개에 대한 설명으로 옳지 않은 것은?

① 소방본부장 또는 소방서장은 자체점검 결과를 공개하는 경우 7일 이상 전산시스템 또는 인터넷 홈페이지 등을 통해 공개해야 한다.
② 소방본부장 또는 소방서장은 자체점검 결과를 공개하려는 경우 공개 기간, 공개 내용 및 공개 방법을 해당 특정소방대상물의 관계인에게 미리 알려야 한다.
③ 특정소방대상물의 관계인은 공개 내용 등을 통보받은 날부터 10일 이내에 관할 소방본부장 또는 소방서장에게 이의신청을 할 수 있다.
④ 소방본부장 또는 소방서장은 이의신청을 받은 날부터 10일 이내에 심사·결정하여 그 결과를 지체 없이 신청인에게 알려야 한다.

20. 「소방시설 설치 및 관리에 관한 법률 시행령」상 소화활동설비를 설치해야 하는 특정소방대상물로 옳지 않은 것은?

① 가스시설 중 지상에 노출된 탱크의 용량이 30톤 이상인 탱크시설은 연결살수설비를 설치해야 한다.
② 층수가 11층 이상인 특정소방대상물의 경우에는 6층 이상의 층에 비상콘센트설비를 설치해야 한다.
③ 지하상가로서 연면적 1천㎡ 이상인 것에는 무선통신보조설비를 설치해야 한다.
④ 층수가 5층 이상으로서 연면적 6천㎡ 이상인 경우에는 연결송수관설비를 설치해야 한다.

21. 「위험물안전관리법」상 위험물시설의 설치 및 변경에 대한 설명으로 옳은 것은?

① 제조소등을 설치하고자 하는 자는 대통령령이 정하는 바에 따라 그 설치장소를 관할하는 시·도지사의 허가를 받아야 한다. 제조소등의 위치·구조 또는 설비 가운데 행정안전부령이 정하는 사항을 변경하고자 하는 때에도 또한 같다.
② 제조소등의 위치·구조 또는 설비의 변경없이 당해 제조소등에서 저장하거나 취급하는 위험물의 품명·수량 또는 지정수량의 배수를 변경하고자 하는 자는 변경하고자 하는 날의 3일 전까지 행정안전부령이 정하는 바에 따라 소방본부장 또는 소방서장에게 신고하여야 한다.
③ 공동주택의 중앙난방시설을 위한 저장소 또는 취급소의 경우에는 허가를 받지 아니하고 당해 제조소등을 설치하거나 그 위치·구조 또는 설비를 변경할 수 있으며, 신고를 하지 아니하고 위험물의 품명·수량 또는 지정수량의 배수를 변경할 수 있다.
④ 농예용·축산용 또는 수산용으로 필요한 난방시설 또는 건조시설을 위한 지정수량 20배 이하의 취급소의 경우에는 허가를 받지 아니하고 당해 제조소등을 설치하거나 그 위치·구조 또는 설비를 변경할 수 있으며, 신고를 하지 아니하고 위험물의 품명·수량 또는 지정수량의 배수를 변경할 수 있다.

22. 「위험물안전관리법 시행규칙」 상 위험물의 운반에 관한 기준에 따라 제2류 위험물 중 "철분·금속분·마그네슘"을 운반하는 운반용기의 외부에 표시하여야 하는 사항에 대한 설명으로 옳지 않은 것은?

① 위험물의 품명·위험등급
② 화학명 및 수용성
③ 위험물의 수량
④ 화기주의 및 물기엄금 주의사항

23. 「위험물안전관리법」 상 탱크시험자로 등록하거나 탱크시험자의 업무에 종사할 수 있는 사람으로 옳은 것은?

> **보 기**
> ㄱ. 법인으로서 그 대표자가 피성년후견인에 해당하는 경우
> ㄴ. 피성년후견인으로 탱크시험자의 등록이 취소된 날부터 3년이 지난 자
> ㄷ. 「소방시설공사업법」에 따른 금고 이상의 실형의 선고를 받고 그 집행이 면제된 날부터 3년이 지난 자
> ㄹ. 「소방시설 설치 및 관리에 관한 법률」에 따른 금고 이상의 형의 집행유예 선고를 받고 그 유예기간이 종료된 자

① ㄱ, ㄴ ② ㄱ, ㄷ
③ ㄴ, ㄹ ④ ㄷ, ㄹ

24. 「위험물안전관리법 시행규칙」에 따른 옥외탱크저장소의 위치·구조·설비의 기준상 밸브없는 통기관 또는 대기밸브부착 통기관을 설치해야 하는 기준이다. 괄호 안에 들어갈 내용으로 옳은 것은?

> **보 기**
> 옥외저장탱크 중 압력탱크(최대상용압력이 부압 또는 정압 (ㄱ)[kPa]을 초과하는 탱크를 말한다)외의 탱크((ㄴ) 위험물의 옥외저장탱크에 한한다)에 있어서는 밸브없는 통기관 또는 대기밸브부착 통기관을 설치하여야 하고, 압력탱크에 있어서는 안전장치를 설치하여야 한다.

① ㄱ : 5,   ㄴ : 제4류
② ㄱ : 5,   ㄴ : 제6류
③ ㄱ : 10, ㄴ : 제6류
④ ㄱ : 10, ㄴ : 제4류

25. 「위험물안전관리법 시행규칙」 상 이동탱크저장소의 위치·구조 및 설비의 기준에 따라 이동저장탱크의 용량이 25,000[L]인 경우 칸막이의 최소 개수로 옳은 것은?

① 5개 ② 6개
③ 7개 ④ 8개

※ 26번 문항 이후는 경력채용 응시자만 풀이하십시오.
(공개채용 응시자는 추가문제로 활용하세요.)

26. 「소방기본법 시행규칙」상 소방체험관의 설립 및 운영에 관한 기준에 관한 설명으로 옳지 않은 것은?

① 소방체험관 중 소방안전 체험실로 사용되는 부분의 바닥면적의 합이 900제곱미터 이상이 되어야 한다.
② 소방체험관에는 생활안전, 교통안전, 자연재난안전, 보건안전분야 체험실을 모두 갖추어야 한다. 이 경우 체험실별 바닥면적은 100제곱미터 이상이어야 한다.
③ 체험교육을 실시할 때 체험실에는 1명 이상의 교수요원을 배치하고, 조교는 체험교육대상자 30명당 1명 이상이 배치되도록 하여야 한다.
④ 소방체험관의 장은 체험교육의 운영결과, 만족도 조사결과 등을 기록하고 이를 2년간 보관하여야 한다.

27. 「소방기본법 시행규칙」상 소방안전교육훈련의 시설 및 장비기준에 대한 설명이다. 괄호 안에 들어갈 내용으로 옳은 것은?

- 소방안전교실 : 화재안전 및 생활안전 등을 체험할 수 있는 (㉠)제곱미터 이상의 실내시설
- 이동안전체험차량 : 어린이 (㉡)명(성인은 (㉢)명)을 동시에 수용할 수 있는 실내공간을 갖춘 자동차

① ㉠ : 100, ㉡ : 15, ㉢ : 10
② ㉠ : 100, ㉡ : 30, ㉢ : 15
③ ㉠ : 300, ㉡ : 15, ㉢ : 10
④ ㉠ : 300, ㉡ : 30, ㉢ : 15

28. 「소방의 화재조사에 관한 법률」 및 같은 법 시행령, 시행규칙 상 감정기관의 지정·운영에 관한 설명으로 옳은 것은?

① 소방청장은 과학적이고 전문적인 화재조사를 위하여 행정안전부령으로 정하는 시설과 전문인력 등 지정기준을 갖춘 기관을 화재감정기관으로 지정·운영하여야 한다.
② 소방관서장은 지정된 감정기관에서의 과학적 조사·분석 등에 소요되는 비용의 전부 또는 일부를 지원할 수 있다.
③ 의뢰받은 감정을 정당한 사유 없이 거부하거나 10일 이상 수행하지 않은 경우에는 감정기관의 지정을 취소할 수 있다.
④ 거짓이나 그 밖의 부정한 방법으로 감정 비용을 청구한 경우에는 지정을 취소할 수 있으며, 감정기관의 지정을 취소하려면 청문을 하여야 한다.

29. 「소방시설공사업법」상 소방시설업자가 소방시설공사등을 맡긴 특정소방대상물의 관계인에게 지체 없이 그 사실을 알려야 하는 것에 해당하는 것은?

ㄱ. 소방시설업을 휴업하거나 폐업한 경우
ㄴ. 감리원 배치기준을 위반한 경우
ㄷ. 소방시설업의 영업정지처분을 받은 경우
ㄹ. 소방시설업자의 지위를 승계한 경우
ㅁ. 소방시설공사의 중요한 사항이 변경된 경우
ㅂ. 소방시설업의 등록사항이 변경된 경우

① ㄱ, ㄴ, ㅂ
② ㄱ, ㄷ, ㄹ
③ ㄴ, ㄹ, ㅁ
④ ㄷ, ㄹ, ㅂ

30. 「소방시설공사업법」 및 같은 법 시행령상 업무의 위탁절차로 옳지 않은 것은?

① 소방청장은 소방기술자 양성·인정 교육훈련 업무를 한국소방안전원에 위탁한다.
② 소방청장은 소방시설업 종합정보시스템의 구축·운영의 업무를 소방시설업자협회에 위탁한다.
③ 시·도지사는 소방시설업 휴업·폐업 또는 재개업 신고의 접수 및 신고내용의 확인의 업무를 소방시설업자협회에 위탁한다.
④ 소방청장은 소방기술과 관련된 자격·학력 및 경력의 인정 업무를 소방시설업자협회, 소방기술과 관련된 법인 또는 단체에 위탁한다.

31. 「화재의 예방 및 안전관리에 관한 법률」 및 같은 법 시행령상 화재예방안전진단기관의 지정 및 취소에 관한 설명으로 옳지 않은 것은?

① 소방청장으로부터 진단기관으로 지정을 받으려는 자는 대통령령으로 정하는 시설과 전문인력 등 지정기준을 갖추어 소방청장에게 지정을 신청하여야 한다.
② 거짓이나 그 밖의 부정한 방법으로 지정을 받은 경우에는 그 지정을 취소하여야 하며, 3년 이하의 징역 또는 3천만원 이하의 벌금에 해당한다.
③ 소방청장은 화재예방안전진단기관의 지정신청서를 접수한 경우에는 지정기준 등에 적합한지를 검토하여 60일 이내에 진단기관 지정 여부를 결정해야 한다.
④ 화재예방안전진단기관에 갖추어야 하는 분야별 전문인력 중 교육훈련분야에 해당하는 자격 요건은 소방안전교육사이다.

32. 「소방시설 설치 및 관리에 관한 법률」 및 같은 법 시행령상 임시소방시설에 대한 설명으로 옳은 것은?

> **보기**
>
> ㄱ. 임시소방시설의 종류 중 비상경보설비는 화재가 발생할 경우 주변에 있는 작업자에게 화재사실을 알릴 수 있는 장치로서 소방청장이 정하는 성능을 갖추고 있어야 한다.
> ㄴ. 연면적 3,000[m²] 이상인 공사의 작업현장에는 간이소화장치를 설치하여야 한다.
> ㄷ. 바닥면적이 100[m²] 이상인 지하층 또는 무창층의 작업현장에는 간이피난유도선을 설치하여야 한다.
> ㄹ. 피난유도선, 피난구유도등, 통로유도등, 객석유도등 또는 비상조명등을 설치한 경우 간이피난유도선을 설치한 것으로 본다.
> ㅁ. 임시소방시설을 설치·유지·관리하지 아니할 경우 300만원 이하의 과태료에 해당한다.

① ㄱ, ㄴ   ② ㄱ, ㄷ
③ ㄴ, ㄹ   ④ ㄴ, ㅁ

33. 「화재의 예방 및 안전관리에 관한 법률」 및 같은 법 시행령상 화재안전조사단의 편성·운영에 관한 설명으로 옳지 않은 것은?

① 소방관서장은 화재안전조사의 대상을 객관적이고 공정하게 선정하기 위하여 대통령령으로 정하는 바에 따라 소방청에는 중앙화재안전조사단을, 소방본부 및 소방서에는 지방화재안전조사단을 편성하여 운영할 수 있다.
② 소방관서장은 중앙화재안전조사단 및 지방화재안전조사단의 업무 수행을 위하여 필요한 경우에는 관계 기관의 장에게 그 소속 공무원 또는 직원의 파견을 요청할 수 있다. 이 경우 공무원 또는 직원의 파견 요청을 받은 관계 기관의 장은 특별한 사유가 없으면 이에 협조하여야 한다.
③ 중앙화재안전조사단 및 지방화재안전조사단은 각각 단장을 포함하여 50명 이내의 단원으로 성별을 고려하여 구성한다.
④ 조사단의 단원은 소방공무원, 소방업무와 관련된 단체 또는 연구기관 등의 임직원, 소방 관련 분야에서 전문적인 지식이나 경험이 풍부한 사람의 어느 하나에 해당하는 사람 중에서 소방관서장이 임명하거나 위촉하고, 단장은 단원 중에서 소방관서장이 임명하거나 위촉한다.

34. 「화재의 예방 및 안전관리에 관한 법률 시행령」상 특급 소방안전관리자 자격시험에 응시할 수 있는 사람의 자격 중 일부이다. 괄호 안에 들어갈 내용으로 옳은 것은?

> 1급 소방안전관리대상물의 소방안전관리자로 (ㄱ)년(소방설비기사의 경우에는 자격 취득 후 (ㄴ)년, 소방설비산업기사의 경우에는 자격 취득 후 (ㄷ)년) 이상 근무한 실무경력이 있는 사람

① ㄱ : 3, ㄴ : 1, ㄷ : 2
② ㄱ : 5, ㄴ : 1, ㄷ : 2
③ ㄱ : 5, ㄴ : 2, ㄷ : 3
④ ㄱ : 7, ㄴ : 2, ㄷ : 3

35. 「소방시설 설치 및 관리에 관한 법률 시행규칙」상 성능위주설계의 사전검토 시 제출하는 서류로 옳지 않은 것은?

① 화재 및 피난 모의실험 결과
② 소방시설 설치계획 및 설계 설명서
③ 성능위주설계 적용으로 인한 화재안전성능 비교표
④ 부지 및 도로의 설치 계획(소방차량 진입 동선을 포함한다)

36. 「소방시설 설치 및 관리에 관한 법률 시행령」상 특정소방대상물의 소방시설 설치의 면제 기준에 따라 연결송수관설비의 설치를 면제할 수 있는 기준이다. 괄호 안에 들어갈 내용으로 옳은 것은?

> 연결송수관설비를 설치해야 하는 소방대상물에 옥외에 연결송수구 및 옥내에 방수구가 부설된 옥내소화전설비, 스프링클러설비, 간이스프링클러설비 또는 (ㄱ)를 화재안전기준에 적합하게 설치한 경우에는 그 설비의 유효범위에서 설치가 면제된다. 다만, 지표면에서 최상층 방수구의 높이가 (ㄴ)[m] 이상인 경우에는 설치해야 한다.

① ㄱ : 물분무등소화설비, ㄴ : 70
② ㄱ : 물분무등소화설비, ㄴ : 100
③ ㄱ : 연결살수설비, ㄴ : 70
④ ㄱ : 연결살수설비, ㄴ : 100

37. 「소방시설 설치 및 관리에 관한 법률 시행령」상 소방시설등 자체점검의 점검 장비로 옳지 않은 것은?

① 소화기구 - 저울
② 제연설비 - 기동관누설시험기
③ 자동화재탐지설비 - 공기주입시험기
④ 옥내소화전설비 - 소화전밸브압력계

38. 「위험물안전관리법」 및 같은 법 시행규칙상 정기점검에 대한 설명으로 옳지 않은 것은?

① 대통령령이 정하는 제조소등의 관계인은 그 제조소등에 대하여 행정안전부령이 정하는 바에 따라 규정에 따른 기술기준에 적합한지의 여부를 정기적으로 점검하고 점검결과를 기록하여 보존하여야 한다.
② 정기점검을 한 제조소등의 관계인은 점검을 한 날부터 30일 이내에 점검결과를 소방본부장 또는 소방서장에게 제출하여야 한다.
③ 제조소등의 관계인은 당해 제조소등의 정기점검을 안전관리자 또는 위험물운송자(이동탱크저장소의 경우에 한한다)로 하여금 실시하도록 하여야 한다.
④ 제조소등의 관계인은 안전관리대행기관(특정·준특정옥외탱크저장소의 정기점검은 제외한다) 또는 탱크시험자에게 정기점검을 의뢰하여 실시할 수 있다.

39. 「위험물안전관리법 시행규칙」 별표 8 지하탱크저장소의 위치·구조 및 설비의 기준에 관한 설명으로 옳지 않은 것은?

① 지하저장탱크의 윗부분은 지면으로부터 0.6m 이상 아래에 있어야 한다.
② 탱크전용실의 벽·바닥 및 뚜껑 두께가 0.2m 이상이어야 한다.
③ 당해 탱크의 주위에 마른 모래 또는 습기 등에 의하여 응고되지 아니하는 입자지름 5mm 이하의 마른 자갈분을 채워야 한다.
④ 탱크전용실은 지하의 가장 가까운 벽·피트·가스관 등의 시설물 및 대지경계선으로부터 0.1m 이상 떨어진 곳에 설치하고, 지하저장탱크와 탱크전용실의 안쪽과의 사이는 0.1m 이상의 간격을 유지하도록 한다.

40. 「위험물안전관리법 시행규칙」 별표 17 소화설비, 경보설비 및 피난설비의 기준에 따라 소화설비의 능력단위 중 일부이다. 괄호 안에 들어갈 숫자로 옳은 것은?

소화설비	용량	능력단위
수조(소화전용물통 3개 포함)	80L	(ㄱ)
수조(소화전용물통 6개 포함)	190L	(ㄴ)

① ㄱ : 1.0, ㄴ : 2.0
② ㄱ : 1.0, ㄴ : 2.5
③ ㄱ : 1.5, ㄴ : 2.5
④ ㄱ : 1.5, ㄴ : 2.0

2025년 03월 29일 시행

2025년 소방공무원 채용시험 대비
SONICE 소방관계법규 모의고사 6회

응시번호	
성 명	

시 험 과 목

제1과목 소방관계법규 🔥빨간불 모의고사 6회 ·················· 103~112

제2과목 소방관계법규 🔥파란불 모의고사 6회 ·················· 113~122

응시자 준수사항

※ "시험 감독관 또는 방송"의 안내에 따라 다음 사항을 반드시 지켜 주시기 바랍니다.

1. 시험지 표지에 "응시번호 및 성명"을 기재하여 주십시오.

2. 시험이 시작되면 시험지의 "과목 순서", "페이지 수량", "인쇄 상태"를 확인해 주십시오.

3. 문제를 주의 깊게 읽고 문항의 취지에 가장 적합한 하나의 정답만을 고르십시오.

4. 문제 내용에 관한 질문은 하실 수 없습니다.

06회 소방관계법규 + 빨간불

1. 「소방기본법 시행령」상 소방안전교육사의 배치대상별 배치기준에 대한 설명으로 옳은 것은?

① 소방청 - 2명 이상
② 소방서 - 2명 이상
③ 한국소방안전원 - 시·도지부 2명 이상
④ 한국소방산업기술원 - 1명 이상

2. 「소방기본법」상 소방용수시설의 설치 및 관리에 관한 내용 중 옳지 않은 것은?

① 시·도지사는 소방활동에 필요한 소화전·급수탑·저수조를 설치하고 유지·관리하여야 한다.
② 「수도법」에 따라 소화전을 설치하는 일반수도사업자는 관할 소방본부장 또는 소방서장과 협의를 거친 후 소화전을 설치하여야 하며, 설치 사실을 관할 소방본부장 또는 소방서장에게 통지하고, 그 소화전을 유지·관리하여야 한다.
③ 시·도지사는 소방자동차의 진입이 곤란한 지역 등 화재 발생 시에 초기 대응이 필요한 지역으로서 대통령령으로 정하는 지역에 소방호스 또는 호스릴 등을 소방용수시설에 연결하여 화재를 진압하는 시설이나 장치를 설치하고 유지·관리할 수 있다.
④ 소방용수시설과 비상소화장치의 설치기준은 행정안전부령으로 정한다.

3. 「소방기본법」 및 같은 법 시행령상 손실보상의 지급절차 및 방법에 관한 설명이다. 다음 중 옳지 않은 것은?

① 소방청장 또는 시·도지사는 손실보상심의위원회의 심사·의결을 거쳐 특별한 사유가 없으면 보상금 지급 청구서를 받은 날부터 60일 이내에 보상금 지급 여부 및 보상금액을 결정하여야 한다.
② 소방청장 또는 시·도지사는 손실보상금액의 결정일부터 10일 이내에 행정안전부령으로 정하는 바에 따라 결정 내용을 청구인에게 통지하여야 한다.
③ 소방청장 또는 시·도지사는 보상금을 지급하기로 결정한 경우에는 특별한 사유가 없으면 통지한 날부터 10일 이내에 보상금을 지급하여야 한다.
④ 보상금은 일시불로 지급하되, 예산 부족 등의 사유로 일시불로 지급할 수 없는 특별한 사정이 있는 경우에는 청구인의 동의를 받아 분할하여 지급할 수 있다.

4. 「소방기본법」상 소방업무에 관한 종합계획에 포함되어야 하는 사항으로 옳은 것은?

보기
ㄱ. 소방업무에 필요한 장비의 구비
ㄴ. 소방업무 관련 산업의 국제경쟁력 향상
ㄷ. 소방업무에 필요한 법령·제도의 마련 등 기반 조성
ㄹ. 소방업무에 필요한 체계의 구축, 소방기술의 연구·개발 및 보급

① ㄱ, ㄴ
② ㄱ, ㄹ
③ ㄴ, ㄷ
④ ㄴ, ㄹ

5. 「소방의 화재조사에 관한 법률」 및 같은 법 시행령상 관계인 등에 대한 출석요구 및 질문과 화재조사 증거물 수집에 관한 설명 중 일부이다. 괄호 안에 들어갈 내용으로 옳은 것은?

> **보기**
> - 소방관서장은 관계인등의 출석을 요구하려면 출석일 (ㄱ)일 전까지 출석 일시와 장소, 출석 요구 사유의 사항을 관계인등에게 알려야 한다.
> - 소방관서장은 화재조사를 위하여 필요한 (ㄴ)의 범위에서 화재조사관에게 증거물을 수집하여 검사·시험·분석 등을 하게 할 수 있다.

① ㄱ : 3,   ㄴ : 최소한
② ㄱ : 3,   ㄴ : 최대한
③ ㄱ : 10, ㄴ : 최대한
④ ㄱ : 10, ㄴ : 최소한

6. 「소방의 화재조사에 관한 법률」 제8조 화재현장 보존에 따라 실화의 혐의로 수사의 대상이 된 경우에 대한 설명으로 옳지 않은 것은?

① 실화의 혐의로 수사의 대상이 된 경우에는 관할 경찰서장 또는 해양경찰서장이 통제구역을 설정한다.
② 누구든지 경찰서장 또는 해양경찰서장의 허가 없이 설정된 통제구역에 출입하여서는 아니 된다.
③ 화재현장 보존조치를 하거나 통제구역을 설정한 경우 누구든지 경찰서장 또는 해양경찰서장의 허가 없이 화재현장에 있는 물건 등을 이동시키거나 변경·훼손하여서는 아니 된다. 다만, 공공의 이익에 중대한 영향을 미친다고 판단되거나 인명구조 등 긴급한 사유가 있는 경우에는 그러하지 아니하다.
④ 허가 없이 통제구역에 출입한 사람에게는 200만원 이하의 과태료를 소방관서장이 부과한다.

7. 「소방시설공사업법」상 공사의 하자보수에 관한 내용이다. 다음 보기 중 관계인이 소방본부장 또는 소방서장에게 그 사실을 알릴 수 있는 경우로 옳은 것은?

> **보기**
> ㄱ. 3일 이내에 하자보수를 이행하지 아니한 경우
> ㄴ. 3일 이내에 하자보수계획을 서면으로 알리지 아니한 경우
> ㄷ. 3일 이내에 하자보수 내용을 전달하지 아니한 경우
> ㄹ. 하자보수계획이 불합리하다고 인정되는 경우

① ㄱ
② ㄱ, ㄴ
③ ㄱ, ㄴ, ㄷ
④ ㄱ, ㄴ, ㄹ

8. 「소방시설공사업법」 및 같은 법 시행규칙상 시공능력평가에 관한 내용이다. 다음 중 옳지 않은 것은?

① 소방청장은 관계인 또는 발주자가 적절한 공사업자를 선정할 수 있도록 하기 위하여 공사업자의 신청이 있으면 그 공사업자의 소방시설공사 실적, 자본금 등에 따라 시공능력을 평가하여 공시할 수 있다.
② 소방시설공사의 시공능력을 평가받으려는 공사업자는 소방시설공사 시공능력평가신청서에 서류를 첨부하여 협회에 매년 2월 15일까지 제출해야 한다.
③ 소방시설업자협회는 시공능력을 평가한 경우에는 그 사실을 해당 공사업자의 등록수첩에 기재하여 발급하고, 매년 7월 31일까지 각 공사업자의 시공능력을 일간신문 또는 인터넷 홈페이지를 통하여 공시하여야 한다.
④ 소방시설업자협회는 시공능력평가 및 공시를 위하여 제출된 자료가 거짓으로 확인된 경우에는 그 확인된 날부터 15일 이내에 공시된 해당 공사업자의 시공능력을 새로 평가하고 해당 공사업자의 등록수첩에 그 사실을 기재하여 발급하여야 한다.

9. 「소방시설공사업법」 및 같은 법 시행령상 소방시설업의 등록에 관한 설명으로 옳은 것은?

① 특정소방대상물의 소방시설공사등을 하려는 자는 업종별로 자본금(개인인 경우에는 자산 평가액을 말한다), 기술인력 등 행정안전부령으로 정하는 요건을 갖추어 시·도지사에게 소방시설업을 등록하여야 한다.
② 전문 소방시설공사업은 주된 기술인력으로 소방기술사 또는 기계분야와 전기분야의 소방설비기사 각 1명(기계분야 및 전기분야의 자격을 함께 취득한 사람 1명) 이상, 보조기술인력으로 1명 이상을 갖추어야 한다.
③ 소방시설공사업의 등록을 하려는 자는 기준을 갖추어 소방청장이 지정하는 금융회사 또는 소방산업공제조합이 자본금 기준금액의 100분의 30 이상에 해당하는 금액의 담보를 제공받거나 현금의 예치 또는 출자를 받은 사실을 증명하여 발행하는 확인서를 시·도지사에게 제출하여야 한다.
④ 공기업·준정부기관 및 「지방공기업법」에 따라 설립된 지방공사나 지방공단이 주택의 건설·공급을 목적으로 설립되고, 설계·감리 업무를 주요 업무로 규정하고 있는 경우에는 시·도지사에게 등록을 하지 아니하고 자체 기술인력을 활용하여 설계·감리를 할 수 있다.

11. 「화재의 예방 및 안전관리에 관한 법률」 및 같은 법 시행령상 화재의 예방조치 절차에 따라 풍등 등 소형열기구 날리기 등의 행위를 하여서는 아니되는 장소로 옳지 않은 것은?

① 제조소등
② 「고압가스 안전관리법」 제3조제1호에 따른 판매소
③ 소방시설·소방용수시설 또는 소방출동로가 없는 지역
④ 「물류시설의 개발 및 운영에 관한 법률」 제2조제6호에 따른 물류단지

10. 「소방시설공사업법 시행령」상 완공검사를 위한 현장확인 대상 특정소방대상물의 범위로 옳은 것은?

> **보기**
> ㄱ. 11층 이상인 아파트
> ㄴ. 스프링클러설비등이 설치되는 특정소방대상물
> ㄷ. 「다중이용업소의 안전관리에 관한 특별법」에 따른 다중이용업소
> ㄹ. 가연성가스를 제조·저장 또는 취급하는 시설 중 지상에 노출된 가연성가스탱크의 저장용량 합계가 1백톤 이상인 시설

① ㄱ, ㄴ
② ㄴ, ㄷ
③ ㄴ, ㄹ
④ ㄷ, ㄹ

12. 「화재의 예방 및 안전관리에 관한 법률」 및 같은 법 시행규칙상 실태조사의 방법 및 절차에 관한 설명으로 옳은 것은?

① 소방청장은 시행계획 및 세부시행계획의 수립·시행에 필요한 기초자료를 확보하기 위하여 소방대상물의 용도별·규모별 현황 등에 대하여 실태조사를 할 수 있다.
② 실태조사는 면접조사, 서면조사 또는 현장조사의 방법으로 하며, 정보통신망 또는 전자적인 방식을 사용할 수 있다.
③ 소방청장은 실태조사를 실시하려는 경우 실태조사 시작 3일 전까지 조사 일시, 조사 사유 및 조사 내용 등을 포함한 조사계획을 조사대상자에게 서면 또는 전자우편 등의 방법으로 미리 알려야 한다.
④ 관계 공무원 및 실태조사를 의뢰받은 관계 전문가 등이 실태조사를 위하여 소방대상물에 출입할 때에는 그 권한 또는 자격을 표시하는 증표를 지니고 이를 관계인에게 내보여야 한다.

13. 「화재의 예방 및 안전관리에 관한 법률」 및 같은 법 시행규칙상 특정소방대상물의 관계인에 대한 소방안전교육에 따라 소방안전관리대상물에 해당하지 않는 특정소방대상물의 관계인으로서 소방본부장이나 소방서장이 소방안전교육을 할 수 있는 대상으로 옳은 것은?

① 단독경보형감지기가 설치된 단독주택 등의 특정소방대상물의 관계인으로서 관할 소방서장이 소방안전교육이 필요하다고 인정하는 사람
② 소화기가 설치된 공장·창고 등의 특정소방대상물의 관계인으로서 관할 소방서장이 소방안전교육이 필요하다고 인정하는 사람
③ 비상방송설비가 설치된 공장·창고 등의 특정소방대상물의 관계인으로서 관할 소방서장이 소방안전교육이 필요하다고 인정하는 사람
④ 소방청장이 화재에 대한 취약성이 높다고 인정하는 특정소방대상물의 관계인으로서 관할 소방서장이 소방안전교육이 필요하다고 인정하는 사람

14. 「화재의 예방 및 안전관리에 관한 법률」 및 같은 법 시행령상 화재의 예방 및 안전관리에 관한 기본계획, 시행계획 및 세부시행계획의 수립·시행에 관한 설명으로 옳지 않은 것은?

① 소방청장은 화재예방정책을 체계적·효율적으로 추진하고 이에 필요한 기반 확충을 위하여 화재의 예방 및 안전관리에 관한 기본계획을 5년마다 수립·시행하여야 한다.
② 소방청장은 화재의 예방 및 안전관리에 관한 기본계획을 계획 시행 전년도 8월 31일까지 시·도지사와 협의한 후 계획 시행 전년도 9월 30일까지 수립해야 한다.
③ 기본계획에는 소방시설의 설치·관리 및 화재안전기준의 개선에 관한 사항, 계절별·시기별·소방대상물별 화재예방대책의 추진 및 평가 등에 관한 사항이 포함되어야 한다.
④ 소방청장은 관계 중앙행정기관의 장과 시·도지사에게 기본계획 및 시행계획을 각각 계획 시행 전년도 10월 31일까지 통보해야 하며, 통보를 받은 관계 중앙행정기관의 장 및 시·도지사는 세부시행계획을 수립하여 계획 시행 전년도 12월 31일까지 소방청장에게 통보해야 한다.

15. 「화재의 예방 및 안전관리에 관한 법률」 및 같은 법 시행령상 화재안전취약자에 대한 지원 대상 및 방법에 대한 설명으로 옳지 않은 것은?

① 소방관서장은 어린이, 노인, 장애인 등 화재의 예방 및 안전관리에 취약한 자의 안전한 생활환경을 조성하기 위하여 소방용품의 제공 및 소방시설의 개선 등 필요한 사항을 지원하기 위하여 노력하여야 한다.
② 「장애인복지법」 제6조에 따른 중증장애인, 「노인복지법」 제27조의2에 따른 홀로 사는 노인, 「국민기초생활 보장법」 제2조제2호에 따른 수급자는 화재안전취약자에 대한 지원의 대상에 해당한다.
③ 소방관서장은 소방시설등의 설치 및 개선, 소방시설등의 안전점검, 재난 및 사고 예방을 위하여 필요한 안전장비 및 용품의 제공, 전기·가스 등 화재위험 설비의 점검 및 개선, 그 밖에 화재안전을 위하여 필요하다고 인정되는 사항을 지원할 수 있다.
④ 규정한 사항 외에 지원의 방법 및 절차 등에 관하여 필요한 사항은 소방청장이 정한다.

16. 「소방시설 설치 및 관리에 관한 법률 시행규칙」 상 소방시설등의 자체점검 결과의 조치에 관한 내용으로 옳지 않은 것은?

① 관리업자 또는 소방안전관리자로 선임된 소방시설관리사 및 소방기술사는 자체점검을 실시한 경우에는 그 점검이 끝난 날부터 10일 이내에 소방시설등 자체점검 실시결과 보고서에 소방청장이 정하여 고시하는 소방시설등점검표를 첨부하여 관계인에게 제출해야 한다.
② 자체점검 실시결과 보고서를 제출받거나 스스로 자체점검을 실시한 관계인은 자체점검이 끝난 날부터 15일 이내에 소방시설등 자체점검 실시결과 보고서에 서류를 첨부하여 소방본부장 또는 소방서장에게 서면이나 소방청장이 지정하는 전산망을 통하여 보고해야 한다.
③ 소방본부장 또는 소방서장에게 자체점검 실시결과 보고를 마친 관계인은 소방시설등 자체점검 실시결과 보고서(소방시설등점검표를 포함한다)를 점검이 끝난 날부터 2년간 자체 보관해야 한다.
④ 완료기간 내에 이행계획을 완료한 관계인은 이행을 완료한 날부터 15일 이내에 소방시설등의 자체점검 결과 이행완료 보고서에 서류를 첨부하여 소방본부장 또는 소방서장에게 보고해야 한다.

17. 「소방시설 설치 및 관리에 관한 법률」 및 같은 법 시행규칙상 자체점검 결과의 게시에 관한 사항이다. 〈보기〉의 괄호 안에 들어갈 내용으로 옳은 것은?

> 보기
>
> (ㄱ)에게 자체점검 결과 보고를 마친 관계인은 보고한 날부터 (ㄴ)일 이내에 소방시설등 자체점검기록표를 작성하여 특정소방대상물의 출입자가 쉽게 볼 수 있는 장소에 (ㄷ)일 이상 게시해야 한다.

① ㄱ : 소방본부장 또는 소방서장,
　ㄴ : 10,
　ㄷ : 30
② ㄱ : 소방본부장 또는 소방서장,
　ㄴ : 30,
　ㄷ : 10
③ ㄱ : 소방청장, 소방본부장 또는 소방서장,
　ㄴ : 10,
　ㄷ : 30
④ ㄱ : 소방청장, 소방본부장 또는 소방서장,
　ㄴ : 30,
　ㄷ : 10

18. 「소방시설 설치 및 관리에 관한 법률」 및 같은 법 시행령상 소방시설의 내진설계를 해야 하는 "대통령령으로 정하는 소방시설"에 해당하는 보기의 개수는?

> 보기
>
> ㄱ. 옥외소화전설비
> ㄴ. 간이스프링클러설비
> ㄷ. 포소화설비
> ㄹ. 할로겐화합물 및 불활성기체 소화설비
> ㅁ. 고체에어로졸자동소화장치

① 1개　　② 2개
③ 3개　　④ 4개

19. 「소방시설 설치 및 관리에 관한 법률 시행령」상 소방시설을 설치하지 않을 수 있는 특정소방대상물 및 소방시설의 범위에 따라 특정소방대상물의 연결이 옳지 않은 것은?

① 화재위험도가 낮은 특정소방대상물 - 가연성금속의 가공공장
② 화재안전기준을 적용하기 어려운 특정소방대상물 - 음료수공장의 세정 또는 충전을 하는 작업장
③ 화재안전기준을 달리 적용해야 하는 특수한 용도 또는 구조를 가진 특정소방대상물 - 중·저준위방사성폐기물의 저장시설
④ 「위험물안전관리법」 제19조에 따른 자체소방대가 설치된 특정소방대상물 - 자체소방대가 설치된 제조소등에 부속된 사무실

20. 「위험물안전관리법 시행규칙」 별표 17에 따른 소화난이도등급Ⅱ의 제조소에 설치하여야 하는 소화설비이다. 다음의 빈칸에 들어갈 내용으로 옳은 것은?

> 보기
>
> 방사능력범위 내에 당해 건축물, 그 밖의 공작물 및 위험물이 포함되도록 대형수동식소화기를 설치하고, 당해 위험물의 소요단위의 ( ) 이상에 해당되는 능력단위의 소형수동식소화기등을 설치할 것

① 1/2　　② 1/3
③ 1/5　　④ 1/10

21. 「위험물안전관리법」 및 같은 법 시행령상 자체소방대를 설치하지 않아도 되는 사업소는? (단, 행정안전부령으로 정하는 일반취급소는 고려하지 않는다.)

① 300만 리터의 경유를 취급하는 일반취급소
② 500만 리터의 중유를 취급하는 일반취급소
③ 150만 리터의 메틸알코올을 취급하는 제조소
④ 80만 리터의 휘발유를 취급하는 제조소

22. 「위험물안전관리법 시행규칙」상 옥내저장소 및 이동탱크저장소의 위치·구조 및 설비의 기준에 따라 〈보기〉의 요건에 모두 해당하는 위험물은 무엇인가?

― 보 기 ―
- 옥내저장소에 저장·취급하는 경우 하나의 저장창고 바닥면적은 1,000㎡ 이하여야 한다.
- 위험등급 Ⅱ에 해당한다.
- 이동탱크저장소에 저장·취급할 때에는 접지도선을 설치하여야 한다.

① 아세톤
② 기어유
③ 메틸알코올
④ 디에틸에테르

23. 「위험물안전관리법 시행규칙」 별표 4 제조소의 위치·구조 및 설비의 기준 중 위험물을 가압하는 설비에 설치해야 하는 안전장치의 종류로 옳지 않은 것은? (단, 안전밸브의 작동이 가능한 가압설비를 말한다.)

① 파괴판
② 안전밸브를 겸하는 경보장치
③ 감압측에 안전밸브를 부착한 감압밸브
④ 자동적으로 압력의 상승을 정지시키는 장치

24. 「위험물안전관리법 시행령」상 업무의 위탁에 대한 설명으로 옳은 것은?

① 소방본부장 또는 소방서장은 정기검사 및 운반용기 검사를 한국소방산업기술원에 위탁한다.
② 소방청장은 탱크시험자의 기술인력으로 종사하는 자에 대한 안전교육을 한국소방안전원에 위탁한다.
③ 시·도지사는 용량이 50만 리터 이상인 액체위험물을 저장하는 탱크에 대한 탱크안전성능검사를 한국소방산업기술원에 위탁한다.
④ 시·도지사는 옥외탱크저장소(저장용량이 50만 리터 이상인 것만 해당한다)의 설치 또는 변경에 따른 완공검사를 한국소방산업기술원에 위탁한다.

25. 「위험물안전관리법 시행령」상 자체소방대에 두는 화학소방자동차 및 인원에 따라 제조소에 취급하는 제4류 위험물의 최대수량의 합이 지정수량의 24만배인 사업소의 경우에 화학소방자동차 및 자체소방대원의 수로 알맞게 짝지어진 것은?

① 1대 - 5인
② 2대 - 10인
③ 3대 - 15인
④ 4대 - 20인

※ 26번 문항 이후는 경력채용 응시자만 풀이하십시오.
(공개채용 응시자는 추가문제로 활용하세요.)

26. 「소방기본법」상 소방의 날 제정과 운영 등에 관한 내용으로 옳은 것은?

① 국민의 안전의식과 화재에 대한 경각심을 높이고 안전문화를 정착시키기 위하여 매년 11월 19일을 소방의 날로 정하여 기념행사를 한다.
② 소방의 날 행사에 관하여 필요한 사항은 소방청장 또는 시·도지사가 함께 정하여 시행하여야 한다.
③ 소방청장은 소방행정 발전에 공로가 있다고 인정되는 사람을 명예직 소방대원으로 위촉할 수 있다.
④ 시·도지사는 지방소방행정 발전에 공로가 있다고 인정되는 사람을 명예직 소방대원으로 위촉할 수 있다.

27. 「소방기본법」 및 같은 법 시행규칙상 소방활동, 소방지원활동 및 생활안전활동에 관한 설명으로 옳지 않은 것은?

① 소방청장, 소방본부장 또는 소방서장은 화재, 재난·재해, 그 밖의 위급한 상황이 발생하였을 때에는 소방대를 현장에 신속하게 출동시켜 화재진압과 인명구조·구급 등 소방에 필요한 활동을 하게 하여야 한다.
② 소방청장·소방본부장 또는 소방서장은 공공의 안녕질서 유지 또는 복리증진을 위하여 필요한 경우 소방활동 외에 자연재해에 따른 급수·배수 및 제설 등 지원활동을 하게 하여야 한다.
③ 소방청장·소방본부장 또는 소방서장은 신고가 접수된 생활안전 및 위험제거 활동(화재, 재난·재해, 그 밖의 위급한 상황에 해당하는 것은 제외한다)에 대응하기 위하여 소방대를 출동시켜 단전사고 시 비상전원 또는 조명의 공급을 하게 하여야 한다.
④ 누구든지 정당한 사유 없이 출동하는 소방대의 생활안전활동을 방해하여서는 아니 되며, 이를 방해할 경우 100만원 이하의 벌금에 해당한다.

28. 「소방의 화재조사에 관한 법률」 및 같은 법 시행령상 화재조사의 절차에 관한 설명으로 옳은 것은?

① 소방활동 중 조사 - 화재현장 조사 - 중간조사 - 화재조사 결과 보고
② 소방활동 중 조사 - 정밀조사 - 화재현장 조사 - 화재조사 결과 보고
③ 현장출동 중 조사 - 중간조사 - 화재현장 조사 - 화재조사 결과 보고
④ 현장출동 중 조사 - 화재현장 조사 - 정밀조사 - 화재조사 결과 보고

29. 「소방시설공사업법 시행령」상 발주자가 서면으로 승낙하는 경우로서 해당 공사가 중단된 기간 동안 소방기술자를 공사현장에 배치하지 않을 수 있는 예외사항이 있다. 다음 중 그 예외사항에 해당하지 않는 것은?

① 발주자가 공사의 중단을 요청하는 경우
② 소방공사감리업자가 공사의 중단을 요청하는 경우
③ 예산의 부족 등 발주자의 책임 있는 사유 또는 천재지변 등 불가항력으로 공사가 일정기간 중단된 경우
④ 민원 또는 계절적 요인 등으로 해당 공정의 공사가 일정기간 중단된 경우

30. 「소방시설공사업법」 및 같은 법 시행령상 국가·지방자치단체 또는 대통령령으로 정하는 공공기관이 발주하는 소방시설공사등을 하도급한 경우 해당 발주자는 다음 각 호의 사항을 누구나 볼 수 있는 방법으로 공개하여야 한다. 다음 중 공사명, 도급금액 및 낙찰률 등 하도급계약 자료를 공개하여야 하는 계약규모의 기준으로 옳은 것은?

① 하도급계약금액이 1천만원 이상인 경우 하도급계약 자료를 공개하여야 한다.
② 하도급계약금액이 2천만원 이상인 경우 하도급계약 자료를 공개하여야 한다.
③ 하도급계약금액이 3천만원 이상인 경우 하도급계약 자료를 공개하여야 한다.
④ 하도급계약금액이 5천만원 이상인 경우 하도급계약 자료를 공개하여야 한다.

31. 「화재의 예방 및 안전관리에 관한 법률 시행규칙」상 자위소방대의 편성조직 및 임무에 대한 설명으로 옳지 않은 것은?

① 초기소화팀은 화재 발생 시 초기화재 진압 활동을 수행한다.
② 인명구조팀은 인명을 구조하고, 부상자에 대한 응급조치를 수행한다.
③ 피난유도팀은 재실자 및 장애인, 노인, 임산부, 영유아 및 어린이 등 이동이 어려운 사람을 안전한 장소로 대피시키는 업무를 수행한다.
④ 방호안전팀은 화재확산방지 및 위험시설의 비상정지 등 방호안전 업무를 수행한다.

32. 「화재의 예방 및 안전관리에 관한 법률 시행규칙」 제36조에 따라 소방안전관리대상물 근무자 및 거주자 등에 대한 소방훈련에 관한 설명으로 옳지 않은 것은?

① 소방안전관리대상물의 관계인은 소방훈련과 교육을 연 1회 이상 실시해야 한다.
② 소방청장이 화재예방을 위하여 필요하다고 인정하여 2회의 범위에서 추가로 실시할 것을 요청하는 경우에는 소방훈련과 교육을 추가로 실시해야 한다.
③ 소방본부장 또는 소방서장은 특급 및 1급 소방안전관리대상물의 관계인으로 하여금 소방훈련과 교육을 소방기관과 합동으로 실시하게 할 수 있다.
④ 소방안전관리대상물의 관계인은 소방훈련과 교육을 실시했을 때에는 그 실시 결과를 소방훈련·교육 실시 결과 기록부에 기록하고, 이를 소방훈련 및 교육을 실시한 날부터 2년간 보관해야 한다.

33. 「화재의 예방 및 안전관리에 관한 법률 시행규칙」상 소방안전관리자 자격시험의 방법, 공고 및 합격자 결정 등에 관한 설명으로 옳은 것은?

① 소방청장은 소방안전관리자 자격시험을 특급 소방안전관리자의 경우 연 1회 이상 실시한다.
② 소방청장은 소방안전관리자 자격시험을 1급·2급·3급 소방안전관리자의 경우 월 2회 이상 실시한다.
③ 소방청장은 특급, 1급, 2급 또는 3급 소방안전관리자 자격시험을 실시하려는 경우에는 응시자격·시험과목·일시·장소 및 응시절차를 모든 응시 희망자가 알 수 있도록 시험 시행일 30일 전에 인터넷 홈페이지에 공고해야 한다.
④ 소방청장은 소방안전관리자 자격시험을 종료한 날부터 10일(특급 소방안전관리 자격시험의 경우에는 30일) 이내에 인터넷 홈페이지에 합격자를 공고하고, 응시자에게 휴대전화 문자 메시지로 합격 여부를 알려 줄 수 있다.

34. 「소방시설 설치 및 관리에 관한 법률」상 업무의 위탁에 따라 소방청장이 소방기술과 관련된 법인 또는 단체에 위탁할 수 있는 사항으로 옳지 않은 것은?

① 데이터베이스 구축·운영
② 점검능력 평가 및 공시
③ 소방용품의 제품검사의 업무
④ 소방시설관리사증의 발급·재발급

35. 「소방시설 설치 및 관리에 관한 법률 시행령」상 터널로서 길이가 500m 이상인 경우에 설치해야 하는 소방시설의 종류로 옳지 않은 것은?

① 비상조명등 ② 비상경보설비
③ 비상방송설비 ④ 비상콘센트설비

36. 「소방시설 설치 및 관리에 관한 법률」상 피난시설, 방화구획 및 방화시설의 관리에 관한 설명으로 옳지 않은 것은?

① 특정소방대상물의 관계인은 「건축법」 제49조에 따른 피난시설, 방화구획 및 방화시설에 대하여 정당한 사유가 없는 한 피난시설, 방화구획 및 방화시설을 폐쇄하거나 훼손하는 등의 행위를 하여서는 아니 된다.
② 특정소방대상물의 관계인은 「건축법」 제49조에 따른 피난시설, 방화구획 및 방화시설에 대하여 정당한 사유가 없는 한 피난시설, 방화구획 및 방화시설을 점검이나 정비하는 등의 행위를 하여서는 아니 된다.
③ 특정소방대상물의 관계인은 「건축법」 제49조에 따른 피난시설, 방화구획 및 방화시설에 대하여 정당한 사유가 없는 한 피난시설, 방화구획 및 방화시설을 변경하는 등의 행위를 하여서는 아니 된다.
④ 소방본부장이나 소방서장은 특정소방대상물의 관계인이 금지행위를 한 경우에는 피난시설, 방화구획 및 방화시설의 관리를 위하여 필요한 조치를 명할 수 있으며, 이를 위반할 경우 3년 이하의 징역 또는 3천만원 이하의 벌금에 해당한다.

37. 「소방시설 설치 및 관리에 관한 법률」 및 같은 법 시행령상 방염성능의 검사에 관한 설명으로 옳지 않은 것은?

① 특정소방대상물에 사용하는 방염대상물품은 소방청장이 실시하는 방염성능검사를 받은 것이어야 한다.
② 「소방시설공사업법」 제4조에 따라 방염처리업의 등록을 한 자는 방염성능검사를 할 때에 거짓 시료(試料)를 제출하여서는 아니 되며, 거짓 시료를 제출할 경우 300만원 이하의 벌금에 해당한다.
③ 전시용 합판·섬유판 또는 무대용 합판·섬유판 중 설치 현장에서 방염처리를 하는 합판·섬유판에 대한 방염성능검사는 시·도지사가 실시한다.
④ 방염대상물품 중 설치 현장에서 방염처리를 하는 합판·목재류에 대한 방염성능검사는 시·도지사가 실시한다.

38. 「위험물안전관리법 시행령」상 위험물취급자격자의 자격기준에 따라 자격자별 취급할 수 있는 위험물로 옳지 않은 것은?

① 안전관리자 교육이수자 - 제1류 위험물
② 위험물기능사의 자격을 취득한 사람 - 제2류 위험물
③ 위험물기능장의 자격을 취득한 사람 - 제3류 위험물
④ 소방공무원으로 근무한 경력이 3년 이상인 자 - 제4류 위험물

39. 「위험물안전관리법 시행령」상 위험물의 정의로 옳은 보기의 개수는?

> **보기**
>
> ㄱ. 황은 순도가 60중량퍼센트 이상인 것을 말하며, 순도 측정을 하는 경우 불순물 중 활석 등 불연성물질과 수분은 제외한다.
> ㄴ. "철분"이라 함은 철의 분말로서 53마이크로미터의 표준체를 통과하는 것이 50중량퍼센트 미만인 것을 말한다.
> ㄷ. "금속분"이라 함은 알칼리금속·알칼리토류금속·철 및 마그네슘 외의 금속의 분말을 말하고, 구리분·니켈분 및 150마이크로미터의 체를 통과하는 것이 50중량퍼센트 미만인 것은 제외한다.
> ㄹ. "특수인화물"라 함은 고형알코올 그 밖에 1기압에서 인화점이 섭씨 40도 미만인 고체를 말한다.
> ㅁ. "제2석유류"라 함은 등유, 경유 그 밖에 1기압에서 인화점이 섭씨 21도 이상 70도 미만인 것을 말한다. 다만, 도료류 그 밖의 물품에 있어서 가연성 액체량이 60중량퍼센트 이하이면서 인화점이 섭씨 40도 이상인 동시에 연소점이 섭씨 40도 이상인 것은 제외한다.
> ㅂ. "자기반응성물질"이라 함은 고체 또는 액체로서 폭발의 위험성 또는 산화력의 잠재적인 위험성을 판단하기 위하여 고시로 정하는 시험에서 고시로 정하는 성질과 상태를 나타내는 것을 말하며, 위험성 유무와 등급에 따라 제1종 또는 제2종으로 분류한다.
> ㅅ. 질산은 그 비중이 1.49 이하인 것에 한하며, 산화성 액체의 성상이 있는 것으로 본다.

① 1개 ② 3개
③ 5개 ④ 7개

40. 「위험물안전관리법」 및 같은 법 시행령, 시행규칙상 각종 규정, 점검 및 검사를 제출 또는 실시하는 시기의 연결이 옳지 않은 것은?

① 예방규정 - 당해 제조소등의 사용을 시작하기 전
② 정밀정기검사 - 최근의 정밀정기검사를 받은 날부터 11년 이내 1회
③ 구조안전점검 - 특정·준특정옥외탱크저장소의 설치허가에 따른 완공검사합격확인증을 발급받은 날부터 11년 이내 1회
④ 중간정기검사 - 최근의 정밀정기검사 또는 중간정기검사를 받은 날부터 4년 이내 1회

06회 소방관계법규 + 파란불

1. 「소방기본법」 제27조에 따라 위험시설 등에 대한 긴급조치로 옳은 보기는?

   보기
   ㄱ. 폭발 등으로 화재가 확대되는 것을 막기 위한 가스 공급의 차단조치
   ㄴ. 화재 발생을 막기 위한 유류 공급의 차단조치
   ㄷ. 소방활동을 위하여 필요한 때에 수영장의 물 사용
   ㄹ. 소방활동을 위하여 필요한 때에 수도의 개폐장치 조작

   ① ㄱ
   ② ㄱ, ㄴ
   ③ ㄴ, ㄷ, ㄹ
   ④ ㄱ, ㄴ, ㄷ, ㄹ

2. 「소방기본법」 및 같은 법 시행규칙상 다음 〈보기〉의 신호에 관한 설명으로 옳은 것은?

   보기
   소화활동이 필요 없다고 인정되는 때 발령

   ① 타종신호로 연 3타를 반복한다.
   ② 사이렌신호로 1분간 1회이다.
   ③ 다른 신호와 전부 또는 일부를 함께 사용할 수 없다.
   ④ 소방대의 비상소집을 하는 경우 〈보기〉의 신호를 사용할 수 있다.

3. 「소방기본법」 및 같은 법 시행규칙상 소방력의 동원에 대한 설명으로 옳지 않은 것은?

   ① 소방청장은 해당 시·도의 소방력만으로는 소방활동을 효율적으로 수행하기 어려운 화재, 재난·재해, 그 밖의 구조·구급이 필요한 상황이 발생할 때에는 각 시·도지사에게 행정안전부령으로 정하는 바에 따라 소방력을 동원할 것을 요청할 수 있다.
   ② 소방청장은 시·도지사에게 동원된 소방력을 화재, 재난·재해 등이 발생한 지역에 지원·파견하여 줄 것을 요청하거나 필요한 경우 직접 소방대를 편성하여 화재진압 및 인명구조 등 소방에 필요한 활동을 하게 할 수 있다.
   ③ 동원된 소방대원이 다른 시·도에 파견·지원되어 소방활동을 수행할 때에는 특별한 사정이 없으면 화재, 재난·재해 등이 발생한 지역을 관할하는 소방본부장 또는 소방서장의 지휘에 따라야 한다. 다만, 소방청장이 직접 소방대를 편성하여 소방활동을 하게 하는 경우에는 소방청장의 지휘에 따라야 한다.
   ④ 소방청장은 각 시·도지사에게 소방력 동원을 요청하는 경우 동원 요청 사실과 동원을 요청하는 인력 및 장비의 규모, 소방력 이송 수단 및 집결장소, 소방활동을 수행하게 될 재난의 규모, 원인 등 소방활동에 필요한 정보를 팩스 또는 전화 등의 방법으로 통지하여야 한다. 다만, 긴급을 요하는 경우에는 소방본부장 또는 소방서장에게 직접 요청할 수 있다.

4. 「소방기본법 시행령」 별표 3에 따른 과태료의 부과기준에 관한 설명으로 옳은 것은?

   ① 위반행위의 횟수에 따른 과태료의 가중된 부과기준은 최근 3년간 같은 위반 행위로 과태료 부과처분을 받은 경우에 적용한다.
   ② 소방자동차의 출동에 지장을 준 경우로서 2회 위반한 경우 과태료 200만원에 해당한다.
   ③ 권한 없이 소방활동구역을 출입한 경우로서 2회 위반한 경우 과태료 150만원에 해당한다.
   ④ 한국119청소년단 또는 이와 유사한 명칭을 사용한 경우로서 2회 위반한 경우 과태료 150만원에 해당한다.

5. 「소방의 화재조사에 관한 법률」 및 같은 법 시행령상 화재합동조사단의 구성·운영에 따라 화재조사 결과에 포함하여 보고해야 하는 사항으로 옳은 것은?

<보기>
ㄱ. 현행 제도의 문제점 및 개선 방안
ㄴ. 다량의 재산피해가 발생한 경우 그 원인
ㄷ. 피난시설, 방화구획 및 방화시설의 설치 여부에 관한 사항
ㄹ. 화재발생건축물과 구조물, 화재유형별 화재위험성 등에 관한 사항

① ㄱ, ㄴ   ② ㄱ, ㄹ
③ ㄴ, ㄷ   ④ ㄴ, ㄹ

7. 「소방시설공사업법」 및 같은 법 시행령상 공사의 하자보수에 관한 설명으로 옳은 보기의 개수는?

<보기>
ㄱ. 공사업자는 소방시설공사 결과 자동화재탐지설비 등 대통령령으로 정하는 소방시설에 하자가 있을 때에는 대통령령으로 정하는 기간 동안 그 하자를 보수하여야 한다.
ㄴ. 관계인은 기간에 소방시설의 하자가 발생하였을 때에는 공사업자에게 그 사실을 알려야 하며, 통보를 받은 공사업자는 7일 이내에 하자를 보수하거나 보수 일정을 기록한 하자보수계획을 관계인에게 서면 또는 구두로 알려야 한다.
ㄷ. 관계인은 공사업자가 기간 내에 하자보수를 이행하지 아니한 경우에는 소방본부장 또는 소방서장에게 그 사실을 알릴 수 있다.
ㄹ. 소방본부장이나 소방서장은 관계인에게 통보를 받았을 때에는 중앙소방기술심의위원회에 심의를 요청하여야 하며, 그 심의 결과 인정할 때에는 시공자에게 기간을 정하여 하자보수를 명하여야 한다.
ㅁ. 피난기구, 유도등, 유도표지, 피난유도선, 비상방송설비 및 무선통신보조설비는 하자보수 보증기간이 2년이고, 자동소화장치, 자동화재탐지설비, 비상콘센트설비 및 비상조명등은 하자보수 보증기간이 3년이다.

① 2개   ② 3개
③ 4개   ④ 5개

6. 「소방의 화재조사에 관한 법률」에 관한 내용으로 옳지 않은 것은?

① 소방관서장은 화재조사 결과의 공표 시 수사가 진행중이거나 수사의 필요성이 인정되는 경우에는 관계 수사기관의 장과 공표 여부에 관하여 사전에 협의하여야 한다.
② 소방관서장은 화재조사 결과를 중앙행정기관의 장, 지방자치단체의 장, 그 밖의 관련 기관·단체의 장 또는 관계인 등에게 통보하여 유사한 화재가 발생하지 않도록 필요한 조치를 취할 것을 요청할 수 있다.
③ 소방관서장은 수사기관의 장이 방화 또는 실화의 혐의가 있어서 이미 피의자를 체포하였거나 증거물을 압수하였을 때에 화재조사를 위하여 필요한 경우에는 범죄수사에 지장을 주지 아니하는 범위에서 그 피의자 또는 압수된 증거물에 대한 조사를 할 수 있다.
④ 소방관서장은 방화 또는 실화의 혐의가 있다고 인정되면 지체 없이 필요한 증거를 수집·보존하는 등 그 범죄수사를 실시하여야 한다.

8. 「소방시설공사업법」 및 같은 법 시행규칙상 공사감리자의 지정 및 소방공사감리자의 지정신고와 관련된 내용으로 옳지 않은 것은?

① 특정소방대상물의 관계인은 공사감리자를 지정한 경우에는 해당 소방시설공사의 착공 전까지 소방공사감리자 지정신고서에 서류를 첨부하여 소방본부장 또는 소방서장에게 제출해야 한다.
② 관계인이 공사감리자를 변경하였을 때에는 새로 지정된 공사감리자와 종전의 공사감리자는 감리 업무 수행에 관한 사항과 관계 서류를 인수·인계하여야 한다.
③ 특정소방대상물의 관계인은 공사감리자가 변경된 경우에는 변경일부터 7일 이내에 소방공사감리자 변경신고서에 서류를 첨부하여 소방본부장 또는 소방서장에게 제출하여야 한다.
④ 소방본부장 또는 소방서장은 공사감리자의 지정신고 또는 변경신고를 받은 경우에는 2일 이내에 처리하고 그 결과를 신고인에게 통보해야 한다.

9. 「소방시설공사업법」 및 같은 법 시행규칙상 착공신고의 변경신고에 대한 설명으로 옳지 않은 것은?

① 공사업자는 책임시공 및 기술관리 소방기술자가 변경된 경우에는 변경일부터 30일 이내에 소방시설공사 착공(변경)신고서에 서류 중 변경된 서류를 첨부하여 소방본부장 또는 소방서장에게 신고하여야 한다.
② 공사업자는 설치되는 소방시설의 종류가 변경된 경우에는 완공검사 또는 부분완공검사를 신청하는 서류나 공사감리 결과보고서에 포함하여 소방본부장 또는 소방서장에게 보고하여야 한다.
③ 공사업자는 건축물의 내부마감재료가 변경된 경우에는 변경일부터 완공검사 또는 부분완공검사를 신청하는 서류나 공사감리 결과보고서에 포함하여 소방본부장 또는 소방서장에게 보고하여야 한다.
④ 소방본부장 또는 소방서장은 착공신고 또는 변경신고를 받은 날부터 2일 이내에 신고수리 여부를 신고인에게 통지하여야 한다.

10. 「소방시설공사업법 시행령」 별표 3 소방기술자의 배치기준 및 배치기간에 따라 1명의 소방기술자를 1개의 공사 현장에만 배치하여야 하는 공사로 옳은 것은?

① 연면적 3만제곱미터인 아파트
② 지하층을 제외한 층수가 11층인 아파트
③ 연면적 3만제곱미터, 500세대인 아파트
④ 지하 3층, 지상 15층으로서 500세대인 아파트

11. 「화재의 예방 및 안전관리에 관한 법률」 및 같은 법 시행령상 소방안전관리업무의 대행에 관한 내용이다. 다음의 보기에 밑줄 친 ㄱ, ㄴ에 관한 설명으로 옳지 않은 것은?

> **보기**
> 소방안전관리대상물 중 연면적 등이 일정규모 미만인 대통령령으로 정하는 소방안전관리대상물[ㄱ]의 관계인은 관리업자로 하여금 소방안전관리업무 중 대통령령으로 정하는 업무[ㄴ]를 대행하게 할 수 있다.

① ㄱ의 소방안전관리대상물에 특급 소방안전관리대상물은 포함되지 않는다.
② ㄱ의 소방안전관리대상물에는 지상층의 층수가 11층 이상인 1급 소방안전관리대상물 중 아파트를 말한다.
③ ㄱ의 소방안전관리대상물에는 2급 소방안전관리대상물 및 3급 소방안전관리대상물이 포함된다.
④ ㄴ의 업무란 피난시설, 방화구획 및 방화시설의 관리, 소방시설이나 그 밖의 소방 관련 시설의 관리의 업무를 말한다.

12. 「화재의 예방 및 안전관리에 관한 법률 시행령」상 특수가연물 중 가연성 고체류 및 가연성 액체류의 정의로 옳지 않은 것은?

① 가연성 고체류 : 인화점이 섭씨 40도 이상 100도 미만인 것
② 가연성 고체류 : 인화점이 섭씨 200도 이상이고 연소열량이 1그램당 8킬로칼로리 이상인 것
③ 가연성 액체류 : 1기압과 섭씨 20도에서 액상인 것으로서 가연성 액체량이 40중량퍼센트 이하이고 인화점이 섭씨 70도 이상 섭씨 250도 미만인 것
④ 가연성 액체류 : 1기압과 섭씨 20도 이하에서 액상인 것으로서 가연성 액체량이 40중량퍼센트 이하이면서 인화점이 섭씨 40도 이상 섭씨 70도 미만이고 연소점이 섭씨 60도 이상인 것

13. 「화재의 예방 및 안전관리에 관한 법률」 및 같은 법 시행령, 시행규칙상 불시 소방훈련 및 교육에 관한 설명으로 옳은 것은?

① 소방본부장 또는 소방서장은 소방안전관리대상물 중 불특정 다수인이 이용하는 대통령령으로 정하는 특정소방대상물의 근무자등에게 불시에 소방훈련과 교육을 실시하여야 한다.
② 불시 소방훈련・교육의 대상에는 소방안전관리대상물 중 의료시설, 교육연구시설, 노유자 시설 등이 있다.
③ 소방본부장 또는 소방서장은 불시 소방훈련과 교육을 실시하려는 경우에는 소방안전관리대상물의 관계인에게 불시 소방훈련・교육 실시 7일 전까지 불시 소방훈련・교육 계획서를 통지해야 한다.
④ 소방본부장 또는 소방서장은 평가를 실시한 경우 소방안전관리대상물의 관계인에게 불시 소방훈련・교육 종료일부터 7일 이내에 불시 소방훈련・교육 평가 결과서를 통지해야 한다.

14. 「화재의 예방 및 안전관리에 관한 법률」 및 같은 법 시행령, 시행규칙상 화재예방 안전조치로 옳지 않은 것은?

① 화재예방강화지구에서는 소화기 등 소방시설을 비치 또는 설치한 장소에서 화기 등을 취급하는 경우에 용접・용단 등 불꽃을 발생시키는 행위를 할 수 있다.
② 화재예방강화지구에서는 소방관서장과 사전 협의하여 안전조치를 한 경우에 모닥불, 흡연 등 화기의 취급을 할 수 있다.
③ 소방관서장과 사전 협의하여 안전조치를 하려는 자는 화재예방 안전조치 협의 신청서를 작성하여 소방관서장에게 제출해야 한다.
④ 소방관서장은 협의 신청서를 받은 경우에는 화재예방 안전조치의 적절성을 검토하고 7일 이내에 화재예방 안전조치 협의 결과 통보서를 협의를 신청한 자에게 통보해야 한다.

15. 「화재의 예방 및 안전관리에 관한 법률 시행령」상 소방안전관리대상물의 소방계획서에 포함되어야 하는 사항으로 옳지 않은 것은?

① 화재 예방을 위한 자체점검계획 및 대응대책
② 소방시설・피난시설 및 방화시설의 설치 및 시공계획
③ 소방안전관리대상물의 위치・구조・연면적・용도 및 수용인원 등 일반 현황
④ 소방안전관리대상물에 설치한 소방시설, 방화시설, 전기시설, 가스시설 및 위험물시설의 현황

16. 「소방시설 설치 및 관리에 관한 법률 시행령」상 제연설비를 설치해야 하는 특정소방대상물로 옳지 않은 것은?

① 문화 및 집회시설, 종교시설, 운동시설 중 무대부의 바닥면적이 100㎡ 이상인 경우에는 해당 무대부
② 문화 및 집회시설 중 영화상영관으로서 수용인원 100명 이상인 경우에는 해당 영화상영관
③ 지하층이나 무창층에 설치된 근린생활시설, 판매시설, 운수시설, 숙박시설, 위락시설, 의료시설, 노유자 시설 또는 창고시설(물류터미널로 한정한다)로서 해당 용도로 사용되는 바닥면적의 합계가 1천㎡ 이상인 경우 해당 부분
④ 운수시설 중 시외버스정류장, 철도 및 도시철도 시설, 공항시설 및 항만시설의 대기실 또는 휴게시설로서 지하층 또는 무창층의 바닥면적이 1천㎡ 이상인 경우에는 모든 층

17. 「소방시설 설치 및 관리에 관한 법률 시행령」상 특정소방대상물의 분류 기준에 따라 둘 이상의 특정소방대상물이 복도 또는 통로로 연결되는 경우 이를 하나의 특정소방대상물로 보는 것으로 옳지 않은 것은?

① 내화구조가 아닌 연결통로로 연결된 경우
② 플랜트설비의 배관 등으로 연결되어 있는 경우
③ 자동방화셔터 또는 60분+방화문이 설치된 피트로 연결된 경우
④ 내화구조로 된 연결통로가 벽이 없는 구조로서 그 길이가 6m 이하인 경우

18. 「소방시설 설치 및 관리에 관한 법률 시행령」상 소방용품 중 "소화설비를 구성하는 제품 또는 기기"에 해당하는 것은?

> ㄱ. 물올림장치
> ㄴ. 유수제어밸브
> ㄷ. 가스관 체크밸브
> ㄹ. 기동용 수압개폐장치

① ㄱ, ㄴ ② ㄱ, ㄷ
③ ㄴ, ㄷ ④ ㄴ, ㄹ

19. 「소방시설 설치 및 관리에 관한 법률 시행령」상 특정소방대상물 중 발전시설(전기저장시설)에 대한 정의이다. 괄호 안에 들어갈 내용으로 옳은 것은?

> (ㄱ)를 초과하는 리튬·나트륨·레독스플로우 계열의 (ㄴ) 전지를 이용한 전기저장장치 또는 (ㄷ)의 시설을 말한다.

	ㄱ	ㄴ	ㄷ
①	10킬로와트시	1차	자동전압조절장치
②	10킬로와트시	2차	무정전전원공급장치
③	20킬로와트시	2차	무정전전원공급장치
④	20킬로와트시	1차	무정전전원공급장치

20. 「소방시설 설치 및 관리에 관한 법률 시행령」상 건축허가등의 동의대상물의 범위로 옳지 않은 것은?

① 특정소방대상물 중 공동주택, 수련시설, 발전시설 중 전기저장시설, 지하구
② 연면적 200m² 미만으로서 「노인복지법」제31조제4호에 따른 재가노인복지시설 중 「건축법 시행령」별표 1의 공동주택에 설치되는 시설
③ 특정소방대상물 중 공장 또는 창고시설로서 「화재의 예방 및 안전관리에 관한 법률 시행령」별표 2에서 정하는 수량의 750배 이상의 특수가연물을 저장·취급하는 것
④ 가스시설로서 지상에 노출된 탱크의 저장용량의 합계가 100톤 이상인 것

21. 「위험물안전관리법」및 같은 법 시행령상 예방규정에 관한 설명으로 옳지 않은 것은?

① 대통령령으로 정하는 제조소등의 관계인은 해당 제조소등의 화재예방과 화재 등 재해발생시의 비상조치를 위하여 행정안전부령으로 정하는 바에 따라 예방규정을 정하여 해당 제조소등의 사용을 시작하기 전에 소방본부장 또는 소방서장에게 제출하여야 한다.
② 지정수량의 100배 이상의 위험물을 저장하는 옥외저장소는 관계인이 예방규정을 정하여야 하는 제조소등에 해당한다.
③ 지정수량의 200배 이상의 위험물을 저장하는 옥외탱크저장소는 관계인이 예방규정을 정하여야 하는 제조소등에 해당한다.
④ 제4류 위험물 중 알코올만을 지정수량의 10배 이하로 취급하는 일반취급소로서 위험물을 용기에 옮겨 담거나 차량에 고정된 탱크에 주입하는 일반취급소는 관계인이 예방규정을 정하여야 하는 제조소등에서 제외된다.

22. 「위험물안전관리법 시행규칙」 별표 9 간이탱크저장소의 위치·구조 및 설비의 기준 중 일부이다. 괄호 안에 들어갈 내용으로 옳은 것은?

- 간이저장탱크는 두께 3.2mm 이상의 강판으로 흠이 없도록 제작하여야 하며, (ㄱ)[kPa]의 압력으로 10분간의 수압시험을 실시하여 새거나 변형되지 아니하여야 한다.
- 간이저장탱크는 움직이거나 넘어지지 아니하도록 지면 또는 가설대에 고정시키되, 옥외에 설치하는 경우에는 그 탱크의 주위에 너비 (ㄴ)[m] 이상의 공지를 둔다.

① ㄱ : 30, ㄴ : 0.5
② ㄱ : 30, ㄴ : 1.0
③ ㄱ : 70, ㄴ : 1.0
④ ㄱ : 70, ㄴ : 0.5

23. 「위험물안전관리법 시행규칙」 별표 14 판매취급소의 위치·구조·설비의 기준에 관한 설명으로 옳지 않은 것은?

① 제1종 판매취급소란 저장 또는 취급하는 위험물의 수량이 지정수량의 20배 이하인 판매취급소를 말한다.
② 위험물을 배합하는 실의 바닥면적은 6m² 이상 15m² 이하로 하고, 출입구 문턱의 높이는 바닥면으로부터 0.1m 이상으로 하여야 한다.
③ 제2종 판매취급소의 용도로 사용하는 부분에 상층이 있는 경우에 있어서는 그 상층의 바닥을 내화구조로 하고, 상층이 없는 경우에 있어서는 지붕을 내화구조 또는 불연재료로 하여야 한다.
④ 제2종 판매취급소의 용도로 사용하는 부분 중 연소의 우려가 없는 부분에 한하여 창을 두되, 당해 창에는 60분+방화문·60분방화문 또는 30분방화문을 설치하여야 한다.

24. 「위험물안전관리법 시행규칙」 별표 18 위험물의 저장 및 취급에 관한 기준에 따른 옥내저장소의 저장기준 중 일부이다. 괄호 안에 들어갈 내용으로 옳은 것은?

- 옥내저장소에서 동일 품명의 위험물이더라도 자연발화할 우려가 있는 위험물 또는 재해가 현저하게 증대할 우려가 있는 위험물을 다량 저장하는 경우에는 지정수량의 10배 이하마다 구분하여 상호간 (ㄱ)[m] 이상의 간격을 두어 저장하여야 한다. 다만, 제48조의 규정에 의한 위험물 또는 기계에 의하여 하역하는 구조로 된 용기에 수납한 위험물에 있어서는 그러하지 아니하다.
- 옥내저장소에서는 용기에 수납하여 저장하는 위험물의 온도가 (ㄴ)[℃]를 넘지 아니하도록 필요한 조치를 강구하여야 한다.

① ㄱ : 0.3, ㄴ : 50
② ㄱ : 0.3, ㄴ : 55
③ ㄱ : 0.5, ㄴ : 50
④ ㄱ : 0.5, ㄴ : 55

25. 「위험물안전관리법」 및 같은 법 시행규칙상 제조소등의 사용 중지에 관한 설명으로 옳은 것은?

① 제조소등의 관계인은 제조소등의 사용을 중지하려는 경우에는 위험물의 제거 및 제조소등에의 출입통제 등 행정안전부령으로 정하는 안전조치를 하여야 하며, 위험물안전관리자를 선임하여야 한다.
② 제조소등의 관계인은 제조소등의 사용을 중지하거나 중지한 제조소등의 사용을 재개하려는 경우에는 해당 제조소등의 사용을 중지하려는 날 또는 재개하려는 날의 30일 전까지 행정안전부령으로 정하는 바에 따라 제조소등의 사용 중지 또는 재개를 시·도지사에게 신고하여야 한다.
③ 소방본부장 또는 소방서장은 신고를 받으면 제조소등의 관계인이 안전조치를 적합하게 하였는지 또는 위험물안전관리자가 직무를 적합하게 수행하는지를 확인하고 위해 방지를 위하여 필요한 안전조치의 이행을 명할 수 있다.
④ "위험물의 제거 및 제조소등에의 출입통제 등 행정안전부령으로 정하는 안전조치"란 탱크·배관 등 위험물을 저장 또는 취급하는 설비에서 위험물 및 가연성 증기 등의 제거, 관계인이 아닌 사람에 대한 해당 제조소등에의 출입금지 조치 등을 말한다.

※ 26번 문항 이후는 경력채용 응시자만 풀이하십시오.
(공개채용 응시자는 추가문제로 활용하세요.)

26. 「소방기본법 시행령」 제7조의15에 따른 운행기록장치 장착 소방자동차의 범위에 해당하는 보기의 개수는?

<보 기>
ㄱ. 구급차
ㄴ. 행정지원차
ㄷ. 소방고가차
ㄹ. 무인방수차
ㅁ. 소방청장 또는 소방본부장이 소방자동차의 안전한 운행 및 교통사고 예방을 위하여 운행기록장치 장착이 필요하다고 인정하여 정하는 소방자동차

① 1개   ② 2개
③ 3개   ④ 4개

27. 「소방기본법 시행규칙」상 소방안전교육훈련의 시설, 장비, 강사자격 및 교육방법 등의 기준에 따라 강사의 자격으로 옳은 것은?

<보 기>
ㄱ. 간호사 자격을 취득한 사람
ㄴ. 「응급의료에 관한 법률」 제36조에 따른 응급구조사 자격을 취득한 사람
ㄷ. 「국가기술자격법」에 따른 소방기술사 또는 소방설비기사 자격을 취득한 사람
ㄹ. 「소방기본법」 제16조 또는 제16조의3에 따른 소방활동이나 생활안전활동을 3년 이상 수행한 경력이 있는 사람

① ㄱ, ㄴ   ② ㄱ, ㄹ
③ ㄴ, ㄷ   ④ ㄷ, ㄹ

28. 「소방의 화재조사에 관한 법률 시행령」상 화재감정기관의 지정기준으로 옳지 않은 것은?

① 화재조사를 수행할 수 있는 증거물의 감식·감정을 수행하는 과정 등을 촬영하고 이를 디지털파일의 형태로 처리·보관할 수 있는 시설을 갖춰야 한다.
② 전문인력은 주된 기술인력을 2명 이상, 보조 기술인력을 3명 이상 보유하여야 한다.
③ 화재조사를 수행할 수 있는 감식·감정 장비, 증거물 수집 장비 등을 갖춰야 한다.
④ 「국가기술자격법」에 따른 국가기술자격의 직무분야 중 화재감식평가 분야의 기사 또는 산업기사 자격 취득 후 화재조사 관련 분야에서 5년 이상 근무한 사람은 주된 기술인력이 될 수 있다.

29. 「소방시설공사업법」 및 같은 법 시행규칙상 소방시설업 종합정보시스템의 구축·운영에 관한 설명이다. 다음 중 소방청장이 소방시설업 종합정보시스템의 구축 및 운영을 위하여 수행할 수 있는 업무로 옳지 않은 것은?

① 소방시설업 종합정보시스템의 구축 및 운영에 필요한 데이터베이스 구축
② 소방시설업자의 자본금·기술인력 보유 현황, 소방시설공사등 수행상황, 행정처분 사항 등 소방시설업자에 관한 정보에 대한 수집·분석 및 공유
③ 소방시설공사등의 착공 및 완공에 관한 사항, 소방기술자 및 감리원의 배치 현황 등 소방시설공사등과 관련된 정보에 대한 수집·분석 및 공유
④ 소방시설업 종합정보시스템의 표준화 및 공동활용 촉진

30. 「소방시설공사업법 시행령」상 소방기술자의 배치기준으로 옳지 않은 것은?

① 지하층을 포함한 층수가 40층 이상인 특정소방대상물의 공사 현장에는 행정안전부령으로 정하는 특급기술자 이상의 소방기술자(기계분야 및 전기분야)를 배치하여야 한다.
② 연면적 3만제곱미터 이상 20만제곱미터 미만인 특정소방대상물(아파트는 제외한다)의 공사 현장에는 행정안전부령으로 정하는 고급기술자 이상의 소방기술자(기계분야 및 전기분야)를 배치하여야 한다.
③ 연면적 5천제곱미터 이상 3만제곱미터 미만인 특정소방대상물(아파트는 제외한다)의 공사 현장에는 행정안전부령으로 정하는 중급기술자 이상의 소방기술자(기계분야 및 전기분야)를 배치하여야 한다.
④ 연면적 5천제곱미터 미만인 특정소방대상물의 공사 현장에는 행정안전부령으로 정하는 자격수첩을 발급받은 소방기술자를 배치하여야 한다.

31. 「화재의 예방 및 안전관리에 관한 법률 시행규칙」상 소방안전관리자의 선임신고에 대한 설명으로 옳지 않은 것은?

① 신축으로 해당 특정소방대상물의 소방안전관리자를 신규로 선임해야 하는 경우 소방안전관리대상물의 관계인은 소방안전관리자를 해당 특정소방대상물의 사용승인일부터 30일 이내에 선임해야 한다.
② 용도변경으로 인하여 특정소방대상물이 소방안전관리대상물로 된 경우 소방안전관리대상물의 관계인은 소방안전관리자를 용도변경공사의 사용승인일부터 30일 이내에 선임해야 한다.
③ 소방안전관리자의 해임, 퇴직 등으로 해당 소방안전관리자의 업무가 종료된 경우 소방안전관리대상물의 관계인은 소방안전관리자를 소방안전관리자가 해임된 날, 퇴직한 날 등 근무를 종료한 날부터 30일 이내에 선임해야 한다.
④ 소방안전관리자 자격이 정지 또는 취소된 경우 소방안전관리대상물의 관계인은 소방안전관리자를 소방안전관리자 자격이 정지 또는 취소된 날부터 30일 이내에 선임해야 한다.

32. 「화재의 예방 및 안전관리에 관한 법률」 및 같은 법 시행령상 화재안전조사위원회의 구성·운영에 관한 설명으로 옳지 않은 것은?

① 소방관서장은 화재안전조사를 효율적으로 수행하기 위하여 필요한 경우 화재안전조사위원회를 구성하여 화재안전조사의 대상을 선정할 수 있다.
② 화재안전조사위원회는 위원장 1명을 포함하여 7명 이내의 위원으로 성별을 고려하여 구성하며, 위원회의 위원장은 소방관서장이 된다.
③ 소방 관련 법인 또는 단체에서 소방 관련 업무에 5년 이상 종사한 사람은 화재안전조사위원회의 위원이 될 수 있다.
④ 과장급 직위 이상의 소방공무원, 소방 관련 분야의 석사 이상 학위를 취득한 사람은 화재안전조사위원회의 위원이 될 수 있다.

33. 「소방시설 설치 및 관리에 관한 법률 시행령」상 특정소방대상물이 증축 시의 소방시설기준 적용의 특례에 관한 설명으로 옳지 않은 것은?

① 기존 부분과 증축 부분이 내화구조로 된 바닥과 벽으로 구획된 경우에는 기존 부분에 대해서 증축 당시의 소방시설의 설치에 관한 대통령령 또는 화재안전기준을 적용하지 않는다.
② 자동차 생산공장 등 화재 위험이 낮은 특정소방대상물 내부에 연면적 50제곱미터 이하의 직원 휴게실을 증축하는 경우에는 기존 부분을 포함한 특정소방대상물의 전체에 대하여 증축 당시의 소방시설의 설치에 관한 대통령령 또는 화재안전기준을 적용해야 한다.
③ 자동차 생산공장 등 화재 위험이 낮은 특정소방대상물에 캐노피(기둥으로 받치거나 매달아 놓은 덮개를 말하며, 3면 이상에 벽이 없는 구조의 것을 말한다)를 설치하는 경우에는 기존 부분에 대해서 증축 당시의 소방시설의 설치에 관한 대통령령 또는 화재안전기준을 적용하지 않는다.
④ 기존 부분과 증축 부분이 「건축법 시행령」 제64조제1항제1호에 따른 60분+ 방화문으로 구획되어 있는 경우에는 기존 부분을 포함한 특정소방대상물의 전체에 대하여 증축 당시의 소방시설의 설치에 관한 대통령령 또는 화재안전기준을 적용해야 한다.

34. 「소방시설 설치 및 관리에 관한 법률 시행령」상 자동화재속보설비를 설치해야 하는 특정소방대상물로 옳지 않은 것은? (단, 방재실 등 화재 수신기가 설치된 장소에 24시간 화재를 감시할 수 있는 사람이 근무하지 않는 것으로 가정한다.)

① 숙박시설로서 바닥면적이 500㎡ 이상인 층이 있는 것
② 노유자 시설로서 바닥면적이 500㎡ 이상인 층이 있는 것
③ 수련시설(숙박시설이 있는 것만 해당한다)로서 바닥면적이 500㎡ 이상인 층이 있는 것
④ 의료시설 중 정신병원 및 의료재활시설로 사용되는 바닥면적의 합계가 500㎡ 이상인 층이 있는 것

35. 「소방시설 설치 및 관리에 관한 법률」 및 같은 법 시행규칙상 〈보기〉의 소방안전관리대상물에 실시해야 하는 점검에 대한 설명으로 옳지 않은 것은?

— 보 기 —

연면적 150,000[㎡], 지하 5층, 지상 23층인 복합건축물

① 작동점검의 대상에는 해당하지 않고, 종합점검은 반기에 1회 이상 실시한다.
② 「소방시설공사업법 시행규칙」 별표 4의2에 따른 특급점검자가 점검할 수 있다.
③ 건축물 사용승인 후 그 다음 해부터 실시하되, 건축물의 사용승인일이 속하는 달에 점검을 실시한다.
④ 하나의 대지경계선 안에 2개 이상의 자체점검 대상 건축물 등이 있는 경우에는 그 건축물 중 사용승인일이 가장 빠른 연도의 건축물의 사용승인일을 기준으로 점검할 수 있다.

36. 「소방시설 설치 및 관리에 관한 법률 시행규칙」상 성능위주설계평가단의 구성 및 운영에 관한 설명으로 옳지 않은 것은?

① 평가단은 평가단장을 포함하여 50명 이내의 평가단원으로 성별을 고려하여 구성한다.
② 소방설비기사 이상의 자격을 가진 사람으로서 제3조에 따른 건축허가등의 동의 업무를 1년 이상 담당한 사람으로서 「소방공무원 교육훈련규정」 제3조제2항에 따른 중앙소방학교에서 실시하는 성능위주설계 관련 교육과정을 이수한 사람은 평가단원이 될 수 있다.
③ 「소방시설공사업법」 제28조제3항에 따른 고급감리원 자격을 취득한 사람으로 소방공사 현장 감리업무를 10년 이상 수행한 사람은 평가단원이 될 수 있다.
④ 평가단의 회의는 평가단장과 평가단장이 회의마다 지명하는 6명 이상 8명 이하의 평가단원으로 구성·운영하며, 과반수의 출석으로 개의(開議)하고 출석 평가단원 과반수의 찬성으로 의결한다.

37. 「소방시설 설치 및 관리에 관한 법률」 및 같은 법 시행령상 주택에 설치하는 소방시설에 관한 설명으로 옳지 않은 것은?

① 「건축법」 제2조 제2항 제1호의 단독주택의 소유자는 주택용 소방시설을 설치하여야 한다.
② 「건축법」 제2조제2항제2호의 공동주택(아파트 및 기숙사를 포함한다)의 소유자는 주택용 소방시설을 설치하여야 한다.
③ 주택용소방시설의 설치기준 및 자율적인 안전관리 등에 관한 사항은 시·도의 조례로 정한다.
④ 주택용 소방시설은 소화기 및 단독경보형 감지기를 말한다.

38. 「위험물안전관리법」 및 같은 법 시행령, 시행규칙상 제6류 위험물의 제4호에서 "행정안전부령으로 정하는 것"으로 옳은 것은?

① 질산구아니딘
② 염소화규소화합물
③ 금속의 아지화합물
④ 할로젠간화합물

39. 「위험물안전관리법 시행규칙」상 소화설비, 경보설비 및 피난설비의 기준에 따라 옥외탱크저장소로서 특수인화물, 제1석유류 및 알코올류를 저장 또는 취급하는 탱크의 용량이 1,000만 리터 이상인 것에 설치하는 경보설비로 알맞게 짝지어진 것은?

① 비상벨장치, 확성장치
② 비상경보설비, 비상방송설비
③ 자동화재탐지설비, 자동화재속보설비
④ 자동화재탐지설비, 화재알림설비

40. 「위험물안전관리법 시행규칙」 별표 18 제조소등에서의 위험물의 저장 및 취급에 관한 공통기준 중 중요기준에 관한 설명 중 일부이다. 괄호 안에 들어갈 내용으로 옳은 것은?

> ( )은 불티·불꽃·고온체와의 접근이나 과열·충격 또는 마찰을 피하여야 한다.

① 제1류 위험물
② 제2류 위험물
③ 제4류 위험물
④ 제5류 위험물

2025년 03월 29일 시행

2025년 소방공무원 채용시험 대비
SONICE 소방관계법규 모의고사 7회

응시번호	
성 명	

시 험 과 목

제1과목 소방관계법규 🔥빨간불 모의고사 7회 ·················· 124~133

제2과목 소방관계법규 🔥파란불 모의고사 7회 ·················· 134~143

응시자 준수사항

※ "시험 감독관 또는 방송"의 안내에 따라 다음 사항을 반드시 지켜 주시기 바랍니다.

1. 시험지 표지에 "응시번호 및 성명"을 기재하여 주십시오.

2. 시험이 시작되면 시험지의 "과목 순서", "페이지 수량", "인쇄 상태"를 확인해 주십시오.

3. 문제를 주의 깊게 읽고 문항의 취지에 가장 적합한 하나의 정답만을 고르십시오.

4. 문제 내용에 관한 질문은 하실 수 없습니다.

07회 소방관계법규 + 빨간불

1. 「소방기본법」 및 같은 법 시행령, 시행규칙상 소방장비 등에 대한 국고보조에 대한 설명으로 옳지 않은 것은?

① 국가는 소방장비의 구입 등 시·도의 소방업무에 필요한 경비의 일부를 보조하며, 보조 대상사업의 범위와 기준보조율은 대통령령으로 정한다.
② 소방활동장비의 종류 및 규격은 행정안전부령으로 정한다.
③ 국고보조의 대상이 되는 소방활동장비 중 소방자동차(중형 펌프차)는 규격이 170마력 이상 240마력 미만인 것을 말한다.
④ 국고보조 대상사업의 기준보조율은 대통령령으로 정하는 바에 따른다.

2. 「소방기본법 시행령」상 비상소화장치의 설치대상으로 옳은 보기의 개수는?

〈보기〉
ㄱ. 제조소등
ㄴ. 노후·불량건축물이 밀집한 지역
ㄷ. 「산업입지 및 개발에 관한 법률」 제2조제8호에 따른 산업단지
ㄹ. 「물류시설의 개발 및 운영에 관한 법률」 제2조제6호에 따른 물류단지
ㅁ. 소방청장이 비상소화장치의 설치가 필요하다고 인정하는 지역

① 없다.   ② 1개
③ 2개   ④ 3개

3. 「소방기본법」상 종사명령에 따라 소방활동에 종사한 사람이 시·도지사로부터 소방활동의 비용을 지급받을 수 있는 경우로 옳은 것은?

① 화재 또는 구조·구급 현장에서 물건을 가져간 사람
② 과실로 화재 또는 구조·구급 활동이 필요한 상황을 발생시킨 사람
③ 소방대상물에 화재, 재난·재해, 그 밖의 위급한 상황이 발생한 경우 그 관계인
④ 소방대상물에 화재, 재난·재해, 그 밖의 위급한 상황이 발생한 경우 견인차량과 인력 등을 지원한 사람

4. 「소방기본법 시행규칙」상 소방청장이 소방안전교육훈련 운영계획의 작성에 필요한 지침을 정하여 소방본부장과 소방서장에게 통보하여야 하는 시기로 옳은 것은?

① 매년 9월 30일까지
② 매년 10월 31일까지
③ 매년 11월 20일까지
④ 매년 12월 31일까지

5. 「소방의 화재조사에 관한 법률」상 정의로 옳은 것은?

① 화재란 사람의 의도에 반하거나 고의 또는 과실에 의하여 발생하는 연소 현상으로서 소화할 필요가 있는 현상 또는 사람의 의도에 반하여 발생하거나 확대된 물리적 폭발현상을 말한다.
② 화재조사란 화재감정기관의 장이 화재원인, 피해상황, 대응활동 등을 파악하기 위하여 자료의 수집, 관계인등에 대한 질문, 현장확인, 감식, 감정 및 실험 등을 하는 일련의 행위를 말한다.
③ 화재조사관이란 화재조사에 전문성을 인정받아 화재조사를 수행하는 소방공무원을 말한다.
④ 관계인등이란 화재가 발생한 소방대상물의 소유자·관리자 또는 점유자 및 화재 현장을 발견하고 신고한 사람, 화재 현장을 목격한 사람, 소화활동을 행하거나 인명구조활동(유도대피 제외)에 관계된 사람, 화재를 발생시키거나 화재발생과 관계된 사람을 말한다.

6. 「소방의 화재조사에 관한 법률」및 같은 법 시행령상 화재조사를 하는 경우 조사하여야 하는 사항으로 옳은 것은?

보기
ㄱ. 소방안전관리자 선임에 관한 사항
ㄴ. 화재안전조사의 실시 결과에 관한 사항
ㄷ. 화재발생건축물과 구조물, 화재유형별 화재위험성 등에 관한 사항
ㄹ. 피난시설, 방화구획 및 방화시설의 설치여부에 관한 사항

① ㄱ, ㄴ
② ㄱ, ㄹ
③ ㄴ, ㄷ
④ ㄴ, ㄹ

7. 「소방시설공사업법 시행규칙」상 소방기술자의 기술등급 중 기술자격에 따른 기술등급에 관한 내용이다. 괄호 안에 들어갈 내용으로 옳은 것은?

· 위험물기능장 자격을 취득한 후 (ㄱ)년 이상의 소방 관련 업무를 수행한 사람은 기계분야의 고급 기술자이다.
· 위험물기능사 자격을 취득한 후 (ㄴ)년 이상의 소방 관련 업무를 수행한 사람은 기계분야의 초급 기술자이다.

① ㄱ: 8, ㄴ: 6
② ㄱ: 8, ㄴ: 8
③ ㄱ: 11, ㄴ: 8
④ ㄱ: 11, ㄴ: 6

8. 「소방시설공사업법 시행규칙」상 소방시설업자 등의 처분통지에 관한 내용이다. 다음 〈보기〉에 해당하는 경우 처분통지 절차로 옳은 것은?

보기
ㄱ. 소방시설업의 등록취소·시정명령 또는 영업정지를 하는 경우
ㄴ. 소방시설업의 영업정지처분에 갈음하는 과징금을 부과하는 경우
ㄷ. 소방기술 자격수첩 또는 경력수첩의 자격을 취소하거나 정지하는 경우

① 소방청장 또는 시·도지사는 처분일부터 7일 이내에 소방시설업자협회에 그 사실을 알려주어야 한다.
② 소방청장 또는 시·도지사는 처분일부터 7일 이내에 한국소방산업기술원에 그 사실을 알려주어야 한다.
③ 소방청장 또는 시·도지사는 처분일부터 30일 이내에 소방시설업자협회에 그 사실을 알려주어야 한다.
④ 소방본부장 또는 소방서장은 처분일부터 30일 이내에 소방시설업자협회에 그 사실을 알려주어야 한다.

9. 「소방시설공사업법」상 소방시설공사등의 도급 및 도급의 원칙에 관한 설명으로 옳지 않은 것은?

① 특정소방대상물의 관계인 또는 발주자는 소방시설공사등을 도급할 때에는 해당 소방시설업자에게 도급하여야 하며, 위반 시 1년 이하의 징역 또는 1천만원 이하의 벌금에 해당한다.
② 소방시설공사는 다른 업종의 공사와 분리하여 도급하여야 하며, 위반 시 300만원 이하의 벌금에 해당한다.
③ 공사업자가 도급받은 소방시설공사의 도급금액 중 그 공사(하도급한 공사를 포함한다)의 근로자에게 지급하여야 할 임금에 해당하는 금액은 압류할 수 없다.
④ 도급을 받은 자가 해당 소방시설공사등을 하도급할 때에는 행정안전부령으로 정하는 바에 따라 하도급한 후에는 관계인과 발주자에게 알려야 한다.

10. 「소방시설공사업법」상 소방공사감리업을 등록한 자가 수행하여야 하는 업무로 옳은 것은?

보기
ㄱ. 피난시설 및 방화시설의 적법성 검토
ㄴ. 소방시설등의 설치계획표의 적합성 검토
ㄷ. 설계업자가 작성한 시공 상세 도면의 적합성 검토
ㄹ. 공사업자가 한 소방시설등의 시공이 설계도서와 화재안전기준에 맞는지에 대한 지도·감독

① ㄱ, ㄴ
② ㄱ, ㄹ
③ ㄴ, ㄷ
④ ㄴ, ㄹ

11. 「화재의 예방 및 안전관리에 관한 법률 시행령」상 화재안전조사의 효율적 실시를 위하여 합동으로 조사반을 편성할 수 있는 기관의 종류로 옳은 보기를 모두 고른 것은?

보기
ㄱ. 「소방산업의 진흥에 관한 법률」제14조에 따른 한국소방산업기술원
ㄴ. 「화재로 인한 재해보상과 보험가입에 관한 법률」제11조에 따른 한국화재보험협회
ㄷ. 「고압가스 안전관리법」제28조에 따른 한국가스안전공사
ㄹ. 「한국전력공사법」제2조에 따른 한국전력공사

① ㄱ
② ㄱ, ㄴ
③ ㄱ, ㄴ, ㄷ
④ ㄱ, ㄴ, ㄷ, ㄹ

12. 「화재의 예방 및 안전관리에 관한 법률」상 과태료의 연결이 옳지 않은 것은?

① 건설현장 소방안전관리대상물의 소방안전관리자의 업무를 하지 아니한 소방안전관리자 - 300만원 이하의 과태료
② 소방안전관리업무의 지도·감독을 하지 아니한 관계인 - 200만원 이하의 과태료
③ 불을 사용할 때 지켜야 하는 사항 및 특수가연물의 저장 및 취급 기준을 위반한 자 - 200만원 이하의 과태료
④ 실무교육을 받지 아니한 소방안전관리자 및 소방안전관리보조자 - 100만원 이하의 과태료

13. 「화재의 예방 및 안전관리에 관한 법률 시행령」상 특급 소방안전관리대상물에 선임해야 하는 소방안전관리자의 자격으로 옳은 것은?

① 소방설비기사의 자격을 취득한 후 3년 이상 1급 소방안전관리대상물의 소방안전관리자로 근무한 실무경력이 있는 사람으로서 특급 소방안전관리자 자격증을 발급받은 사람
② 소방설비산업기사의 자격을 취득한 후 7년 이상 1급 소방안전관리대상물의 소방안전관리자로 근무한 실무경력이 있는 사람으로서 특급 소방안전관리자 자격증을 발급받은 사람
③ 소방공무원으로 10년 이상 근무한 경력이 있는 사람으로서 특급 소방안전관리자 자격증을 발급받은 사람
④ 소방본부장 또는 소방서장이 실시하는 특급 소방안전관리대상물의 소방안전관리에 관한 시험에 합격한 사람으로서 특급 소방안전관리자 자격증을 발급받은 사람

14. 「화재의 예방 및 안전관리에 관한 법률」 및 같은 법 시행령상 소방안전 특별관리시설물에 해당하는 것을 모두 고른 것은?

> **보기**
> ㄱ. 제조소등
> ㄴ. 「초고층 및 지하연계 복합건축물 재난관리에 관한 특별법」 제2조제1호·제2호의 초고층 건축물 및 지하연계 복합건축물
> ㄷ. 하나의 건축물에 「영화 및 비디오물의 진흥에 관한 법률」 제2조제10호에 따른 영화상영관이 10개 이상인 특정소방대상물
> ㄹ. 「도시가스사업법」 제2조제5호에 따른 가스공급시설
> ㅁ. 연면적이 5천제곱미터 이상인 것으로서 냉동창고, 냉장창고 또는 냉동·냉장창고

① ㄱ, ㄴ
② ㄴ, ㄹ
③ ㄴ, ㄷ, ㅁ
④ ㄷ, ㄹ, ㅁ

15. 「화재의 예방 및 안전관리에 관한 법률」상 건설현장 소방안전관리에 관한 설명이다. 다음 괄호 안에 들어갈 내용으로 옳은 것은?

> (ㄱ)이/가 화재발생 및 화재피해의 우려가 큰 대통령령으로 정하는 특정소방대상물을 신축·증축·개축·재축·이전·용도변경 또는 대수선 하는 경우에는 소방안전관리자로서 교육을 받은 사람을 소방시설공사 착공 신고일부터 (ㄴ)까지 소방안전관리자로 선임하고 행정안전부령으로 정하는 바에 따라 소방본부장 또는 소방서장에게 신고하여야 한다.

① ㄱ: 관계인, ㄴ: 건축물 완공검사증명서 발급일
② ㄱ: 관계인, ㄴ: 건축물 사용승인일
③ ㄱ: 공사시공자, ㄴ: 건축물 완공검사증명서 발급일
④ ㄱ: 공사시공자, ㄴ: 건축물 사용승인일

16. 「소방시설 설치 및 관리에 관한 법률 시행령」상 성능위주설계를 해야 하는 특정소방대상물의 범위에 해당하는 보기는?

> **보기**
> ㄱ. 신축하는 연면적 10만제곱미터 이상인 창고시설
> ㄴ. 증축하는 연면적 3만제곱미터 이상인 공항시설
> ㄷ. 신축하는 길이가 1천미터 이상인 터널
> ㄹ. 신축하는 하나의 건축물에 영화상영관이 10개 이상인 특정소방대상물

① ㄱ, ㄴ
② ㄱ, ㄹ
③ ㄴ, ㄷ
④ ㄴ, ㄹ

17. 「소방시설 설치 및 관리에 관한 법률 시행령」상 다음 〈보기〉의 임시소방시설과 기능 및 성능이 유사한 소방시설로서 임시소방시설을 설치한 것으로 보는 소방시설은?

> **보기**
> 물을 방사하여 화재를 진화할 수 있는 장치로서 소방청장이 정하는 성능을 갖추고 있을 것

① 피난구유도등
② 자동화재탐지설비
③ 옥외소화전설비
④ 소방청장이 정하여 고시하는 기준에 맞는 소화기(연결송수관설비의 방수구 인근에 설치한 경우)

18. 「소방시설 설치 및 관리에 관한 법률 시행규칙」상 건축허가 등의 동의 요구에 따른 절차에 관한 설명으로 옳지 않은 것은?

① 동의 요구를 받은 소방본부장 또는 소방서장은 건축허가등의 동의 요구서류를 접수한 날부터 5일(허가를 신청한 건축물 등이 특급 소방안전관리대상물에 해당하는 경우에는 10일) 이내에 건축허가등의 동의 여부를 회신해야 한다.
② 소방본부장 또는 소방서장은 동의요구서 및 첨부서류의 보완이 필요한 경우에는 10일 이내의 기간을 정하여 보완을 요구할 수 있다.
③ 보완 기간은 회신 기간에 산입하지 않으며 보완 기간 내에 보완하지 않는 경우에는 동의요구서를 반려해야 한다.
④ 건축허가등의 동의를 요구한 기관이 그 건축허가등을 취소했을 때에는 취소한 날부터 7일 이내에 건축물 등의 시공지 또는 소재지를 관할하는 소방본부장 또는 소방서장에게 그 사실을 통보해야 한다.

19. 「소방시설 설치 및 관리에 관한 법률 시행령」상 방염대상물품 중 제조 또는 가공 공정에서 방염처리를 한 물품의 종류로 옳지 않은 것은?

① 전시용 합판·목재 또는 섬유판, 무대용 합판·목재 또는 섬유판
② 카펫, 벽지류(두께가 2밀리미터 미만인 종이벽지는 제외한다)
③ 「영화 및 비디오물의 진흥에 관한 법률」제2조제10호에 따른 영화상영관에 설치하는 스크린
④ 「다중이용업소의 안전관리에 관한 특별법 시행령」제2조제7호의4에 따른 가상체험 체육시설업에 설치하는 것으로서 섬유류 또는 합성수지류 등을 원료로 하여 제작된 소파·의자

20. 「소방시설 설치 및 관리에 관한 법률」상 청문을 실시하여야 하는 대상으로 옳지 않은 것은?

① 우수품질인증의 취소 및 정지
② 소방시설관리사 자격의 취소 및 정지
③ 제품검사전문기관의 지정취소 및 업무정지
④ 소방용품의 형식승인 취소 및 제품검사 중지

21. 「위험물안전관리법」상 지정수량 미만의 위험물의 저장·취급과 지정수량의 이상의 위험물의 저장 및 취급의 제한 중 임시저장에 대한 설명이다. 괄호 안에 들어갈 내용으로 옳은 것은?

- 지정수량 미만인 위험물의 저장 또는 취급에 관한 기술상의 기준은 (㉠)(으)로 정한다.
- (㉡)(가)으로 정하는 바에 따라 관할 (㉢)의 승인을 받아 지정수량 이상의 위험물을 (㉣)일 이내의 기간동안 임시로 저장 또는 취급하는 경우

	㉠	㉡	㉢	㉣
①	시·도의 조례,	행정 안전부령,	소방서장,	60
②	시·도의 조례,	시·도의 조례,	소방서장,	90
③	시·도의 조례,	행정 안전부령,	소방청장,	90
④	행정 안전부령,	행정 안전부령,	소방서장,	90

22. 「위험물안전관리법 시행규칙」상 화학소방자동차에 갖추어야 하는 소화능력 및 설비의 기준에 관한 설명으로 옳은 것은?

① 포수용액 방사차 - 20만ℓ 이상의 포수용액을 방사할 수 있는 양의 소화약제를 비치할 것
② 분말방사차 - 분말의 방사능력이 매분 35kg 이상일 것
③ 할로젠화합물 방사차 - 할로젠화합물탱크 및 가압용가스 설비를 비치할 것
④ 제독차 - 가성소오다 및 규조토를 합산하여 50kg 이상 비치할 것

23. 「위험물안전관리법」상 벌칙규정으로 옳지 않은 것은?

① 제조소등에서 위험물을 유출·방출 또는 확산시켜 사람의 생명, 신체 또는 재산에 대하여 위험을 발생시킨 자는 1년 이상 10년 이하의 징역에 처한다.
② 제조소등에서 위험물을 유출·방출 또는 확산시켜 사람의 생명, 신체 또는 재산에 대하여 상해에 이르게 한 때에는 무기 또는 3년 이상의 징역에 처한다.
③ 저장소 또는 제조소등이 아닌 장소에서 지정수량 이상의 위험물을 저장 또는 취급한 자는 3년 이하의 징역 또는 5천만원 이하의 벌금에 처한다.
④ 탱크시험자로 등록하지 아니하고 탱크시험자의 업무를 한 자는 1년 이하의 징역 또는 1천만원 이하의 벌금에 처한다.

24. 「위험물안전관리법 시행규칙」상 예방규정의 이행 실태 평가에 관한 설명으로 옳은 것은?

① 예방규정의 이행 실태 평가 중 정기평가는 최초평가 또는 직전 정기평가를 실시한 날을 기준으로 3년마다 실시. 다만, 수시평가를 실시한 경우에는 수시평가를 실시한 날을 기준으로 3년마다 실시한다.
② 소방청장은 평가를 실시하는 경우 제조소등의 위험성 등을 고려하여 서면점검 또는 현장검사의 방법으로 실시할 수 있다. 이 경우 현장검사는 소방청장이 정하여 고시하는 고위험군의 제조소등에 대하여만 실시한다.
③ 소방청장은 평가를 실시하는 경우 평가실시일 10일 전까지(수시평가의 경우에는 5일 전까지를 말한다) 제조소등의 관계인에게 평가실시일, 평가항목 및 세부 평가일정에 관한 사항을 통보해야 한다.
④ 평가실시일부터 직전 3년 동안 「산업안전보건법」 제46조제4항에 따른 공정안전보고서의 이행 상태 평가 또는 「화학물질관리법」 제23조의2제2항에 따른 화학사고예방관리계획서의 이행 여부 점검을 받은 경우로서 해당 평가 또는 점검 항목과 중복되는 항목이 있는 경우에는 해당 항목에 대한 평가를 면제할 수 있다.

25. 「위험물안전관리법 시행규칙」별표 4 제조소의 위치·구조 및 설비의 기준 중 환기설비에 관한 설명으로 옳지 않은 것은?

① 급기구는 낮은 곳에 설치하고 가는 눈의 구리망 등으로 인화방지망을 설치할 것
② 환기구는 지붕 위 또는 지상 1.5[m] 이상의 높이에 회전식 고정 벤틸레이터 또는 루프팬방식(지붕에 설치하는 배기장치)으로 설치할 것
③ 급기구는 당해 급기구가 설치된 실의 바닥면적 150[㎡]마다 1개 이상으로 하되, 급기구의 크기는 800[㎠] 이상으로 할 것
④ 바닥면적이 120[㎡]인 경우에는 급기구의 면적을 600[㎠] 이상의 크기로 할 것

※ 26번 문항 이후는 경력채용 응시자만 풀이하십시오.
(공개채용 응시자는 추가문제로 활용하세요.)

26. 「소방기본법」상 119종합상황실의 설치와 운영에 관한 내용이다. 다음 괄호 안에 들어갈 내용으로 옳은 것은?

① 소방청장, 소방본부장 및 소방서장은 화재, 재난·재해, 그 밖에 구조·구급이 필요한 상황이 발생하였을 때에 신속한 소방활동(소방업무를 위한 모든 활동을 말한다. 이하 같다)을 위한 (ㄱ), 상황관리, 현장 지휘 및 조정·통제 등의 업무를 수행하기 위하여 119종합상황실을 설치·운영하여야 한다.
② ①에 따라 (ㄴ)에 설치하는 119종합상황실에는 「지방자치단체에 두는 국가공무원의 정원에 관한 법률」에도 불구하고 대통령령으로 정하는 바에 따라 경찰공무원을 둘 수 있다.
③ ①에 따른 119종합상황실의 설치·운영에 필요한 사항은 (ㄷ)으로 정한다.

① ㄱ : 정보의 수집·검토와 전파·보급,
  ㄴ : 소방서,
  ㄷ : 대통령령
② ㄱ : 정보의 수집·검토와 전파·보급,
  ㄴ : 소방서,
  ㄷ : 행정안전부령
③ ㄱ : 정보의 수집·분석과 판단·전파,
  ㄴ : 소방본부,
  ㄷ : 행정안전부령
④ ㄱ : 정보의 수집·분석과 판단·전파,
  ㄴ : 소방본부,
  ㄷ : 대통령령

27. 「소방기본법」상 한국소방안전원의 업무로 옳지 않은 것은?
① 소방업무에 관하여 행정기관이 위탁하는 업무
② 화재 예방과 안전관리의식 고취를 위한 대국민 홍보
③ 소방기술과 안전관리에 관한 각종 간행물 발간
④ 소방기술 및 소방산업에 관한 국제 전시회, 국제 학술회의 개최 등 국제 교류

28. 「소방의 화재조사에 관한 법률 시행규칙」상 화재조사에 관한 시험에 응시할 수 있는 사람으로 옳지 않은 것은?
① 화재조사관 양성을 위한 전문교육을 이수한 소방공무원
② 국립과학수사연구원에서 8주 이상 화재조사에 관한 전문교육을 이수한 소방공무원
③ 소방청장이 인정하는 외국의 화재조사 관련 기관에서 8주 이상 화재조사에 관한 전문교육을 이수한 소방공무원
④ 소방청장이 인정하는 화재조사 관련 국제자격증 소지자로서 8주 이상 화재조사에 관한 전문교육을 이수한 소방공무원

29. 「소방시설공사업법」상 소방시설업자의 등록을 취소하여야 하는 경우로 옳은 것은?

ㄱ. 거짓이나 그 밖의 부정한 방법으로 등록한 경우
ㄴ. 등록을 한 후 정당한 사유 없이 1년이 지날 때까지 영업을 시작하지 아니하거나 계속하여 1년 이상 휴업한 때
ㄷ. 「위험물안전관리법」에 따른 금고 이상의 실형을 선고받고 그 집행이 끝나거나(집행이 끝난 것으로 보는 경우를 포함한다) 면제된 날부터 2년이 지나지 아니한 사람이 소방시설업의 등록하게 된 경우
ㄹ. 다른 자에게 자기의 성명이나 상호를 사용하여 소방시설공사등을 수급 또는 시공하게 하거나 소방시설업의 등록증 또는 등록수첩을 빌려준 경우
ㅁ. 영업정지 기간 중에 소방시설공사등을 한 경우

① ㄱ, ㄴ, ㅁ
② ㄱ, ㄷ, ㅁ
③ ㄴ, ㄷ, ㄹ
④ ㄴ, ㄷ, ㅁ

30. 「소방시설공사업법」 및 같은 법 시행령상 소방시설업자협회에 관한 설명으로 옳지 않은 것은?

① 소방시설업자는 소방시설업자의 권익보호와 소방기술의 개발 등 소방시설업의 건전한 발전을 위하여 소방시설업자협회를 설립할 수 있다.
② 소방시설업자협회를 설립하려면 소방시설업자 10명 이상이 발기하고 창립총회에서 정관을 의결한 후 시·도지사에게 인가를 신청하여야 한다.
③ 소방시설업자협회는 소방시설업의 기술발전과 소방기술의 진흥을 위한 조사·연구·분석 및 평가의 업무를 수행한다.
④ 소방시설업자협회에 관하여 이 법에 규정되지 아니한 사항은 「민법」 중 사단법인에 관한 규정을 준용한다.

31. 「화재의 예방 및 안전관리에 관한 법률」 상 특정소방대상물(소방안전관리대상물은 제외한다)의 관계인의 업무로 옳은 것은?

ㄱ. 소방훈련 및 교육
ㄴ. 화기(火氣) 취급의 감독
ㄷ. 화재발생 시 초기대응
ㄹ. 자위소방대(自衛消防隊) 및 초기대응체계의 구성, 운영 및 교육

① ㄱ, ㄴ
② ㄱ, ㄷ
③ ㄴ, ㄷ
④ ㄴ, ㄹ

32. 「화재의 예방 및 안전관리에 관한 법률 시행규칙」 제15조 소방안전관리자 정보의 게시에 따라 게시하여야 하는 사항으로 옳지 않은 것은?

① 소방안전관리자의 직명 및 연락처
② 소방안전관리자의 성명 및 선임일자
③ 소방안전관리대상물의 명칭 및 등급
④ 소방안전관리자의 근무 위치(화재 수신기 또는 종합방재실을 말한다)

33. 「화재의 예방 및 안전관리에 관한 법률 시행령」 상 불을 사용할 때 지켜야 하는 사항에 따라 노·화덕설비를 사용할 경우 지켜야 하는 사항으로 옳지 않은 것은?

① 노 또는 화덕을 설치하는 장소의 벽·천장은 내화구조로 된 것이어야 한다.
② 노 또는 화덕의 주위에는 녹는 물질이 확산되지 않도록 높이 0.1미터 이상의 턱을 설치해야 한다.
③ 시간당 열량이 30만킬로칼로리 이상인 노를 설치하는 경우에는 「건축법」 제2조제1항제7호에 따른 주요구조부는 불연재료 이상으로 할 것
④ 시간당 열량이 30만킬로칼로리 이상인 노를 설치하는 경우에는 창문과 출입구는 「건축법 시행령」 제64조에 따른 60분+ 방화문 또는 60분 방화문으로 설치할 것

34. 「소방시설 설치 및 관리에 관한 법률」 상 소방시설관리사의 자격을 취소하여야 하는 경우로 옳지 않은 것은?

① 점검을 하지 아니하거나 거짓으로 한 경우
② 소방시설관리사증을 다른 사람에게 빌려준 경우
③ 소방시설관리사의 결격사유에 해당하게 된 경우
④ 동시에 둘 이상의 업체에 취업한 경우

35. 「소방시설 설치 및 관리에 관한 법률 시행령」상 무창층에 대한 설명으로 옳지 않은 것은?

① 무창층이란 지상층 중 요건을 모두 갖춘 개구부의 면적의 합계가 해당 층의 바닥면적의 30분의 1 이상이 되는 층을 말한다.
② 무창층의 기준에 따른 개구부의 크기는 지름 50센티미터 이상의 원이 통과할 수 있어야 한다.
③ 무창층의 기준에 따른 개구부는 해당 층의 바닥면으로부터 개구부 밑부분까지의 높이가 1.2미터 이내이어야 한다.
④ 무창층의 기준에 따른 개구부는 화재 시 건축물로부터 쉽게 피난할 수 있도록 창살이나 그 밖의 장애물이 설치되지 않아야 한다.

36. 「소방시설 설치 및 관리에 관한 법률 시행령」상 중앙소방기술심의위원회의 위원으로 옳지 않은 것은?

① 과장급 직위 이상의 소방공무원
② 학사 이상의 소방 관련 학위를 소지한 사람
③ 소방 관련 법인·단체에서 소방 관련 업무에 5년 이상 종사한 사람
④ 소방공무원 교육기관, 대학교 또는 연구소에서 소방과 관련된 교육이나 연구에 5년 이상 종사한 사람

37. 「소방시설 설치 및 관리에 관한 법률 시행규칙」상 신고된 성능위주설계에 대한 검토·평가에 관한 설명으로 옳지 않은 것은?

① 성능위주설계의 신고를 받은 소방서장은 필요한 경우 보완 절차를 거쳐 소방청장 또는 관할 소방본부장에게 성능위주설계 평가단의 검토·평가를 요청해야 한다.
② 검토·평가를 요청받은 소방청장 또는 소방본부장은 요청을 받은 날부터 20일 이내에 평가단의 심의·의결을 거쳐 해당 건축물의 성능위주설계를 검토·평가하고, 성능위주설계 검토·평가 결과서를 작성하여 관할 소방서장에게 지체 없이 통보해야 한다.
③ 중앙소방기술심의위원회는 요청된 사항에 대하여 20일 이내에 심의·의결을 거쳐 성능위주설계 검토·평가 결과서를 작성하고 소방청장 또는 소방본부장에게 지체 없이 통보해야 한다.
④ 성능위주설계 검토·평가 결과서를 통보받은 소방서장은 성능위주설계 신고를 한 자에게 수리 여부를 통보해야 한다.

38. 「위험물안전관리법 시행규칙」상 제조소등의 완공검사 신청 시기로 옳지 않은 것은?

① 지하탱크가 있는 제조소등의 경우 : 당해 지하탱크를 매설하기 전
② 이동탱크저장소의 경우 : 이동저장탱크를 완공하고 상치장소를 확보한 후
③ 이송취급소의 경우 : 이송배관 공사의 전체 또는 일부를 완료하고 상치장소를 확보한 후
④ 지하·하천 등에 매설하는 이송배관의 공사의 경우 : 이송배관을 매설하기 전

39. 「위험물안전관리법 시행규칙」상 안전교육의 과정·기간에 대한 설명이다. 다음 중 실무교육에 대한 설명으로 옳은 것은?

	교육 대상자	교육 시간	교육시기	교육 기관
①	안전 관리자	8시간 이내	가. 제조소등의 안전 관리자로 선임된 날부터 6개월 이내 나. 가목에 따른 교육을 받은 후 3년마다 1회	안 전 원
②	위험물 운반자	8시간 이내	가. 위험물운반자로 종사한 날부터 6개월 이내 나. 가목에 따른 교육을 받은 후 3년마다 1회	안 전 원
③	위험물 운송자	8시간 이내	가. 이동탱크저장소의 위험물운송자로 종사한 날부터 6개월 이내 나. 가목에 따른 교육을 받은 후 3년마다 1회	안 전 원
④	탱크 시험자의 기술인력	8시간 이내	가. 탱크시험자의 기술인력으로 등록한 날부터 6개월 이내 나. 가목에 따른 교육을 받은 후 2년마다 1회	안 전 원

40. 「위험물안전관리법 시행규칙」별표 13 주유취급소의 위치·구조 및 설비의 기준에 따른 고정주유설비 또는 고정급유설비 중 고정급유설비의 설치위치이다. 괄호 안에 들어갈 내용으로 옳은 것은?

> 고정급유설비의 중심선을 기점으로 하여 도로경계선까지 4m 이상, 부지경계선 및 담까지 (ㄱ)[m] 이상, 건축물의 벽까지 (ㄴ)[m](개구부가 없는 벽까지는 (ㄷ)[m]) 이상의 거리를 유지할 것

	ㄱ	ㄴ	ㄷ
①	1	1	2
②	1	2	1
③	2	1	2
④	2	2	1

07회 소방관계법규 + 파란불

점수 : 개 / 25개(경력채용 40개)

1. 「소방기본법 시행령」상 소방안전교육사 응시자격심사위원 및 시험위원으로 임명 또는 위촉할 수 있는 사람으로 옳지 않은 것은?

① 소방안전교육사 자격을 취득한 자
② 소방공무원으로서 5년 이상 근무한 경력이 있는 사람
③ 소방 관련 학과, 교육학과 또는 응급구조학과 박사학위 취득자
④ 「고등교육법」 제2조제1호부터 제6호까지의 규정 중 어느 하나에 해당하는 학교에서 소방 관련 학과, 교육학과 또는 응급구조학과에서 조교수 이상으로 2년 이상 재직한 자

2. 「소방기본법」 및 같은 법 시행령상 소방자동차 전용구역에 대한 설명으로 옳은 것은?

보기
ㄱ. 아파트 중 세대수가 100세대 이상인 아파트, 기숙사 중 3층 이상의 기숙사의 건축주는 소방활동의 원활한 수행을 위하여 공동주택에 소방자동차 전용구역을 설치하여야 한다.
ㄴ. 하나의 대지에 하나의 동으로 구성되고 「도로교통법」에 따라 정차 또는 주차가 금지된 왕복 2차선 이상의 도로에 직접 접하여 소방자동차가 도로에서 직접 소방활동이 가능한 공동주택은 소방자동차 전용구역을 제외한다.
ㄷ. 누구든지 전용구역에 차를 주차하거나 전용구역에의 진입을 가로막는 등의 방해행위를 하여서는 아니 되며, 방해행위를 할 경우 100만원 이하의 과태료에 해당한다.
ㄹ. 공동주택의 건축주는 소방자동차가 접근하기 쉽고 소방활동이 원활하게 수행될 수 있도록 각 동별 전면과 후면에 소방자동차 전용구역을 각 1개소 이상 설치해야 한다. 다만, 하나의 전용구역에서 여러 동에 접근하여 소방활동이 가능한 경우로서 시·도지사가 정하는 경우에는 각 동별로 설치하지 않을 수 있다.

① ㄱ, ㄴ
② ㄱ, ㄷ
③ ㄴ, ㄹ
④ ㄴ, ㄷ

3. 「소방기본법 시행규칙」상 종합상황실의 실장이 지체 없이 서면·팩스 또는 컴퓨터통신 등으로 소방서의 종합상황실의 경우는 소방본부의 종합상황실에, 소방본부의 종합상황실의 경우는 소방청의 종합상황실에 각각 보고해야 하는 상황으로 옳은 보기를 모두 고른 것은?

보기
ㄱ. 객실이 30실 이상인 숙박시설
ㄴ. 언론에 보도된 재난상황
ㄷ. 항해 중인 총 톤수가 1천톤 이상인 선박, 항공기, 발전소 또는 변전소에서 발생한 화재
ㄹ. 「다중이용업소의 안전관리에 관한 특별법」 제2조에 따른 다중이용업소의 화재
ㅁ. 「긴급구조대응활동 및 현장지휘에 관한 규칙」에 의한 통제단장의 현장지휘가 필요한 재난상황

① ㄱ, ㅁ
② ㄴ, ㅁ
③ ㄱ, ㄴ, ㄹ, ㅁ
④ ㄱ, ㄴ, ㄷ, ㄹ, ㅁ

4. 「소방기본법 시행령」상 소방안전교육사시험의 응시할 수 있는 자격으로 옳은 것은?

보기
ㄱ. 「고등교육법」 제2조제1호에 해당하는 학교에서 간호학과에 개설된 교과목 중 소방안전교육과 관련하여 소방청장이 정하여 고시하는 교과목을 총 10학점 이수한 사람
ㄴ. 「응급의료에 관한 법률」 제36조제3항에 따라 2급 응급구조사 자격을 취득한 후 응급의료 업무 분야에 1년간 종사한 사람
ㄷ. 「의무소방대설치법」 제3조에 따라 의무소방대원으로 임명된 후 5년간 의무소방대 활동을 한 경력이 있는 사람
ㄹ. 「의료법」 제7조에 따라 간호사 면허를 취득한 후 간호업무 분야에 3년간 종사한 사람

① ㄱ, ㄴ
② ㄱ, ㄹ
③ ㄴ, ㄷ
④ ㄷ, ㄹ

5. 「소방의 화재조사에 관한 법률 시행령」상 화재조사 업무를 수행하는 화재조사관이 될 수 있는 사람으로 옳은 것은?

<보 기>
ㄱ. 「국가기술자격법」에 따른 국가기술자격의 직무분야 중 화재감식평가 분야의 산업기사 자격을 취득한 소방공무원
ㄴ. 국립과학수사연구원에서 8주 이상 화재조사에 관한 전문교육을 이수한 소방공무원
ㄷ. 「국가기술자격법」에 따른 국가기술자격의 직무분야 중 안전관리 분야의 기사 자격을 취득한 소방공무원
ㄹ. 소방청장이 실시하는 화재조사에 관한 시험에 합격한 소방공무원

① ㄱ, ㄴ ② ㄱ, ㄹ
③ ㄴ, ㄷ ④ ㄷ, ㄹ

6. 「소방의 화재조사에 관한 법률」 및 같은 법 시행령, 시행규칙상 화재조사전담부서에 관한 설명으로 옳은 보기를 모두 고른 것은?

<보 기>
ㄱ. 소방관서장은 전문성에 기반하는 화재조사를 위하여 화재조사전담부서를 설치·운영하여야 한다.
ㄴ. 화재조사전담부서에서는 현행 제도의 문제점 및 개선방안의 연구업무를 수행한다.
ㄷ. 소방관서장은 화재조사전담부서에 화재조사관을 5명 이상 배치해야 한다.
ㄹ. 화재조사전담부서에 갖추어야 할 장비와 시설에는 발굴용구, 기록용 기기, 감식기기, 감정용 기기, 조명기기, 안전장비, 증거 수집 장비, 화재조사 차량, 보조장비, 화재조사 분석실, 화재조사 분석실 구성장비가 있다.
ㅁ. 절연저항계, 접점저항계, 확대경, 온도기록계, 내시경 현미경, 검전기는 모두 감식기기에 해당한다.

① ㄱ, ㄴ ② ㄱ, ㄹ
③ ㄱ, ㄴ, ㅁ ④ ㄷ, ㄹ, ㅁ

7. 「소방시설공사업법 시행령」 제11조의2에 따라 소방시설공사 분리 도급의 예외사항으로 옳은 것은?

① 의료시설에 자동화재속보설비를 신설하는 공사인 경우
② 근린생활시설에 간이스프링클러설비의 방호구역을 증설하는 공사인 경우
③ 연면적이 1천제곱미터 이하인 특정소방대상물에 비상조명등을 설치하는 공사인 경우
④ 국가유산수리 및 재개발·재건축 등의 공사로서 공사의 성질상 분리하여 도급하는 것이 곤란하다고 소방본부장 또는 소방서장이 인정하는 경우

8. 「소방시설공사업법」 및 같은 법 시행규칙상 상주 공사감리와 일반 공사감리의 감리원 세부 배치기준에 관한 설명으로 옳지 않은 것은?

① 상주 공사감리 대상인 경우 소방시설용 배관(전선관을 포함한다.)을 설치하거나 매립하는 때부터 소방시설 완공검사증명서를 발급받을 때까지 소방공사감리현장에 감리원을 배치할 것
② 상주 공사감리 대상인 경우 기계분야 및 전기분야의 감리원 자격을 함께 취득한 사람이 있는 경우에는 그에 해당하는 사람 1명 이상을 배치할 수 있다.
③ 일반 공사감리 대상인 경우 1명의 감리원이 담당하는 소방공사감리현장은 5개 이하로서 감리현장 연면적의 총합계가 10만제곱미터 이하일 것
④ 일반 공사감리 대상인 아파트의 경우에는 소방공사감리현장의 개수에 관계없이 1명의 감리원이 연면적의 합계가 10만제곱미터 이하의 공사현장을 감리할 수 있다.

9. 「소방시설공사업법」 및 같은 법 시행규칙상 소방시설업자가 보관하여야 하는 관계 서류 중 "소방공사감리업"이 보관하여야 하는 서류로 옳지 않은 것은?

① 소방공사 감리일지
② 소방공사 감리기록부
③ 소방공사 감리결과보고서
④ 소방시설의 완공 당시 설계도서

10. 「소방시설공사업법 시행령」 별표 3에 따른 소방공사 감리의 종류 및 방법에 대한 설명이다. 괄호 안에 들어갈 내용으로 옳은 것은?

- 상주 공사감리 : 감리원이 행정안전부령으로 정하는 기간 중 부득이한 사유로 (ㄱ) 현장을 이탈하는 경우에는 감리일지 등에 기록하여 발주청 또는 발주자의 확인을 받아야 한다.
- 일반 공사감리 : 감리업자는 감리원이 부득이한 사유로 (ㄴ)의 범위에서 감리의 업무를 수행할 수 없는 경우에는 업무대행자를 지정하여 그 업무를 수행하게 해야 한다.

① ㄱ : 1일 이상, ㄴ : 7일 이내
② ㄱ : 1일 이상, ㄴ : 14일 이내
③ ㄱ : 3일 이상, ㄴ : 14일 이내
④ ㄱ : 3일 이상, ㄴ : 7일 이내

11. 「화재의 예방 및 안전관리에 관한 법률」상 화재예방강화지구의 지정 및 화재의 예방 등에 대한 지원에 관한 설명으로 옳지 않은 것은?

① 시·도지사가 화재예방강화지구로 지정할 필요가 있는 지역을 화재예방강화지구로 지정하지 아니하는 경우 소방청장은 해당 시·도지사에게 해당 지역의 화재예방강화지구 지정을 요청할 수 있다.
② 소방관서장은 대통령령으로 정하는 바에 따라 화재예방강화지구 안의 소방대상물의 위치·구조 및 설비 등에 대하여 화재안전조사를 하여야 한다.
③ 소방관서장은 화재안전조사를 한 결과 화재의 예방강화를 위하여 필요하다고 인정할 때에는 관계인에게 소화기구, 소방용수시설 또는 그 밖에 소방에 필요한 설비의 설치(보수, 보강을 포함한다.)를 명할 수 있다.
④ 소방관서장은 소방설비등의 설치를 명하는 경우 해당 관계인에게 소방설비등의 설치에 필요한 지원을 할 수 있다.

12. 「화재의 예방 및 안전관리에 관한 법률 시행규칙」상 강습교육 과목, 시간에 따라 "건설현장 소방안전관리자가 되려는 사람"이 받아야 하는 강습교육의 시간으로 옳은 것은?

① 80시간
② 40시간
③ 32시간
④ 24시간

13. 「화재의 예방 및 안전관리에 관한 법률」 및 같은 법 시행령, 시행규칙상 화재예방안전진단에 관한 설명으로 옳은 것은?

① 대통령령으로 정하는 소방안전 특별관리시설물의 관계인은 화재의 예방 및 안전관리를 체계적·효율적으로 수행하기 위하여 대통령령으로 정하는 바에 따라 「소방기본법」 제40조에 따른 한국소방안전원 또는 소방청장이 지정하는 화재예방안전진단기관으로부터 정기적으로 화재예방안전진단을 받아야 한다.
② 역사 및 역 시설의 연면적이 1천제곱미터 이상인 도시철도시설, 연면적이 5천제곱미터 이상인 발전소와 여객터미널의 연면적이 5천제곱미터 이상인 공항시설은 화재예방안전진단의 대상에 해당한다.
③ 화재예방안전진단을 실시한 안전원 또는 진단기관은 화재예방안전진단이 완료된 날부터 30일 이내에 소방본부장 또는 소방서장, 관계인에게 화재예방안전진단 결과 보고서에 서류를 첨부하여 제출해야 한다.
④ 소방청장, 소방본부장 또는 소방서장은 제출받은 화재예방안전진단 결과에 따라 보수·보강 등의 조치가 필요하다고 인정하는 경우에는 해당 소방안전 특별관리시설물의 관계인에게 보수·보강 등의 조치를 취할 것을 명할 수 있다.

14. 「화재의 예방 및 안전관리에 관한 법률」 및 같은 법 시행령상 다른 안전관리자(다른 법령에 따라 전기·가스·위험물 등의 안전관리 업무에 종사하는 자를 말한다.)와 소방안전관리자를 겸할 수 있는 소방안전관리대상물을 모두 고른 것은? (단, 다른 법령에 특별한 규정이 있는 경우는 고려하지 않는다.)

> **보기**
> ㄱ. 지하 2층, 지상 3층, 연면적 10만제곱미터인 판매시설
> ㄴ. 지하 3층, 지상 15층, 연면적 1만5천제곱미터인 복합건축물
> ㄷ. 「문화유산의 보존 및 활용에 관한 법률」 제23조에 따라 보물 또는 국보로 지정된 목조건축물
> ㄹ. 가연성 가스를 500톤 저장하는 시설

① ㄱ, ㄴ ② ㄱ, ㄹ
③ ㄴ, ㄷ ④ ㄷ, ㄹ

15. 「화재의 예방 및 안전관리에 관한 법률 시행령」 상 소방안전관리보조자를 선임해야 하는 소방안전관리대상물의 범위와 선임대상별 자격 및 인원 기준에 따라 소방안전관리보조자를 선임해야 하는 대상으로 옳은 것은?

① 연면적 1만5천제곱미터 이상인 아파트
② 노유자 시설이 소재하는 지역을 관할하는 소방서장이 야간이나 휴일에 이용되지 않는다는 것을 확인한 경우
③ 숙박시설로 사용되는 바닥면적의 합계가 1천500제곱미터 미만이고 관계인이 24시간 상시 근무하고 있는 숙박시설
④ 연면적 1만5천제곱미터 이상인 특정소방대상물의 방재실에 자위소방대가 24시간 상시 근무하고 「소방장비관리법 시행령」 별표 1 제1호가목에 따른 소방자동차 중 소방펌프차를 운용하는 경우

16. 「소방시설 설치 및 관리에 관한 법률 시행규칙」 상 성능위주설계의 기준에 해당하는 것으로 옳은 것은?

> **보기**
> ㄱ. 건축물의 용도별 방화구획의 적정성
> ㄴ. 재난대응시스템 최적화를 통한 재난피해 최소화 방안 마련
> ㄷ. 특별피난계단을 제외한 피난경로의 안전성 확보
> ㄹ. 침수 등 재난상황을 포함한 지하층 안전확보 방안 마련

① ㄱ, ㄷ ② ㄱ, ㄹ
③ ㄴ, ㄷ ④ ㄷ, ㄹ

17. 「소방시설 설치 및 관리에 관한 법률 시행령」 상 수용인원 산정 방법에 따라 산정한 인원의 수를 적은 것부터 순서대로 나열한 것은?

> **보기**
> ㄱ. 판매시설 용도로 사용하는 바닥면적의 합계가 410㎡인 특정소방대상물
> ㄴ. 운동시설 용도로 사용하는 바닥면적의 합계가 510㎡인 특정소방대상물
> ㄷ. 강의실 용도로 사용하는 바닥면적의 합계가 259㎡인 특정소방대상물
> ㄹ. 1인용 침대와 2인용 침대가 각각 30개씩 설치되어 있으며 종사자가 5명 근무하는 숙박시설
>
> ※ ㄱ ~ ㄷ 항 모두 계단, 화장실의 바닥면적 합계를 50m²를 포함한 면적이다.

① ㄴ - ㄹ - ㄱ - ㄷ
② ㄴ - ㄹ - ㄷ - ㄱ
③ ㄹ - ㄴ - ㄷ - ㄱ
④ ㄹ - ㄴ - ㄱ - ㄷ

18. 「소방시설 설치 및 관리에 관한 법률 시행령」상 자동화재탐지설비를 설치해야 하는 특정소방대상물로 옳지 않은 것은?

① 공장 및 창고시설로서 「화재의 예방 및 안전관리에 관한 법률 시행령」별표 2에서 정하는 수량의 500배 이상의 특수가연물을 저장·취급하는 것
② 의료시설 중 정신의료기관 또는 요양병원으로서 정신의료기관 또는 의료재활시설로 사용되는 바닥면적의 합계가 300㎡ 미만이고, 창살(철재·플라스틱 또는 목재 등으로 사람의 탈출 등을 막기 위하여 설치한 것을 말하며, 화재 시 자동으로 열리는 구조로 되어 있는 창살은 제외한다)이 설치된 시설
③ 위험물 저장 및 처리 시설로서 연면적 600㎡ 이상인 경우에는 모든 층
④ 교육연구시설(교육시설 내에 있는 기숙사 및 합숙소를 포함한다)로서 연면적 2천㎡ 이상인 경우에는 모든 층

19. 「소방시설 설치 및 관리에 관한 법률 시행규칙」상 공동주택(아파트등으로 한정한다) 세대별 점검방법에 대한 설명으로 옳지 않은 것은?

① 아날로그감지기 등 특수감지기가 설치되어 있는 경우에는 수신기에서 원격 점검할 수 있으며, 2년 주기로 모든 세대에 대하여 점검을 해야 한다.
② 관리자는 수신기에서 원격 점검이 불가능한 경우 매년 작동점검만 실시하는 공동주택은 1회 점검 시마다 전체 세대수의 50퍼센트 이상, 종합점검을 실시하는 공동주택은 1회 점검 시 마다 전체 세대수의 30퍼센트 이상 점검하도록 자체점검 계획을 수립·시행해야 한다.
③ 관리자 또는 해당 공동주택을 점검하는 관리업자는 입주민이 세대 내에 설치된 소방시설등을 스스로 점검할 수 있도록 소방청 또는 사단법인 한국소방시설관리협회의 홈페이지에 게시되어 있는 공동주택 세대별 점검 동영상을 입주민이 시청할 수 있도록 안내하고, 점검서식을 사전에 배부해야 한다.
④ 관리자는 세대별 점검현황(입주민 부재 등 불가피한 사유로 점검을 하지 못한 세대 현황을 포함한다)을 작성하여 자체점검이 끝난 날부터 2년간 자체 보관해야 한다.

20. 「소방시설 설치 및 관리에 관한 법률 시행규칙」상 행정처분기준에 따라 처분권자는 위반행위의 동기·내용·횟수 및 위반 정도 등 다음에 해당하는 사유를 고려하여 그 처분을 가중하거나 감경할 수 있다. 다음 중 감경 사유로 옳지 않은 것은?

① 유도표지가 정해진 위치에 붙어 있지 않은 경우
② 자동화재탐지설비 감지기 2개 이하가 설치되지 않은 경우
③ 스프링클러설비 헤드가 살수반경에 미치지 못하는 경우
④ 위반 행위자가 처음 해당 위반행위를 한 경우로서 3년 이상 소방시설관리사의 업무, 소방시설관리업 등을 모범적으로 해 온 사실이 인정되는 경우

21. 「위험물안전관리법 시행규칙」상 특정·준특정옥외탱크저장소의 정기점검에 관한 설명으로 옳지 않은 것은?

① 옥외탱크저장소 중 저장 또는 취급하는 액체위험물의 최대수량이 50만 리터 이상인 것에 대해서는 정기점검 외에 기간 이내에 1회 이상 특정·준특정옥외저장탱크의 구조 등에 관한 안전점검을 해야 한다.
② 해당 기간 이내에 특정·준특정옥외저장탱크의 사용중단 등으로 구조안전점검을 실시하기가 곤란한 경우에는 관할소방서장에게 구조안전점검의 실시기간 연장신청을 할 수 있다.
③ 그 신청을 받은 소방서장은 2년(특정·준특정옥외저장탱크의 사용을 중지한 경우에는 사용중지기간)의 범위에서 실시기간을 연장할 수 있다.
④ 구조안전점검을 실시할 수 있는 기간으로는 특정·준특정옥외탱크저장소의 설치허가에 따른 완공검사합격확인증을 발급받은 날부터 12년이 있다.

22. 「위험물안전관리법」 및 같은 법 시행령, 시행규칙상 동일구 내에 있는 저장소에 1인의 안전관리자를 중복하여 선임할 수 있는 경우로 옳지 않은 것은? (단, 다수의 제조소등을 동일인이 설치한 경우이다.)

① 상호 100미터 이내의 (보행)거리에 있는 저장소로서 29개의 옥외탱크저장소는 1인의 안전관리자를 중복하여 선임할 수 있다.
② 상호 100미터 이내의 (보행)거리에 있는 저장소로서 11개의 옥외저장소는 1인의 안전관리자를 중복하여 선임할 수 있다.
③ 이송취급소의 관계인은 대리자의 자격이 있는 자를 각 제조소등별로 지정하여 안전관리자를 보조하게 하여야 한다.
④ 인화점이 38도 이상인 제4류 위험물만을 지정수량의 30배 이하로 취급하는 일반취급소로서 위험물을 용기에 옮겨 담거나 차량에 고정된 탱크에 주입하는 일반취급소의 관계인은 대리자의 자격이 있는 자를 각 제조소등별로 지정하여 안전관리자를 보조하게 하지 않을 수 있다.

23. 「위험물안전관리법」상 양벌규정에 따라 다음 〈보기〉의 위반행위를 한 경우 행위자를 벌하는 것 외에 그 법인 또는 개인에게 얼마의 벌금을 부과하는가?

〈보 기〉
제조소등 또는 허가를 받지 않고 지정수량 이상의 위험물을 저장 또는 취급하는 장소에서 위험물을 유출·방출 또는 확산시켜 사람의 생명·신체 또는 재산에 대하여 위험을 발생시킨 자

① 5천만원 이하
② 1억원 이하
③ 1억5천만원 이하
④ 2억원 이하

24. 「위험물안전관리법」 및 같은 법 시행령상 인화성 고체 1,500kg, 금속분 1,000kg, 53㎛의 표준체를 통과한 것이 40중량%인 철분 500kg을 저장하려 한다. 위험물에 해당하는 물질에 대한 지정수량 배수의 총합은 얼마인가?

① 2.5배
② 3배
③ 3.5배
④ 4.5배

25. 「위험물안전관리법」 및 같은 법 시행령상 다수의 제조소등을 동일인이 설치한 경우로서 관계인이 1인의 안전관리자를 중복하여 선임한 경우에 대리자의 자격이 있는 자를 안전관리자를 보조하게 하여야 하는 제조소등이 있다. 다음 중 이에 해당하는 제조소등의 종류로 옳은 것은?

ㄱ. 주유취급소   ㄴ. 판매취급소
ㄷ. 이송취급소   ㄹ. 제조소

① ㄱ, ㄷ
② ㄱ, ㄹ
③ ㄴ, ㄷ
④ ㄷ, ㄹ

※ 26번 문항 이후는 경력채용 응시자만 풀이하십시오.
(공개채용 응시자는 추가문제로 활용하세요.)

26. 「소방기본법 시행규칙」상 소방용수시설의 설치기준으로 옳은 것은?

> ㄱ. 주거지역·상업지역 및 공업지역에 설치하는 경우에는 소방대상물과의 보행거리는 100미터 이하가 되도록 설치할 것
> ㄴ. 소화전은 상수도와 연결하여 지하식 또는 지상식의 구조로 하고, 소방용호스와 연결하는 소화전의 연결금속구의 구경은 65밀리미터로 할 것
> ㄷ. 급수탑은 급수배관의 구경은 100밀리미터 이상으로 하고, 개폐밸브는 지상에서 0.8미터 이상 1.5미터 이하의 위치에 설치할 것
> ㄹ. 저수조는 흡수부분의 수심이 0.5미터 이하일 것
> ㅁ. 저수조의 흡수관 투입구가 사각형인 경우에는 한변의 길이가 60센티미터 이상, 원형인 경우에는 지름이 60센티미터 이상일 것

① ㄱ, ㄴ ② ㄱ, ㅁ
③ ㄴ, ㅁ ④ ㄷ, ㄹ

27. 「소방기본법」상 소방산업의 육성·진흥 및 지원에 관한 내용으로 옳지 않은 것은?

① 국가는 소방산업(소방용 기계·기구의 제조, 연구·개발 및 판매 등에 관한 일련의 산업을 말한다. 이하 같다)의 육성·진흥을 위하여 필요한 계획의 수립 등 행정상·재정상의 지원시책을 마련하여야 한다.
② 국가는 소방산업과 관련된 기술의 개발을 촉진하기 위하여 기술개발을 실시하는 자에게 그 기술개발에 드는 자금의 전부나 일부를 출연하거나 보조할 수 있다.
③ 국가는 국민의 생명과 재산을 보호하기 위하여 한국소방안전원으로 하여금 소방기술의 연구·개발사업을 수행하게 할 수 있다.
④ 소방청장은 소방기술 및 소방산업의 국제경쟁력과 국제적 통용성을 높이기 위하여 소방기술 및 소방산업의 국제 협력을 위한 조사·연구사업을 추진하여야 한다.

28. 「소방의 화재조사에 관한 법률 시행규칙」상 화재조사 결과를 공표할 수 있는 경우로 옳은 보기를 모두 고른 것은?

> **보 기**
> ㄱ. 사망자가 5명 이상 발생한 화재의 경우
> ㄴ. 수사기관의 화재조사 증거물 수집이 필요한 경우
> ㄷ. 국민이 유사한 화재로부터 피해를 입지 않도록 하기 위해 필요한 경우
> ㄹ. 화재로 인한 사회적·경제적 영향이 광범위하다고 소방관서장이 인정하는 화재의 경우

① ㄷ ② ㄴ, ㄷ
③ ㄷ, ㄹ ④ ㄱ, ㄹ

29. 「소방시설공사업법」 및 같은 법 시행령상 하도급계약심사위원회의 구성 및 운영에 대한 설명으로 옳지 않은 것은?

① 국가, 지방자치단체 또는 대통령으로 정하는 공공기관이 발주자인 때에는 하수급인의 시공 및 수행능력, 하도급계약 내용의 적정성 등을 심사하기 위하여 하도급계약심사위원회를 두어야 한다.
② 하도급계약심사위원회는 위원장 1명을 포함하여 10명 이내의 위원으로 구성하며, 위원의 임기는 2년으로 하며, 한 차례만 연임할 수 있다.
③ 소방 분야의 박사학위를 취득하고 그 분야에서 3년 이상 연구 또는 실무경험이 있는 사람, 대학(소방 분야로 한정한다)의 조교수 이상인 사람은 위원회의 위원으로 위촉될 수 있다.
④ 위원회의 회의는 재적위원 과반수의 출석으로 개의하고, 출석위원 과반수의 찬성으로 의결한다.

30. 「소방시설공사업법」상 청문을 하여야 하는 것은?

> ㄱ. 소방시설업 등록취소처분
> ㄴ. 소방시설관리업 영업정지처분
> ㄷ. 소방기술 인정 자격 취소처분
> ㄹ. 소방기술 인정 자격 정지처분

① ㄱ, ㄴ
② ㄱ, ㄷ
③ ㄴ, ㄷ
④ ㄷ, ㄹ

31. 「화재의 예방 및 안전관리에 관한 법률」및 같은 법 시행규칙상 소방안전관리자 자격증의 발급 및 재발급 등에 관한 설명으로 옳지 않은 것은?

① 소방안전관리자 자격증을 발급받으려는 사람은 소방안전관리자 자격증 발급 신청서에 서류를 첨부하여 소방청장에게 제출해야 한다.
② 소방안전관리자 자격증의 발급을 신청받은 소방청장은 3일 이내에 자격을 갖춘 사람에게 소방안전관리자 자격증을 발급해야 한다.
③ 소방안전관리자 자격증을 발급받은 사람이 그 자격증을 잃어버렸거나 자격증이 못 쓰게 된 경우에는 소방안전관리자 자격증 재발급 신청서를 작성하여 소방청장에게 자격증의 재발급을 신청할 수 있다.
④ 소방청장은 신청자에게 자격증을 지체 없이 재발급하고 소방안전관리자 자격증 재발급대장에 재발급 사항을 기록하고 관리해야 한다.

32. 「화재의 예방 및 안전관리에 관한 법률」및 같은 법 시행령상 화재안전조사의 조치명령에 따른 손실보상에 관한 설명으로 옳지 않은 것은?

① 소방청장 또는 시·도지사가 손실을 보상하는 경우에는 시가(時價)로 보상해야 한다.
② 손실보상에 관하여는 소방청장 또는 시·도지사와 손실을 입은 자가 협의해야 한다.
③ 소방청장 또는 시·도지사는 보상금액에 관한 협의가 성립되지 않은 경우에는 그 보상금액을 지급하거나 공탁하고 이를 상대방에게 알려야 한다.
④ 보상금의 지급 또는 공탁의 통지에 불복하는 자는 지급 또는 공탁의 통지를 받은 날부터 7일 이내에 「공익사업을 위한 토지 등의 취득 및 보상에 관한 법률」제49조에 따른 중앙토지수용위원회 또는 관할 지방토지수용위원회에 재결(裁決)을 신청할 수 있다.

33. 「화재의 예방 및 안전관리에 관한 법률 시행령」별표 9에 따라 "소방안전관리업무를 하지 않은 경우" 해당하는 과태료 기준은?

위반행위	과태료 금액(단위 : 만원)		
	1차 위반	2차 위반	3차 이상 위반
소방안전관리업무를 하지 않은 경우	(㉠)	(㉡)	(㉢)

① ㉠ : 50, ㉡ : 100, ㉢ : 200
② ㉠ : 50, ㉡ : 100, ㉢ : 300
③ ㉠ : 100, ㉡ : 200, ㉢ : 300
④ ㉠ : 100, ㉡ : 100, ㉢ : 300

34. 「소방시설 설치 및 관리에 관한 법률」 및 같은 법 시행령상 우수품질인증에 관한 설명으로 옳지 않은 것은?

① 소방청장은 성능인증의 대상이 되는 소방용품 중 품질이 우수하다고 인정하는 소방용품에 대하여 인증을 할 수 있다.
② 우수품질인증을 받은 소방용품에는 우수품질인증 표시를 할 수 있으며, 우수품질인증의 유효기간은 5년의 범위에서 행정안전부령으로 정한다.
③ 거짓이나 그 밖의 부정한 방법으로 우수품질인증을 받은 경우에는 우수품질인증을 취소하여야 한다.
④ 중앙행정기관, 지방자치단체, 공공기관, 지방공사, 지방공단, 출자·출연기관은 건축물의 신축·증축 및 개축 등으로 소방용품을 변경 또는 신규 비치하여야 하는 경우 우수품질인증 소방용품을 우선 구매·사용하도록 노력하여야 한다.

35. 「소방시설 설치 및 관리에 관한 법률 시행령」상 지하구와 특정소방대상물이 연결된 경우 각각 별개의 특정소방대상물로 보지 않은 것은?

① 지하구와 특정소방대상물의 양쪽에 화재 시 경보설비의 작동과 연동하여 자동으로 닫히는 60분+방화문이 설치된 경우
② 지하구와 특정소방대상물의 양쪽에 화재 시 자동소화설비의 작동과 연동하여 자동으로 닫히는 자동방화셔터가 설치된 경우
③ 지하구와 특정소방대상물의 양쪽에 화재 시 자동으로 방수되는 방식의 물분무소화설비가 설치된 경우
④ 지하구와 특정소방대상물의 양쪽에 화재 시 자동으로 방수되는 방식의 개방형 스프링클러헤드가 설치된 경우

36. 「소방시설 설치 및 관리에 관한 법률 시행규칙」상 소방시설관리업의 등록증·등록수첩을 지체 없이 반납해야 하는 경우로 옳은 보기를 모두 고른 것은?

보기
ㄱ. 소방시설관리업의 영업이 정지된 경우
ㄴ. 소방시설관리업을 휴업한 경우
ㄷ. 소방시설관리업을 폐업한 경우
ㄹ. 소방시설관리업의 등록증을 재발급받은 경우

① ㄱ, ㄴ
② ㄷ, ㄹ
③ ㄱ, ㄷ, ㄹ
④ ㄱ, ㄴ, ㄹ

37. 「소방시설 설치 및 관리에 관한 법률 시행령」상 방염대상물품 외에 방염처리된 물품을 사용하도록 권할 수 있는 것으로 옳은 것은?

ㄱ. 「건축법」 제52조에 따른 내부 마감재
ㄴ. 너비 10센티미터 이하인 반자돌림대
ㄷ. 수련시설에서 사용하는 침구류
ㄹ. 장례식장에서 사용하는 소파 및 의자
ㅁ. 건축물 내부의 천장 또는 부착하거나 설치하는 가구류

① ㄱ, ㄷ
② ㄴ, ㄷ
③ ㄴ, ㄹ
④ ㄹ, ㅁ

38. 「위험물안전관리법 시행규칙」 별표 11 옥외저장소의 위치·구조 및 설비의 기준에 따라 저장 또는 취급하는 위험물의 최대수량이 지정수량의 100배인 경우에 보유하여야 하는 공지의 너비로 옳은 것은?

① 3m 이상
② 5m 이상
③ 9m 이상
④ 12m 이상

39. 「위험물안전관리법」 상 각종 명령에 대한 권한자가 다른 하나는?

① (　　)은 탱크시험자에 대하여 당해 업무를 적정하게 실시하게 하기 위하여 필요하다고 인정하는 때에는 감독상 필요한 명령을 할 수 있다.
② (　　)은 위험물에 의한 재해를 방지하기 위하여 허가를 받지 아니하고 지정수량 이상의 위험물을 저장 또는 취급하는 자(허가를 받지 아니하는 자를 제외한다)에 대하여 그 위험물 및 시설의 제거 등 필요한 조치를 명할 수 있다.
③ (　　)은 제조소등의 관계인이 응급조치를 강구하지 아니하였다고 인정하는 때에는 응급조치를 강구하도록 명할 수 있다.
④ (　　)은 공공의 안전을 유지하거나 재해의 발생을 방지하기 위하여 긴급한 필요가 있다고 인정하는 때에는 제조소등의 관계인에 대하여 당해 제조소등의 사용을 일시정지하거나 그 사용을 제한할 것을 명할 수 있다.

40. 「위험물안전관리법 시행규칙」 상 중간정기검사의 시기로 옳지 않은 것은?

① 최근의 정밀정기검사를 받은 날부터 4년
② 최근의 중간정기검사를 받은 날부터 4년
③ 특정·준특정옥외탱크저장소의 설치허가에 따른 완공검사합격확인증을 발급받은 날부터 4년
④ 특정·준특정옥외저장탱크에 안전조치를 한 후 중간정기검사시기 연장신청을 하여 해당 안전조치가 적정한 것으로 인정받은 경우에는 최근의 중간정기검사를 받은 날부터 4년

2025년 03월 29일 시행

2025년 소방공무원 채용시험 대비
SONICE 소방관계법규 모의고사 8회

응시번호	
성 명	

시 험 과 목

제1과목 소방관계법규 🔥빨간불 모의고사 8회 ················ 145~152

제2과목 소방관계법규 🔥파란불 모의고사 8회 ················ 153~161

응시자 준수사항

※ "시험 감독관 또는 방송"의 안내에 따라 다음 사항을 반드시 지켜 주시기 바랍니다.

1. 시험지 표지에 "응시번호 및 성명"을 기재하여 주십시오.

2. 시험이 시작되면 시험지의 "과목 순서", "페이지 수량", "인쇄 상태"를 확인해 주십시오.

3. 문제를 주의 깊게 읽고 문항의 취지에 가장 적합한 하나의 정답만을 고르십시오.

4. 문제 내용에 관한 질문은 하실 수 없습니다.

08회 소방관계법규 + 빨간불

1. 「소방기본법 시행규칙」상 운행기록장치의 데이터에 관한 설명이다. 괄호 안에 들어갈 내용으로 옳은 것은?

> (ㄱ)은 소방자동차 운행기록장치에 기록된 데이터를 (ㄴ) 동안 저장·관리해야 한다.

① ㄱ: 소방청장 및 소방본부장, ㄴ: 3개월
② ㄱ: 소방청장 및 소방본부장, ㄴ: 6개월
③ ㄱ: 소방청장, 소방본부장 및 소방서장, ㄴ: 3개월
④ ㄱ: 소방청장, 소방본부장 및 소방서장, ㄴ: 6개월

2. 「소방기본법 시행규칙」상 소방업무에 대한 세부계획 수립의 적절성, 세부계획 추진실적 등에 대한 평가를 실시한 경우 그 평가결과의 제출절차로 옳은 것은?

① 소방청장은 세부계획 추진실적 등의 평가 결과를 11월 30일까지 시·도지사에게 통보해야 한다.
② 소방청장은 세부계획 추진실적 등의 평가 결과를 1월 31일까지 시·도지사에게 통보해야 한다.
③ 소방청장은 세부계획 추진실적 등의 평가 결과를 2월 말일까지 시·도지사에게 통보해야 한다.
④ 소방청장은 세부계획 추진실적 등의 평가 결과를 3월 31일까지 시·도지사에게 통보해야 한다.

3. 「소방기본법」상 벌칙이 다른 하나는?

① 정당한 사유 없이 물의 사용이나 수도의 개폐장치의 사용 또는 조작을 하지 못하게 하거나 방해한 자
② 정당한 사유 없이 소방대의 생활안전활동을 방해한 자
③ 정당한 사유 없이 화재, 재난·재해, 그 밖의 위급한 상황을 소방본부, 소방서 또는 관계 행정기관에 알리지 아니한 관계인
④ 정당한 사유 없이 소방대가 현장에 도착할 때까지 사람을 구출하는 조치 또는 불을 끄거나 불이 번지지 아니하도록 하는 조치를 하지 아니한 관계인

4. 「소방기본법 시행규칙」제6조 비상소화장치의 설치기준에 관한 설명으로 옳은 것은?

> **보기**
> ㄱ. 비상소화장치는 비상소화장치함, 저수조, 소방호스, 관창을 포함하여 구성할 것
> ㄴ. 소방호스 및 관창은 「소방시설 설치 및 관리에 관한 법률」 제37조제5항에 따라 소방청장이 정하여 고시하는 형식승인 및 제품검사의 기술기준에 적합한 것으로 설치할 것
> ㄷ. 비상소화장치함은 「소방시설 설치 및 관리에 관한 법률」 제40조제4항에 따라 소방청장이 정하여 고시하는 형식승인 및 제품검사의 기술기준에 적합한 것으로 설치할 것
> ㄹ. 규정한 사항 외에 비상소화장치의 설치기준에 관한 세부사항은 소방청장이 정한다.

① ㄱ, ㄴ
② ㄱ, ㄷ
③ ㄴ, ㄷ
④ ㄴ, ㄹ

5. 「소방의 화재조사에 관한 법률 시행령」상 화재조사의 내용·절차 중 "감식·감정, 화재원인 판정"을 하는 것을 무엇이라 하는가?

① 현장조사
② 정밀조사
③ 종합조사
④ 원인조사

6. 「소방의 화재조사에 관한 법률」상 소방공무원과 경찰공무원의 협력과 관계 기관 등의 협조에 관한 설명으로 옳지 않은 것은?

① 소방공무원과 경찰공무원은 화재현장의 출입·보존 및 통제에 관한 사항에 대하여 서로 협력하여야 한다.
② 소방공무원과 경찰공무원은 화재조사 결과의 공표 및 화재증명원의 발급에 관하여 서로 협력하여야 한다.
③ 소방관서장은 방화 또는 실화의 혐의가 있다고 인정되면 지체 없이 경찰서장에게 그 사실을 알리고 필요한 증거를 수집·보존하는 등 그 범죄수사를 협력해야 한다.
④ 소방관서장, 중앙행정기관의 장, 지방자치단체의 장, 보험회사, 그 밖의 관련 기관·단체의 장은 화재조사에 필요한 사항에 대하여 서로 협력하여야 한다.

7. 「소방시설공사업법」및 같은 법 시행규칙상 방염처리능력 평가 및 공시에 관한 설명으로 옳지 않은 것은?

① 소방청장은 방염처리업자의 방염처리능력 평가 요청이 있는 경우 해당 방염처리업자의 방염처리 실적 등에 따라 방염처리능력을 평가하여 공시할 수 있다.
② 방염처리업을 등록한 자는 방염처리능력을 평가받으려는 경우에는 방염처리능력 평가 신청서를 협회에 매년 2월 15일까지 제출해야 한다.
③ 협회는 방염처리업자가 첨부해야 할 서류를 갖추지 못한 경우에는 15일의 보완기간을 부여하여 보완하게 해야 한다.
④ 평가된 방염처리능력은 방염처리업자가 도급받을 수 있는 1건의 공사도급금액으로 하고, 방염처리능력 평가의 유효기간은 공시일부터 1년간으로 한다.

8. 「소방시설공사업법 시행규칙」상 감리업자가 소방공사의 감리를 마친 경우 소방공사감리 결과보고(통보)서를 첨부하여 공사가 완료된 날부터 7일 이내에 알려야 하는 대상으로 옳지 않은 것은?

① 소방시설공사의 시공자
② 소방시설공사의 도급인
③ 특정소방대상물의 관계인
④ 특정소방대상물의 공사를 감리한 건축사

9. 「소방시설공사업법 시행령」상 성능위주설계를 할 수 있는 자격·기술인력 및 자격에 대한 설명으로 알맞게 짝지어진 것은?

성능위주설계자의 자격	기술인력
1. (㉠)을 등록한 자 2. (㉠) 등록기준에 따른 기술인력을 갖춘 자로서 (㉡)이 정하여 고시하는 연구기관 또는 단체	소방기술사 (㉢) 이상

① ㉠ : 일반 소방시설설계업, ㉡ : 시·도지사, ㉢ : 1명
② ㉠ : 일반 소방시설설계업, ㉡ : 소방청장, ㉢ : 2명
③ ㉠ : 전문 소방시설설계업, ㉡ : 시·도지사, ㉢ : 2명
④ ㉠ : 전문 소방시설설계업, ㉡ : 소방청장, ㉢ : 2명

10. 「소방시설공사업법 시행령」상 소방시설공사의 착공신고 대상에 해당하는 것은?

보기
ㄱ. 제조소등에 호스릴 옥내소화전설비를 신설하는 공사
ㄴ. 근린생활시설에 자동화재탐지설비의 경계구역을 증설하는 공사
ㄷ. 다중이용업소에 비상콘센트설비의 전용회로를 증설하는 공사
ㄹ. 창고시설에 화재조기진압용 스프링클러설비를 증설하는 공사

① ㄴ
② ㄱ, ㄷ
③ ㄴ, ㄹ
④ ㄷ, ㄹ

11. 「소방시설공사업법 시행령」상 소방공사감리업자가 감리하는 소방시설공사 중 일정 공사는 소방기술자를 소방시설공사 현장에 배치하지 않을 수 있다. 다음 중 이에 해당하지 않는 것은?

① 소방 외의 용도와 겸용되는 자동화재탐지설비를 「정보통신공사업법」에 따른 정보통신공사업자가 공사하는 경우
② 소방 외의 용도와 겸용되는 제연설비를 「건설산업기본법 시행령」 별표 1에 따른 기계설비·가스공사업자가 공사하는 경우
③ 소방시설의 비상전원을 「전기공사업법」에 따른 전기공사업자가 공사하는 경우
④ 소화수조·저수조를 「건설산업기본법 시행령」 별표 1에 따른 기계설비·가스공사업자 또는 상·하수도설비공사업자가 공사하는 경우

12. 「화재의 예방 및 안전관리에 관한 법률 시행령」상 소방안전 특별관리 기본계획에 포함되어야 하는 사항으로 옳지 않은 것은?

① 화재대응을 위한 초기대응체계의 구성
② 화재예방을 위한 교육·홍보 및 점검·진단
③ 화재예방을 위한 중기·장기 안전관리정책
④ 화재대응과 사후 조치에 관한 역할 및 공조체계

13. 「화재의 예방 및 안전관리에 관한 법률 시행규칙」상 강습교육의 강사가 될 수 있는 사람으로 옳지 않은 것은?

① 소방시설관리사
② 소방위 이상의 소방공무원
③ 소방안전 관련 분야에서 석사 이상의 학위를 취득한 사람
④ 소방안전 관련 학과에서 부교수 이상의 직(職)에 재직 중이거나 재직한 사람

14. 「화재의 예방 및 안전관리에 관한 법률」상 화재가 발생할 경우 사회·경제적으로 피해 규모가 클 것으로 예상되는 소방대상물에 대하여 화재위험요인을 조사하고 그 위험성을 평가하여 개선대책을 수립하는 것을 무엇이라고 하는가?

① 화재안전조사
② 화재위험성평가
③ 화재안전영향평가
④ 화재예방안전진단

15. 「화재의 예방 및 안전관리에 관한 법률」 및 같은 법 시행규칙상 소방안전관리자의 선임 및 선임신고에 관한 내용으로 옳지 않은 것은?

① 신축으로 해당 특정소방대상물의 소방안전관리자를 신규로 선임하여야 하는 경우 해당 특정소방대상물의 사용승인일로부터 30일 이내 소방안전관리자를 선임해야 한다.
② 2급 또는 3급 소방안전관리대상물의 관계인은 소방안전관리자 자격시험이나 소방안전관리자에 대한 강습교육이 소방안전관리자 선임기간 내에 있지 않아 소방안전관리자를 선임할 수 없는 경우에는 소방안전관리자 선임의 연기를 신청할 수 있다.
③ 소방본부장 또는 소방서장은 선임 연기 신청서를 제출받은 경우에는 3일 이내에 소방안전관리자 선임기간을 정하여 2급 또는 3급 소방안전관리대상물의 관계인에게 통보해야 한다.
④ 소방본부장 또는 소방서장은 선임신고의 효율적 처리를 위하여 건축허가등의 동의를 하는 경우에는 지체 없이 해당 소방안전관리대상물의 위치, 연면적 등의 정보를 종합정보망에 입력해야 한다.

16. 「소방시설 설치 및 관리에 관한 법률」 및 같은 법 시행령상 소방용품의 형식승인에 관한 설명으로 옳지 않은 것은?

① 연구개발 목적으로 제조하거나 수입하는 소방용품은 소방청장의 형식승인을 받지 않아도 된다.
② 소방용품의 형식승인 받아야 하는 대상에 상업용 주방자동소화장치를 구성하는 제품 또는 기기가 포함된다.
③ 누구든지 합격표시를 하지 아니한 소방용품을 판매하거나 판매 목적으로 진열하거나 소방시설공사에 사용할 수 없다.
④ 소방청장, 소방본부장 또는 소방서장은 위반한 소방용품에 대하여는 그 제조자·수입자·판매자 또는 시공자에게 수거·폐기 또는 교체 등 행정안전부령으로 정하는 필요한 조치를 명할 수 있다.

17. 「소방시설 설치 및 관리에 관한 법률 시행령」상 방염성능기준 이상의 실내장식물 등을 설치해야 하는 특정소방대상물에 해당하는 것은?

― 보 기 ―
ㄱ. 근린생활시설 중 한의원, 공연장
ㄴ. 건축물의 옥외에 있는 운동시설
ㄷ. 숙박이 가능한 수련시설
ㄹ. 방송통신시설 중 전신전화국

① ㄱ, ㄷ　　② ㄱ, ㄹ
③ ㄴ, ㄷ　　④ ㄷ, ㄹ

18. 「소방시설 설치 및 관리에 관한 법률 시행령」상 특정소방대상물이 용도변경되는 경우로서 "용도변경으로 인하여 천장·바닥·벽 등에 고정되어 있는 가연성 물질의 양이 줄어드는 경우" 소방시설의 설치에 관한 대통령령 또는 화재안전기준을 적용하는 방법으로 옳은 것은?

① 기존부분을 포함한 특정소방대상물의 전체에 대하여 용도변경 당시의 소방시설의 설치에 관한 대통령령 또는 화재안전기준을 적용한다.
② 용도변경되는 부분에 대해서만 용도변경 당시의 소방시설의 설치에 관한 대통령령 또는 화재안전기준을 적용한다.
③ 특정소방대상물 전체에 대하여 용도변경 당시의 소방시설의 설치에 관한 대통령령 또는 화재안전기준을 적용한다.
④ 특정소방대상물 전체에 대하여 용도변경 전에 해당 특정소방대상물에 적용되던 소방시설의 설치에 관한 대통령령 또는 화재안전기준을 적용한다.

19. 「소방시설 설치 및 관리에 관한 법률」상 벌칙이 다른 하나는?

① 방염성능검사에 거짓 시료를 제출한 자
② 필요한 조치를 하지 아니한 관계인 또는 관계인에게 중대위반사항을 알리지 아니한 관리업자등
③ 관계인의 정당한 업무를 방해하거나 출입·검사 업무를 수행하면서 알게 된 비밀을 다른 사람에게 누설한 자
④ 방염성능검사에 합격하지 아니한 물품에 합격표시를 하거나 합격표시를 위조하거나 변조하여 사용한 자

20. 「소방시설 설치 및 관리에 관한 법률 시행규칙」상 종합점검을 실시해야 하는 대상으로 옳은 것은?

① 연결송수관설비가 설치된 터널
② 물분무등소화설비가 설치된 연면적 5,000㎡ 이상인 제조소등
③ 비디오물소극장업의 영업장에 설치된 특정소방대상물로서 연면적 2,000㎡ 이상인 것
④ 공공기관 중 연면적 1,000㎡ 이상인 것으로서 자동화재탐지설비가 설치된 것

21. 「위험물안전관리법 시행규칙」상 위험물의 운반에 관한 기준 중 적재방법에 관한 내용 중 일부이다. 괄호 안에 들어갈 내용으로 옳은 것은?

> 액체위험물은 운반용기 내용적의 (ㄱ)[%] 이하의 수납율로 수납하되, (ㄴ)도의 온도에서 누설되지 아니하도록 충분한 공간용적을 유지하도록 할 것

① ㄱ: 90, ㄴ: 50
② ㄱ: 90, ㄴ: 55
③ ㄱ: 98, ㄴ: 55
④ ㄱ: 98, ㄴ: 50

22. 「위험물안전관리법 시행규칙」별표 5 옥내저장소의 위치·구조·설비의 기준에 따라 복합용도 건축물의 옥내저장소의 기준으로 옳지 않은 것은?

① 옥내저장소의 용도에 사용되는 부분의 바닥면적은 75㎡ 이하로 하여야 한다.
② 옥내저장소의 용도에 사용되는 부분의 출입구에는 60분+방화문, 60분방화문 또는 30분방화문을 설치하여야 한다.
③ 옥내저장소의 용도에 사용되는 부분의 바닥은 지면보다 높게 설치하고 그 층고를 6m 미만으로 하여야 한다.
④ 옥내저장소는 벽·기둥·바닥 및 보가 내화구조인 건축물의 1층 또는 2층의 어느 하나의 층에 설치하여야 한다.

23. 「위험물안전관리법」및 같은 법 시행령상 위험물 안전관리에 관한 협회의 설립인가 절차에 관한 설명이다. 괄호 안에 들어갈 내용으로 옳은 것은?

> 위험물 안전관리에 관한 협회를 설립하려면 제조소등의 관계인, 위험물운송자, 탱크안전성능시험자, 안전관리자의 업무를 위탁받아 수행할 수 있는 안전관리대행기관으로 소방청장의 지정을 받은 자 (ㄱ)명 이상이 발기인이 되어 정관을 작성한 후 창립총회의 의결을 거쳐 (ㄴ)에게 인가를 신청해야 한다.

① ㄱ: 10, ㄴ: 소방청장
② ㄱ: 10, ㄴ: 시·도지사
③ ㄱ: 15, ㄴ: 시·도지사
④ ㄱ: 15, ㄴ: 소방청장

24. 「위험물안전관리법 시행규칙」상 제조소의 위치·구조 및 설비의 기준에 따라 표지 및 게시판에 대한 설명으로 옳지 않은 것은?

① 제조소에는 보기 쉬운 곳에 다음 각목의 기준에 따라 "위험물 제조소"라는 표시를 한 표지를 설치하여야 하며, 표지의 바탕은 백색으로, 문자는 흑색으로 할 것
② 게시판에는 저장 또는 취급하는 위험물의 유별·품명 및 저장최대수량 또는 취급최대수량, 지정수량의 배수 및 안전관리자의 성명 또는 직명을 기재할 것
③ 제1류 위험물 중 알칼리금속의 과산화물과 이를 함유한 것, 제2류 위험물 중 철분·금속분·마그네슘 또는 제3류 위험물 중 금수성물질에 있어서는 "물기엄금"의 주의사항을 표시한 게시판을 설치할 것
④ "물기엄금"을 표시하는 것에 있어서는 청색바탕에 백색문자로, "화기주의" 또는 "화기엄금"을 표시하는 것에 있어서는 적색바탕에 백색문자로 할 것

25. 「위험물안전관리법 시행규칙」별표 15 이송취급소의 위치·구조 및 설비의 기준에 따라 긴급차단밸브와 경보설비에 관한 설명으로 옳지 않은 것은?

① 시가지에 설치하는 경우에는 약 4[km]의 간격으로 긴급차단밸브를 설치할 것
② 하천·호소 등을 횡단하여 설치하는 경우에는 횡단하는 부분의 양 끝으로 긴급차단밸브를 설치할 것
③ 이송기지에는 비상경보설비 및 비상방송설비를 설치할 것
④ 가연성증기를 발생하는 위험물을 취급하는 펌프실 등에는 가연성증기 경보설비를 설치할 것

※ 26번 문항 이후는 경력채용 응시자만 풀이하십시오.
(공개채용 응시자는 추가문제로 활용하세요.)

26. 「소방기본법 시행령」상 소방청장 또는 시·도지사가 위촉하거나 임명하여 손실보상심의위원회의 위원이 될 수 있는 사람으로 옳지 않은 것은?

① 판사·검사 또는 변호사로 5년 이상 근무한 사람
② 소방안전 또는 의학 분야에 관한 학식과 경험이 풍부한 사람
③ 「보험업법」에 따른 손해사정사
④ 「고등교육법」에 따른 학교에서 법학 또는 행정학을 가르치는 조교수 이상으로 5년 이상 재직한 사람

27. 「소방기본법 시행규칙」상 소방대원에게 실시할 교육·훈련의 종류 중 현장지휘훈련을 받아야 하는 소방공무원의 계급 (ㄱ) 과 교육·훈련의 횟수 및 기간 (ㄴ) 이 가장 적합하게 짝지어진 것은?

① ㄱ : 소방정, 소방령, 소방경
　ㄴ : 연 1회, 4주 이상
② ㄱ : 소방정, 소방령, 소방경
　ㄴ : 2년마다 1회, 4주 이상
③ ㄱ : 소방정, 소방령, 소방경, 소방위
　ㄴ : 2년마다 1회, 2주 이상
④ ㄱ : 소방정, 소방령, 소방경, 소방위
　ㄴ : 연 1회, 2주 이상

28. 「소방의 화재조사에 관한 법률 시행령」상 화재합동조사단의 단원이 될 수 있는 사람으로 옳지 않은 것은?

① 건축·안전 분야 또는 화재조사에 관한 학식과 경험이 풍부한 사람
② 화재조사 업무에 관한 경력이 3년 이상인 소방공무원
③ 「고등교육법」에 따른 학교 또는 이에 준하는 교육기관에서 화재조사, 소방 또는 안전관리 등 관련 분야 조교수 이상의 직에 3년 이상 재직한 사람
④ 「국가기술자격법」에 따른 국가기술자격의 직무분야 중 안전관리 분야에서 기능사 이상의 자격을 취득한 사람

29. 「소방시설공사업법 시행령」상 시·도지사가 감리업자를 선정하는 주택건설공사의 규모 및 대상으로 옳은 것은?

① 「주택법」에 따른 공동주택(기숙사는 포함한다)으로서 100세대 이상인 것
② 「주택법」에 따른 공동주택 중 기숙사로서 3층 이상인 것
③ 「주택법」에 따른 공동주택(기숙사는 제외한다)으로서 300세대 이상인 것
④ 「주택법」에 따른 공동주택 중 기숙사로서 6층 이상인 것

30. 「소방시설공사업법」및 같은 법 시행규칙상 소방기술자의 실무교육에 관한 설명으로 옳지 않은 것은?

① 소방기술자는 실무교육을 2년마다 1회 이상 받아야 한다.
② 실무교육기관등의 장은 소방기술자에 대한 실무교육을 실시하려면 교육일정 등 교육에 필요한 계획을 수립하여 소방청장에게 보고한 후 교육 10일 전까지 교육대상자에게 알려야 한다.
③ 소방기술자가 정하여진 교육을 받지 아니하면 그 교육을 이수할 때까지 그 소방기술자는 소방시설업 또는 소방시설관리업의 기술인력으로 등록된 사람으로 보지 아니한다.
④ 소방본부장 또는 소방서장은 소방기술자에 대한 실무교육을 효율적으로 하기 위하여 실무교육기관을 지정할 수 있다.

31. 「화재의 예방 및 안전관리에 관한 법률 시행령」상 특수가연물과 수량의 연결이 옳지 않은 것은?

① 나무껍질 - 400kg 이상
② 나무부스러기 - 10m³ 이상
③ 석탄·목탄류 - 3,000kg 이상
④ 종이부스러기 - 1,000kg 이상

32.
「화재의 예방 및 안전관리에 관한 법률」 및 같은 법 시행규칙상 통계의 작성·관리에 따라 소방청장이 통계자료의 작성·관리에 관한 업무를 수행하게 할 수 있는 기관으로 옳지 않은 것은?

① 「통계법」 제15조에 따라 지정된 통계작성지정기관
② 「특정연구기관 육성법」 제2조에 따른 특정연구기관
③ 「소방기본법」 제40조제1항에 따라 설립된 한국소방안전원
④ 「정부출연연구기관 등의 설립·운영 및 육성에 관한 법률」 제8조에 따라 설립된 정부출연연구기관

33.
「화재의 예방 및 안전관리에 관한 법률」 및 같은 법 시행령상 화재안전조사의 결과를 공개할 수 있는 것으로 옳은 것은?

> ㄱ. 제조소등 설치 현황
> ㄴ. 소방시설등의 설치 및 관리 현황
> ㄷ. 소방안전관리자 선임 현황
> ㄹ. 자체점검 기간 및 점검자
> ㅁ. 특정소방대상물의 정보 및 자체점검 결과

① ㄱ, ㄴ, ㄷ
② ㄱ, ㄴ, ㅁ
③ ㄴ, ㄷ, ㄹ
④ ㄴ, ㄹ, ㅁ

34.
「소방시설 설치 및 관리에 관한 법률 시행규칙」 상 성능위주설계 평가단 및 중앙소방기술심의위원회의 검토·평가 구분 및 통보시기에 관한 설명으로 옳지 않은 것은?

① 검토·평가는 수리 및 불수리로 구분되며, 수리에는 원안채택과 보완이 해당되고, 불수리에는 재검토와 부결이 해당된다.
② 평가단 또는 중앙위원회에서 검토·평가한 결과 소방 관련 법령 및 건축 법령에 위반되거나 평가 기준을 충족하지 못한 경우는 "재검토"에 해당한다.
③ 보완으로 결정된 경우 보완기간을 21일 이내로 부여하고 보완이 완료되면 지체 없이 수리 여부를 통보해야 한다.
④ 통보 시기는 원안채택, 재검토, 부결은 지체 없이 통보하고, 보완은 보완완료 후 지체 없이 통보하여야 한다.

35.
「소방시설 설치 및 관리에 관한 법률 시행령」 상 소방시설을 설치하지 않을 수 있는 특정소방대상물 및 소방시설의 범위에 따라 "정수장, 수영장, 목욕장, 농예·축산·어류양식용 시설, 그 밖에 이와 비슷한 용도로 사용되는 것"에 설치하지 않을 수 있는 소방시설로 옳은 것은?

① 연결송수관설비
② 스프링클러설비
③ 자동화재탐지설비
④ 옥내소화전설비

36.
「소방시설 설치 및 관리에 관한 법률」 및 같은 법 시행규칙상 점검능력 평가 및 공시에 관한 설명으로 옳지 않은 것은?

① 소방청장은 특정소방대상물의 관계인이 적정한 관리업자를 선정할 수 있도록 하기 위하여 관리업자의 신청이 있는 경우 해당 관리업자의 점검능력을 종합적으로 평가하여 공시하여야 한다.
② 신청을 받은 평가기관의 장은 서류가 첨부되어 있지 않은 경우에는 신청인에게 15일 이내의 기간을 정하여 보완하게 할 수 있다.
③ 점검능력 평가의 항목은 실적, 기술력, 경력, 신인도로 평가하며, 평가기관은 점검능력 평가 결과를 지체 없이 소방청장 및 시·도지사에게 통보해야 한다.
④ 평가기관은 점검능력 평가 결과를 매년 7월 31일까지 평가기관의 인터넷 홈페이지를 통하여 공시하고, 상시 점검능력 평가 결과는 소방청장 및 시·도지사에게 통보해야 하며, 지체 없이 평가기관의 인터넷 홈페이지를 통하여 공시해야 한다.

37. 「소방시설 설치 및 관리에 관한 법률 시행령」에 따라 특정소방대상물의 종류로 알맞게 짝지어진 것은? (단, 학원의 경우 자동차학원 및 무도학원은 제외한다.)

① 150[㎡] 미만의 공연장 - 근린생활시설,
　 150[㎡] 이상의 공연장 - 문화 및 집회시설
② 500[㎡] 미만의 고시원 - 근린생활시설,
　 500[㎡] 이상의 고시원 - 교육연구시설
③ 500[㎡] 미만의 학원 - 근린생활시설,
　 500[㎡] 이상의 학원 - 숙박시설
④ 500[㎡] 미만의 청소년게임제공업 - 근린생활시설,
　 500[㎡] 이상의 청소년게임제공업 - 판매시설

38. 「위험물안전관리법」 및 같은 법 시행령상 군용 위험물시설의 설치 및 변경에 관한 내용으로 옳지 않은 것은?

① 군사목적을 위한 제조소등을 설치하고자 하는 군부대의 장은 당해 제조소등의 설치공사를 착수한 후 그 공사의 설계도서 등 관계서류를 시·도지사에게 제출해야 한다.
② 국가안보상 국가기밀에 속하는 제조소등을 설치하는 경우에는 당해 공사의 설계도서의 제출을 생략할 수 있다.
③ 군부대의 장이 설치하려는 제조소등의 소재지를 관할하는 시·도지사와 협의한 경우에는 제조소등에 대한 설치허가를 받은 것으로 본다.
④ 군부대의 장은 시·도지사와 협의한 제조소등에 대하여 탱크안전성능검사와 완공검사를 자체적으로 실시할 수 있다.

39. 「위험물안전관리법」 및 같은 법 시행령, 시행규칙상 탱크안전성능검사에 관한 설명으로 옳지 않은 것은?

> ㄱ. 탱크에 배관 그 밖의 부속설비를 부착하기 전에 당해 탱크 본체의 누설 및 변형에 대한 안전성이 행정안전부령으로 정하는 기준에 적합한지 여부를 확인함
> ㄴ. 탱크의 기초 및 지반에 관한 공사에 있어서 당해 탱크의 기초 및 지반이 행정안전부령으로 정하는 기준에 적합한지 여부를 확인함

① 시·도지사가 면제할 수 있는 탱크안전성능검사는 ㄱ이다.
② ㄱ은 위험물을 저장 또는 취급하는 탱크에 배관 그 밖의 부속설비를 부착하기 전에 신청한다.
③ ㄴ은 위험물탱크의 기초 및 지반에 관한 공사를 완료한 후에 신청한다.
④ ㄴ을 받아야 하는 위험물탱크는 옥외탱크저장소의 액체위험물탱크 중 그 용량이 100만 리터 이상인 탱크이다.

40. 「위험물안전관리법」상 청문을 실시하여야 하는 처분으로 옳은 것은?

① 안전관리대행기관의 지정취소
② 탱크안전성능시험자의 등록취소
③ 위험물안전관리자의 자격취소
④ 운송책임자의 자격취소

08회 소방관계법규 + 파란불

SONICE 빨간불 파란불 소방관계법규 실전 동형 모의고사

정답 및 해설 : p.250

점수 : 개 / 25개(경력채용 40개)

1. 「소방기본법」상 제17조제2항에 따르면 소방청장, 소방본부장 또는 소방서장은 화재를 예방하고 화재 발생 시 인명과 재산피해를 최소화하기 위하여 행정안전부령으로 정하는 바에 따라 소방안전에 관한 교육과 훈련을 실시할 수 있다. 그 대상으로 옳은 것은?

―― 보 기 ――
ㄱ. 「어린이안전관리에 관한 법률」 제3조에 따른 어린이집의 어린이
ㄴ. 「유아교육법」 제2조에 따른 유치원의 유아
ㄷ. 「노인복지법」 제31조에 따른 노인주거복지시설을 이용하는 노인
ㄹ. 「고등교육법」 제2조에 따른 학교의 학생
ㅁ. 「장애인복지법」 제58조에 따른 장애인복지시설에 거주하거나 해당 시설을 이용하는 장애인

① ㄱ, ㄴ
② ㄴ, ㄹ
③ ㄴ, ㅁ
④ ㄷ, ㄹ

2. 「소방기본법 시행규칙」 제8조 소방업무의 상호응원협정에 따라 시·도지사가 이웃하는 다른 시·도지사와 소방업무에 관하여 상호응원협정을 체결하고자 하는 때에 포함되어야 하는 사항으로 옳지 않은 것은?

① 소방교육·훈련의 종류에 관한 사항
② 화재의 경계·진압활동의 소방활동에 관한 사항
③ 출동대원의 수당·식사 및 의복의 수선에 관한 사항
④ 소방장비 및 기구의 정비와 연료의 보급에 관한 사항

3. 「소방기본법 시행규칙」 제6조 및 별표 2에 따라 소방용수표지에 관한 설명으로 옳은 것은?

① 소방본부장 또는 소방서장은 소방용수시설에 대하여 소방용수표지를 보기 쉬운 곳에 설치하여야 한다.
② 지하에 설치하는 소화전의 경우 승하강식 소화전의 맨홀뚜껑을 지름 648밀리미터 이상의 것으로 하여야 한다.
③ 지하에 설치하는 소화전의 경우 맨홀 뚜껑에는 "소화전·주정차금지" 또는 "저수조·주정차금지"의 표시를 하여야 하며, 맨홀뚜껑 부근에는 노란색 반사도료로 폭 15센티미터의 선을 빗금무늬로 그 둘레를 따라 칠하여야 한다.
④ 지상에 설치하는 소화전의 경우 소방용수표지 안쪽 문자는 흰색, 바깥쪽 문자는 노란색으로, 안쪽 바탕은 붉은색, 바깥쪽 바탕은 파란색으로 하고, 반사재료로 사용해야 한다.

4. 「소방기본법」 제19조 화재 등의 통지에 따라 화재로 오인할 만한 우려가 있는 불을 피우거나 연막 소독을 하려는 자가 관할 소방본부장 또는 소방서장에게 신고하여야 하는 지역 또는 장소로 옳은 보기의 개수는?

―― 보 기 ――
ㄱ. 제조소등
ㄴ. 노후·불량건축물이 밀집한 지역
ㄷ. 시·도의 조례로 정하는 지역 또는 장소
ㄹ. 「고압가스 안전관리법」 제3조제1호에 따른 저장소
ㅁ. 「물류시설의 개발 및 운영에 관한 법률」 제2조 제6호에 따른 물류단지

① 1개
② 2개
③ 3개
④ 4개

5. 「소방의 화재조사에 관한 법률」상 화재조사전담부서의 수행 업무로 옳은 것은?

보 기
ㄱ. 화재조사의 실시 및 조사결과 분석·관리
ㄴ. 화재조사에 필요한 시설·장비의 관리·운영
ㄷ. 화재조사관의 의무보수교육의 실시 및 훈련
ㄹ. 화재조사기법의 조사 및 연구개발

① ㄱ, ㄴ ② ㄱ, ㄹ
③ ㄴ, ㄷ ④ ㄷ, ㄹ

6. 「소방의 화재조사에 관한 법률 시행령」상 과태료의 부과기준에 따라 괄호 안에 들어갈 내용으로 옳은 것은?

위반행위	과태료 금액[만원]		
	1회	2회	3회
정당한 사유 없이 출석을 거부하거나 질문에 대하여 거짓으로 진술한 경우	(ㄱ)	(ㄴ)	(ㄷ)

① ㄱ : 50,　ㄴ : 100,　ㄷ : 200
② ㄱ : 50,　ㄴ : 150,　ㄷ : 200
③ ㄱ : 100,　ㄴ : 150,　ㄷ : 200
④ ㄱ : 100,　ㄴ : 200,　ㄷ : 300

7. 「소방시설공사업법」및 같은 법 시행령, 시행규칙상 "창고시설에 비상경보설비를 신설하는 공사"에 대한 설명으로 옳지 않은 것은?

① 소방본부장 또는 소방서장에게 착공신고를 하여야 하는 대상에 해당한다.
② 소방본부장이나 소방서장이 완공검사 현장 확인을 하여야 하는 대상에 해당한다.
③ 공사감리자를 지정해야 하는 특정소방대상물의 범위에 해당한다.
④ 공사완료 후 하자보수 보증기간은 2년이다.

8. 「소방시설공사업법」상 하도급계약의 적정성 심사에 관한 내용이다. 다음 중 옳은 것은?

① 발주자는 하수급인이 계약내용을 수행하기에 현저하게 부적당하다고 인정되거나 하도급계약금액이 소방시설공사 등에 대한 발주자의 예정가격의 100분의 82에 해당하는 금액에 미달하는 경우에는 하수급인의 시공 및 수행능력, 하도급계약 내용의 적정성 등을 심사할 수 있다.
② 발주자는 하수급인이 계약내용을 수행하기에 현저하게 부적당하다고 인정되거나 하도급계약금액이 도급금액 중 하도급부분에 상당하는 금액의 100분의 60에 해당하는 금액에 미달하는 경우에는 하수급인의 시공 및 수행능력, 하도급계약 내용의 적정성 등을 심사할 수 있다.
③ 국가, 지방자치단체, 공기업 및 준정부기관, 지방공사 및 지방공단이 발주자인 때에도 적정성 심사를 실시할 수 있다.
④ 발주자는 심사한 결과 하수급인의 시공 및 수행능력 또는 하도급계약 내용이 적정하지 아니하여 하수급인 또는 하도급계약 내용의 변경을 요구하려는 경우에는 하도급에 관한 사항을 통보받은 날 또는 그 사유가 있음을 안 날부터 30일 이내에 서면으로 하여야 한다.

9. 「소방시설공사업법 시행규칙」상 소방기술과 관련된 자격·학력 및 경력의 인정범위에 따라 소방기술자, 소방공사감리원 및 소방시설 자체점검 점검자의 기술등급으로 옳지 않은 것은?

① 소방기술사 자격을 취득한 사람은 특급 기술자, 특급 감리원 및 특급 점검자에 해당한다.
② 소방시설관리사 자격을 취득한 사람은 중급 기술자, 특급 감리원 및 특급 점검자에 해당한다.
③ 소방설비기사 기계분야의 자격을 취득한 후 5년간 소방 관련 업무를 수행한 사람은 고급 기술자(기계분야), 고급 감리원(기계분야) 및 고급 점검자에 해당한다.
④ 소방설비산업기사 전기분야의 자격을 취득한 후 11년간 소방 관련 업무를 수행한 사람은 특급 기술자(전기분야), 고급 감리원(전기분야) 및 특급 점검자에 해당한다.

10. 「소방시설공사업법」 제23조에 따라 특정소방대상물의 관계인 또는 발주자가 도급계약을 해지할 수 있는 경우로 옳은 것은?

> **보 기**
> ㄱ. 도급계약의 수급인이 소방시설업을 휴업한 경우
> ㄴ. 도급계약의 수급인이 정당한 사유 없이 15일 이상 소방시설공사를 계속하지 아니하는 경우
> ㄷ. 도급계약의 수급인이 소방시설업의 지위를 승계한 경우
> ㄹ. 도급계약의 수급인이 소방시설업의 영업정지가 된 경우

① ㄱ, ㄷ
② ㄱ, ㄹ
③ ㄴ, ㄷ
④ ㄷ, ㄹ

11. 「화재의 예방 및 안전관리에 관한 법률 시행규칙」상 화재예방안전진단 신청을 받은 한국소방안전원 또는 화재예방안전진단기관이 화재예방안전진단을 실시하는 절차로 옳은 것은?

① 위험성 평가 → 위험요인 조사 → 위험성 감소대책의 수립
② 위험성 평가 → 위험성 감소대책의 수립 → 위험요인 조사
③ 위험요인 조사 → 위험성 평가 → 위험성 감소대책의 수립
④ 위험요인 조사 → 위험성 감소대책의 수립 → 위험성 평가

12. 「화재의 예방 및 안전관리에 관한 법률 시행규칙」상 화재예방안전진단기관의 지정취소 및 업무정지의 처분기준에 관한 설명으로 옳지 않은 것은?

① 위반행위의 횟수에 따른 행정처분 기준은 최근 5년간 같은 위반행위로 행정처분을 받은 경우에 적용한다.
② 거짓이나 그 밖의 부정한 방법으로 안전진단기관으로 지정을 받은 경우에는 지정을 취소하여야 한다.
③ 업무정지기간에 화재예방안전진단 업무를 한 경우에는 지정을 취소하여야 한다.
④ 화재예방안전진단 결과를 소방본부장 또는 소방서장, 관계인에게 제출하지 않은 경우에는 2차 위반 시 업무정지 3개월에 해당한다.

13. 「화재의 예방 및 안전관리에 관한 법률 시행령」상 화재안전조사의 항목으로 옳지 않은 것은?

① 화재 위험경보 등에 관한 사항
② 화재의 예방조치 등에 관한 사항
③ 피난계획의 수립 및 시행에 관한 사항
④ 소화·통보·피난 등의 훈련 및 소방안전관리에 필요한 교육에 관한 사항

14. 「화재의 예방 및 안전관리에 관한 법률」상 벌칙의 연결로 옳지 않은 것은?

① 거짓이나 그 밖의 부정한 방법으로 화재예방안전진단기관으로 지정을 받은 자 - 3년 이하의 징역 또는 3천만원 이하의 벌금
② 화재안전조사업무를 수행하면서 취득한 자료나 알게 된 비밀을 다른 사람 또는 기관에게 제공 또는 누설하거나 목적 외의 용도로 사용한 자 - 1년 이하의 징역 또는 1천만원 이하의 벌금
③ 화재예방안전진단기관으로부터 화재예방안전진단을 받지 아니한 자 - 300만원 이하의 벌금
④ 소방시설·피난시설·방화시설 및 방화구획 등이 법령에 위반된 것을 발견하였음에도 필요한 조치를 할 것을 요구하지 아니한 소방안전관리자 - 300만원 이하의 벌금

15. 「화재의 예방 및 안전관리에 관한 법률 시행규칙」상 피난계획의 포함사항으로 옳지 않은 것은?

① 화재경보의 수단 및 방식
② 소방훈련·교육에 관한 계획
③ 피난약자 및 피난약자를 동반한 사람의 피난동선과 피난방법
④ 각 거실에서 옥외(옥상 또는 피난안전구역을 포함한다)로 이르는 피난경로

16. 「소방시설 설치 및 관리에 관한 법률 시행령」상 특정소방대상물의 분류로 옳지 않은 것은?

① 소방서 - 업무시설
② 사진관 - 근린생활시설
③ 야외극장 - 관광 휴게시설
④ 야외음악당 - 문화 및 집회시설

17. 「소방시설 설치 및 관리에 관한 법률 시행령」상 건축허가등의 동의대상에서 제외할 수 있는 것은?

> **보기**
> ㄱ. 특정소방대상물에 설치되는 가스누설경보기가 화재안전기준에 적합한 경우
> ㄴ. 특정소방대상물에 설치되는 비상조명등이 화재안전기준에 적합한 경우
> ㄷ. 특정소방대상물에 설치되는 자동소화장치가 화재안전기준에 적합한 경우
> ㄹ. 건축물의 증축 또는 용도변경으로 인하여 해당 특정소방대상물에 추가로 소방시설이 설치되는 경우 해당 특정소방대상물
> ㅁ. 「소방시설공사업법 시행령」제10조에 따른 공사감리자 지정대상 특정소방대상물에 해당하지 않는 경우 해당 특정소방대상물

① ㄱ, ㄷ
② ㄴ, ㄹ
③ ㄱ, ㄷ, ㅁ
④ ㄴ, ㄹ, ㅁ

18. 「소방시설 설치 및 관리에 관한 법률 시행규칙」상 건축허가 등의 동의 시 제출해야 하는 서류 중 "소방시설 설계도서"에 해당하지 않는 것은?

① 소방시설별 층별 평면도
② 소방시설(기계·전기 분야의 시설을 말한다)의 계통도(시설별 계산서를 포함한다)
③ 소방자동차 진입 동선도 및 부서 공간 위치도(조경계획을 포함한다)
④ 소방시설의 내진설계 계통도 및 기준층 평면도(내진 시방서 및 계산서 등 세부 내용이 포함된 상세 설계도면은 포함한다)

19. 「소방시설 설치 및 관리에 관한 법률 시행령」상 간이스프링클러설비를 설치해야 하는 특정소방대상물에 해당하는 것은?

> ㄱ. 입원실 및 인공신장실이 없는 의원
> ㄴ. 숙박시설로 사용되는 바닥면적의 합계가 300㎡ 이상 600㎡ 미만인 시설
> ㄷ. 근린생활시설 중 조산원 및 산후조리원으로서 연면적 600㎡ 미만인 시설
> ㄹ. 근린생활시설로 사용하는 부분의 바닥면적 합계가 1천5백㎡ 미만인 것은 모든 층

① ㄱ, ㄷ
② ㄱ, ㄹ
③ ㄴ, ㄷ
④ ㄴ, ㄹ

20. 「소방시설 설치 및 관리에 관한 법률 시행령」상 특정소방대상물의 관계인이 특정소방대상물에 설치·관리해야 하는 소방시설의 종류로 옳지 않은 것은?

① 아파트등 및 오피스텔의 모든 층에는 주거용 주방자동소화장치를 설치해야 한다.
② 「식품위생법」제2조제12호에 따른 집단급식소에는 상업용 주방자동소화장치를 설치해야 한다.
③ 연면적 1천5백제곱미터 이상인 근린생활시설에는 옥내소화전설비를 설치해야 한다.
④ 소화수를 수집·처리하는 설비가 설치되어 있지 않은 중·저준위방사성폐기물의 저장시설은 물분무등소화설비 중 이산화탄소소화설비, 할론소화설비, 할로겐화합물 및 불활성기체 소화설비 또는 분말소화설비를 설치해야 한다.

21. 「위험물안전관리법」상 제조소등 설치자의 지위승계 및 제조소등의 폐지에 관한 설명으로 옳지 않은 것은?

① 제조소등의 설치자가 사망하거나 그 제조소등을 양도·인도한 때 또는 법인인 제조소등의 설치자의 합병이 있는 때에는 그 상속인, 제조소등을 양수·인수한 자 또는 합병 후 존속하는 법인이나 합병에 의하여 설립되는 법인은 그 설치자의 지위를 승계한다.
② 민사집행법에 의한 경매, 「채무자 회생 및 파산에 관한 법률」에 의한 환가, 국세징수법·관세법 또는 「지방세징수법」에 따른 압류재산의 매각과 그 밖에 이에 준하는 절차에 따라 제조소등의 시설의 전부를 인수한 자는 그 설치자의 지위를 승계한다.
③ 제조소등의 설치자의 지위를 승계한 자는 행정안전부령이 정하는 바에 따라 승계한 날부터 14일 이내에 시·도지사에게 그 사실을 신고하여야 한다.
④ 제조소등의 관계인은 당해 제조소등의 용도를 폐지한 때에는 행정안전부령이 정하는 바에 따라 제조소등의 용도를 폐지한 날부터 14일 이내에 시·도지사에게 신고하여야 한다.

22. 「위험물안전관리법 시행규칙」상 소화설비, 경보설비 및 피난설비의 기준 중 "소화설비"에 관한 설명으로 옳지 않은 것은?

① 옥내탱크저장소 중 황만을 저장·취급하는 것에는 물분무소화설비를 설치하여야 한다.
② 제3류 위험물 중 금수성 물품의 경우 분말소화설비 중 인산염류등에 적응성이 있다.
③ 제조소등에서 전기설비가 설치된 경우에는 당해 장소의 면적 $100m^2$ 마다 소형수동식소화기를 1개 이상 설치하여야 한다.
④ 소요단위란 소화설비의 설치대상이 되는 건축물 그 밖의 공작물의 규모 또는 위험물의 양의 기준단위를 말하며, 위험물은 지정수량의 10배를 1소요단위로 한다.

23. 「위험물안전관리법 시행규칙」 별표 5 옥내저장소의 위치·구조·설비의 기준에 따라 안전거리 및 보유공지에 관한 설명으로 옳지 않은 것은?

① 제6류 위험물을 저장 또는 취급하는 옥내저장소에는 안전거리를 두지 아니할 수 있다.
② 제2석유류, 제3석유류, 제4석유류 또는 동식물유류의 위험물을 저장 또는 취급하는 옥내저장소로서 그 최대수량이 지정수량의 20배 미만인 것에는 안전거리를 두지 아니할 수 있다.
③ 벽·기둥 및 바닥이 내화구조로 된 건축물에 저장 또는 취급하는 위험물의 최대수량이 지정수량의 30배인 경우에는 3m 이상 너비의 공지를 보유하여야 한다.
④ 벽·기둥 및 바닥이 내화구조로 된 건축물 외의 경우에 저장 또는 취급하는 위험물의 최대수량이 지정수량의 100배인 경우에는 10m 이상 너비의 공지를 보유하여야 한다.

24. 「위험물안전관리법 시행규칙」 상 옥외탱크저장소에서 제4석유류를 저장하는 경우, 방유제 내에 설치할 수 있는 옥외저장탱크의 수는 몇 개 이하이어야 하는가?

① 10
② 20
③ 30
④ 제한이 없다.

25. 「위험물안전관리법 시행령」 상 관계인이 예방규정을 정하여야 하는 제조소등이다. 괄호 안에 들어갈 수 있는 최소 수량을 기준으로 큰 순서대로 나열한 것은?

- 메틸알코올을 (ㄱ)[L] 저장하는 옥내저장소
- 황을 (ㄴ)[kg] 저장하는 옥외탱크저장소
- 과망가니즈산염류를 (ㄷ)[kg] 취급하는 제조소

① ㄱ - ㄴ - ㄷ
② ㄱ - ㄷ - ㄴ
③ ㄷ - ㄴ - ㄱ
④ ㄷ - ㄱ - ㄴ

※ 26번 문항 이후는 경력채용 응시자만 풀이하십시오.
 (공개채용 응시자는 추가문제로 활용하세요.)

26. 「소방기본법」 및 같은 법 시행규칙상 소방박물관 등의 설립과 운영에 관한 설명으로 옳은 것은?

① 소방의 역사와 안전문화를 발전시키고 국민의 안전의식을 높이기 위하여 소방청장은 소방박물관을, 시·도지사는 소방체험관(화재 현장에서의 피난 등을 체험할 수 있는 체험관을 말한다.)을 설립하여 운영하여야 한다.
② 소방박물관의 설립과 운영에 필요한 사항은 대통령령으로 정하고, 소방체험관의 설립과 운영에 필요한 사항은 행정안전부령으로 정하는 기준에 따라 시·도의 조례로 정한다.
③ 소방청장은 소방박물관을 설립·운영하는 경우에는 소방박물관에 소방박물관장 1인과 부관장 1인을 두되, 소방박물관장은 소방공무원 중에서 소방청장이 임명한다.
④ 소방박물관에는 그 운영에 관한 중요한 사항을 심의하기 위하여 9인 이내의 위원으로 구성된 운영위원회를 둔다.

27. 「소방기본법」 상 소방안전교육사가 될 수 있는 사람은?

① 피성년후견인
② 금고 이상의 형의 집행유예를 선고받고 그 유예기간 중에 있는 사람
③ 자격이 취소(피성년후견인으로 자격이 취소된 경우는 제외한다)된 날부터 1년이 지난 사람
④ 금고 이상의 실형을 선고받고 그 집행이 끝나거나(집행이 끝난 것으로 보는 경우를 포함한다) 집행이 면제된 날부터 2년이 지나지 아니한 사람

28. 「소방의 화재조사에 관한 법률」 및 같은 법 시행령상 연구개발사업의 지원에 관한 설명으로 옳지 않은 것은?

① 소방청장은 화재조사 기법에 필요한 연구·실험·조사·기술개발 등을 지원하는 시책을 수립할 수 있다.
② 소방청장은 연구개발사업을 효율적으로 추진하기 위하여 화재감정기관에 연구개발사업을 수행하게 하거나 공동으로 수행할 수 있다.
③ 소방청장은 연구개발사업을 효율적으로 추진하기 위하여 한국소방산업기술원에 연구개발사업을 수행하게 하거나 공동으로 수행할 수 있다.
④ 소방청장은 기관 또는 단체 등에 대하여 연구개발사업을 실시하는 데 필요한 경비의 전부 또는 일부를 출연하거나 보조할 수 있다.

29. 「소방시설공사업법」 및 같은 법 시행령상 공사대금의 지급보증 등의 예외가 되는 소방시설공사의 범위이다. 괄호 안에 들어갈 내용으로 옳은 것은?

- 공사 1건의 도급금액이 (ㄱ) 미만인 소규모 소방시설공사
- 공사기간이 (ㄴ) 이내인 단기의 소방시설공사

	ㄱ	ㄴ
①	1천만원	3개월
②	1천만원	6개월
③	3천만원	6개월
④	3천만원	3개월

30. 「소방시설공사업법 시행규칙」 제25조의2 및 별표 6에 따라 소방기술자 양성·인정 교육훈련기관의 지정요건, 소방기술자 실무교육에 필요한 기술인력 및 시설장비로 옳은 것은?

① 소방기술자 양성·인정 교육훈련기관의 지정요건 : 전국 2개 이상의 시·도에 이론교육과 실습교육이 가능한 교육·훈련장을 갖출 것
② 소방기술자 양성·인정 교육훈련기관의 지정요건 : 소방기술자 양성·인정 교육훈련을 실시할 수 있는 전담인력을 4명 이상 갖출 것
③ 소방기술자 실무교육에 필요한 기술인력 및 시설장비 : 강사 2명 및 교무요원 4명 이상을 확보할 것
④ 소방기술자 실무교육에 필요한 기술인력 및 시설장비 : 사무실(바닥면적 60m^2 이상일 것), 강의실(바닥면적 100m^2 이상일 것), 실습실·실험실·제도실(각 바닥면적이 100m^2 이상일 것), 교육용 기자재

31. 「화재의 예방 및 안전관리에 관한 법률」 및 같은 법 시행령상 화재안전영향평가 및 화재안전영향평가심의회에 관한 설명으로 옳은 것은?

① 소방청장은 화재발생 원인 및 연소과정을 조사·분석하는 등의 과정에서 법령이나 정책의 개선이 필요하다고 인정되는 경우 그 법령이나 정책에 대한 화재 위험성의 유발요인 및 완화 방안에 대한 평가를 실시하여야 한다.
② 소방청장은 화재안전영향평가에 관한 업무를 수행하기 위하여 화재안전영향평가심의회를 구성·운영할 수 있으며, 심의회는 위원장 1명을 포함한 7명 이내의 위원으로 구성한다.
③ 소방청에서 화재안전 관련 업무를 수행하는 소방준감 이상의 소방공무원 중에서 소방청장이 지명하는 사람은 화재안전영향평가심의회의 위원이 될 수 있다.
④ 과학기술정보통신부에서 화재안전 관련 법령이나 정책을 담당하는 고위공무원단에 속하는 일반직공무원 중에서 해당 중앙행정기관의 장이 지명하는 사람은 화재안전영향평가심의회의 위원이 될 수 있다.

32. 「화재의 예방 및 안전관리에 관한 법률 시행령」상 화재예방안전진단 결과에 따른 안전등급의 기준으로 옳지 않은 것은?

① 우수(A) : 화재예방안전진단 실시 결과 문제점이 발견되지 않은 상태
② 양호(B) : 화재예방안전진단 실시 결과 문제점이 일부 발견되었으나 대상물의 화재안전에는 이상이 없으며 대상물 일부에 대해 보수·보강 등의 조치명령이 필요한 상태
③ 보통(C) : 화재예방안전진단 실시 결과 문제점이 다수 발견되었으나 대상물의 전반적인 화재안전에는 이상이 없으며 대상물에 대한 다수의 조치명령이 필요한 상태
④ 미흡(D) : 화재예방안전진단 실시 결과 중대한 문제점이 발견되어 대상물의 화재안전을 위해 조치명령의 즉각적인 이행이 필요하고 대상물의 사용 중단을 권고할 필요가 있는 상태

33. 「화재의 예방 및 안전관리에 관한 법률 시행령」상 보일러 등의 설비 또는 기구 등의 위치·구조 및 관리와 화재예방을 위하여 불을 사용할 때 지켜야 하는 사항으로 옳은 보기의 개수는?

보기

ㄱ. 보일러 : 보일러 본체와 벽·천장 사이의 거리는 0.5미터 이상이어야 한다.
ㄴ. 난로 : 연통은 천장으로부터 0.6미터 이상 떨어지고, 연통의 배출구는 건물 밖으로 0.6미터 이상 나오게 설치해야 한다.
ㄷ. 건조설비 : 주택에 사용하는 건조설비와 벽·천장 사이의 거리는 0.5미터 이상이어야 한다.
ㄹ. 불꽃을 사용하는 용접·용단 기구 : 「산업안전보건법」 제38조의 적용을 받는 사업장의 용접 또는 용단 작업장 주변 반경 5미터 이내에 소화기를 갖추어 둘 것
ㅁ. 노·화덕설비 : 노 또는 화덕의 주위에는 녹는 물질이 확산되지 않도록 높이 0.1미터 이상의 턱을 설치해야 한다.
ㅂ. 음식조리를 위하여 설치하는 설비 : 주방설비에 부속된 배출덕트(공기 배출통로)는 0.15밀리미터 이상의 아연도금강판 또는 이와 같거나 그 이상의 내식성 불연재료로 설치할 것
ㅅ. 보일러, 난로, 건조설비, 가스·전기시설, 불꽃을 사용하는 용접·용단기구 및 노·화덕설비가 설치된 장소에는 소화기 1개 이상을 갖추어 두어야 한다.

① 1개 ② 2개
③ 3개 ④ 4개

34. 「소방시설 설치 및 관리에 관한 법률 시행령」상 단독경보형 감지기 및 비상경보설비를 설치해야 하는 특정소방대상물로 옳지 않은 것은?

① 연면적 400㎡인 유치원에는 단독경보형 감지기를 설치해야 한다.
② 50명 이상의 근로자가 작업하는 옥내작업장에는 비상경보설비를 설치해야 한다.
③ 지하층의 바닥면적이 100제곱미터인 공연장의 모든 층에는 비상경보설비를 설치해야 한다.
④ 교육연구시설 내에 있는 기숙사 또는 합숙소로서 연면적 1천㎡인 것에는 단독경보형 감지기를 설치해야 한다.

35. 「소방시설 설치 및 관리에 관한 법률 시행규칙」상 작동점검에 대한 설명으로 옳지 않은 것은?

① 작동점검이란 소방시설등을 인위적으로 조작하여 소방시설이 정상적으로 작동하는지를 소방청장이 정하여 고시하는 소방시설등 작동점검표에 따라 점검하는 것을 말한다.
② 「위험물안전관리법」 제2조제6호에 따른 제조소등, 「화재의 예방 및 안전관리에 관한 법률 시행령」 별표 4 제1호가목의 특급소방안전관리대상물은 작동점검의 대상에서 제외한다.
③ 간이스프링클러설비(주택전용 간이스프링클러설비는 제외한다) 또는 자동화재탐지설비가 설치된 특정소방대상물에 대한 작동점검은 소방안전관리자로 선임된 소방시설관리사 및 소방기술사가 실시할 수 있다.
④ 작동점검의 점검 시기에 따라 종합점검 대상은 종합점검을 받은 달부터 6개월이 되는 달에 실시하며, 특정소방대상물의 완공검사증명서 발급일이 속하는 달의 말일까지 실시한다.

36. 「소방시설 설치 및 관리에 관한 법률」 및 같은 법 시행령, 시행규칙상 조치명령등의 기간연장에 관한 설명으로 옳은 것은?

① 소방대상물의 증축·용도변경 또는 대수선 등의 공사로 조치명령등을 그 기간 내에 이행할 수 없는 경우에 조치명령등의 기간연장을 신청할 수 있다.
② 시장·상가·복합건축물 등 소방대상물의 관계인이 여러 명으로 구성되어 조치명령 또는 이행명령의 이행에 대한 의견을 조정하기 어려운 경우에 조치명령등의 기간연장을 신청할 수 있다.
③ 조치명령 또는 이행명령의 연기를 신청하려는 관계인 등은 조치명령등의 이행기간 만료일 3일 전까지 조치명령등의 연기신청서에 조치명령등을 그 기간 내에 이행할 수 없음을 증명할 수 있는 서류를 첨부하여 소방청장, 소방본부장 또는 소방서장에게 제출해야 한다.
④ 신청서를 제출받은 소방청장, 소방본부장 또는 소방서장은 신청받은 날부터 5일 이내에 조치명령등의 연기 신청 승인 여부를 결정하여 조치명령등의 연기 통지서를 관계인 등에게 통지해야 한다.

37. 「위험물안전관리법 시행규칙」 별표 1의2에 따라 판매취급소의 변경허가를 받아야 하는 경우이다. 괄호 안에 들어갈 내용으로 옳은 것은?

- 건축물의 벽·기둥·바닥·보 또는 지붕을 증설 또는 철거하는 경우
- ( )를 신설 또는 철거하는 경우

① 스프링클러설비
② 자동화재탐지설비
③ 물분무등소화설비
④ 옥내소화전설비·옥외소화전설비

38. 「위험물안전관리법 시행규칙」 별표 13 주유취급소의 위치·구조 및 설비의 기준에 관한 설명으로 옳은 것은?

① 주유원간이대기실의 바닥면적은 5.0m² 이하이어야 한다.
② 주유원간이대기실는 불연재료로 하고, 바퀴가 부착된 이동식이어야 한다.
③ 주유취급소에는 보기 쉬운 곳에 "위험물 주유취급소"라는 표시를 한 표지, 방화에 관하여 필요한 사항을 게시한 게시판 및 황색바탕에 흑색문자로 "주유중엔진정지"라는 표시를 한 게시판을 설치하여야 한다.
④ 주유취급소의 직원 외의 자가 출입하는 주유취급소의 업무를 행하기 위한 사무소·주유취급소의 관계자가 거주하는 주거시설 및 주유취급소에 출입하는 사람을 대상으로 한 점포·휴게음식점 또는 전시장의 용도에 제공하는 부분의 면적의 합은 1,000m²를 초과할 수 없다.

39. 「위험물안전관리법」 및 같은 법 시행규칙상 탱크시험자의 중요사항 변경신고에 관한 설명으로 옳은 것은?

① 등록한 사항 가운데 행정안전부령이 정하는 중요사항을 변경한 경우에는 그날부터 14일 이내에 시·도지사에게 변경신고를 하여야 한다.
② 기술능력, 상호 또는 명칭의 변경은 행정안전부령으로 정하는 중요사항에 해당한다.
③ 대표자의 연락처, 영업소 소재지의 변경은 행정안전부령으로 정하는 중요사항에 해당한다.
④ 시·도지사는 신고서를 수리한 때에는 5일 이내에 등록증을 새로 교부하거나 제출된 등록증에 변경사항을 기재하여 교부하고, 기술자격증에는 그 변경된 사항을 기재하여 교부하여야 한다.

40. 「위험물안전관리법」 및 같은 법 시행령상 다음 보기의 위험물을 같은 장소에 저장할 경우 저장량이 지정수량 이상에 해당하는 것은?

① 브로민산칼륨 60kg, 염소산칼륨 40kg
② 질산 30kg, 알루미늄분 200kg
③ 질산칼륨 120kg, 다이크로뮴산나트륨 500kg
④ 아이오딘산칼륨 150kg, 기어유 1,000L

memo

memo

memo

SONICE 119
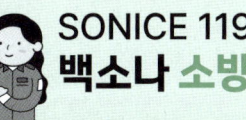
백소나 소방

2025년 소방공무원 채용시험 완벽대비

소방직을 합격으로 이끌다.
나만 알고 싶은

SO NICE
소방관계법규
실전동형
모의고사

백소나 편저

[정답 및 해설]

도서출판 더운

정답 및 간단해설

SONICE

빨간불 파란불 소방관계법규 실전 동형 모의고사

동영상 강의 |
소방단기 sobang.conects.com

01회 소방관계법규 - 정답 및 간단해설

SONICE 빨간불 실전 동형 모의고사 01회										
01	02	03	04	05	06	07	08	09	10
②	②	④	④	④	④	④	②	③	②
11	12	13	14	15	16	17	18	19	20
①	②	③	④	②	②	②	②	④	③
21	22	23	24	25	26	27	28	29	30
①	③	③	①	①	③	③	④	①	③
31	32	33	34	35	36	37	38	39	40
②	③	②	④	①	④	②	④	②	③

🎤 **백사부의 한마디**

내가 꿈을 이루면,
나는 또다시 누군가의 꿈이 된다.

01
정답 ② **SONICE 기본서 1권** p.77

해설 소방기본법 제19조
〈화재 등의 통지〉
① 화재 현장 또는 구조·구급이 필요한 사고 현장을 발견한 사람은 그 현장의 상황을 소방본부, 소방서 또는 관계 행정기관에 지체 없이 알려야 한다.
→ 거짓신고 시 : 500만원 이하의 과태료
② 다음의 어느 하나에 해당하는 지역 또는 장소에서 화재로 오인할 만한 우려가 있는 불을 피우거나 연막 소독을 하려는 자는 시·도의 조례로 정하는 바에 따라 관할 소방본부장 또는 소방서장에게 신고하여야 한다.
  1. 시장지역
  2. 공장·창고가 밀집한 지역
  3. 목조건물이 밀집한 지역 [ㄱ]
  4. 위험물의 저장 및 처리시설이 밀집한 지역
  5. 석유화학제품을 생산하는 공장이 있는 지역 [ㄷ]
  6. 그 밖에 시·도의 조례로 정하는 지역 또는 장소
  → 미신고로 소방자동차 출동 시 : 20만원 이하의 과태료

02 정답 ② SONICE 기본서 1권 p.100

해설 소방기본법 시행령 제11조

〈손실보상의 기준 및 보상금액〉
1. 손실을 입은 물건을 수리할 수 있는 때 : 수리비에 상당하는 금액
2. 손실을 입은 물건을 수리할 수 없는 때 : 손실을 입은 당시의 해당 물건의 교환가액
3. 이 경우 영업자가 손실을 입은 물건의 수리나 교환으로 인하여 영업을 계속할 수 없는 때에는 영업을 계속할 수 없는 기간의 영업이익액에 상당하는 금액을 더하여 보상한다.
4. 물건의 멸실·훼손으로 인한 손실 외의 재산상 손실에 대해서는 직무집행과 상당한 인과관계가 있는 범위에서 보상한다.

03 정답 ④ SONICE 기본서 1권 p.21

해설 소방기본법 제4조의2, 시행규칙 제3조의2

〈소방정보통신망 구축 운영〉
① 소방정보통신망은 회선 수, 구간별 용도 및 속도 등을 고려하여 설계·구축해야 한다.
② 소방정보통신망의 회선을 이중화한 경우 하나의 회선에 장애가 발생하면 다른 회선으로 즉시 전환되도록 구축·운영해야 한다.
③ 소방청장 및 시·도지사는 소방정보통신망이 안정적으로 운영될 수 있도록 연 1회 이상 소방정보통신망을 주기적으로 점검·관리해야 한다.
④ 규정한 사항 외에 소방정보통신망의 속도, 점검 주기 등에 관한 세부 사항은 소방청장이 정한다.

04 정답 ④ SONICE 기본서 2권 p.21

해설 소방의 화재조사에 관한 법률 시행규칙 제4조

〈화재조사에 관한 시험〉
① 소방청장이 화재조사에 관한 시험을 실시하는 경우에는 시험의 과목·일시·장소 및 응시 자격·절차 등을 시험 실시 30일 전까지 소방청의 인터넷 홈페이지에 공고해야 한다.
② 소방공무원 중 화재조사관 양성을 위한 전문교육을 이수한 사람은 자격시험에 응시할 수 있다.
③ 국립과학수사연구원에서 8주 이상 화재조사에 관한 전문교육을 이수한 사람은 자격시험에 응시할 수 있다.

SONICE TIP 화재조사에 관한 시험 응시자격

자격시험에 응시할 수 있는 사람은 소방공무원 중 다음의 어느 하나에 해당하는 사람으로 한다.
㉠ 화재조사관 양성을 위한 전문교육을 이수한 사람
㉡ 국립과학수사연구원 또는 소방청장이 인정하는 외국의 화재조사 관련 기관에서 8주 이상 화재조사에 관한 전문교육을 이수한 사람

05 정답 ④ SONICE 기본서 2권 p.26

해설 소방의 화재조사에 관한 법률 제8조
〈화재현장 보존〉
④ 화재현장 보존조치를 하거나 통제구역을 설정한 경우 누구든지 소방관서장 또는 경찰서장의 허가 없이 화재현장에 있는 물건 등을 이동시키거나 변경·훼손하여서는 아니 되며, 위반 시 300만원 이하의 벌금에 해당한다.

SONICE TIP 300만원 이하의 벌금
1. 허가 없이 화재현장에 있는 물건 등을 이동시키거나 변경·훼손한 사람
2. 정당한 사유 없이 화재조사관의 출입 또는 조사를 거부·방해 또는 기피한 사람
3. 관계인의 정당한 업무를 방해하거나 화재조사를 수행하면서 알게 된 비밀을 다른 용도로 사용하거나 다른 사람에게 누설한 사람
4. 정당한 사유 없이 증거물 수집을 거부·방해 또는 기피한 사람

06 정답 ④ SONICE 기본서 1권 p.166

해설 소방시설공사업법 시행령 제10조
〈공사감리자 지정대상 특정소방대상물의 범위〉
1. 옥내소화전설비를 신설·개설 또는 증설할 때
2. 스프링클러설비등(캐비닛형 간이스프링클러설비는 제외한다)을 신설·개설하거나 방호·방수 구역을 증설할 때
3. 물분무등소화설비(호스릴 방식의 소화설비는 제외한다)를 신설·개설하거나 방호·방수 구역을 증설할 때
4. 옥외소화전설비를 신설·개설 또는 증설할 때 [①]
5. 자동화재탐지설비를 신설 또는 개설할 때
6. 비상방송설비를 신설 또는 개설할 때
7. 통합감시시설을 신설 또는 개설할 때
8. 소화용수설비를 신설 또는 개설할 때
9. 다음에 따른 소화활동설비에 대하여 각 목에 따른 시공을 할 때
   가. 제연설비를 신설·개설하거나 제연구역을 증설할 때
   나. 연결송수관설비를 신설 또는 개설할 때 [④]
   다. 연결살수설비를 신설·개설하거나 송수구역을 증설할 때
   라. 비상콘센트설비를 신설·개설하거나 전용회로를 증설할 때 [③]
   마. 무선통신보조설비를 신설 또는 개설할 때
   바. 연소방지설비를 신설·개설하거나 살수구역을 증설할 때 [②]

07 정답 ④ SONICE 기본서 1권 p.216

해설 소방시설공사업법 시행령 제20조
〈업무의 위탁〉
소방청장은 다음의 업무를 협회, 소방기술과 관련된 법인 또는 단체에 위탁한다. 이 경우 소방청장은 수탁기관을 지정하여 고시해야 한다.
1. 소방기술과 관련된 자격·학력 및 경력의 인정 업무
2. 소방기술자 양성·인정 교육훈련 업무

08 정답 ② SONICE 기본서 1권 p.163

해설 소방시설공사업법 제15조

〈공사의 하자보수〉
① 공사업자는 소방시설공사 결과 자동화재탐지설비 등 대통령령으로 정하는 소방시설에 하자가 있을 때에는 대통령령으로 정하는 기간 동안 그 하자를 보수하여야 한다.
② 관계인은 기간에 소방시설의 하자가 발생하였을 때에는 공사업자에게 그 사실을 알려야 하며, 통보를 받은 공사업자는 3일 이내에 하자를 보수하거나 보수 일정을 기록한 하자보수계획을 관계인에게 서면으로 알려야 한다.
③ 관계인은 공사업자가 다음의 어느 하나에 해당하는 경우에는 소방본부장이나 소방서장에게 그 사실을 알릴 수 있다.
  1. ②에 따른 기간에 하자보수를 이행하지 아니한 경우
  2. ②에 따른 기간에 하자보수계획을 서면으로 알리지 아니한 경우
  3. 하자보수계획이 불합리하다고 인정되는 경우
④ 소방본부장이나 소방서장은 ③에 따른 통보를 받았을 때에는 「소방시설 설치 및 관리에 관한 법률」 제18조제2항에 따른 지방소방기술심의위원회에 심의를 요청하여야 하며, 그 심의 결과 ③ 각 호의 어느 하나에 해당하는 것으로 인정할 때에는 시공자에게 기간을 정하여 하자보수를 명하여야 한다.

09 정답 ③ SONICE 기본서 1권 p.160

해설 소방시설공사업법 제14조, 시행령 제5조

〈완공검사를 위한 현장확인 대상 특정소방대상물의 범위〉
① 공사업자는 소방시설공사를 완공하면 소방본부장 또는 소방서장의 완공검사를 받아야 한다.
② 공사감리자가 지정되어 있는 경우에는 공사감리 결과보고서로 완공검사를 갈음하되, 대통령령으로 정하는 특정소방대상물의 경우에는 소방본부장이나 소방서장이 소방시설공사가 공사감리 결과보고서대로 완공되었는지를 현장에서 확인할 수 있다.
④ 가연성가스를 제조·저장 또는 취급하는 시설 중 지상에 노출된 가연성 가스탱크의 저장용량 합계가 1천톤 이상인 시설은 완공검사를 위한 현장확인 대상 특정소방대상물에 해당한다.

SONICE TIP 완공검사를 위한 현장확인 대상 특정소방대상물의 범위
① 문화 및 집회시설, 종교시설, 판매시설, 노유자시설, 수련시설, 운동시설, 숙박시설, 창고시설, 지하상가 및 다중이용업소
② 다음의 어느 하나에 해당하는 설비가 설치되는 특정소방대상물
  ㉠ 스프링클러설비등
  ㉡ 물분무등소화설비(호스릴 방식의 소화설비는 제외한다)
③ 연면적 1만제곱미터 이상이거나 11층 이상인 특정소방대상물(아파트는 제외한다)
④ 가연성가스를 제조·저장 또는 취급하는 시설 중 지상에 노출된 가연성 가스탱크의 저장용량 합계가 1천톤 이상인 시설

10 정답 ② SONICE 기본서 1권 p.190

해설 소방시설공사업법 시행규칙 제22조
〈소방시설공사 시공능력 평가의 신청〉
② 소방시설업자협회는 공사업자가 첨부해야 할 서류를 갖추지 못하였을 때에는 <u>15일의 보완기간</u>을 부여하여 보완하게 해야 한다.

SONICE TIP 능력평가 비교

능력평가	방염처리능력평가 [공사업법]	시공능력평가 [공사업법]	점검능력평가 [시설법]
필수/선택	~할 수 있다.	~할 수 있다.	~해야 한다.
권한자	소방청장	소방청장	소방청장
산정식	실적평가액 + 자본금평가액 + 기술력평가액 + 경력평가액 ± 신인도평가액	실적평가액 + 자본금평가액 + 기술력평가액 + 경력평가액 ± 신인도평가액	실적평가액 + 기술력평가액 + 경력평가액 ± 신인도평가액
서류제출	매년 2월 15일까지	매년 2월 15일까지	매년 2월 15일까지
첨부서류 보완일	15일의 보완기간	15일의 보완기간	15일의 보완기간
결과공시일	매년 7월 31일까지	매년 7월 31일까지	매년 7월 31일까지
유효기간	공시일부터 1년간 유효	공시일부터 1년간 유효	공시일부터 1년간 유효
거짓 자료에 대한 새로 평가	10일 이내	10일 이내	-
비고		평가된 시공능력은 공사업자가 도급받을 수 있는 1건의 공사도급금액으로 한다.	상시 점검능력평가

11 정답 ① SONICE 기본서 2권 p.75

해설 화재의 예방 및 안전관리에 관한 법률 제7조
〈화재안전조사 - 개인의 주거〉
개인의 주거(실제 주거용도로 사용되는 경우에 한정한다)에 대한 화재안전조사는 <u>관계인의 승낙이 있거나[ㄱ] 화재발생의 우려가 뚜렷하여 긴급한 필요가 있는 때[ㄴ]</u>에 한정한다.
→ 옳은 보기는 "ㄱ, ㄴ"이다.

12 정답 ② SONICE 기본서 2권 p.136

해설 화재의 예방 및 안전관리에 관한 법률 시행규칙 제10조
〈소방안전관리업무 수행에 관한 기록·유지〉
① 소방안전관리대상물의 소방안전관리자는 소방안전관리업무 수행에 관한 기록을 <u>월 1회 이상</u> 작성·관리해야 한다.
③ 소방안전관리자는 소방안전관리업무 수행 중 보수 또는 정비가 필요한 사항을 발견한 경우에는 이를 지체 없이 관계인에게 알리고, 기록해야 한다.
④ 소방안전관리자는 업무 수행에 관한 기록을 작성한 날부터 2년간 보관해야 한다.

13

정답 ③　**SONICE 기본서 2권**　p.135

해설 화재의 예방 및 안전관리에 관한 법률 제24조
〈특정소방대상물의 소방안전관리〉
특정소방대상물(소방안전관리대상물은 제외한다)의 관계인과 소방안전관리대상물의 소방안전관리자는 다음 각 호의 업무를 수행한다. 다만, 제1호·제2호·제5호 및 제7호의 업무는 소방안전관리대상물의 경우에만 해당한다.
1. 피난계획에 관한 사항과 대통령령으로 정하는 사항이 포함된 소방계획서의 작성 및 시행
2. 자위소방대 및 초기대응체계의 구성, 운영 및 교육
3. 「소방시설 설치 및 관리에 관한 법률」 제16조에 따른 피난시설, 방화구획 및 방화시설의 관리
4. 소방시설이나 그 밖의 소방 관련 시설의 관리 [④]
5. 소방훈련 및 교육 [③]
6. 화기 취급의 감독 [②]
7. 행정안전부령으로 정하는 바에 따른 소방안전관리에 관한 업무수행에 관한 기록·유지(제3호·제4호 및 제6호의 업무를 말한다)
8. 화재발생 시 초기대응 [①]
9. 그 밖에 소방안전관리에 필요한 업무

14

정답 ④　**SONICE 기본서 2권**　p.91

해설 화재의 예방 및 안전관리에 관한 법률 제17조
〈화재의 예방조치〉
누구든지 화재예방강화지구 및 이에 준하는 대통령령으로 정하는 장소에서는 다음의 어느 하나에 해당하는 행위를 하여서는 아니 된다. 다만, 행정안전부령으로 정하는 바에 따라 안전조치를 한 경우에는 그러하지 아니한다.
1. 모닥불, 흡연 등 화기의 취급 [①]
2. 풍등 등 소형열기구 날리기
3. 용접·용단 등 불꽃을 발생시키는 행위 [②]
4. 그 밖에 대통령령으로 정하는 화재 발생 위험이 있는 행위 : 「위험물안전관리법」에 따른 위험물을 방치하는 행위 [③]

15

정답 ②　**SONICE 기본서 2권**　p.114

해설 화재의 예방 및 안전관리에 관한 법률 시행령 제24조
〈화재안전취약자 지원 대상〉
어린이, 노인, 장애인 등 화재의 예방 및 안전관리에 취약한 자(이하 "화재안전취약자"라 한다)에 대한 지원의 대상은 다음 각 호와 같다.
1. 「국민기초생활 보장법」 제2조 제2호에 따른 수급자
2. 「장애인복지법」 제6조에 따른 중증장애인 [①]
3. 「한부모가족지원법」 제5조에 따른 지원대상자
4. 「노인복지법」 제27조의2에 따른 홀로 사는 노인 [③]
5. 「다문화가족지원법」 제2조 제1호에 따른 다문화가족의 구성원 [④]
6. 그 밖에 화재안전에 취약하다고 소방관서장이 인정하는 사람
　→ ② 「영유아보육법」 제2조에 따른 어린이집의 영유아는 해당하지 않는다.

16 정답 ② SONICE 기본서 2권 p.263

해설 소방시설법 시행령 제9조

〈성능위주설계를 해야 하는 특정소방대상물의 범위〉

단, 신축하는 것만 해당한다.

1. 연면적 20만제곱미터 이상인 특정소방대상물. 다만, 별표 2 제1호가목에 따른 아파트등(이하 "아파트등"이라 한다)은 제외한다.
2. 50층 이상(지하층은 제외한다)이거나 지상으로부터 높이가 200미터 이상인 아파트등
3. 30층 이상(지하층을 포함한다)이거나 지상으로부터 높이가 120미터 이상인 특정소방대상물(아파트등은 제외한다)
4. 연면적 3만제곱미터 이상인 특정소방대상물로서 다음의 어느 하나에 해당하는 특정소방대상물
   가. 철도 및 도시철도 시설
   나. 공항시설
5. 창고시설 중 연면적 10만제곱미터 이상인 것 또는 지하층의 층수가 2개 층 이상이고 지하층의 바닥면적의 합계가 3만제곱미터 이상인 것
6. 하나의 건축물에 「영화 및 비디오물의 진흥에 관한 법률」 제2조제10호에 따른 영화상영관이 10개 이상인 특정소방대상물
7. 지하연계 복합건축물에 해당하는 특정소방대상물
8. 터널 중 수저터널 또는 길이가 5천미터 이상인 것

17 정답 ② SONICE 기본서 2권 p.320

해설 소방시설법 시행령 제31조

〈방염대상물품〉

1. 제조 또는 가공 공정에서 방염처리를 한 다음의 물품
   가. 창문에 설치하는 커튼류(블라인드를 포함한다)
   나. 카펫
   다. 벽지류(두께가 2밀리미터 미만인 종이벽지는 제외한다) [①]
   라. 전시용 합판·목재 또는 섬유판, 무대용 합판·목재 또는 섬유판(합판·목재류의 경우 불가피하게 설치 현장에서 방염처리한 것을 포함한다) [③]
   마. 암막·무대막(영화상영관에 설치하는 스크린과 가상체험 체육시설업에 설치하는 스크린을 포함한다)
   바. 섬유류 또는 합성수지류 등을 원료로 하여 제작된 소파·의자(단란주점영업, 유흥주점영업 및 노래연습장업의 영업장에 설치하는 것으로 한정한다) [④]
2. 건축물 내부의 천장이나 벽에 부착하거나 설치하는 다음의 것. 다만, 가구류(옷장, 찬장, 식탁, 식탁용 의자, 사무용 책상, 사무용 의자, 계산대, 그 밖에 이와 비슷한 것을 말한다. 이하 이 조에서 같다)와 너비 10센티미터 이하인 반자돌림대 등과 「건축법」 제52조에 따른 내부 마감재료는 제외한다.
   가. 종이류(두께 2밀리미터 이상인 것을 말한다)·합성수지류 또는 섬유류를 주원료로 한 물품
   나. 합판이나 목재
   다. 공간을 구획하기 위하여 설치하는 간이 칸막이(접이식 등 이동 가능한 벽체나 천장 또는 반자가 실내에 접하는 부분까지 구획하지 않는 벽체를 말한다) [②]
   라. 흡음을 위하여 설치하는 흡음재(흡음용 커튼을 포함한다)
   마. 방음을 위하여 설치하는 방음재(방음용 커튼을 포함한다)

18 정답 ② SONICE 기본서 2권 p.393 ~ 394

해설 소방시설법 시행령 제49조

〈조치명령등의 기간연장 - 대통령령으로 정하는 사유〉
1. 「재난 및 안전관리 기본법」 제3조제1호에 해당하는 재난이 발생한 경우
2. 경매 등의 사유로 소유권이 변동 중이거나 변동된 경우
3. 관계인의 질병, 사고, 장기출장의 경우
4. 시장·상가·복합건축물 등 소방대상물의 관계인이 여러 명으로 구성되어 조치명령 또는 이행명령(이하 "조치명령등"이라 한다)의 이행에 대한 의견을 조정하기 어려운 경우
5. 그 밖에 관계인이 운영하는 사업에 부도 또는 도산 등 중대한 위기가 발생하여 조치명령등을 그 기간 내에 이행할 수 없는 경우

선지분석
③ 조치명령 또는 이행명령의 연기를 신청하려는 관계인 등은 조치명령등의 이행기간 만료일 5일 전까지 조치명령등의 연기신청서에 조치명령등을 그 기간 내에 이행할 수 없음을 증명할 수 있는 서류를 첨부하여 소방청장, 소방본부장 또는 소방서장에게 제출해야 한다.
④ 신청서를 제출받은 소방청장, 소방본부장 또는 소방서장은 신청받은 날부터 3일 이내에 조치명령등의 연기 신청 승인 여부를 결정하여 조치명령등의 연기 통지서를 관계인 등에게 통지해야 한다.

19 정답 ④ SONICE 기본서 2권 p.255

해설 소방시설법 시행령 제7조

〈건축허가등 동의대상물의 범위〉
1. 연면적(「건축법 시행령」 제119조제1항제4호에 따라 산정된 면적을 말한다. 이하 같다)이 400제곱미터 이상인 건축물이나 시설. 다만, 다음 각 목의 어느 하나에 해당하는 건축물이나 시설은 해당 목에서 정한 기준 이상인 건축물이나 시설로 한다.
    가. 「학교시설사업 촉진법」 제5조의2제1항에 따라 건축등을 하려는 학교시설: 100제곱미터
    나. 특정소방대상물 중 노유자 시설 및 수련시설 : 200제곱미터 [①]
    다. 「정신건강증진 및 정신질환자 복지서비스 지원에 관한 법률」 제3조제5호에 따른 정신의료기관(입원실이 없는 정신건강의학과 의원은 제외하며, 이하 "정신의료기관"이라 한다): 300제곱미터
    라. 「장애인복지법」 제58조제1항제4호에 따른 장애인 의료재활시설(이하 "의료재활시설"이라 한다): 300제곱미터
2. 지하층 또는 무창층이 있는 건축물로서 바닥면적이 150제곱미터(공연장의 경우에는 100제곱미터) 이상인 층이 있는 것
3. 차고·주차장 또는 주차 용도로 사용되는 시설로서 다음 각 목의 어느 하나에 해당하는 것
    가. 차고·주차장으로 사용되는 바닥면적이 200제곱미터 이상인 층이 있는 건축물이나 주차시설
    나. 승강기 등 기계장치에 의한 주차시설로서 자동차 20대 이상을 주차할 수 있는 시설
4. 층수가 6층 이상인 건축물
5. 항공기 격납고, 관망탑, 항공관제탑, 방송용 송수신탑
6. 특정소방대상물 중 공동주택, 의원(입원실 또는 인공신장실이 있는 것으로 한정한다)·조산원·산후조리원, 숙박시설, 위험물 저장 및 처리 시설, 발전시설 중 풍력발전소·전기저장시설, 지하구 [②]
7. 제1호나목에 해당하지 않는 노유자 시설 중 다음 각 목의 어느 하나에 해당하는 시설. 다만, 가목2) 및 나목부터 바목까지의 시설 중 「건축법 시행령」 별표 1의 단독주택 또는 공동주택에 설치되는 시설은 제외한다.
    가. 노인 관련 시설 중 다음의 어느 하나에 해당하는 시설
        1) 노인주거복지시설, 노인의료복지시설 및 재가노인복지시설
        2) 학대피해노인 전용쉼터
    나. 아동복지시설(아동상담소, 아동전용시설 및 지역아동센터는 제외한다)

다. 장애인 거주시설
라. 정신질환자 관련 시설(공동생활가정을 제외한 재활훈련시설과 종합시설 중 24시간 주거를 제공하지 않는 시설은 제외한다)
마. 노숙인 관련 시설 중 노숙인자활시설, 노숙인재활시설 및 노숙인요양시설
바. 결핵환자나 한센인이 24시간 생활하는 노유자 시설

8. 「의료법」 제3조제2항제3호라목에 따른 요양병원(이하 "요양병원"이라 한다). 다만, 의료재활시설은 제외한다. [③]
9. 특정소방대상물 중 공장 또는 창고시설로서 「화재의 예방 및 안전관리에 관한 법률 시행령」 별표 2에서 정하는 수량의 750배 이상의 특수가연물을 저장·취급하는 것
10. 가스시설로서 지상에 노출된 탱크의 저장용량의 합계가 100톤 이상인 것 [④]

20 정답 ③ SONICE 기본서 2권 p.238 ~ 248

해설 소방시설법 시행령 [별표 2]
〈특정소방대상물〉

① 문화 및 집회시설
    가. 공연장으로서 근린생활시설에 해당하지 않는 것
    나. 집회장 : 예식장, 공회당, 회의장, 마권 장외 발매소, 마권 전화투표소, 그 밖에 이와 비슷한 것으로서 근린생활시설에 해당하지 않는 것
    다. 관람장 : 경마장, 경륜장, 경정장, 자동차 경기장, 그 밖에 이와 비슷한 것과 체육관 및 운동장으로서 관람석의 바닥면적의 합계가 1천㎡ 이상인 것
    라. 전시장 : 박물관, 미술관, 과학관, 문화관, 체험관, 기념관, 산업전시장, 박람회장, 견본주택, 그 밖에 이와 비슷한 것
    마. 동·식물원 : 동물원, 식물원, 수족관, 그 밖에 이와 비슷한 것

② 노유자시설 - 아동 관련 시설(병설유치원)

③ 운수시설
    가. 여객자동차터미널
    나. 철도 및 도시철도 시설[정비창 등 관련 시설을 포함한다]
    다. 공항시설(항공관제탑을 포함한다)
    라. 항만시설 및 종합여객시설

④ 자원순환 관련 시설
    가. 하수 등 처리시설
    나. 고물상
    다. 폐기물재활용시설
    라. 폐기물처분시설
    마. 폐기물감량화시설

21 정답 ① SONICE 기본서 1권 p.345

해설 위험물안전관리법 시행령 제19조의2
〈사고조사위원회의 위원〉
위원회의 위원은 다음의 어느 하나에 해당하는 사람 중에서 소방청장, 소방본부장 또는 소방서장이 임명하거나 위촉하고, 위원장은 위원 중에서 소방청장, 소방본부장 또는 소방서장이 임명하거나 위촉한다.

1. 소속 소방공무원
2. 기술원의 임직원 중 위험물 안전관리 관련 업무에 5년 이상 종사한 사람 [①]
3. 한국소방안전원의 임직원 중 위험물 안전관리 관련 업무에 5년 이상 종사한 사람
4. 위험물로 인한 사고의 원인·피해 조사 및 위험물 안전관리 관련 업무 등에 관한 학식과 경험이 풍부한 사람

22 정답 ③ SONICE 기본서 1권 p.334

해설 위험물안전관리법 시행령 제18조

〈자체소방대를 설치하여야 하는 사업소〉

① 용기에 위험물을 옮겨 담는 일반취급소에는 자체소방대를 두지 않아도 된다.
② 옥외탱크저장소에 저장하는 제4류 위험물의 최대수량이 지정수량의 50만배 이상인 경우에는 자체소방대를 설치하여야 하는 사업소에 해당한다.
③ 아세톤(제4류 위험물, 제1석유류, 수용성액체)는 지정수량이 400L이다. 지정수량의 "240만L / 400L = 6,000배"를 취급하는 제조소이므로 자체소방대를 두어야 하는 사업소에 해당한다.
④ 포수용액을 방사하는 화학소방자동차의 대수는 규정에 의한 화학소방자동차의 대수의 3분의 2 이상으로 하여야 한다.

23 정답 ③ SONICE 기본서 1권 p.290

해설 위험물안전관리법 제6조

〈위험물시설의 설치 및 변경〉

다음의 어느 하나에 해당하는 제조소등의 경우에는 허가를 받지 아니하고 당해 제조소등을 설치하거나 그 위치·구조 또는 설비를 변경할 수 있으며, 신고를 하지 아니하고 위험물의 품명·수량 또는 지정수량의 배수를 변경할 수 있다.

㉠ 주택의 난방시설(공동주택의 중앙난방시설을 제외한다)을 위한 저장소 또는 취급소
㉡ 농예용·축산용 또는 수산용으로 필요한 난방시설 또는 건조시설을 위한 지정수량 20배 이하의 저장소

24 정답 ① SONICE 기본서 1권 p.325

해설 위험물안전관리법 제17조

〈예방규정의 이행 실태 평가〉

① 소방청장은 대통령령으로 정하는 제조소등에 대하여 행정안전부령으로 정하는 바에 따라 예방규정의 이행 실태를 정기적으로 평가할 수 있다.

25 정답 ① SONICE 기본서 1권 p.296

해설 위험물안전관리법 제9조

〈완공검사〉

① 허가를 받은 자가 제조소등의 설치를 마쳤거나 그 위치·구조 또는 설비의 변경을 마친 때에는 당해 제조소등마다 시·도지사가 행하는 완공검사를 받아 기술기준에 적합하다고 인정받은 후가 아니면 이를 사용하여서는 아니 된다.

26 정답 ③ SONICE 기본서 1권 p.94

해설 소방기본법 제41조

〈한국소방안전원의 업무〉

㉠ 소방기술과 안전관리에 관한 교육 및 조사·연구
㉡ 소방기술과 안전관리에 관한 각종 간행물 발간 [①]
㉢ 화재 예방과 안전관리의식 고취를 위한 대국민 홍보 [④]
㉣ 소방업무에 관하여 행정기관이 위탁하는 업무 [②]
㉤ 소방안전에 관한 국제협력
㉥ 그 밖에 회원에 대한 기술지원 등 정관으로 정하는 사항

27

정답 ③ SONICE 기본서 1권 p.83 ~ 84

해설 소방기본법 제21조의3

〈소방자동차 교통안전 분석 시스템 구축·운영〉

① 소방청장 또는 소방본부장은 대통령령으로 정하는 소방자동차에 행정안전부령으로 정하는 기준에 적합한 운행기록장치를 장착하고 운용하여야 한다.
② 소방청장은 소방자동차의 안전한 운행 및 교통사고 예방을 위하여 운행기록장치 데이터의 수집·저장·통합·분석 등의 업무를 전자적으로 처리하기 위한 시스템을 구축·운영할 수 있다.
③ 소방청장, 소방본부장 및 소방서장은 소방자동차 교통안전 분석 시스템으로 처리된 자료를 이용하여 소방자동차의 장비운용자 등에게 어떠한 불리한 제재나 처벌을 하여서는 아니 된다.
④ 소방자동차 교통안전 분석 시스템의 구축·운영, 운행기록장치 데이터 및 전산자료의 보관·활용 등에 필요한 사항은 행정안전부령으로 정한다.

28

정답 ④ SONICE 기본서 2권 p.15

해설 화재조사법 제2조

〈정의 : 관계인등〉

화재가 발생한 소방대상물의 소유자·관리자 또는 점유자[③](관계인) 및 다음의 사람을 말한다.
㉠ 화재 현장을 발견하고 신고한 사람
㉡ 화재 현장을 목격한 사람 [②]
㉢ 소화활동을 행하거나 인명구조활동(유도대피 포함)에 관계된 사람
㉣ 화재를 발생시키거나 화재발생과 관계된 사람 [①]

29

정답 ① SONICE 기본서 1권 p.131

해설 소방시설공사업법 시행령 [별표 1]

〈소방시설공사업 - 보조기술인력〉

㉠ 소방기술사, 소방설비기사 또는 소방설비산업기사[②] 자격을 취득한 사람
㉡ 소방공무원으로 재직한 경력이 3년 이상인 사람으로서 자격수첩을 발급받은 사람 [③]
㉢ 행정안전부령으로 정하는 소방기술과 관련된 자격·경력 및 학력을 갖춘 사람으로서 자격수첩을 발급받은 사람 [④]

30

정답 ③ SONICE 기본서 1권 p.189

해설 소방시설공사업법 제23조

〈도급계약의 해지〉

특정소방대상물의 관계인 또는 발주자는 해당 도급계약의 수급인이 다음의 어느 하나에 해당하는 경우에는 도급계약을 해지할 수 있다.
㉠ 소방시설업이 등록취소되거나 영업정지된 경우
㉡ 소방시설업을 휴업하거나 폐업한 경우
㉢ 정당한 사유 없이 30일 이상 소방시설공사를 계속하지 아니하는 경우
㉣ 하도급계약의 적정성 심사 후 적정하지 아니하다고 인정된 경우 변경요구에 정당한 사유 없이 따르지 아니하는 경우

31 정답 ② SONICE 기본서 2권 p.171

해설 화재의 예방 및 안전관리에 관한 법률 시행규칙 제36조

〈소방안전관리대상물의 소방훈련 및 교육〉

① 소방안전관리대상물의 관계인은 소방훈련과 교육을 연 1회 이상 실시해야 한다.
② 소방본부장 또는 소방서장이 화재예방을 위하여 필요하다고 인정하여 2회의 범위에서 추가로 실시할 것을 요청하는 경우에는 소방훈련과 교육을 추가로 실시해야 한다.
③ 소방안전관리대상물의 관계인은 소방훈련과 교육을 실시했을 때에는 그 실시 결과를 소방훈련·교육 실시 결과 기록부에 기록하고, 이를 소방훈련 및 교육을 실시한 날부터 2년간 보관해야 한다.
④ 소방본부장 또는 소방서장은 특급 및 1급 소방안전관리대상물의 관계인으로 하여금 소방훈련과 교육을 소방기관과 합동으로 실시하게 할 수 있다.

32 정답 ③ SONICE 기본서 2권 p.192

해설 화재의 예방 및 안전관리에 관한 법률 제48조

〈소방안전관리대상물의 소방훈련 및 교육〉

① 강습교육 및 실무교육 : 소방청장이 한국소방안전원에 위탁한다.
② 소방안전관리자 자격증의 발급 및 재발급 : 소방청장이 한국소방안전원에 위탁한다.
③ 건설현장 소방안전관리자 선임신고의 접수 : 소방본부장 또는 소방서장이 한국소방안전원에 위탁한다.
④ 소방안전관리 등에 관한 종합정보망의 구축·운영 : 소방청장이 한국소방안전원에 위탁한다.

33 정답 ② SONICE 기본서 2권 p.179 ~ 180

해설 화재의 예방 및 안전관리에 관한 법률 시행령 제43조

〈화재예방안전진단 대상〉

㉠ 철도시설 중 역 시설의 연면적이 5천제곱미터 이상인 철도시설
㉡ 도시철도시설 중 역사 및 역 시설의 연면적이 5천제곱미터 이상인 도시철도시설
㉢ 공항시설 중 여객터미널의 연면적이 1천제곱미터 이상인 공항시설 [④]
㉣ 항만시설 중 여객이용시설 및 지원시설의 연면적이 5천제곱미터 이상인 항만시설
㉤ 전력용 및 통신용 지하구 중 「국토의 계획 및 이용에 관한 법률」에 따른 공동구
㉥ 천연가스 인수기지 및 공급망 중 가스시설 [①]
㉦ 발전소 중 연면적이 5천제곱미터 이상인 발전소 [③]
㉧ 가스공급시설 중 가연성 가스 탱크의 저장용량의 합계가 100톤 이상이거나 저장용량이 30톤 이상인 가연성 가스 탱크가 있는 가스공급시설

34 정답 ④ SONICE 기본서 2권 p.277

해설 소방시설 설치 및 관리에 관한 법률 제11조

〈자동차에 설치 또는 비치하는 소화기〉

「자동차관리법」제3조제1항에 따른 자동차 중 다음의 어느 하나에 해당하는 자동차를 제작·조립·수입·판매하려는 자 또는 해당 자동차의 소유자는 차량용 소화기를 설치하거나 비치하여야 한다.

㉠ 5인승 이상의 승용자동차 [ㄹ]
㉡ 승합자동차
㉢ 화물자동차 [ㄴ]
㉣ 특수자동차 [ㄷ]
→ 옳은 보기는 "ㄴ, ㄷ, ㄹ"이다.

35
정답 ① **SONICE 기본서 2권** p.290

해설 소방시설 설치 및 관리에 관한 법률 시행령 [별표 6]
〈소방시설을 설치하지 아니할 수 있는 특정소방대상물 및 소방시설의 범위〉
화재안전기준을 달리 적용해야 하는 특수한용도 또는 구조를 가진 특정소방대상물(원자력발전소, 중·저준위방사성폐기물의 저장시설)에 설치하지 않을 수 있는 소방시설은 "연결송수관설비[①] 및 연결살수설비"이다.

36
정답 ④ **SONICE 기본서 2권** p.336 ~ 340

해설 소방시설 설치 및 관리에 관한 법률 시행규칙 [별표 3]
〈종합점검〉
④ 종합점검은 연 1회 이상(특급 소방안전관리대상물은 반기에 1회 이상) 실시한다.

37
정답 ② **SONICE 기본서 1권** p.395

해설 위험물안전관리법 시행규칙 [별표 6]
〈옥외탱크저장소의 위치·구조 및 설비의 기준〉
② 옥외저장탱크에 물분무설비로 방호조치를 하는 경우에는 그 보유공지를 규정에 의한 보유공지의 2분의 1 이상의 너비(최소 3미터 이상)로 할 수 있다.

38
정답 ④ **SONICE 기본서 1권** p.531

해설 위험물안전관리법 시행규칙 [별표 17]
〈옥내소화전설비 및 옥외소화전설비의 설치기준〉

구분	방수량	방수압력	수원의 양	수평거리
옥내소화전설비	260[ℓ/min] 이상	0.35[MPa] 이상 (350[kPa] 이상)	7.8[m³] × N(최대 5개)	25[m] 이하
옥외소화전설비	450[ℓ/min] 이상	0.35[MPa] 이상 (350[kPa] 이상)	13.5[m³] × N(최대 4개)	40[m] 이하

④ 옥외소화전설비는 모든 옥외소화전(설치개수가 4개 이상인 경우는 4개의 옥외소화전)을 동시에 사용할 경우에 각 노즐끝부분의 방수압력이 350kPa 이상이고, 방수량이 1분당 450L 이상의 성능이 되도록 할 것

39 정답 ② SONICE 기본서 1권 p.393

해설 위험물안전관리법 시행규칙 [별표 5]

〈옥내저장소의 위치·구조 및 설비의 기준 : 바닥면적〉

하나의 저장창고의 바닥면적은 다음의 구분에 의한 면적 이하로 할 것. 이 경우 ①의 위험물과 ②의 위험물을 같은 저장창고에 저장하는 때에는 ①의 위험물을 저장하는 것으로 보아 그에 따른 바닥면적을 적용한다.

위험물의 종류	바닥면적
① 다음의 위험물을 저장하는 창고 　㉠ 제1류 위험물 : 아염소산염류, 염소산염류, 과염소산염류, 무기과산화물, 그 밖에 지정수량이 50[kg]인 위험물 　㉡ 제3류 위험물 : 칼륨, 나트륨, 알킬알루미늄, 알킬리튬, 그 밖에 지정수량이 10[kg]인 위험물+황린 　㉢ 제4류 위험물 : 특수인화물, 제1석유류, 알코올류 　㉣ 제5류 위험물 : 유기과산화물, 질산에스터류, 그 밖에 지정수량이 10[kg]인 위험물 　㉤ 제6류 위험물	1,000[m²] 이하
② "①"의 위험물 외의 위험물을 저장하는 창고	2,000[m²] 이하
③ "①"의 위험물과 "②"의 위험물을 내화구조의 격벽으로 완전히 구획된 실에 각각 저장하는 창고(①의 위험물을 저장하는 실의 면적은 500[m²]를 초과할 수 없다.)	1,500[m²] 이하

40 정답 ③ SONICE 기본서 1권 p.341

해설 위험물안전관리법 제21조, 시행규칙 제52조

〈운송책임자의 자격기준〉

㉠ 당해 위험물의 취급에 관한 국가기술자격을 취득하고 관련 업무에 1년 이상 종사한 경력이 있는 자
㉡ 위험물의 운송에 관한 안전교육을 수료하고 관련 업무에 2년 이상 종사한 경력이 있는 자

SONICE TIP 위험물운반자 및 위험물운송자 관련 벌칙

㉠ 1천만원 이하의 벌금
　- 자격요건을 갖추지 아니한 위험물운반자
　- 자격요건을 갖추지 아니한 위험물운송자
　- 운송책임자의 감독·지원을 받지 아니한 위험물운송자
㉡ 500만원 이하의 과태료
　- 세심한 주의를 기울이는 등 위험물의 운송에 관한 기준을 따르지 아니한 자

01회 소방관계법규 - 정답 및 간단해설

SONICE 파란불 실전 동형 모의고사 01회

01	02	03	04	05	06	07	08	09	10
③	③	④	①	④	③	②	③	③	①
11	12	13	14	15	16	17	18	19	20
②	①	①	③	④	④	④	④	③	③
21	22	23	24	25	26	27	28	29	30
④	④	②	②	②	④	④	①	②	②
31	32	33	34	35	36	37	38	39	40
①	②	②	③	④	③	④	③	④	④

🎤 **백사부의 한마디**

실패해도 괜찮다.
더 단단하게, 다시 일어날 수 있으니깐.

01

정답 ③ **SONICE 기본서 1권** p.27

해설 소방기본법 시행규칙 [별표 1]

〈소방체험관 - 체험교육 인력의 자격기준〉

구분	자격기준
교수요원	소방공무원 중 다음의 어느 하나에 해당하는 사람이어야 한다. ㉠ 소방 관련학과의 석사학위 이상을 취득한 사람 ㉡ 소방안전교육사, 소방시설관리사, 소방기술사 또는 소방설비기사 자격을 취득한 사람 ㉢ 간호사 또는 응급구조사 자격을 취득한 사람 ㉣ 소방청장이 실시하는 인명구조사시험 또는 화재대응능력시험에 합격한 사람 ㉤ <u>소방활동이나 생활안전활동을 3년 이상 수행한 경력이 있는 사람</u> ㉥ 5년 이상 근무한 소방공무원 중 시·도지사가 체험실의 교수요원으로 적합하다고 인정하는 사람
조교	다음의 어느 하나에 해당하는 사람이어야 한다. ㉠ 교수요원의 자격을 갖춘 사람 ㉡ 소방활동이나 생활안전활동을 1년 이상 수행한 경력이 있는 사람 ㉢ 중앙소방학교 또는 지방소방학교에서 2주 이상의 소방안전교육사 관련 전문교육과정을 이수한 사람 ㉣ 소방체험관에서 2주 이상의 체험교육에 관한 직무교육을 이수한 의무소방원 ㉤ 그 밖에 ㉠부터 ㉣까지의 규정에 준하는 자격 또는 능력을 갖추었다고 시·도지사가 인정하는 사람

02

정답 ③ SONICE 기본서 1권 p.17, 18, 22, 29, 32, 37

해설 소방기본법

〈규정〉

ㄱ. 소방기관 설치에 필요한 사항 : 대통령령
ㄴ. 119종합상황실의 설치·운영에 필요한 사항 : 행정안전부령
ㄷ. 소방기술민원센터의 설치·운영 등에 필요한 사항 : 대통령령
ㄹ. 소방박물관의 설립과 운영에 필요한 사항 : 행정안전부령
ㅁ. 소방신호의 종류와 방법 : 행정안전부령
ㅂ. 소방업무에 관한 종합계획 및 세부계획의 수립·시행에 필요한 사항 : 대통령령
ㅅ. 소방업무를 수행하는 데 필요한 인력과 장비 등에 관한 기준 : 행정안전부령
ㅇ. 소방용수시설과 비상소화장치의 설치기준 : 행정안전부령
→ 옳은 보기의 개수는 "ㄴ, ㄹ, ㅁ, ㅅ, ㅇ(5개)"이다.

03

정답 ④ SONICE 기본서 1권 p.70 ~ 71

해설 소방기본법 시행령 [별표 2의2]

〈소방안전교육사시험의 응시자격〉

① 「고등교육법」 제2조제1호부터 제6호까지의 규정의 어느 하나에 해당하는 학교에서 간호학과에 개설된 교과목 중 소방안전교육과 관련하여 소방청장이 정하여 고시하는 교과목을 총 10학점(6학점 이상에 해당) 이수한 사람
② 「응급의료에 관한 법률」 제36조제2항에 따라 1급 응급구조사 자격을 취득한 후 응급의료 업무 분야에 2년간(1년 이상에 해당) 종사한 사람
③ 「의료법」 제7조에 따라 간호사 면허를 취득한 후 간호업무 분야에 2년간(1년 이상에 해당) 종사한 사람
④ 「영유아보육법」 제21조에 따라 보육교사의 자격을 취득한 사람으로서 2년간(3년 이상이어야 한다.) 보육업무 경력이 있는 사람

04

정답 ① SONICE 기본서 1권 p.29

해설 소방기본법 시행령 제1조의3

〈소방업무에 관한 종합계획 및 세부계획의 수립·시행〉

① 소방청장은 소방업무에 관한 종합계획을 관계 중앙행정기관의 협의를 거쳐 계획 시행 전년도 10월 31일까지 수립해야 한다.

SONICE TIP 소방업무에 관한 종합계획의 포함사항

① 소방서비스의 질 향상을 위한 정책의 기본방향
② 소방업무에 필요한 체계의 구축, 소방기술의 연구·개발 및 보급
③ 소방업무에 필요한 장비의 구비
④ 소방전문인력 양성
⑤ 소방업무에 필요한 기반조성
⑥ 소방업무의 교육 및 홍보(소방자동차의 우선 통행 등에 관한 홍보를 포함한다)
⑦ 그 밖에 소방업무의 효율적 수행을 위하여 필요한 사항으로서 대통령령으로 정하는 사항
㉠ 재난·재해 환경 변화에 따른 소방업무에 필요한 대응 체계 마련
㉡ 장애인, 노인, 임산부, 영유아 및 어린이 등 이동이 어려운 사람을 대상으로 한 소방활동에 필요한 조치

05

정답 ④ **SONICE 기본서 2권** p.48

해설 소방의 화재조사에 관한 법률 시행령 제14조
〈국가화재정보시스템의 운영〉
소방청장은 국가화재정보시스템을 활용하여 다음의 화재정보를 수집·관리해야 한다.
1. 화재원인
2. 화재피해상황 [ㄱ]
3. 대응활동에 관한 사항
4. 소방시설 등의 설치·관리 및 작동 여부에 관한 사항 [ㅁ]
5. 화재발생건축물과 구조물, 화재유형별 화재위험성 등에 관한 사항
6. 화재예방 관계 법령 등의 이행 및 위반 등에 관한 사항
7. 관계인의 보험가입 정보 등에 관한 사항 [ㄹ]
8. 그 밖에 화재예방과 소방활동에 활용할 수 있는 정보
→ 옳은 보기는 ㄱ, ㄹ, ㅁ(3개)이다.

06

정답 ③ **SONICE 기본서 2권** p.24 ~ 25

해설 소방의 화재조사에 관한 법률 시행령 제7조
〈화재합동조사단의 구성·운영〉
① 소방관서장은 사망자가 5명 이상 발생한 화재가 발생한 경우 종합적이고 정밀한 화재조사를 위하여 유관기관 및 관계 전문가를 포함한 화재합동조사단을 구성·운영할 수 있다.
② 소방관서장은 화재로 인한 사회적·경제적 영향이 광범위하다고 소방관서장이 인정하는 화재가 발생한 경우 종합적이고 정밀한 화재조사를 위하여 유관기관 및 관계 전문가를 포함한 화재합동조사단을 구성·운영할 수 있다.
④ 「고등교육법」 제2조에 따른 학교 또는 이에 준하는 교육기관에서 화재조사, 소방 또는 안전관리 등 관련 분야 조교수 이상의 직에 3년 이상 재직한 사람은 화재합동조사단의 단원이 될 수 있다.

07

정답 ② **SONICE 기본서 1권** p.158 ~ 159

해설 소방시설공사업법 시행령 제4조
〈소방시설공사의 착공신고 대상〉
ㄱ. 다중이용업소에 감시제어반의 일부를 정비하는 공사
　　: 다중이용업소는 착공신고 대상에 해당하지 않는다.
ㄴ. 발전시설에 호스릴 할론소화설비의 방호구역을 증설하는 공사
　　: 물분무등소화설비의 방호구역을 증설하는 공사는 착공신고 대상에 해당한다.
ㄷ. 근린생활시설에 화재조기진압용 스프링클러설비의 방호구역을 증설하는 공사
　　: 화재조기진압용 스프링클러설비의 방호구역을 증설하는 것은 착공신고 대상에 해당하지 않는다.
ㄹ. 업무시설에 캐비닛형 간이스프링클러설비를 신설하는 공사
　　: 캐비닛형 간이스프링클러설비를 신설하는 공사는 착공신고 대상에 해당한다.
ㅁ. 위험물 취급소에 호스릴 옥내소화전설비를 신설하는 공사
　　: 제조소등(제조소, 저장소, 취급소)은 착공신고 대상에 해당하지 않는다.
→ 옳은 보기는 "ㄴ, ㄹ"이다.

SONICE TIP 소방시설공사의 착공신고 대상

1. 특정소방대상물(「위험물 안전관리법」 제2조제1항제6호에 따른 제조소등과 다중이용업소는 제외한다. 이하 제2호 및 제3호에서 같다)에 다음 각 목의 어느 하나에 해당하는 설비를 신설하는 공사
    가. 옥내소화전설비(호스릴옥내소화전설비를 포함한다. 이하 같다), 옥외소화전설비, 스프링클러설비・간이스프링클러설비(캐비닛형 간이스프링클러설비를 포함한다. 이하 같다) 및 화재조기진압용 스프링클러설비, 물분무소화설비・포소화설비・이산화탄소소화설비・할론소화설비・할로겐화합물 및 불활성기체 소화설비・미분무소화설비・강화액소화설비 및 분말소화설비(이하 "물분무등소화설비"라 한다), 연결송수관설비, 연결살수설비, 제연설비(소방용 외의 용도와 겸용되는 제연설비를 「건설산업기본법 시행령」 별표 1에 따른 기계가스설비공사업자가 공사하는 경우는 제외한다), 소화용수설비(소화용수설비를 「건설산업기본법 시행령」 별표 1에 따른 기계가스설비공사업자 또는 상・하수도설비공사업자가 공사하는 경우는 제외한다) 또는 연소방지설비
    나. 자동화재탐지설비, 비상경보설비, 비상방송설비(소방용 외의 용도와 겸용되는 비상방송설비를 「정보통신공사업법」에 따른 정보통신공사업자가 공사하는 경우는 제외한다), 비상콘센트설비(비상콘센트설비를 「전기공사업법」에 따른 전기공사업자가 공사하는 경우는 제외한다) 또는 무선통신보조설비(소방용 외의 용도와 겸용되는 무선통신보조설비를 「정보통신공사업법」에 따른 정보통신공사업자가 공사하는 경우는 제외한다)
2. 특정소방대상물에 다음 각 목의 어느 하나에 해당하는 설비 또는 구역 등을 **증설**하는 공사
    가. 옥내・옥외소화전설비
    나. 스프링클러설비・간이스프링클러설비 또는 물분무등소화설비의 방호구역, 자동화재탐지설비의 경계구역, 제연설비의 제연구역(소방용 외의 용도와 겸용되는 제연설비를 「건설산업기본법 시행령」 별표 1에 따른 기계가스설비공사업자가 공사하는 경우는 제외한다), 연결살수설비의 살수구역, 연결송수관설비의 송수구역, 비상콘센트설비의 전용회로, 연소방지설비의 살수구역
3. 특정소방대상물에 설치된 소방시설등을 구성하는 다음의 어느 하나에 해당하는 것의 전부 또는 일부를 **개설**, **이전** 또는 **정비**하는 공사. 다만, 고장 또는 파손 등으로 인하여 작동시킬 수 없는 소방시설을 긴급히 교체하거나 보수하여야 하는 경우에는 신고하지 않을 수 있다.
    가. 수신반
    나. 소화펌프
    다. 동력(감시)제어반

08

정답 ③　**SONICE 기본서 1권**　p.153 ~ 155

해설 소방시설공사업법 시행령 [별표 2]

〈소방기술자의 배치기준 및 배치기간〉

소방기술자의 배치기준	소방시설공사 현장의 기준
행정안전부령으로 정하는 특급기술자인 소방기술자 (기계분야 및 전기분야)	① 연면적 20만제곱미터 이상인 특정소방대상물의 공사 현장 ② 지하층을 포함한 층수가 40층 이상인 특정소방대상물의 공사 현장
행정안전부령으로 정하는 고급기술자인 소방기술자 (기계분야 및 전기분야)	① 연면적 3만제곱미터 이상 20만제곱미터 미만인 특정소방대상물(아파트는 제외)의 공사 현장 ② 지하층을 포함한 층수가 16층 이상 40층 미만인 특정소방대상물의 공사 현장
행정안전부령으로 정하는 중급기술자인 소방기술자 (기계분야 및 전기분야)	① 물분무등소화설비(호스릴 방식의 소화설비는 제외) 또는 제연설비가 설치되는 특정소방대상물의 공사 현장 ② 연면적 5천제곱미터 이상 3만제곱미터 미만인 특정소방대상물(아파트는 제외)의 공사 현장 ③ 연면적 1만제곱미터 이상 20만제곱미터 미만인 아파트의 공사 현장
행정안전부령으로 정하는 초급기술자인 소방기술자 (기계분야 및 전기분야)	① 연면적 1천제곱미터 이상 5천제곱미터 미만인 특정소방대상물(아파트는 제외)의 공사 현장 ② 연면적 1천제곱미터 이상 1만제곱미터 미만인 아파트의 공사 현장 ③ 지하구의 공사 현장
자격수첩을 발급받은 소방기술자	연면적 1천제곱미터 미만인 특정소방대상물의 공사 현장

*2개 이상의 공사 현장 기준에 해당하는 경우 : 특정 공사 현장이 2개 이상의 공사 현장 기준에 해당하는 경우에는 <u>해당 공사 현장 기준에 따라 배치해야 하는 소방기술자를 각각 배치하지 않고 그 중 상위 등급 이상의 소방기술자를 배치할 수 있다.</u>

③ 중급기술자인 소방기술자와 초급기술자인 소방기술자를 배치해야 하는 소방시설공사 현장의 기준에 해당한다. 해당 공사현장 기준에 따라 배치해야 하는 소방기술자를 각각 배치하지 않고, <u>그 중 상위 등급 이상의 소방기술자를 배치할 수 있다.</u>

09

정답 ③　**SONICE 기본서 1권**　p.165

해설 소방시설공사업법 시행령 [별표 3]

〈상주공사감리〉

① 연면적 3만제곱미터 이상인 특정소방대상물(<u>아파트는 제외한다</u>)에 대한 소방시설의 공사는 상주공사감리에 해당한다.
② 상주공사감리의 감리원이 행정안전부령으로 정하는 기간 중 부득이한 사유로 <u>1일 이상</u>에서 현장을 이탈하는 경우에는 감리일지 등에 기록하여 발주청 또는 발주자의 확인을 받아야 한다.
④ <u>일반공사감리에 대한 내용이다.</u>

SONICE TIP 상주공사감리의 대상

㉠ 연면적 3만제곱미터 이상의 특정소방대상물(아파트는 제외한다)에 대한 소방시설의 공사
㉡ 지하층을 포함한 층수가 16층 이상으로서 500세대 이상인 아파트에 대한 소방시설의 공사

10 정답 ① SONICE 기본서 1권 p.130

해설 소방시설공사업법 시행령 [별표1]

〈일반소방공사감리업(기계분야)〉

구분	내용
기술인력	㉠ 기계분야 특급 감리원 1명 이상 ㉡ 기계분야 고급 감리원 또는 중급 감리원 이상의 감리원 1명 이상 ㉢ 기계분야 초급 감리원 이상의 감리원 1명 이상
영업범위	㉠ 연면적 3만제곱미터(공장의 경우에는 1만제곱미터) 미만의 특정소방대상물(제연설비가 설치되는 특정소방대상물은 제외한다)에 설치되는 기계분야 소방시설의 감리 [④] ㉡ 아파트에 설치되는 기계분야 소방시설(제연설비는 제외한다)의 감리 [②] ㉢ 위험물제조소등에 설치되는 기계분야 소방시설의 감리 [③]

11 정답 ② SONICE 기본서 2권 p.149

해설 화재예방법 시행령 제29조

〈건설현장 소방안전관리대상물〉

㉠ 신축·증축·개축·재축·이전·용도변경 또는 대수선을 하려는 부분의 연면적의 합계가 1만5천제곱미터 이상인 것 [①]

㉡ 신축·증축·개축·재축·이전·용도변경 또는 대수선을 하려는 부분의 연면적이 5천제곱미터 이상인 것으로서 다음 각 목의 어느 하나에 해당하는 것
- 지하층의 층수가 2개 층 이상인 것 [④]
- 지상층의 층수가 11층 이상인 것 [③]
- 냉동창고, 냉장창고 또는 냉동·냉장창고

SONICE TIP 냉동·냉장창고, 물류창고, 창고시설

구분	내용
냉동·냉장창고	건설현장 소방안전관리대상물
	연면적 5천㎡ 이상인 것
물류창고	소방안전 특별관리시설물
	연면적 10만㎡ 이상인 것
창고시설	성능위주설계 대상
	연면적 10만㎡ 이상인 것 or 지하층의 층수가 2개 층 이상이고 지하층의 바닥면적의 합계가 3만㎡ 이상인 것

12 정답 ① SONICE 기본서 2권 p.91

해설 화재예방법 제7조, 시행령 제16조, 시행규칙 제7조

〈누구든지 하여서는 아니 되는 행위〉

① ㄱ의 장소
  ㉠ 제조소등
  ㉡ 「고압가스 안전관리법」에 따른 저장소
  ㉢ 「액화석유가스의 안전관리 및 사업법」에 따른 액화석유가스의 저장소·판매소
  ㉣ 「수소경제 육성 및 수소 안전관리에 관한 법률」에 따른 수소연료공급시설 및 수소연료사용시설
  ㉤ 「총포·도검·화약류 등의 안전관리에 관한 법률」에 따른 화약류를 저장하는 장소

② ㄴ의 행위
  ㉠ 모닥불, 흡연 등 화기의 취급
  ㉡ 풍등 등 소형열기구 날리기
  ㉢ 용접·용단 등 불꽃을 발생시키는 행위
  ㉣ 그 밖에 대통령령으로 정하는 화재 발생 위험이 있는 행위 영 제16조
    → 「위험물안전관리법」에 따른 위험물을 방치하는 행위 [②]

③ ㄷ의 안전조치
  ㉠ 「국민건강증진법」에 따라 설치한 흡연실 등 법령에 따라 지정된 장소에서 화기 등을 취급하는 경우
  ㉡ 소화기 등 소방시설을 비치 또는 설치한 장소에서 화기 등을 취급하는 경우 [③]
  ㉢ 「산업안전보건기준에 관한 규칙」에 따른 화재감시자 등 안전요원이 배치된 장소에서 화기 등을 취급하는 경우
  ㉣ 그 밖에 소방관서장과 사전 협의하여 안전조치를 한 경우 [④]

13 정답 ① SONICE 기본서 2권 p.112

해설 화재예방법 시행령 제22조

〈화재안전영향평가심의회의 구성〉

① 화재안전과 관련되는 법령이나 정책을 담당하는 관계 기관의 소속 직원으로서 대통령령으로 정하는 사람
  1. 다음의 중앙행정기관에서 화재안전 관련 법령이나 정책을 담당하는 고위공무원단에 속하는 일반직공무원(이에 상당하는 특정직공무원 및 별정직공무원을 포함한다) 중에서 해당 중앙행정기관의 장이 지명하는 사람 각 1명
    가. 행정안전부·산업통상자원부·보건복지부·고용노동부·국토교통부
    나. 그 밖에 심의회의 심의에 부치는 안건과 관련된 중앙행정기관
  2. 소방청에서 화재안전 관련 업무를 수행하는 소방준감
    이상의 소방공무원 중에서 소방청장이 지명하는 사람

② 소방기술사 등 대통령령으로 정하는 화재안전과 관련된 분야의 학식과 경험이 풍부한 전문가로서 소방청장이 위촉한 사람
  1. 소방기술사
  2. 다음의 기관이나 법인 또는 단체에서 화재안전 관련 업무를 수행하는 사람으로서 해당 기관이나 법인 또는 단체의 장이 추천하는 사람
    가. 한국소방안전원
    나. 한국소방산업기술원
    다. 한국화재보험협회 [②]
    라. 한국가스안전공사 [③]
    마. 한국전기안전공사 [④]
  3. 「고등교육법」 제2조에 따른 학교 또는 이에 준하는 학교나 공인된 연구기관에서 부교수 이상의 직 또는 이에 상당하는 직에 있거나 있었던 사람으로서 화재안전 또는 관련 법령이나 정책에 전문성이 있는 사람

14

정답 ③ **SONICE 기본서 2권** p.95

해설 화재예방법 시행령 [별표 1]

〈보일러 - 화목 등 고체연료를 사용할 때 지켜야 하는 사항〉

ㄱ. 고체연료는 보일러 본체와 수평거리 2미터 이상 간격을 두어 보관하거나 불연재료로 된 별도의 구획된 공간에 보관할 것
ㄷ. 연통의 배출구는 보일러 본체보다 2미터 이상 높게 설치할 것
ㄹ. 연통이 관통하는 벽면, 지붕 등은 불연재료로 처리할 것

→ 옳은 보기는 "ㄴ, ㅁ"이다.

15

정답 ④ **SONICE 기본서 2권** p.182

해설 화재예방법 시행규칙 제42조

〈화재예방안전진단의 결과제출〉

④ 화재예방안전진단을 실시한 안전원 또는 진단기관은 화재예방안전진단이 완료된 날부터 60일 이내에 소방본부장 또는 소방서장, 관계인에게 화재예방안전진단 결과 보고서에 서류를 첨부하여 제출해야 한다.

SONICE TIP 화재예방안전진단 대상물의 상태

안전등급	화재예방안전진단 결과에 따른 안전등급 기준
우수(A)	화재예방안전진단 실시 결과 문제점이 발견되지 않은 상태
양호(B)	화재예방안전진단 실시 결과 문제점이 일부 발견되었으나 대상물의 화재안전에는 이상이 없으며 대상물 일부에 대해 보수·보강 등의 조치명령이 필요한 상태
보통(C)	화재예방안전진단 실시 결과 문제점이 다수 발견되었으나 대상물의 전반적인 화재안전에는 이상이 없으며 대상물에 대한 다수의 조치명령이 필요한 상태
미흡(D)	화재예방안전진단 실시 결과 광범위한 문제점이 발견되어 대상물의 화재안전을 위해 조치명령의 즉각적인 이행이 필요하고 대상물의 사용 제한을 권고할 필요가 있는 상태
불량(E)	화재예방안전진단 실시 결과 중대한 문제점이 발견되어 대상물의 화재안전을 위해 조치명령의 즉각적인 이행이 필요하고 대상물의 사용 중단을 권고할 필요가 있는 상태

※비고 : 안전등급의 세부적인 기준은 소방청장이 정하여 고시한다.

16

정답 ④ **SONICE 기본서 2권** p.338

해설 소방시설법 시행규칙 [별표 3]

〈종합점검의 실시대상〉

㉠ "해당 특정소방대상물의 소방시설등이 신설된 경우"에 해당하는 특정소방대상물
㉡ 스프링클러설비가 설치된 특정소방대상물
㉢ 물분무등소화설비[호스릴 방식의 물분무등소화설비만을 설치한 경우는 제외한다]가 설치된 연면적 5,000㎡ 이상인 특정소방대상물(제조소등은 제외한다) [②]
㉣ 「다중이용업소의 안전관리에 관한 특별법 시행령」 제2조제1호나목, 같은 조 제2호(비디오물소극장업은 제외한다)·제6호·제7호·제7호의2 및 제7호의5의 다중이용업의 영업장이 설치된 특정소방대상물로서 연면적이 2,000㎡ 이상인 것
→ 단란주점영업과 유흥주점영업[제1호나목], 영화상영관·비디오물감상실업·비디오물소극장업 및 복합영상물제공업[제2호](비디오물소극장업은 제외한다), 노래연습장업[제6호], 산후조리업[제7호], 고시원업[제7호의2], 안마시술소[제7호의5] [④]
㉤ 제연설비가 설치된 터널 [①]
㉥ 「공공기관의 소방안전관리에 관한 규정」 제2조에 따른 공공기관 중 연면적(터널·지하구의 경우 그 길이와 평균 폭을 곱하여 계산한 값을 말한다)이 1,000㎡ 이상인 것으로서 옥내소화전설비 또는 자동화재탐지설비가 설치된 것. 다만, 「소방기본법」 제2조제5호에 따른 소방대가 근무하는 공공기관은 제외한다. [③]

17 정답 ④ SONICE 기본서 2권 p.306

해설 소방시설법 시행령 [별표 4]
〈소화용수설비의 설치대상〉
상수도소화용수설비를 설치해야 하는 특정소방대상물은 다음 각 목의 어느 하나에 해당하는 것으로 한다. <u>다만, 상수도소화용수설비를 설치해야 하는 특정소방대상물의 대지 경계선으로부터 (㉠ : 180)[m] 이내에 지름 (㉡ : 75)[mm] 이상인 상수도용 배수관이 설치되지 않은 지역의 경우에는 화재안전기준에 따른 소화수조 또는 저수조를 설치해야 한다.</u>
① 연면적 5,000[㎡] 이상인 것. 다만, 위험물 저장 및 처리 시설 중 가스시설, 지하가 중 터널 또는 지하구의 경우에는 제외한다.
② 가스시설로서 지상에 노출된 탱크의 저장용량의 합계가 100[톤] 이상인 것
③ 자원순환 관련 시설 중 폐기물재활용시설 및 폐기물처분시설

18 정답 ④ SONICE 기본서 2권 p.273 ~ 274

해설 소방시설법 시행규칙 제10조, 제11조
〈평가단의 구성 / 운영〉
① 평가단은 <u>평가단장을 포함하여</u> 50명 이내의 평가단원으로 성별을 고려하여 구성한다.
② 평가단원은 소방공무원 중 <u>소방설비기사 이상의 자격</u>을 가진 사람으로서 제3조에 따른 건축허가등의 동의 업무를 1년 이상 담당한 사람으로서 중앙소방학교에서 실시하는 성능위주설계 관련 교육과정을 이수한 사람이 될 수 있다.
③ 위촉된 평가단원의 임기는 2년으로 하되, <u>2회에 한정하여 연임할 수 있다.</u>

19 정답 ③ SONICE 기본서 2권 p.316

해설 소방시설법 제18조, 시행령 제20조
〈지방소방기술심의위원회〉
③ 지방소방기술심의위원회의 위원장은 <u>시·도지사</u>가 해당 위원 중에서 위촉한다.

SONICE TIP 지방소방기술심의위원회의 심의사항
다음의 사항을 심의하기 위하여 시·도에 지방소방기술심의위원회를 둔다.
① 소방시설에 하자가 있는지의 판단에 관한 사항
② 그 밖에 소방기술 등에 관하여 대통령령으로 정하는 사항
  ㉠ 연면적 10만제곱미터 미만의 특정소방대상물에 설치된 소방시설의 설계·시공·감리의 하자 유무에 관한 사항
  ㉡ 소방본부장 또는 소방서장이 제조소등의 시설기준 또는 화재안전기준의 적용에 관하여 기술검토를 요청하는 사항
  ㉢ 그 밖에 소방기술과 관련하여 시·도지사가 소방기술심의위원회의 심의에 부치는 사항

20 정답 ③ SONICE 기본서 2권 p.285

해설 소방시설법 시행령 [별표 5]
〈특정소방대상물의 소방시설 설치의 면제 기준〉
③ 자동화재속보설비를 설치해야 하는 특정소방대상물에 <u>화재알림설비</u>를 화재안전기준에 적합하게 설치한 경우에는 그 설비의 유효범위에서 설치가 면제된다.

21 정답 ④ SONICE 기본서 1권 p.328

해설 위험물안전관리법 시행령 제16조
〈정기점검의 대상인 제조소등〉

① 질산 / 제6류 위험물 / 지정수량 300kg
  → 지정수량의 10배 이상의 위험물을 취급하는 제조소
  → 정기점검 대상에 해당한다. (지정수량 10배)

② 황 / 제2류 위험물 / 지정수량 100kg
  → 지정수량의 100배 이상의 위험물을 저장하는 옥외저장소
  → 정기점검 대상에 해당한다. (지정수량 150배)

③ 에틸알코올 / 제4류 위험물(알코올류) / 지정수량 400L
  → 지정수량의 150배 이상의 위험물을 저장하는 옥내저장소
  → 정기점검 대상에 해당한다. (지정수량 150배)

④ 경유 / 제4류 위험물(제2석유류, 비수용성액체) / 지정수량 1,000L
  → 지정수량의 200배 이상의 위험물을 저장하는 옥외탱크저장소
  → <u>정기점검 대상에 해당하지 않는다. (지정수량 150배)</u>

22 정답 ④ SONICE 기본서 1권 p.320 ~ 321

해설 위험물안전관리법 제16조
〈탱크안전성능시험자(탱크시험자)〉
① 탱크시험자가 되고자 하는 자는 <u>대통령령</u>으로 정하는 기술능력·시설 및 장비를 갖추어 시·도지사에게 등록하여야 한다.
② 등록한 사항 가운데 <u>행정안전부령</u>으로 정하는 중요사항을 변경한 경우에는 그 날부터 30일 이내에 시·도지사에게 변경신고를 하여야 한다.
③ 시·도지사는 규정에 따른 탱크시험자 등록기준에 미달하게 된 경우에는 <u>그 등록을 취소할 수 있다</u>.

23 정답 ② SONICE 기본서 1권 p.412

해설 위험물안전관리법 시행규칙 [별표 10]
〈이동탱크저장소의 위치·구조 및 설비의 기준〉
② 방파판은 하나의 구획부분에 2개 이상의 방파판을 이동탱크저장소의 진행방향과 평행으로 설치하되, <u>각 방파판은 그 높이 및 칸막이로부터의 거리를 다르게 할 것</u>

SONICE TIP 칸막이 / 방파판 / 방호틀의 두께[mm]

구분	두께
이동저장탱크	3.2mm 이상의 강철판
칸막이	3.2mm 이상의 강철판
방파판	1.6mm 이상의 강철판
방호틀	2.3mm 이상의 강철판

24 정답 ② SONICE 기본서 1권 p.280, 285

해설 위험물안전관리법 시행령 [별표 1]
〈위험물의 정의〉
① 제6류 위험물(질산) : 그 <u>비중이 1.49 이상</u>인 것에 한하며, 제21호의 성상이 있는 것으로 본다.
② 제6류 위험물(과산화수소) : 그 농도가 36중량퍼센트 이상인 것에 한하며, 제21호의 성상이 있는 것으로 본다.
③ 제2류 위험물(인화성 고체) : 고형알코올 그 밖에 1기압에서 인화점이 <u>섭씨 40도 미만인 고체</u>를 말한다.
④ 제2류 위험물(마그네슘) : 마그네슘 및 제2류제8호의 물품중 마그네슘을 함유한 것에 있어서는 다음 각목의 1에 해당하는 것은 <u>제외한다.</u>
　가. 2밀리미터의 체를 통과하지 아니하는 덩어리 상태의 것
　나. 지름 2밀리미터 이상의 막대 모양의 것

25 정답 ② SONICE 기본서 1권 p.386 ~ 387

해설 위험물안전관리법 시행규칙 [별표 4]
〈제조소의 위치·구조 및 설비의 기준 - 배출설비〉
가연성의 증기 또는 미분이 체류할 우려가 있는 건축물에는 그 증기 또는 미분을 옥외의 높은 곳으로 배출할 수 있도록 다음 각호의 기준에 의하여 배출설비를 설치하여야 한다.
1. 배출설비는 국소방식으로 하여야 한다. 다만, 다음 각목의 1에 해당하는 경우에는 전역방식으로 할 수 있다.
　가. 위험물취급설비가 배관이음 등으로만 된 경우
　나. 건축물의 구조·작업장소의 분포 등의 조건에 의하여 전역방식이 유효한 경우
2. 배출설비는 배풍기(오염된 공기를 뽑아내는 통풍기)·배출 덕트(공기 배출통로)·후드 등을 이용하여 강제적으로 배출하는 것으로 해야 한다.
3. <u>배출능력은 1시간당 배출장소 용적의 20배 이상인 것으로 하여야 한다. 다만, 전역방식의 경우에는 바닥면적 1㎡당 18㎥ 이상으로 할 수 있다.</u>
4. 배출설비의 급기구 및 배출구는 다음의 기준에 의하여야 한다.
　가. 급기구는 높은 곳에 설치하고, 가는 눈의 구리망 등으로 인화방지망을 설치할 것
　나. 배출구는 지상 2m 이상으로서 연소의 우려가 없는 장소에 설치하고, 배출 덕트가 관통하는 벽부분의 바로 가까이에 화재시 자동으로 폐쇄되는 방화댐퍼(화재 시 연기 등을 차단하는 장치)를 설치할 것
5. 배풍기는 강제배기방식으로 하고, 옥내 덕트의 내압이 대기압 이상이 되지 아니하는 위치에 설치하여야 한다.

SONICE TIP 환기설비 vs. 배출설비

구분	내용	
환기설비	급기구	낮게 설치
	환기방식	자연배기방식
배출설비	급기구	높게 설치
	배출방식	강제배기방식

26

정답 ④   SONICE 기본서 1권   p.19

해설 소방기본법 시행규칙 제3조
〈119종합상황실장의 보고화재 종류〉

ㄱ. 지정수량 1천배(지정수량 3천배 이상이어야 한다)의 위험물 취급소에서 발생한 화재
ㄴ. 사망자 4명, 부상자 5명(사망자가 5명 이상이거나 사상자(사망+부상)가 10명 이상 이어야 한다)이 발생한 아파트 화재
ㄷ. 지상 2층이고, 각 층의 바닥면적의 합이 1만제곱미터인 공장 화재(연면적이 2만제곱미터로 1만5천제곱미터 이상인 공장이므로 상급기관에 보고해야 한다) [O]
ㄹ. 긴급구조통제단장의 현장지휘가 필요한 재난상황(보고해야 하는 재난상황에는 긴급구조통제단장의 현장지휘, 언론보도, 소방청장이 정하는 재난상황이 있다) [O]
→ 옳은 보기는 "ㄷ, ㄹ"이다.

27

정답 ④   SONICE 기본서 1권   p.43 ~ 44

해설 소방기본법 제11조의2
〈소방력의 동원〉
④ 소방청장이 직접 소방대를 편성하여 소방활동을 하게 하는 경우에는 소방청장의 지휘에 따라야 한다.

28

정답 ①   SONICE 기본서 2권   p.42

해설 소방의 화재조사에 관한 법률 제17조
〈화재감정기관의 지정·운영〉
(ㄱ: 소방청장)은 과학적이고 전문적인 화재조사를 위하여 (ㄴ: 대통령령)으로 정하는 시설과 전문인력 등 지정기준을 갖춘 기관을 화재감정기관으로 지정·운영하여야 한다.

29 정답 ② SONICE 기본서 1권 p.211 ~ 212

해설 소방시설공사업법 시행규칙 제32조
〈소방기술자 실무교육기관의 지정서 발급〉
① 소방청장은 제출된 서류를 심사하고 현장 확인한 결과 지정기준을 충족한 경우에는 신청일부터 30일 이내에 실무교육기관 지정서를 발급하여야 한다.
② 실무교육기관을 지정한 소방청장은 지정한 실무교육기관의 명칭, 대표자, 소재지, 교육실시 범위 및 교육업무 개시일 등 교육에 필요한 사항을 관보에 공고하여야 한다.

SONICE TIP 소방기술자 실무교육기관
① 서류 보완기간 : 15일 이내
② 지정서 발급 : 30일 이내
③ 변경신고 : 10일 이내
④ 휴업・재개업・폐업 신고 : 14일 전까지

30 정답 ② SONICE 기본서 1권 p.179

해설 소방시설공사업법 시행령 제11조의2
〈소방시설공사의 분리도급 예외〉
소방시설공사의 착공신고대상에 해당하지 않는 공사인 경우에는 소방시설공사의 분리도급을 하지 않아도 된다. 보기 ①, ③, ④는 소방시설공사의 착공신고대상에 해당하는 것으로 분리도급을 해야 하고, 보기 ②는 소방시설공사의 착공신고대상에 해당하지 않는 공사로 분리도급을 하지 않아도 된다.

SONICE TIP 소방시설공사의 분리도급 예외
① 「재난 및 안전관리 기본법」에 따른 재난의 발생으로 긴급하게 착공해야 하는 공사인 경우
② 국방 및 국가안보 등과 관련하여 기밀을 유지해야 하는 공사인 경우
③ 소방시설공사의 착공신고대상에 해당하지 않는 공사인 경우
④ 연면적이 1천제곱미터 이하인 특정소방대상물에 비상경보설비를 설치하는 공사인 경우
⑤ 다음의 어느 하나에 해당하는 입찰로 시행되는 공사인 경우
　㉠ 「국가를 당사자로 하는 계약에 관한 법률 시행령」 및 「지방자치단체를 당사자로 하는 계약에 관한 법률 시행령」에 따른 대안입찰 또는 일괄입찰
　㉡ 「국가를 당사자로 하는 계약에 관한 법률 시행령」 및 「지방자치단체를 당사자로 하는 계약에 관한 법률 시행령」에 따른 실시설계 기술제안입찰 또는 기본설계 기술제안입찰
　㉢ 「국가첨단전략산업 경쟁력 강화 및 보호에 관한 특별조치법」에 따른 국가첨단전략기술 관련 연구시설・개발시설 또는 그 기술을 이용하여 제품을 생산하는 시설 공사인 경우
⑥ 그 밖에 국가유산수리 및 재개발・재건축 등의 공사로서 공사의 성질상 분리하여 도급하는 것이 곤란하다고 소방청장이 인정하는 경우

31
정답 ① SONICE 기본서 2권 p.82

해설 화재의 예방 및 안전관리에 관한 법률 제10조, 시행령 제11조
〈화재안전조사위원회〉
① 소방관서장은 화재안전조사를 효율적으로 수행하기 위하여 대통령령으로 정하는 바에 따라 소방청에는 중앙화재안전조사단을, 소방본부 및 소방서에는 지방화재안전조사단을 편성하여 운영할 수 있다.
→ 소방관서장은 화재안전조사의 대상을 객관적이고 공정하게 선정하기 위하여 필요한 경우 화재안전조사위원회를 구성하여 화재안전조사의 대상을 선정할 수 있다.

32
정답 ② SONICE 기본서 2권 p.67

해설 화재의 예방 및 안전관리에 관한 법률 제4조, 시행령 제3조
〈화재의 예방 및 안전관리에 관한 기본계획의 포함사항〉
① 화재예방정책의 기본목표 및 추진방향
② 화재의 예방과 안전관리를 위한 법령·제도의 마련 등 기반 조성
③ 화재의 예방과 안전관리를 위한 대국민 교육·홍보
④ 화재의 예방과 안전관리 관련 기술의 개발·보급
⑤ 화재의 예방과 안전관리 관련 전문인력의 육성·지원 및 관리
⑥ 화재의 예방과 안전관리 관련 산업의 국제경쟁력 향상
⑦ 그 밖에 대통령령으로 정하는 화재의 예방과 안전관리에 필요한 사항
　㉠ 화재발생 현황
　㉡ 소방대상물의 환경 및 화재위험특성 변화 추세 등 화재예방정책의 여건 변화에 관한 사항
　㉢ 소방시설의 설치·관리 및 화재안전기준의 개선에 관한 사항
　㉣ 계절별·시기별·소방대상물별 화재예방대책의 추진 및 평가 등에 관한 사항
　㉤ 그 밖에 화재의 예방 및 안전관리와 관련하여 소방청장이 필요하다고 인정하는 사항

33
정답 ② SONICE 기본서 2권 p.196 ~ 198

해설 화재의 예방 및 안전관리에 관한 법률 시행령 [별표 6]
〈소방안전관리자 자격시험에 응시할 수 있는 사람의 자격〉
② 2급 소방안전관리대상물의 소방안전관리자로 선임될 수 있는 자격을 갖춘 후 2급 소방안전관리대상물의 소방안전관리보조자로 7년 이상 근무한 실무경력이 있는 사람은 1급 소방안전관리자 자격시험을 응시할 수 있다.

34
정답 ③ SONICE 기본서 2권 p.278

해설 소방시설 설치 및 관리에 관한 법률 시행규칙 [별표 2]
〈차량용 소화기의 설치 또는 비치 기준〉
① 화물자동차(피견인자동차는 제외한다) 및 특수자동차 - 중형 이하 : 능력단위 1단위 이상인 소화기 1개 이상을 사용하기 쉬운 곳에 설치한다.
② 승합자동차 - 승차정원 16인 이상 35인 이하 : 능력단위 2단위 이상인 소화기 2개 이상을 설치한다.
③ 화물자동차(피견인자동차는 제외한다) 및 특수자동차 - 대형 이상 : 능력단위 2단위 이상인 소화기 1개 이상 또는 능력단위 1단위 이상인 소화기 2개 이상을 설치한다.

35

정답 ④ SONICE 기본서 2권 p.307

해설 소방시설 설치 및 관리에 관한 법률 시행규칙 [별표 4]

〈제연설비를 설치해야 하는 특정소방대상물〉

㉠ 문화 및 집회시설, 종교시설, 운동시설 중 무대부의 바닥면적이 200㎡ 이상인 경우에는 해당 무대부 [①]
㉡ 문화 및 집회시설 중 영화상영관으로서 수용인원 100명 이상인 경우에는 해당 영화상영관 [②]
㉢ 지하층이나 무창층에 설치된 근린생활시설, 판매시설, 운수시설, 숙박시설, 위락시설, 의료시설, 노유자 시설 또는 창고시설(물류터미널로 한정한다)로서 해당 용도로 사용되는 바닥면적의 합계가 1천㎡ 이상인 경우 해당 부분 [④]
㉣ 운수시설 중 시외버스정류장, 철도 및 도시철도 시설, 공항시설 및 항만시설의 대기실 또는 휴게시설로서 지하층 또는 무창층의 바닥면적이 1천㎡ 이상인 경우에는 모든 층 [③]
㉤ 지하상가로서 연면적 1천㎡ 이상인 것
㉥ 예상 교통량, 경사도 등 터널의 특성을 고려하여 행정안전부령으로 정하는 터널
㉦ 특정소방대상물(갓복도형 아파트등은 제외한다)에 부설된 특별피난계단, 비상용 승강기의 승강장 또는 피난용 승강기의 승강장

36

정답 ③ SONICE 기본서 2권 p.379

해설 소방시설 설치 및 관리에 관한 법률 시행령 제46조

〈형식승인대상 소방용품(소화설비를 구성하는 제품 또는 기기)〉

㉠ 소화기구(소화약제 외의 것을 이용한 간이소화용구는 제외한다)
㉡ 자동소화장치(상업용 주방자동소화장치는 제외한다)
㉢ 소화설비를 구성하는 소화전, 관창, 소방호스, 스프링클러헤드, 기동용 수압개폐장치, 유수제어밸브 및 가스관선택밸브

37

정답 ④ SONICE 기본서 2권 p.355

해설 소방시설 설치 및 관리에 관한 법률 제24조

〈자체점검결과의 공개〉

소방본부장 또는 소방서장은 다음의 사항을 전산시스템 또는 인터넷 홈페이지 등을 통하여 국민에게 공개할 수 있다. 이 경우 공개 절차, 공개 기간 및 공개 방법 등 필요한 사항은 대통령령으로 정한다.

① 자체점검 기간 및 점검자
② 특정소방대상물의 정보 및 자체점검 결과
③ 그 밖에 소방본부장 또는 소방서장이 특정소방대상물을 이용하는 불특정다수인의 안전을 위하여 공개가 필요하다고 인정하는 사항

38

정답 ③ SONICE 기본서 1권 p.315

해설 위험물안전관리법 시행령 제12조

〈1인의 위험물안전관리자를 중복선임할 경우 대리자가 위험물안전관리자를 보조하여야 하는 제조소등〉

① 제조소
② 이송취급소
③ 일반취급소. 다만, 인화점이 38도 이상인 제4류 위험물만을 지정수량의 30배 이하로 취급하는 일반취급소로서 다음의 1에 해당하는 일반취급소를 제외한다.
 ㉠ 보일러·버너 또는 이와 비슷한 것으로서 위험물을 소비하는 장치로 이루어진 일반취급소
 ㉡ 위험물을 용기에 옮겨 담거나 차량에 고정된 탱크에 주입하는 일반취급소

39 정답 ④ SONICE 기본서 1권 p.426

해설 위험물안전관리법 시행규칙 [별표 14]

〈판매취급소 - 위험물을 배합하는 실〉

㉠ 바닥면적은 6㎡ 이상 15㎡ 이하로 할 것
㉡ 내화구조 또는 불연재료로 된 벽으로 구획할 것
㉢ 바닥은 위험물이 침투하지 아니하는 구조로 하여 적당한 경사를 두고 집유설비를 할 것
㉣ 출입구에는 수시로 열 수 있는 자동폐쇄식의 60분+방화문 또는 60분방화문을 설치할 것
㉤ 출입구 문턱의 높이는 바닥면으로부터 0.1m 이상으로 할 것
㉥ 내부에 체류한 가연성의 증기 또는 가연성의 미분을 지붕 위로 방출하는 설비를 할 것

40 정답 ④ SONICE 기본서 1권 p.423 ~ 424

해설 위험물안전관리법 시행규칙 [별표 13]

〈주유취급소 - 셀프용 고정주유설비〉

구분	주유설비		급유설비
	휘발유	경유	
1회 주유(급유)량	100L 이하	600L 이하	100L 이하
주유(급유)시간의 상한	4분 이하	12분 이하	6분 이하

02회 소방관계법규 - 정답 및 간단해설

SONICE 빨간불 실전 동형 모의고사 02회

01	02	03	04	05	06	07	08	09	10
②	②	③	①	④	③	③	④	③	②
11	12	13	14	15	16	17	18	19	20
①	④	②	①	④	④	③	②	②	③
21	22	23	24	25	26	27	28	29	30
④	②	②	③	②	②	①	③	④	③
31	32	33	34	35	36	37	38	39	40
②	①	①	①	③	②	③	③	②	①

🎤 **백사부의 한마디**

이 순간을 넘어야 다음 문이 열린다.
그래야 내가 원하는 세상으로 갈 수 있다.

---

01 정답 ② SONICE 기본서 1권 p.57 ~ 58

해설 소방기본법 제16조의2, 제16조의3
〈소방지원활동 및 생활안전활동〉
① 소방시설 오작동 신고에 따른 조치활동은 소방지원활동에 해당하며, 끼임, 고립 등에 따른 위험제거 및 구출 활동은 생활안전활동에 해당한다.
③ 누구든지 정당한 사유 없이 출동하는 소방대의 생활안전활동을 방해해서는 아니되며, 방해할 경우 100만원 이하의 벌금에 해당한다.
④ 소방본부장은 소방지원활동 및 생활안전활동의 상황을 종합하여 연 2회 소방청장에게 보고해야 한다.

SONICE TIP 소방지원활동, 생활안전활동

구분	세부활동

소방지원활동	소방청장·소방본부장 또는 소방서장은 공공의 안녕질서 유지 또는 복리증진을 위하여 필요한 경우 소방활동 외에 다음의 활동(소방지원활동)을 하게 할 수 있다.
	① 산불에 대한 예방·진압 등 지원활동
	② 자연재해에 따른 급수·배수 및 제설 등 지원활동
	③ 집회·공연 등 각종 행사 시 사고에 대비한 근접대기 등 지원활동
	④ 화재, 재난·재해로 인한 피해복구 지원활동
	⑤ 그 밖에 행정안전부령으로 정하는 활동
	   ㉠ 군·경찰 등 유관기관에서 실시하는 훈련지원 활동
	   ㉡ 소방시설 오작동 신고에 따른 조치활동
	   ㉢ 방송제작 또는 촬영 관련 지원활동

생활안전활동	소방청장·소방본부장 또는 소방서장은 신고가 접수된 생활안전 및 위험제거 활동(화재, 재난·재해, 그 밖의 위급한 상황에 해당하는 것은 제외한다)에 대응하기 위하여 소방대를 출동시켜 다음의 활동(생활안전활동)을 하게 하여야 한다. ① 붕괴, 낙하 등이 우려되는 고드름, 나무, 위험 구조물 등의 제거활동 ② 위해동물, 벌 등의 포획 및 퇴치 활동 ③ 끼임, 고립 등에 따른 위험제거 및 구출 활동 ④ 단전사고 시 비상전원 또는 조명의 공급 ⑤ 그 밖에 방치하면 급박해질 우려가 있는 위험을 예방하기 위한 활동

02 정답 ② SONICE 기본서 1권 p.83

해설 소방기본법 시행령 제7조의15
〈운행기록장치 장착 소방자동차의 범위〉
① 구급차는 해당하지 않는다.
③ 배연차는 해당하지 않는다.
④ 소방행정차는 해당하지 않는다.

SONICE TIP 운행기록장치 장착 소방자동차의 범위

1. 소방펌프차
2. 소방물탱크차
3. 소방화학차
4. 소방고가차(消防高架車)
5. 무인방수차
6. 구조차
7. 그 밖에 소방청장이 소방자동차의 안전한 운행 및 교통사고 예방을 위하여 운행기록장치 장착이 필요하다고 인정하여 정하는 소방자동차

03
정답 ③ — SONICE 기본서 1권 p.76

해설 소방기본법 제18조, 시행규칙 제10조, [별표 4]

〈소방신호의 종류 및 방법〉

③ 해제신호는 소화활동이 필요 없다고 인정되는 때 발령하며, 싸이렌신호 방법은 <u>1분간 1회</u>이다.

→ 훈련신호는 훈련상 필요하다고 인정되는 때 발령하며, 싸이렌신호 방법은 <u>10초 간격을 두고 1분씩 3회</u>이다.

04
정답 ① — SONICE 기본서 2권 p.16 ~ 17

해설 소방의 화재조사에 관한 법률 제5조

〈화재조사의 실시〉

① 소방청장, 소방본부장 또는 소방서장(이하 "소방관서장"이라 한다)은 <u>화재발생 사실을 알게 된 때에는 지체 없이</u> 화재조사를 하여야 한다. 이 경우 수사기관의 범죄수사에 지장을 주어서는 아니 된다.

② 소방관서장은 화재조사를 하는 경우 다음의 사항에 대하여 조사하여야 한다.
  1. 화재원인에 관한 사항
  2. 화재로 인한 인명·재산피해상황
  3. 대응활동에 관한 사항
  4. 소방시설 등의 설치·관리 및 작동 여부에 관한 사항
  5. 화재발생건축물과 구조물, 화재유형별 화재위험성 등에 관한 사항
  6. 그 밖에 대통령령으로 정하는 사항 : 화재안전조사의 실시 결과에 관한 사항

③ 화재조사의 대상 및 절차 등에 필요한 사항은 대통령령으로 정한다.

05
정답 ④ — SONICE 기본서 1권 p.29 ~ 30

해설 소방의 화재조사에 관한 법률 시행령 제10조

〈관계인등에 대한 출석요구 및 질문〉

① 소방관서장은 관계인등의 출석을 요구하려면 출석일 3일 전까지 다음의 사항을 관계인등에게 알려야 한다.
  1. 출석 일시와 장소
  2. 출석 요구 사유
  3. 그 밖에 화재조사와 관련하여 필요한 사항

② 관계인등은 ①에 따라 지정된 출석 일시에 출석하는 경우 업무 또는 생활에 지장이 있을 때에는 소방관서장에게 출석 일시를 변경하여 줄 것을 신청할 수 있다. 이 경우 소방관서장은 화재조사의 목적을 달성할 수 있는 범위에서 출석 일시를 변경할 수 있다.

③ 소방관서장은 출석한 관계인등에게 <u>수당과 여비를 지급할 수 있다.</u>

06
정답 ③ — SONICE 기본서 1권 p.140 ~ 141

해설 소방시설공사업법 시행규칙 제5조, 제6조

〈등록사항의 변경신고〉

③ 영업소 소재지가 등록된 시·도에서 다른 시·도로 변경된 경우에는 제출받은 변경신고 서류를 접수일로부터 <u>7일 이내</u>에 해당 시·도지사에게 보내야 한다.

07 정답 ③ SONICE 기본서 1권 p.164

해설 소방시설공사업법 제16조

〈감리〉

① 소방공사감리업을 등록한 자(이하 "감리업자"라 한다)는 소방공사를 감리할 때 다음의 업무를 수행하여야 한다.
1. 소방시설등의 설치계획표의 적법성 검토 [ㄴ]
2. 소방시설등 설계도서의 적합성(적법성과 기술상의 합리성을 말한다. 이하 같다) 검토
3. 소방시설등 설계 변경 사항의 적합성 검토 [ㄱ]
4. 소방용품의 위치·규격 및 사용 자재의 적합성 검토
5. 공사업자가 한 소방시설등의 시공이 설계도서와 화재안전기준에 맞는지에 대한 지도·감독 [ㅁ]
6. 완공된 소방시설등의 성능시험 [ㄹ]
7. 공사업자가 작성한 시공 상세 도면의 적합성 검토 [ㄷ]
8. 피난시설 및 방화시설의 적법성 검토
9. 실내장식물의 불연화와 방염 물품의 적법성 검토

② 용도와 구조에서 특별히 안전성과 보안성이 요구되는 소방대상물로서 대통령령으로 정하는 장소(「원자력안전법」 제2조제10호에 따른 관계시설이 설치되는 장소)에서 시공되는 소방시설물에 대한 감리는 감리업자가 아닌 자도 할 수 있다.

③ 감리업자는 ① 각 호의 업무를 수행할 때에는 대통령령으로 정하는 감리의 종류 및 대상에 따라 공사기간 동안 소방시설공사 현장에 소속 감리원을 배치하고 업무수행 내용을 감리일지에 기록하는 등 대통령령으로 정하는 감리의 방법에 따라야 한다.

> **선지분석**
> ㄴ. 소방시설등의 설치계획표의 적법성 검토
> ㅁ. 공사업자가 한 소방시설등의 시공이 설계도서와 화재안전기준에 맞는지에 대한 지도·감독
> → 옳은 보기는 "ㄱ, ㄷ, ㄹ(3개)"이다.

08 정답 ④ SONICE 기본서 1권 p.188 ~ 189

해설 소방시설공사업법 시행령 제12조의5

〈하도급계약 자료의 공개〉
- 소방시설공사등의 하도급계약 자료의 공개는 하도급에 관한 사항을 통보받은 날부터 (ㄱ: 30)일 이내에 해당 소방시설공사등을 발주한 기관의 인터넷 홈페이지에 게재하는 방법으로 하여야 한다.
- 소방시설공사등의 하도급계약 자료의 공개대상 계약규모는 하도급계약금액이 (ㄴ: 1천)만원 이상인 경우로 한다.

09 정답 ③ SONICE 기본서 1권 p.175

해설 소방시설공사업법 시행규칙 제19조

〈감리결과의 통보〉

감리업자가 소방공사의 감리를 마쳤을 때에는 소방공사감리 결과보고(통보)서에 다음의 서류를 첨부하여 공사가 완료된 날부터 7일 이내에 특정소방대상물의 관계인, 소방시설공사의 도급인 및 특정소방대상물의 공사를 감리한 건축사에게 알리고, 소방본부장 또는 소방서장에게 보고해야 한다.

1. 소방청장이 정하여 고시하는 소방시설 성능시험조사표 1부
2. 착공신고 후 변경된 소방시설설계도면(변경사항이 있는 경우에만 첨부하되, 설계업자가 설계한 도면만 해당된다) 1부
3. 소방공사 감리일지(소방본부장 또는 소방서장에게 보고하는 경우에만 첨부한다) 1부
4. 특정소방대상물의 사용승인 신청서 등 사용승인 신청을 증빙할 수 있는 서류 1부

> **선지분석**
> ①④ 서류의 제출기한은 "7일 이내"이다.
> ② 소방공사 감리일지는 소방본부장 또는 소방서장에게 보고하는 경우에만 첨부한다.

10 정답 ② SONICE 기본서 1권 p.181 ~ 182

해설 소방시설공사업법 제21조의4

〈공사대금의 지급보증〉

① 수급인이 <u>국가, 지방자치단체 또는 대통령령으로 정하는 공공기관 외의 자</u>가 발주하는 공사를 도급받은 경우로서 수급인이 발주자에게 계약의 이행을 보증하는 때에는 발주자도 수급인에게 공사대금의 지급을 보증하거나 담보를 제공하여야 한다. 다만, 발주자는 공사대금의 지급보증 또는 담보 제공을 하기 곤란한 경우에는 수급인이 그에 상응하는 보험 또는 공제에 가입할 수 있도록 계약의 이행보증을 받은 날부터 <u>30일 이내에 보험료 또는 공제료를 지급하여야 한다</u>.

② 발주자 및 수급인은 소규모공사 등 대통령령으로 정하는 소방시설공사의 경우 ①에 따른 계약이행의 보증이나 공사대금의 지급보증, 담보의 제공 또는 보험료등의 지급을 아니할 수 있다.

③ 발주자가 공사대금의 지급보증, 담보의 제공 또는 보험료등의 지급을 하지 아니한 때에는 수급인은 <u>10일 이내 기간</u>을 정하여 발주자에게 그 이행을 촉구하고 공사를 중지할 수 있다. 발주자가 촉구한 기간 내에 그 이행을 하지 아니한 때에는 수급인은 도급계약을 해지할 수 있다.

④ 수급인이 공사를 중지하거나 도급계약을 해지한 경우에는 발주자는 수급인에게 공사 중지나 도급계약의 해지에 따라 발생하는 손해배상을 청구하지 못한다.

⑤ 공사대금의 지급보증, 담보의 제공 또는 보험료등의 지급 방법이나 절차 및 촉구의 방법 등에 필요한 사항은 행정안전부령으로 정한다.

11 정답 ① SONICE 기본서 2권 p.82

해설 화재예방법 시행령 제11조

〈화재안전조사위원회의 구성·운영〉

위원회의 위원은 다음의 어느 하나에 해당하는 사람 중에서 소방관서장이 임명하거나 위촉한다.

㉠ <u>과장급 직위 이상의 소방공무원</u> [①]
㉡ 소방기술사
㉢ 소방시설관리사
㉣ 소방 관련 분야의 석사 이상 학위를 취득한 사람 [②]
㉤ 소방 관련 법인 또는 단체에서 소방 관련 업무에 5년 이상 종사한 사람 [③]
㉥ 「소방공무원 교육훈련규정」 제3조제2항에 따른 소방공무원 교육훈련기관, 「고등교육법」 제2조의 학교 또는 연구소에서 소방과 관련한 교육 또는 연구에 5년 이상 종사한 사람 [④]

12 정답 ④ SONICE 기본서 2권 p.143

해설 화재예방법 시행규칙 제14조

〈소방안전관리자 선임의 연기신청〉

① 1급 소방안전관리대상물에 해당한다.
② 특급 소방안전관리대상물에 해당한다.
③ 2급 소방안전관리대상물에 해당하는 공동주택은 "옥내소화전설비 또는 스프링클러설비가 설치된 것"에 한정한다.
④ 호스릴방식의 물분무등소화설비와 스프링클러설비가 함께 설치되어 있으므로 <u>2급 소방안전관리대상물에 해당한다</u>. (2급 소방안전관리대상물에서 제외하는 호스릴방식의 물분무등소화설비는 "호스릴방식의 물분무등소화설비만" 설치되었을 경우이다.)

SONICE TIP 소방안전관리자 선임의 연기신청

<u>2급 또는 3급 소방안전관리대상물</u>의 관계인은 소방안전관리자 자격시험이나 소방안전관리자에 대한 강습교육이 소방안전관리자 선임기간 내에 있지 않아 소방안전관리자를 선임할 수 없는 경우에는 소방안전관리자 선임의 연기를 신청할 수 있다.

13 정답 ②   SONICE 기본서 2권   p.170 ~ 172

해설 화재예방법 제37조 / 시행규칙 제36조

〈소방안전관리대상물 근무자 및 거주자 등에 대한 소방훈련〉

① 소방안전관리대상물의 관계인은 그 장소에 근무하거나 거주하는 사람 등에게 소화·통보·피난 등의 훈련과 소방안전관리에 필요한 교육을 하여야 하고, 피난훈련은 그 소방대상물에 출입하는 사람을 안전한 장소로 대피시키고 유도하는 훈련을 포함하여야 한다. 이 경우 소방훈련과 교육의 횟수 및 방법 등에 관하여 필요한 사항은 행정안전부령으로 정한다.

② 소방안전관리대상물 중 소방안전관리업무의 전담이 필요한 대통령령으로 정하는 소방안전관리대상물의 관계인은 ①에 따른 소방훈련 및 교육을 한 날부터 30일 이내에 소방훈련 및 교육 결과를 행정안전부령으로 정하는 바에 따라 소방본부장 또는 소방서장에게 제출하여야 한다.

③ 소방본부장 또는 소방서장은 ①에 따라 소방안전관리대상물의 관계인이 실시하는 소방훈련과 교육을 지도·감독할 수 있다.

〈근무자 및 거주자에 대한 소방훈련과 교육〉

① 소방안전관리대상물의 관계인은 소방훈련과 교육을 연 1회 이상 실시해야 한다. 다만, 소방본부장 또는 소방서장이 화재예방을 위하여 필요하다고 인정하여 2회의 범위에서 추가로 실시할 것을 요청하는 경우에는 소방훈련과 교육을 추가로 실시해야 한다.

② 소방본부장 또는 소방서장은 특급 및 1급 소방안전관리대상물의 관계인으로 하여금 ①에 따른 소방훈련과 교육을 소방기관과 합동으로 실시하게 할 수 있다.

③ 소방안전관리대상물의 관계인은 소방훈련과 교육을 실시하는 경우 소방훈련 및 교육에 필요한 장비 및 교재 등을 갖추어야 한다.

④ 소방안전관리대상물의 관계인은 소방훈련과 교육을 실시했을 때에는 그 실시 결과를 소방훈련·교육 실시 결과 기록부에 기록하고, 이를 소방훈련 및 교육을 실시한 날부터 2년간 보관해야 한다.

14 정답 ①   SONICE 기본서 2권   p.104

해설 화재예방법 시행령 [별표 2], [별표 3]

〈특수가연물〉

ㄱ. 나무부스러기는 10세제곱미터 이상의 가연물을 말한다.

ㄴ. 고무류·플라스틱류 중 발포시킨 것은 20세제곱미터 이상의 가연물을 말한다.

ㄷ. 석탄·목탄류를 발전용으로 저장하는 경우에는 특수가연물의 저장 및 취급기준을 적용하지 않는다.

ㄹ. 쌓는 부분 바닥면적의 사이는 실내의 경우 1.2미터 또는 쌓는 높이의 1/2 중 큰 값 이상으로 간격을 둘 것

ㅁ. 특수가연물 표지 중 화기엄금 표시 부분의 바탕은 붉은색으로, 문자는 백색으로 할 것

ㅂ. 실외에 쌓아 저장하는 경우 쌓는 부분이 대지경계선, 도로 및 인접 건축물과 최소 6미터 이상 간격을 둘 것. 다만, 쌓는 높이보다 0.9미터 이상 높은 내화구조 벽체를 설치한 경우는 그렇지 않다.

→ 옳은 보기는 없다.

SONICE TIP 특수가연물의 저장 및 취급 기준

특수가연물은 다음의 기준에 따라 쌓아 저장해야 한다. 다만, 석탄·목탄류를 발전용으로 저장하는 경우는 제외한다.
㉠ 품명별로 구분하여 쌓을 것
㉡ 다음의 기준에 맞게 쌓을 것

구분	살수설비를 설치하거나 방사능력 범위에 해당 특수가연물이 포함되도록 대형수동식소화기를 설치하는 경우	그 밖의 경우
높이	15미터 이하	10미터 이하
쌓는 부분의 바닥면적	200제곱미터(석탄·목탄류의 경우에는 300제곱미터) 이하	50제곱미터(석탄·목탄류의 경우에는 200제곱미터) 이하

㉢ 실외에 쌓아 저장하는 경우 쌓는 부분이 대지경계선, 도로 및 인접 건축물과 최소 6미터 이상 간격을 둘 것. 다만, 쌓는 높이보다 0.9미터 이상 높은 내화구조 벽체를 설치한 경우는 그렇지 않다.
㉣ 실내에 쌓아 저장하는 경우 주요구조부는 내화구조이면서 불연재료여야 하고, 다른 종류의 특수가연물과 같은 공간에 보관하지 않을 것. 다만, 내화구조의 벽으로 분리하는 경우는 그렇지 않다.
㉤ 쌓는 부분 바닥면적의 사이는 실내의 경우 1.2미터 또는 쌓는 높이의 1/2 중 큰 값 이상으로 간격을 두어야 하며, 실외의 경우 3미터 또는 쌓는 높이 중 큰 값 이상으로 간격을 둘 것

15

정답 ④ **SONICE 기본서 2권** p.163 ~ 164

해설 화재예방법 시행령 제34조
〈관리의 권원별 소방안전관리자 선임 및 조정 기준〉
① 관리의 권원이 분리되어 있는 특정소방대상물의 관계인은 소유권, 관리권 및 점유권에 따라 각각 소방안전관리자를 선임해야 한다. 다만, 둘 이상의 소유권, 관리권 또는 점유권이 동일인에게 귀속된 경우에는 하나의 관리 권원으로 보아 소방안전관리자를 선임할 수 있다.
② ①에도 불구하고 다음의 어느 하나에 해당하는 경우에는 해당 호에서 정하는 바에 따라 소방안전관리자를 선임할 수 있다.
  1. 법령 또는 계약 등에 따라 공동으로 관리하는 경우
    : 하나의 관리 권원으로 보아 소방안전관리자 1명 선임
  2. (㉠ : 화재 수신기) 또는 (㉡ : 소화펌프)((㉢ : 가압송수장치)를 포함한다. 이하 이 항에서 같다)가 별도로 설치되어 있는 경우: 설치된 (㉠ : 화재 수신기) 또는 (㉡ : 소화펌프)가 화재를 감지·소화 또는 경보할 수 있는 부분을 각각 하나의 관리 권원으로 보아 각각 소방안전관리자 선임
  3. 하나의 화재 수신기 및 소화펌프가 설치된 경우: 하나의 관리 권원으로 보아 소방안전관리자 1명 선임
③ ① 및 ②에도 불구하고 소방본부장 또는 소방서장은 관리의 권원이 많아 효율적인 소방안전관리가 이루어지지 않는다고 판단되는 경우 ①의 기준 및 해당 특정소방대상물의 화재위험성 등을 고려하여 관리의 권원이 분리되어 있는 특정소방대상물의 관리의 권원을 조정하여 소방안전관리자를 선임하도록 할 수 있다.

16 정답 ④ SONICE 기본서 2권 p.280 ~ 281 (개정사항)

해설 소방시설법 시행령 제12조

〈소방시설정보관리시스템 구축·운영〉

소방청장, 소방본부장 또는 소방서장이 소방시설의 작동정보 등을 실시간으로 수집·분석할 수 있는 시스템을 구축·운영하는 경우 그 구축·운영의 대상은 「화재의 예방 및 안전관리에 관한 법률」 제24조제1항 전단에 따른 소방안전관리대상물 중 다음의 특정소방대상물로 한다.

1. 문화 및 집회시설 [④]
2. 종교시설
3. 판매시설
4. 의료시설
5. 노유자 시설 [④]
6. 숙박이 가능한 수련시설
7. 업무시설 [④]
8. 숙박시설
9. 공장
10. 창고시설
11. 위험물 저장 및 처리 시설
12. 지하상가
13. 터널
14. 지하구
15. 그 밖에 소방청장, 소방본부장 또는 소방서장이 소방안전관리의 취약성과 화재위험성을 고려하여 필요하다고 인정하는 특정소방대상물

선지분석
① 발전시설, 운수시설은 해당하지 않는다.
② 항공기 및 자동차 관련 시설, 공동주택은 해당하지 않는다.
③ 근린생활시설은 해당하지 않는다.

17 정답 ③ SONICE 기본서 2권 p.367

해설 소방시설법 시행령 [별표 9]

〈소방시설관리업의 업종별 등록기준 및 영업범위〉

1. 전문 소방시설관리업

구분	기술인력
주된 기술인력	1) 소방시설관리사 자격을 취득한 후 소방 관련 실무경력이 (㉠:5)년 이상인 사람 1명 이상 2) 소방시설관리사 자격을 취득한 후 소방 관련 실무경력이 (㉡:3)년 이상인 사람 1명 이상
보조 기술인력	1) (㉢:고급)점검자 이상의 기술인력 : 2명 이상 2) (㉣:중급)점검자 이상의 기술인력 : 2명 이상 3) (㉤:초급)점검자 이상의 기술인력 : 2명 이상

2. 일반 소방시설관리업

구분	기술인력
주된 기술인력	소방시설관리사 자격을 취득한 후 소방 관련 실무경력이 1년 이상인 사람 1명 이상
보조 기술인력	1) 중급점검자 이상의 기술인력 : 1명 이상 2) 초급점검자 이상의 기술인력 : 1명 이상

18 정답 ② | SONICE 기본서 2권 | p.266, 269

해설 소방시설법 시행규칙 제6조
〈성능위주설계의 신고 및 변경신고〉
검토·평가를 요청받은 소방청장 또는 소방본부장은 요청을 받은 날부터 (신고: 20일 / 변경신고: 14일) 이내에 평가단의 심의·의결을 거쳐 해당 건축물의 성능위주설계를 검토·평가해야 한다.

19 정답 ② | SONICE 기본서 2권 | p.249

해설 소방시설법 제2조
〈정의〉
① "소방시설등"이란 소방시설과 비상구, 그 밖에 소방 관련 시설로서 대통령령으로 정하는 것을 말한다.
③ "성능위주설계"란 건축물 등의 재료, 공간, 이용자, 화재 특성 등을 종합적으로 고려하여 공학적 방법으로 화재 위험성을 평가하고 그 결과에 따라 화재안전성능이 확보될 수 있도록 특정소방대상물을 설계하는 것을 말한다.
④ "화재안전기준" 중 성능기준이란 화재안전 확보를 위하여 재료, 공간 및 설비 등에 요구되는 안전성능으로서 소방청장이 고시로 정하는 기준을 말한다.
   → "화재안전기준" 중 기술기준이란 성능기준을 충족하는 상세한 규격, 특정한 수치 및 시험방법 등에 관한 기준으로서 행정안전부령으로 정하는 절차에 따라 소방청장의 승인을 받은 기준

20 정답 ③ | SONICE 기본서 2권 | p.289 ~ 290

해설 소방시설법 시행령 [별표 6]
〈소방시설을 설치하지 않을 수 있는 특정소방대상물 및 소방시설의 범위 - 화재안전기준을 달리 적용해야 하는 특수한 용도 또는 구조를 가진 특정소방대상물(원자력발전소, 중·저준위방사성폐기물의 저장시설)〉
① 화재안전기준을 적용하기 어려운 특정소방대상물에 해당한다.
② 화재안전기준을 적용하기 어려운 특정소방대상물에 해당하며, 설치하지 않을 수 있는 소방시설은 "스프링클러설비, 상수도소화용수설비 및 연결살수설비"이다.
④ 설치하지 않을 수 있는 소방시설은 "연결송수관설비 및 연결살수설비"이다.

SONICE TIP 소방시설을 설치하지 않을 수 있는 특정소방대상물 및 소방시설의 범위

구분	특정소방대상물	설치하지 않을 수 있는 소방시설
1. 화재 위험도가 낮은 특정소방대상물	석재, 불연성금속, 불연성 건축재료 등의 가공공장·기계조립공장 또는 불연성 물품을 저장하는 창고	옥외소화전 및 연결살수설비
2. 화재안전기준을 적용하기 어려운 특정소방대상물	펄프공장의 작업장, 음료수 공장의 세정 또는 충전을 하는 작업장, 그 밖에 이와 비슷한 용도로 사용하는 것	스프링클러설비, 상수도소화용수설비 및 연결살수설비
	정수장, 수영장, 목욕장, 농예·축산·어류양식용 시설, 그 밖에 이와 비슷한 용도로 사용되는 것	자동화재탐지설비, 상수도소화용수설비 및 연결살수설비
3. 화재안전기준을 달리 적용해야 하는 특수한 용도 또는 구조를 가진 특정소방대상물	원자력발전소, 중·저준위방사성폐기물의 저장시설	연결송수관설비 및 연결살수설비
4. 「위험물 안전관리법」 제19조에 따른 자체소방대가 설치된 특정소방대상물	자체소방대가 설치된 제조소등에 부속된 사무실	옥내소화전, 소화용수설비, 연결송수관설비, 연결살수설비

21
정답 ④ **SONICE 기본서 1권** p.408

해설 위험물안전관리법 시행규칙 [별표 8]
〈지하탱크저장소의 위치·구조 및 설비의 기준:누유검사관〉
ㄱ. 이중관으로 할 것. 다만, 소공이 <u>없는</u> 상부는 단관으로 할 수 있다.
ㄴ. 재료는 <u>금속관 또는 경질합성수지관</u>으로 할 것
ㄷ. 상부는 물이 침투하지 아니하는 구조로 하고, 뚜껑은 검사시에 쉽게 열 수 있도록 할 것 [O]
ㄹ. <u>관의 밑부분</u>으로부터 탱크의 중심 높이까지의 부분에는 소공이 뚫려 있을 것
ㅁ. 관은 탱크전용실의 바닥 또는 탱크의 기초까지 닿게 할 것 [O]
→ 옳은 보기는 "ㄷ, ㅁ"이다.

SONICE TIP 과충전 방지장치
㉠ 탱크용량을 초과하는 위험물이 주입될 때 자동으로 그 주입구를 폐쇄하거나 위험물의 공급을 자동으로 차단하는 방법
㉡ 탱크용량의 90[%]가 찰 때 경보음을 울리는 방법

22
정답 ② **SONICE 기본서 1권** p.290

해설 위험물안전관리법 제6조
〈제조소등의 변경신고〉
제조소등의 위치·구조 또는 설비의 변경없이 당해 제조소등에서 저장하거나 취급하는 위험물의 품명·수량 또는 지정수량의 배수를 변경하고자 하는 자는 변경하고자 하는 날의 (ㄱ: <u>1일 전</u>)까지 (ㄴ: <u>행정안전부령</u>)이로 정하는 바에 따라 (ㄷ: <u>시·도지사</u>)에게 신고하여야 한다.

23
정답 ② **SONICE 기본서 1권** p.325 ~ 326 (개정사항)

해설 위험물안전관리법 시행규칙
〈예방규정의 이행 실태 평가〉
예방규정의 이행 실태 평가는 다음의 구분에 따라 실시한다.
1. 최초평가: 예방규정을 최초로 제출한 날부터 3년이 되는 날이 속하는 연도에 실시
2. 정기평가: <u>최초평가</u> 또는 <u>직전 정기평가를 실시한 날을 기준</u>으로 <u>4년마다 실시</u>. 다만, 수시평가를 실시한 경우에는 수시평가를 실시한 날을 기준으로 4년마다 실시한다.
3. 수시평가: 위험물의 누출·화재·폭발 등의 사고가 발생한 경우 소방청장이 제조소등의 관계인 또는 종업원의 예방규정 준수 여부를 평가할 필요가 있다고 인정하는 경우에 실시

24
정답 ③ **SONICE 기본서 1권** p.312 ~ 313

해설 위험물안전관리법 제15조
〈위험물안전관리자 : 직무대행〉
안전관리자를 선임한 제조소등의 관계인은 안전관리자가 <u>여행·질병 그 밖의 사유</u>로 인하여 일시적으로 직무를 수행할 수 없거나 안전관리자의 <u>해임 또는 퇴직과 동시에 다른 안전관리자를 선임하지 못하는 경우</u>에는 국가기술자격법에 따른 위험물의 취급에 관한 자격취득자 또는 위험물안전에 관한 기본지식과 경험이 있는 자로서 행정안전부령이 정하는 자를 대리자(代理者)로 지정하여 그 직무를 대행하게 하여야 한다. 이 경우 대리자가 안전관리자의 직무를 대행하는 기간은 <u>30일을 초과</u>할 수 없다.

SONICE TIP 대리자의 자격기준

㉠ 국가기술자격법에 따른 위험물의 취급에 관한 자격취득자
㉡ 위험물안전에 관한 기본지식과 경험이 있는 자로서 행정안전부령이 정하는 자
    가. 안전교육을 받은 자
    나. 제조소등의 위험물 안전관리업무에 있어서 안전관리자를 지휘·감독하는 직위에 있는 자

25
정답 ② **SONICE 기본서 1권** p.437

해설 위험물안전관리법 시행규칙 [별표 18]
〈제조소등에서의 위험물의 저장 및 취급에 관한 기준 - 중요기준〉

1. 제1류 위험물은 가연물과의 접촉·혼합이나 분해를 촉진하는 물품과의 접근 또는 과열·충격·마찰 등을 피하는 한편, 알카리금속의 과산화물 및 이를 함유한 것에 있어서는 물과의 접촉을 피하여야 한다.
2. 제2류 위험물은 (ㄱ: 산화제)와의 접촉·혼합이나 불티·불꽃·고온체와의 접근 또는 과열을 피하는 한편, (ㄴ: 철분·금속분·마그네슘) 및 이를 함유한 것에 있어서는 물이나 산과의 접촉을 피하고 (ㄷ: 인화성 고체)에 있어서는 함부로 증기를 발생시키지 아니하여야 한다.
3. 제3류 위험물 중 자연발화성물질에 있어서는 불티·불꽃 또는 고온체와의 접근·과열 또는 공기와의 접촉을 피하고, 금수성물질에 있어서는 물과의 접촉을 피하여야 한다.
4. 제4류 위험물은 불티·불꽃·고온체와의 접근 또는 과열을 피하고, 함부로 증기를 발생시키지 아니하여야 한다.
5. 제5류 위험물은 불티·불꽃·고온체와의 접근이나 과열·충격 또는 마찰을 피하여야 한다.
6. 제6류 위험물은 가연물과의 접촉·혼합이나 분해를 촉진하는 물품과의 접근 또는 과열을 피하여야 한다.
7. 제1호 내지 제6호의 기준은 위험물을 저장 또는 취급함에 있어서 당해 각호의 기준에 의하지 아니하는 것이 통상인 경우는 당해 각호를 적용하지 아니한다. 이 경우 당해 저장 또는 취급에 대하여는 재해의 발생을 방지하기 위한 충분한 조치를 강구하여야 한다.

26
정답 ② **SONICE 기본서 1권** p.80 ~ 81

해설 소방기본법 제21조의2, 시행령 제7조의12, 제7조의13, 제7조의14
〈소방자동차 전용구역〉
② 공동주택의 건축주는 소방자동차가 접근하기 쉽고 소방활동이 원활하게 수행될 수 있도록 각 동별 전면 또는 후면에 소방자동차 전용구역을 1개소 이상 설치해야 한다.

SONICE TIP 소방자동차 전용구역 설치 대상

하나의 대지에 하나의 동으로 구성되고 「도로교통법」에 따라 정차 또는 주차가 금지된 편도 2차선 이상의 도로에 직접 접하여 소방자동차가 도로에서 직접 소방활동이 가능한 공동주택은 제외한다.
㉠ 「건축법 시행령」의 아파트 중 세대수가 100세대 이상인 아파트
㉡ 「건축법 시행령」의 기숙사 중 3층 이상의 기숙사

27
정답 ① **SONICE 기본서 1권** p.106 ~ 107

해설 소방기본법 제57조
〈과태료의 부과·징수권자〉
① 화재로 오인할 만한 우려가 있는 불을 피우거나 연막소독을 하려는 자가 신고를 하지 아니하여 소방자동차를 출동하게 한 자는 20만원 이하의 과태료에 해당하며, 조례로 정하는 바에 따라 관할 소방본부장 또는 소방서장이 부과·징수한다.

28
정답 ③ SONICE 기본서 2권 p.18 ~ 23

해설 소방의 화재조사에 관한 법률 제4조, 제5조, 시행규칙 제4조
〈화재조사 전담부서〉
① 소방청장, 소방본부장 또는 소방서장은 화재조사전담부서에 화재조사관을 <u>2명 이상</u> 배치해야 한다.
② 국립과학수사연구원에서 <u>8주 이상</u> 화재조사에 관한 전문교육을 이수한 소방공무원은 소방청장이 실시하는 자격시험에 응시할 수 있다.
④ 전담부서에 배치된 화재조사관은 의무 보수교육을 2년마다 받아야 한다. 다만, 전담부서에 배치된 후 처음 받는 의무 보수교육은 배치 후 <u>1년 이내</u>에 받아야 한다.

29
정답 ④ SONICE 기본서 1권 p.164

해설 소방시설공사업법 시행령 제8조
〈감리업자가 아닌 자가 감리할 수 있는 경우〉
④ 용도와 구조에서 특별히 안전성과 보안성이 요구되는 소방대상물로서 대통령령으로 정하는 장소(<u>「원자력안전법」에 따른 관계시설이 설치되는 장소</u>)에서 시공되는 소방시설물에 대한 감리는 감리업자가 아닌 자도 할 수 있다.

30
정답 ③ SONICE 기본서 1권 p.208

해설 소방시설공사업법 시행규칙 제25조의2
〈소방기술자 양성·인정 교육훈련의 실시〉
① 소방기술자 양성·인정 교육훈련기관의 지정 요건에 따라 <u>전국 4개 이상의 시·도</u>에 이론교육과 실습교육이 가능한 교육·훈련장을 갖춰야 한다.
② 소방기술자 양성·인정 교육훈련기관의 지정 요건에 따라 소방기술자 양성·인정 교육훈련을 실시할 수 있는 <u>전담인력을 6명 이상 갖춰야 한다.</u>
④ 소방기술자 양성·인정 교육훈련기관은 다음 연도 교육훈련계획을 수립하여 <u>해당 연도 11월 30일까지 소방청장의 승인</u>을 받아야 한다. ([비교] 실무교육기관등의 장은 매년 12월 31일까지 다음 해 교육계획을 실무교육의 종류별·대상자별·지역별로 수립하여 이를 일간신문 또는 인터넷 홈페이지에 공고하고 소방본부장 또는 소방서장에게 보고해야 한다.)

31
정답 ② SONICE 기본서 2권 p.177

해설 화재예방법 시행령 제42조
〈소방안전 특별관리기본계획·시행계획의 수립·시행〉
② 소방청장은 소방안전 특별관리기본계획을 5년마다 수립하여 <u>시·도에 통보해야 한다.</u>

SONICE TIP 특별관리기본계획의 포함사항
㉠ 화재예방을 위한 중기·장기 안전관리정책
㉡ 화재예방을 위한 교육·홍보 및 점검·진단
㉢ 화재대응을 위한 훈련
㉣ 화재대응과 사후 조치에 관한 역할 및 공조체계
㉤ 그 밖에 화재 등의 안전관리를 위하여 필요한 사항

32
정답 ① **SONICE 기본서 2권** p.153

해설 화재예방법 시행규칙 제18조
〈소방안전관리자 자격증의 발급〉
소방안전관리자 자격증의 발급을 신청받은 소방청장[ㄱ]은 3일 이내[ㄴ]에 자격을 갖춘 사람에게 소방안전관리자 자격증을 발급해야 한다. 이 경우 소방청장은 소방안전관리자 자격증 발급대장에 등급별로 기록하고 관리해야 한다.

33
정답 ① **SONICE 기본서 2권** p.312

해설 소방시설법 시행령 [별표 8]
〈임시소방시설의 종류〉
㉠ 소화기
㉡ 간이소화장치
㉢ 비상경보장치
㉣ 가스누설경보기
㉤ 간이피난유도선
㉥ 비상조명등
㉦ 방화포 [①]

34
정답 ① **SONICE 기본서 2권** p.349

해설 소방시설법 시행령 제34조
〈소방시설등의 자체점검 결과의 조치〉
법 제23조제1항에서 "소화펌프 고장 등 대통령령으로 정하는 중대위반사항"이란 다음 각 호의 어느 하나에 해당하는 경우를 말한다.
1. 소화펌프(가압송수장치를 포함한다. 이하 같다), 동력·감시 제어반 또는 소방시설용 전원(비상전원을 포함한다)의 고장으로 소방시설이 작동되지 않는 경우 [ㄱ]
2. 화재 수신기의 고장으로 화재경보음이 자동으로 울리지 않거나 화재 수신기와 연동된 소방시설의 작동이 불가능한 경우 [ㄹ]
3. 소화배관 등이 폐쇄·차단되어 소화수(消火水) 또는 소화약제가 자동 방출되지 않는 경우 [ㄷ]
4. 방화문 또는 자동방화셔터가 훼손되거나 철거되어 본래의 기능을 못하는 경우 [ㄴ]
→ 옳은 보기는 "ㄱ, ㄷ"이다.

35
정답 ③ **SONICE 기본서 2권** p.363

해설 소방시설법 시행령 제40조
〈소방시설관리사 시험위원의 임명, 위촉〉
소방청장은 소방시설관리사시험의 출제 및 채점을 위하여 다음 각 호의 어느 하나에 해당하는 사람 중에서 시험위원을 임명하거나 위촉해야 한다.
1. 소방 관련 분야의 박사학위를 취득한 사람 [③]
2. 대학에서 소방안전 관련 학과 조교수 이상으로 2년 이상 재직한 사람 [④]
3. 소방위 이상의 소방공무원 [②]
4. 소방시설관리사 [①]
5. 소방기술사

36
정답 ② SONICE 기본서 2권 p.300

해설 소방시설법 시행령 [별표 4]

〈누전경보기의 설치대상〉

누전경보기는 계약전류용량이 (ㄱ: 100)암페어를 초과하는 특정소방대상물(내화구조가 아닌 건축물로서 벽·바닥 또는 반자의 전부나 일부를 (ㄴ: 불연재료 또는 준불연재료가 아닌) 재료에 철망을 넣어 만든 것만 해당한다)에 설치해야 한다. 다만, 위험물 저장 및 처리 시설 중 가스시설, 지하가 중 터널 및 지하구의 경우에는 그렇지 않다.

37
정답 ③ SONICE 기본서 1권 p.328

해설 위험물안전관리법 시행규칙 제65조

〈특정·준특정옥외탱크저장소의 구조 등에 관한 정기점검(구조안전점검)〉

① 최근의 정밀정기검사를 받은 날부터 <u>11년</u>
② 최근의 <u>정밀</u>정기검사를 받은 날부터 11년
④ 특정·준특정옥외저장탱크에 안전조치를 한 후 구조안전점검시기 연장신청을 하여 해당 안전조치가 적정한 것으로 인정받은 경우에는 최근의 <u>정밀</u>정기검사를 받은 날부터 13년

SONICE TIP 특정·준특정옥외탱크저장소의 구조 등에 관한 정기점검(구조안전점검)

옥외탱크저장소 중 저장 또는 취급하는 액체위험물의 최대수량이 50만리터 이상인 것(특정·준특정옥외탱크저장소)에 대해서는 정기점검 외에 다음의 어느 하나에 해당하는 기간 이내에 1회 이상 특정·준특정옥외저장탱크의 구조 등에 관한 안전점검(구조안전점검)을 해야 한다.

㉠ 특정·준특정옥외탱크저장소의 설치허가에 따른 완공검사합격확인증을 발급받은 날부터 12년
㉡ 최근의 정밀정기검사를 받은 날부터 11년
㉢ 특정·준특정옥외저장탱크에 안전조치를 한 후 구조안전점검시기 연장신청을 하여 해당 안전조치가 적정한 것으로 인정받은 경우에는 최근의 정밀정기검사를 받은 날부터 13년

38
정답 ③ SONICE 기본서 1권 p.314

해설 위험물안전관리법 제15조, 시행령 제12조, 시행규칙 제56조

〈제조소등에서의 위험물 저장 및 취급에 관한 기준〉

① 동일구 내에 있는 9개(10개 이하)의 암반탱크저장소
② 동일구 내에 있는 29개(30개 이하)의 옥외탱크저장소
③ 동일구 내에 있는 각 취급소의 최대수량이 지정수량의 <u>3천배(3천배 미만이어야 하므로 1인의 안전관리자를 중복하여 선임할 수 없다.)인 5개의 취급소</u>
④ 위험물을 차량에 고정된 탱크에 옮겨 담기 위한 5개의 일반취급소(일반취급소 간의 보행거리가 300미터 이내인 경우에 한한다)와 그 일반취급소에 공급하기 위한 위험물을 저장하는 저장소

39 정답 ② SONICE 기본서 1권 p.296

해설 위험물안전관리법 시행규칙 제18조

〈탱크안전성능검사의 신청〉

〈보기〉 = 탱크안전성능검사 중 용접부검사

탱크안전성능검사의 신청시기는 다음의 구분에 의한다.
1. 기초·지반검사 : 위험물탱크의 기초 및 지반에 관한 공사의 개시 전
2. 충수·수압검사 : 위험물을 저장 또는 취급하는 탱크에 배관 그 밖의 부속설비를 부착하기 전
3. 용접부검사 : 탱크본체에 관한 공사의 개시 전
4. 암반탱크검사 : 암반탱크의 본체에 관한 공사의 개시 전

40 정답 ① SONICE 기본서 1권 p.325 ~ 326

해설 위험물안전관리법 제17조

〈예방규정〉
① 대통령령이 정하는 제조소등의 관계인은 당해 제조소등의 화재예방과 화재 등 재해발생시의 비상조치를 위하여 행정안전부령이 정하는 바에 따라 예방규정을 정하여 당해 제조소등의 사용을 시작하기 전에 시·도지사에게 제출하여야 한다.

02회 소방관계법규 - 정답 및 간단해설

SONICE 빨간불 파란불 소방관계법규 실전 동형 모의고사

SONICE 파란불 실전 동형 모의고사 02회

01	02	03	04	05	06	07	08	09	10
③	②	②	①	①	②	③	②	①	④
11	12	13	14	15	16	17	18	19	20
③	③	④	①	①	④	③	③	②	②
21	22	23	24	25	26	27	28	29	30
②	②	③	①	①	④	②	②	④	④
31	32	33	34	35	36	37	38	39	40
②	④	④	②	④	②	④	①	④	③

🎤 **백사부의 한마디**

썰물이 빠졌을 때
누가 벌거벗고 헤엄쳤는지 알 수 있다.

---

01 정답 ③ SONICE 기본서 1권 p.85

해설 소방기본법 시행령 제8조
〈소방활동구역의 출입자〉
1. 소방활동구역 안에 있는 소방대상물의 소유자·관리자 또는 점유자 [ㄷ]
2. 전기·가스·수도·통신·교통의 업무에 종사하는 사람으로서 원활한 소방활동을 위하여 필요한 사람 [ㅁ]
3. 의사·간호사 그 밖의 구조·구급업무에 종사하는 사람
4. 취재인력 등 보도업무에 종사하는 사람 [ㄴ]
5. 수사업무에 종사하는 사람
6. 그 밖에 소방대장이 소방활동을 위하여 출입을 허가한 사람 [ㄹ]
→ 옳은 보기는 "ㄴ, ㄷ(2개)"이다.

SONICE TIP 권한이 없는 자가 소방활동구역에 출입하는 경우 해당하는 벌칙

1. 법률 : 200만원 이하의 과태료
2. 시행령

1차 위반	과태료 100만원
2차 위반	과태료 100만원
3차 이상 위반	과태료 100만원

02 정답 ② SONICE 기본서 1권 p.108 ~ 109

해설 소방기본법 시행령 [별표 3]

〈N차 과태료〉

위반행위	과태료 금액(만원)		
	1회	2회	3회 이상
소방자동차 전용구역에 차를 주차하거나 전용구역에의 진입을 가로막는 등의 방해행위를 한 경우	50	100	100
한국119청소년단 또는 이와 유사한 명칭을 사용한 경우	100	150	200
화재 또는 구조·구급이 필요한 상황을 거짓으로 알린 경우	200	400	500

03 정답 ② SONICE 기본서 1권 p.37 ~ 39

해설 소방기본법 시행규칙 제6조, [별표 3]
〈소방용수시설 및 비상소화장치의 설치기준〉

ㄱ. 소방호스 및 관창은 「소방시설 설치 및 관리에 관한 법률」 제37조제5항에 따라 소방청장이 정하여 고시하는 형식승인 및 제품검사의 기술기준에 적합한 것으로 설치할 것 [O]

ㄴ. 「국토의 계획 및 이용에 관한 법률」 제36조 제1항 제1호의 규정에 의한 공업지역에 설치하는 경우 소방대상물과의 수평거리는 100미터 이하가 되도록 할 것

ㄷ. 소화전은 상수도와 연결하여 지하식 또는 지상식의 구조로 하고, 소방용호스와 연결하는 소화전의 연결금속구의 구경은 65밀리미터로 할 것 [O]

ㄹ. 급수탑 급수배관의 구경은 100밀리미터 이상으로 하고, 개폐밸브는 지상에서 1.5미터 이상 1.7미터 이하의 위치에 설치하도록 할 것

→ 옳은 보기는 "ㄱ, ㄷ(2개)"이다.

SONICE TIP 저수조의 설치기준

㉠ 지면으로부터의 낙차가 4.5미터 이하일 것
㉡ 흡수부분의 수심이 0.5미터 이상일 것
㉢ 소방펌프자동차가 쉽게 접근할 수 있도록 할 것
㉣ 흡수에 지장이 없도록 토사 및 쓰레기 등을 제거할 수 있는 설비를 갖출 것
㉤ 흡수관의 투입구가 사각형의 경우에는 한 변의 길이가 60센티미터 이상, 원형의 경우에는 지름이 60센티미터 이상일 것
㉥ 저수조에 물을 공급하는 방법은 상수도에 연결하여 자동으로 급수되는 구조일 것

04 정답 ① SONICE 기본서 1권 p.34

해설 소방기본법 시행령 [별표 3]
〈국고보조〉
① 국가는 소방장비의 구입 등 시·도의 소방업무에 필요한 경비의 전부 또는 일부를 보조한다.
② 소방헬리콥터 및 소방정, 소방전용 통신설비 및 전산설비는 국고보조 대상사업의 범위에 해당한다.

SONICE TIP 국고보조의 대상이 되는 소방활동장비 및 설비의 종류 및 규격 - 소방활동장비

구분	종류			규격
소방활동 장비	소방 자동차	펌프차	대형	240마력 이상
			중형	170마력 이상 240마력 미만
			소형	120마력 이상 170마력 미만
		물탱크소방차	대형	240마력 이상
			중형	170마력 이상 240마력 미만
		화학소방차	비활성가스를 이용한 소방차	
			고성능	340마력 이상
			내폭	340마력 이상
			일반 대형	240마력 이상
			일반 중형	170마력 이상 240마력 미만
		사다리소방차	고가(사다리의 길이가 33m 이상인 것에 한한다)	330마력 이상
			굴절 27m 이상급	330마력 이상
			굴절 18m 이상 27m 미만급	240마력 이상
		조명차	중형	170마력
		배연차	중형	170마력 이상
		구조차	대형	240마력 이상
			중형	170마력 이상 240마력 미만
		구급차	특수	90마력 이상
			일반	85마력 이상 90마력 미만
	소방정		소방정	100톤 이상급, 50톤급
			구조정	30톤급
	소방헬리콥터			5~17인승

05

정답 ① **SONICE 기본서 2권** p.25

해설 소방의 화재조사에 관한 법률 시행령 제7조
〈화재합동조사단의 구성·운영〉
화재합동조사단은 화재조사를 완료하면 소방관서장에게 다음의 사항이 포함된 화재조사 결과를 보고해야 한다.
1. 화재합동조사단 운영 개요
2. 화재조사 개요
3. 화재조사의 내용에 관한 사항
　㉠ 화재원인에 관한 사항
　㉡ 화재로 인한 인명·재산피해상황
　㉢ 대응활동에 관한 사항
　㉣ 소방시설 등의 설치·관리 및 작동 여부에 관한 사항 [ㄴ]
　㉤ 화재발생건축물과 구조물, 화재유형별 화재위험성 등에 관한 사항
　㉥ 그 밖에 대통령령으로 정하는 사항 : 화재안전조사의 실시 결과에 관한 사항
4. 다수의 인명피해가 발생한 경우 그 원인
5. 현행 제도의 문제점 및 개선 방안 [ㄱ]
6. 그 밖에 소방관서장이 필요하다고 인정하는 사항
→ 옳은 보기는 "ㄱ, ㄴ"이다.

06 정답 ② | SONICE 기본서 2권 | p.42 ~ 47

해설 소방의 화재조사에 관한 법률 제17조

〈감정기관의 지정·운영〉

ㄱ. 소방청장은 과학적이고 전문적인 화재조사를 위하여 대통령령으로 정하는 시설과 전문인력 등 지정기준을 갖춘 기관을 화재감정기관으로 지정·운영하여야 한다.
ㄴ. 소방청장은 지정된 감정기관에서의 과학적 조사·분석 등에 소요되는 비용의 전부 또는 일부를 지원할 수 있다.
ㄷ. 의뢰받은 감정을 정당한 사유 없이 거부하거나 1개월 이상 수행하지 않은 경우에는 지정을 취소할 수 있다.
ㄹ. 소방청장은 감정기관의 지정을 취소하려면 청문을 하여야 한다. [O]
ㅁ. 지정이 취소된 화재감정기관은 지정이 취소된 날부터 10일 이내에 화재감정기관 지정서를 반환해야 한다.
→ 옳은 보기는 "ㄹ(1개)"이다.

07 정답 ③ | SONICE 기본서 1권 | p.206 ~ 207

해설 소방시설공사업법 시행규칙 [별표 4의2]

〈소방기술과 관련된 자격·학력 및 경력의 인정 범위〉

> 소방설비산업기사 자격을 취득한 후 11년간 소방 관련 업무를 수행한 사람

- (ㄱ: 특)급 기술자 : 소방설비산업기사 자격을 취득한 후 11년 이상 소방 관련 업무를 수행한 사람
- (ㄴ: 고)급 감리원 : 소방설비산업기사 자격을 취득한 후 8년 이상 소방 관련 업무를 수행한 사람
- (ㄷ: 특)급 점검자 : 소방설비산업기사 자격을 취득한 후 10년 이상 소방 관련 업무를 수행한 사람

08 정답 ② | SONICE 기본서 1권 | p.147

해설 소방시설공사업법 제9조

〈등록취소와 영업정지〉

① 시·도지사는 소방시설업자가 다른 자에게 자기의 성명이나 상호를 사용하여 소방시설공사등을 수급 또는 시공하게 하거나 소방시설업의 등록증 또는 등록수첩을 빌려준 경우에는 그 등록을 취소할 수 있다.
③ 소방시설업자의 지위를 승계한 상속인이 등록 결격사유에 해당할 때에는 상속을 개시한 날부터 6개월 동안은 등록취소를 적용하지 아니한다.
④ 시·도지사는 등록취소·시정명령 또는 영업정지를 하는 경우에는 처분일부터 7일 이내에 소방시설업자협회에 그 사실을 알려주어야 한다.

SONICE TIP 등록을 취소하여야 하는 경우(1차 취소)
1. 거짓이나 그 밖의 부정한 방법으로 등록한 경우
2. 소방시설업의 등록 결격사유에 해당하게 된 경우
3. 영업정지 기간 중에 소방시설공사등을 한 경우

09 정답 ① | SONICE 기본서 1권 | p.185 ~ 186

해설 소방시설공사업법 제22조의2

〈하도급계약의 적정성 심사〉
① 발주자는 하수급인의 시공 및 수행능력, 하도급계약 내용의 적정성 등을 심사하기 위하여 하도급계약심사위원회를 두어야 한다.

SONICE TIP 하도급계약의 적정성 심사

구분	하도급계약의 적정성 심사
부적당 / 금액미달 (상당하는 금액의 100분의 82, 예정가격의 100분의 60)	~ 심사할 수 있다.
발주자 (국가, 지방자치단체 또는 대통령령으로 정하는 공공기관)	~ 심사하여야 한다.

10

정답 ④ **SONICE 기본서 1권** p.168 ~ 169

해설 소방시설공사업법 시행령 [별표 4]
〈소방공사 감리원의 배치〉
① 연면적 5천제곱미터 이상 3만제곱미터 미만인 특정소방대상물의 공사 현장에는 보조감리원을 두지 않아도 된다.
② 소방시설공사 현장의 연면적 합계가 20만제곱미터 이상인 경우에는 20만제곱미터를 초과하는 연면적에 대하여 10만제곱미터마다 보조감리원 1명 이상 추가로 배치하여야 한다.
③ 감리업자는 소방공사 감리원을 상주 공사감리와 일반 공사감리로 구분하여 소방시설공사의 착공일부터 소방시설 완공검사증명서 발급일까지의 기간 중 행정안전부령으로 정하는 기간 동안 배치한다.

SONICE TIP 감리원을 배치하지 아니할 수 있는 경우(예외사항)
㉠ 민원 또는 계절적 요인 등으로 해당 공정의 공사가 일정 기간 중단된 경우
㉡ 예산의 부족 등 발주자(하도급의 경우에는 수급인을 포함한다. 이하 이 목에서 같다)의 책임 있는 사유 또는 천재지변 등 불가항력으로 공사가 일정기간 중단된 경우
㉢ 발주자가 공사의 중단을 요청하는 경우

11

정답 ③ **SONICE 기본서 2권** p.97

해설 화재예방법 시행령 [별표 1]
〈난로〉
가. 연통은 천장으로부터 0.6미터 이상 떨어지고, 연통의 배출구는 건물 밖으로 0.6미터 이상 나오게 설치해야 한다.
나. 가연성 벽·바닥 또는 천장과 접촉하는 연통의 부분은 규조토 등 난연성 또는 불연성의 단열재로 덮어씌워야 한다.
다. 이동식난로는 다음의 장소에서 사용해서는 안 된다. 다만, 난로가 쓰러지지 않도록 받침대를 두어 고정시키거나 쓰러지는 경우 즉시 소화되고 연료의 누출을 차단할 수 있는 장치가 부착된 경우에는 그렇지 않다.
  1)「다중이용업소의 안전관리에 관한 특별법」제2조제1항제4호에 따른 다중이용업소
  2)「학원의 설립·운영 및 과외교습에 관한 법률」제2조제1호에 따른 학원
  3)「학원의 설립·운영 및 과외교습에 관한 법률 시행령」제2조제1항제4호에 따른 독서실
  4)「공중위생관리법」제2조제1항제2호에 따른 숙박업, 같은 항 제3호에 따른 목욕장업 및 같은 항 제6호에 따른 세탁업의 영업장 [①]
  5)「의료법」제3조제2항제1호에 따른 의원·치과의원·한의원, 같은 항 제2호에 따른 조산원 및 같은 항 제3호에 따른 병원·치과병원·한방병원·요양병원·정신병원·종합병원
  6)「식품위생법 시행령」제21조제8호에 따른 식품접객업의 영업장
  7)「영화 및 비디오물의 진흥에 관한 법률」제2조제10호에 따른 영화상영관 [②]
  8)「공연법」제2조제4호에 따른 공연장
  9)「박물관 및 미술관 진흥법」제2조제1호에 따른 박물관 및 같은 조 제2호에 따른 미술관 [④]
  10)「유통산업발전법」제2조제7호에 따른 상점가
  11)「건축법」제20조에 따른 가설건축물
  12) 역·터미널

12 정답 ③ SONICE 기본서 2권 p.88

해설 화재예방법 제16조
〈화재안전조사 결과 공개〉
소방관서장은 화재안전조사를 실시한 경우 다음의 전부 또는 일부를 인터넷 홈페이지나 전산시스템 등을 통하여 공개할 수 있다.
1. 소방대상물의 위치, 연면적, 용도 등 현황
2. 소방시설등의 설치 및 관리 현황
3. 피난시설, 방화구획 및 방화시설의 설치 및 관리 현황 [ㄴ]
4. 그 밖에 대통령령으로 정하는 사항
   ㉠ 제조소등 설치 현황
   ㉡ 소방안전관리자 선임 현황 [ㄷ]
   ㉢ 화재예방안전진단 실시 결과 [ㅁ]
→ 옳은 보기는 "ㄴ, ㅁ"이다.

SONICE TIP 화재안전조사 결과 공개기간
소방관서장은 화재안전조사 결과를 공개하는 경우 30일 이상 해당 소방관서 인터넷 홈페이지나 전산시스템을 통해 공개해야 한다.

13 정답 ④ SONICE 기본서 2권 p.203

해설 화재예방법 시행규칙 [별표 1]
〈업무대행 인력의 배치기준〉

소방안전관리대상물의 등급	설치된 소방시설의 종류	대행인력의 기술등급
1급 또는 2급	스프링클러설비, 물분무등소화설비 또는 제연설비	중급점검자 이상 1명 이상
	옥내소화전설비 또는 옥외소화전설비	초급점검자 이상 1명 이상
3급	자동화재탐지설비 또는 간이스프링클러설비	초급점검자 이상 1명 이상

[비고]
1. 소방안전관리대상물의 등급은 영 별표 4에 따른 소방안전관리대상물의 등급을 말한다.
2. 대행인력의 기술등급은 「소방시설공사업법 시행규칙」 별표 4의2에 따른 소방기술자의 자격 등급에 따른다.
3. 연면적 5천제곱미터 미만으로서 스프링클러설비가 설치된 1급 또는 2급 소방안전관리대상물의 경우에는 초급점검자를 배치할 수 있다. 다만, 스프링클러설비 외에 제연설비 또는 물분무등소화설비가 설치된 경우에는 그렇지 않다
4. 스프링클러설비에는 화재조기진압용 스프링클러설비를 포함하고, 물분무등소화설비에는 호스릴(hose reel)방식은 제외한다.

14 정답 ① SONICE 기본서 2권 p.213

해설 화재예방법 시행규칙 [별표 7]

〈화재예방안전진단기관의 장비기준 - 소방분야〉

1) 방수압력측정계, 절연저항계, 전류전압측정계
2) 저울
3) 소화전밸브압력계
4) 헤드결합렌치
5) 검량계, 기동관누설시험기, 그 밖에 소화약제의 저장량을 측정할 수 있는 점검기구
6) 열감지기시험기, 연(煙)감지기시험기, 공기주입시험기, 감지기시험기연결폴대, 음량계 [④]
7) 누전계(누전전류 측정용) [③]
8) 무선기(통화시험용)
9) 풍속풍압계, 폐쇄력측정기, 차압계(압력차 측정기)
10) 조도계(최소눈금이 0.1럭스 이하인 것) [②]
11) 화재 및 피난 모의시험이 가능한 컴퓨터
12) 화재 모의시험을 위한 프로그램
13) 피난 모의시험을 위한 프로그램
14) 교육·훈련 평가 기자재
　가) 연기발생기
　나) 초시계

→ ① 검전기는 "전기분야"에 해당하는 장비이다.

15 정답 ① SONICE 기본서 2권 p.172 ~ 173

해설 화재예방법 제37조

〈소방안전관리대상물 근무자 및 거주자 등에 대한 소방훈련〉

① 소방본부장 또는 소방서장은 화재 발생 시 불특정 다수의 인명피해가 예상되어 소방본부장 또는 소방서장이 소방훈련·교육이 필요하다고 인정하는 특정소방대상물의 근무자등에게 불시에 소방훈련과 교육을 실시할 수 있다.

SONICE TIP 불시 소방훈련 및 교육의 대상

1. 의료시설
2. 노유자시설
3. 교육연구시설
4. 그 밖에 화재 발생 시 불특정 다수의 인명피해가 예상되어 소방본부장 또는 소방서장이 소방훈련·교육이 필요하다고 인정하는 특정소방대상물

16 정답 ④ SONICE 기본서 2권 p.292

해설 소방시설법 시행령 [별표 7]
〈수용인원의 산정 방법〉

- 바닥면적의 합계가 1,380[m²]인 종교시설이다.

  → 수용인원 = $\dfrac{1,380 m^2}{4.6 m^2/명}$ = 300명

- 바닥면적 외의 관람석 부분에 450[cm]인 긴 의자가 15개 설치되어 있다.

  → 1개의 긴 의자 = $\dfrac{450 cm}{0.45 m}$ = $\dfrac{450 cm}{45 cm}$ = 10명

  → 수용인원 = 10명 × 15개 = 150명

- 총 수용인원 = 300 + 150 = 450명

17 정답 ③ SONICE 기본서 2권 p.309

해설 소방시설법 시행령 [별표 4]
〈무선통신보조설비의 설치대상〉
무선통신보조설비를 설치해야 하는 특정소방대상물(위험물 저장 및 처리 시설 중 가스시설은 제외한다)은 다음의 어느 하나에 해당하는 것으로 한다.
1) 지하상가로서 연면적 1천㎡ 이상인 것
2) 지하층의 바닥면적의 합계가 3천㎡ 이상인 것 또는 지하층의 층수가 3층 이상이고 지하층의 바닥면적의 합계가 1천㎡ 이상인 것은 지하층의 모든 층
3) 터널로서 길이가 500m 이상인 것
4) 지하구 중 공동구
5) 층수가 30층 이상인 것으로서 16층 이상 부분의 모든 층

SONICE TIP 지하상가로서 연면적 1천㎡ 이상인 것
㉠ 자동화재탐지설비
㉡ 스프링클러설비
㉢ 무선통신보조설비
㉣ 제연설비

18 정답 ③ SONICE 기본서 2권 p.350 ~ 351

해설 소방시설법 시행규칙 제23조

〈소방시설등의 자체점검 결과의 조치〉

① 관리업자 또는 소방안전관리자로 선임된 소방시설관리사 및 소방기술사(이하 "관리업자등"이라 한다)는 자체점검을 실시한 경우에는 그 점검이 끝난 날부터 10일 이내에 소방시설등 자체점검 실시결과 보고서에 <u>소방청장이 정하여 고시하는 소방시설등점검표</u>를 첨부하여 관계인에게 제출해야 한다.

② 자체점검 실시결과 보고서를 제출받거나 스스로 자체점검을 실시한 관계인은 자체점검이 끝난 날부터 <u>15일 이내</u>에 소방시설등 자체점검 실시결과 보고서에 다음의 서류를 첨부하여 소방본부장 또는 소방서장에게 서면이나 소방청장이 지정하는 전산망을 통하여 보고해야 한다.
   1. 점검인력 배치확인서(관리업자가 점검한 경우만 해당)
   2. 소방시설등의 자체점검 결과 이행계획서

③ 자체점검 실시결과의 보고기간에는 공휴일 및 토요일은 산입하지 않는다.

④ 소방본부장 또는 소방서장에게 자체점검 실시결과 보고를 마친 관계인은 소방시설등 자체점검 실시결과 보고서(소방시설등점검표를 포함한다)를 점검이 끝난 날부터 2년간 자체 보관해야 한다.

⑤ 소방시설등의 자체점검 결과 이행계획서를 보고받은 소방본부장 또는 소방서장은 다음의 구분에 따라 이행계획의 완료 기간을 정하여 관계인에게 통보해야 한다. 다만, 소방시설등에 대한 수리·교체·정비의 규모 또는 절차가 복잡하여 다음 각 호의 기간 내에 이행을 완료하기가 어려운 경우에는 그 기간을 달리 정할 수 있다.
   1. 소방시설등을 구성하고 있는 기계·기구를 수리하거나 정비하는 경우: 보고일부터 20일 이내
   2. 소방시설의 전부 또는 일부를 철거하고 새로 교체하는 경우: 보고일부터 10일 이내

⑥ 완료기간 내에 이행계획을 완료한 관계인은 이행을 완료한 날부터 <u>10일 이내</u>에 소방시설등의 자체점검 결과 이행완료 보고서에 다음의 서류를 첨부하여 소방본부장 또는 소방서장에게 보고해야 한다.
   1. 이행계획 건별 전·후 사진 증명자료
   2. 소방시설공사 계약서

19 정답 ② SONICE 기본서 2권 p.282

해설 소방시설법 제13조

〈소방시설기준 적용의 특례〉

소방본부장이나 소방서장은 대통령령 또는 화재안전기준이 변경되어 그 기준이 강화되는 경우 기존의 특정소방대상물(건축물의 신축·개축·재축·이전 및 대수선 중인 특정소방대상물을 포함한다)의 소방시설에 대하여는 변경 전의 대통령령 또는 화재안전기준을 적용한다. 다만, 다음의 어느 하나에 해당하는 소방시설의 경우에는 대통령령 또는 화재안전기준의 변경으로 강화된 기준을 적용할 수 있다.

1. 다음의 소방시설 중 대통령령 또는 화재안전기준으로 정하는 것
   가. 소화기구
   나. 비상경보설비 [①]
   다. 자동화재탐지설비 [③]
   라. 자동화재속보설비 [④]
   마. 피난구조설비

2. 다음의 특정소방대상물에 설치하는 소방시설 중 대통령령 또는 화재안전기준으로 정하는 것
   가. 「국토의 계획 및 이용에 관한 법률」 제2조제9호에 따른 공동구
   나. 전력 및 통신사업용 지하구
   다. 노유자(老幼者) 시설
   라. 의료시설

20 정답 ② SONICE 기본서 2권 p.259

해설 소방시설법 제6조, 시행령 제7조

〈검토 자료 또는 의견서를 첨부할 수 있는 사항〉

1. 「건축법」 제49조제1항 및 제2항에 따른 피난시설, 방화구획
2. 「건축법」 제49조제3항에 따른 소방관 진입창
3. 「건축법」 제50조, 제50조의2, 제51조, 제52조, 제52조의2 및 제53조에 따른 방화벽, 마감재료 등(이하 "방화시설"이라 한다)
4. 그 밖에 소방자동차의 접근이 가능한 통로의 설치 등 대통령령으로 정하는 사항
   ㉠ 소방자동차의 접근이 가능한 통로의 설치
   ㉡ 「건축법」 제64조 및 「주택건설기준 등에 관한 규정」 제15조에 따른 승강기의 설치
   ㉢ 「주택건설기준 등에 관한 규정」 제26조에 따른 주택단지 안 도로의 설치
   ㉣ 「건축법 시행령」 제40조제2항에 따른 옥상광장, 같은 조 제3항에 따른 비상문자동개폐장치 또는 같은 조 제4항에 따른 헬리포트의 설치
   ㉤ 그 밖에 소방본부장 또는 소방서장이 소화활동 및 피난을 위해 필요하다고 인정하는 사항

SONICE TIP 소방본부장 또는 소방서장이 동의여부를 알려야 하는 사항

소방본부장 또는 소방서장은 동의를 요구받은 경우 해당 건축물 등이 다음의 사항을 따르고 있는지를 검토하여 행정안전부령으로 정하는 기간 내에 해당 행정기관에 동의 여부를 알려야 한다.

1. 이 법 또는 이 법에 따른 명령
2. 「소방기본법」 제21조의2에 따른 소방자동차 전용구역의 설치

21 정답 ② SONICE 기본서 1권 p.403 ~ 405

해설 위험물안전관리법 시행규칙 [별표 6]

〈옥외탱크저장소 : 방유제의 기준〉

ㄱ. 이황화탄소 등 인화성 액체위험물의 옥외탱크저장소의 주위에는 방유제를 설치하지 않는다.
ㄴ. 방유제는 높이 0.5m 이상 3m 이하, 두께 0.2m 이상, 지하매설깊이 1m 이상으로 할 것
ㅁ. 높이가 1m를 넘는 방유제 및 간막이 둑의 안팎에는 방유제내에 출입하기 위한 계단 또는 경사로를 약 50m마다 설치할 것
→ 옳은 보기는 "ㄷ, ㄹ"이다.

SONICE TIP 간막이둑

용량이 1,000만[ℓ] 이상인 옥외저장탱크의 주위에 설치하는 방유제에는 다음의 규정에 따라 당해 탱크마다 간막이 둑을 설치할 것

1) 간막이 둑의 높이는 0.3[m](방유제내에 설치되는 옥외저장탱크의 용량의 합계가 2억[ℓ]를 넘는 방유제에 있어서는 1[m])이상으로 하되, 방유제의 높이보다 0.2[m] 이상 낮게 할 것
2) 간막이 둑은 흙 또는 철근콘크리트로 할 것
3) 간막이 둑의 용량은 간막이 둑안에 설치된 탱크의 용량의 10[%] 이상일 것

22
정답 ② **SONICE 기본서 1권** p.279

해설 위험물안전관리법 시행령 [별표 1]
〈액상의 정의〉
이 경우 "액상"이라 함은 수직으로 된 시험관(안지름 30밀리미터, 높이 120밀리미터의 원통형유리관을 말한다)에 시료를 **55밀리미터**까지 채운 다음 당해 시험관을 수평으로 하였을 때 시료액면의 선단이 30밀리미터를 이동하는데 걸리는 시간이 90초 이내에 있는 것을 말한다.

23
정답 ③ **SONICE 기본서 1권** p.278 ~ 285

해설 위험물안전관리법 시행규칙 [별표 19]
〈위험물의 운반에 관한 기준〉
ㄱ. 제1류 위험물 중 과망가니즈산염류 : 위험등급Ⅲ
ㄴ. 제3류 위험물 중 금속의 인화물 : 위험등급Ⅲ
ㄷ. 제4류 위험물 중 제2석유류 : 위험등급Ⅲ
ㄹ. 제5류 위험물 중 하이드라진유도체(제2종) : 위험등급Ⅱ
→ 위험등급Ⅲ에 해당하는 것은 "ㄱ, ㄴ, ㄷ"이다.

24
정답 ① **SONICE 기본서 1권** p.439

해설 위험물안전관리법 시행규칙 [별표 18]
〈제조소등에서의 위험물의 저장 및 취급에 관한 기준〉
옥내저장소에서 위험물을 저장하는 경우에는 다음 각목의 규정에 의한 높이를 초과하여 용기를 겹쳐 쌓지 아니하여야 한다.
㉠ 기계에 의하여 하역하는 구조로 된 용기만을 겹쳐 쌓는 경우에 있어서는 6m [④]
㉡ 제4류 위험물 중 제3석유류, 제4석유류 및 동식물유류를 수납하는 용기만을 겹쳐 쌓는 경우에 있어서는 4m [②, ③]
㉢ 그 밖의 경우에 있어서는 3m [①]

25
정답 ① **SONICE 기본서 1권** p.417

해설 위험물안전관리법 시행규칙 [별표 13]
〈주유취급소의 위치·구조 및 설비의 기준〉
① 고정주유설비 또는 고정급유설비의 주유관의 길이는 5m 이내로 하고 그 끝부분에는 축적된 정전기를 유효하게 제거할 수 있는 장치를 설치하여야 한다. (이동탱크저장소의 주유관의 길이 : 50m 이내)

26 정답 ④　SONICE 기본서 1권　p.22 ~ 23

해설 소방기본법 시행령 제1조의2
〈소방기술민원센터의 설치·운영〉
④ 규정한 사항 외에 소방기술민원센터의 설치·운영에 필요한 사항은 소방청에 설치하는 경우에는 소방청장이 정하고, 소방본부에 설치하는 경우에는 해당 시·도의 규칙으로 정한다.

SONICE TIP 소방기술민원센터의 수행업무
㉠ 소방시설, 소방공사와 위험물 안전관리 등과 관련된 법령해석 등의 민원(소방기술민원)의 처리
㉡ 소방기술민원과 관련된 질의회신집 및 해설서 발간
㉢ 소방기술민원과 관련된 정보시스템의 운영·관리
㉣ 소방기술민원과 관련된 현장 확인 및 처리
㉤ 그 밖에 소방기술민원과 관련된 업무로서 소방청장 또는 소방본부장이 필요하다고 인정하여 지시하는 업무

27 정답 ②　SONICE 기본서 1권　p.63 ~ 64

해설 소방기본법 시행규칙 [별표 3의3]
〈소방안전교육훈련의 시설, 장비, 강사자격 및 교육방법 등의 기준〉
① 소방공무원으로서 5년 이상 근무한 경력이 있는 사람은 강사가 될 수 있다. 소방공무원으로서 3년 이상 근무한 경력이 있는 사람은 보조강사가 될 수 있다.
③ 소방청장, 소방본부장 또는 소방서장은 소방안전교육훈련 중 발생한 사고로 인한 교육훈련대상자 등의 생명·신체나 재산상의 손해를 보상하기 위한 보험 또는 공제에 가입하여야 한다.
④ 소방청장, 소방본부장 또는 소방서장은 소방안전교육훈련의 실시결과, 만족도 조사결과 등을 기록하고 이를 3년간 보관하여야 한다.

SONICE TIP 소방안전교육훈련의 시설, 장비, 강사자격 및 교육방법 등의 기준 – 강사 및 보조강사

구분	자격기준
강사	① 소방 관련학과의 석사학위 이상을 취득한 사람 ② 소방안전교육사, 소방시설관리사, 소방기술사 또는 소방설비기사 자격을 취득한 사람 ③ 응급구조사, 인명구조사, 화재대응능력 등 소방청장이 정하는 소방활동 관련 자격을 취득한 사람 ④ 소방공무원으로서 5년 이상 근무한 경력이 있는 사람
보조강사	① 강사의 자격을 갖춘 사람 ② 소방공무원으로서 3년 이상 근무한 경력이 있는 사람 ③ 그 밖에 보조강사의 능력이 있다고 소방청장, 소방본부장 또는 소방서장이 인정하는 사람

28

정답 ②　**SONICE 기본서 1권**　p.91

해설 소방기본법 제39조의6
〈소방기술의 연구·개발사업 수행〉
① 국가는 국민의 생명과 재산을 보호하기 위하여 다음의 어느 하나에 해당하는 기관이나 단체로 하여금 소방기술의 연구·개발사업을 수행하게 할 수 있다.
　1. 국공립 연구기관 [ㄱ]
　2. 「과학기술분야 정부출연연구기관 등의 설립·운영 및 육성에 관한 법률」에 따라 설립된 연구기관
　3. 「특정연구기관 육성법」 제2조에 따른 특정연구기관
　4. 「고등교육법」에 따른 대학·산업대학·전문대학 및 기술대학
　5. 「민법」이나 다른 법률에 따라 설립된 소방기술 분야의 법인인 연구기관 또는 법인 부설 연구소
　6. 「기초연구진흥 및 기술개발지원에 관한 법률」 제14조의2제1항에 따라 인정받은 기업부설연구소
　7. 「소방산업의 진흥에 관한 법률」 제14조에 따른 한국소방산업기술원 [ㄹ]
　8. 그 밖에 대통령령으로 정하는 소방에 관한 기술개발 및 연구를 수행하는 기관·협회
② 국가가 기관이나 단체로 하여금 소방기술의 연구·개발사업을 수행하게 하는 경우에는 필요한 경비를 지원하여야 한다.

29

정답 ④　**SONICE 기본서 1권**　p.171

해설 소방시설공사업법 시행규칙 제16조
〈감리원의 세부 배치기준〉
1명의 감리원이 담당하는 소방공사감리현장은 5개 이하(자동화재탐지설비 또는 옥내소화전설비 중 어느 하나만 설치하는 2개의 소방공사감리현장이 최단 차량주행거리로 30킬로미터 이내에 있는 경우에는 1개의 소방공사감리현장으로 본다)로서 감리현장 연면적의 총 합계가 10만제곱미터 이하일 것. 다만, 일반 공사감리 대상인 아파트의 경우에는 연면적의 합계에 관계없이 1명의 감리원이 5개 이내의 공사현장을 감리할 수 있다.

30

정답 ④　**SONICE 기본서 1권**　p.193

해설 소방시설공사업법 시행령 제12조의9
〈감리업자를 선정하는 주택건설공사의 규모 및 대상〉
① 시·도지사가 감리업자를 선정해야 하는 주택건설공사의 규모 및 대상은 「주택법」에 따른 공동주택(기숙사는 제외한다)으로서 300세대 이상인 것으로 한다.
② 시·도지사는 감리업자를 선정하려는 경우에는 주택건설사업계획을 승인한 날부터 7일 이내에 다른 공사와는 별도로 소방시설공사의 감리를 할 감리업자의 모집공고를 해야 한다.
③ 시·도지사는 ②에도 불구하고 「주택법 시행령」 제31조에 따른 공사 착수기간의 연장 등 부득이한 사유가 있어 사업주체가 요청하는 경우에는 그 사유가 없어진 날부터 7일 이내에 제2항에 따른 모집공고를 할 수 있다.
④ 모집공고에는 다음의 사항이 포함되어야 한다.
　1. 접수기간
　2. 낙찰자 결정방법
　3. 사업내용 및 제출서류
　4. 감리원 응모자격 기준시점(신청접수 마감일을 원칙으로 한다)
　5. 감리업자 실적과 감리원 경력의 기준시점(모집공고일을 원칙으로 한다)
　6. 입찰의 전자적 처리에 관한 사항
　7. 그 밖에 감리업자 모집에 필요한 사항
⑤ 모집공고는 일간신문에 싣거나 해당 특별시·광역시·특별자치시·도 또는 특별자치도의 게시판과 인터넷 홈페이지에 7일 이상 게시하는 등의 방법으로 한다.

31
정답 ② SONICE 기본서 2권 p.134

해설 화재예방법 제29조
〈건설현장 소방안전관리〉
건설현장 소방안전관리대상물의 소방안전관리자의 업무는 다음과 같다.
1. 건설현장의 소방계획서의 작성 [ㅁ]
2. 임시소방시설의 설치 및 관리에 대한 감독
3. 공사진행 단계별 피난안전구역, 피난로 등의 확보와 관리 [ㄱ]
4. 건설현장의 작업자에 대한 소방안전 교육 및 훈련
5. 초기대응체계의 구성·운영 및 교육
6. 화기취급의 감독, 화재위험작업의 허가 및 관리
7. 그 밖에 건설현장의 소방안전관리와 관련하여 소방청장이 고시하는 업무
→ 옳은 보기는 "ㄱ, ㅁ"이다.

선지분석
ㄴ. 건설현장의 작업자에 대한 소방안전 교육 및 훈련을 실시한다.
ㄷ. 소방안전관리에 관한 업무수행에 관한 기록·유지의 업무는 수행하지 않는다.
ㄹ. 자위소방대는 구성하지 않는다.

32
정답 ④ SONICE 기본서 2권 p.132

해설 화재예방법 시행령 [별표 4]
〈소방안전관리자를 선임해야 하는 소방안전관리대상물의 범위와 소방안전관리자의 선임 대상별 자격 및 인원기준〉
① 지하구는 연면적에 관계없이 2급 소방안전관리대상물에 해당하므로, 2급 소방안전관리대상물이다.
② 가연성 가스를 100톤 이상 1천톤 미만 저장, 취급하는 시설에 해당하므로, 2급 소방안전관리대상물이다.
③ 물분무등소화설비(이산화탄소소화설비)를 설치해야 하는 특정소방대상물에 해당하므로, 2급 소방안전관리대상물이다.
④ 2급 소방안전관리대상물에 해당하는 것은 공동주택관리법 제2조제1항제2호의 어느 하나에 해당하는 공동주택으로서 옥내소화전설비 또는 스프링클러설비가 설치된 것에 한한다.

33
정답 ④ SONICE 기본서 2권 p.176

해설 화재예방법 제40조
〈소방안전 특별관리시설물의 안전관리〉
ㄱ. 점포가 500개 이상인 전통시장
ㄴ. 「물류시설의 개발 및 운영에 관한 법률」 제2조제5호의2에 따른 물류창고로서 연면적 10만제곱미터 이상인 것
→ 옳은 보기는 "ㄷ, ㄹ"이다.

34 정답 ② SONICE 기본서 2권 p.76 ~ 77

해설 화재예방법 시행령 제7조(화재안전조사의 항목)

〈화재안전조사의 항목〉

소방청장, 소방본부장 또는 소방서장은 다음의 항목에 대하여 화재안전조사를 실시한다.
1. 법 제17조에 따른 화재의 예방조치 등에 관한 사항
2. 법 제24조, 제25조, 제27조 및 제29조에 따른 소방안전관리 업무 수행에 관한 사항
3. 법 제36조에 따른 피난계획의 수립 및 시행에 관한 사항 [③]
4. 법 제37조에 따른 소화・통보・피난 등의 훈련 및 소방안전관리에 필요한 교육(이하 "소방훈련・교육"이라 한다)에 관한 사항
5. 「소방기본법」 제21조의2에 따른 소방자동차 전용구역의 설치에 관한 사항 [①]
6. 「소방시설공사업법」 제12조에 따른 시공, 같은 법 제16조에 따른 감리 및 같은 법 제18조에 따른 감리원의 배치에 관한 사항 [②]
7. 「소방시설 설치 및 관리에 관한 법률」 제12조에 따른 소방시설의 설치 및 관리에 관한 사항
8. 「소방시설 설치 및 관리에 관한 법률」 제15조에 따른 건설현장 임시소방시설의 설치 및 관리에 관한 사항 [④]
9. 「소방시설 설치 및 관리에 관한 법률」 제16조에 따른 피난시설, 방화구획(防火區劃) 및 방화시설의 관리에 관한 사항
10. 「소방시설 설치 및 관리에 관한 법률」 제20조에 따른 방염(防炎)에 관한 사항
11. 「소방시설 설치 및 관리에 관한 법률」 제22조에 따른 소방시설등의 자체점검에 관한 사항
12. 「다중이용업소의 안전관리에 관한 특별법」 제8조, 제9조, 제9조의2, 제10조, 제10조의2 및 제11조부터 제13조까지의 규정에 따른 안전관리에 관한 사항
13. 「위험물안전관리법」 제5조, 제6조, 제14조, 제15조 및 제18조에 따른 위험물 안전관리에 관한 사항
14. 「초고층 및 지하연계 복합건축물 재난관리에 관한 특별법」 제9조, 제11조, 제12조, 제14조, 제16조 및 제22조에 따른 초고층 및 지하연계 복합건축물의 안전관리에 관한 사항
15. 그 밖에 소방대상물에 화재의 발생 위험이 있는지 등을 확인하기 위해 소방관서장이 화재안전조사가 필요하다고 인정하는 사항

35 정답 ④ SONICE 기본서 2권 p.297

해설 소방시설법 시행령 [별표 4]

〈간이스프링클러설비를 설치해야 하는 특정소방대상물〉

간이스프링클러설비를 설치해야 하는 특정소방대상물은 다음의 어느 하나에 해당하는 것으로 한다.

1) 공동주택 중 연립주택 및 다세대주택(연립주택 및 다세대주택에 설치하는 간이스프링클러설비는 화재안전기준에 따른 주택전용 간이스프링클러설비를 설치한다)
2) 근린생활시설 중 다음의 어느 하나에 해당하는 것
    가) 근린생활시설로 사용하는 부분의 바닥면적 합계가 1천㎡ 이상인 것은 모든 층 [①]
    나) 의원, 치과의원 및 한의원으로서 입원실 또는 인공신장실이 있는 시설
    다) 조산원 및 산후조리원으로서 연면적 600㎡ 미만인 시설
3) 의료시설 중 다음의 어느 하나에 해당하는 시설
    가) 종합병원, 병원, 치과병원, 한방병원 및 요양병원(의료재활시설은 제외한다)으로 사용되는 바닥면적의 합계가 600㎡ 미만인 시설
    나) 정신의료기관 또는 의료재활시설로 사용되는 바닥면적의 합계가 300㎡ 이상 600㎡ 미만인 시설 [②]
    다) 정신의료기관 또는 의료재활시설로 사용되는 바닥면적의 합계가 300㎡ 미만이고, 창살(철재・플라스틱 또는 목재 등으로 사람의 탈출 등을 막기 위하여 설치한 것을 말하며, 화재 시 자동으로 열리는 구조로 되어 있는 창살은 제외한다)이 설치된 시설
4) 교육연구시설 내에 합숙소로서 연면적 100㎡ 이상인 경우에는 모든 층 [③]

5) 노유자 시설로서 다음의 어느 하나에 해당하는 시설
   가) 제7조제1항제7호 각 목에 따른 시설[같은 호 가목2) 및 같은 호 나목부터 바목까지의 시설 중 단독주택 또는 공동주택에 설치되는 시설은 제외하며, 이하 "노유자 생활시설"이라 한다]
   나) 가)에 해당하지 않는 노유자 시설로 해당 시설로 사용하는 바닥면적의 합계가 300㎡ 이상 600㎡ 미만인 시설
   다) 가)에 해당하지 않는 노유자 시설로 해당 시설로 사용하는 바닥면적의 합계가 300㎡ 미만이고, 창살(철재·플라스틱 또는 목재 등으로 사람의 탈출 등을 막기 위하여 설치한 것을 말하며, 화재 시 자동으로 열리는 구조로 되어 있는 창살은 제외한다)이 설치된 시설
6) 숙박시설로 사용되는 바닥면적의 합계가 300㎡ 이상 600㎡ 미만인 시설
7) 건물을 임차하여 「출입국관리법」 제52조제2항에 따른 보호시설로 사용하는 부분
8) 복합건축물(별표 2 제30호나목의 복합건축물만 해당한다)로서 연면적 1천㎡ 이상인 것은 모든 층

36 정답 ② | SONICE 기본서 2권 | p.375

해설 소방시설법 시행규칙 제37조
〈점검능력 평가의 신청〉
다음의 어느 하나에 해당하는 자는 상시 점검능력 평가를 신청할 수 있다.
1. 신규로 소방시설관리업의 등록을 한 자 [①]
2. 소방시설관리업자의 지위를 승계한 자 [③]
3. 점검능력 평가 공시 후 다시 점검능력 평가를 신청하는 자 [④]

37 정답 ④ | SONICE 기본서 2권 | p.369

해설 소방시설법 시행규칙 제32조
〈소방시설관리업의 등록증·등록수첩의 재발급 및 반납〉
관리업자는 다음의 어느 하나에 해당하는 경우에는 지체 없이 시·도지사에게 그 소방시설관리업 등록증 및 등록수첩을 반납해야 한다.
1. 등록이 취소된 경우 [ㄴ]
2. 소방시설관리업을 폐업한 경우 [ㄹ]
3. 재발급을 받은 경우. 다만, 등록증 또는 등록수첩을 잃어버리고 재발급을 받은 경우에는 이를 다시 찾은 경우로 한정한다.
→ 옳은 보기는 "ㄴ, ㄹ"이다.

38 정답 ① | SONICE 기본서 2권 | p.396 ~ 397

해설 소방시설법 제58조
〈벌칙〉
① 형식승인의 변경승인을 받지 아니한 자 - 1년 이하의 징역 또는 1천만원 이하의 벌금
② 소방용품의 형식승인을 받지 아니하고 소방용품을 제조하거나 수입한 자
   - 3년 이하의 징역 또는 3천만원 이하의 벌금
③ 합격표시를 하지 아니한 소방용품을 판매·진열하거나 소방시설공사에 사용한 자
   - 3년 이하의 징역 또는 3천만원 이하의 벌금
④ 구매자에게 명령을 받은 사실을 알리지 아니하거나 필요한 조치를 하지 아니한 자
   - 3년 이하의 징역 또는 3천만원 이하의 벌금

39 정답 ④　SONICE 기본서 1권　p.398 ~ 399

해설 위험물안전관리법 시행규칙 [별표 6]
〈옥외탱크저장소의 위치·구조 및 설비의 기준 - 밸브 없는 통기관〉
㉠ 지름은 30㎜ 이상일 것
㉡ 끝부분은 수평면보다 45도 이상 구부려 빗물 등의 침투를 막는 구조로 할 것
㉢ 인화점이 38℃ 미만인 위험물만을 저장 또는 취급하는 탱크에 설치하는 통기관에는 화염방지장치를 설치하고, 그 외의 탱크에 설치하는 통기관에는 40메쉬(mesh) 이상의 구리망 또는 동등 이상의 성능을 가진 인화방지장치를 설치할 것. 다만, 인화점이 70℃ 이상인 위험물만을 해당 위험물의 인화점 미만의 온도로 저장 또는 취급하는 탱크에 설치하는 통기관에는 인화방지장치를 설치하지 않을 수 있다.
㉣ 가연성의 증기를 회수하기 위한 밸브를 통기관에 설치하는 경우에 있어서는 당해 통기관의 밸브는 저장탱크에 위험물을 주입하는 경우를 제외하고는 항상 개방되어 있는 구조로 하는 한편, 폐쇄하였을 경우에 있어서는 10㎪ 이하의 압력에서 개방되는 구조로 할 것. 이 경우 개방된 부분의 유효단면적은 777.15㎟ 이상이어야 한다.

40 정답 ③　SONICE 기본서 1권　p.387

해설 위험물안전관리법 시행규칙 [별표 4]
〈제조소의 위치·구조 및 설비의 기준 - 옥외설비의 바닥〉
옥외에서 액체위험물을 취급하는 설비의 바닥은 다음 각호의 기준에 의하여야 한다.
① 바닥의 최저부에 집유설비를 하여야 한다.
② 바닥은 콘크리트 등 위험물이 스며들지 아니하는 재료로 하고, 턱이 있는 쪽이 낮게 경사지게 하여야 한다.
③ 바닥의 둘레에 높이 0.15m 이상의 턱을 설치하는 등 위험물이 외부로 흘러나가지 아니하도록 하여야 한다.
④ 위험물(온도 20℃의 물 100g에 용해되는 양이 1g 미만인 것에 한한다)을 취급하는 설비에 있어서는 당해 위험물이 직접 배수구에 흘러들어가지 아니하도록 집유설비에 유분리장치를 설치하여야 한다.

03회 소방관계법규 - 정답 및 간단해설

SONICE 빨간불 실전 동형 모의고사 03회

01	02	03	04	05	06	07	08	09	10
②	②	②	④	④	①	①	③	③	②
11	12	13	14	15	16	17	18	19	20
④	④	④	②	②	④	①	④	②	②
21	22	23	24	25	26	27	28	29	30
①	④	④	①	①	④	②	④	②	②
31	32	33	34	35	36	37	38	39	40
④	②	④	②	③	①	③	④	①	③

🎙 **백사부의 한마디**

그대의 오늘 지친 발걸음이
내일 더 빛나게 해줄 발걸음이 되길!

---

01 정답 ② | SONICE 기본서 1권 p.30 (개정사항)

해설 소방기본법 시행령 제1조의4
〈세부계획 추진실적 등의 평가〉
① 소방청장은 재난·재해, 그 밖의 위급한 상황으로부터 국민의 생명·신체 및 재산을 보호하기 위하여 세부계획 수립의 적절성, 세부계획 추진실적 등에 대하여 정기적으로 평가할 수 있다.
② 소방청장은 평가를 하려는 경우 다음 연도의 평가계획을 <u>11월 30일</u>까지 시·도지사에게 통지해야 한다.
③ 통지를 받은 시·도지사는 전년도 세부계획 추진실적 등을 1월 31일까지 소방청장에게 제출해야 하고, 소방청장은 제1항에 따른 평가결과를 3월 31일까지 시·도지사에게 통보해야 한다.
④ 규정한 사항 외에 세부계획 추진실적 등의 평가에 필요한 사항은 소방청장이 정한다.

---

02 정답 ② | SONICE 기본서 1권 p.14 ~ 16

해설 소방기본법 제2조
〈정의〉
1. "소방대상물"이란 건축물, <u>차량</u>, 선박(「선박법」 제1조의2제1항에 따른 선박으로서 항구에 매어둔 선박만 해당한다), 선박 건조 구조물, 산림, 그 밖의 인공 구조물 또는 물건을 말한다.
2. "소방본부장"이란 특별시·광역시·특별자치시·도 또는 특별자치도(이하 "시·도"라 한다)에서 화재의 예방·경계·진압·<u>조사</u> 및 구조·구급 등의 업무를 담당하는 부서의 장을 말한다.

03
정답 ② **SONICE 기본서 1권** p.32

해설 소방기본법 제8조, 제9조
〈소방력의 기준〉
② 시·도지사는 소방력의 기준에 따라 관할구역의 소방력을 확충하기 위하여 필요한 계획을 수립하여 시행하여야 한다.

SONICE TIP 소방력의 기준
㉠ 소방기관이 소방업무를 수행하는 데에 필요한 인력과 장비 등(소방력)에 관한 기준은 행정안전부령으로 정한다.
㉡ 시·도지사는 소방력의 기준에 따라 관할구역의 소방력을 확충하기 위하여 필요한 계획을 수립하여 시행하여야 한다.
㉢ 소방자동차 등 소방장비의 분류·표준화와 그 관리 등에 필요한 사항은 따로 법률에서 정한다.

04
정답 ④ **SONICE 기본서 1권** p.101

해설 소방기본법 시행령 제13조
〈손실보상심의위원회의 설치 및 구성〉
보상위원회의 위원은 다음 각 호의 어느 하나에 해당하는 사람 중에서 소방청장등이 위촉하거나 임명한다. 이 경우 위원의 과반수는 성별을 고려하여 소방공무원이 아닌 사람으로 하여야 한다.
㉠ 소속 소방공무원
㉡ 판사·검사 또는 변호사로 5년 이상 근무한 사람 [2]
㉢ 「고등교육법」 제2조에 따른 학교에서 법학 또는 행정학을 가르치는 부교수 이상으로 5년 이상 재직한 사람 [4]
㉣ 「보험업법」 제186조에 따른 손해사정사 [1]
㉤ 소방안전 또는 의학 분야에 관한 학식과 경험이 풍부한 사람 [3]

05
정답 ④ **SONICE 기본서 1권** p.105

해설 소방기본법 제50조
〈벌칙〉
① (5년 이하의 징역 또는 5천만원 이하의 벌금) 사람을 구출하는 일 또는 불을 끄거나 불이 번지지 아니하도록 하는 일을 방해한 사람
② (5년 이하의 징역 또는 5천만원 이하의 벌금) 소방대가 화재진압·인명구조 또는 구급활동을 위하여 현장에 출동하거나 현장에 출입하는 것을 고의로 방해하는 행위를 한 사람
③ (5년 이하의 징역 또는 5천만원 이하의 벌금) 정당한 사유 없이 소방용수시설 또는 비상소화장치를 사용하거나 소방용수시설 또는 비상소화장치의 효용을 해치거나 그 정당한 사용을 방해한 사람
④ (3년 이하의 징역 또는 3천만원 이하의 벌금) 사람을 구출하거나 불이 번지는 것을 막기 위하여 필요할 때에는 화재가 발생하거나 불이 번질 우려가 있는 소방대상물 및 토지를 일시적으로 사용하거나 그 사용의 제한 또는 소방활동에 필요한 처분을 방해한 자

06 정답 ① SONICE 기본서 2권 p.48

해설 소방의 화재조사에 관한 법률 시행령 제14조

〈국가화재정보시스템의 운영〉

① <u>소방청장</u>은 국가화재정보시스템을 활용하여 다음의 화재정보를 수집·관리해야 한다.
　1. 화재원인
　2. 화재피해상황
　3. 대응활동에 관한 사항
　4. 소방시설 등의 설치·관리 및 작동 여부에 관한 사항
　5. 화재발생건축물과 구조물, 화재유형별 화재위험성 등에 관한 사항
　6. 화재예방 관계 법령 등의 이행 및 위반 등에 관한 사항
　7. 관계인의 보험가입 정보 등에 관한 사항
　8. 그 밖에 화재예방과 소방활동에 활용할 수 있는 정보
② <u>소방관서장</u>은 국가화재정보시스템을 활용하여 제1항 각 호의 화재정보를 기록·유지 및 보관해야 한다. [③]
③ 규정한 사항 외에 국가화재정보시스템의 운영 및 활용 등에 필요한 사항은 소방청장이 정한다. [④]

07 정답 ① SONICE 기본서 1권 p.216

해설 소방시설공사업법 제32조

〈청문〉

1) 소방시설업 등록취소처분이나 영업정지처분 [ㄷ]
2) 소방기술 인정 자격<u>취소</u>처분
→ "ㄱ, ㄴ"은 화재의 예방 및 안전관리에 관한 법률에 따른 청문을 실시하여야 하는 사항이다.

08 정답 ③ SONICE 기본서 1권 p.183

해설 소방시설공사업법 시행령 제12조

〈소방시설공사의 시공을 일부 하도급 할 수 있는 경우〉

① 소방시설공사업과 다음의 어느 하나에 해당하는 사업을 함께 하는 공사업자가 소방시설공사와 해당 사업의 공사를 함께 도급받은 경우에는 도급받은 소방시설공사의 일부를 다른 공사업자에게 하도급할 수 있다.
　1. 「주택법」 제4조에 따른 주택건설사업
　2. 「건설산업기본법」 제9조에 따른 건설업 [①]
　3. 「전기공사업법」 제4조에 따른 전기공사업 [②]
　4. 「정보통신공사업법」 제14조에 따른 정보통신공사업 [④]
② 공사업자가 다른 공사업자에게 그 일부를 하도급할 수 있는 소방시설공사는 착공신고의 대상 중 신설하는 공사에 해당하는 소방설비 중 하나 이상의 소방설비를 설치하는 공사로 한다.

09 정답 ③ SONICE 기본서 1권 p.151

해설 소방시설공사업법 시행령 [별표 1의2]

〈성능위주설계를 할 수 있는 자격, 기술인력 및 자격에 따른 설계범위〉

1) 성능위주설계자의 자격
　㉠ <u>전문 소방시설설계업을 등록한 자</u>
　㉡ 전문 소방시설설계업 등록기준에 따른 기술인력을 갖춘 자로서 소방청장이 정하여 고시하는 연구기관 또는 단체
2) 기술인력 : <u>소방기술사 2명 이상</u>

10 정답 ②   SONICE 기본서 1권   p.209

해설 소방시설공사업법 제29조, 시행규칙 제26조

〈소방기술자의 실무교육〉

① 화재 예방, 안전관리의 효율화, 새로운 기술 등 소방에 관한 지식의 보급을 위하여 소방시설업 또는 「소방시설 설치 및 관리에 관한 법률」 제29조에 따른 소방시설관리업의 기술인력으로 등록된 소방기술자는 행정안전부령으로 정하는 바에 따라 실무교육을 받아야 한다.

② 소방기술자가 정하여진 교육을 받지 아니하면 그 교육을 이수할 때까지 그 소방기술자는 소방시설업 또는 「소방시설 설치 및 관리에 관한 법률」 제29조에 따른 소방시설관리업의 기술인력으로 등록된 사람으로 보지 아니한다.

③ 소방청장은 소방기술자에 대한 실무교육을 효율적으로 하기 위하여 실무교육기관을 지정할 수 있다.

④ 실무교육기관의 지정방법·절차·기준 등에 관하여 필요한 사항은 행정안전부령으로 정한다.

⑤ 지정된 실무교육기관의 지정취소, 업무정지 및 청문에 관하여는 「소방시설 설치 및 관리에 관한 법률」 제47조 및 제49조를 준용한다.

11 정답 ④   SONICE 기본서 2권   p.104

해설 화재예방법 시행령 [별표 3]

〈특수가연물의 저장 및 취급 기준〉

> 쌓는 부분 바닥면적의 사이는 실내의 경우 1.2미터 또는 쌓는 높이의 1/2 중 큰 값 이상으로 간격으로 두어야 하며, 실외의 경우 3미터 또는 쌓는 높이 중 큰 값 이상으로 간격을 둘 것

→ 실외의 경우 3m 또는 쌓는 높이(4m) 중 큰 값(4m) 이상으로 간격을 둘 것

12 정답 ④   SONICE 기본서 2권   p.106 ~ 108

해설 화재예방법 제18조

〈화재예방강화지구의 지정〉

① 시·도지사는 다음의 어느 하나에 해당하는 지역을 화재예방강화지구로 지정하여 관리할 수 있다.
  1. 시장지역
  2. 공장·창고가 밀집한 지역
  3. 목조건물이 밀집한 지역
  4. 노후·불량건축물이 밀집한 지역 [①]
  5. 위험물의 저장 및 처리 시설이 밀집한 지역
  6. 석유화학제품을 생산하는 공장이 있는 지역
  7. 「산업입지 및 개발에 관한 법률」에 따른 산업단지
  8. 소방시설·소방용수시설 또는 소방출동로가 없는 지역
  9. 「물류시설의 개발 및 운영에 관한 법률」에 따른 물류단지
  10. 그 밖에 제1호부터 제9호까지에 준하는 지역으로서 소방관서장이 화재예방강화지구로 지정할 필요가 있다고 인정하는 지역

② ①에도 불구하고 시·도지사가 화재예방강화지구로 지정할 필요가 있는 지역을 화재예방강화지구로 지정하지 아니하는 경우 소방청장은 해당 시·도지사에게 해당 지역의 화재예방강화지구 지정을 요청할 수 있다. [②]

③ 소방관서장은 대통령령으로 정하는 바에 따라 ①에 따른 화재예방강화지구 안의 소방대상물의 위치·구조 및 설비 등에 대하여 화재안전조사를 하여야 한다. [③]

④ 소방관서장은 ③에 따른 화재안전조사를 한 결과 화재의 예방강화를 위하여 필요하다고 인정할 때에는 관계인에게 소화기구, 소방용수시설 또는 그 밖에 소방에 필요한 설비(이하 "소방설비등"이라 한다)의 설치(보수, 보강을 포함한다. 이하 같다)를 명할 수 있다.

⑤ 소방관서장은 화재예방강화지구 안의 관계인에 대하여 대통령령으로 정하는 바에 따라 소방에 필요한 훈련 및 교육을 실시할 수 있다.

⑥ 시·도지사는 대통령령으로 정하는 바에 따라 ①에 따른 화재예방강화지구의 지정 현황, ③에 따른 화재안전조사의 결과, ④에 따른 소방설비등의 설치 명령 현황, ⑤에 따른 소방훈련 및 교육 현황 등이 포함된 화재예방강화지구에서의 화재예방에 필요한 자료를 매년 작성·관리하여야 한다.

13

정답 ④ SONICE 기본서 2권 p.137

해설 화재예방법 시행규칙 제11조

〈자위소방대의 기능〉

소방안전관리대상물의 소방안전관리자는 자위소방대를 다음의 기능을 효율적으로 수행할 수 있도록 편성·운영하되, 소방안전관리대상물의 규모·용도 등의 특성을 고려하여 응급구조 및 방호안전기능 등을 추가하여 수행할 수 있도록 편성할 수 있다.

㉠ 화재 발생 시 비상연락 [ㄴ], 초기소화 및 피난유도 [ㄱ]
㉡ 화재 발생 시 인명·재산피해 최소화를 위한 조치 [ㄷ]
→ 옳은 보기는 "ㄱ, ㄴ, ㄷ"이다.

SONICE TIP 자위소방대 및 초기대응체계의 구성·운영 및 교육

자위소방대에는 대장과 부대장 1명을 각각 두며, 편성 조직의 인원은 해당 소방안전관리대상물의 수용인원 등을 고려하여 구성한다. 이 경우 자위소방대의 대장·부대장 및 편성조직의 임무는 다음 각 호와 같다.

1. 대장은 자위소방대를 총괄 지휘한다.
2. 부대장은 대장을 보좌하고 대장이 부득이한 사유로 임무를 수행할 수 없는 때에는 그 임무를 대행한다.
3. 비상연락팀은 화재사실의 전파 및 신고 업무를 수행한다.
4. 초기소화팀은 화재 발생 시 초기화재 진압 활동을 수행한다.
5. 피난유도팀은 재실자 및 장애인, 노인, 임산부, 영유아 및 어린이 등 이동이 어려운 사람(이하 "피난약자"라 한다)을 안전한 장소로 대피시키는 업무를 수행한다.
6. 응급구조팀은 인명을 구조하고, 부상자에 대한 응급조치를 수행한다.
7. 방호안전팀은 화재확산방지 및 위험시설의 비상정지 등 방호안전 업무를 수행한다.

14

정답 ② SONICE 기본서 2권 p.160

해설 화재예방법 시행규칙 제29조, 제30조

〈실무교육의 실시〉

① 소방청장은 실무교육의 대상·일정·횟수 등을 포함한 실무교육의 실시 계획을 매년 수립·시행해야 한다.
② 소방청장은 실무교육을 실시하려는 경우에는 실무교육 실시 30일 전까지 일시·장소, 그 밖에 실무교육 실시에 필요한 사항을 인터넷 홈페이지에 공고하고 교육대상자에게 통보해야 한다.
③ 소방안전관리자는 소방안전관리자로 선임된 날부터 6개월 이내에 실무교육을 받아야 하며, 그 이후에는 2년마다(최초 실무교육을 받은 날을 기준일로 하여 매 2년이 되는 해의 기준일과 같은 날 전까지를 말한다) 1회 이상 실무교육을 받아야 한다. 다만, 소방안전관리 강습교육 또는 실무교육을 받은 후 1년 이내에 소방안전관리자로 선임된 사람은 해당 강습교육을 수료하거나 실무교육을 이수한 날에 실무교육을 이수한 것으로 본다.

④ 소방안전관리보조자는 그 선임된 날부터 6개월(영 별표 5 제2호마목에 따라 소방안전관리보조자로 지정된 사람의 경우 3개월을 말한다) 이내에 실무교육을 받아야 하며, 그 이후에는 2년마다(최초 실무교육을 받은 날을 기준일로 하여 매 2년이 되는 해의 기준일과 같은 날 전까지를 말한다) 1회 이상 실무교육을 받아야 한다. 다만, 소방안전관리자 강습교육 또는 실무교육이나 소방안전관리보조자 실무교육을 받은 후 1년 이내에 소방안전관리보조자로 선임된 사람은 해당 강습교육을 수료하거나 실무교육을 이수한 날에 실무교육을 이수한 것으로 본다.

SONICE TIP 실무교육의 강사
㉠ 안전원 직원
㉡ 소방기술사
㉢ 소방시설관리사
㉣ 소방안전 관련 학과에서 부교수 이상의 직에 재직 중이거나 재직한 사람
㉤ 소방안전 관련 분야에서 석사 이상의 학위를 취득한 사람
㉥ 소방공무원으로 5년 이상 근무한 사람

15 정답 ② SONICE 기본서 2권 p.136, 156, 169

해설 화재예방법 시행규칙 제10조, 제20조, 제35조
〈소방안전관리보조자를 선임해야 하는 소방안전관리대상물의 범위와 선임 대상별 자격 및 인원기준〉
ㄱ. (소방안전관리 업무수행 기록, 유지) 소방안전관리대상물의 소방안전관리자는 소방안전관리업무 수행에 관한 기록을 월 1회 이상 작성·관리해야 한다.
ㄴ. (소방안전관리자 자격시험) 소방청장은 1급 소방안전관리자 자격시험을 월 1회 이상 실시한다.
ㄷ. (피난계획) 소방안전관리대상물의 관계인은 피난시설의 위치, 피난경로 또는 대피요령이 포함된 피난유도 안내정보를 분기별 1회 이상 피난안내방송을 실시하는 방법 등으로 근무자 또는 거주자에게 정기적으로 제공하여야 한다.
→ 옳은 보기는 "ㄱ, ㄴ(월 1회 이상)"이다.

16 정답 ④ SONICE 기본서 2권 p.302

해설 소방시설법 시행령 [별표 4]
〈자동화재속보설비의 설치대상〉
다만, 방재실 등 화재 수신기가 설치된 장소에 24시간 화재를 감시할 수 있는 사람이 근무하고 있는 경우에는 자동화재속보설비를 설치하지 않을 수 있다.
1) 노유자 생활시설
2) 노유자 시설로서 바닥면적이 500㎡ 이상인 층이 있는 것
3) 수련시설(숙박시설이 있는 것만 해당한다)로서 바닥면적이 500㎡ 이상인 층이 있는 것
4) 문화유산 중 「문화유산의 보존 및 활용에 관한 법률」 제23조에 따라 보물또는 국보로 지정된 목조건축물
5) 근린생활시설 중 다음의 어느 하나에 해당하는 시설
　가) 의원, 치과의원 및 한의원으로서 입원실이 있는 시설
　나) 조산원 및 산후조리원
6) 의료시설 중 다음의 어느 하나에 해당하는 것
　가) 종합병원, 병원, 치과병원, 한방병원 및 요양병원(의료재활시설은 제외한다)
　나) 정신병원 및 의료재활시설로 사용되는 바닥면적의 합계가 500㎡ 이상인 층이 있는 것
7) 판매시설 중 전통시장

17 정답 ① SONICE 기본서 2권 p.251

해설 소방시설법 시행령 [별표 3]

〈소방용품〉

1. 소화설비를 구성하는 제품 또는 기기
   ㉠ 소화기구(소화약제 외의 것을 이용한 간이소화용구 제외)
   ㉡ 자동소화장치
   ㉢ 소화설비를 구성하는 소화전, 관창, 소방호스, 스프링클러헤드, 기동용 수압개폐장치, 유수제어밸브 및 가스관선택밸브

2. 경보설비를 구성하는 제품 또는 기기
   ㉠ 누전경보기 및 가스누설경보기
   ㉡ 경보설비를 구성하는 발신기, 수신기, 중계기, 감지기 및 음향장치(경종만 해당한다)

3. 피난구조설비를 구성하는 제품 또는 기기
   ㉠ 피난사다리, 구조대, 완강기(지지대를 포함한다) 및 간이완강기(지지대를 포함한다)
   ㉡ 공기호흡기(충전기를 포함한다)
   ㉢ 피난구유도등, 통로유도등, 객석유도등 및 예비 전원이 내장된 비상조명등

4. 소화용으로 사용하는 제품 또는 기기
   ㉠ 소화약제[상업용 주방자동소화장치, 캐비닛형 자동소화장치와 포, 이산화탄소, 할론, 할로겐화합물 및 불활성기체, 분말, 강화액, 고체에어로졸 소화설비용만 해당한다]
   ㉡ 방염제(방염액·방염도료 및 방염성물질을 말한다)

5. 그 밖에 행정안전부령으로 정하는 소방 관련 제품 또는 기기

→ 옳은 보기는 "ㄱ, ㄴ"이다.

18 정답 ④ SONICE 기본서 2권 p.389 ~ 390

해설 소방시설법 제50조

〈업무의 위탁〉

소방청장은 다음의 업무를 대통령령으로 정하는 바에 따라 소방기술과 관련된 법인 또는 단체에 위탁할 수 있다.

1. 표준자체점검비의 산정 및 공표
2. 소방시설관리사증의 발급·재발급
3. 점검능력 평가 및 공시
4. 데이터베이스 구축·운영

SONICE TIP 소방청장 → 한국소방산업기술원의 위탁

① 방염성능검사 업무(설치하는 현장에서 방염처리를 하는 합판·목재의 방염성능검사는 제외한다)
② 소방용품의 형식승인
③ 형식승인의 변경승인
④ 형식승인의 취소
⑤ 소방용품의 성능인증
⑥ 성능인증의 변경인증
⑦ 성능인증의 취소
⑧ 우수품질인증 및 그 취소

19 정답 ② SONICE 기본서 2권 p.341 ~ 342

해설 소방시설법 시행규칙 [별표 3]

⟨공동주택의 세대별 점검방법⟩

관리자는 수신기에서 원격 점검이 불가능한 경우 매년 작동점검만 실시하는 공동주택은 1회 점검 시 마다 전체 세대수의 50퍼센트 이상, 종합점검을 실시하는 공동주택은 1회 점검 시 마다 전체 세대수의 30퍼센트 이상 점검하도록 자체점검 계획을 수립·시행해야 한다.

SONICE TIP 공동주택(아파트등 한정한다)의 세대별 점검방법

가. 관리자(관리소장, 입주자대표회의 및 소방안전관리자를 포함한다. 이하 같다) 및 입주민(세대 거주자를 말한다)은 2년 주기로 모든 세대에 대하여 점검을 해야 한다.

나. 가목에도 불구하고 아날로그감지기 등 특수감지기가 설치되어 있는 경우에는 수신기에서 원격 점검할 수 있으며, 점검할 때마다 모든 세대를 점검해야 한다. 다만, 자동화재탐지설비의 선로 단선이 확인되는 때에는 단선이 난 세대 또는 그 경계구역에 대하여 현장점검을 해야 한다.

다. 관리자는 수신기에서 원격 점검이 불가능한 경우 매년 작동점검만 실시하는 공동주택은 1회 점검 시 마다 전체 세대수의 50퍼센트 이상, 종합점검을 실시하는 공동주택은 1회 점검 시 마다 전체 세대수의 30퍼센트 이상 점검하도록 자체점검 계획을 수립·시행해야 한다.

라. 관리자 또는 해당 공동주택을 점검하는 관리업자는 입주민이 세대 내에 설치된 소방시설등을 스스로 점검할 수 있도록 소방청 또는 사단법인 한국소방시설관리협회의 홈페이지에 게시되어 있는 공동주택 세대별 점검 동영상을 입주민이 시청할 수 있도록 안내하고, 점검서식을 사전에 배부해야 한다.

마. 입주민은 점검서식에 따라 스스로 점검하거나 관리자 또는 관리업자로 하여금 대신 점검하게 할 수 있다. 입주민이 스스로 점검한 경우에는 그 점검 결과를 관리자에게 제출하고 관리자는 그 결과를 관리업자에게 알려주어야 한다.

바. 관리자는 관리업자로 하여금 세대별 점검을 하고자 하는 경우에는 사전에 점검 일정을 입주민에게 사전에 공지하고 세대별 점검 일자를 파악하여 관리업자에게 알려주어야 한다. 관리업자는 사전 파악된 일정에 따라 세대별 점검을 한 후 관리자에게 점검 현황을 제출해야 한다.

사. 관리자는 관리업자가 점검하기로 한 세대에 대하여 입주민의 사정으로 점검을 하지 못한 경우 입주민이 스스로 점검할 수 있도록 다시 안내해야 한다. 이 경우 입주민이 관리업자로 하여금 다시 점검받기를 원하는 경우 관리업자로 하여금 추가로 점검하게 할 수 있다.

아. 관리자는 세대별 점검현황(입주민 부재 등 불가피한 사유로 점검을 하지 못한 세대 현황을 포함한다)을 작성하여 자체점검이 끝난 날부터 2년간 자체 보관해야 한다.

20 정답 ② SONICE 기본서 2권 p.238 ~ 248

해설 소방시설법 시행령 [별표 2]

〈특정소방대상물〉

① 방송통신시설
  ㄱ. 방송국(방송프로그램 제작시설 및 송신·수신·중계시설을 포함한다)
  ㄴ. 전신전화국
  ㄷ. 촬영소
  ㄹ. 통신용 시설
  ㅁ. 데이터센터
  ㅂ. 그 밖에 ㄱ부터 ㅁ까지의 시설과 비슷한 것

② 터널
  ㄱ. 차량(궤도차량은 제외한다) 등의 통행을 목적으로 지하, 수저 또는 산을 뚫어서 만든 것
  ㄴ. 「도로법」 제50조제2항에 따른 방음터널

③ 발전시설
  ㄱ. 원자력발전소
  ㄴ. 화력발전소
  ㄷ. 수력발전소(조력발전소를 포함한다)
  ㄹ. 풍력발전소
  ㅁ. 전기저장시설[20킬로와트시(kWh)를 초과하는 리튬·나트륨·레독스플로우 계열의 2차 전지를 이용한 전기저장장치 또는 무정전전원공급장치(UPS)의 시설을 말한다]
  ㅂ. 그 밖에 ㄱ부터 ㅁ까지의 시설과 비슷한 것(집단에너지 공급시설을 포함한다)

④ 공동주택
  ㄱ. 아파트등: 주택으로 쓰는 층수가 5층 이상인 주택
  ㄴ. 연립주택: 주택으로 쓰는 1개 동의 바닥면적(2개 이상의 동을 지하주차장으로 연결하는 경우에는 각각의 동으로 본다) 합계가 660㎡를 초과하고, 층수가 4개층 이하인 주택
  ㄷ. 다세대주택: 주택으로 쓰는 1개 동의 바닥면적(2개 이상의 동을 지하주차장으로 연결하는 경우에는 각각의 동으로 본다) 합계가 660㎡ 이하이고, 층수가 4개 층 이하인 주택
  ㄹ. 기숙사: 학교 또는 공장 등의 학생 또는 종업원 등을 위하여 쓰는 것으로서 1개동의 공동취사시설 이용 세대 수가 전체의 50퍼센트 이상인 것(「교육기본법」제27조제2항에 따른 학생복지주택 및 「공공주택 특별법」제2조제1호의3에 따른 공공매입임대주택 중 독립된 주거의 형태를 갖추지 않은 것을 포함한다)

21 정답 ① SONICE 기본서 1권 p.409 ~ 410

해설 위험물안전관리법 시행규칙 [별표 9]

〈간이탱크저장소 : 밸브없는 통기관〉

1) 통기관의 지름은 25㎜ 이상으로 할 것
2) 통기관은 옥외에 설치하되, 그 끝부분의 높이는 지상 1.5m 이상으로 할 것
3) 통기관의 끝부분은 수평면에 대하여 아래로 45° 이상 구부려 빗물 등이 침투하지 아니하도록 할 것
4) 가는 눈의 구리망 등으로 인화방지장치를 할 것. 다만, 인화점 70℃ 이상의 위험물만을 해당 위험물의 인화점 미만의 온도로 저장 또는 취급하는 탱크에 설치하는 통기관에 있어서는 그러하지 아니하다.

22
정답 ④ **SONICE 기본서 1권** p.354

해설 위험물안전관리법 제29조의2
〈위험물 안전관리에 관한 협회〉
① 제조소등의 관계인[ㄷ], 위험물운송자, 탱크시험자[ㄹ] 및 안전관리자의 업무를 위탁받아 수행할 수 있는 안전관리대행기관으로 소방청장의 지정을 받은 자는 위험물의 안전관리, 사고 예방을 위한 안전기술 개발, 그 밖에 위험물 안전관리의 건전한 발전을 도모하기 위하여 위험물 안전관리에 관한 협회를 설립할 수 있다.
② 협회는 법인으로 한다.
③ 협회는 소방청장의 인가를 받아 주된 사무소의 소재지에 설립등기를 함으로써 성립한다.
→ 옳은 보기는 "ㄷ, ㄹ"이다.

23
정답 ④ **SONICE 기본서 1권** p.326

해설 위험물안전관리법 시행규칙 제63조
〈예방규정의 포함내용〉
① 위험물의 안전관리업무를 담당하는 자의 직무 및 조직에 관한 사항
② 안전관리자가 여행·질병 등으로 인하여 그 직무를 수행할 수 없을 경우 그 직무의 대리자에 관한 사항
③ 자체소방대를 설치하여야 하는 경우에는 자체소방대의 편성과 화학소방자동차의 배치에 관한 사항
④ 위험물의 안전에 관계된 작업에 종사하는 자에 대한 안전교육 및 훈련에 관한 사항
⑤ 위험물시설 및 작업장에 대한 안전순찰에 관한 사항
⑥ 위험물시설·소방시설 그 밖의 관련시설에 대한 점검 및 정비에 관한 사항
⑦ 위험물시설의 운전 또는 조작에 관한 사항
⑧ 위험물 취급작업의 기준에 관한 사항
⑨ 이송취급소에 있어서는 배관공사 현장책임자의 조건 등 배관공사 현장에 대한 감독체제에 관한 사항과 배관주위에 있는 이송취급소 시설 외의 공사를 하는 경우 배관의 안전확보에 관한 사항
⑩ 재난 그 밖의 비상시의 경우에 취하여야 하는 조치에 관한 사항
⑪ 위험물의 안전에 관한 기록에 관한 사항
⑫ 제조소등의 위치·구조 및 설비를 명시한 서류와 도면의 정비에 관한 사항
⑬ 그 밖에 위험물의 안전관리에 관하여 필요한 사항

24
정답 ① **SONICE 기본서 1권** p.332

해설 위험물안전관리법 시행규칙 [별표 4]
〈정기검사〉
① 정기점검의 대상이 되는 제조소등의 관계인 가운데 대통령령으로 정하는 제조소등의 관계인은 행정안전부령으로 정하는 바에 따라 소방본부장 또는 소방서장으로부터 해당 제조소등이 기술기준에 적합하게 유지되고 있는지의 여부에 대하여 정기적으로 검사를 받아야 한다.

SONICE TIP 정밀정기검사 및 중간정기검사의 시기

1. 정밀정기검사
: 다음의 어느 하나에 해당하는 기간 내에 1회
㉠ 특정·준특정옥외탱크저장소의 설치허가에 따른 완공검사합격확인증을 발급받은 날부터 12년
㉡ 최근의 정밀정기검사를 받은 날부터 11년

2. 중간정기검사
: 다음의 어느 하나에 해당하는 기간 내에 1회
㉠ 특정·준특정옥외탱크저장소의 설치허가에 따른 완공검사합격확인증을 발급받은 날부터 4년
㉡ 최근의 정밀정기검사 또는 중간정기검사를 받은 날부터 4년

25

정답 ① **SONICE 기본서 1권** p.307

해설 위험물안전관리법 시행규칙 제42조

〈경보설비의 기준〉

① 지정수량의 10배 이상의 위험물을 저장 또는 취급하는 제조소등(이동탱크저장소를 제외한다)에는 화재발생시 이를 알릴 수 있는 경보설비를 설치하여야 한다.
② 경보설비는 자동화재탐지설비·자동화재속보설비·비상경보설비(비상벨장치[ㄴ] 또는 경종을 포함한다)·확성장치[ㄱ](휴대용확성기를 포함한다) 및 비상방송설비로 구분하되, 제조소등별로 설치하여야 하는 경보설비의 종류 및 설치기준은 별표 17과 같다.
③ 자동신호장치를 갖춘 스프링클러설비 또는 물분무등소화설비를 설치한 제조소등에 있어서는 자동화재탐지설비를 설치한 것으로 본다.

→ 옳은 보기는 "ㄱ, ㄴ"이다.

26

정답 ④ **SONICE 기본서 1권** p.61 ~ 65

해설 소방기본법 제17조

〈소방교육·훈련〉

① 소방청장, 소방본부장 또는 소방서장은 소방업무를 전문적이고 효과적으로 수행하기 위하여 소방대원에게 필요한 교육·훈련을 실시하여야 한다.
② 소방청장, 소방본부장 또는 소방서장은 화재를 예방하고 화재 발생 시 인명과 재산피해를 최소화하기 위하여 다음에 해당하는 사람을 대상으로 소방안전에 관한 교육과 훈련을 실시할 수 있다.
  1. 「영유아보육법」제2조에 따른 어린이집의 영유아
  2. 「유아교육법」제2조에 따른 유치원의 유아
  3. 「초·중등교육법」제2조에 따른 학교의 학생
  4. 「장애인복지법」제58조에 따른 장애인복지시설에 거주하거나 해당 시설을 이용하는 장애인
③ 소방대원에게 실시할 교육훈련의 종류에는 화재진압훈련, 인명구조훈련, 응급처치훈련, 인명대피훈련, 현장지휘훈련이 있으며 2주 이상 실시하여야 한다.

27

정답 ② **SONICE 기본서 1권** p.77

해설 소방기본법 제19조

〈화재 등의 통지〉

① 화재 현장 또는 구조·구급이 필요한 사고 현장을 발견한 사람은 그 현장의 상황을 소방본부, 소방서 또는 관계 행정기관에 지체 없이 알려야 한다.
② 다음의 어느 하나에 해당하는 지역 또는 장소에서 화재로 오인할 만한 우려가 있는 불을 피우거나 연막 소독을 하려는 자는 시·도의 조례로 정하는 바에 따라 관할 소방본부장 또는 소방서장에게 신고하여야 한다.
  1. 시장지역
  2. 공장·창고가 밀집한 지역 [ㄱ]
  3. 목조건물이 밀집한 지역
  4. 위험물의 저장 및 처리시설이 밀집한 지역
  5. 석유화학제품을 생산하는 공장이 있는 지역
  6. 그 밖에 시·도의 조례로 정하는 지역 또는 장소 [ㄹ]

→ 옳은 보기는 "ㄱ, ㄹ (2개)"이다.

28

정답 ④　**SONICE 기본서 1권**　p.29 ~ 30

해설 소방기본법 제6조
〈소방업무에 관한 종합계획의 수립시행〉
④ 소방청장은 소방업무의 체계적 수행을 위하여 필요한 경우 시·도지사가 <u>제출한 세부계획의 보완 또는 수정을 요청할 수 있다.</u>

29

정답 ②　**SONICE 기본서 2권**　p.39

해설 소방의 화재조사에 관한 법률 시행규칙 제8조
〈화재조사결과의 공표방법〉
소방관서장(소방청장, 소방본부장 또는 소방서장)은 화재조사의 결과를 공표할 때에는 다음의 사항을 포함시켜야 한다.
① 화재원인에 관한 사항
② 화재로 인한 인명·재산피해에 관한 사항
③ 화재발생 건축물과 구조물 현황
④ 그 밖에 화재예방을 위해 공표할 필요가 있다고 소방관서장이 인정하는 관한 사항

30

정답 ②　**SONICE 기본서 2권**　p.31

해설 소방의 화재조사에 관한 법률 제12조
〈소방공무원과 경찰공무원의 협력〉
① 소방공무원과 경찰공무원(제주특별자치도의 자치경찰공무원을 포함한다)은 다음의 사항에 대하여 서로 협력하여야 한다.
　1. 화재현장의 출입·보존 및 통제에 관한 사항 [③]
　2. 화재조사에 필요한 증거물의 수집 및 보존에 관한 사항 [④]
　3. 관계인등에 대한 진술 확보에 관한 사항 [①]
　4. 그 밖에 화재조사에 필요한 사항
② 소방관서장은 방화 또는 실화의 혐의가 있다고 인정되면 지체 없이 경찰서장에게 그 사실을 알리고 필요한 증거를 수집·보존하는 등 그 범죄수사에 협력하여야 한다.

31

정답 ④　**SONICE 기본서 1권**　p.188

해설 소방시설공사업법 제22조의3
〈하도급대금의 지급〉
수급인은 발주자로부터 도급받은 소방시설공사등에 대한 (ㄱ: <u>준공금</u>)을 받은 경우에는 하도급대금의 전부를, (ㄴ: <u>기성금</u>)을 받은 경우에는 하수급인이 시공하거나 수행한 부분에 상당한 금액을 각각 지급받은 날(수급인이 발주자로부터 대금을 어음으로 받은 경우에는 그 어음만기일을 말한다)부터 (ㄷ: <u>15</u>)일 이내에 하수급인에게 현금으로 지급하여야 한다.

32
정답 ② | SONICE 기본서 1권 | p.213 ~ 214

해설 소방시설공사업법 제30조의3
〈소방시설업자협회〉
② 소방시설업자협회를 설립하려면 소방시설업자 10명 이상이 발기하고 창립총회에서 정관을 의결한 후 소방청장에게 인가를 신청하여야 한다.

SONICE TIP 소방시설업자협회의 업무
1. 소방시설업의 기술발전과 소방기술의 진흥을 위한 조사·연구·분석 및 평가
2. 소방산업의 발전 및 소방기술의 향상을 위한 지원
3. 소방시설업의 기술발전과 관련된 국제교류·활동 및 행사의 유치
4. 이 법에 따른 위탁 업무의 수행

33
정답 ④ | SONICE 기본서 1권 | p.168

해설 소방시설공사업법 시행령 제11조의5
〈소방공사 감리원의 배치기준 및 배치기간〉

연면적 3만제곱미터 이상 20만제곱미터 미만인 아파트

1) 책임감리원 : 행정안전부령으로 정하는 고급감리원 이상의 소방공사 감리원
2) 보조감리원 : 행정안전부령으로 정하는 초급감리원 이상의 소방공사 감리원

34
정답 ② | SONICE 기본서 2권 | p.134

해설 화재예방법 시행령 [별표 5]
〈소방안전관리보조자를 선임해야 하는 소방안전관리대상물의 범위〉
㉠ 「건축법 시행령」 별표 1 제2호가목에 따른 아파트 중 300세대 이상인 아파트
㉡ 연면적이 1만5천제곱미터 이상인 특정소방대상물(아파트 및 연립주택은 제외한다)
㉢ ㉠ 및 ㉡에 따른 특정소방대상물을 제외한 특정소방대상물 중 다음의 어느 하나에 해당하는 특정소방대상물
  1) 공동주택 중 기숙사 [②]
  2) 의료시설
  3) 노유자 시설
  4) 수련시설
  5) 숙박시설(숙박시설로 사용되는 바닥면적의 합계가 1천500제곱미터 미만이고 관계인이 24시간 상시 근무하고 있는 숙박시설은 제외한다)

35
정답 ③ | SONICE 기본서 2권 | p.73

해설 화재예방법 시행규칙 제3조
〈통계의 작성·관리〉
소방청장은 다음의 기관으로 하여금 통계자료의 작성·관리에 관한 업무를 수행하게 할 수 있다.
1. 「소방기본법」 제40조제1항에 따라 설립된 한국소방안전원 [②]
2. 「정부출연연구기관 등의 설립·운영 및 육성에 관한 법률」 제8조에 따라 설립된 정부출연연구기관 [④]
3. 「통계법」 제15조에 따라 지정된 통계작성지정기관 [①]

36 정답 ①   SONICE 기본서 2권   p.283

해설 소방시설법 제13조

〈변경강화기준 적용〉

다음의 어느 하나에 해당하는 소방시설의 경우에는 대통령령 또는 화재안전기준의 변경으로 강화된 기준을 적용할 수 있다.
① 다음의 소방시설 중 대통령령 또는 화재안전기준으로 정하는 것
  ㉠ 소화기구
  ㉡ 비상경보설비
  ㉢ 자동화재탐지설비
  ㉣ 자동화재속보설비
  ㉤ 피난구조설비
② 다음의 특정소방대상물에 설치하는 소방시설 중 대통령령 또는 화재안전기준으로 정하는 것
  ㉠ 공동구 : 소화기, 자동소화장치, 자동화재탐지설비, 통합감시시설, 유도등 및 연소방지설비 [①]
  ㉡ 전력 및 통신사업용 지하구 : 소화기, 자동소화장치, 자동화재탐지설비, 통합감시시설, 유도등 및 연소방지설비 [④]
  ㉢ 노유자시설 : 간이스프링클러설비, 자동화재탐지설비 및 단독경보형 감지기 [③]
  ㉣ 의료시설 : 스프링클러설비, 간이스프링클러설비, 자동화재탐지설비 및 자동화재속보설비 [②]

37 정답 ③   SONICE 기본서 1권   p.395

해설 위험물안전관리법 시행규칙 [별표 5]

〈다층건물의 옥내저장소의 기준〉

옥내저장소중 제2류의 위험물(인화성고체는 제외한다) 또는 제4류의 위험물(인화점이 70℃ 미만인 것은 제외한다)만을 저장 또는 취급하는 저장창고가 다층건물인 옥내저장소의 위치·구조 및 설비의 기술기준

> **선지분석**
> ①② 제2류 위험물에 해당한다.
> ③ 인화점이 21℃ 이상 70℃ 미만인 것에 해당하므로 다층건물인 옥내저장소에 저장할 수 없다.
> ④ 인화점이 200℃ 이상 250℃ 미만인 것에 해당하므로 다층건물인 옥내저장소에 저장할 수 있다.

38 정답 ④   SONICE 기본서 2권   p.347 ~ 349

해설 위험물안전관리법 제27조

〈응급조치·통보 및 조치명령〉
① 제조소등의 관계인은 당해 제조소등에서 위험물의 유출 그 밖의 사고가 발생한 때에는 즉시 그리고 지속적으로 위험물의 유출 및 확산의 방지, 유출된 위험물의 제거 그 밖에 재해의 발생방지를 위한 응급조치를 강구하여야 한다.
② ①의 사태를 발견한 자는 즉시 그 사실을 소방서, 경찰서 또는 그 밖의 관계기관에 통보하여야 한다.
③ 소방본부장 또는 소방서장은 제조소등의 관계인이 ①의 응급조치를 강구하지 아니하였다고 인정하는 때에는 ①의 응급조치를 강구하도록 명할 수 있다.
④ 소방본부장 또는 소방서장은 그 관할하는 구역에 있는 이동탱크저장소의 관계인에 대하여 ③의 규정의 예에 따라 ①의 응급조치를 강구하도록 명할 수 있다.

> **선지분석**
> ①, ②, ③ 시·도지사, 소방본부장 또는 소방서장의 권한이다.

39 정답 ① SONICE 기본서 1권 p.378 ~ 379

해설 위험물안전관리법 시행규칙 [별표 4]

〈제조소의 위치, 구조 및 설비의 기준〉

제조소의 작업공정이 다른 작업장의 작업공정과 연속되어 있어, 제조소의 건축물 그 밖의 공작물의 주위에 공지를 두게 되면 그 제조소의 작업에 현저한 지장이 생길 우려가 있는 경우 당해 제조소와 다른 작업장 사이에 다음 각목의 기준에 따라 방화상 유효한 격벽(隔壁)을 설치한 때에는 당해 제조소와 다른 작업장 사이에 제1호의 규정에 의한 공지를 보유하지 아니할 수 있다.

㉠ 방화벽은 내화구조로 할 것. 다만 취급하는 위험물이 제6류 위험물인 경우에는 불연재료로 할 수 있다.
㉡ 방화벽에 설치하는 출입구 및 창 등의 개구부는 가능한 한 최소로 하고, 출입구 및 창에는 자동폐쇄식의 60분+ 방화문 또는 60분 방화문을 설치할 것
㉢ 방화벽의 양단 및 상단이 외벽 또는 지붕으로부터 50cm 이상 돌출하도록 할 것

40 정답 ③ SONICE 기본서 1권 p.302

해설 위험물안전관리법 시행규칙 제23조의2

〈사용 중지신고 : 행정안전부령으로 정하는 안전조치〉

ㄱ. 탱크·배관 등 위험물을 저장 또는 취급하는 설비에서 위험물 및 가연성 증기 등의 제거
ㄴ. 관계인이 아닌 사람에 대한 해당 제조소등에의 출입금지 조치
ㄷ. 해당 제조소등의 사용중지 사실의 게시
ㄹ. 그 밖에 위험물의 사고 예방에 필요한 조치
→ 옳은 보기는 "ㄱ, ㄴ, ㄹ (3개)"이다.

03회 소방관계법규 - 정답 및 간단해설

SONICE 빨간불 파란불 소방관계법규 실전 동형 모의고사

SONICE 파란불 실전 동형 모의고사 03회

01	02	03	04	05	06	07	08	09	10
④	②	④	③	③	①	②	②	②	②
11	12	13	14	15	16	17	18	19	20
④	①	③	①	④	④	④	④	②	③
21	22	23	24	25	26	27	28	29	30
①	③	③	④	④	③	③	②	③	④
31	32	33	34	35	36	37	38	39	40
①	②	②	③	④	①	④	④	④	④

🎤 **백사부의 한마디**

2개의 화살을 갖지 마라.
두 번째 화살이 있기 때문에
첫 번째 화살에 집중하지 않게 된다.

01

정답 ④ SONICE 기본서 1권 p.43 ~ 44

해설 소방기본법 제11조의2

〈소방력의 동원〉

① 소방청장은 해당 시·도의 소방력만으로는 소방활동을 효율적으로 수행하기 어려운 화재, 재난·재해, 그 밖의 구조·구급이 필요한 상황이 발생하거나 특별히 국가적 차원에서 소방활동을 수행할 필요가 인정될 때에는 각 시·도지사에게 행정안전부령으로 정하는 바에 따라 소방력을 동원할 것을 요청할 수 있다.

② 동원 요청을 받은 시·도지사는 정당한 사유 없이 요청을 거절하여서는 아니 된다.

③ 소방청장은 시·도지사에게 ①에 따라 동원된 소방력을 화재, 재난·재해 등이 발생한 지역에 지원·파견하여 줄 것을 요청하거나 필요한 경우 직접 소방대를 편성하여 화재진압 및 인명구조 등 소방에 필요한 활동을 하게 할 수 있다.

④ ①에 따라 동원된 소방대원이 다른 시·도에 파견·지원되어 소방활동을 수행할 때에는 특별한 사정이 없으면 화재, 재난·재해 등이 발생한 지역을 관할하는 소방본부장 또는 소방서장의 지휘에 따라야 한다. 다만, 소방청장이 직접 소방대를 편성하여 소방활동을 하게 하는 경우에는 소방청장의 지휘에 따라야 한다.

⑤ ③ 및 ④에 따른 소방활동을 수행하는 과정에서 발생하는 경비 부담에 관한 사항, ③ 및 ④에 따라 소방활동을 수행한 민간 소방 인력이 사망하거나 부상을 입었을 경우의 보상주체·보상기준 등에 관한 사항, 그 밖에 동원된 소방력의 운용과 관련하여 필요한 사항은 대통령령으로 정한다.

SONICE TIP 소방력의 동원(시행령 제2조의3)

① 동원된 소방력의 소방활동 수행 과정에서 발생하는 경비는 화재, 재난·재해나 그 밖의 구조·구급이 필요한 상황이 발생한 시·도에서 부담하는 것을 원칙으로 하며, 구체적인 내용은 해당 시·도가 서로 협의하여 정한다.

② 동원된 민간 소방 인력이 소방활동을 수행하다가 사망하거나 부상을 입은 경우 화재, 재난·재해 또는 그 밖의 구조·구급이 필요한 상황이 발생한 시·도가 해당 시·도의 조례로 정하는 바에 따라 보상한다.

③ 규정한 사항 외에 동원된 소방력의 운용과 관련하여 필요한 사항은 소방청장이 정한다.

02 정답 ② SONICE 기본서 1권 p.78

해설 소방기본법 제20조

〈관계인의 소방활동〉

① 관계인은 소방대상물에 화재, 재난·재해, 그 밖의 위급한 상황이 발생한 경우에는 소방대가 현장에 도착할 때까지 경보를 울리거나 대피를 유도하는 등의 방법으로 사람을 구출하는 조치[ㄱ] 또는 불을 끄거나 불이 번지지 아니하도록 필요한 조치[ㅁ]를 하여야 한다.

② 관계인은 소방대상물에 화재, 재난·재해, 그 밖의 위급한 상황이 발생한 경우에는 이를 소방본부, 소방서 또는 관계 행정기관에 지체 없이 알려야 한다.

→ 옳은 보기는 "ㄱ, ㅁ"이다.

선지분석

ㄴ. 수도의 개폐장치를 조작 : 위험시설등에 대한 긴급조치(소방본부장, 소방서장, 소방대장)

ㄷ. 소방대상물을 일시적으로 사용하지 못하게 하는 조치 : 강제처분(소방본부장, 소방서장, 소방대장)

ㄹ. 가스·전기 또는 유류 등 위험물질의 공급을 차단하는 조치 : 위험시설등에 대한 긴급조치(소방본부장, 소방서장, 소방대장)

03 정답 ④ SONICE 기본서 1권 p.76

해설 소방기본법 시행규칙 제10조

〈소방신호의 종류 및 방법〉

종별\신호방법	정의	타종신호	싸이렌신호	그밖의 신호
경계신호	화재예방상 필요하다고 인정되거나 화재위험경보시 발령	1타와 연2타를 반복	5초 간격을 두고 30초씩 3회	"통풍대" "게시판" 화재경보발령중 적색/백색
발화신호	화재가 발생한 때 발령	난타	5초 간격을 두고 5초씩 3회	
해제신호	소화활동이 필요없다고 인정되는 때 발령	상당한 간격을 두고 1타씩 반복	1분간 1회	"기" 적색/백색
훈련신호	훈련상 필요하다고 인정되는 때 발령	연3타 반복	10초 간격을 두고 1분씩 3회	

[비고]

1. 소방신호의 방법은 그 전부 또는 일부를 함께 사용할 수 있다.
2. 게시판을 철거하거나 통풍대 또는 기를 내리는 것으로 소방활동이 해제되었음을 알린다.
3. 소방대의 비상소집을 하는 경우에는 훈련신호를 사용할 수 있다.

04 정답 ③ SONICE 기본서 1권 p.87

해설 소방기본법 제25조
〈강제처분〉
③ 정당한 사유 없이 〈보기〉의 처분에 따르지 아니한 자는 300만원 이하의 벌금에 해당한다.

SONICE TIP 강제처분

① 소방본부장, 소방서장 또는 소방대장은 사람을 구출하거나 불이 번지는 것을 막기 위하여 필요할 때에는 화재가 발생하거나 불이 번질 우려가 있는 소방대상물 및 토지를 일시적으로 사용하거나 그 사용의 제한 또는 소방활동에 필요한 처분을 할 수 있다.
② 소방본부장, 소방서장 또는 소방대장은 사람을 구출하거나 불이 번지는 것을 막기 위하여 긴급하다고 인정할 때에는 ①에 따른 소방대상물 또는 토지 외의 소방대상물과 토지에 대하여 ①에 따른 처분을 할 수 있다.
③ 소방본부장, 소방서장 또는 소방대장은 소방활동을 위하여 긴급하게 출동할 때에는 소방자동차의 통행과 소방활동에 방해가 되는 주차 또는 정차된 차량 및 물건 등을 제거하거나 이동시킬 수 있다.
④ 소방본부장, 소방서장 또는 소방대장은 제3항에 따른 소방활동에 방해가 되는 주차 또는 정차된 차량의 제거나 이동을 위하여 관할 지방자치단체 등 관련 기관에 견인차량과 인력 등에 대한 지원을 요청할 수 있고, 요청을 받은 관련 기관의 장은 정당한 사유가 없으면 이에 협조하여야 한다.
⑤ 시·도지사는 견인차량과 인력 등을 지원한 자에게 시·도의 조례로 정하는 바에 따라 비용을 지급할 수 있다.

05 정답 ③ SONICE 기본서 2권 p.18 ~ 20

해설 소방의 화재조사에 관한 법률 제6조
〈화재조사전담부서의 설치·운영〉
① 소방관서장은 전문성에 기반하는 화재조사를 위하여 화재조사전담부서를 설치·운영하여야 한다.
② 소방관서장은 화재조사전담부서에 화재조사관을 2명 이상 배치해야 한다.
④ 전담부서에는 화재조사 분석실의 구성장비를 유효하게 보존·사용할 수 있고, 환기 시설 및 수도·배관시설이 있는 30제곱미터 이상의 실을 갖추어야 한다.

SONICE TIP 감식기기

1. 전기 : 절연저항계, 접지저항계, 누설전류계, 검전기, 멀티테스터기, 클램프미터, 정전기측정장치
2. 기계 : 복합가스측정기, 가스(유증)감지기, 산업용실체현미경, 내시경현미경, 확대경, 디지털탄화심도계, 휴대용디지털현미경, 적외선열상카메라, 슈미트해머

06 정답 ① SONICE 기본서 2권 p.44

해설 소방의 화재조사에 관한 법률 시행령 제12조

〈화재감정기관의 지정기준 : 전문인력〉

㉠ 주된 기술인력
: 다음의 어느 하나에 해당하는 사람을 2명 이상 보유할 것 [ㄱ]
1) 「국가기술자격법」에 따른 국가기술자격의 직무분야 중 화재감식평가 분야의 기사 자격 취득 후 화재조사 관련 분야에서 5년 이상 근무한 사람 [ㄴ]
2) 화재조사관 자격 취득 후 화재조사 관련 분야에서 5년 이상 근무한 사람 [ㄷ]
3) 이공계 분야의 박사학위 취득 후 화재조사 관련 분야에서 2년 이상 근무한 사람 [ㄹ]

㉡ 보조 기술인력
: 다음의 어느 하나에 해당하는 사람을 3명 이상 보유할 것 [ㄱ]
1) 「국가기술자격법」에 따른 국가기술자격의 직무분야 중 화재감식평가 분야의 기사 또는 산업기사 자격을 취득한 사람
2) 화재조사관 자격을 취득한 사람
3) 소방청장이 인정하는 화재조사 관련 국제자격증 소지자 [ㅁ]
4) 이공계 분야의 석사 이상 학위 취득 후 화재조사 관련 분야에서 1년 이상 근무한 사람

→ 옳은 보기는 없다.

07 정답 ② SONICE 기본서 1권 p.207

해설 소방시설공사업법 시행규칙 [별표 4의2]

〈소방시설 자체점검 점검자의 기술등급 – 기술자격에 따른 기술등급〉

구분	기술자격
특급 점검자	• 소방시설관리사, 소방기술사 • 소방설비기사 자격을 취득한 후 8년 이상 소방 관련 업무를 수행한 사람 • 소방설비산업기사 자격을 취득한 후 소방시설관리업체에서 10년 이상 점검업무를 수행한 사람 [①]
고급 점검자	• 소방설비기사 자격을 취득한 후 5년 이상 소방 관련 업무를 수행한 사람 • 소방설비산업기사 자격을 취득한 후 8년 이상 소방 관련 업무를 수행한 사람 • 건축설비기사, 건축기사, 공조냉동기계기사, 일반기계기사, 위험물기능장 자격을 취득한 후 15년 이상 소방 관련 업무를 수행한 사람 [②]
중급 점검자	• 소방설비기사 자격을 취득한 사람 • 소방설비산업기사 자격을 취득한 후 3년 이상 소방 관련 업무를 수행한 사람 • 건축설비기사, 건축기사, 공조냉동기계기사, 일반기계기사, 위험물기능장, 전기기사, 전기공사기사, 전파전자통신기사, 정보통신기사 자격을 취득한 후 10년 이상 소방 관련 업무를 수행한 사람 [③]
초급 점검자	• 소방설비산업기사 자격을 취득한 사람 • 가스기능장, 전기기능장, 위험물기능장 자격을 취득한 사람 [④] • 건축기사, 건축설비기사, 건설기계설비기사, 일반기계기사, 공조냉동기계기사, 화공기사, 가스기사, 전기기사, 전기공사기사, 산업안전기사, 위험물산업기사 자격을 취득한 사람 • 건축산업기사, 건축설비산업기사, 건설기계설비산업기사, 공조냉동기계산업기사, 화공산업기사, 가스산업기사, 전기산업기사, 전기공사산업기사, 산업안전산업기사, 위험물기능사 자격을 취득한 사람

② 위험물기능장 자격을 취득한 후 15년 이상 소방 관련 업무를 수행한 사람은 고급 점검자에 해당한다.

08 정답 ② SONICE 기본서 1권 p.157 ~ 158

해설 소방시설공사업법 제13조, 시행규칙 제12조

〈착공신고의 변경신고〉

ㄴ. 공사업자는 설치되는 소방시설의 종류가 변경된 경우에는 변경일부터 30일 이내에 소방시설공사 착공(변경)신고서에 서류 중 변경된 해당 서류를 첨부하여 소방본부장 또는 소방서장에게 신고하여야 한다.

ㄷ. 공사업자는 건축물의 내부마감재료가 변경된 경우에는 완공검사 또는 부분완공검사를 신청하는 서류나 공사감리 결과보고서에 포함하여 소방본부장 또는 소방서장에게 보고하여야 한다.

→ 옳은 보기는 "ㄱ, ㄹ"이다.

SONICE TIP 착공신고의 변경신고

공사업자가 착공신고 한 사항 가운데 행정안전부령으로 정하는 중요한 사항(㉠ 시공자, ㉡ 설치되는 소방시설의 종류, ㉢ 책임시공 및 기술관리 소방기술자)을 변경하였을 때에는 행정안전부령으로 정하는 바에 따라 변경신고를 하여야 한다. 이 경우 중요한 사항에 해당하지 아니하는 변경 사항은 다음의 어느 하나에 해당하는 서류에 포함하여 소방본부장이나 소방서장에게 보고하여야 한다.
1. 완공검사 또는 부분완공검사를 신청하는 서류
2. 공사감리 결과보고서

09 정답 ② SONICE 기본서 1권 p.174

해설 소방시설공사업법 제19조

〈위반사항에 대한 조치〉

① 감리업자는 감리를 할 때 소방시설공사가 설계도서나 화재안전기준에 맞지 아니할 때에는 관계인에게 알리고, 공사업자에게 그 공사의 시정 또는 보완 등을 요구하여야 한다.
③ 소방공사감리업자는 공사업자에게 해당 공사의 시정 또는 보완을 요구하였으나 이행하지 아니하고 그 공사를 계속할 때에는 시정 또는 보완을 이행하지 아니하고 공사를 계속하는 날부터 3일 이내에 소방시설공사 위반사항보고서를 소방본부장 또는 소방서장에게 제출하여야 한다.
④ 관계인은 감리업자가 소방본부장이나 소방서장에게 보고한 것을 이유로 감리계약을 해지하거나 감리의 대가 지급을 거부하거나 지연시키거나 그 밖의 불이익을 주어서는 아니 되며, 이를 위반할 경우 300만원 이하의 벌금에 해당한다.

SONICE TIP 위반사항에 대한 조치

① 감리업자는 감리를 할 때 소방시설공사가 설계도서나 화재안전기준에 맞지 아니할 때에는 관계인에게 알리고, 공사업자에게 그 공사의 시정 또는 보완 등을 요구하여야 한다.
② 공사업자가 ①에 따른 요구를 받았을 때에는 그 요구에 따라야 한다.
③ 감리업자는 공사업자가 ①에 따른 요구를 이행하지 아니하고 그 공사를 계속할 때에는 행정안전부령으로 정하는 바에 따라 소방본부장이나 소방서장에게 그 사실을 보고하여야 한다.
④ 관계인은 감리업자가 ③에 따라 소방본부장이나 소방서장에게 보고한 것을 이유로 감리계약을 해지하거나 감리의 대가 지급을 거부하거나 지연시키거나 그 밖의 불이익을 주어서는 아니 된다.

10
정답 ② | SONICE 기본서 1권 | p.162 ~ 163

해설 소방시설공사업법 제15조, 시행령 제6조

〈공사의 하자보수〉

ㄱ. 공사업자는 소방시설공사 결과 자동화재탐지설비 등 대통령령으로 정하는 소방시설에 하자가 있을 때에는 <u>대통령령</u>으로 정하는 기간 동안 그 하자를 보수하여야 한다.

ㄴ. 관계인은 기간에 소방시설의 하자가 발생하였을 때에는 공사업자에게 그 사실을 알려야 하며, 통보를 받은 공사업자는 3일 이내에 하자를 보수하거나 보수 일정을 기록한 하자보수계획을 관계인에게 <u>서면으로</u> 알려야 한다.

ㄹ. 소방본부장이나 소방서장은 통보를 받았을 때에는 <u>지방소방기술심의위원회에 심의</u>를 요청하여야 한다.

→ 옳은 보기는 "ㄷ, ㅁ"이다.

SONICE TIP 하자보수 대상 소방시설과 하자보수 보증기간

㉠ 2년 : 피난기구, 유도등, 유도표지, 비상경보설비, 비상조명등, 비상방송설비 및 무선통신보조설비

㉡ 3년 : 자동소화장치, 옥내소화전설비, 스프링클러설비, 간이스프링클러설비, 물분무등소화설비, 옥외소화전설비, 자동화재탐지설비, 상수도소화용수설비 및 소화활동설비(무선통신보조설비는 제외)

11
정답 ④ | SONICE 기본서 1권 | p.150

해설 소방시설공사업법 시행규칙 제6조

〈소방시설업자 등의 처분통지〉

소방청장 또는 시·도지사는 다음 각 호의 경우에는 처분일부터 7일 이내에 협회에 그 사실을 알려주어야 한다.

1. 소방시설업의 등록취소·<u>시정명령</u> 또는 <u>영업정지</u>를 하는 경우 [ㄴ, ㄷ]
2. <u>과징금을 부과하는 경우</u> [ㄱ]
3. 소방기술 인정 <u>자격수첩</u> 및 경력수첩의 자격을 취소하거나 <u>정지</u>하는 경우 [ㄹ]

→ 옳은 보기는 "ㄱ, ㄴ, ㄷ, ㄹ"이다.

12
정답 ① | SONICE 기본서 2권 | p.150 ~ 151

해설 화재예방법 시행규칙 제17조

〈건설현장 소방안전관리자의 선임신고〉

① 건설현장 소방안전관리대상물의 공사시공자는 같은 항에 따라 소방안전관리자를 선임한 경우에는 <u>선임한 날부터 14일 이내에</u> 건설현장 소방안전관리자 선임신고서에 서류를 첨부하여 소방본부장 또는 소방서장에게 신고해야 한다.

SONICE TIP 건설현장 소방안전관리자의 선임신고

① 건설현장 소방안전관리대상물의 공사시공자는 같은 항에 따라 소방안전관리자를 선임한 경우에는 선임한 날부터 14일 이내에 건설현장 소방안전관리자 선임신고서에 다음의 서류를 첨부하여 소방본부장 또는 소방서장에게 신고해야 한다. 이 경우 건설현장 소방안전관리대상물의 공사시공자는 종합정보망을 이용하여 선임신고를 할 수 있다.
  1. 소방안전관리자 자격증
  2. 건설현장 소방안전관리자가 되려는 사람에 대한 강습교육 수료증
  3. 건설현장 소방안전관리대상물의 공사 계약서 사본

② 소방본부장 또는 소방서장은 건설현장 소방안전관리대상물의 공사시공자가 소방안전관리자를 선임하고 신고하는 경우에는 신고인에게 건설현장 소방안전관리자 선임증을 발급해야 한다. 이 경우 소방본부장 또는 소방서장은 신고인이 종전의 선임이력에 관한 확인을 신청하는 경우 건설현장 소방안전관리자 선임 이력 확인서를 발급해야 한다.

③ 소방본부장 또는 소방서장은 건설현장 소방안전관리자의 선임신고를 접수하거나 해임 사실을 확인한 경우에는 지체 없이 관련 사실을 종합정보망에 입력해야 한다.

④ 소방본부장 또는 소방서장은 건설현장 소방안전관리대상물 선임신고의 효율적 처리를 위하여 건축허가등의 동의를 하는 경우에는 지체 없이 해당 소방안전관리대상물의 위치, 연면적 등의 정보를 종합정보망에 입력해야 한다.

13 정답 ③ SONICE 기본서 2권 p.174

해설 화재예방법 시행규칙 제40조

〈소방안전교육 대상자〉
① 소방안전교육의 교육대상자는 소방안전관리대상물을 적용받지 않는 특정소방대상물 중 다음의 어느 하나에 해당하는 특정소방대상물의 관계인으로서 관할 소방서장이 소방안전교육이 필요하다고 인정하는 사람으로 한다.
  1. 소화기 또는 비상경보설비가 설치된 공장·창고 등의 특정소방대상물
  2. 그 밖에 관할 소방본부장 또는 소방서장이 화재에 대한 취약성이 높다고 인정하는 특정소방대상물
② 소방본부장 또는 소방서장은 소방안전교육을 실시하려는 경우에는 교육일 10일 전까지 특정소방대상물 관계인 소방안전교육 계획서를 작성하여 통보해야 한다.

14 정답 ① SONICE 기본서 2권 p.196 ~ 198

해설 화재예방법 시행령 [별표 6]

〈소방안전관리자 자격시험에 응시할 수 있는 사람의 자격〉
① 소방설비산업기사의 자격 취득 후 1급 소방안전관리대상물의 소방안전관리자로 3년 이상 근무한 실무경력이 있는 사람은 특급 소방안전관리자 자격시험에 응시할 수 있다. (소방설비기사의 경우 : 2년 이상)

SONICE TIP 특급 소방안전관리자 자격시험에 응시할 수 있는 사람의 자격

가. 1급 소방안전관리대상물의 소방안전관리자로 5년(소방설비기사의 경우에는 자격 취득 후 2년, 소방설비산업기사의 경우에는 자격 취득 후 3년) 이상 근무한 실무경력(업무대행 감독 소방안전관리자로 선임되어 근무한 경력은 제외한다. 이하 이 표에서 같다)이 있는 사람

나. 1급 소방안전관리대상물의 소방안전관리자로 선임될 수 있는 자격을 갖춘 후 특급 또는 1급 소방안전관리대상물의 소방안전관리보조자로 7년 이상 근무한 실무경력이 있는 사람

다. 소방공무원으로 10년 이상 근무한 경력이 있는 사람

라. 「고등교육법」 제2조제1호부터 제6호까지 규정 중 어느 하나에 해당하는 학교(이하 "대학"이라 한다) 또는 「초·중등교육법 시행령」 제90조제1항제10호 및 제91조에 따른 고등학교(이하 "고등학교"라 한다)에서 소방안전관리학과(소방청장이 정하여 고시하는 학과를 말한다. 이하 이 표에서 같다)를 전공하고 졸업한 사람(법령에 따라 이와 같은 수준의 학력이 있다고 인정되는 사람을 포함한다)으로서 해당 학과를 졸업한 후 2년 이상 1급 소방안전관리대상물의 소방안전관리자로 근무한 실무경력이 있는 사람

마. 다음의 어느 하나에 해당하는 요건을 갖춘 후 3년 이상 1급 소방안전관리대상물의 소방안전관리자로 근무한 실무경력이 있는 사람
  1) 대학 또는 고등학교에서 소방안전 관련 교과목(소방청장이 정하여 고시하는 교과목을 말한다. 이하 이 표에서 같다)을 12학점 이상 이수하고 졸업한 사람
  2) 법령에 따라 1)에 해당하는 사람과 같은 수준의 학력이 있다고 인정되는 사람으로서 해당 학력 취득 과정에서 소방안전 관련 교과목을 12학점 이상 이수한 사람
  3) 대학 또는 고등학교에서 소방안전 관련 학과(소방청장이 정하여 고시하는 학과를 말한다. 이하 이 표에서 같다)를 전공하고 졸업한 사람(법령에 따라 이와 같은 수준의 학력이 있다고 인정되는 사람을 포함한다)

바. 소방행정학(소방학 및 소방방재학을 포함한다) 또는 소방안전공학(소방방재공학 및 안전공학을 포함한다) 분야에서 석사 이상 학위를 취득한 후 2년 이상 1급 소방안전관리대상물의 소방안전관리자로 근무한 실무경력이 있는 사람

사. 특급 소방안전관리대상물의 소방안전관리보조자로 10년 이상 근무한 실무경력이 있는 사람

아. 특급 소방안전관리대상물의 소방안전관리에 대한 강습교육을 수료한 사람

자. 「초고층 및 지하연계 복합건축물 재난관리에 관한 특별법」 제12조제1항 각 호 외의 부분 본문에 따라 총괄재난관리자로 지정되어 1년 이상 근무한 경력이 있는 사람

15

정답 ④ **SONICE 기본서 2권** p.81 ~ 83

해설 화재예방법 시행령 제10조, 제11조

〈중앙, 지방화재안전조사단 / 화재안전조사위원회〉

ㄱ. 소방관서장은 화재안전조사를 효율적으로 수행하기 위하여 대통령령으로 정하는 바에 따라 소방청에는 중앙화재안전조사단을, 소방본부 및 소방서에는 지방화재안전조사단을 편성하여 운영할 수 있다.

ㄴ. 중앙화재안전조사단 및 지방화재안전조사단은 각각 단장을 포함하여 50명 이내의 단원으로 성별을 고려하여 구성한다.

ㅁ. 위촉위원의 임기는 2년으로 하며, 한 차례까지 연임할 수 있다.

→ 옳은 보기는 "ㄷ, ㄹ"이다.

SONICE TIP 화재안전조사위원회의 위원

위원회의 위원은 다음의 어느 하나에 해당하는 사람 중에서 소방관서장이 임명하거나 위촉한다.
1. 과장급 직위 이상의 소방공무원
2. 소방기술사
3. 소방시설관리사
4. 소방 관련 분야의 석사 이상 학위를 취득한 사람
5. 소방 관련 법인 또는 단체에서 소방 관련 업무에 5년 이상 종사한 사람
6. 「소방공무원 교육훈련규정」 제3조제2항에 따른 소방공무원 교육훈련기관, 「고등교육법」 제2조의 학교 또는 연구소에서 소방과 관련한 교육 또는 연구에 5년 이상 종사한 사람

16

정답 ④ **SONICE 기본서 2권** p.396 ~ 398

해설 소방시설법 제58조

〈벌칙〉

①②③ : 1년 이하의 징역 또는 1천만원 이하의 벌금

④ : 300만원 이하의 벌금

17

정답 ④ **SONICE 기본서 2권** p.313 ~ 314

해설 소방시설법 시행령 [별표 8]

〈임시소방시설 – 간이소화장치(보기)〉

㉠ 간이소화장치를 설치해야 하는 공사의 종류와 규모

다음의 어느 하나에 해당하는 공사의 화재위험작업현장에 설치한다.
 1) 연면적 3천㎡ 이상
 2) 지하층, 무창층 또는 4층 이상의 층. 이 경우 해당 층의 바닥면적이 600㎡ 이상인 경우만 해당한다.

㉡ 간이소화장치를 설치한 것으로 보는 소방시설

소방청장이 정하여 고시하는 기준에 맞는 소화기(연결송수관설비의 방수구 인근에 설치한 경우로 한정한다) 또는 옥내소화전설비

18 정답 ④ SONICE 기본서 2권 p.255 (개정사항)

해설 소방시설법 시행령 제7조

〈건축허가등의 동의대상물의 범위〉

1. 연면적이 400제곱미터 이상인 건축물이나 시설. 다만, 다음 각 목의 어느 하나에 해당하는 건축물이나 시설은 해당 목에서 정한 기준 이상인 건축물이나 시설로 한다.
    가. 학교시설: 100제곱미터
    나. 노유자(老幼者) 시설 및 수련시설: 200제곱미터
    다. 정신의료기관(입원실이 없는 정신건강의학과 의원은 제외하며, 이하 "정신의료기관"이라 한다): 300제곱미터
    라. 장애인 의료재활시설(이하 "의료재활시설"이라 한다): 300제곱미터
2. 지하층 또는 무창층이 있는 건축물로서 바닥면적이 150제곱미터(공연장의 경우에는 100제곱미터) 이상인 층이 있는 것
3. 차고·주차장 또는 주차 용도로 사용되는 시설로서 다음 각 목의 어느 하나에 해당하는 것
    가. 차고·주차장으로 사용되는 바닥면적이 200제곱미터 이상인 층이 있는 건축물이나 주차시설
    나. 승강기 등 기계장치에 의한 주차시설로서 자동차 20대 이상을 주차할 수 있는 시설
4. 층수가 6층 이상인 건축물
5. 항공기 격납고, 관망탑, 항공관제탑, 방송용 송수신탑
6. 특정소방대상물 중 공동주택, 의원(입원실 또는 인공신장실이 있는 것으로 한정한다)·조산원·산후조리원, 숙박시설, 위험물 저장 및 처리 시설, 발전시설 중 풍력발전소·전기저장시설, 지하구(地下溝)
7. 제1호나목에 해당하지 않는 노유자 시설 중 다음 각 목의 어느 하나에 해당하는 시설. 다만, 가목2) 및 나목부터 바목까지의 시설 중「건축법 시행령」별표 1의 단독주택 또는 공동주택에 설치되는 시설은 제외한다.
    가. 별표 2 제9호가목에 따른 노인 관련 시설 중 다음의 어느 하나에 해당하는 시설
        1) 노인주거복지시설, 노인의료복지시설 및 재가노인복지시설
        2) 학대피해노인 전용쉼터
    나. 아동복지시설(아동상담소, 아동전용시설 및 지역아동센터는 제외한다)
    다. 장애인 거주시설
    라. 정신질환자 관련 시설(「정신건강증진 및 정신질환자 복지서비스 지원에 관한 법률」제27조제1항제2호에 따른 공동생활가정을 제외한 재활훈련시설과 같은 법 시행령 제16조제3호에 따른 종합시설 중 24시간 주거를 제공하지 않는 시설은 제외한다)
    마. 노숙인 관련 시설 중 노숙인자활시설, 노숙인재활시설 및 노숙인요양시설
    바. 결핵환자나 한센인이 24시간 생활하는 노유자 시설
8. 「의료법」제3조제2항제3호라목에 따른 요양병원(이하 "요양병원"이라 한다). 다만, 의료재활시설은 제외한다.
9. 특정소방대상물 중 공장 또는 창고시설로서 「화재의 예방 및 안전관리에 관한 법률 시행령」별표 2에서 정하는 수량의 750배 이상의 특수가연물을 저장·취급하는 것
10. 가스시설로서 지상에 노출된 탱크의 저장용량의 합계가 100톤 이상인 것

19 정답 ② SONICE 기본서 2권 p.257 ~ 258

해설 소방시설법 시행규칙 제3조

〈건축허가등의 동의 요구〉

③ 동의 요구를 받은 소방본부장 또는 소방서장은 건축허가등의 동의 요구서류를 접수한 날부터 5일(허가를 신청한 건축물 등이 <u>특급 소방안전관리대상물에 해당하는 경우에는 10일</u>) 이내에 건축허가등의 동의 여부를 회신해야 한다.

④ 소방본부장 또는 소방서장은 동의요구서 및 첨부서류의 보완이 필요한 경우에는 4일 이내의 기간을 정하여 보완을 요구할 수 있다. 이 경우 보완 기간은 회신 기간에 산입하지 않으며 보완 기간 내에 보완하지 않는 경우에는 동의요구서를 반려해야 한다.

⑤ 건축허가등의 동의를 요구한 기관이 그 건축허가등을 취소했을 때에는 취소한 날부터 7일 이내에 건축물 등의 시공지 또는 소재지를 관할하는 소방본부장 또는 소방서장에게 그 사실을 통보해야 한다.

⑥ 소방본부장 또는 소방서장은 동의 여부를 회신하는 경우에는 건축허가등의 동의대장에 이를 기록하고 관리해야 한다.

> **선지분석**
> ① 지하층을 제외한 층수가 47층인 아파트로 "30층 이상(지하층 제외)인 아파트"인 1급 소방안전관리대상물에 해당한다. → 회신기한 : 5일
> ② 지하층을 포함한 층수가 30층인 특정소방대상물로 "30층 이상(지하층 포함)"인 특급 소방안전관리대상물에 해당한다. → 회신기한 : <u>10일</u>
> ③ 연면적 10만제곱미터인 아파트는 특급 소방안전관리대상물에 해당하지 않는다. → 회신기한 : 5일
> ④ 가연성 가스를 1천톤 이상 저장·취급하는 시설은 1급 소방안전관리대상물에 해당한다. → 회신기한 : 5일

SONICE TIP 특급 소방안전관리대상물

(제외대상: 동·식물원, 철강 등 불연성 물품을 저장·취급하는 창고, 위험물 저장 및 처리 시설 중 제조소등과 지하구)
㉠ 50층 이상(지하층은 제외한다)이거나 지상으로부터 높이가 200미터 이상인 아파트
㉡ 30층 이상(지하층을 포함한다)이거나 지상으로부터 높이가 120미터 이상인 특정소방대상물(아파트는 제외한다)
㉢ "㉡"에 해당하지 않는 특정소방대상물로서 연면적이 10만제곱미터 이상인 특정소방대상물(아파트는 제외한다)

20 정답 ③ SONICE 기본서 2권 p.265~266

해설 소방시설법 시행규칙 제4조

〈성능위주설계의 신고〉

성능위주설계를 한 자는 법 제8조제2항에 따라 「건축법」 제11조에 따른 건축허가를 신청하기 전에 성능위주설계 신고서에 다음의 서류를 첨부하여 관할 소방서장에게 신고해야 한다. 이 경우 다음의 서류에는 사전검토 결과에 따라 보완된 내용을 포함해야 하며, 사전검토 신청 시 제출한 서류와 동일한 내용의 서류는 제외한다.

1. 다음 각 목의 사항이 포함된 설계도서
   가. 건축물의 개요(위치, 구조, 규모, 용도)
   나. 부지 및 도로의 설치 계획(소방차량 진입 동선을 포함한다)
   다. 화재안전성능의 확보 계획
   라. 성능위주설계 요소에 대한 성능평가(화재 및 피난 모의실험 결과를 포함한다)
   마. 성능위주설계 적용으로 인한 화재안전성능 비교표
   바. 다음의 건축물 설계도면
      1) 주단면도 및 입면도
      2) 층별 평면도 및 창호도
      3) 실내·실외 마감재료표
      4) 방화구획도(화재 확대 방지계획을 포함한다)
      5) 건축물의 구조 설계에 따른 피난계획 및 피난 동선도 [③]
   사. 소방시설의 설치계획 및 설계 설명서
   아. 다음의 소방시설 설계도면
      1) 소방시설 계통도 및 층별 평면도
      2) 소화용수설비 및 연결송수구 설치 위치 평면도 [②]
      3) 종합방재실 설치 및 운영계획 [①]
      4) 상용전원 및 비상전원의 설치계획
      5) 소방시설의 내진설계 계통도 및 기준층 평면도(내진 시방서 및 계산서 등 세부 내용이 포함된 상세 설계도면은 제외한다) [④]
   자. 소방시설에 대한 전기부하 및 소화펌프 등 용량계산서
2. 「소방시설공사업법 시행령」 별표 1의2에 따른 성능위주설계를 할 수 있는 자의 자격·기술인력을 확인할 수 있는 서류
3. 「소방시설공사업법」 제21조 및 제21조의3제2항에 따라 체결한 성능위주설계 계약서 사본

21 정답 ① SONICE 기본서 1권 p.528

해설 위험물안전관리법 시행규칙 [별표 17]

〈소화난이도등급Ⅲ의 제조소등에 설치하여야 하는 소화설비 - 이동탱크저장소〉

제조소등의 구분	소화설비	설치기준	
이동탱크저장소	자동차용소화기	무상의 강화액 8L 이상	2개 이상
		이산화탄소 3.2킬로그램 이상	
		브로모클로로다이플루오로메탄(CF_2ClBr) 2L 이상	
		브로모트라이플루오로메탄(CF_3Br) 2L 이상	
		다이브로모테트라플루오로에탄($C_2F_4Br_2$) 1L 이상	
		소화분말 3.3킬로그램 이상	
	마른 모래 및 팽창질석 또는 팽창진주암	마른모래 150L 이상	
		팽창질석 또는 팽창진주암 640L 이상	

22 정답 ③ SONICE 기본서 1권 p.432

해설 위험물안전관리법 시행규칙 [별표 17]

〈소요단위〉
① 정의 : 소화설비의 설치대상이 되는 건축물 그 밖의 공작물의 규모 또는 위험물의 양의 기준단위
② 소요단위의 계산방법 [기준 : 1소요단위]

구분	외벽이 내화구조인 경우	외벽이 내화구조가 아닌 경우
제조소, 취급소	연면적 100㎡	연면적 50㎡
저장소	연면적 150㎡	연면적 75㎡
제조소등의 옥외에 설치된 공작물	외벽이 내화구조인 것으로 간주하고 공작물의 최대수평투영면적을 연면적으로 간주하여 위의 규정에 의하여 소요단위를 산정할 것	
위험물	지정수량의 10배	

㉠ 위험물 20배 = 2소요단위
㉡ 판매취급소 연면적 100㎡ (외벽이 내화구조인 경우) = 1소요단위
㉢ 위험물 및 건축물의 소요단위의 합 = 2소요단위 + 1소요단위 = <u>3소요단위</u>

23 정답 ③ SONICE 기본서 1권 p.393

해설 위험물안전관리법 시행규칙 [별표 5]

〈옥내저장소의 위치·구조 및 설비의 기준〉
① 저장창고는 지면에서 처마까지의 높이가 6m 미만인 단층건물로 하고 그 바닥을 지반면보다 <u>높게</u> 하여야 한다.
② 제2류 위험물 중 황화린을 저장하는 창고는 <u>2,000㎡ 이하</u>로 하여야 한다.
④ 제6류 위험물을 저장하는 창고는 <u>1,000㎡ 이하</u>로 하여야 한다.

SONICE TIP 옥내저장소의 바닥면적 기준

1. 바닥면적 1,000㎡ 이하로 하여야 하는 창고
    1) 제1류 위험물 중 아염소산염류, 염소산염류, 과염소산염류, 무기과산화물 그 밖에 지정수량이 50kg인 위험물
    2) 제3류 위험물 중 칼륨, 나트륨, 알킬알루미늄, 알킬리튬 그 밖에 지정수량이 10kg인 위험물 및 황린
    3) 제4류 위험물 중 특수인화물, 제1석유류 및 알코올류
    4) 제5류 위험물 중 유기과산화물, 질산에스터류 그 밖에 지정수량이 10kg인 위험물
    5) 제6류 위험물
2. "1."의 위험물 외의 위험물을 저장하는 창고 : 2,000㎡
3. "1." 및 "2."의 위험물을 내화구조의 격벽으로 완전히 구획된 실에 각각 저장하는 창고 : 1,500㎡ ("1."의 위험물을 저장하는 실의 면적은 500㎡을 초과할 수 없다.)

24
정답 ③ **SONICE 기본서 1권** p.311

해설 위험물안전관리법 제15조
〈위험물안전관리자〉
① 이송취급소에는 위험물안전관리자를 선임하여야 하고, 위험물안전관리자를 선임하지 아니할 경우 <u>1,500만원 이하의 벌금</u>에 해당한다.
② 안전관리자를 선임한 제조소등의 관계인은 그 안전관리자를 해임하거나 안전관리자가 퇴직한 때에는 해임하거나 퇴직한 날부터 <u>30일 이내에 다시 안전관리자</u>를 선임하여야 한다.
④ 제조소등의 관계인이 안전관리자를 해임하거나 안전관리자가 퇴직한 경우 그 관계인 또는 안전관리자는 <u>소방본부장 또는 소방서장</u>에게 그 사실을 알려 해임되거나 퇴직한 사실을 확인받을 수 있다.

25
정답 ④ **SONICE 기본서 1권** p.438

해설 위험물안전관리법 시행규칙 [별표 18]
〈위험물의 저장에 관한 기준〉
1) 원칙 : 유별을 달리하는 위험물은 동일한 저장소(내화구조의 격벽으로 완전히 구획된 실이 2 이상 있는 저장소에 있어서는 동일한 실)에 저장하지 아니하여야 한다.
2) 옥내저장소 또는 옥외저장소의 저장 예외규정 : 옥내저장소 또는 옥외저장소에 있어서 다음의 규정에 의한 위험물을 저장하는 경우로서 위험물을 유별로 정리하여 저장하는 한편, 서로 1m 이상의 간격을 두는 경우에는 그러하지 아니하다.
   ① 제1류 위험물(알칼리금속의 과산화물 또는 이를 함유한 것을 제외한다)과 제5류 위험물을 저장하는 경우
   ② 제1류 위험물과 제6류 위험물을 저장하는 경우
   ③ 제1류 위험물과 제3류 위험물 중 자연발화성물질(황린 또는 이를 함유한 것에 한한다)을 저장하는 경우
   ④ <u>제2류 위험물 중 인화성고체와 제4류 위험물을 저장하는 경우</u>
   ⑤ 제3류 위험물 중 알킬알루미늄등과 제4류 위험물(알킬알루미늄 또는 알킬리튬을 함유한 것에 한한다)을 저장하는 경우
   ⑥ 제4류 위험물 중 유기과산화물 또는 이를 함유하는 것과 제5류 위험물 중 유기과산화물 또는 이를 함유한 것을 저장하는 경우

26
정답 ③ **SONICE 기본서 1권** p.74 ~ 75

해설 소방기본법 제17조의6
〈한국119청소년단〉

위반행위	과태료		
	1차 위반	2차 위반	3차 위반 이상
한국119청소년단 또는 이와 유사한 명칭을 사용한 자	100만원	150만원	200만원

③ 이 법에 따른 한국119청소년단이 아닌 자는 한국119청소년단 또는 이와 유사한 명칭을 사용할 수 없으며, 이를 2회 위반할 경우 <u>과태료 150만원</u>에 해당한다.

27 정답 ③ | SONICE 기본서 1권 | p.98 ~ 99

해설 소방기본법 제49조의2, 시행령 제12조

〈손실보상〉
① 손실보상을 청구할 수 있는 권리는 손실이 있음을 안 날부터 <u>3년</u>, 손실이 발생한 날부터 5년간 행사하지 아니하면 시효의 완성으로 소멸한다.
② 소방청장 또는 시·도지사는 손실보상심의위원회의 심사·의결을 거쳐 특별한 사유가 없으면 보상금 지급 청구서를 받은 날부터 <u>60일 이내</u>에 보상금 지급 여부 및 보상금액을 결정하여야 한다.
④ 보상금을 지급하기로 결정한 경우에는 특별한 사유가 없으면 통지한 날부터 <u>30일 이내</u>에 보상금을 지급하여야 한다.

28 정답 ② | SONICE 기본서 1권 | p.26

해설 소방기본법 시행규칙 [별표 1]

〈소방체험관의 설립 및 운영에 관한 기준 - 시설 기준〉
① 소방체험관에는 다음 표에 따른 체험실을 모두 갖추어야 한다. 이 경우 체험실별 바닥면적은 100제곱미터 이상이어야 한다.

분야	체험실
생활안전	화재안전 체험실
	시설안전 체험실
교통안전	보행안전 체험실
	자동차안전 체험실
<u>자연재난안전</u>	기후성 재난 체험실
	<u>지질성 재난 체험실</u>
보건안전	응급처치 체험실

② 소방체험관의 규모 및 지역 여건 등을 고려하여 다음 표에 따른 체험실을 갖출 수 있다. 이 경우 체험실별 바닥면적은 100제곱미터 이상이어야 한다.

분야	체험실
생활안전	전기안전 체험실, 가스안전 체험실, 작업안전 체험실, 여가활동 체험실, 노인안전 체험실
교통안전	버스안전 체험실, 이륜차안전 체험실, 지하철안전 체험실
자연재난안전	생물권 재난안전 체험실(조류독감, 구제역 등)
사회기반안전	화생방·민방위안전 체험실, 환경안전 체험실, 에너지·정보통신안전 체험실, 사이버안전 체험실
범죄안전	미아안전 체험실, 유괴안전 체험실, 폭력안전 체험실, 성폭력안전 체험실, 사기범죄 안전 체험실
보건안전	중독안전 체험실(게임·인터넷, 흡연 등), 감염병안전 체험실, 식품안전 체험실, 자살방지 체험실치 체험실
기타	시·도지사가 필요하다고 인정하는 체험실

29 정답 ③ SONICE 기본서 1권 p.124

해설 소방시설공사업법 제2조
〈소방기술자〉
ㄴ : 소방안전관리자는 소방기술자에 해당하지 않는다.
ㄹ : 소방안전교육사는 소방기술자에 해당하지 않는다.
→ 소방기술자에 해당하는 것은 "ㄱ, ㄷ, ㅁ(3개)"이다.

SONICE TIP 소방기술자

"소방기술자"란 소방기술 경력 등을 인정받은 사람과 다음 의 어느 하나에 해당하는 사람으로서 소방시설업과 「소방시설 설치 및 관리에 관한 법률」에 따른 소방시설관리업의 기술인력으로 등록된 사람을 말한다.
㉠ 「소방시설 설치 및 관리에 관한 법률」에 따른 소방시설관리사
㉡ 국가기술자격 법령에 따른 소방기술사, 소방설비기사, 소방설비산업기사, 위험물기능장, 위험물산업기사, 위험물기능사

30 정답 ④ SONICE 기본서 1권 p.141

해설 소방시설공사업법 시행규칙 제6조
〈등록사항의 변경신고절차〉
④ 소방시설업자협회는 등록사항의 변경신고 접수현황을 매월 말일을 기준으로 작성하여 <u>다음 달 10일까지</u> 시·도지사에게 알려야 한다.

31 정답 ① SONICE 기본서 1권 p.160

해설 소방시설공사업법 시행령 제5조
〈완공검사를 위한 현장확인 대상 특정소방대상물〉
① <u>문화 및 집회시설</u>, 종교시설, 판매시설, <u>노유자시설</u>, 수련시설, <u>운동시설</u>, 숙박시설, 창고시설, 지하상가 및 <u>다중이용업소</u>
② 다음의 어느 하나에 해당하는 설비가 설치되는 특정소방대상물
  ㉠ 스프링클러설비등
  ㉡ 물분무등소화설비(호스릴 방식의 소화설비는 제외한다)
③ 연면적 1만제곱미터 이상이거나 11층 이상인 특정소방대상물(아파트는 제외한다)
④ 가연성가스를 제조·저장 또는 취급하는 시설 중 지상에 노출된 가연성 가스탱크의 저장용량 합계가 1천톤 이상인 시설

32 정답 ② SONICE 기본서 2권 p.102 ~ 104

해설 화재의 예방 및 안전관리에 관한 법률 시행령 [별표 2]
〈특수가연물 - 비고〉
② 볏짚류 : 마른 볏짚·북데기와 이들의 제품 및 건초를 말한다. 다만, 축산용도로 사용하는 것은 제외한다.

SONICE TIP 특수가연물의 정의

① 면화류 : 불연성 또는 난연성이 아닌 면상 또는 팽이모양의 섬유와 마사 원료를 말한다.
② 넝마 및 종이부스러기 : 불연성 또는 난연성이 아닌 것(동물 또는 식물의 기름이 깊이 스며들어 있는 옷감·종이 및 이들의 제품을 포함한다)으로 한정한다.
③ 사류 : 불연성 또는 난연성이 아닌 실(실부스러기와 솜털을 포함한다)과 누에고치를 말한다.
④ 볏짚류 : 마른 볏짚·북데기와 이들의 제품 및 건초를 말한다. 다만, 축산용도로 사용하는 것은 제외한다.
⑤ 가연성 고체류: 고체로서 다음에 해당하는 것을 말한다.
　㉠ 인화점이 섭씨 40도 이상 100도 미만인 것
　㉡ 인화점이 섭씨 100도 이상 200도 미만이고, 연소열량이 1그램당 8킬로칼로리 이상인 것
　㉢ 인화점이 섭씨 200도 이상이고 연소열량이 1그램당 8킬로칼로리 이상인 것으로서 녹는점(융점)이 100도 미만인 것
　㉣ 1기압과 섭씨 20도 초과 40도 이하에서 액상인 것으로서 인화점이 섭씨 70도 이상 섭씨 200도 미만이거나 ㉡ 또는 ㉢에 해당하는 것
⑥ 석탄·목탄류 : 코크스, 석탄가루를 물에 갠 것, 마세크탄(조개탄), 연탄, 석유코크스, 활성탄 및 이와 유사한 것을 포함한다.
⑦ 가연성 액체류
　㉠ 1기압과 섭씨 20도 이하에서 액상인 것으로서 가연성 액체량이 40중량퍼센트 이하이면서 인화점이 섭씨 40도 이상 섭씨 70도 미만이고 연소점이 섭씨 60도 이상인 것
　㉡ 1기압과 섭씨 20도에서 액상인 것으로서 가연성 액체량이 40중량퍼센트 이하이고 인화점이 섭씨 70도 이상 섭씨 250도 미만인 것
　㉢ 동물의 기름과 살코기 또는 식물의 씨나 과일의 살에서 추출한 것으로서 다음의 어느 하나에 해당하는 것
　　ⓐ 1기압과 섭씨 20도에서 액상이고 인화점이 250도 미만인 것으로서 「위험물안전관리법」에 따른 용기기준과 수납·저장기준에 적합하고 용기외부에 물품명·수량 및 "화기엄금" 등의 표시를 한 것
　　ⓑ 1기압과 섭씨 20도에서 액상이고 인화점이 섭씨 250도 이상인 것
⑧ 고무류·플라스틱류 : 불연성 또는 난연성이 아닌 고체의 합성수지제품, 합성수지반제품, 원료합성수지 및 합성수지부스러기(불연성 또는 난연성이 아닌 고무제품, 고무반제품, 원료고무 및 고무 부스러기를 포함한다)를 말한다. 다만, 합성수지의 섬유·옷감·종이 및 실과 이들의 넝마와 부스러기는 제외한다.

33 정답 ② SONICE 기본서 2권 p.199

해설 화재예방법 시행령 [별표 8]
〈화재예방안전진단기관의 시설, 전문인력 등 지정기준 - 전문인력의 분야〉
소방분야, 전기분야[③], 화공분야[④], 가스분야, 위험물분야, 건축분야[①], 교육훈련분야

34
정답 ③ **SONICE 기본서 2권** p.163

해설 화재예방법 시행령 제34조
〈관리의 권원별 소방안전관리자 선임 및 조정 기준〉
다음의 어느 하나에 해당하는 경우에는 해당 호에서 정하는 바에 따라 소방안전관리자를 선임할 수 있다.
1. 법령 또는 계약 등에 따라 공동으로 관리하는 경우: 하나의 관리 권원으로 보아 소방안전관리자 1명 선임
2. 화재 수신기 또는 소화펌프(가압송수장치를 포함한다. 이하 이 항에서 같다)가 별도로 설치되어 있는 경우: 설치된 화재 수신기 또는 소화펌프가 화재를 감지·소화 또는 경보할 수 있는 부분을 각각 하나의 관리 권원으로 보아 각각 소방안전관리자 선임
3. 하나의 화재 수신기 및 소화펌프가 설치된 경우: 하나의 관리 권원으로 보아 소방안전관리자 1명 선임 [ㄷ]

35
정답 ④ **SONICE 기본서 2권** p.104 ~ 105

해설 화재예방법 시행령 [별표 3]
〈특수가연물의 저장 및 취급의 기준〉
ㄴ. 살수설비를 설치하는 경우
ㄹ. 방사능력 범위에 해당 특수가연물이 포함되도록 대형 수동식소화기를 설치하는 경우
→ 쌓는 높이를 15미터 이하로 할 수 있는 경우

36
정답 ① **SONICE 기본서 2권** p.310

해설 소방시설법 시행령 [별표 4]
〈터널에 설치해야 하는 소방시설〉
㉠ 모든 터널 : 소화기구 [ㄱ]
㉡ 500m : 비상경보설비, 비상조명등, 비상콘센트설비, 무선통신보조설비
㉢ 1,000m : 옥내소화전설비, 자동화재탐지설비, 연결송수관설비
→ 옳은 보기는 "ㄱ(1개)"이다.

37
정답 ④ **SONICE 기본서 2권** p.337

해설 소방시설법 시행규칙 [별표 3]
〈작동점검〉
④ 간이스프링클러설비(주택전용 간이스프링클러설비 제외) 또는 자동화재탐지설비가 설치된 특정소방대상물은 「소방시설공사업법 시행규칙」 별표 4의2에 따른 특급점검자가 점검할 수 있다.

38
정답 ④ **SONICE 기본서 2권** p.303

해설 소방시설법 시행령 [별표 4]
〈특정소방대상물의 관계인이 특정소방대상물에 설치·관리해야 하는 소방시설의 종류 - 단독경보형감지기〉
① 교육연구시설 내에 있는 기숙사 또는 합숙소로서 연면적 2천㎡ 미만인 것
② 수련시설 내에 있는 기숙사 또는 합숙소로서 연면적 2천㎡ 미만인 것
③ 숙박시설이 있는 수련시설(수용인원 100명 미만)
④ 연면적 400㎡ 미만의 유치원
⑤ 공동주택 중 연립주택 및 다세대주택(연동형으로 설치할 것)

39 정답 ④ SONICE 기본서 2권 p.408

해설 소방시설법 시행규칙 [별표 8]

〈행정처분 기준 - 감경 사유〉

1. 위반행위가 사소한 부주의나 오류 등 과실로 인한 것으로 인정되는 경우
2. 위반의 내용·정도가 경미하여 관계인에게 미치는 피해가 적다고 인정되는 경우
3. 위반 행위자가 처음 해당 위반행위를 한 경우로서 5년 이상 소방시설관리사의 업무, 소방시설관리업 등을 모범적으로 해 온 사실이 인정되는 경우 [④]
4. 그 밖에 다음의 경미한 위반사항에 해당되는 경우
   ㉠ 스프링클러설비 헤드가 살수반경에 미치지 못하는 경우 [③]
   ㉡ 자동화재탐지설비 감지기 2개 이하가 설치되지 않은 경우 [②]
   ㉢ 유도등이 일시적으로 점등되지 않는 경우
   ㉣ 유도표지가 정해진 위치에 붙어 있지 않은 경우 [①]

40 정답 ④ SONICE 기본서 1권 p.271

해설 위험물안전관리법 시행령 [별표 2]

〈지정수량 이상의 위험물을 저장하기 위한 장소와 그에 따른 저장소의 구분 - 옥외저장소〉

지정수량 이상의 위험물을 저장하기 위한 장소	저장소의 구분
1. 옥내(지붕과 기둥 또는 벽 등에 의하여 둘러싸인 곳을 말한다. 이하 같다)에 저장(위험물을 저장하는데 따르는 취급을 포함한다. 이하 이 표에서 같다)하는 장소. 다만, 제3호의 장소를 제외한다.	옥내저장소
2. 옥외에 있는 탱크(제4호 내지 제6호 및 제8호에 규정된 탱크를 제외한다. 이하 제3호에서 같다)에 위험물을 저장하는 장소	옥외탱크 저장소
3. 옥내에 있는 탱크에 위험물을 저장하는 장소	옥내탱크 저장소
4. 지하에 매설한 탱크에 위험물을 저장하는 장소	지하탱크 저장소
5. 간이탱크에 위험물을 저장하는 장소	간이탱크 저장소
6. 차량(피견인자동차에 있어서는 앞차축을 갖지 아니하는 것으로서 당해 피견인자동차의 일부가 견인자동차에 적재되고 당해 피견인자동차와 그 적재물의 중량의 상당부분이 견인자동차에 의하여 지탱되는 구조의 것에 한한다)에 고정된 탱크에 위험물을 저장하는 장소	이동탱크 저장소
7. 옥외에 다음 각목의 1에 해당하는 위험물을 저장하는 장소. 다만, 제2호의 장소를 제외한다. 가. 제2류 위험물중 황 또는 인화성고체(인화점이 섭씨 0도 이상인 것에 한한다) 나. 제4류 위험물 중 제1석유류(인화점이 섭씨 0도 이상인 것에 한한다)·알코올류·제2석유류·제3석유류·제4석유류 및 동식물유류[ㄷ] 다. 제6류 위험물[ㅁ] 라. 제2류 위험물 및 제4류 위험물중 특별시·광역시 또는 도의 조례에서 정하는 위험물(「관세법」제154조의 규정에 의한 보세구역안에 저장하는 경우에 한한다) 마. 「국제해사기구에 관한 협약」에 의하여 설치된 국제해사기구가 채택한 「국제해상위험물규칙」(IMDG Code)에 적합한 용기에 수납된 위험물	옥외저장소
8. 암반내의 공간을 이용한 탱크에 액체의 위험물을 저장하는 장소	암반탱크 저장소

04회 소방관계법규 - 정답 및 간단해설

SONICE 빨간불 실전 동형 모의고사 04회

01	02	03	04	05	06	07	08	09	10
③	④	①	①	②	④	②	③	④	②
11	12	13	14	15	16	17	18	19	20
④	④	①	③	④	②	③	③	②	②
21	22	23	24	25	26	27	28	29	30
①	④	③	③	③	②	③	②	①	④
31	32	33	34	35	36	37	38	39	40
②	②	④	③	③	④	③	③	①	③

🎤 **백사부의 한마디**

오랫동안 꿈을 그리는 사람은
마침내 그 꿈을 닮아간다.

---

01 정답 ③   SONICE 기본서 1권   p.84

해설 소방기본법 시행규칙 제13조의3
〈소방자동차 교통안전 분석 시스템〉
③ <u>소방청장 및 소방본부장</u>은 운행기록장치 데이터 중 과속, 급감속, 급출발 등의 운행기록을 점검·분석해야 한다.

SONICE TIP 운행기록장치 장치 소방자동차의 범위
① 소방펌프차
② 소방물탱크차
③ 소방화학차
④ 소방고가차(消防高架車)
⑤ 무인방수차
⑥ 구조차
⑦ 그 밖에 소방청장이 소방자동차의 안전한 운행 및 교통사고 예방을 위하여 운행기록장치 장착이 필요하다고 인정하여 정하는 소방자동차

02 정답 ④ SONICE 기본서 1권 p.79 ~ 80

해설 소방기본법 제21조

〈소방자동차의 우선 통행〉
① 지휘를 위한 자동차와 구조·구급차도 <u>포함한다.</u>
② 출동 및 <u>훈련</u>을 위하여 필요한 때에는 모두 <u>사이렌을 사용할 수 있다.</u>
③ 모든 차와 사람은 소방자동차가 화재진압 및 구조·구급 활동을 위하여 사이렌을 사용하여 출동하는 경우에는 소방자동차의 출동에 지장을 주는 행위를 하여서는 아니 되며, 지장을 줄 경우 <u>200만원 이하의 과태료</u>에 해당한다.

SONICE TIP 소방자동차의 우선 통행
① 모든 차와 사람은 소방자동차(지휘를 위한 자동차와 구조·구급차를 포함한다. 이하 같다)가 화재진압 및 구조·구급 활동을 위하여 출동을 할 때에는 이를 방해하여서는 아니 된다.
   (*방해할 경우: 5년 이하의 징역 또는 5천만원 이하의 벌금)
② 소방자동차가 화재진압 및 구조·구급 활동을 위하여 출동하거나 훈련을 위하여 필요할 때에는 사이렌을 사용할 수 있다.
③ 모든 차와 사람은 소방자동차가 화재진압 및 구조·구급 활동을 위하여 사이렌을 사용하여 출동하는 경우에는 다음의 행위를 하여서는 아니 된다.
   1. 소방자동차에 진로를 양보하지 아니하는 행위
   2. 소방자동차 앞에 끼어들거나 소방자동차를 가로막는 행위
   3. 그 밖에 소방자동차의 출동에 지장을 주는 행위
   (*지장을 줄 경우 : 200만원 이하의 과태료)
④ ③의 경우를 제외하고 소방자동차의 우선 통행에 관하여는 「도로교통법」에서 정하는 바에 따른다.

03 정답 ① SONICE 기본서 1권 p.39

해설 소방기본법 시행규칙 [별표 2]

〈소방용수표지〉
ㄱ. 승하강식의 소화전의 경우에는 <u>맨홀 뚜껑 규정을 적용하지 않는다.</u>
ㄷ. 지하에 설치하는 저수조의 경우에는 맨홀뚜껑 부근에는 노란색 반사도료로 <u>폭 15센티미터의 선</u>을 그 둘레를 따라 칠할 것
ㄹ. 지상에 설치하는 소화전의 경우 안쪽 문자는 <u>흰색</u>, 바깥쪽 문자는 <u>노란색</u>으로, 안쪽 바탕은 <u>붉은색</u>, 바깥쪽 바탕은 <u>파란색</u>으로 하고, 반사재료를 사용해야 한다.
→ 옳은 보기는 "ㄴ"이다.

SONICE TIP 소방용수표지
1. 지하에 설치하는 소화전 또는 저수조의 경우 소방용수표지는 다음 각 목의 기준에 따라 설치한다.
   가. 맨홀 뚜껑은 지름 648밀리미터 이상의 것으로 할 것. 다만, <u>승하강식 소화전의 경우에는 이를 적용하지 않는다.</u>
   나. 맨홀 뚜껑에는 "소화전·주정차금지" 또는 "저수조·주정차금지"의 표시를 할 것
   다. 맨홀뚜껑 부근에는 노란색 반사도료로 폭 15센티미터의 선을 그 둘레를 따라 칠할 것
2. 지상에 설치하는 소화전, 저수조 및 급수탑의 경우 소방용수표지는 다음 각 목의 기준에 따라 설치한다.
   가. 규격

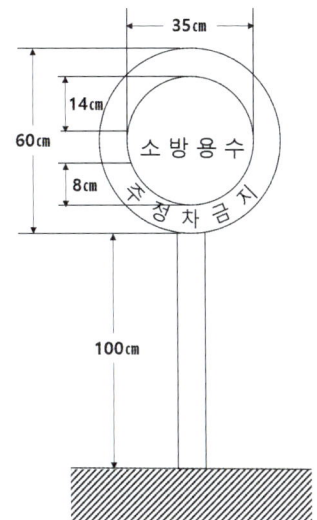

나. 안쪽 문자는 흰색, 바깥쪽 문자는 노란색으로, 안쪽 바탕은 붉은색, 바깥쪽 바탕은 파란색으로 하고, 반사재료를 사용해야 한다.

다. 가목의 규격에 따른 소방용수표지를 세우는 것이 매우 어렵거나 부적당한 경우에는 그 규격 등을 다르게 할 수 있다.

04 정답 ① SONICE 기본서 1권 p.42 ~ 43

해설 소방기본법 시행규칙 제8조

〈소방업무의 상호응원협정〉

시·도지사는 이웃하는 다른 시·도지사와 소방업무에 관하여 상호응원협정을 체결하고자 하는 때에는 다음 각 호의 사항이 포함되도록 해야 한다.

1. 다음의 소방활동에 관한 사항
   가. 화재의 경계·진압활동 [①]
   나. 구조·구급업무의 지원
   다. 화재조사활동 [②]
2. 응원출동대상지역 및 규모
3. 다음의 소요경비의 부담에 관한 사항
   가. 출동대원의 수당·식사 및 의복의 수선 [④]
   나. 소방장비 및 기구의 정비와 연료의 보급 [③]
   다. 그 밖의 경비
4. 응원출동의 요청방법
5. 응원출동훈련 및 평가

05 정답 ② SONICE 기본서 2권 p.17

해설 소방의 화재조사에 관한 법률 시행령 제2조

〈화재조사의 대상〉

소방청장, 소방본부장 또는 소방서장이 화재조사를 실시해야 할 대상은 다음과 같다.
1. 「소방기본법」에 따른 소방대상물에서 발생한 화재
   → "소방대상물"이란 건축물, 차량, 선박(「선박법」 제1조의2제1항에 따른 선박으로서 항구에 매어둔 선박만 해당한다), 선박 건조 구조물, 산림, 그 밖의 인공 구조물 또는 물건을 말한다. [①]
2. 그 밖에 소방관서장이 화재조사가 필요하다고 인정하는 화재

SONICE TIP 화재조사의 절차

화재조사는 다음의 절차에 따라 실시한다. [②]
1. 현장출동 중 조사: 화재발생 접수, 출동 중 화재상황 파악 등
2. 화재현장 조사: 화재의 발화(發火)원인, 연소상황 및 피해상황 조사 등
3. 정밀조사: 감식·감정, 화재원인 판정 등 [③]
4. 화재조사 결과 보고

06 정답 ④ SONICE 기본서 1권 p.143 ~ 145

해설 소방시설공사업법 시행규칙 제28조

〈지위승계 신고〉

① 소방시설업자 지위 승계를 신고하려는 자는 그 상속일, 양수일, 합병일 또는 인수일부터 30일 이내에 서류를 소방시설업자협회에 제출해야 한다.
② 지위승계 신고 서류를 제출받은 소방시설업자협회는 접수일부터 7일 이내에 지위를 승계한 사실을 확인한 후 그 결과를 시·도지사에게 보고하여야 한다.
③ 시·도지사는 소방시설업의 지위승계 신고의 확인 사실을 보고받은 날부터 3일 이내에 협회를 경유하여 지위승계인에게 등록증 및 등록수첩을 발급하여야 한다.

07 정답 ② SONICE 기본서 1권 p.152 ~ 155

해설 소방시설공사업법 시행령 [별표 2]

〈소방기술자의 배치기준〉

① 건축물의 연면적이 4천제곱미터인 공사 현장(5천제곱미터 미만인 공사 현장만 배치)을 6개(연면적의 합계가 4천 × 6개 = 2만4천[2만제곱미터 초과]) 배치하는 경우
② 건축물의 연면적이 3천제곱미터인 공사 현장 2개(연면적의 합계가 3천 × 2개 = 6천[1만제곱미터 초과하지 않음])와 건축물의 연면적이 6천제곱미터인 공사 현장 1개(5천제곱미터 이상인 공사 현장 2개 이하)를 배치하는 경우 [O]
③ 건축물의 연면적이 3천제곱미터인 공사 현장(5천제곱미터 미만인 공사 현장만 배치)을 7개(연면적의 합계가 3천 × 7개 = 2만1천[2만제곱미터 초과]) 배치하는 경우
④ 건축물의 연면적이 2천제곱미터인 공사 현장 4개(연면적의 합계가 2천 × 4개 = 8천[1만제곱미터 초과하지 않음])와 건축물의 연면적이 5천제곱미터인 공사 현장 3개(5천제곱미터 이상인 공사 현장 2개 초과함)를 배치하는 경우

SONICE TIP 소방기술자의 배치기준

공사업자는 다음의 경우를 제외하고는 1명의 소방기술자를 2개의 공사 현장을 초과하여 배치해서는 안 된다. 다만, 연면적 3만제곱미터 이상의 특정소방대상물(아파트는 제외한다)이거나 지하층을 포함한 층수가 16층 이상으로서 500세대 이상인 아파트에 대한 소방시설 공사의 경우에는 1개의 공사 현장에만 배치해야 한다.

㉠ 건축물의 연면적이 5천제곱미터 미만인 공사 현장에만 배치하는 경우.
다만, 그 연면적의 합계는 2만제곱미터를 초과해서는 안 된다.
㉡ 건축물의 연면적이 5천제곱미터 이상인 공사 현장 2개 이하와 5천제곱미터 미만인 공사 현장에 같이 배치하는 경우.
다만, 5천제곱미터 미만의 공사 현장의 연면적의 합계는 1만제곱미터를 초과해서는 안 된다.

08 정답 ③ SONICE 기본서 1권 p.186

해설 소방시설공사업법 시행령 제12조의3

〈하도급계약심사위원회 구성 및 운영〉

① 하도급계약심사위원회는 위원장 1명과 부위원장 1명을 포함하여 10명 이내의 위원으로 구성한다.
② 위원회의 위원장은 발주기관의 장(발주기관이 특별시·광역시·특별자치시·도 및 특별자치도인 경우에는 해당 기관 소속 2급 또는 3급 공무원 중에서, 발주기관이 제11조의5 각 호의 공공기관인 경우에는 1급 이상 임직원 중에서 발주기관의 장이 지명하는 사람을 각각 말한다)이 되고, 부위원장과 위원은 다음 각 호의 어느 하나에 해당하는 사람 중에서 위원장이 임명하거나 성별을 고려하여 위촉한다.
  1. 해당 발주기관의 과장급 이상 공무원(공공기관의 경우에는 2급 이상의 임직원을 말한다)
  2. 소방 분야 연구기관의 연구위원급 이상인 사람
  3. 소방 분야의 박사학위를 취득하고 그 분야에서 3년 이상 연구 또는 실무경험이 있는 사람
  4. 대학(소방 분야로 한정한다)의 조교수 이상인 사람
  5. 「국가기술자격법」에 따른 소방기술사 자격을 취득한 사람
③ 위원의 임기는 3년으로 하며, 한 차례만 연임할 수 있다.
④ 위원회의 회의는 재적위원 과반수의 출석으로 개의(開議)하고, 출석위원 과반수의 찬성으로 의결한다.
⑤ ①부터 ④까지에서 규정한 사항 외에 위원회의 운영에 필요한 사항은 위원회의 의결을 거쳐 위원장이 정한다.

SONICE TIP 하도급계약심사위원회

국가, 지방자치단체 또는 대통령령으로 정하는 공공기관(①, ②)이 발주자인 때에는 하수급인의 시공 및 수행능력, 하도급계약 내용의 적정성 등을 심사하기 위하여 하도급계약심사위원회를 두어야 한다.
① 「공공기관의 운영에 관한 법률」 제5조에 따른 공기업 및 준정부기관
② 「지방공기업법」 제49조에 따른 지방공사 및 같은 법 제76조에 따른 지방공단

09 정답 ④ SONICE 기본서 1권 p.140

해설 소방시설공사업법 제5조

〈등록의 결격사유〉
① 집행이 면제된 날부터 2년이 지나지 않았기 때문에 등록의 결격사유에 해당하여 소방시설업을 등록할 수 없다.
② 집행유예를 선고받은 경우에는 그 유예기간이 종료되어야 소방시설업을 등록할 수 있다. (2년이 지났다고 유예기간이 종료되었다고 볼 수 없다.)
③ 피성년후견인에 해당하여 등록이 취소된 경우는 3년이 지나도 소방시설업의 등록을 취소할 수 없다.

SONICE TIP 등록의 결격사유

다음의 어느 하나에 해당하는 자는 소방시설업을 등록할 수 없다.
① 피성년후견인
② 이 법, 「소방기본법」, 「화재의 예방 및 안전관리에 관한 법률」, 「소방시설 설치 및 관리에 관한 법률」 또는 「위험물안전관리법」에 따른 금고 이상의 실형을 선고받고 그 집행이 끝나거나(집행이 끝난 것으로 보는 경우를 포함한다) 면제된 날부터 2년이 지나지 아니한 사람
③ 이 법, 「소방기본법」, 「화재의 예방 및 안전관리에 관한 법률」, 「소방시설 설치 및 관리에 관한 법률」 또는 「위험물안전관리법」에 따른 금고 이상의 형의 집행유예를 선고받고 그 유예기간 중에 있는 사람
④ 등록하려는 소방시설업 등록이 취소(제1호에 해당하여 등록이 취소된 경우는 제외한다)된 날부터 2년이 지나지 아니한 자
⑤ 법인의 대표자가 ①부터 ④까지에 해당하는 경우 그 법인
⑥ 법인의 임원이 ②부터 ④까지의 규정에 해당하는 경우 그 법인

10 정답 ② SONICE 기본서 1권 p.170 ~ 171

해설 소방시설공사업법 시행규칙 제16조

〈감리원의 세부 배치기준〉
①③④ 일반공사감리에 대한 설명이다.
② 상주공사감리에 대한 설명이다.

SONICE TIP 감리원의 세부 배치 기준

1. 상주 공사감리 대상인 경우
   가. 기계분야의 감리원 자격을 취득한 사람과 전기분야의 감리원 자격을 취득한 사람 각 1명 이상을 감리원으로 배치할 것. 다만, 기계분야 및 전기분야의 감리원 자격을 함께 취득한 사람이 있는 경우에는 그에 해당하는 사람 1명 이상을 배치할 수 있다.
   나. 소방시설용 배관(전선관을 포함한다. 이하 같다)을 설치하거나 매립하는 때부터 소방시설 완공검사증명서를 발급받을 때까지 소방공사감리현장에 감리원을 배치할 것

2. 일반 공사감리 대상인 경우
   가. 기계분야의 감리원 자격을 취득한 사람과 전기분야의 감리원 자격을 취득한 사람 각 1명 이상을 감리원으로 배치할 것. 다만, 기계분야 및 전기분야의 감리원 자격을 함께 취득한 사람이 있는 경우에는 그에 해당하는 사람 1명 이상을 배치할 수 있다.
   나. [별표 3]에 따른 기간 동안 감리원을 배치할 것
   다. 감리원은 주 1회 이상 소방공사감리현장에 배치되어 감리할 것
   라. 1명의 감리원이 담당하는 소방공사감리현장은 5개 이하(자동화재탐지설비 또는 옥내소화전설비 중 어느 하나만 설치하는 2개의 소방공사감리현장이 최단 차량주행거리로 30킬로미터 이내에 있는 경우에는 1개의 소방공사감리현장으로 본다)로서 감리현장 연면적의 총 합계가 10만제곱미터 이하일 것. 다만, 일반 공사감리 대상인 아파트의 경우에는 연면적의 합계에 관계없이 1명의 감리원이 5개 이내의 공사현장을 감리할 수 있다.

11

정답 ④　**SONICE 기본서 2권**　p.93

해설 화재예방법 시행령 제17조

〈옮긴 물건 등의 보관기간 및 보관기간 경과 후 처리〉

① 소방관서장은 옮긴 물건 등을 보관하는 경우에는 그날부터 14일 동안 해당 소방관서의 인터넷 홈페이지에 그 사실을 공고해야 한다.
② 옮긴물건등의 보관기간은 공고기간의 종료일 다음 날부터 7일까지로 한다.
③ 소방관서장은 보관기간이 종료된 때에는 보관하고 있는 옮긴물건등을 매각해야 한다. 다만, 보관하고 있는 옮긴물건등이 부패·파손 또는 이와 유사한 사유로 정해진 용도로 계속 사용할 수 없는 경우에는 폐기할 수 있다.
④ 소방관서장은 보관하던 옮긴물건등을 매각한 경우에는 지체 없이 「국가재정법」에 따라 세입조치를 해야 한다.
⑤ 소방관서장(소방청장, 소방본부장 또는 소방서장)은 매각되거나 폐기된 옮긴물건등의 소유자가 보상을 요구하는 경우에는 보상금액에 대하여 소유자와의 협의를 거쳐 이를 보상해야 한다.
⑥ 손실보상의 방법 및 절차 등에 관하여는 제14조(손실보상)를 준용한다.

12

정답 ④　**SONICE 기본서 2권**　p.189 ~ 190

해설 화재예방법 시행령 제47조

〈조치명령등의 기간연장〉

1. 「재난 및 안전관리 기본법」 제3조제1호에 해당하는 재난이 발생한 경우
2. 경매 등의 사유로 소유권이 변동 중이거나 변동된 경우 [ㄱ]
3. 관계인의 질병, 사고, 장기출장의 경우 [ㄴ]
4. 시장·상가·복합건축물 등 소방대상물의 관계인이 여러 명으로 구성되어 조치명령등의 이행에 대한 의견을 조정하기 어려운 경우 [ㄷ]
5. 그 밖에 관계인이 운영하는 사업에 부도 또는 도산 등 중대한 위기가 발생하여 조치명령등을 그 기간 내에 이행할 수 없는 경우 [ㅂ]

→ 옳은 보기는 "ㄱ, ㄴ, ㄷ, ㅂ(4개)"이다.

SONICE TIP 화재안전조사의 연기신청(시행령 제9조)

1. 「재난 및 안전관리 기본법」 제3조제1호에 해당하는 재난이 발생한 경우
2. 관계인의 질병, 사고, 장기출장의 경우
3. 권한 있는 기관에 자체점검기록부, 교육·훈련일지 등 화재안전조사에 필요한 장부·서류 등이 압수되거나 영치(領置)되어 있는 경우
4. 소방대상물의 증축·용도변경 또는 대수선 등의 공사로 화재안전조사를 실시하기 어려운 경우

13

정답 ①　**SONICE 기본서 2권**　p.163

해설 화재예방법 제35조

〈관리의 권원이 분리된 특정소방대상물의 소방안전관리〉

다음의 어느 하나에 해당하는 특정소방대상물로서 그 관리의 권원이 분리되어 있는 특정소방대상물의 경우 그 관리의 권원별 관계인은 대통령령으로 정하는 바에 따라 소방안전관리자를 선임하여야 한다. 다만, 소방본부장 또는 소방서장은 관리의 권원이 많아 효율적인 소방안전관리가 이루어지지 아니한다고 판단되는 경우 대통령령으로 정하는 바에 따라 관리의 권원을 조정하여 소방안전관리자를 선임하도록 할 수 있다.

㉠ 복합건축물(지하층을 제외한 층수가 11층 이상 또는 연면적 3만제곱미터 이상인 건축물) [ㄱ, ㄴ]
㉡ 지하가(지하의 인공구조물 안에 설치된 상점 및 사무실, 그 밖에 이와 비슷한 시설이 연속하여 지하도에 접하여 설치된 것과 그 지하도를 합한 것을 말한다) [ㄷ]
㉢ 그 밖에 대통령령으로 정하는 특정소방대상물(판매시설 중 도매시장, 소매시장 및 전통시장) [ㅁ]

→ 옳은 보기는 "ㄷ"이다.

14
정답 ③　SONICE 기본서 2권　p.132, 139, 143, 172

해설 화재예방법
〈2급 소방안전관리대상물〉
ㄱ. 소방공무원으로 5년간(3년 이상) 근무한 경력자를 소방안전관리자로 둘 수 있다. (다른 안전관리자와 소방안전관리자를 겸할 수 없는 것은 특급, 1급 소방안전관리대상물이다.)
ㄴ. (1급 일부, 2급, 3급) 관리업자로 하여금 소방안전관리업무 중 대통령령으로 정하는 업무를 대행하게 할 수 있다.
ㄷ. (2급, 3급) 소방안전관리자에 대한 강습교육이 소방안전관리자 선임기간 내에 있지 않아 소방안전관리자를 선임할 수 없는 경우에는 소방안전관리자 선임의 연기를 신청할 수 있다.
ㄹ. 특급, 1급 소방안전관리대상물의 관계인은 소방훈련 및 교육을 실시한 날부터 30일 이내에 소방훈련·교육 실시 결과서를 작성하여 소방본부장 또는 소방서장에게 제출해야 한다.
→ 옳은 보기는 "ㄴ, ㄷ"이다.

15
정답 ④　SONICE 기본서 2권　p.278

해설 소방시설법 시행규칙 [별표 2]
〈차량용 소화기의 설치 또는 비치 기준〉
④ 특수자동차 중 대형 이상의 경우에는 능력단위 2 이상인 소화기 1개 이상 또는 능력단위 1 이상인 소화기 2개 이상을 사용하기 쉬운 곳에 설치한다.

SONICE TIP 차량용 소화기의 설치 또는 비치 기준
자동차에는 형식승인을 받은 차량용 소화기를 다음 각 호의 기준에 따라 설치 또는 비치해야 한다.
1. 승용자동차: 능력단위 1 이상의 소화기 1개 이상을 사용하기 쉬운 곳에 설치 또는 비치한다.
2. 승합자동차
   ㉠ 경형승합자동차: 능력단위 1 이상의 소화기 1개 이상을 사용하기 쉬운 곳에 설치 또는 비치한다. [②]
   ㉡ 승차정원 15인 이하: 능력단위 2 이상인 소화기 1개 이상 또는 능력단위 1 이상인 소화기 2개 이상을 설치한다. 이 경우 승차정원 11인 이상 승합자동차는 운전석 또는 운전석과 옆으로 나란한 좌석 주위에 1개 이상을 설치한다.
   ㉢ 승차정원 16인 이상 35인 이하: 능력단위 2 이상인 소화기 2개 이상을 설치한다. 이 경우 승차정원 23인을 초과하는 승합자동차로서 너비 2.3미터를 초과하는 경우에는 운전자 좌석 부근에 가로 600밀리미터, 세로 200밀리미터 이상의 공간을 확보하고 1개 이상의 소화기를 설치한다.
   ㉣ 승차정원 36인 이상: 능력단위 3 이상인 소화기 1개 이상 및 능력단위 2 이상인 소화기 1개 이상을 설치한다. 다만, 2층 대형승합자동차의 경우에는 위층 차실에 능력단위 3 이상인 소화기 1개 이상을 추가 설치한다. [③]
3. 화물자동차(피견인자동차는 제외한다) 및 특수자동차
   ㉠ 중형 이하: 능력단위 1 이상인 소화기 1개 이상을 사용하기 쉬운 곳에 설치한다. [①]
   ㉡ 대형 이상: 능력단위 2 이상인 소화기 1개 이상 또는 능력단위 1 이상인 소화기 2개 이상을 사용하기 쉬운 곳에 설치한다. [④]
4. 「위험물안전관리법 시행령」 제3조에 따른 지정수량 이상의 위험물 또는 「고압가스 안전관리법 시행령」 제2조에 따라 고압가스를 운송하는 특수자동차(피견인자동차를 연결한 경우에는 이를 연결한 견인자동차를 포함한다): 「위험물안전관리법 시행규칙」 제41조 및 별표 17 제3호나목 중 이동탱크저장소 자동차용소화기의 설치기준란에 해당하는 능력단위와 수량 이상을 설치한다.

16 정답 ② SONICE 기본서 2권 p.296

해설 소방시설법 시행령 제18조

〈화재위험작업〉
1. 인화성·가연성·폭발성 물질을 취급하거나 가연성 가스를 발생시키는 작업 [ㄱ]
2. 용접·용단(금속·유리·플라스틱 따위를 녹여서 절단하는 일을 말한다) 등 불꽃을 발생시키거나 화기(火氣)를 취급하는 작업 [ㄴ]
3. 전열기구, 가열전선 등 열을 발생시키는 기구를 취급하는 작업 [ㄷ]
4. 알루미늄, 마그네슘 등을 취급하여 폭발성 부유분진(공기 중에 떠다니는 미세한 입자를 말한다)을 발생시킬 수 있는 작업 [ㄹ]
5. 그 밖에 제1호부터 제4호까지와 비슷한 작업으로 소방청장이 정하여 고시하는 작업 [ㅁ]
→ 옳은 보기는 "ㄱ, ㄴ, ㄷ"이다.

17 정답 ③ SONICE 기본서 2권 p.247

해설 소방시설법 시행령 [별표 2]

〈특정소방대상물 – 비고〉
둘 이상의 특정소방대상물이 다음의 어느 하나에 해당되는 구조의 복도 또는 통로(이하 이 표에서 "연결통로"라 한다)로 연결된 경우에는 이를 하나의 특정소방대상물로 본다.
㉠ 내화구조로 된 연결통로가 다음의 어느 하나에 해당되는 경우 [④]
  ⓐ 벽이 없는 구조로서 그 길이가 6m 이하인 경우
  ⓑ 벽이 있는 구조로서 그 길이가 10m 이하인 경우. 다만, 벽 높이가 바닥에서 천장까지의 높이의 2분의 1 이상인 경우에는 벽이 있는 구조로 보고, 벽 높이가 바닥에서 천장까지의 높이의 2분의 1 미만인 경우에는 벽이 없는 구조로 본다.
㉡ 내화구조가 아닌 연결통로로 연결된 경우
㉢ 컨베이어로 연결되거나 플랜트설비의 배관 등으로 연결되어 있는 경우 [②]
㉣ 지하보도, 지하상가, 터널로 연결된 경우 [①]
㉤ 자동방화셔터 또는 60분+ 방화문이 설치되지 않은 피트(전기설비 또는 배관설비 등이 설치되는 공간을 말한다)로 연결된 경우 [③]
㉥ 지하구로 연결된 경우

18 정답 ③ SONICE 기본서 2권 p.284

해설 소방시설법 시행령 [별표 5]

〈유사한 소방시설의 설치 면제기준〉
자동화재탐지설비의 기능(감지·수신·경보기능을 말한다)과 성능을 가진 화재알림설비, 스프링클러설비 또는 물분무등소화설비를 화재안전기준에 적합하게 설치한 경우에는 그 설비의 유효범위에서 설치가 면제된다.

19
정답 ②　SONICE 기본서 2권　p.339

해설 소방시설법 시행규칙 [별표 1]
⟨점검장비⟩
1. 제연설비의 점검장비 : 풍속풍압계, 폐쇄력측정기, 차압계(압력차 측정기)
2. 자동화재탐지설비, 시각경보기의 점검장비 : 열감지기시험기, 연감지기시험기, 공기주입시험기, 감지기시험기연결막대, 음량계

20
정답 ②　SONICE 기본서 1권　p.400

해설 위험물안전관리법 시행규칙 [별표 6]
⟨옥외탱크저장소의 펌프설비⟩
- 펌프설비의 주위에는 너비 (㉠: 3)[m] 이상의 공지를 보유할 것. 다만, 방화상 유효한 격벽을 설치하는 경우와 (㉡: 제6류) 위험물 또는 지정수량의 (㉢: 10)배 이하 위험물의 옥외저장탱크의 펌프설비에 있어서는 그러하지 아니하다.
- 펌프설비로부터 옥외저장탱크까지의 사이에는 당해 옥외저장탱크의 보유공지 너비의 (㉣: 1/3) 이상의 거리를 유지할 것

21
정답 ①　SONICE 기본서 1권　p.276

해설 위험물안전관리법 제4조
⟨지정수량 미만인 위험물의 저장·취급⟩
① 지정수량 미만인 위험물의 저장 또는 취급에 관한 기술상의 기준은 시·도의 조례로 정한다.

SONICE TIP 3년 이하의 징역 또는 3천만원 이하의 벌금
저장소 또는 제조소등이 아닌 장소에서 지정수량 이상의 위험물을 저장 또는 취급한 자

22
정답 ④　SONICE 기본서 1권　p.342

해설 위험물안전관리법 시행규칙 [별표 21]
⟨위험물의 운송 시 준수하여야 하는 사항⟩
위험물운송자는 장거리(고속국도에 있어서는 340㎞ 이상, 그 밖의 도로에 있어서는 200㎞ 이상을 말한다)에 걸치는 운송을 하는 때에는 2명 이상의 운전자로 할 것. 다만, 다음의 1에 해당하는 경우에는 그러하지 아니하다.
㉠ 제1호가목의 규정에 의하여 운송책임자를 동승시킨 경우
㉡ 운송하는 위험물이 제2류 위험물·제3류 위험물(칼슘 또는 알루미늄의 탄화물과 이것만을 함유한 것에 한한다) 또는 제4류 위험물(특수인화물을 제외한다)인 경우
㉢ 운송도중에 2시간 이내마다 20분 이상씩 휴식하는 경우

23 정답 ③ SONICE 기본서 1권 p.288

해설 위험물안전관리법 시행령 제6조

〈제조소등의 설치 및 변경의 허가〉

시·도지사는 제조소등의 설치허가 또는 변경허가 신청 내용이 다음의 기준에 적합하다고 인정하는 경우에는 허가를 하여야 한다.

1. 제조소등의 위치·구조 및 설비가 법 제5조제4항의 규정에 의한 기술기준에 적합할 것
2. 제조소등에서의 위험물의 저장 또는 취급이 공공의 안전유지 또는 재해의 발생방지에 지장을 줄 우려가 없다고 인정될 것
3. 다음 각 목의 제조소등은 해당 목에서 정한 사항에 대하여「소방산업의 진흥에 관한 법률」제14조에 따른 한국소방산업기술원(이하 "기술원"이라 한다)의 기술검토를 받고 그 결과가 행정안전부령으로 정하는 기준에 적합한 것으로 인정될 것. 다만, 보수 등을 위한 부분적인 변경으로서 소방청장이 정하여 고시하는 사항에 대해서는 기술원의 기술검토를 받지 않을 수 있으나 행정안전부령으로 정하는 기준에는 적합해야 한다.
   - 가. 지정수량의 (㉠ : 1천배 이상)의 위험물을 취급하는 제조소 또는 일반취급소 : 구조·설비에 관한 사항
   - 나. 옥외탱크저장소(저장용량이 (㉡ : 50만리터 이상)인 것만 해당한다) 또는 (㉢ : 암반탱크저장소) : 위험물탱크의 기초·지반, 탱크본체 및 소화설비에 관한 사항

24 정답 ③ SONICE 기본서 1권 p.296, 298

해설 위험물안전관리법 시행규칙 제18조, 제20조

〈탱크안전성능검사 및 완공검사의 신청시기〉

1. 탱크안전성능검사의 신청시기

검사	신청시기
기초·지반검사	위험물탱크의 기초 및 지반에 관한 공사의 개시 전
충수·수압검사	위험물을 저장 또는 취급하는 탱크에 배관 그 밖의 부속설비를 부착하기 전
용접부검사	탱크본체에 관한 공사의 개시 전
암반탱크검사	암반탱크의 본체에 관한 공사의 개시 전

2. 완공검사의 신청시기

검사	신청시기
지하탱크가 있는 제조소등의 경우	당해 지하탱크를 매설하기 전
이동탱크저장소의 경우	이동저장탱크를 완공하고 상시 설치 장소(상치장소)를 확보한 후
이송취급소의 경우	이송배관 공사의 전체 또는 일부를 완료한 후. 다만, 지하·하천 등에 매설하는 이송배관의 공사의 경우에는 이송배관을 매설하기 전
전체 공사가 완료된 후에는 완공검사를 실시하기 곤란한 경우	→ 다음에서 정하는 시기 ① 위험물설비 또는 배관의 설치가 완료되어 기밀시험 또는 내압시험을 실시하는 시기 ② 배관을 지하에 설치하는 경우에는 시·도지사, 소방서장 또는 기술원이 지정하는 부분을 매몰하기 직전 ③ 기술원이 지정하는 부분의 비파괴시험을 실시하는 시기
위에 해당하지 아니하는 제조소등의 경우	제조소등의 공사를 완료한 후

25
정답 ③ SONICE 기본서 1권 p.336

해설 위험물안전관리법 시행규칙 [별표 23]
〈화학소방자동차에 갖추어야 하는 소화능력 및 설비의 기준〉

화학소방자동차의 구분	소화능력 및 설비의 기준
포수용액 방사차	포수용액의 방사능력이 매분 2,000ℓ 이상일 것
	소화약액탱크 및 소화약액혼합장치를 비치할 것
	10만ℓ 이상의 포수용액을 방사할 수 있는 양의 소화약제를 비치할 것
분말 방사차	분말의 방사능력이 매초 35kg 이상일 것
	분말탱크 및 가압용가스설비를 비치할 것
	1,400kg 이상의 분말을 비치할 것
할로젠화합물 방사차	할로젠화합물의 방사능력이 매초 40kg 이상일 것
	할로젠화합물탱크 및 가압용가스설비를 비치할 것
	1,000kg 이상의 할로젠화합물을 비치할 것
이산화탄소 방사차	이산화탄소의 방사능력이 매초 40kg 이상일 것
	이산화탄소저장용기를 비치할 것
	3,000kg 이상의 이산화탄소를 비치할 것
제독차	가성소오다 및 규조토를 각각 50kg 이상 비치할 것

26
정답 ② SONICE 기본서 1권 p.20

해설 소방기본법 시행규칙 제3조
〈종합상황실의 실장의 업무〉
종합상황실의 실장[종합상황실에 근무하는 자 중 최고직위에 있는 자(최고직위에 있는 자가 2인이상인 경우에는 선임자)를 말한다. 이하 같다]은 다음의 업무를 행하고, 그에 관한 내용을 기록·관리하여야 한다.
1. 화재, 재난·재해 그 밖에 구조·구급이 필요한 상황(이하 "재난상황"이라 한다)의 발생의 신고접수
2. 접수된 재난상황을 검토하여 가까운 소방서에 인력 및 장비의 동원을 요청하는 등의 사고수습
3. 하급소방기관에 대한 출동지령 또는 동급 이상의 소방기관 및 유관기관에 대한 지원요청 [②]
4. 재난상황의 전파 및 보고 [①]
5. 재난상황이 발생한 현장에 대한 지휘 및 피해현황의 파악 [③]
6. 재난상황의 수습에 필요한 정보수집 및 제공 [④]

27
정답 ③ SONICE 기본서 1권 p.101

해설 소방기본법 시행령 제13조
〈손실보상심의위원회〉
③ 청구금액이 100만원 이하인 사건에 대해서는 소방공무원의 위원 3명으로만 구성할 수 있다.

28
정답 ② **SONICE 기본서 1권** p.70 ~ 71

해설 소방기본법 시행령 [별표 2의2]
〈소방안전교육사시험의 응시자격〉
① 간호사 면허를 취득한 후 간호업무 분야에 1년간(1년 이상) 종사한 사람
② 2급 응급구조사 자격을 취득한 후 응급의료 업무 분야에 <u>3년 이상</u> 종사한 사람
③ 의용소방대원으로 임명된 후 7년간(5년 이상) 의용소방대 활동을 한 경력이 있는 사람
④ 지방소방학교에서 2주 이상 소방안전교육사 관련 전문교육과정을 이수한 소방공무원

29
정답 ① **SONICE 기본서 1권** p.164

해설 소방시설공사업법 제16조
〈감리〉
① 소방공사감리업을 등록한 자는 피난시설 및 방화시설의 <u>적법성 검토 업무</u>를 수행하여야 한다.

SONICE TIP 감리업자의 업무
① 소방시설등의 설치계획표의 적법성 검토
② 피난시설 및 방화시설의 적법성 검토
③ 실내장식물의 불연화와 방염 물품의 적법성 검토
④ 소방시설등 설계도서의 적합성(적법성과 기술상의 합리성) 검토
⑤ 소방시설등 설계 변경 사항의 적합성(적법성과 기술상의 합리성) 검토
⑥ 소방용품의 위치·규격 및 사용 자재의 적합성(적법성과 기술상의 합리성) 검토
⑦ 공사업자가 작성한 시공 상세 도면의 적합성(적법성과 기술상의 합리성) 검토
⑧ 공사업자가 한 소방시설등의 시공이 설계도서와 화재안전기준에 맞는지에 대한 지도·감독
⑨ 완공된 소방시설등의 성능시험

30
정답 ④ **SONICE 기본서 1권** p.158 ~ 159

해설 소방시설공사업법 시행령 제4조
〈소방시설공사의 착공신고 대상〉
1. 특정소방대상물(「위험물 안전관리법」 제2조제1항제6호에 따른 제조소등과 다중이용업소는 제외한다. 이하 제2호 및 제3호에서 같다)에 다음 각 목의 어느 하나에 해당하는 설비를 신설하는 공사
   가. 옥내소화전설비(호스릴옥내소화전설비를 포함한다. 이하 같다), 옥외소화전설비, 스프링클러설비·간이스프링클러설비(캐비닛형 간이스프링클러설비를 포함한다. 이하 같다) 및 화재조기진압용 스프링클러설비(이하 "스프링클러설비등"이라 한다), 물분무소화설비·포소화설비·이산화탄소소화설비·할론소화설비·할로겐화합물 및 불활성기체 소화설비·미분무소화설비·강화액소화설비 및 분말소화설비(이하 "물분무등소화설비"라 한다), 연결송수관설비, 연결살수설비, 제연설비(소방용 외의 용도와 겸용되는 제연설비를 「건설산업기본법 시행령」 별표 1에 따른 기계설비·가스공사업자가 공사하는 경우는 제외한다), 소화용수설비(소화용수설비를 「건설산업기본법 시행령」 별표 1에 따른 기계설비·가스공사업자 또는 상·하수도설비공사업자가 공사하는 경우는 제외한다) 또는 연소방지설비
   나. 자동화재탐지설비, 비상경보설비, 비상방송설비(소방용 외의 용도와 겸용되는 비상방송설비를 「정보통신공사업법」에 따른 정보통신공사업자가 공사하는 경우는 제외한다), 비상콘센트설비(비상콘센트설비를 「전기공사업법」에 따른 전기공사업자가 공사하는 경우는 제외한다) 또는 무선통신보조설비(소방용 외의 용도와 겸용되는 무선통신보조설비를 「정보통신공사업법」에 따른 정보통신공사업자가 공사하는 경우는 제외한다)

2. 특정소방대상물에 다음 각 목의 어느 하나에 해당하는 설비 또는 구역 등을 증설하는 공사
   가. 옥내·옥외소화전설비
   나. 스프링클러설비·간이스프링클러설비 또는 물분무등소화설비의 방호구역, 자동화재탐지설비의 경계구역, 제연설비의 제연구역(소방용 외의 용도와 겸용되는 제연설비를 「건설산업기본법 시행령」 별표 1에 따른 기계설비·가스공사업자가 공사하는 경우는 제외한다), 연결살수설비의 살수구역, 연결송수관설비의 송수구역, 비상콘센트설비의 전용회로, 연소방지설비의 살수구역

3. 특정소방대상물에 설치된 소방시설등을 구성하는 다음 각 목의 어느 하나에 해당하는 것의 전부 또는 일부를 개설(改設), 이전(移轉) 또는 정비(整備)하는 공사. 다만, 고장 또는 파손 등으로 인하여 작동시킬 수 없는 소방시설을 긴급히 교체하거나 보수하여야 하는 경우에는 신고하지 않을 수 있다.
   가. 수신반(受信盤)
   나. 소화펌프
   다. 동력(감시)제어반

31

정답 ② SONICE 기본서 2권 p.150

해설 화재예방법 제29조
〈건설현장 소방안전관리대상물의 소방안전관리자의 업무〉
① 건설현장의 소방계획서의 작성
② 임시소방시설의 설치 및 관리에 대한 감독
③ 공사진행 단계별 피난안전구역, 피난로 등의 확보와 관리
④ 건설현장의 작업자에 대한 소방안전 교육 및 훈련
⑤ 초기대응체계의 구성·운영 및 교육
⑥ 화기취급의 감독, 화재위험작업의 허가 및 관리
⑦ 그 밖에 건설현장의 소방안전관리와 관련하여 소방청장이 고시하는 업무

32

정답 ② SONICE 기본서 2권 p.107

해설 화재예방법 제18조
〈화재예방강화지구의 화재안전조사〉
① 화재안전조사의 실시권자 및 실시주기 : 소방관서장, 연 1회 이상
② 화재안전조사 및 조치명령
   ㉠ 소방관서장은 대통령령으로 정하는 바에 따라 화재예방강화지구 안의 소방대상물의 위치·구조 및 설비 등에 대하여 화재안전조사를 하여야 한다.
   ㉡ 소방관서장은 화재안전조사를 한 결과 화재의 예방강화를 위하여 필요하다고 인정할 때에는 관계인에게 소화기구, 소방용수시설 또는 그 밖에 소방에 필요한 설비의 설치(보수, 보강을 포함한다.)를 명할 수 있다.
   → ㉡ : 소방설비등의 설치 명령을 정당한 사유 없이 따르지 아니한 자는 200만원 이하의 과태료에 해당한다.

33

정답 ④ SONICE 기본서 2권 p.99

해설 화재예방법 시행령 [별표 1]
〈노·화덕설비〉
시간당 열량이 (㉠: 30만)킬로칼로리 이상이 노를 설치하는 경우에는 다음의 사항을 지켜야 한다.
1) 「건축법」 제2조제1항제7호에 따른 주요구조부는 (㉡: 불연재료) 이상으로 할 것
2) 창문과 출입구는 「건축법 시행령」 제64조에 따른 60분+ 방화문 또는 60분 방화문으로 설치할 것
3) 노 주위에는 (㉢: 1)미터 이상의 공간을 확보할 것

34 정답 ③ SONICE 기본서 2권 p.345

해설 소방시설법 시행규칙 [별표 4]

〈소방시설등의 자체점검 시 점검인력의 배치기준 - 점검한도 세대수〉

- 점검인력 1단위가 하루 동안 점검할 수 있는 아파트등의 세대수는 종합점검 및 작동점검에 관계없이 (ㄱ: 250세대)로 한다.
- 점검인력 1단위에 보조 기술인력을 1명씩 추가할 때마다 (ㄴ: 60세대)씩을 점검한도 세대수에 더한다.

SONICE TIP 점검한도 면적

- 점검인력 1단위가 하루 동안 점검할 수 있는 특정소방대상물의 연면적("점검한도 면적")은 다음과 같다.
  - 종합점검: 8,000㎡
  - 작동점검: 10,000㎡
- 점검인력 1단위에 보조 기술인력을 1명씩 추가할 때마다 종합점검의 경우에는 2,000㎡, 작동점검의 경우에는 2,500㎡씩을 점검한도 면적에 더한다. 다만, 하루에 2개 이상의 특정소방대상물을 배치할 경우 1일 점검 한도면적은 특정소방대상물별로 투입된 점검인력에 따른 점검 한도면적의 평균값으로 적용하여 계산한다.

35 정답 ③ SONICE 기본서 2권 p.385

해설 소방시설법 제45조

〈소방용품의 제품검사 후 수집검사〉

① 소방청장은 소방용품의 품질관리를 위하여 필요하다고 인정할 때에는 유통 중인 소방용품을 수집하여 검사할 수 있다.
② 소방청장은 수집검사 결과 행정안전부령으로 정하는 중대한 결함이 있다고 인정되는 소방용품에 대하여는 그 제조자 및 수입자에게 행정안전부령으로 정하는 바에 따라 회수·교환·폐기 또는 판매중지를 명하고, 형식승인 또는 성능인증을 취소할 수 있다.
④ 구매자에게 소방용품의 회수·교환·폐기 또는 판매중지 명령을 받은 사실을 알리지 아니하거나 필요한 조치를 하지 아니한 자는 3년 이하의 징역 또는 3천만원 이하의 벌금에 해당한다.

36 정답 ④ SONICE 기본서 2권 p.287 ~ 288

해설 소방시설법 시행령 제15조

〈증축 소방시설기준 적용〉

① 소방본부장 또는 소방서장은 특정소방대상물이 증축되는 경우에는 기존 부분을 포함한 특정소방대상물의 전체에 대하여 증축 당시의 소방시설의 설치에 관한 대통령령 또는 화재안전기준을 적용해야 한다.
② 다만, 다음의 어느 하나에 해당하는 경우에는 기존 부분에 대해서는 증축 당시의 소방시설의 설치에 관한 대통령령 또는 화재안전기준을 적용하지 않는다.
  ㉠ 기존 부분과 증축 부분이 내화구조로 된 바닥과 벽으로 구획된 경우
  ㉡ 기존 부분과 증축 부분이 자동방화셔터 또는 60분+ 방화문으로 구획되어 있는 경우
  ㉢ 자동차 생산공장 등 화재 위험이 낮은 특정소방대상물 내부에 연면적 33제곱미터 이하의 직원 휴게실을 증축하는 경우
  ㉣ 자동차 생산공장 등 화재 위험이 낮은 특정소방대상물에 캐노피(기둥으로 받치거나 매달아 놓은 덮개를 말하며, 3면 이상에 벽이 없는 구조의 것을 말한다)를 설치하는 경우

37

정답 ③ **SONICE 기본서 2권** p.252

해설 소방시설법 시행령 제2조

〈무창층〉

"무창층"이란 (ㄱ : 지상층) 중 다음의 요건을 모두 갖춘 개구부의 면적의 합계가 해당 층의 바닥면적의 (ㄴ : 1/30 이하)가 되는 층을 말한다.

㉠ 크기는 지름 50센티미터 이상의 원이 통과할 수 있을 것
㉡ 해당 층의 바닥면으로부터 개구부 밑부분까지의 높이가 1.2미터 이내일 것
㉢ 도로 또는 차량이 진입할 수 있는 빈터를 향할 것
㉣ 화재 시 건축물로부터 쉽게 피난할 수 있도록 창살이나 그 밖의 장애물이 설치되지 않을 것
㉤ 내부 또는 외부에서 쉽게 부수거나 열 수 있을 것

SONICE TIP 피난층
곧바로 지상으로 갈 수 있는 출입구가 있는 층

38

정답 ③ **SONICE 기본서 1권** p.356

해설 위험물안전관리법 시행령 제22조

〈업무의 위탁〉

① (소방청장 → 안전원) 위험물안전관리자로 선임된 자에 대한 안전교육
② (소방청장 → 안전원) 위험물운반자의 요건을 갖추려는 사람에 대한 안전교육
③ (소방청장 → 기술원) 탱크시험자의 기술인력으로 종사하는 자에 대한 안전교육
④ (소방청장 → 안전원) 위험물취급자격자의 자격을 갖추려는 사람에 대한 안전교육

SONICE TIP 업무의 위탁 : 소방청장 → 안전원
다음의 어느 하나에 해당하는 사람에 대한 안전교육
① 위험물운반자의 요건을 갖추려는 사람
② 위험물운송자의 요건을 갖추려는 사람
③ 위험물취급자격자의 자격을 갖추려는 사람
④ 위험물안전관리자로 선임된 자
⑤ 위험물운반자로 종사하는 자
⑥ 위험물운송자로 종사하는 자

39 정답 ① SONICE 기본서 1권 p.317

해설 위험물안전관리법 시행규칙 제57조

〈안전관리대행기관의 휴업·재개업 또는 폐업〉

안전관리대행기관은 휴업·재개업 또는 폐업을 하려는 경우에는 휴업·재개업 또는 폐업하려는 날 1일 전까지[ㄱ] 위험물안전관리대행기관 휴업·재개업·폐업 신고서에 위험물안전관리대행기관지정서를 첨부하여 소방청장[ㄴ]에게 제출해야 한다.

SONICE TIP 안전관리대행기관의 변경신고

안전관리대행기관은 지정받은 사항의 변경이 있는 경우에는 그 사유가 있는 날부터 14일 이내에 위험물안전관리대행기관 변경신고서에 다음의 구분에 따른 서류를 첨부하여 소방청장에게 제출해야 한다.

㉠ 영업소의 소재지, 법인명칭 또는 대표자를 변경하는 경우 : 위험물안전관리대행기관지정서

㉡ 기술인력을 변경하는 경우 : 기술인력자의 연명부, 변경된 기술인력자의 기술자격증

40 정답 ③ SONICE 기본서 1권 p.341

해설 위험물안전관리법 시행령 제19조

〈운송책임자의 감독·지원을 받아 운송하여야 하는 위험물〉

1. 알킬알루미늄 [③]
2. 알킬리튬 [③]
3. 제1호 또는 제2호의 물질을 함유하는 위험물

04회 소방관계법규 - 정답 및 간단해설

SONICE 파란불 실전 동형 모의고사 04회

01	02	03	04	05	06	07	08	09	10
④	③	①	①	③	①	②	④	③	③
11	12	13	14	15	16	17	18	19	20
②	②	②	②	②	④	②	③	③	②
21	22	23	24	25	26	27	28	29	30
②	②	④	②	③	④	④	③	③	②
31	32	33	34	35	36	37	38	39	40
①	④	②	④	①	③	①	①	③	④

🎤 **백사부의 한마디**

오늘 당신은 평생의 목표에 도달하는 데에
도움이 되는 무슨 일을 하였는가?

---

1 **정답** ④ **SONICE 기본서 1권** p.29

해설 소방기본법 제6조, 시행령 제1조의3

〈소방업무에 관한 종합계획〉

ㄷ. 시·도지사는 관할 지역의 특성을 고려하여 종합계획의 시행에 필요한 세부계획을 매년 수립하여 <u>소방청장에게 제출하여야 하며</u>, 세부계획에 따른 소방업무를 성실히 수행하여야 한다.

→ 옳은 보기는 "ㄱ, ㄴ, ㄹ, ㅁ"이다.

SONICE TIP 소방업무에 관한 종합계획의 수립·시행

① 소방청장은 화재, 재난·재해, 그 밖의 위급한 상황으로부터 국민의 생명·신체 및 재산을 보호하기 위하여 소방업무에 관한 종합계획을 5년마다 수립·시행하여야 하고, 이에 필요한 재원을 확보하도록 노력하여야 한다. [ㄱ]

② 종합계획에는 다음의 사항이 포함되어야 한다. [ㄴ]
  1. 소방서비스의 질 향상을 위한 정책의 기본방향
  2. 소방업무에 필요한 체계의 구축, 소방기술의 연구·개발 및 보급
  3. 소방업무에 필요한 장비의 구비
  4. 소방전문인력 양성
  5. 소방업무에 필요한 기반조성
  6. 소방업무의 교육 및 홍보(소방자동차의 우선 통행 등에 관한 홍보를 포함한다)
  7. 그 밖에 소방업무의 효율적 수행을 위하여 필요한 사항으로서 대통령령으로 정하는 사항

③ 소방청장은 수립한 종합계획을 관계 중앙행정기관의 장, 시·도지사에게 통보하여야 한다.

④ 시·도지사는 관할 지역의 특성을 고려하여 종합계획의 시행에 필요한 세부계획을 매년 수립하여 소방청장에게 제출하여야 하며, 세부계획에 따른 소방업무를 성실히 수행하여야 한다. [ㄷ]

⑤ 소방청장은 소방업무의 체계적 수행을 위하여 필요한 경우 시·도지사가 제출한 세부계획의 보완 또는 수정을 요청할 수 있다. [ㄹ]

⑥ 그 밖에 종합계획 및 세부계획의 수립·시행에 필요한 사항은 대통령령으로 정한다.

02 정답 ③ SONICE 기본서 1권 p.80~82

해설 소방기본법 시행규칙 제8조

〈소방자동차 전용구역〉

① 소방자동차 전용구역을 설치하지 아니할 수 있는 공동주택은 하나의 대지에 하나의 동으로 구성되고 「도로교통법」 제32조 또는 제33조에 따라 정차가 금지된 편도 2차선 이상의 도로에 직접 접하여 소방자동차가 도로에서 직접 소방활동이 가능한 공동주택이다.
② 공동주택의 건축주는 소방자동차가 접근하기 쉽고 소방활동이 원활하게 수행될 수 있도록 각 동별 전면 또는 후면에 소방자동차 전용구역을 1개소 이상 설치해야 한다.
④ 「주차장법」 제19조에 따른 부설주차장의 주차구획 내에 주차하는 경우에는 전용구역 방해행위에 해당하지 않는다.

SONICE TIP 소방자동차 전용구역 설치 대상

"대통령령으로 정하는 공동주택"이란 다음의 주택을 말한다. 다만, 하나의 대지에 하나의 동으로 구성되고 「도로교통법」 제32조 또는 제33조에 따라 정차 또는 주차가 금지된 편도 2차선 이상의 도로에 직접 접하여 소방자동차가 도로에서 직접 소방활동이 가능한 공동주택은 제외한다.
1. 「건축법 시행령」 별표 1 제2호가목의 아파트 중 세대수가 100세대 이상인 아파트
2. 「건축법 시행령」 별표 1 제2호라목의 기숙사 중 3층 이상의 기숙사

03 정답 ① SONICE 기본서 1권 p.93~94

해설 소방기본법 제40조의2

〈교육계획의 수립 및 평가〉

① 안전원의 장은 소방기술과 안전관리의 기술향상을 위하여 매년 교육 수요조사를 실시하여 교육계획을 수립하고 소방청장의 승인을 받아야 한다.
② 안전원장은 소방청장에게 해당 연도 교육결과를 평가·분석하여 보고하여야 하며, 소방청장은 교육평가 결과를 교육계획에 반영하게 할 수 있다.
③ 안전원장은 교육결과를 객관적이고 정밀하게 분석하기 위하여 필요한 경우 교육 관련 전문가로 구성된 위원회를 운영할 수 있다.
④ 위원회의 구성·운영에 필요한 사항은 대통령령으로 정한다.

04 정답 ① SONICE 기본서 1권 p.86~87

해설 소방기본법 제24조

〈소방활동의 종사명령〉

ㄱ. 소방본부장, 소방서장 또는 소방대장은 화재, 재난·재해, 그 밖의 위급한 상황이 발생한 현장에서 소방활동을 위하여 필요할 때에는 그 관할구역에 사는 사람 또는 그 현장에 있는 사람으로 하여금 사람을 구출하는 일 또는 불을 끄거나 불이 번지지 아니하도록 하는 일을 하게 할 수 있다.
ㄴ. 소방본부장, 소방서장 또는 소방대장은 소방활동에 필요한 보호장구를 지급하는 등 안전을 위한 조치를 하여야 한다.
ㄷ. 소방활동에 종사한 사람은 시·도지사로부터 소방활동의 비용을 지급받을 수 있다.
ㅁ. 사람을 구출하는 일 또는 불을 끄거나 불이 번지지 아니하도록 하는 일을 방해한 사람은 5년 이하의 징역 또는 5천만원 이하의 벌금에 해당한다.
→ 옳은 보기는 "ㄹ, ㅂ(2개)"이다.

SONICE TIP 소방활동의 비용지급을 받을 수 없는 경우

1. 소방대상물에 화재, 재난·재해, 그 밖의 위급한 상황이 발생한 경우 그 관계인
2. 고의 또는 과실로 화재 또는 구조·구급 활동이 필요한 상황을 발생시킨 사람
3. 화재 또는 구조·구급 현장에서 물건을 가져간 사람

05
정답 ③ | SONICE 기본서 2권 | p.29, 39, 41, 49

해설 소방의 화재조사에 관한 법률 제10조, 제14조, 제16조, 제20조

〈화재조사법 - 권한자〉
① (제10조 관계인등의 출석) 소방관서장의 권한
② (제14조 화재조사 결과의 공표) 소방관서장의 권한
③ (제20조 연구개발사업의 지원) 소방청장의 권한
④ (제16조 화재증명원의 발급) 소방관서장의 권한

06
정답 ① | SONICE 기본서 2권 | p.39 ~ 40

해설 소방의 화재조사에 관한 법률 시행규칙 제8조

〈화재조사 결과의 공표〉
㉠ 소방관서장은 다음의 경우에는 화재조사 결과를 공표할 수 있다.
  1. 국민이 유사한 화재로부터 피해를 입지 않도록 하기 위해 필요한 경우 [②]
  2. 사회적 관심이 집중되어 국민의 알 권리 충족 등 공공의 이익을 위해 필요한 경우
㉡ 소방관서장은 화재조사의 결과를 공표할 때에는 다음의 사항을 포함시켜야 한다. [③]
  1. 화재원인에 관한 사항
  2. 화재로 인한 인명·재산피해에 관한 사항
  3. 화재발생 건축물과 구조물에 관한 사항
  4. 그 밖에 화재예방을 위해 공표할 필요가 있다고 소방관서장이 인정하는 사항
㉢ 화재조사 결과의 공표는 소방관서의 인터넷 홈페이지에 게재하거나, 「신문 등의 진흥에 관한 법률」에 따른 신문 또는 「방송법」에 따른 방송을 이용하는 등 일반인이 쉽게 알 수 있는 방법으로 한다. [④]

07
정답 ② | SONICE 기본서 2권 | p.30 ~ 31

해설 소방의 화재조사에 관한 법률 제11조

〈화재조사 증거물 수집〉
ㄴ. 소방관서장은 화재조사를 위하여 필요한 최소한의 범위에서 화재조사관에게 증거물을 수집하여 검사·시험·분석 등을 하게 할 수 있다.
ㄹ. 사진 또는 영상 파일은 국가화재정보시스템에 전송하여 보관한다.
→ 옳은 보기는 "ㄱ, ㄷ"이다.

08 정답 ④ SONICE 기본서 1권 p.130, 133, 169

해설 소방시설공사업법 시행령 [별표 1] ~ [별표 4]

〈소방기술자, 감리원의 배치기준〉

① 공사현장에는 고급 기술자 이상의 소방기술자를 배치하여야 한다. [O]
  → 고급기술자 이상의 소방기술자(기계분야, 전기분야)
    ㉠ 연면적 3만제곱미터 이상 20만제곱미터 미만인 특정소방대상물(아파트는 제외한다)의 공사 현장
    ㉡ 지하층을 포함한 층수가 16층 이상 40층 미만인 특정소방대상물의 공사 현장

② 공사현장에는 특급 감리원 이상의 소방공사 감리원을 배치하여야 한다. [O]
  → 책임감리원: 특급감리원 이상의 소방공사 감리원(기계분야, 전기분야)
    ㉠ 연면적 3만제곱미터 이상 20만제곱미터 미만인 특정소방대상물(아파트는 제외한다)의 공사 현장
    ㉡ 지하층을 포함한 층수가 16층 이상 40층 미만인 특정소방대상물의 공사 현장

③ 상주공사감리 대상에 해당하며 보조 감리원을 초급 감리원 이상의 소방공사 감리원으로 배치하여야 한다. [O]
  → 상주공사감리의 대상
    ㉠ 연면적 3만제곱미터 이상의 특정소방대상물(아파트는 제외한다)에 대한 소방시설의 공사
    ㉡ 지하층을 포함한 층수가 16층 이상으로서 500세대 이상인 아파트에 대한 소방시설의 공사

④ 일반소방시설공사업에서 공사할 수 없으며, 일반소방공사감리업에서 감리할 수 없다.
  → 일반소방시설공사업의 영업범위
    ㉠ 연면적 1만제곱미터 미만의 특정소방대상물에 설치되는 기계분야 소방시설의 공사·개설·이전 및 정비
    ㉡ 위험물제조소등에 설치되는 기계분야 소방시설의 공사·개설·이전 및 정비

  → 일반소방공사감리업의 영업범위
    ㉠ 연면적 3만제곱미터(공장의 경우에는 1만제곱미터) 미만의 특정소방대상물(제연설비가 설치되는 특정소방대상물은 제외한다)에 설치되는 기계분야 소방시설의 감리
    ㉡ 아파트에 설치되는 기계분야 소방시설(제연설비는 제외한다)의 감리
    ㉢ 위험물제조소등에 설치되는 기계분야 소방시설의 감리

09 정답 ③ SONICE 기본서 1권 p.166

해설 소방시설공사업법 시행령 제10조

〈공사감리자 지정대상 특정소방대상물의 범위〉
1. 옥내소화전설비를 신설·개설 또는 증설할 때
2. 스프링클러설비등(캐비닛형 간이스프링클러설비는 제외한다)을 신설·개설하거나 방호·방수 구역을 증설할 때
3. 물분무등소화설비(호스릴 방식의 소화설비는 제외한다)를 신설·개설하거나 방호·방수 구역을 증설할 때
4. 옥외소화전설비를 신설·개설 또는 증설할 때
5. 자동화재탐지설비를 신설 또는 개설할 때
6. 비상방송설비를 신설 또는 개설할 때
7. 통합감시시설을 신설 또는 개설할 때
8. 소화용수설비를 신설 또는 개설할 때
9. 다음 각 목에 따른 소화활동설비에 대하여 각 목에 따른 시공을 할 때
   가. 제연설비를 신설·개설하거나 제연구역을 증설할 때
   나. 연결송수관설비를 신설 또는 개설할 때
   다. 연결살수설비를 신설·개설하거나 송수구역을 증설할 때
   라. 비상콘센트설비를 신설·개설하거나 전용회로를 증설할 때
   마. 무선통신보조설비를 신설 또는 개설할 때
   바. 연소방지설비를 신설·개설하거나 살수구역을 증설할 때

10 정답 ③ SONICE 기본서 1권 p.146

해설 소방시설공사업법 제8조, 시행규칙 제8조

〈서류의 보관기간〉
소방시설업자는 행정안전부령으로 정하는 관계 서류를 하자보수 보증기간 동안 보관하여야 한다.
1. 소방시설설계업: 소방시설 설계기록부 및 소방시설 설계도서
2. 소방시설공사업: 소방시설공사 기록부
3. 소방공사감리업: 소방공사 감리기록부 [②], 소방공사 감리일지 [①] 및 소방시설의 완공 당시 설계도서 [④]

SONICE TIP 감리결과 통보 시 제출 서류

감리업자가 소방공사의 감리를 마쳤을 때에는 소방공사감리 결과보고(통보)서에 다음의 서류를 첨부하여 공사가 완료된 날부터 7일 이내에 특정소방대상물의 관계인, 소방시설공사의 도급인 및 특정소방대상물의 공사를 감리한 건축사에게 알리고, 소방본부장 또는 소방서장에게 보고해야 한다.
1. 소방청장이 정하여 고시하는 소방시설 성능시험조사표 1부
2. 착공신고 후 변경된 소방시설설계도면(변경사항이 있는 경우에만 첨부하되, 설계업자가 설계한 도면만 해당된다) 1부
3. 소방공사 감리일지(소방본부장 또는 소방서장에게 보고하는 경우에만 첨부한다) 1부
4. 특정소방대상물의 사용승인 신청서 등 사용승인 신청을 증빙할 수 있는 서류 1부

11 정답 ② SONICE 기본서 2권 p.130

해설 화재예방법 시행령 [별표 4]

〈특급 소방안전관리자〉

〈보기〉 = 특급 소방안전관리대상물

① 소방설비기사의 자격을 취득한 후 5년 이상 1급 소방안전관리대상물의 소방안전관리자로 근무한 실무경력이 있는 사람은 해당 특정소방대상물에 소방안전관리자로 선임될 수 있다.
③ 소방설비산업기사의 자격을 취득한 후 7년 이상 1급 소방안전관리대상물의 소방안전관리자로 근무한 실무경력이 있는 사람은 해당 특정소방대상물에 소방안전관리자로 선임될 수 있다.
④ 1급 소방안전관리대상물의 소방안전관리자로 5년 이상 근무한 실무경력이 있는 사람으로서 소방청장이 정하는 시험에 합격한 경우에는 해당 특정소방대상물에 소방안전관리자로 선임될 수 있다.

SONICE TIP 특급 소방안전관리자

다음의 어느 하나에 해당하는 사람으로서 특급 소방안전관리자 자격증을 발급받은 사람
㉠ 소방기술사 또는 소방시설관리사의 자격이 있는 사람
㉡ 소방설비기사의 자격을 취득한 후 5년 이상 1급 소방안전관리대상물의 소방안전관리자로 근무한 실무경력(소방안전관리자로 선임되어 근무한 경력은 제외한다. 이하 이 표에서 같다)이 있는 사람
㉢ 소방설비산업기사의 자격을 취득한 후 7년 이상 1급 소방안전관리대상물의 소방안전관리자로 근무한 실무경력이 있는 사람
㉣ 소방공무원으로 20년 이상 근무한 경력이 있는 사람
㉤ 소방청장이 실시하는 특급 소방안전관리대상물의 소방안전관리에 관한 시험에 합격한 사람

12 정답 ② SONICE 기본서 2권 p.128

해설 화재예방법 제24조, 시행령 제27조

〈특정소방대상물의 소방안전관리〉

㉠ 다른 안전관리자(다른 법령에 따라 전기·가스·위험물 등의 안전관리 업무에 종사하는 자를 말한다.)는 소방안전관리대상물 중 소방안전관리업무의 전담이 필요한 대통령령으로 정하는 소방안전관리대상물의 소방안전관리자를 겸할 수 없다. 다만, 다른 법령에 특별한 규정이 있는 경우에는 그러하지 아니하다.
㉡ 대통령령으로 정하는 소방안전관리대상물
  ⓐ 특급 소방안전관리대상물
  ⓑ 1급 소방안전관리대상물

선지분석
ㄱ : 특급 소방안전관리대상물, 겸직 불가
ㄴ : 특급 소방안전관리대상물, 겸직 불가
ㄷ : 3급 소방안전관리대상물, 겸직 가능
ㄹ : 2급 소방안전관리대상물, 겸직 가능
→ 옳은 보기는 "ㄱ, ㄴ"이다.

13 정답 ② SONICE 기본서 2권 p.168 ~ 169

해설 화재예방법 제36조
〈피난계획의 수립 및 시행〉
① 소방안전관리대상물의 관계인은 그 장소에 근무하거나 거주 또는 출입하는 사람들이 화재가 발생한 경우에 안전하게 피난할 수 있도록 피난계획을 수립·시행하여야 한다.
② 피난계획에는 그 소방안전관리대상물의 구조, 피난시설 등을 고려하여 설정한 피난경로가 포함되어야 한다.
③ 소방안전관리대상물의 관계인은 피난시설의 위치, 피난경로 또는 대피요령이 포함된 피난유도 안내정보를 근무자 또는 거주자에게 정기적으로 제공하여야 한다.
④ 피난계획의 수립·시행, 피난유도 안내정보 제공에 필요한 사항은 행정안전부령으로 정한다.

SONICE TIP 피난유도 안내정보의 제공
① 피난유도 안내정보는 다음의 어느 하나의 방법으로 제공한다.
  1. 연 2회 피난안내 교육을 실시하는 방법
  2. 분기별 1회 이상 피난안내방송을 실시하는 방법
  3. 피난안내도를 층마다 보기 쉬운 위치에 게시하는 방법
  4. 엘리베이터, 출입구 등 시청이 용이한 장소에 피난안내영상을 제공하는 방법
② 규정한 사항 외에 피난유도 안내정보의 제공에 필요한 세부 사항은 소방청장이 정하여 고시한다.

14 정답 ② SONICE 기본서 2권 p.71

해설 화재예방법 제5조
〈실태조사〉
① 소방청장은 기본계획 및 시행계획의 수립·시행에 필요한 기초자료를 확보하기 위하여 다음 각 호의 사항에 대하여 실태조사를 할 수 있다. 이 경우 관계 중앙행정기관의 장의 요청이 있는 때에는 합동으로 실태조사를 할 수 있다.
  1. 소방대상물의 용도별·규모별 현황
  2. 소방대상물의 화재의 예방 및 안전관리 현황
  3. 소방대상물의 소방시설등 설치·관리 현황
  4. 그 밖에 기본계획 및 시행계획의 수립·시행을 위하여 필요한 사항
② 소방청장은 소방대상물의 현황 등 관련 정보를 보유·운용하고 있는 관계 중앙행정기관의 장, 지방자치단체의 장, 공공기관의 장 또는 관계인 등에게 실태조사에 필요한 자료의 제출을 요청할 수 있다. 이 경우 자료 제출을 요청받은 자는 특별한 사유가 없으면 이에 따라야 한다.
③ 실태조사의 방법 및 절차 등에 필요한 사항은 행정안전부령으로 정한다.

15 정답 ② SONICE 기본서 2권 p.164 ~ 165

해설 화재예방법 시행령 제36조
〈총괄소방안전관리자 선임자격〉
특정소방대상물의 전체에 걸쳐 소방안전관리상 필요한 업무를 총괄하는 소방안전관리자(이하 "총괄소방안전관리자"라 한다)는 소방안전관리대상물의 등급별 선임자격을 갖춰야 한다. 이 경우 관리의 권원이 분리되어 있는 특정소방대상물에 대하여 소방안전관리대상물의 등급을 결정할 때에는 해당 특정소방대상물 전체를 기준으로 한다.

16 정답 ④ SONICE 기본서 2권 p.184 ~ 185

해설 화재예방법 제42조, 시행령 [별표 8], 시행규칙 제45조

〈화재예방안전진단기관〉

① 소방청장으로부터 진단기관으로 지정을 받으려는 자는 대통령령으로 정하는 시설과 전문인력 등 지정기준을 갖추어 소방청장에게 지정을 신청하여야 한다.
② 화재예방안전진단 결과를 소방본부장 또는 소방서장, 관계인에게 제출하지 아니한 경우에는 그 지정을 취소하거나 6개월 이내의 기간을 정하여 업무의 전부 또는 일부의 정지를 명할 수 있다.
③ 소방청장은 지정신청서를 접수한 경우에는 지정기준 등에 적합한지를 검토하여 60일 이내에 진단기관 지정 여부를 결정해야 한다.
④ 화재예방안전진단기관의 전문인력 중 교육훈련분야에서는 소방안전교육사를 1명 이상 갖추어야 한다.

SONICE TIP 진단기관의 지정 절차

① 소방청장은 지정신청서를 접수한 경우에는 지정기준 등에 적합한지를 검토하여 60일 이내에 진단기관 지정 여부를 결정해야 한다.
② 소방청장은 진단기관의 지정을 결정한 경우에는 화재예방안전진단기관 지정서를 발급하고, 화재예방안전진단기관 관리대장에 기록하고 관리해야 한다.
③ 소방청장은 지정서를 발급한 경우에는 그 내용을 소방청 인터넷 홈페이지에 공고해야 한다.

위반내용	처분기준		
	1차 위반	2차 위반	3차 이상 위반
거짓이나 그 밖의 부정한 방법으로 안전진단기관으로 지정을 받은 경우	지정취소		
화재예방안전진단 결과를 소방본부장 또는 소방서장, 관계인에게 제출하지 않은 경우	경고 (시정명령)	업무정지 3개월	업무정지 6개월
진단기관에 따른 지정기준에 미달하게 된 경우	업무정지 3개월	업무정지 6개월	지정취소
업무정지기간에 화재예방안전진단 업무를 한 경우	지정취소		

17 정답 ② SONICE 기본서 2권 p.182

해설 화재예방법 제41조

〈화재예방안전진단〉

① 대통령령으로 정하는 소방안전 특별관리시설물의 관계인은 화재의 예방 및 안전관리를 체계적·효율적으로 수행하기 위하여 대통령령으로 정하는 바에 따라 「소방기본법」 제40조에 따른 한국소방안전원 또는 소방청장이 지정하는 화재예방안전진단기관으로부터 정기적으로 화재예방안전진단을 받아야 한다.
② 화재예방안전진단의 범위는 다음과 같다.
  1. 화재위험요인의 조사에 관한 사항
  2. 소방계획 및 피난계획 수립에 관한 사항
  3. 소방시설등의 유지·관리에 관한 사항
  4. 비상대응조직 및 교육훈련에 관한 사항
  5. 화재 위험성 평가에 관한 사항
  6. 그 밖에 화재예방진단을 위하여 대통령령으로 정하는 사항
     ㉠ 화재 등의 재난 발생 후 재발방지 대책의 수립 및 그 이행에 관한 사항
     ㉡ 지진 등 외부 환경 위험요인 등에 대한 예방·대비·대응에 관한 사항
     ㉢ 화재예방안전진단 결과 보수·보강 등 개선요구 사항 등에 대한 이행 여부

③ 안전원 또는 진단기관의 화재예방안전진단을 받은 연도에는 소방훈련과 교육 및 자체점검을 받은 것으로 본다.
④ 안전원 또는 진단기관은 화재예방안전진단 결과를 행정안전부령으로 정하는 바에 따라 <u>소방본부장 또는 소방서장, 관계인</u>에게 제출하여야 한다.
⑤ <u>소방본부장 또는 소방서장</u>은 제출받은 화재예방안전진단 결과에 따라 보수·보강 등의 조치가 필요하다고 인정하는 경우에는 해당 소방안전 특별관리시설물의 관계인에게 보수·보강 등의 조치를 취할 것을 명할 수 있다.
⑥ 화재예방안전진단 업무에 종사하고 있거나 종사하였던 사람은 업무를 수행하면서 알게 된 비밀을 이 법에서 정한 목적 외의 용도로 사용하거나 다른 사람 또는 기관에 제공하거나 누설하여서는 아니 된다.

18

정답 ③ | SONICE 기본서 2권 | p.260 ~ 261 (개정사항)

해설 소방시설법 시행규칙 제3조
〈건축허가등의 동의 시 첨부서류〉
건축허가등의 동의를 요구하는 경우에는 동의요구서에 다음의 서류를 첨부해야 한다.
1. 「건축법 시행규칙」 제6조에 따른 건축허가신청서, 같은 법 시행규칙 제8조에 따른 건축허가서 또는 같은 법 시행규칙 제12조에 따른 건축·대수선·용도변경신고서 등 건축허가등을 확인할 수 있는 서류의 사본. 이 경우 동의 요구를 받은 담당 공무원은 특별한 사정이 있는 경우를 제외하고는 「전자정부법」 제36조제1항에 따른 행정정보의 공동이용을 통하여 건축허가서를 확인함으로써 첨부서류의 제출을 갈음할 수 있다.
2. 다음 각 목의 설계도서. <u>다만, 가목 및 나목2)·4)의 설계도서는 「소방시설공사업법 시행령」 제4조에 따른 소방시설공사 착공신고 대상에 해당되는 경우에만 제출하고,</u> 이 경우 나목4)의 서류 중 내진 시방서 및 계산서 등 세부 내용이 포함된 상세 설계도면은 「소방시설공사업법」 제13조에 따른 착공신고 시까지 제출해야 한다.
   가. 건축물 설계도서
      1) 건축물 개요 및 배치도
      2) 주단면도 및 입면도(立面圖: 물체를 정면에서 본 대로 그린 그림을 말한다. 이하 같다)
      3) 층별 평면도(용도별 기준층 평면도를 포함한다. 이하 같다)
      4) 방화구획도(창호도를 포함한다)
      5) 실내·실외 마감재료표
      6) 소방자동차 진입 동선도 및 부서 공간 위치도(조경계획을 포함한다)
   나. 소방시설 설계도서
      1) 소방시설(기계·전기 분야의 시설을 말한다)의 계통도(시설별 계산서를 포함한다) [①]
      2) <u>소방시설별 층별 평면도 [③]</u>
      3) 실내장식물 방염대상물품 설치 계획(「건축법」 제52조에 따른 건축물의 마감재료는 제외한다) [④]
      4) 소방시설의 내진설계 계통도 및 기준층 평면도(내진 시방서 및 계산서 등 세부 내용이 포함된 상세 설계도면을 포함한다)
3. 소방시설 설치계획표 [②]
4. 임시소방시설 설치계획서(설치시기·위치·종류·방법 등 임시소방시설의 설치와 관련된 세부 사항을 포함한다)
5. 소방시설설계업등록증과 소방시설을 설계한 기술인력의 기술자격증 사본
6. 체결한 소방시설설계 계약서 사본

19 정답 ③ SONICE 기본서 2권 p.292

해설 소방시설법 시행령 [별표 7]

〈수용인원의 산정방법〉

㉠ 화장실의 바닥면적은 수용인원 산정 시 바닥면적에 포함시키지 않는다.

㉡ 복도는 난연재료로 구획되어 있으므로 바닥면적에 포함시켜야 한다. 바닥면적에 포함시키지 않는 복도는 준불연재료 이상으로 구획되어 있어야 한다.

$$→ 수용인원 = \frac{250m^2 - 10m^2}{1.9m^2/명} = \frac{240}{1.9}$$

$$= \frac{2,400}{19}$$

$$= 126.3$$

$$= \underline{126명} \text{ (계산결과 소수점 이하의 수는 반올림한다)}$$

20 정답 ② SONICE 기본서 2권 p.287 ~ 289

해설 소방시설법 시행령 제15조

〈특정소방대상물의 증축 또는 용도변경 시의 소방시설기준 적용의 특례〉

① 소방본부장 또는 소방서장은 특정소방대상물이 증축되는 경우에는 기존 부분을 포함한 특정소방대상물의 전체에 대하여 증축 당시의 소방시설의 설치에 관한 대통령령 또는 화재안전기준을 적용해야 한다. 다만, 다음의 어느 하나에 해당하는 경우에는 기존 부분에 대해서는 증축 당시의 소방시설의 설치에 관한 대통령령 또는 화재안전기준을 적용하지 않는다.

1. 기존 부분과 증축 부분이 내화구조로 된 바닥과 벽으로 구획된 경우
2. <u>기존 부분과 증축 부분이 자동방화셔터 또는 60분+ 방화문으로 구획되어 있는 경우 [②]</u>
3. 자동차 생산공장 등 화재 위험이 낮은 특정소방대상물 내부에 연면적 33제곱미터 이하의 직원 휴게실을 증축하는 경우
4. 자동차 생산공장 등 화재 위험이 낮은 특정소방대상물에 캐노피(기둥으로 받치거나 매달아 놓은 덮개를 말하며, 3면 이상에 벽이 없는 구조의 것을 말한다)를 설치하는 경우

② 소방본부장 또는 소방서장은 특정소방대상물이 용도변경되는 경우에는 용도변경되는 부분에 대해서만 용도변경 당시의 소방시설의 설치에 관한 대통령령 또는 화재안전기준을 적용한다. 다만, 다음의 어느 하나에 해당하는 경우에는 특정소방대상물 전체에 대하여 용도변경 전에 해당 특정소방대상물에 적용되던 소방시설의 설치에 관한 대통령령 또는 화재안전기준을 적용한다.

1. 특정소방대상물의 구조·설비가 화재연소 확대 요인이 적어지거나 피난 또는 화재진압활동이 쉬워지도록 변경되는 경우
2. 용도변경으로 인하여 천장·바닥·벽 등에 고정되어 있는 가연성 물질의 양이 줄어드는 경우

선지분석

② 기존 부분과 증축 부분이 60분 방화문으로 구획되어 있는 경우에는 <u>기존 부분을 포함한 특정소방대상물의 전체에 대하여 증축 당시의 소방시설의 설치에 관한 대통령령 또는 화재안전기준을 적용해야 한다.</u>

21 정답 ②　SONICE 기본서 2권　p.384

해설 소방시설법 제44조
〈우수품질인증 소방용품에 대한 지원〉
다음의 어느 하나에 해당하는 기관 및 단체는 건축물의 신축·증축 및 개축 등으로 소방용품을 변경 또는 신규 비치하여야 하는 경우 우수품질인증 소방용품을 우선 구매·사용하도록 노력하여야 한다.
㉠ 중앙행정기관 [ㄱ]
㉡ 지방자치단체
㉢ 「공공기관의 운영에 관한 법률」 제4조에 따른 공공기관(이하 "공공기관"이라 한다)
㉣ 그 밖에 대통령령으로 정하는 기관
　ⓐ 「지방공기업법」 제49조에 따라 설립된 지방공사[ㄴ] 및 같은 법 제76조에 따라 설립된 지방공단
　ⓑ 「지방자치단체 출자·출연 기관의 운영에 관한 법률」 제2조에 따른 출자·출연 기관 [ㄷ]
→ 옳은 보기는 "ㄱ, ㄴ, ㄷ"이다.

22 정답 ②　SONICE 기본서 2권　p.322

해설 소방시설법 시행령 제31조
〈방염대상물품 및 방염성능기준〉
소방본부장 또는 소방서장은 방염대상물품 외에 다음의 물품은 방염처리된 물품을 사용하도록 권장할 수 있다.
1. 다중이용업소, 의료시설, 노유자 시설, 숙박시설 또는 장례식장에서 사용하는 침구류·소파 및 의자 [ㄹ]
2. 건축물 내부의 천장 또는 벽에 부착하거나 설치하는 가구류 [ㄴ]

선지분석
ㄱ. 다중이용업소 중 노래연습장업의 영업장에서 사용하는 섬유류 또는 합성수지류 등을 원료로 하여 제작된 소파·의자 : 방염대상물품에 해당하며 필수 방염대상이다.
ㄷ. 종교시설에 사용하는 침구류 : 권장 방염대상에 해당하지 않는다.
→ 옳은 보기는 "ㄴ, ㄹ"이다.

23 정답 ④　SONICE 기본서 1권　p.450 (개정사항)

해설 위험물안전관리법 시행령 [별표 8]
〈과태료의 부과기준〉
누구든지 제조소등에서는 지정된 장소가 아닌 곳에서 흡연을 하여서는 아니 된다.
→ 1차 위반(과태료 250만원) - 2차 위반(과태료 400만원) - 3차 이상 위반(과태료 500만원)

24 정답 ② SONICE 기본서 1권 p.314

해설 위험물안전관리법 제15조, 시행령 제12조, 시행규칙 제56조

〈동일인이 다수의 제조소등을 설치할 때 1인의 안전관리자를 중복하여 선임할 수 있는 경우〉

ㄱ. 11개의 옥내저장소 : 중복선임 불가능
ㄴ. 30개의 옥외탱크저장소 : 중복선임 가능
ㄷ. 10개의 지하탱크저장소 : 중복선임 가능
ㄹ. 11개의 암반탱크저장소 : 중복선임 불가능
ㅁ. 30개의 옥외저장소 : 중복선임 불가능

→ 옳은 보기는 "ㄴ, ㄷ(2개)"이다.

SONICE TIP 1인의 안전관리자를 중복하여 선임할 수 있는 경우

1. 보일러 · 버너 또는 이와 비슷한 것으로서 위험물을 소비하는 장치로 이루어진 7개 이하의 일반취급소와 그 일반취급소에 공급하기 위한 위험물을 저장하는 저장소[일반취급소 및 저장소가 모두 동일구내(같은 건물 안 또는 같은 울 안을 말한다. 이하 같다)에 있는 경우에 한한다. 이하 제2호에서 같다]를 동일인이 설치한 경우

2. 위험물을 차량에 고정된 탱크 또는 운반용기에 옮겨 담기 위한 5개 이하의 일반취급소[일반취급소간의 거리(보행거리를 말한다. 제3호 및 제4호에서 같다)가 300미터 이내인 경우에 한한다]와 그 일반취급소에 공급하기 위한 위험물을 저장하는 저장소를 동일인이 설치한 경우

3. 동일구내에 있거나 상호 100미터 이내의 거리에 있는 저장소로서 저장소의 규모, 저장하는 위험물의 종류 등을 고려하여 행정안전부령이 정하는 저장소를 동일인이 설치한 경우
   ㉠ 10개 이하의 옥내저장소
   ㉡ 30개 이하의 옥외탱크저장소
   ㉢ 옥내탱크저장소
   ㉣ 지하탱크저장소
   ㉤ 간이탱크저장소
   ㉥ 10개 이하의 옥외저장소
   ㉦ 10개 이하의 암반탱크저장소

4. 다음의 기준에 모두 적합한 5개 이하의 제조소등을 동일인이 설치한 경우
   ㉠ 각 제조소등이 동일구내에 위치하거나 상호 100미터 이내의 거리에 있을 것
   ㉡ 각 제조소등에서 저장 또는 취급하는 위험물의 최대수량이 지정수량의 3천배 미만일 것. 다만, 저장소의 경우에는 그러하지 아니하다.

5. 그 밖에 제1호 또는 제2호의 규정에 의한 제조소등과 비슷한 것으로서 행정안전부령이 정하는 제조소등을 동일인이 설치한 경우

25 정답 ③ SONICE 기본서 1권 p.377

해설 위험물안전관리법 시행규칙 [별표 4]

〈제조소의 위치 · 구조 및 설비의 기준 - 안전거리〉

- 「문화유산의 보존 및 활용에 관한 법률」 제2조제3항에 따른 지정문화유산 및 「자연유산의 보존 및 활용에 관한 법률」 제2조제5호에 따른 천연기념물등에 있어서는 (ㄱ: 50)[m] 이상
- 「공연법」 제2조제4호에 따른 공연장으로서 (ㄴ: 300)명 이상의 인원을 수용할 수 있는 것에 있어서는 30m 이상

26 정답 ④ · SONICE 기본서 1권 p.58 ~ 60

해설 소방기본법 제16조의3, 시행규칙 제8조의5

〈생활안전활동〉

④ 소방대원은 소방지원활동 및 생활안전활동을 한 경우 소방지원활동등 기록지에 해당 활동상황을 상세히 기록하고, 소속 소방관서에 <u>3년간 보관</u>해야 한다.

SONICE TIP 생활안전활동

소방청장·소방본부장 또는 소방서장은 신고가 접수된 생활안전 및 위험제거 활동(화재, 재난·재해, 그 밖의 위급한 상황에 해당하는 것은 제외한다)에 대응하기 위하여 소방대를 출동시켜 다음의 활동(생활안전활동)을 하게 하여야 한다. [①]

㉠ 붕괴, 낙하 등이 우려되는 고드름, 나무, 위험 구조물 등의 제거활동
㉡ 위해동물, 벌 등의 포획 및 퇴치 활동
㉢ 끼임, 고립 등에 따른 위험제거 및 구출 활동
㉣ 단전사고 시 비상전원 또는 조명의 공급 [②]
㉤ 그 밖에 방치하면 급박해질 우려가 있는 위험을 예방하기 위한 활동

27 정답 ④ · SONICE 기본서 1권 p.19 ~ 20

해설 소방기본법 제16조의3, 시행규칙 제8조의5

〈생활안전활동〉

④ 종합상황실의 실장은 <u>화재예방강화지구에서 화재가 발생하는 때</u>에는 그 사실을 지체 없이 서면·팩스 또는 컴퓨터통신 등으로 소방서의 종합상황실의 경우는 소방본부의 종합상황실에, 소방본부의 종합상황실의 경우는 소방청의 종합상황실에 각각 보고할 것

→ ④ 소방시설·소방용수시설 또는 소방출동로가 있는 지역은 화재예방강화지구에 해당하지 않는다.

SONICE TIP 화재예방강화지구

㉠ 시장지역
㉡ 공장·창고가 밀집한 지역
㉢ 목조건물이 밀집한 지역
㉣ <u>노후·불량건축물이 밀집한 지역 [①]</u>
㉤ <u>위험물의 저장 및 처리 시설이 밀집한 지역 [③]</u>
㉥ <u>석유화학제품을 생산하는 공장이 있는 지역 [②]</u>
㉦ 「산업입지 및 개발에 관한 법률」에 따른 산업단지
㉧ 소방시설·소방용수시설 또는 소방출동로가 없는 지역
㉨ 「물류시설의 개발 및 운영에 관한 법률」에 따른 물류단지
㉩ 그 밖에 ①부터 ⑨까지에 준하는 지역으로서 소방관서장(소방청장, 소방본부장, 소방서장)이 화재예방강화지구로 지정할 필요가 있다고 인정하는 지역

28 정답 ③ SONICE 기본서 2권 p.47

해설 화재조사법 제17조

〈화재감정기관의 지정취소〉

③ 지정이 취소된 화재감정기관은 지정이 취소된 날부터 10일 이내에 화재감정기관 지정서를 반환해야 한다.

SONICE TIP 화재감정기관의 지정취소

소방청장은 감정기관으로 지정받은 자가 다음의 어느 하나에 해당하는 경우에는 지정을 취소할 수 있다. 다만, "①"에 해당하는 경우에는 지정을 취소하여야 한다.

① 거짓이나 그 밖의 부정한 방법으로 지정을 받은 경우
② 화재감정기관의 지정기준에 적합하지 아니하게 된 경우
③ 고의 또는 중대한 과실로 감정 결과를 사실과 다르게 작성한 경우
④ 그 밖에 대통령령으로 정하는 사항을 위반한 경우
   ㉠ 의뢰받은 감정을 정당한 사유 없이 거부하거나 1개월 이상 수행하지 않은 경우
   ㉡ 거짓이나 그 밖의 부정한 방법으로 감정 비용을 청구한 경우

29 정답 ③ SONICE 기본서 1권 p.147 ~ 148

해설 소방시설공사업법 제9조

〈소방시설업의 등록취소〉

㉠ 거짓이나 그 밖의 부정한 방법으로 등록한 경우 [①]
㉡ 소방시설업의 등록 결격사유에 해당하게 된 경우 [④]. 다만, 제5조(등록의 결격사유)의 ⑤, ⑥에 해당하게 된 법인이 그 사유가 발생한 날부터 3개월 이내에 그 사유를 해소한 경우는 제외한다.
㉢ 영업정지 기간 중에 소방시설공사등을 한 경우 [②]

30 정답 ② SONICE 기본서 1권 p.174

해설 소방시설공사업법 제19조

〈위반사항에 대한 조치〉

㉠ 감리업자는 감리를 할 때 소방시설공사가 설계도서나 화재안전기준에 맞지 아니할 때에는 관계인에게 알리고, 공사업자에게 그 공사의 시정 또는 보완 등을 요구하여야 한다. [①, ③]
㉡ 공사업자가 ㉠에 따른 요구를 받았을 때에는 그 요구에 따라야 한다.
㉢ 감리업자는 공사업자가 요구를 이행하지 아니하고 그 공사를 계속할 때에는 행정안전부령으로 정하는 바(3일 이내)에 따라 소방본부장이나 소방서장에게 그 사실을 보고하여야 한다. [④]
㉣ 관계인은 감리업자가 소방본부장이나 소방서장에게 보고한 것을 이유로 감리계약을 해지하거나 감리의 대가 지급을 거부하거나 지연시키거나 그 밖의 불이익을 주어서는 아니 된다.

제4회 모의고사

31 정답 ① SONICE 기본서 1권 p.218

해설 소방시설공사업법 제36조, 제37조
〈벌칙〉
① (300만원 이하의 벌금) 공사감리 계약을 해지하거나 대가 지급을 거부하거나 지연시키거나 불이익을 준 관계인
② (1년 이하의 징역 또는 1천만원 이하의 벌금) 해당 소방시설업자가 아닌 자에게 소방시설공사등을 도급한 자
③ (1년 이하의 징역 또는 1천만원 이하의 벌금) 소방시설업의 영업정지처분을 받고 그 영업정지 기간에 영업을 한 자
④ (1년 이하의 징역 또는 1천만원 이하의 벌금) 감리업무를 위반하여 감리를 하거나 거짓으로 감리한 자

32 정답 ④ SONICE 기본서 2권 p.95 ~ 99

해설 화재예방법 시행령 [별표 1]
〈보일러 등의 위치·구조 및 관리와 화재예방을 위하여 불의 사용에 있어서 지켜야 하는 사항〉
① 사업장 또는 영업장 등에서 사용하는 것을 말하며, 주택에서 사용하는 가정용 보일러는 제외한다.
② 산업용 건조설비를 말하며, 주택에서 사용하는 건조설비는 제외한다.
③ 제조업·가공업에서 사용되는 것을 말하며, 주택에서 조리용도로 사용되는 화덕은 제외한다.
④ 이동식 난로는 다중이용업소, 학원, 독서실, 숙박업, 목욕장업, 세탁업의 영업장에서 사용해서는 안 된다.

33 정답 ② SONICE 기본서 2권 p.140 ~ 141

해설 화재예방법 제26조, 시행규칙 제15조
〈소방안전관리자 정보의 게시〉
② 소방안전관리자의 성명 및 선임일자, 연락처, 근무 위치(화재 수신기 또는 종합방재실을 말한다) 등의 사항을 게시하여야 한다.

SONICE TIP 소방안전관리자 정보의 게시 사항(행정안전부령으로 정하는 사항)
㉠ 소방안전관리대상물의 명칭 및 등급
㉡ 소방안전관리자의 성명 및 선임일자
㉢ 소방안전관리자의 연락처
㉣ 소방안전관리자의 근무 위치(화재 수신기 또는 종합방재실을 말한다)

34 정답 ④ SONICE 기본서 2권 p.176

해설 화재예방법 제26조, 시행규칙 제15조
〈소방안전 특별관리시설물〉
① 점포가 500개 이상인 전통시장
② 연면적이 10만제곱미터 이상인 물류창고
③ 수용인원이 1천명 이상인 영화상영관

35 정답 ① SONICE 기본서 2권 p.284 ~ 287

해설 소방시설법 시행령 [별표 5]

〈유사한 소방시설의 설치면제 기준〉

① 옥외소화전설비를 설치해야 하는 문화유산인 목조건축물에 상수도소화용수설비를 화재안전기준에서 정하는 방수압력·방수량·옥외소화전함 및 호스의 기준에 적합하게 설치한 경우에는 설치가 면제된다.

36 정답 ③ SONICE 기본서 2권 p.297 (개정사항)

해설 소방시설법 시행령 [별표 4]

〈간이스프링클러설비의 설치대상〉

③ 근린생활시설로 사용하는 부분의 바닥면적 합계가 1천㎡ 이상인 것은 모든 층

SONICE TIP 간이스프링클러설비의 설치대상

간이스프링클러설비를 설치해야 하는 특정소방대상물은 다음의 어느 하나에 해당하는 것으로 한다.

1) 공동주택 중 연립주택 및 다세대주택(연립주택 및 다세대주택에 설치하는 간이스프링클러설비는 화재안전기준에 따른 주택전용 간이스프링클러설비를 설치한다)
2) 근린생활시설 중 다음의 어느 하나에 해당하는 것
   가) 근린생활시설로 사용하는 부분의 바닥면적 합계가 1천㎡ 이상인 것은 모든 층
   나) 의원, 치과의원 및 한의원으로서 입원실 또는 인공신장실이 있는 시설 [①]
   다) 조산원 및 산후조리원으로서 연면적 600㎡ 미만인 시설
3) 의료시설 중 다음의 어느 하나에 해당하는 시설
   가) 종합병원, 병원, 치과병원, 한방병원 및 요양병원(의료재활시설은 제외한다)으로 사용되는 바닥면적의 합계가 600㎡ 미만인 시설
   나) 정신의료기관 또는 의료재활시설로 사용되는 바닥면적의 합계가 300㎡ 이상 600㎡ 미만인 시설 [②]
   다) 정신의료기관 또는 의료재활시설로 사용되는 바닥면적의 합계가 300㎡ 미만이고, 창살(철재·플라스틱 또는 목재 등으로 사람의 탈출 등을 막기 위하여 설치한 것을 말하며, 화재 시 자동으로 열리는 구조로 되어 있는 창살은 제외한다)이 설치된 시설
4) 교육연구시설 내에 합숙소로서 연면적 100㎡ 이상인 경우에는 모든 층 [④]
5) 노유자 시설로서 다음의 어느 하나에 해당하는 시설
   가) 제7조제1항제7호 각 목에 따른 시설[같은 호 가목2) 및 같은 호 나목부터 바목까지의 시설 중 단독주택 또는 공동주택에 설치되는 시설은 제외하며, 이하 "노유자 생활시설"이라 한다]
   나) 가)에 해당하지 않는 노유자 시설로 해당 시설로 사용하는 바닥면적의 합계가 300㎡ 이상 600㎡ 미만인 시설
   다) 가)에 해당하지 않는 노유자 시설로 해당 시설로 사용하는 바닥면적의 합계가 300㎡ 미만이고, 창살(철재·플라스틱 또는 목재 등으로 사람의 탈출 등을 막기 위하여 설치한 것을 말하며, 화재 시 자동으로 열리는 구조로 되어 있는 창살은 제외한다)이 설치된 시설
6) 숙박시설로 사용되는 바닥면적의 합계가 300㎡ 이상 600㎡ 미만인 시설
7) 건물을 임차하여 「출입국관리법」 제52조제2항에 따른 보호시설로 사용하는 부분
8) 복합건축물로서 연면적 1천㎡ 이상인 것은 모든 층

37 정답 ① SONICE 기본서 2권 p.320 ~ 321 (개정사항)

해설 소방시설법 시행령 제30조
〈방염성능기준 이상의 실내장식물 등을 설치해야 하는 특정소방대상물〉
① 근린생활시설 중 의원, 치과의원, 한의원, 조산원, 산후조리원, 체력단련장, 공연장 및 종교집회장
② 건축물의 옥내에 있는 다음의 시설
　㉠ 문화 및 집회시설
　㉡ 종교시설
　㉢ 운동시설(수영장 제외)
③ 의료시설
④ 교육연구시설 중 합숙소
⑤ 노유자시설
⑥ 숙박이 가능한 수련시설
⑦ 숙박시설
⑧ 방송통신시설 중 방송국 및 촬영소
⑨ 다중이용업소
⑩ ①부터 ⑨까지의 시설에 해당하지 않는 것으로서 층수가 11층 이상인 것(아파트등 제외)

38 정답 ① SONICE 기본서 1권 p.421

해설 위험물안전관리법 시행규칙 [별표 13]
〈주유취급소의 위치 구조 및 설비의 기준 – 방화상 유효한 구조의 유리〉
① 하나의 유리판의 가로의 길이는 2[m] 이내일 것

SONICE TIP 방화상 유효한 구조의 유리
① 유리를 부착하는 위치는 주입구, 고정주유설비 및 고정급유설비로부터 4[m] 이상 거리를 둘 것
② 유리를 부착하는 방법
　㉠ 주유취급소 내의 지반면으로부터 70[cm]를 초과하는 부분에 한하여 유리를 부착할 것
　㉡ 하나의 유리판의 가로의 길이는 2[m] 이내일 것
　㉢ 유리판의 테두리를 금속제의 구조물에 견고하게 고정하고 해당 구조물을 담 또는 벽에 견고하게 부착할 것
　㉣ 유리의 구조는 접합유리로 하되, 「유리구획 부분의 내화시험방법」에 따라 시험하여 비차열 30분 이상의 방화성능이 인정될 것
③ 유리를 부착하는 범위는 전체의 담 또는 벽의 길이의 2/10를 초과하지 아니할 것

39 정답 ③ SONICE 기본서 1권 p.317 ~ 319

해설 위험물안전관리법 시행규칙 제59조
〈안전관리대행기관의 지정〉
③ 안전관리대행기관은 지정받은 사항의 변경이 있는 때에는 그 사유가 있는 날부터 <u>14일 이내</u>에 서류를 첨부하여 소방청장에게 제출하여야 한다.

SONICE TIP 안전관리대행기관의 업무수행

㉠ 안전관리대행기관은 안전관리자의 업무를 위탁받는 경우에는 규정에 적합한 기술인력을 당해 제조소등의 안전관리자로 지정하여 안전관리자의 업무를 하게 하여야 한다.

㉡ 안전관리대행기관은 기술인력을 안전관리자로 지정함에 있어서 1인의 기술인력을 다수의 제조소등의 안전관리자로 중복하여 지정하는 경우에는 규정에 적합하게 지정하거나 안전관리자의 업무를 성실히 대행할 수 있는 범위내에서 관리하는 제조소등의 수가 25를 초과하지 아니하도록 지정하여야 한다. 이 경우 각 제조소등(지정수량의 20배 이하를 저장하는 저장소는 제외한다)의 관계인은 당해 제조소등마다 위험물의 취급에 관한 국가기술자격자 또는 안전교육을 받은 자를 안전관리원으로 지정하여 대행기관이 지정한 안전관리자의 업무를 보조하게 하여야 한다.

㉢ 안전관리자로 지정된 안전관리대행기관의 기술인력 또는 안전관리원으로 지정된 자는 위험물의 취급작업에 참여하여 안전관리자의 책무를 성실히 수행하여야 하며, 기술인력이 위험물의 취급작업에 참여하지 아니하는 경우에 기술인력은 점검 및 감독을 매월 4회(저장소의 경우에는 매월 2회) 이상 실시하여야 한다.

㉣ 안전관리대행기관은 안전관리자로 지정된 안전관리대행기관의 기술인력이 여행·질병 그 밖의 사유로 인하여 일시적으로 직무를 수행할 수 없는 경우에는 안전관리대행기관에 소속된 다른 기술인력을 안전관리자로 지정하여 안전관리자의 책무를 계속 수행하게 하여야 한다.

40 정답 ④ SONICE 기본서 1권 p.315 ~ 316

해설 위험물안전관리법 시행령 [별표 6]
〈제조소등의 종류 및 규모에 따라 선임하여야 하는 안전관리자의 자격〉
㉠ : 위험물기능장, 위험물산업기사, 위험물기능사, 안전관리자 교육이수자 또는 소방공무원 경력자(소방공무원으로 근무한 경력이 3년 이상인 자)
㉡ : 위험물기능장, 위험물산업기사 또는 <u>2년 이상의 실무경력이 있는 위험물기능사</u>

05회 소방관계법규 - 정답 및 간단해설

SONICE 빨간불 실전 동형 모의고사 5회

01	02	03	04	05	06	07	08	09	10
④	②	①	④	③	④	④	③	④	③
11	12	13	14	15	16	17	18	19	20
③	②	②	①	③	④	④	①	③	①
21	22	23	24	25	26	27	28	29	30
②	②	①	④	③	④	②	③	③	②
31	32	33	34	35	36	37	38	39	40
④	③	②	①	③	②	②	④	①	④

🎙 **백사부의 한마디**

앞날이 두렵고 불안할수록
마음을 신발처럼 가지런히 놓아 보자꾸나

---

01 정답 ④ SONICE 기본서 1권 p.42

해설 소방기본법 제11조

〈소방업무의 응원〉

① 소방본부장이나 소방서장은 소방활동을 할 때에 긴급한 경우에는 이웃한 소방본부장 또는 소방서장에게 소방업무의 응원(應援)을 요청할 수 있다.
② 소방업무의 응원 요청을 받은 소방본부장 또는 소방서장은 정당한 사유 없이 그 요청을 거절하여서는 아니 된다.
③ 소방업무의 응원을 위하여 파견된 소방대원은 응원을 요청한 소방본부장 또는 소방서장의 지휘에 따라야 한다.
④ 시·도지사는 소방업무의 응원을 요청하는 경우를 대비하여 출동 대상지역 및 규모와 필요한 경비의 부담 등에 관하여 필요한 사항을 행정안전부령으로 정하는 바에 따라 이웃하는 시·도지사와 협의하여 미리 규약(規約)으로 정하여야 한다.

02 정답 ② SONICE 기본서 1권 p.17

해설 소방기본법 제3조

〈소방기관의 설치〉

① 시·도의 화재 예방·경계·진압 및 조사, 소방안전교육·홍보와 화재, 재난·재해, 그 밖의 위급한 상황에서의 구조·구급 등의 업무(이하 "소방업무"라 한다)를 수행하는 소방기관의 설치에 필요한 사항은 대통령령으로 정한다.
② 소방업무를 수행하는 소방본부장 또는 소방서장은 그 소재지를 관할하는 시·도지사의 지휘와 감독을 받는다.
③ ②에도 불구하고 소방청장은 화재 예방 및 대형 재난 등 필요한 경우 시·도 소방본부장 및 소방서장을 지휘·감독할 수 있다.
④ 시·도에서 소방업무를 수행하기 위하여 시·도지사 직속으로 소방본부를 둔다.

03 정답 ① SONICE 기본서 1권 p.98

해설 소방기본법 제49조의2

〈손실보상〉

① 소방청장 또는 시·도지사는 다음 각 호의 어느 하나에 해당하는 자에게 제3항의 손실보상심의위원회의 심사·의결에 따라 정당한 보상을 하여야 한다.
  1. 생활안전활동에 따른 조치로 인하여 손실을 입은 자 [ㄱ]
  2. 소방활동 종사로 인하여 사망하거나 부상을 입은 자 [ㄴ]
  3. 강제처분(제25조제2항 또는 제3항)으로 인하여 손실을 입은 자. 다만, 같은 조 제3항에 해당하는 경우로서 법령을 위반하여 소방자동차의 통행과 소방활동에 방해가 된 경우는 제외한다.
  4. 위험시설 등에 따른 긴급조치로 인하여 손실을 입은 자 [ㄹ]
  5. 그 밖에 소방기관 또는 소방대의 적법한 소방업무 또는 소방활동으로 인하여 손실을 입은 자
② 손실보상을 청구할 수 있는 권리는 손실이 있음을 안 날부터 3년, 손실이 발생한 날부터 5년간 행사하지 아니하면 시효의 완성으로 소멸한다.
③ 소방청장 또는 시·도지사는 제1항에 따른 손실보상청구사건을 심사·의결하기 위하여 필요한 경우 손실보상심의위원회를 구성·운영할 수 있다.
④ 소방청장 또는 시·도지사는 손실보상심의위원회의 구성 목적을 달성하였다고 인정하는 경우에는 손실보상심의위원회를 해산할 수 있다.
⑤ 손실보상의 기준, 보상금액, 지급절차 및 방법, 제3항에 따른 손실보상심의위원회의 구성 및 운영, 그 밖에 필요한 사항은 대통령령으로 정한다.

04 정답 ④ SONICE 기본서 1권 p.41

해설 소방기본법 시행규칙 제7조

〈소방용수시설 및 지리조사〉

① 소방본부장 또는 소방서장은 원활한 소방활동을 위하여 다음 각호의 조사를 월 1회 이상 실시하여야 한다.
  1. 규정에 의하여 설치된 소방용수시설에 대한 조사
  2. 소방대상물에 인접한 도로의 **폭**·**교통상황** [3], 도로주변의 토지의 **고저** [2]·건축물의 **개황** [1] 그 밖의 소방활동에 필요한 **지리**에 대한 조사
    암기TIP 지용 고개 교폭
② 조사결과는 전자적 처리가 불가능한 특별한 사유가 없으면 전자적 처리가 가능한 방법으로 작성·관리하여야 한다.
③ 그 조사결과를 2년간 보관하여야 한다.

05 정답 ③ SONICE 기본서 2권 p.16

해설 소방의 화재조사에 관한 법률 제5조

〈화재조사의 실시〉

① 소방청장, 소방본부장 또는 소방서장은 화재발생 사실을 알게 된 때에는 지체 없이 화재조사를 하여야 한다. 이 경우 수사기관의 범죄수사에 지장을 주어서는 아니 된다. [①]

② 소방관서장은 화재조사를 하는 경우 다음의 사항에 대하여 조사하여야 한다.
1. 화재**원**인에 관한 사항
2. 화재로 인한 인명·재산**피**해상황 [②]
3. **대응**활동에 관한 사항
4. **소**방시설 등의 설치·관리 및 작동 여부에 관한 사항
5. 화재발생건축물과 구조물, 화재유형별 화재**위**험성 등에 관한 사항 [④]
6. 그 밖에 대통령령으로 정하는 사항 : 화재안전**조사**의 실시 결과에 관한 사항

  암기TIP 원피소 대위 조사

③ 화재조사의 대상 및 절차 등에 필요한 사항은 대통령령으로 정한다.

06 정답 ④ SONICE 기본서 2권 p.24

해설 소방의 화재조사에 관한 법률 시행령 제7조

〈화재합동조사단의 구성화재〉

㉠ 사망자가 5명 이상 발생한 화재 [④]

㉡ 화재로 인한 사회적·경제적 영향이 광범위하다고 소방관서장이 인정하는 화재

07 정답 ④ SONICE 기본서 1권 p.142 ~ 143

해설 소방시설공사업법 제6조의2

〈휴업·폐업 신고 등〉

① 소방시설업자는 소방시설업을 휴업·폐업 또는 재개업하는 때에는 행정안전부령으로 정하는 바에 따라 시·도지사에게 신고하여야 한다.

② 폐업신고를 받은 시·도지사는 소방시설업 등록을 말소하고 그 사실을 행정안전부령으로 정하는 바에 따라 공고하여야 한다.

③ 폐업신고를 한 자가 소방시설업 등록이 말소된 후 6개월 이내에 같은 업종의 소방시설업을 다시 등록한 경우 해당 소방시설업자는 폐업신고 전 소방시설업자의 지위를 승계한다.

④ 소방시설업자의 지위를 승계한 자에 대해서는 폐업신고 전의 소방시설업자에 대한 행정처분의 효과가 승계된다.

08 정답 ③ SONICE 기본서 1권 p.189

해설 소방시설공사업법 제24조

〈공사업자의 감리 제한〉

다음의 어느 하나에 해당되면 동일한 특정소방대상물의 소방시설에 대한 시공과 감리를 함께 할 수 없다.

㉠ **공**사업자(법인인 경우 법인의 대표자 또는 임원을 말한다. 이하 제4호에서 같다)와 감리업자(법인인 경우 법인의 대표자 또는 임원을 말한다. 이하 ㉣에서 같다)가 같은 자인 경우

㉡ 「독점규제 및 공정거래에 관한 법률」 제2조제11호에 따른 **기**업집단의 관계인 경우

㉢ **법**인과 그 법인의 임직원의 관계인 경우

㉣ 공사업자와 감리업자가 「민법」 제777조에 따른 **친**족관계인 경우

암기TIP 공친기법

09 정답 ④ SONICE 기본서 1권 p.218

해설 소방시설공사업법 제37조
〈벌칙 – 300만원 이하의 벌금〉
1. 다른 자에게 자기의 성명이나 상호를 사용하여 소방시설공사등을 수급 또는 시공하게 하거나 소방시설업의 등록증이나 등록수첩을 빌려준 자 [③]
2. 소방시설공사 현장에 감리원을 배치하지 아니한 자
3. 감리업자의 보완 요구에 따르지 아니한 자(공사업자)
4. 공사감리 계약을 해지하거나 대가 지급을 거부하거나 지연시키거나 불이익을 준 자
5. 소방시설공사를 다른 업종의 공사와 분리하여 도급하지 아니한 자 [①]
6. 소방기술 인정 자격수첩 또는 경력수첩을 빌려 준 사람
7. 동시에 둘 이상의 업체에 취업한 사람(소방기술 인정 자격수첩 또는 경력수첩)
8. 관계인의 정당한 업무를 방해하거나 업무상 알게 된 비밀을 누설한 사람 [②]
→ 보기 ④ : 3년 이하의 징역 또는 3천만원 이하의 벌금에 해당한다.

SONICE TIP 벌칙(3년 이하의 징역 또는 3천만원 이하의 벌금)
㉠ 소방시설업 등록을 하지 아니하고 영업을 한 자
㉡ 부정한 청탁을 받고 재물 또는 재산상의 이익을 취득하거나 부정한 청탁을 하면서 재물 또는 재산상의 이익을 제공한 자

10 정답 ③ SONICE 기본서 1권 p.224

해설 소방시설공사업법 시행령 [별표 6]
〈행정처분기준〉

위반사항	행정처분 기준		
	1차	2차	3차
다른 자에게 자기의 성명이나 상호를 사용하여 소방시설공사등을 수급 또는 시공하게 하거나 소방시설업의 등록증 또는 등록수첩을 빌려준 경우	영업정지 6개월	등록취소	

11 정답 ③ SONICE 기본서 2권 p.182

해설 화재의 예방 및 안전관리에 관한 법률 제41조
〈화재예방안전진단〉
화재예방안전진단의 범위는 다음과 같다.
1. 화재위험요인의 조사에 관한 사항 [①]
2. 소방계획 및 피난계획 수립에 관한 사항
3. 소방시설등의 유지·관리에 관한 사항 [②]
4. 비상대응조직 및 교육훈련에 관한 사항
5. 화재 위험성 평가에 관한 사항
6. 그 밖에 화재예방진단을 위하여 대통령령으로 정하는 사항
   ㉠ 화재 등의 재난 발생 후 재발방지 대책의 수립 및 그 이행에 관한 사항
   ㉡ 지진 등 외부 환경 위험요인 등에 대한 예방·대비·대응에 관한 사항
   ㉢ 화재예방안전진단 결과 보수·보강 등 개선요구 사항 등에 대한 이행 여부 [④]

암기TIP 요계소비위대 재발 환경 개선

12 정답 ② SONICE 기본서 2권 p.191

해설 화재의 예방 및 안전관리에 관한 법률 제46조
〈청문〉
소방청장 또는 시·도지사는 다음의 어느 하나에 해당하는 처분을 하려면 청문을 하여야 한다.
1. 소방안전관리자의 자격 취소 [ㄱ]
2. 화재예방안전진단기관의 지정 취소 [ㄹ]
→ 옳은 보기는 "ㄱ, ㄹ"이다.

13 정답 ② SONICE 기본서 2권 p.163

해설 화재의 예방 및 안전관리에 관한 법률 제35조
〈관리의 권원이 분리된 특정소방대상물의 소방안전관리〉
① 다음 각 호의 어느 하나에 해당하는 특정소방대상물로서 그 관리의 권원(權原)이 분리되어 있는 특정소방대상물의 경우 그 관리의 권원별 관계인은 대통령령으로 정하는 바에 따라 제24조제1항에 따른 소방안전관리자를 선임하여야 한다. 다만, 소방본부장 또는 소방서장은 관리의 권원이 많아 효율적인 소방안전관리가 이루어지지 아니한다고 판단되는 경우 대통령령으로 정하는 바에 따라 관리의 권원을 조정하여 소방안전관리자를 선임하도록 할 수 있다.
  1. 복합건축물(지하층을 제외한 층수가 11층 이상 또는 연면적 3만제곱미터 이상인 건축물 [ㄹ])
  2. 지하가(지하의 인공구조물 안에 설치된 상점 및 사무실, 그 밖에 이와 비슷한 시설이 연속하여 지하도에 접하여 설치된 것과 그 지하도를 합한 것을 말한다) [ㄱ]
  3. 그 밖에 대통령령으로 정하는 특정소방대상물(판매시설 중 도매시장, 소매시장 및 전통시장)
② 관리의 권원별 관계인은 상호 협의하여 특정소방대상물의 전체에 걸쳐 소방안전관리상 필요한 업무를 총괄하는 소방안전관리자를 선임된 소방안전관리자 중에서 선임하거나 별도로 선임하여야 한다. 이 경우 총괄소방안전관리자의 자격은 대통령령으로 정하고 업무수행 등에 필요한 사항은 행정안전부령으로 정한다.

14 정답 ① SONICE 기본서 2권 p.166

해설 화재의 예방 및 안전관리에 관한 법률 시행령 제37조
〈공동소방안전관리협의회의 구성·운영 등〉
총괄소방안전관리자등은 다음의 공동소방안전관리 업무를 협의회의 협의를 거쳐 공동으로 수행한다.
1. 특정소방대상물 전체의 소방계획 수립 및 시행에 관한 사항 [②]
2. 특정소방대상물 전체의 소방훈련·교육의 실시에 관한 사항 [③]
3. 공용 부분의 소방시설 및 피난·방화시설의 유지·관리에 관한 사항 [④]
4. 그 밖에 공동으로 소방안전관리를 할 필요가 있는 사항

15 정답 ③ SONICE 기본서 2권 p.134

해설 화재의 예방 및 안전관리에 관한 법률 시행령 [별표 5]
〈소방안전관리보조자를 선임해야 하는 소방안전관리대상물의 범위와 선임 대상별 자격 및 인원기준〉

> 「건축법 시행령」 별표 1 제2호가목에 따른 아파트 중 300세대 이상인 아파트의 경우에는 1명. 다만, 초과되는 300세대마다 1명 이상을 추가로 선임해야 한다.

→ 최소 인원 = $\dfrac{\text{세대수}}{300} - 1 = \dfrac{2{,}000}{300} - 1 = 5.\text{xx}$ (6명)

16 정답 ④ SONICE 기본서 2권 p.312

해설 소방시설 설치 및 관리에 관한 법률 시행령 [별표 8]
〈임시소방시설의 종류와 설치기준 등〉
㉠ 소화기
㉡ 간이소화장치: 물을 방사하여 화재를 진화할 수 있는 장치로서 소방청장이 정하는 성능을 갖추고 있을 것 [①]
㉢ 비상경보장치: 화재가 발생한 경우 주변에 있는 작업자에게 화재사실을 알릴 수 있는장치로서 소방청장이 정하는 성능을 갖추고 있을 것
㉣ 가스누설경보기: 가연성 가스가 누설되거나 발생된 경우 이를 탐지하여 경보하는 장치로서 형식승인 및 제품검사를 받은 것 [④]
㉤ 간이피난유도선: 화재가 발생한 경우 피난구 방향을 안내할 수 있는 장치로서 소방청장이 정하는 성능을 갖추고 있을 것 [③]
㉥ 비상조명등: 화재가 발생한 경우 안전하고 원활한 피난활동을 할 수 있도록 자동 점등되는 조명장치로서 소방청장이 정하는 성능을 갖추고 있을 것 [②]
㉦ 방화포: 용접·용단 등의 작업 시 발생하는 불티로부터 가연물이 점화되는 것을 방지해주는 천 또는 불연성물품으로서 소방청장이 정하는 성능을 갖추고 있을 것

17

정답 ④ SONICE 기본서 2권 p.304

해설 소방시설 설치 및 관리에 관한 법률 시행령 [별표 4]
〈인명구조기구를 설치해야 하는 특정소방대상물〉
㉠ 방열복 또는 방화복(안전모, 보호장갑 및 안전화를 포함한다), 인공소생기 및 공기호흡기를 설치해야 하는 특정소방대상물
: 지하층을 포함하는 층수가 7층 이상인 것 중 관광호텔 용도로 사용하는 층
㉡ 방열복 또는 방화복(안전모, 보호장갑 및 안전화를 포함한다) 및 공기호흡기를 설치해야 하는 특정소방대상물
: 지하층을 포함하는 층수가 5층 이상인 것 중 병원 용도로 사용하는 층
㉢ 공기호흡기를 설치해야 하는 특정소방대상물은 다음의 어느 하나에 해당하는 것으로 한다.
ⓐ 수용인원 100명 이상인 문화 및 집회시설 중 영화상영관
ⓑ 판매시설 중 대규모점포 [ㄴ]
ⓒ 운수시설 중 지하역사
ⓓ 지하상가 [ㄹ]
ⓔ 이산화탄소소화설비(호스릴 이산화탄소소화설비는 제외한다)를 설치해야 하는 특정소방대상물
→ 옳은 보기는 "ㄴ, ㄹ"이다.

18

정답 ① SONICE 기본서 2권 p.259

해설 소방시설 설치 및 관리에 관한 법률 제6조, 시행령 제7조
〈건축허가등의 동의〉
소방본부장 또는 소방서장은 건축허가등의 동의 여부를 알릴 경우에는 원활한 소방활동 및 건축물 등의 화재안전성능을 확보하기 위하여 필요한 다음 각 호의 사항에 대한 검토 자료 또는 의견서를 첨부할 수 있다.
1. 「건축법」에 따른 **피**난시설, **방**화구획
2. 「건축법」에 따른 소방관 **진**입창
3. 「건축법」에 따른 **방**화벽, 마감재료 등(이하 "**방**화시설"이라 한다)
4. 그 밖에 소방자동차의 접근이 가능한 통로의 설치 등 대통령령으로 정하는 사항
   ㉠ 소방자동차의 접근이 가능한 **통**로의 설치
   ㉡ 「건축법」 제64조 및 「주택건설기준 등에 관한 규정」 제15조에 따른 **승**강기의 설치 [③]
   ㉢ 「주택건설기준 등에 관한 규정」 제26조에 따른 주택단지 안 **도**로의 설치 [②]
   ㉣ 「건축법 시행령」 제40조제2항에 따른 **옥상**광장, 같은 조 제3항에 따른 **비**상문자동개폐장치 또는 같은 조 제4항에 따른 헬리포트의 설치 [④]
   ㉤ 그 밖에 소방본부장 또는 소방서장이 소화활동 및 피난을 위해 필요하다고 인정하는 사항

암기TIP 피방진입방 통비리 옥상도승

19

정답 ③ SONICE 기본서 2권 p.268

해설 소방시설 설치 및 관리에 관한 법률 시행규칙 제6조
〈성능위주설계의 변경신고〉
소방시설을 설치하려는 자가 해당 특정소방대상물의 연면적·높이·층수의 변경 등 행정안전부령으로 정하는 사유(특정소방대상물의 연면적[ㄴ]·높이[ㄹ]·층수의 변경이 있는 경우)로 신고한 성능위주설계를 변경하려는 경우에는 「건축법」 제11조에 따른 건축허가를 신청하기 전에 해당 특정소방대상물의 시공지 또는 소재지를 관할하는 소방서장에게 신고하여야 한다.
→ 옳은 보기는 "ㄴ, ㄹ"이다.

20

정답 ① SONICE 기본서 2권 p.322

해설 소방시설 설치 및 관리에 관한 법률 시행령 제31조

〈방염성능기준〉
② 버너의 불꽃을 제거한 때부터 불꽃을 올리며 연소하는 상태가 그칠 때까지 시간은 20초 이내일 것
③ 탄화(炭化)한 면적은 50제곱센티미터 이내, 탄화한 길이는 20센티미터 이내일 것
④ 소방청장이 정하여 고시한 방법으로 발연량(發煙量)을 측정하는 경우 최대연기밀도는 400 이하일 것

SONICE TIP 방염성능기준

방염성능기준은 다음의 기준에 따르되, 방염대상물품의 종류에 따른 구체적인 방염성능기준은 다음의 기준의 범위에서 소방청장이 정하여 고시하는 바에 따른다.
1. 버너의 불꽃을 제거한 때부터 불꽃을 올리며 연소하는 상태가 그칠 때까지 시간은 20초 이내일 것
2. 버너의 불꽃을 제거한 때부터 불꽃을 올리지 않고 연소하는 상태가 그칠 때까지 시간은 30초 이내일 것
3. 탄화(炭化)한 면적은 50제곱센티미터 이내, 탄화한 길이는 20센티미터 이내일 것
4. 불꽃에 의하여 완전히 녹을 때까지 불꽃의 접촉 횟수는 3회 이상일 것
5. 소방청장이 정하여 고시한 방법으로 발연량(發煙量)을 측정하는 경우 최대연기밀도는 400 이하일 것

21

정답 ② SONICE 기본서 1권 p.341 ~ 342

해설 위험물안전관리법 제21조, 시행령 제19조, 시행규칙 [별표 21]

〈위험물의 운송〉
ㄱ. 당해 위험물의 취급에 관한 국가기술자격을 취득하고 관련 업무에 1년 이상 종사한 경력이 있는 자와 위험물의 운송에 관한 안전교육을 수료하고 관련 업무에 2년 이상 종사한 경력이 있는 자는 운송책임자가 될 수 있다. [O]
ㄴ. 알킬알루미늄, 알킬리튬, 알킬알루미늄 또는 알킬리튬의 물질을 함유하는 위험물은 운송책임자의 감독·지원을 받아 운송하여야 하는 위험물에 해당한다.
ㄷ. 위험물운송자는 이동탱크저장소에 의하여 위험물을 운송하는 때에는 행정안전부령으로 정하는 기준을 준수하는 등 당해 위험물의 안전확보를 위하여 세심한 주의를 기울여야 하며, 이를 위반할 경우 500만원 이하의 과태료에 해당한다. (규정에 따른 자격요건을 갖추지 않고 위험물을 운송한 위험물운송자 : 1천만원 이하의 벌금) [O]
ㄹ. 위험물운송자는 장거리에 걸치는 운송을 하는 때에는 2명 이상의 운전자로 하여야 한다. 다만, 운송하는 위험물이 제3류 위험물 중 칼슘 또는 알루미늄의 탄화물의 경우에는 그러하지 아니하다.
→ 옳은 보기는 "ㄱ, ㄷ"이다.

22

정답 ② **SONICE 기본서 1권** p.312

해설 위험물안전관리법 제15조

〈위험물안전관리자 - 직무대행〉

안전관리자를 선임한 제조소등의 관계인은 안전관리자가 여행·질병 그 밖의 사유로 인하여 일시적으로 직무를 수행할 수 없거나 안전관리자의 해임 또는 퇴직과 동시에 다른 안전관리자를 선임하지 못하는 경우에는 국가기술자격법에 따른 위험물의 취급에 관한 자격취득자 또는 위험물안전에 관한 기본지식과 경험이 있는 자로서 행정안전부령이 정하는 자(1. 안전교육을 받은 자, 2. 제조소등의 위험물 안전관리업무에 있어서 안전관리자를 지휘·감독하는 직위에 있는 자)를 대리자로 지정하여 그 직무를 대행하게 하여야 한다. 이 경우 대리자가 안전관리자의 직무를 대행하는 기간은 30일을 초과할 수 없다.

23

정답 ① **SONICE 기본서 1권** p.325 ~ 326

해설 위험물안전관리법 시행령 제16조

〈정기점검의 대상인 제조소등〉

㉠ 예방규정을 정하여야 하는 제조소등
  1. 지정수량의 10배 이상의 위험물을 취급하는 제조소
  2. 지정수량의 100배 이상의 위험물을 저장하는 옥외저장소
  3. 지정수량의 150배 이상의 위험물을 저장하는 옥내저장소 [ㅁ]
  4. 지정수량의 200배 이상의 위험물을 저장하는 옥외탱크저장소 [ㄹ]
  5. 암반탱크저장소
  6. 이송취급소 [ㄱ]
  7. 지정수량의 10배 이상의 위험물을 취급하는 일반취급소. 다만, 제4류 위험물(특수인화물을 제외한다)만을 지정수량의 50배 이하로 취급하는 일반취급소(제1석유류·알코올류의 취급량이 지정수량의 10배 이하인 경우에 한한다)로서 다음 각목의 어느 하나에 해당하는 것을 제외한다.
    가. 보일러·버너 또는 이와 비슷한 것으로서 위험물을 소비하는 장치로 이루어진 일반취급소
    나. 위험물을 용기에 옮겨 담거나 차량에 고정된 탱크에 주입하는 일반취급소
㉡ 지하탱크저장소
㉢ 이동탱크저장소 [ㄴ]
㉣ 위험물을 취급하는 탱크로서 지하에 매설된 탱크가 있는 제조소·주유취급소 또는 일반취급소 [ㅂ]
→ 옳은 보기는 "ㄱ, ㄴ"이다.

24

정답 ④ SONICE 기본서 1권 p.400 ~ 401

해설 위험물안전관리법 시행규칙 [별표 6]
〈옥외탱크저장소의 위치·구조 및 설비의 기준〉
옥외저장탱크의 펌프설비(펌프 및 이에 부속하는 전동기를 말하며, 당해 펌프 및 전동기를 위한 건축물 그 밖의 공작물을 설치하는 경우에는 당해 공작물을 포함한다. 이하 같다)는 다음 각목에 의하여야 한다.

- ㉠ 펌프설비의 주위에는 <u>너비 3m 이상의 공지</u>를 보유할 것. 다만, 방화상 유효한 격벽을 설치하는 경우와 제6류 위험물 또는 지정수량의 10배 이하 위험물의 옥외저장탱크의 펌프설비에 있어서는 그러하지 아니하다. [④]
- ㉡ 펌프설비로부터 옥외저장탱크까지의 사이에는 당해 옥외저장탱크의 보유공지 너비의 3분의 1 이상의 거리를 유지할 것 [②]
- ㉢ 펌프설비는 견고한 기초 위에 고정할 것
- ㉣ 펌프 및 이에 부속하는 전동기를 위한 건축물 그 밖의 공작물(이하 "펌프실"이라 한다)의 벽·기둥·바닥 및 보는 불연재료로 할 것
- ㉤ 펌프실의 지붕을 폭발력이 위로 방출될 정도의 가벼운 불연재료로 할 것 [①]
- ㉥ 펌프실의 창 및 출입구에는 60분+방화문, 60분방화문 또는 30분방화문을 설치할 것
- ㉦ 펌프실의 창 및 출입구에 유리를 이용하는 경우에는 망입유리로 할 것
- ㉧ 펌프실의 바닥의 주위에는 높이 0.2m 이상의 턱을 만들고 바닥은 콘크리트 등 위험물이 스며들지 아니하는 재료로 적당히 경사지게 하여 그 최저부에는 집유설비를 설치할 것 [③]
- ㉨ 펌프실에는 위험물을 취급하는데 필요한 채광, 조명 및 환기의 설비를 설치할 것
- ㉩ 가연성 증기가 체류할 우려가 있는 펌프실에는 그 증기를 옥외의 높은 곳으로 배출하는 설비를 설치할 것
- ㉪ 펌프실외의 장소에 설치하는 펌프설비에는 그 직하의 지반면의 주위에 높이 0.15m 이상의 턱을 만들고 당해 지반면은 콘크리트 등 위험물이 스며들지 아니하는 재료로 적당히 경사지게 하여 그 최저부에는 집유설비를 할 것. 이 경우 제4류 위험물(온도 20℃의 물 100g에 용해되는 양이 1g 미만인 것에 한한다)을 취급하는 펌프설비에 있어서는 당해 위험물이 직접 배수구에 유입하지 아니하도록 집유설비에 유분리장치를 설치하여야 한다.
- ㉫ 인화점이 21℃ 미만인 위험물을 취급하는 펌프설비에는 보기 쉬운 곳에 제9호 마목의 규정에 준하여 "옥외저장탱크 펌프설비"라는 표시를 한 게시판과 방화에 관하여 필요한 사항을 게시한 게시판을 설치할 것. 다만, 소방본부장 또는 소방서장이 화재예방상 당해 게시판을 설치할 필요가 없다고 인정하는 경우에는 그러하지 아니하다.

25

정답 ③ SONICE 기본서 1권 p.428

해설 위험물안전관리법 시행규칙 [별표 15]
〈이송취급소의 위치·구조 및 설비의 기준〉
이송취급소는 다음 각목의 장소 외의 장소에 설치하여야 한다.
1. 철도 및 도로의 터널 안 [ㄱ]
2. 고속국도 및 자동차전용도로(「도로법」 제48조제1항에 따라 지정된 도로를 말한다)의 차도·갓길 및 중앙분리대
3. 호수·저수지 등으로서 수리의 수원이 되는 곳 [ㄷ]
4. 급경사지역으로서 붕괴의 위험이 있는 지역 [ㄹ]

26 정답 ④ | SONICE 기본서 1권 p.87

해설 소방기본법 제25조
〈강제처분 등〉
① 소방본부장, 소방서장 또는 소방대장은 사람을 구출하거나 불이 번지는 것을 막기 위하여 필요할 때에는 화재가 발생하거나 불이 번질 우려가 있는 소방대상물 및 토지를 일시적으로 사용하거나 그 사용의 제한 또는 소방활동에 필요한 처분을 할 수 있다.
② 소방본부장, 소방서장 또는 소방대장은 사람을 구출하거나 불이 번지는 것을 막기 위하여 긴급하다고 인정할 때에는 ①에 따른 소방대상물 또는 토지 외의 소방대상물과 토지에 대하여 제1항에 따른 처분을 할 수 있다.
③ 소방본부장, 소방서장 또는 소방대장은 소방활동을 위하여 긴급하게 출동할 때에는 소방자동차의 통행과 소방활동에 방해가 되는 주차 또는 정차된 차량 및 물건 등을 제거하거나 이동시킬 수 있다.
④ 소방본부장, 소방서장 또는 소방대장은 소방활동에 방해가 되는 주차 또는 정차된 차량의 제거나 이동을 위하여 관할 지방자치단체 등 관련 기관에 견인차량과 인력 등에 대한 지원을 요청할 수 있고, 요청을 받은 관련 기관의 장은 정당한 사유가 없으면 이에 협조하여야 한다.
⑤ 시·도지사는 견인차량과 인력 등을 지원한 자에게 시·도의 조례로 정하는 바에 따라 비용을 지급할 수 있다.

27 정답 ② | SONICE 기본서 1권 p.19

해설 소방기본법 시행규칙 제2조
〈종합상황실의 설치·운영〉
① 종합상황실은 소방청과 시·도의 소방본부 및 소방서에 각각 설치·운영하여야 한다.
② 소방청장, 소방본부장 또는 소방서장은 신속한 소방활동을 위한 정보를 수집·전파하기 위하여 종합상황실에 「소방력 기준에 관한 규칙」에 의한 전산·통신요원을 배치하고, 소방청장이 정하는 유·무선통신시설을 갖추어야 한다.
③ 종합상황실은 24시간 운영체제를 유지하여야 한다.

28 정답 ③ | SONICE 기본서 2권 p.23

해설 소방의 화재조사에 관한 법률 시행규칙 제5조
〈화재조사에 관한 교육훈련〉
전담부서에 배치된 화재조사관은 의무 보수교육을 (ㄱ : 2년마다) 받아야 한다. 다만, 전담부서에 배치된 후 처음 받는 의무 보수교육은 배치 후 (ㄴ : 1년) 이내에 받아야 한다.

29 정답 ③ SONICE 기본서 1권 p.181~182

해설 소방시설공사업법 제21조의4
〈공사대금의 지급보증〉
① 수급인이 국가, 지방자치단체 또는 대통령령으로 정하는 공공기관 외의 자가 발주하는 공사를 도급받은 경우로서 수급인이 발주자에게 계약의 이행을 보증하는 때에는 발주자도 수급인에게 공사대금의 지급을 보증하거나 담보를 제공하여야 한다. 다만, 발주자는 공사대금의 지급보증 또는 담보 제공을 하기 곤란한 경우에는 수급인이 그에 상응하는 보험 또는 공제에 가입할 수 있도록 계약의 이행보증을 받은 날부터 30일 이내에 보험료 또는 공제료를 지급하여야 한다.
② 발주자 및 수급인은 소규모공사 등 대통령령으로 정하는 소방시설공사의 경우 제1항에 따른 계약이행의 보증이나 공사대금의 지급보증, 담보의 제공 또는 보험료등의 지급을 아니할 수 있다.
③ 발주자가 공사대금의 지급보증, 담보의 제공 또는 보험료등의 지급을 하지 아니한 때에는 수급인은 <u>10일 이내 기간을 정하여</u> 발주자에게 그 이행을 촉구하고 공사를 중지할 수 있다. 발주자가 촉구한 기간 내에 그 이행을 하지 아니한 때에는 수급인은 도급계약을 해지할 수 있다.
④ 수급인이 공사를 중지하거나 도급계약을 해지한 경우에는 발주자는 수급인에게 공사 중지나 도급계약의 해지에 따라 발생하는 손해배상을 청구하지 못한다.
⑤ 공사대금의 지급보증, 담보의 제공 또는 보험료등의 지급 방법이나 절차 및 제3항에 따른 촉구의 방법 등에 필요한 사항은 행정안전부령으로 정한다.

30 정답 ② SONICE 기본서 1권 p.127~135

해설 소방시설공사업법 시행령 [별표 1]
〈소방시설업의 업종별 등록기준 및 영업범위〉
① 특정소방대상물의 소방시설공사등을 하려는 자는 업종별로 <u>자본금(개인의 경우에는 자산 평가액을 말한다)</u>, 기술인력 등 대통령령으로 정하는 요건을 갖추어 시·도지사에게 소방시설업을 등록하여야 한다.
③ 소방공무원으로 재직한 경력이 <u>3년 이상인 사람</u>으로서 자격수첩을 발급받은 사람은 소방시설설계업의 보조기술인력이 될 수 있다.
④ <u>연면적 1만제곱미터 미만</u>의 특정소방대상물에 설치되는 전기분야 소방시설의 공사·개설·이전·정비는 일반 소방시설공사업의 영업범위에 해당한다.

31 정답 ④ SONICE 기본서 2권 p.93

해설 화재의 예방 및 안전관리에 관한 법률 시행령 제17조
〈옮긴 물건 등의 보관기간 및 보관기간 경과 후 처리〉
① 소방관서장은 옮긴 물건 등을 보관하는 경우에는 그날부터 14일 동안 해당 소방관서의 인터넷 홈페이지에 그 사실을 공고해야 한다.
② 옮긴물건등의 보관기간은 공고기간의 종료일 다음 날부터 7일까지로 한다.
③ 소방관서장은 보관기간이 종료된 때에는 보관하고 있는 옮긴물건등을 매각해야 한다. 다만, 보관하고 있는 옮긴물건등이 부패·파손 또는 이와 유사한 사유로 정해진 용도로 계속 사용할 수 없는 경우에는 폐기할 수 있다.
④ 소방관서장은 보관하던 옮긴물건등을 제3항 본문에 따라 매각한 경우에는 지체 없이 「국가재정법」에 따라 세입조치를 해야 한다.
⑤ 소방관서장은 매각되거나 폐기된 옮긴물건등의 소유자가 보상을 요구하는 경우에는 <u>보상금액에 대하여 소유자와의 협의를 거쳐 이를 보상해야 한다.</u>
⑥ 손실보상의 방법 및 절차 등에 관하여는 손실보상을 준용한다.

32

정답 ③ **SONICE 기본서 2권** p.108

해설 화재의 예방 및 안전관리에 관한 법률 시행령 제20조

〈화재예방강화지구의 관리〉

㉠ 소방관서장은 화재예방강화지구 안의 소방대상물의 위치·구조 및 설비 등에 대한 화재안전조사를 연 1회 이상 실시해야 한다. [①]
㉡ 소방관서장은 화재예방강화지구 안의 관계인에 대하여 소방에 필요한 훈련 및 교육을 연 1회 이상 실시할 수 있다. [②]
㉢ 소방관서장은 훈련 및 교육을 실시하려는 경우에는 화재예방강화지구 안의 관계인에게 훈련 또는 교육 10일 전까지 그 사실을 통보해야 한다. [③]
㉣ 시·도지사는 다음의 사항을 행정안전부령으로 정하는 화재예방강화지구 관리대장에 작성하고 관리해야 한다. [④]
  1. 화재예방강화지구의 지정 현황
  2. 화재안전조사의 결과
  3. 소화기구, 소방용수시설 또는 그 밖에 소방에 필요한 설비(이하 "소방설비등"이라 한다)의 설치(보수, 보강을 포함한다) 명령 현황
  4. 소방훈련 및 교육의 실시 현황
  5. 그 밖에 화재예방 강화를 위하여 필요한 사항

33

정답 ② **SONICE 기본서 2권** p.160

해설 화재의 예방 및 안전관리에 관한 법률 시행규칙 제29조

〈실무교육의 실시〉

① 소방청장은 실무교육의 대상·일정·횟수 등을 포함한 실무교육의 실시 계획을 매년 수립·시행해야 한다.
② 소방청장은 실무교육을 실시하려는 경우에는 실무교육 실시 30일 전까지 일시·장소, 그 밖에 실무교육 실시에 필요한 사항을 인터넷 홈페이지에 공고하고 교육대상자에게 통보해야 한다.
③ 소방안전관리자는 소방안전관리자로 선임된 날부터 6개월 이내에 실무교육을 받아야 하며, 그 이후에는 2년마다(최초 실무교육을 받은 날을 기준일로 하여 매 2년이 되는 해의 기준일과 같은 날 전까지를 말한다) 1회 이상 실무교육을 받아야 한다. 다만, 소방안전관리 강습교육 또는 실무교육을 받은 후 1년 이내에 소방안전관리자로 선임된 사람은 해당 강습교육을 수료하거나 실무교육을 이수한 날에 실무교육을 이수한 것으로 본다.
④ 소방안전관리보조자는 그 선임된 날부터 6개월(영 별표 5 제2호마목에 따라 소방안전관리보조자로 지정된 사람의 경우 3개월을 말한다) 이내에 실무교육을 받아야 하며, 그 이후에는 2년마다(최초 실무교육을 받은 날을 기준일로 하여 매 2년이 되는 해의 기준일과 같은 날 전까지를 말한다) 1회 이상 실무교육을 받아야 한다. 다만, 소방안전관리자 강습교육 또는 실무교육이나 소방안전관리보조자 실무교육을 받은 후 1년 이내에 소방안전관리보조자로 선임된 사람은 해당 강습교육을 수료하거나 실무교육을 이수한 날에 실무교육을 이수한 것으로 본다.

34

정답 ① **SONICE 기본서 2권** p.283

해설 소방시설 설치 및 관리에 관한 법률 시행령 제13조

〈강화된 소방시설기준의 적용대상〉

① 노유자 시설에 설치하는 간이스프링클러설비, 자동화재탐지설비 및 단독경보형 감지기

35

정답 ③ **SONICE 기본서 2권** p.316

해설 소방시설 설치 및 관리에 관한 법률 제18조, 시행령 제20조

〈지방소방기술심의위원회〉

③ 소방기술과 관련하여 시·도지사가 소방기술심의위원회의 심의에 부치는 사항을 심의하기 위하여 시·도에 지방소방기술심의위원회를 둔다.

36 정답 ②　SONICE 기본서 2권　p.389, p.192

해설 소방시설 설치 및 관리에 관한 법률 시행령 제48조
〈권한 또는 업무의 위임·위탁 등〉
② 소방청장은 화재안전기준 중 기술기준에 대한 관리·운영 권한을 <u>국립소방연구원장</u>에게 위임한다.

SONICE TIP 화재예방법의 권한의 위임
소방청장은 소방안전관리자 자격의 정지 및 취소에 관한 업무를 소방서장에게 위임한다.

37 정답 ②　SONICE 기본서 2권　p.299

해설 소방시설 설치 및 관리에 관한 법률 시행규칙 제17조
〈연소 우려가 있는 건축물의 구조〉
② 각각의 건축물이 다른 건축물의 외벽으로부터 수평거리가 1층의 경우에는 <u>6미터 이하</u>인 경우

38 정답 ④　SONICE 기본서 1권　p.294

해설 위험물안전관리법 시행령 제8조
〈탱크안전성능검사의 대상이 되는 탱크〉
탱크안전성능검사는 <u>기초·지반검사[②]</u>, <u>충수·수압검사[③]</u>, <u>용접부검사[①]</u> 및 암반탱크검사로 구분한다.

39 정답 ①　SONICE 기본서 1권　p.335

해설 위험물안전관리법 시행규칙 제73조
〈자체소방대의 설치 제외대상인 일반취급소〉
1. **보**일러, 버너 그 밖에 이와 유사한 장치로 위험물을 소비하는 일반취급소
2. **이**동저장탱크 그 밖에 이와 유사한 것에 위험물을 주입하는 일반취급소
3. **용**기에 위험물을 옮겨 담는 일반취급소
4. **유**압장치, 윤활유순환장치 그 밖에 이와 유사한 장치로 위험물을 취급하는 일반취급소
5. 「**광**산안전법」의 적용을 받는 일반취급소

암기TIP 용광보이유

40 정답 ④　SONICE 기본서 1권　p.398

해설 위험물안전관리법 시행규칙 [별표 6]
〈옥외탱크저장소의 위치·구조 및 설비의 기준 - 밸브 없는 통기관〉
④ 가연성의 증기를 회수하기 위한 밸브를 통기관에 설치하는 경우에 있어서는 당해 통기관의 밸브는 저장탱크에 위험물을 주입하는 경우를 제외하고는 항상 <u>개방</u>되어 있는 구조로 하는 한편, <u>폐쇄</u>하였을 경우에 있어서는 10[kPa] 이하의 압력에서 <u>개방</u>되는 구조로 할 것

05회 소방관계법규 - 정답 및 간단해설

SONICE 파란불 실전 동형 모의고사 5회

01	02	03	04	05	06	07	08	09	10
②	④	①	①	④	②	③	①	②	②
11	12	13	14	15	16	17	18	19	20
②	③	④	③	①	④	④	②	①	②
21	22	23	24	25	26	27	28	29	30
①	②	④	①	②	④	②	④	②	①
31	32	33	34	35	36	37	38	39	40
④	④	①	③	③	③	②	②	②	③

🎙️ **백사부의 한마디**

꿈, 소원, 목표는 누구나 가질 수 있다.
그러나 그것을 실현하기 위해
걸어야 할 어려운 과정을
밟을 용기를 지닌 사람은 드물다.

01

정답 ② | SONICE 기본서 1권 p.85

해설 소방기본법 시행령 제8조
〈소방활동구역의 출입자〉
1. 소방활동구역 안에 있는 소방대상물의 소유자·관리자 또는 점유자
2. **전기·가스·수도·통신·교통**의 업무에 종사하는 사람으로서 원활한 소방활동을 위하여 필요한 사람 [ㄷ]
   암기TIP 교수가 전통
3. 의사·간호사 그 밖의 구조·구급업무에 종사하는 사람
4. 취재인력 등 보도업무에 종사하는 사람 [ㄴ]
5. 수사업무에 종사하는 사람
6. 그 밖에 소방대장이 소방활동을 위하여 출입을 허가한 사람 [ㄱ]

선지분석
ㄱ. 소방대장이 소방활동을 위하여 출입을 허가한 사람은 소방활동구역에 출입할 수 있다.
ㄷ. 기계의 업무에 종사하는 사람으로서 원활한 소방활동을 위하여 필요한 사람은 소방활동구역에 출입할 수 없다.
ㄹ. 대통령령으로 정하는 사람 외에 소방활동구역에 출입한 사람은 200만원 이하의 과태료에 해당한다.
   (1차, 2차, 3차 이상 위반 시 : 과태료 100만원)
→ 옳은 보기는 "ㄴ(1개)"이다.

02 정답 ④ SONICE 기본서 1권 p.84

해설 소방기본법 시행규칙 제13조의2

〈운행기록장치 데이터 등의 제출〉

① 소방청장은 소방자동차의 안전한 운행 및 교통사고 예방을 위하여 소방본부장 또는 소방서장에게 운행기록장치 데이터 및 그 분석 결과 등 관련 자료의 제출을 요청할 수 있다.

② 소방본부장은 관할 구역 안의 소방서장에게 운행기록장치 데이터 등 관련 자료의 제출을 요청할 수 있다.

③ 소방본부장 또는 소방서장은 자료의 제출을 요청받은 경우에는 소방청장 또는 소방본부장에게 해당 자료를 제출해야 한다. 이 경우 소방서장이 소방청장에게 자료를 제출하는 경우에는 <u>소방본부장을 거쳐야 한다.</u>

03 정답 ① SONICE 기본서 1권 p.79

해설 소방기본법 시행규칙 제11조

〈자체소방대의 교육·훈련 등의 지원〉

1. 「소방공무원 교육훈련규정」 제2조에 따른 교육훈련기관에서의 자체소방대 교육훈련**과정** [③]
2. 자체소방대에서 수립하는 교육·훈련 **계획**의 지도·자문 [①]
3. 「소방공무원임용령」 제2조제3호에 따른 소방기관과 자체소방대와의 **합동** 소방훈련
4. 소방기관에서 실시하는 자체소방대의 현장**실습** [②]
5. 그 밖에 소방청장이 자체소방대의 **역량** 향상을 위하여 필요하다고 인정하는 교육·훈련 [④]

암기TIP 합동실습계획 역량과정

04 정답 ① SONICE 기본서 1권 p.22 ~ 23

해설 소방기본법 시행령 제1조의2

〈소방기술민원센터의 설치·운영〉

① 소방청장 또는 소방본부장은 소방기술민원센터를 소방청 또는 소방본부에 각각 설치·운영한다.

② 소방기술민원센터는 센터장을 포함하여 18명 이내로 구성한다.

③ 소방기술민원센터는 다음 각 호의 업무를 수행한다.

  1. 소방시설, 소방공사와 위험물 안전관리 등과 관련된 **법령**해석 등의 민원의 처리
  2. 소방기술민원과 관련된 **질**의회신집 및 해설서 발간
  3. 소방기술민원과 관련된 **정보**시스템의 운영·관리 [ㄴ]
  4. 소방기술민원과 관련된 **현장** 확인 및 처리 [ㄱ]
  5. 그 밖에 소방기술민원과 관련된 업무로서 소방청장 또는 소방본부장이 필요하다고 인정하여 지시하는 업무

  암기TIP 법질 현장 정보

④ 소방청장 또는 소방본부장은 소방기술민원센터의 업무수행을 위하여 필요하다고 인정하는 경우에는 관계 기관의 장에게 소속 공무원 또는 직원의 파견을 요청할 수 있다.

⑤ 규정한 사항 외에 소방기술민원센터의 설치·운영에 필요한 사항은 소방청에 설치하는 경우에는 소방청장이 정하고, 소방본부에 설치하는 경우에는 해당 시·도의 규칙으로 정한다.

05 정답 ④ SONICE 기본서 2권 p.50 ~ 51

해설 소방의 화재조사에 관한 법률 제21조, 제23조

〈벌칙 및 과태료〉

1. **벌칙** : 다음의 어느 하나에 해당하는 사람은 300만원 이하의 벌금에 처한다.
   ㉠ 허가 없이 화재현장에 있는 물건 등을 이동시키거나 변경·훼손한 사람
   ㉡ 정당한 사유 없이 화재조사관의 출입 또는 조사를 거부·방해 또는 기피한 사람 [③]
   ㉢ 관계인의 정당한 업무를 방해하거나 화재조사를 수행하면서 알게 된 비밀을 다른 용도로 사용하거나 다른 사람에게 누설한 사람
   ㉣ 정당한 사유 없이 증거물 수집을 거부·방해 또는 기피한 사람 [②]

2. **과태료** : 다음의 어느 하나에 해당하는 사람에게는 200만원 이하의 과태료를 부과한다.
   ㉠ 허가 없이 통제구역에 출입한 사람
   ㉡ 소방관서장의 명령을 위반하여 보고 또는 자료 제출을 하지 아니하거나 거짓으로 보고 또는 자료를 제출한 사람 [④]
   ㉢ 정당한 사유 없이 출석을 거부하거나 질문에 대하여 거짓으로 진술한 사람 [①]

06 정답 ② SONICE 기본서 2권 p.48

해설 소방의 화재조사에 관한 법률 제14조

〈국가화재정보시스템의 운영〉

① 소방청장은 국가화재정보시스템을 활용하여 다음의 화재정보를 수집·관리해야 한다.
  1. 화재원인
  2. 화재피해상황
  3. 대응활동에 관한 사항
  4. 소방시설 등의 설치·관리 및 작동 여부에 관한 사항
  5. 화재발생건축물과 구조물, 화재유형별 화재위험성 등에 관한 사항
  6. 화재예방 관계 법령 등의 이행 및 위반 등에 관한 사항
  7. 관계인의 보험가입 정보 등에 관한 사항
  8. 그 밖에 화재예방과 소방활동에 활용할 수 있는 정보
② 소방관서장은 국가화재정보시스템을 활용하여 ①의 화재정보를 기록·유지 및 보관해야 한다.
③ 규정한 사항 외에 국가화재정보시스템의 운영 및 활용 등에 필요한 사항은 소방청장이 정한다.

07 정답 ③ SONICE 기본서 1권 p.138 ~ 139

해설 소방시설공사업법 시행규칙 제4조

〈소방시설업 등록증 또는 등록수첩의 재발급 및 반납〉

① 소방시설업자는 소방시설업 등록증 또는 등록수첩을 잃어버리거나 소방시설업 등록증 또는 등록수첩이 헐어 못 쓰게 된 경우에는 시·도지사에게 소방시설업 등록증 또는 등록수첩의 재발급을 신청할 수 있다.
② 소방시설업자는 재발급을 신청하는 경우에는 소방시설업 등록증(등록수첩) 재발급신청서를 협회를 경유하여 시·도지사에게 제출하여야 한다.
③ 시·도지사는 재발급신청서를 제출받은 경우에는 3일 이내에 협회를 경유하여 소방시설업 등록증 또는 등록수첩을 재발급하여야 한다.
④ 소방시설업자는 다음의 어느 하나에 해당하는 경우에는 지체 없이 협회를 경유하여 시·도지사에게 그 소방시설업 등록증 및 등록수첩을 반납하여야 한다.
  1. 소방시설업 등록이 취소된 경우
  2. 재발급을 받은 경우. 다만, 소방시설업 등록증 또는 등록수첩을 잃어버리고 재발급을 받은 경우에는 이를 다시 찾은 경우에만 해당한다.

08 정답 ① SONICE 기본서 1권 p.160

해설 소방시설공사업법 제14조

〈완공검사〉

① <u>공사업자</u>는 소방시설공사를 완공하면 소방본부장 또는 소방서장의 완공검사를 받아야 한다. 다만, 공사감리자가 지정되어 있는 경우에는 공사감리 결과보고서로 완공검사를 갈음하되, 대통령령으로 정하는 특정소방대상물의 경우에는 소방본부장이나 소방서장이 소방시설공사가 공사감리 결과보고서대로 완공되었는지를 현장에서 확인할 수 있다. [ㄱ]
② 공사업자가 소방대상물 일부분의 소방시설공사를 마친 경우로서 전체 시설이 준공되기 전에 부분적으로 사용할 필요가 있는 경우에는 <u>그 일부분에 대하여 소방본부장이나 소방서장에게 완공검사(이하 "부분완공검사"라 한다)를 신청할 수 있다.</u> 이 경우 소방본부장이나 소방서장은 그 일부분의 공사가 완공되었는지를 확인하여야 한다. [ㄴ]
③ 소방본부장이나 소방서장은 완공검사나 부분완공검사를 하였을 때에는 완공검사증명서나 부분완공검사증명서를 발급하여야 한다.
④ 규정에 따른 완공검사 및 부분완공검사의 신청과 검사증명서의 발급, 그 밖에 완공검사 및 부분완공검사에 필요한 사항은 행정안전부령으로 정한다.

SONICE TIP 완공검사를 위한 현장확인 대상 특정소방대상물의 범위

1. 문화 및 집회시설, 종교시설, 판매시설, 노유자시설, 수련시설, 운동시설, 숙박시설, 창고시설, 지하상가 및 「다중이용업소의 안전관리에 관한 특별법」에 따른 다중이용업소 [ㄷ]
2. 다음의 어느 하나에 해당하는 설비가 설치되는 특정소방대상물
   가. 스프링클러설비등 [ㄹ]
   나. 물분무등소화설비(호스릴 방식의 소화설비는 제외한다)
3. 연면적 1만제곱미터 이상이거나 11층 이상인 특정소방대상물(아파트는 제외한다)
4. 가연성가스를 제조·저장 또는 취급하는 시설 중 지상에 노출된 가연성가스탱크의 저장용량 합계가 1천톤 이상인 시설

09 정답 ② SONICE 기본서 1권 p.140

해설 소방시설공사업법 제5조

〈등록의 결격사유〉

1. 피성년후견인
2. 이 법, 「소방기본법」, 「화재의 예방 및 안전관리에 관한 법률」, 「소방시설 설치 및 관리에 관한 법률」 또는 「위험물안전관리법」에 따른 금고 이상의 실형을 선고받고 그 집행이 끝나거나(집행이 끝난 것으로 보는 경우를 포함한다) 면제된 날부터 2년이 지나지 아니한 사람 [ㄹ]
3. 이 법, 「소방기본법」, 「화재의 예방 및 안전관리에 관한 법률」, 「소방시설 설치 및 관리에 관한 법률」 또는 「위험물안전관리법」에 따른 금고 이상의 형의 집행유예를 선고받고 그 유예기간 중에 있는 사람 [ㄷ]
4. 등록하려는 소방시설업 등록이 취소("1."에 해당하여 등록이 취소된 경우는 제외한다)된 날부터 2년이 지나지 아니한 자 [ㄴ]
5. 법인의 대표자가 "1. ~ 4."에 해당하는 경우 그 법인
6. 법인의 임원이 "2. ~ 4."까지의 규정에 해당하는 경우 그 법인 [ㄱ]

선지분석

ㄱ. 법인의 임원이 피성년후견인에 해당하는 경우는 결격사유에 포함되지 않으며, 등록을 할 수 있다.
ㄴ. 피성년후견인으로 등록이 취소된 경우에는 2년이 지나더라도 결격사유에 해당한다.
ㄷ. 「소방기본법」에 따른 집행유예를 선고받고 그 유예기간이 종료되어야 등록을 할 수 있다.
ㄹ. 「위험물안전관리법」에 따른 금고 이상의 실형을 선고받고 면제된 날부터 2년이 지났기 때문에 등록을 할 수 있다.
→ 옳은 보기는 "ㄱ, ㄹ"이다.

10 정답 ② SONICE 기본서 1권 p.166

해설 소방시설공사업법 시행령 제10조

〈공사감리자 지정대상 특정소방대상물의 범위〉

1. 옥내소화전설비를 신설·개설 또는 증설할 때
2. 스프링클러설비등(캐비닛형 간이스프링클러설비는 제외한다)을 신설·개설하거나 방호·방수 구역을 증설할 때
3. 물분무등소화설비(호스릴 방식의 소화설비는 제외한다)를 신설·개설하거나 방호·방수 구역을 증설할 때
4. 옥외소화전설비를 신설·개설 또는 증설할 때
5. 자동화재**탐**지설비를 신설 또는 개설할 때
6. 비상**방**송설비를 신설 또는 개설할 때 [ㄱ]
7. 통합**감**시시설을 신설 또는 개설할 때
8. 소화**용**수설비를 신설 또는 개설할 때
9. 다음 각 목에 따른 소화활동설비에 대하여 각 목에 따른 시공을 할 때
   - 가. 제연설비를 신설·개설하거나 제연구역을 증설할 때
   - 나. 연결**송**수관설비를 신설 또는 개설할 때
   - 다. 연결살수설비를 신설·개설하거나 송수구역을 증설할 때
   - 라. 비상콘센트설비를 신설·개설하거나 전용회로를 증설할 때 [ㄷ]
   - 마. **무**선통신보조설비를 신설 또는 개설할 때
   - 바. 연소방지설비를 신설·개설하거나 살수구역을 증설할 때

암기TIP (제외) 쏘피 속단 경보기 알림 + 호캐, 비상경보, 비상조명 / (신설, 개설) 용 탐방 무감송

> **선지분석**
> ㄴ, ㅂ : 비상경보설비, 비상조명등은 공사감리자 지정대상 특정소방대상물에 해당하지 않는다.
> ㄹ : 통합감시시설은 신설 또는 개설할 때에만 공사감리자를 지정하며, 증설할 때에는 해당하지 않는다.
> ㅁ : 간이스프링클러설비의 방호·방수 구역을 증설할 때에 공사감리자를 지정한다.
> → 옳은 보기는 "ㄱ, ㄷ"이다.

11 정답 ② SONICE 기본서 2권 p.77 ~ 80

해설 화재의 예방 및 안전관리에 관한 법률 제8조, 시행령 제8조, 제9조

〈화재안전조사의 방법·절차〉

- ㄴ. 화재안전조사는 관계인의 승낙 없이 소방대상물의 공개시간 또는 근무시간 이외에는 할 수 없다. 다만, 화재가 발생할 우려가 뚜렷하여 긴급하게 조사할 필요가 있는 경우에는 그러하지 아니하다. 화재안전조사의 실시를 사전에 통지하거나 공개하면 조사목적을 달성할 수 없다고 인정되는 경우에는 화재안전조사의 통지 및 공개를 하지 않을 수 있는 사유에 해당한다.
- ㄷ. 경매 등의 사유로 소유권이 변동 중이거나 변동된 경우에는 화재안전조사를 연기하여 줄 것을 신청할 수 없다. 해당 사유는 조치명령등의 연기를 신청할 수 있는 사유이다.
- → 옳은 보기는 "ㄱ, ㄹ"이다.

SONICE TIP 화재안전조사의 연기를 신청할 수 있는 사유

㉠ 「재난 및 안전관리 기본법」 제3조제1호에 해당하는 **재**난이 발생한 경우
㉡ 관계인의 **질**병, 사고, 장기출장의 경우
㉢ **권**한 있는 기관에 자체점검기록부, 교육·훈련일지 등 화재안전조사에 필요한 장부·서류 등이 압수되거나 영치(領置)되어 있는 경우
㉣ 소방대상물의 증축·용도변경 또는 대수선 등의 **공**사로 화재안전조사를 실시하기 어려운 경우

암기TIP 재질 공권

12 정답 ③ SONICE 기본서 2권 p.102 ~ 104

해설 화재의 예방 및 안전관리에 관한 법률 시행령 [별표 2]

〈특수가연물〉

1. "면화류"란 불연성 또는 난연성이 아닌 면상 또는 팽이모양의 섬유와 마사 원료를 말한다. [①]
2. "넝마 및 종이부스러기"는 불연성 또는 난연성이 아닌 것(동물 또는 식물의 기름이 깊이 스며들어 있는 옷감·종이 및 이들의 제품을 포함한다)으로 한정한다. [②]
3. "사류"란 불연성 또는 난연성이 아닌 실(실부스러기와 솜털을 포함한다)과 누에고치를 말한다.
4. "볏짚류"란 마른 볏짚·북데기와 이들의 제품 및 건초를 말한다. 다만, 축산용도로 사용하는 것은 제외한다. [③]
5. "가연성 고체류"란 고체로서 다음 각 목에 해당하는 것을 말한다.
   가. 인화점이 섭씨 40도 이상 100도 미만인 것
   나. 인화점이 섭씨 100도 이상 200도 미만이고, 연소열량이 1그램당 8킬로칼로리 이상인 것
   다. 인화점이 섭씨 200도 이상이고 연소열량이 1그램당 8킬로칼로리 이상인 것으로서 녹는점(융점)이 100도 미만인 것
   라. 1기압과 섭씨 20도 초과 40도 이하에서 액상인 것으로서 인화점이 섭씨 70도 이상 섭씨 200도 미만이거나 나목 또는 다목에 해당하는 것
6. 석탄·목탄류에는 코크스, 석탄가루를 물에 갠 것, 마세크탄(조개탄), 연탄, 석유코크스, 활성탄 및 이와 유사한 것을 포함한다.
7. "가연성 액체류"란 다음 각 목의 것을 말한다.
   가. 1기압과 섭씨 20도 이하에서 액상인 것으로서 가연성 액체량이 40중량퍼센트 이하이면서 인화점이 섭씨 40도 이상 섭씨 70도 미만이고 연소점이 섭씨 60도 이상인 것
   나. 1기압과 섭씨 20도에서 액상인 것으로서 가연성 액체량이 40중량퍼센트 이하이고 인화점이 섭씨 70도 이상 섭씨 250도 미만인 것
   다. 동물의 기름과 살코기 또는 식물의 씨나 과일의 살에서 추출한 것으로서 다음의 어느 하나에 해당하는 것
      1) 1기압과 섭씨 20도에서 액상이고 인화점이 250도 미만인 것으로서 「위험물안전관리법」 제20조제1항에 따른 용기기준과 수납·저장기준에 적합하고 용기외부에 물품명·수량 및 "화기엄금" 등의 표시를 한 것
      2) 1기압과 섭씨 20도에서 액상이고 인화점이 섭씨 250도 이상인 것
8. "고무류·플라스틱류"란 불연성 또는 난연성이 아닌 고체의 합성수지제품, 합성수지반제품, 원료합성수지 및 합성수지 부스러기(불연성 또는 난연성이 아닌 고무제품, 고무반제품, 원료고무 및 고무 부스러기를 포함한다)를 말한다. 다만, 합성수지의 섬유·옷감·종이 및 실과 이들의 넝마와 부스러기는 제외한다. [④]

13 정답 ④ SONICE 기본서 2권 p.111

해설 화재의 예방 및 안전관리에 관한 법률 시행령 제21조
〈화재안전영향평가의 방법·절차·기준 등〉
① 소방청장은 화재안전영향평가를 하는 경우 화재현장 및 자료 조사 등을 기초로 화재·피난 모의실험 등 과학적인 예측·분석 방법으로 실시할 수 있다.
② 소방청장은 화재안전영향평가를 위하여 필요한 경우 해당 법령이나 정책의 소관 기관의 장에게 관련 자료의 제출을 요청할 수 있다. 이 경우 자료 제출을 요청받은 소관 기관의 장은 특별한 사유가 없으면 이에 따라야 한다.
③ 소방청장은 다음의 사항이 포함된 화재안전영향평가의 기준을 화재안전영향평가심의회의 심의를 거쳐 정한다.
  1. 법령이나 정책의 화재위험 **유**발요인 [ㄱ]
  2. 법령이나 정책이 소방대상물의 재료, 공간, 이용자 특성 및 화재 **확**산 경로에 미치는 영향 [ㄹ]
  3. 법령이나 정책이 화재피해에 미치는 영향 등 **사**회경제적 파급 효과 [ㄴ]
  4. 화재위험 유발요인을 제어 또는 관리할 수 있는 법령이나 **정**책의 개선 방안 [ㄷ]

암기TIP 유사확정

④ 규정한 사항 외에 화재안전영향평가의 방법·절차·기준 등에 관하여 필요한 사항은 소방청장이 정한다.

14 정답 ③ SONICE 기본서 2권 p.149

해설 화재의 예방 및 안전관리에 관한 법률 시행령 제29조
〈건설현장 소방안전관리대상물〉
① 신축을 하려는 부분의 연면적의 합계가 1만5천제곱미터 이상에 해당하므로, 건설현장 소방안전관리대상물에 해당한다.
② 증축을 하려는 부분의 연면적이 5천제곱미터 이상이고 지하층의 층수가 2개층 이상인 것에 해당하므로, 건설현장 소방안전관리대상물에 해당한다.
③ 대수선을 하려는 부분의 연면적이 5천제곱미터 이상이나 지하층의 층수가 2개층 이상에 해당하지 않으며, 지상 11층 이상에 해당하지 않으므로 건설현장 소방안전관리대상물에 해당하지 않는다.
④ 용도변경을 하려는 부분의 연면적이 5천제곱미터 이상이고 냉동창고에 해당하므로, 건설현장 소방안전관리대상물에 해당한다.

SONICE TIP 건설현장 소방안전관리대상물
1. 신축·증축·개축·재축·이전·용도변경 또는 대수선을 하려는 부분의 연면적의 합계가 1만5천제곱미터 이상인 것
2. 신축·증축·개축·재축·이전·용도변경 또는 대수선을 하려는 부분의 연면적이 5천제곱미터 이상인 것으로서 다음의 어느 하나에 해당하는 것
  ㉠ 지하층의 층수가 2개 층 이상인 것
  ㉡ 지상층의 층수가 11층 이상인 것
  ㉢ 냉동창고, 냉장창고 또는 냉동·냉장창고

15

정답 ① **SONICE 기본서 2권** p.177 ~ 178

해설 화재의 예방 및 안전관리에 관한 법률 시행령 제42조
〈소방안전 특별관리기본계획·시행계획의 수립·시행〉
① 소방청장은 소방안전 특별관리기본계획을 5년마다 수립하여 시·도에 통보해야 한다.
② 특별관리기본계획에는 다음의 사항이 포함되어야 한다.
  1. 화재예방을 위한 중기·장기 안전관리정책
  2. 화재예방을 위한 교육·홍보 및 점검·진단
  3. 화재대응을 위한 훈련
  4. 화재대응과 사후 조치에 관한 역할 및 공조체계
  5. 그 밖에 화재 등의 안전관리를 위하여 필요한 사항
③ <u>시·도지사</u>는 특별관리기본계획을 시행하기 위하여 매년 소방안전 특별관리시행계획을 수립·시행하고, 그 결과를 <u>다음 연도 1월 31일까지</u> 소방청장에게 통보해야 한다.
④ 특별관리시행계획에는 다음의 사항이 포함되어야 한다.
  1. 특별관리기본계획의 집행을 위하여 필요한 사항
  2. 시·도에서 화재 등의 안전관리를 위하여 필요한 사항
⑤ 소방청장 및 시·도지사는 특별관리기본계획 또는 특별관리시행계획을 수립하는 경우 성별, 연령별, 화재안전취약자별 화재 피해현황 및 실태 등을 고려해야 한다.

16

정답 ④ **SONICE 기본서 2권** p.371

해설 소방시설 설치 및 관리에 관한 법률 시행규칙 제34조
〈등록사항의 변경신고〉
④ 시·도지사는 변경신고를 받은 경우 <u>5일 이내</u>에 소방시설관리업 등록증 및 등록수첩을 새로 발급하거나 제출된 소방시설관리업 등록증 및 등록수첩과 기술인력의 기술자격증에 그 변경된 사항을 적은 후 내주어야 한다.

17

정답 ④ **SONICE 기본서 2권** p.279

해설 소방시설 설치 및 관리에 관한 법률 제12조
〈특정소방대상물에 설치하는 소방시설의 관리〉
④ <u>소방청장</u>은 특정소방대상물의 관계인이 소방시설의 점검·정비를 위하여 폐쇄·차단을 하는 경우 안전을 확보하기 위하여 필요한 행동요령에 관한 지침을 마련하여 고시하여야 한다.

18

정답 ② **SONICE 기본서 2권** p.352 ~ 353

해설 소방시설 설치 및 관리에 관한 법률 시행령 제35조
〈자체점검 결과에 따른 이행계획 완료의 연기〉
② 「재난 및 안전관리 기본법」 제3조제1호에 해당하는 재난이 발생한 경우, 관계인이 운영하는 사업에 부도 또는 도산 등 중대한 위기가 발생하여 이행계획을 완료하기 곤란한 경우에는 연기신청을 할 수 있다. <u>이행계획을 면제신청할 수 있는 사유는 없다. 면제신청을 할 수 있는 것은 "자체점검의 면제 또는 연기신청사유"에 해당한다.</u>

19 정답 ① SONICE 기본서 2권 p.355

해설 소방시설 설치 및 관리에 관한 법률 시행령 제36조
〈자체점검 결과 공개〉
① 소방본부장 또는 소방서장은 자체점검 결과를 공개하는 경우 <u>30일 이상</u> 전산시스템 또는 인터넷 홈페이지 등을 통해 공개해야 한다.
② 소방본부장 또는 소방서장은 자체점검 결과를 공개하려는 경우 공개 기간, 공개 내용 및 공개 방법을 해당 특정소방대상물의 관계인에게 미리 알려야 한다.
③ 특정소방대상물의 관계인은 공개 내용 등을 통보받은 날부터 10일 이내에 관할 소방본부장 또는 소방서장에게 이의신청을 할 수 있다.
④ 소방본부장 또는 소방서장은 이의신청을 받은 날부터 10일 이내에 심사·결정하여 그 결과를 지체 없이 신청인에게 알려야 한다.
⑤ 자체점검 결과의 공개가 제3자의 법익을 침해하는 경우에는 제3자와 관련된 사실을 제외하고 공개해야 한다.

20 정답 ② SONICE 기본서 2권 p.308

해설 소방시설 설치 및 관리에 관한 법률 시행령 [별표 4]
〈특정소방대상물의 관계인이 특정소방대상물에 설치·관리해야 하는 소방시설의 종류〉
② 층수가 11층 이상인 특정소방대상물의 경우에는 <u>11층 이상의 층</u>에 비상콘센트설비를 설치해야 한다.

SONICE TIP 비상콘센트를 설치해야 하는 특정소방대상물(위험물 저장 및 처리 시설 중 가스 시설 및 지하구는 제외한다)
㉠ 층수가 11층 이상인 특정소방대상물의 경우에는 11층 이상의 층
㉡ 지하층의 층수가 3층 이상이고 지하층의 바닥면적의 합계가 1천㎡ 이상인 것은 지하층의 모든 층
㉢ 터널로서 길이가 500m 이상인 것

21 정답 ① SONICE 기본서 1권 p.290

해설 위험물안전관리법 제6조
〈위험물시설의 설치 및 변경〉
② 제조소등의 위치·구조 또는 설비의 변경없이 당해 제조소등에서 저장하거나 취급하는 위험물의 품명·수량 또는 지정수량의 배수를 변경하고자 하는 자는 변경하고자 하는 날의 <u>1일 전까지</u> 행정안전부령이 정하는 바에 따라 <u>시·도지사</u>에게 신고하여야 한다.
③ 주택의 난방시설(<u>공동주택의 중앙난방시설을 제외한다</u>)을 위한 저장소 또는 취급소의 경우에는 허가를 받지 아니하고 당해 제조소등을 설치하거나 그 위치·구조 또는 설비를 변경할 수 있으며, 신고를 하지 아니하고 위험물의 품명·수량 또는 지정수량의 배수를 변경할 수 있다.
④ 농예용·축산용 또는 수산용으로 필요한 난방시설 또는 건조시설을 위한 지정수량 20배 이하의 <u>저장소</u>의 경우에는 허가를 받지 아니하고 당해 제조소등을 설치하거나 그 위치·구조 또는 설비를 변경할 수 있으며, 신고를 하지 아니하고 위험물의 품명·수량 또는 지정수량의 배수를 변경할 수 있다.

22

정답 ② SONICE 기본서 1권 p.543

해설 위험물안전관리법 시행규칙 [별표 19]

〈위험물의 운반에 관한 기준〉

위험물은 그 운반용기의 외부에 다음에 정하는 바에 따라 위험물의 품명, 수량 등을 표시하여 적재하여야 한다. 다만, UN의 위험물 운송에 관한 권고(RTDG, Recommendations on the Transport of Dangerous Goods)에서 정한 기준 또는 소방청장이 정하여 고시하는 기준에 적합한 표시를 한 경우에는 그러하지 아니하다.

가. 위험물의 품명·위험등급·화학명 및 <u>수용성("수용성" 표시는 제4류 위험물로서 수용성인 것에 한한다)</u>

나. 위험물의 수량

다. 수납하는 위험물에 따라 다음의 규정에 의한 주의사항

구분		물기엄금	화기주의	화기엄금	가연물 접촉주의	충격주의	공기접촉 엄금
제1류 위험물	알칼리금속의 과산화물	●	●		●	●	
	그 밖의 것		●		●	●	
제2류 위험물	철분·금속분·마그네슘	●	●				
	인화성 고체			●			
	그 밖의 것		●				
제3류 위험물	자연발화성물질			●			●
	금수성물질	●					
제4류 위험물				●			
제5류 위험물				●		●	
제6류 위험물					●		

23

정답 ④ SONICE 기본서 1권 p.322

해설 위험물안전관리법 제16조

〈탱크시험자의 결격사유〉

ㄱ. 법인으로서 그 대표자가 피성년후견인에 해당하는 경우
  → 결격사유에 해당하므로 <u>탱크시험자로 등록하거나 탱크시험자의 업무에 종사할 수 없다.</u>

ㄴ. 피성년후견인으로 탱크시험자의 등록이 취소된 날부터 3년이 지난 자
  → 결격사유에 해당하므로 <u>탱크시험자로 등록하거나 탱크시험자의 업무에 종사할 수 없다.</u>

ㄷ. 「소방시설공사업법」에 따른 금고 이상의 실형의 선고를 받고 그 집행이 면제된 날부터 3년이 지난 자
  → 2년이 지났기 때문에 탱크시험자로 등록하거나 탱크시험자의 업무에 종사할 수 있다.

ㄹ. 「소방시설 설치 및 관리에 관한 법률」에 따른 금고 이상의 형의 집행유예 선고를 받고 그 유예기간이 종료된 자
  → 유예기간이 중에 있지 않고 종료되었으므로 탱크시험자로 등록하거나 탱크시험자의 업무에 종사할 수 있다.

24

정답 ① SONICE 기본서 1권 p.398

해설 위험물안전관리법 시행규칙 [별표 6]

〈옥외탱크저장소의 위치·구조 및 설비의 기준〉

옥외저장탱크 중 압력탱크(최대상용압력이 부압 또는 정압 (ㄱ : 5)[kPa]을 초과하는 탱크를 말한다)외의 탱크 ((ㄴ : 4류) 위험물의 옥외저장탱크에 한한다)에 있어서는 밸브없는 통기관 또는 대기밸브부착 통기관을 설치하여야 하고, 압력탱크에 있어서는 안전장치를 설치하여야 한다.

25

정답 ② | SONICE 기본서 1권 | p.412

해설 위험물안전관리법 시행규칙 [별표 10]
〈이동탱크저장소의 위치·구조 및 설비의 기준 - 칸막이〉

> 이동저장탱크는 그 내부에 4,000ℓ 이하마다 3.2mm 이상의 강철판 또는 이와 동등 이상의 강도·내열성 및 내식성이 있는 금속성의 것으로 칸막이를 설치하여야 한다.

→ 칸막이의 개수 = $\dfrac{25,000L}{4,000L} - 1$ = 5.xx (6개)

26

정답 ④ | SONICE 기본서 1권 | p.26

해설 소방기본법 시행규칙 [별표 1]
〈소방체험관의 설립 및 운영에 관한 기준〉
④ 소방체험관의 장은 체험교육의 운영결과, 만족도 조사결과 등을 기록하고 이를 3년간 보관하여야 한다.

SONICE TIP 소방체험관의 시설 기준

1. 소방체험관에는 다음 표에 따른 체험실을 모두 갖추어야 한다. 이 경우 체험실별 바닥면적은 100제곱미터 이상이어야 한다.

분야	체험실
생활안전	**화**재안전 체험실, **시**설안전 체험실
교통안전	**보**행안전 체험실, **자**동차안전 체험실
자연재난안전	**기**후성 재난 체험실, **지**질성 재난 체험실
보건안전	**응**급처치 체험실

암기TIP 교생보자(화씨 보자! 기지~ 응!)

2. 소방체험관의 규모 및 지역 여건 등을 고려하여 다음 표에 따른 체험실을 갖출 수 있다. 이 경우 체험실별 바닥면적은 100제곱미터 이상이어야 한다.

분야	체험실
생활안전	전기안전 체험실, 가스안전 체험실, 작업안전 체험실, 여가활동 체험실, 노인안전 체험실
교통안전	버스안전 체험실, 이륜차안전 체험실, 지하철안전 체험실
자연재난안전	생물권 재난안전 체험실(조류독감, 구제역 등)
사회기반안전	화생방·민방위안전 체험실, 환경안전 체험실, 에너지·정보통신안전 체험실, 사이버안전 체험실
범죄안전	미아안전 체험실, 유괴안전 체험실, 폭력안전 체험실, 성폭력안전 체험실, 사기범죄 안전 체험실
보건안전	중독안전 체험실(게임·인터넷, 흡연 등), 감염병안전 체험실, 식품안전 체험실, 자살방지 체험실
기타	시·도지사가 필요하다고 인정하는 체험실

27 정답 ② SONICE 기본서 1권 p.63

해설 소방기본법 시행규칙 [별표 3의3]

〈소방안전교육훈련의 시설, 장비, 강사자격 및 교육방법 등의 기준 - 시설 및 장비〉

가. 소방안전교육훈련에 필요한 장소 및 차량의 기준은 다음과 같다.
    1) 소방안전교실 : 화재안전 및 생활안전 등을 체험할 수 있는 100제곱미터 이상의 실내시설
    2) 이동안전체험차량 : 어린이 30명(성인은 15명)을 동시에 수용할 수 있는 실내공간을 갖춘 자동차

나. 소방안전교실 및 이동안전체험차량에 갖추어야 할 안전교육장비의 종류는 다음과 같다.

구 분	종 류
화재안전 교육용	안전체험복, 안전체험용 안전모, 소화기, 물소화기, 연기소화기, 옥내소화전 모형장비, 화재모형 타켓, 가상화재 연출장비, 연기발생기, 유도등, 유도표지, 완강기, 소방시설(자동화재탐지설비, 옥내소화전 등) 계통 모형도, 화재대피용 마스크, 공기호흡기, 119신고 실습전화기
생활안전 교육용	구명조끼, 구명환, 공기 튜브, 안전벨트, 개인로프, 가스안전 실습 모형도, 전기안전 실습 모형도
교육 기자재	유・무선 마이크, 노트북 컴퓨터, 빔 프로젝터, 이동형 앰프, LCD 모니터, 디지털 캠코더
기타	그 밖에 소방안전교육훈련에 필요하다고 인정하는 장비

28 정답 ④ SONICE 기본서 2권 p.42 ~ 47

해설 소방의 화재조사에 관한 법률 제17조

〈감정기관의 지정・운영 등〉

① 소방청장은 과학적이고 전문적인 화재조사를 위하여 대통령령으로 정하는 시설과 전문인력 등 지정기준을 갖춘 기관을 화재감정기관으로 지정・운영하여야 한다.
② 소방청장은 지정된 감정기관에서의 과학적 조사・분석 등에 소요되는 비용의 전부 또는 일부를 지원할 수 있다.
③ 소방청장은 감정기관으로 지정받은 자가 다음 각 호의 어느 하나에 해당하는 경우에는 지정을 취소할 수 있다. 다만, 제1호에 해당하는 경우에는 지정을 취소하여야 한다.
  1. 거짓이나 그 밖의 부정한 방법으로 지정을 받은 경우
  2. 화재감정기관의 지정기준에 적합하지 아니하게 된 경우
  3. 고의 또는 중대한 과실로 감정 결과를 사실과 다르게 작성한 경우
  4. 그 밖에 대통령령으로 정하는 사항을 위반한 경우
    ⊙ 의뢰받은 감정을 정당한 사유 없이 거부하거나 1개월 이상 수행하지 않은 경우
    ⓒ 거짓이나 그 밖의 부정한 방법으로 감정 비용을 청구한 경우
④ 소방청장은 감정기관의 지정을 취소하려면 청문을 하여야 한다.
⑤ 감정기관의 지정기준, 지정 절차, 지정 취소 및 운영 등에 필요한 사항은 대통령령으로 정한다.

29 정답 ② SONICE 기본서 1권 p.146

해설 소방시설공사업법 제8조

〈소방시설업의 운영〉

소방시설업자는 다음의 어느 하나에 해당하는 경우에는 소방시설공사등을 맡긴 특정소방대상물의 관계인에게 지체 없이 그 사실을 알려야 한다.

1. 소방시설업자의 **지**위를 승계한 경우 [ㄹ]
2. 소방시설업의 등록**취**소처분 또는 영업**정**지처분을 받은 경우 [ㄷ]
3. **휴**업하거나 **폐**업한 경우 [ㄱ]

  암기TIP 휴지 폐지 취정

→ 옳은 보기는 "ㄱ, ㄷ, ㄹ"이다.

30

정답 ① | SONICE 기본서 1권 | p.216

해설 소방시설공사업법 시행령 제20조
〈업무의 위탁〉

권한	위탁	위탁사항
소방청장	실무교육기관 또는 한국소방안전원	소방기술자 실무교육에 관한 업무
	소방시설업자협회	1. 방염처리능력 평가 및 공시에 관한 업무 2. 시공능력 평가 및 공시에 관한 업무 3. 소방시설업 종합정보시스템의 구축·운영 [②]
	소방시설업자협회, 소방기술과 관련된 법인 또는 단체	1. 소방기술과 관련된 자격·학력 및 경력의 인정 업무 [④] 2. 소방기술자 양성·인정 교육훈련 업무 [①]
시·도지사	소방시설업자협회	1. 소방시설업 등록신청의 접수 및 신청내용의 확인 2. 소방시설업 등록사항 변경신고의 접수 및 신고내용의 확인 3. 소방시설업 휴업·폐업 또는 재개업 신고의 접수 및 신고내용의 확인 [③] 4. 소방시설업자의 지위승계 신고의 접수 및 신고내용의 확인

31

정답 ④ | SONICE 기본서 2권 | p.199

해설 화재의 예방 및 안전관리에 관한 법률 시행령 [별표 8]
〈화재예방안전진단기관의 시설, 전문인력 등 지정기준〉
다음의 전문인력을 모두 갖출 것. 이 경우 전문인력은 해당 화재예방안전진단기관의 상근 직원이어야 하며, 한 사람이 다음 각 목의 자격 요건 중 둘 이상을 충족하는 경우에도 한 명의 전문인력으로 본다.
㉠ 다음에 해당하는 사람
   1) 소방기술사 : 1명 이상
   2) 소방시설관리사 : 1명 이상
   3) 전기안전기술사·화공안전기술사·가스기술사·위험물기능장 또는 건축사 : 1명 이상
㉡ 다음의 분야별로 각 1명 이상

분야	자격 요건
소방	1) 소방기술사 2) 소방시설관리사 3) 소방설비기사(산업기사를 포함한다) 자격 취득 후 소방 관련 업무경력이 3년(소방설비산업기사의 경우 5년) 이상인 사람
전기	1) 전기안전기술사 2) 전기기사(산업기사를 포함한다) 자격 취득 후 소방 관련 업무 경력이 3년(전기산업기사의 경우 5년) 이상인 사람
화공	1) 화공안전기술사 2) 화공기사(산업기사를 포함한다) 자격 취득 후 소방 관련 업무 경력이 3년(화공산업기사의 경우 5년) 이상인 사람
가스	1) 가스기술사 2) 가스기사(산업기사를 포함한다) 자격 취득 후 소방 관련 업무 경력이 3년(가스산업기사의 경우 5년) 이상인 사람
위험물	1) 위험물기능장 2) 위험물산업기사 자격 취득 후 소방 관련 업무 경력이 5년 이상인 사람
건축	1) 건축사 2) 건축기사(산업기사를 포함한다) 자격 취득 후 소방 관련 업무 경력이 3년(건축산업기사의 경우 5년) 이상인 사람
교육훈련	소방안전교육사

32

정답 ④ **SONICE 기본서 2권** p.312 ~ 314

해설 소방시설 설치 및 관리에 관한 법률 시행령 [별표 8]

〈임시소방시설의 종류와 설치기준〉

ㄱ. 임시소방시설의 종류 중 <u>비상경보장치</u>는 화재가 발생할 경우 주변에 있는 작업자에게 화재사실을 알릴 수 있는 장치로서 소방청장이 정하는 성능을 갖추고 있어야 한다.

ㄷ. 바닥면적이 <u>150[m²] 이상</u>인 지하층 또는 무창층의 작업현장에는 간이피난유도선을 설치하여야 한다.

ㄹ. <u>피난유도선, 피난구유도등, 통로유도등 또는 비상조명등</u>을 설치한 경우 간이피난유도선을 설치한 것으로 본다.

→ 옳은 보기는 "ㄴ, ㅁ"이다.

33

정답 ① **SONICE 기본서 2권** p.81

해설 화재의 예방 및 안전관리에 관한 법률 제9조

〈화재안전조사단 편성·운영〉

① 소방관서장은 <u>화재안전조사를 효율적으로 수행하기</u> 위하여 대통령령으로 정하는 바에 따라 소방청에는 중앙화재안전조사단을, 소방본부 및 소방서에는 지방화재안전조사단을 편성하여 운영할 수 있다.

34

정답 ③ **SONICE 기본서 2권** p.196

해설 화재의 예방 및 안전관리에 관한 법률 시행령 [별표 6]

〈소방안전관리자 자격시험에 응시할 수 있는 사람의 자격 - 특급 소방안전관리자〉

㉠ <u>1급 소방안전관리대상물의 소방안전관리자로 5년(소방설비기사의 경우에는 자격 취득 후 2년, 소방설비산업기사의 경우에는 자격 취득 후 3년) 이상 근무한 실무경력(법 제24조제3항에 따라 소방안전관리자로 선임되어 근무한 경력은 제외한다. 이하 이 표에서 같다)이 있는 사람</u>

㉡ 1급 소방안전관리대상물의 소방안전관리자로 선임될 수 있는 자격을 갖춘 후 특급 또는 1급 소방안전관리대상물의 소방안전관리보조자로 7년 이상 근무한 실무경력이 있는 사람

㉢ 소방공무원으로 10년 이상 근무한 경력이 있는 사람

㉣ 「고등교육법」 제2조제1호부터 제6호까지 규정 중 어느 하나에 해당하는 학교(이하 "대학"이라 한다) 또는 「초·중등교육법 시행령」 제90조제1항제10호 및 제91조에 따른 고등학교(이하 "고등학교"라 한다)에서 소방안전관리학과(소방청장이 정하여 고시하는 학과를 말한다. 이하 이 표에서 같다)를 전공하고 졸업한 사람(법령에 따라 이와 같은 수준의 학력이 있다고 인정되는 사람을 포함한다)으로서 해당 학과를 졸업한 후 2년 이상 1급 소방안전관리대상물의 소방안전관리자로 근무한 실무경력이 있는 사람

㉤ 다음의 어느 하나에 해당하는 요건을 갖춘 후 3년 이상 1급 소방안전관리대상물의 소방안전관리자로 근무한 실무경력이 있는 사람

1) 대학 또는 고등학교에서 소방안전 관련 교과목(소방청장이 정하여 고시하는 교과목을 말한다. 이하 이 표에서 같다)을 12학점 이상 이수하고 졸업한 사람

2) 법령에 따라 1)에 해당하는 사람과 같은 수준의 학력이 있다고 인정되는 사람으로서 해당 학력 취득 과정에서 소방안전 관련 교과목을 12학점 이상 이수한 사람

3) 대학 또는 고등학교에서 소방안전 관련 학과(소방청장이 정하여 고시하는 학과를 말한다. 이하 이 표에서 같다)를 전공하고 졸업한 사람(법령에 따라 이와 같은 수준의 학력이 있다고 인정되는 사람을 포함한다)

㉥ 소방행정학(소방학 및 소방방재학을 포함한다) 또는 소방안전공학(소방방재공학 및 안전공학을 포함한다) 분야에서 석사 이상 학위를 취득한 후 2년 이상 1급 소방안전관리대상물의 소방안전관리자로 근무한 실무경력이 있는 사람

㉦ 특급 소방안전관리대상물의 소방안전관리보조자로 10년 이상 근무한 실무경력이 있는 사람

㉧ 법 제34조제1항제1호에 따른 강습교육 중 이 영 제33조제1호에 해당하는 사람을 대상으로 하는 강습교육을 수료한 사람

㉨ 「초고층 및 지하연계 복합건축물 재난관리에 관한 특별법」 제12조제1항 각 호 외의 부분 본문에 따라 총괄재난관리자로 지정되어 1년 이상 근무한 경력이 있는 사람

35

정답 ③ | SONICE 기본서 2권 | p.271, p.265

해설 소방시설 설치 및 관리에 관한 법률 시행규칙 제7조
〈성능위주설계의 사전검토의 신청〉
①②④ : 성능위주설계의 사전검토 시 제출해야 하는 서류에 해당한다.
③ : 성능위주설계의 신고 시 제출해야 하는 서류에 해당한다.

SONICE TIP 성능위주설계 제출서류(신고 vs. 사전검토)

성능위주설계의 신고
1. 다음 각 목의 사항이 포함된 설계도서 　가. 건축물의 개요(위치, 구조, 규모, 용도) 　나. 부지 및 도로의 설치 계획(소방차량 진입 동선을 포함한다) 　다. 화재안전성능의 확보 계획 　라. 성능위주설계 요소에 대한 성능평가(화재 및 피난 모의실험 결과를 포함한다) 　마. 성능위주설계 적용으로 인한 화재안전성능 비교표 [③] 　바. 다음의 건축물 설계도면 　　1) 주단면도 및 입면도 　　2) 층별 평면도 및 창호도 　　3) 실내·실외 마감재료표 　　4) 방화구획도(화재 확대 방지계획을 포함한다) 　　5) 건축물의 구조 설계에 따른 피난계획 및 피난 동선도 　사. 소방시설의 설치계획 및 설계 설명서 　아. 다음의 소방시설 설계도면 　　1) 소방시설 계통도 및 층별 평면도 　　2) 소화용수설비 및 연결송수구 설치 위치 평면도 　　3) 종합방재실 설치 및 운영계획 　　4) 상용전원 및 비상전원의 설치계획 　　5) 소방시설의 내진설계 계통도 및 기준층 평면도(내진 시방서 및 계산서 등 세부 내용이 포함된 상세 설계도면은 제외한다) 　자. 소방시설에 대한 전기부하 및 소화펌프 등 용량계산서 2. 「소방시설공사업법 시행령」 별표 1의2에 따른 성능위주설계를 할 수 있는 자의 자격·기술인력을 확인할 수 있는 서류 3. 「소방시설공사업법」 제21조 및 제21조의3제2항에 따라 체결한 성능위주설계 계약서 사본
성능위주설계의 사전검토
1. 건축물의 개요(위치, 구조, 규모, 용도) 2. 부지 및 도로의 설치 계획(소방차량 진입 동선을 포함한다) [④] 3. 화재안전성능의 확보 계획 4. 화재 및 피난 모의실험 결과 [①] 5. 다음의 건축물 설계도면 　가. 주단면도 및 입면도 　나. 층별 평면도 및 창호도 　다. 실내·실외 마감재료표 　라. 방화구획도(화재 확대 방지계획을 포함한다) 　마. 건축물의 구조 설계에 따른 피난계획 및 피난 동선도 [②] 6. 소방시설 설치계획 및 설계 설명서(소방시설 기계·전기 분야의 기본계통도를 포함한다) 7. 「소방시설공사업법 시행령」 별표 1의2에 따른 성능위주설계를 할 수 있는 자의 자격·기술인력을 확인할 수 있는 서류 8. 「소방시설공사업법」 제21조 및 제21조의3제2항에 따라 체결한 성능위주설계 계약서 사본

36 정답 ③ SONICE 기본서 2권 p.286

해설 소방시설 설치 및 관리에 관한 법률 시행령 [별표 5]
〈특정소방대상물의 소방시설 설치의 면제 기준〉
연결송수관설비를 설치해야 하는 소방대상물에 옥외에 연결송수구 및 옥내에 방수구가 부설된 옥내소화전설비, 스프링클러설비, 간이스프링클러설비 또는 (ㄱ : 연결살수설비)를 화재안전기준에 적합하게 설치한 경우에는 그 설비의 유효범위에서 설치가 면제된다. 다만, 지표면에서 최상층 방수구의 높이가 (ㄴ : 70)[m] 이상인 경우에는 설치해야 한다.

37 정답 ② SONICE 기본서 2권 p.339

해설 소방시설 설치 및 관리에 관한 법률 시행규칙 [별표 3]
〈소방시설등 자체점검의 구분 및 대상, 점검자의 자격, 점검 장비 및 점검 횟수 등 자체점검 시 준수하여야 할 사항〉
② 이산화탄소소화설비, 분말소화설비, 할론소화설비, 할로겐화합물 및 불활성기체 소화설비 – 기동관누설시험기

SONICE TIP 점검장비

소방시설	점검 장비	규격
모든 소방시설	방수압력측정계, 절연저항계(절연저항측정기), 전류전압측정계	
소화기구	저울	
옥내소화전설비 옥외소화전설비	소화전밸브압력계	
스프링클러설비 포소화설비	헤드결합렌치(볼트, 너트, 나사 등을 죄거나 푸는 공구)	
이산화탄소소화설비 분말소화설비 할론소화설비 할로겐화합물 및 불활성기체 소화설비	검량계, 기동관누설시험기, 그 밖에 소화약제의 저장량을 측정할 수 있는 점검기구	
자동화재탐지설비 시각경보기	열감지기시험기, 연(煙)감지기시험기, 공기주입시험기, 감지기시험기연결막대, 음량계	
누전경보기	누전계	누전전류 측정용
무선통신보조설비	무선기	통화시험용
제연설비	풍속풍압계, 폐쇄력측정기, 차압계(압력차 측정기)	
통로유도등 비상조명등	조도계(밝기 측정기)	최소눈금이 0.1럭스 이하인 것

38 정답 ② SONICE 기본서 1권 p.327

해설 위험물안전관리법 제18조, 시행규칙 제67조
〈정기점검 및 정기검사〉
② 정기점검을 한 제조소등의 관계인은 점검을 한 날부터 30일 이내에 점검결과를 시·도지사에게 제출하여야 한다.

39 정답 ② SONICE 기본서 1권 p.407

해설 위험물안전관리법 시행규칙 [별표 8]
〈지하탱크저장소의 위치·구조 및 설비의 기준〉
② 탱크전용실의 벽·바닥 및 뚜껑 두께가 0.3m 이상이어야 한다.
(이황화탄소를 저장하는 옥외저장탱크 - 벽 및 바닥의 두께 0.2m 이상)

40 정답 ③ SONICE 기본서 1권 p.432

해설 위험물안전관리법 시행규칙 [별표 17]
〈소화설비, 경보설비 및 피난설비의 기준 - 능력단위〉

소화설비	용량	능력단위
소화전용물통	8L	0.3
수조(소화전용물통 3개 포함)	80L	1.5
수조(소화전용물통 6개 포함)	190L	2.5
마른 모래(삽 1개 포함)	50L	0.5
팽창질석 또는 팽창진주암(삽 1개 포함)	160L	1.0

06회 소방관계법규 - 정답 및 간단해설

SONICE 빨간불 실전 동형 모의고사 6회

01	02	03	04	05	06	07	08	09	10
①	②	③	②	①	④	④	④	④	②
11	12	13	14	15	16	17	18	19	20
②	④	②	②	③	④	①	②	①	③
21	22	23	24	25	26	27	28	29	30
②	①	①	④	③	③	②	④	②	①
31	32	33	34	35	36	37	38	39	40
②	②	③	③	③	②	③	①	①	③

🎙 **백사부의 한마디**

수없이
많은 별들 중에서도
그 어느 하나도 빛을 내지 않는 별은 없다.

---

01 정답 ① SONICE 기본서 1권 p.72

해설 소방기본법 시행령 [별표 2의3]
〈소방안전교육사의 배치대상별 배치기준〉

배치대상	배치기준(단위 : 명)
1. 소방청	2 이상
2. 소방본부	2 이상
3. 소방서	1 이상
4. 한국소방안전원	본회 : 2 이상 시·도지부 : 1 이상
5. 한국소방산업기술원	2 이상

02 정답 ② SONICE 기본서 1권 p.36

해설 소방기본법 제10조

〈소방용수시설의 설치 및 관리 등〉

① 시·도지사는 소방활동에 필요한 소화전(消火栓)·급수탑(給水塔)·저수조(貯水槽)(이하 "소방용수시설"이라 한다)를 설치하고 유지·관리하여야 한다. 다만, 「수도법」 제45조에 따라 소화전을 설치하는 일반수도사업자는 관할 소방서장과 사전협의를 거친 후 소화전을 설치하여야 하며, 설치 사실을 관할 소방서장에게 통지하고, 그 소화전을 유지·관리하여야 한다.

② 시·도지사는 소방자동차의 진입이 곤란한 지역 등 화재발생 시에 초기 대응이 필요한 지역으로서 대통령령으로 정하는 지역에 소방호스 또는 호스릴 등을 소방용수시설에 연결하여 화재를 진압하는 시설이나 장치(이하 "비상소화장치"라 한다)를 설치하고 유지·관리할 수 있다.

③ 소방용수시설과 비상소화장치의 설치기준은 행정안전부령으로 정한다.

03 정답 ③ SONICE 기본서 1권 p.99 ~ 100

해설 소방기본법 시행령 제12조

〈손실보상의 지급절차 및 방법〉

① 소방기관 또는 소방대의 적법한 소방업무 또는 소방활동으로 인하여 발생한 손실을 보상받으려는 자는 행정안전부령으로 정하는 보상금 지급 청구서에 손실내용과 손실금액을 증명할 수 있는 서류를 첨부하여 소방청장 또는 시·도지사(이하 "소방청장등"이라 한다)에게 제출하여야 한다. 이 경우 소방청장등은 손실보상금의 산정을 위하여 필요하면 손실보상을 청구한 자에게 증빙·보완 자료의 제출을 요구할 수 있다.

② 소방청장등은 손실보상심의위원회의 심사·의결을 거쳐 특별한 사유가 없으면 보상금 지급 청구서를 받은 날부터 60일 이내에 보상금 지급 여부 및 보상금액을 결정하여야 한다.

③ 소방청장등은 다음의 어느 하나에 해당하는 경우에는 그 청구를 각하(却下)하는 결정을 하여야 한다.
　1. 청구인이 같은 청구 원인으로 보상금 청구를 하여 보상금 지급 여부 결정을 받은 경우. 다만, 기각 결정을 받은 청구인이 손실을 증명할 수 있는 새로운 증거가 발견되었음을 소명(疎明)하는 경우는 제외한다.
　2. 손실보상 청구가 요건과 절차를 갖추지 못한 경우. 다만, 그 잘못된 부분을 시정할 수 있는 경우는 제외한다.

④ 소방청장등은 결정일부터 10일 이내에 행정안전부령으로 정하는 바에 따라 결정 내용을 청구인에게 통지하고, 보상금을 지급하기로 결정한 경우에는 특별한 사유가 없으면 통지한 날부터 30일 이내에 보상금을 지급하여야 한다.

⑤ 소방청장등은 보상금을 지급받을 자가 지정하는 예금계좌에 입금하는 방법으로 보상금을 지급한다. 다만, 보상금을 지급받을 자가 체신관서 또는 은행이 없는 지역에 거주하는 등 부득이한 사유가 있는 경우에는 그 보상금을 지급받을 자의 신청에 따라 현금으로 지급할 수 있다.

⑥ 보상금은 일시불로 지급하되, 예산 부족 등의 사유로 일시불로 지급할 수 없는 특별한 사정이 있는 경우에는 청구인의 동의를 받아 분할하여 지급할 수 있다.

⑦ 규정한 사항 외에 보상금의 청구 및 지급에 필요한 사항은 소방청장이 정한다.

04 정답 ② SONICE 기본서 1권 p.29

해설 소방기본법 제6조

〈소방업무에 관한 종합계획의 수립·시행〉
종합계획에는 다음의 사항이 포함되어야 한다.
1. 소방**서비스**의 질 향상을 위한 정책의 기본방향
2. 소방업무에 필요한 **체**계의 구축, 소방기술의 **연**구·개발 및 보급 [ㄹ]
3. 소방업무에 필요한 **장**비의 구비 [ㄱ]
4. 소방전문**인**력 양성
5. 소방업무에 필요한 **기**반조성
6. 소방업무의 **교**육 및 홍보(소방자동차의 우선 통행 등에 관한 홍보를 포함한다)
7. 그 밖에 소방업무의 효율적 수행을 위하여 필요한 사항으로서 대통령령으로 정하는 사항
   ㉠ **재난**·재해 환경 변화에 따른 소방업무에 필요한 대응 체계 마련
   ㉡ 장애인, 노인, 임산부, 영유아 및 어린이 등 이동이 **어려운** 사람을 대상으로 한 소방활동에 필요한 조치

암기TIP 서비스 연체 장인 기교 + 어려운 재난

→ 옳은 보기는 "ㄱ, ㄹ"이다.

05 정답 ① SONICE 기본서 2권 p.29 ~ 30

해설 소방의 화재조사에 관한 법률 시행령 제10조, 제11조

〈관계인등에 대한 출석요구 및 질문, 화재조사 증거물 수집〉
- 소방관서장은 관계인등의 출석을 요구하려면 출석일 (ㄱ: 3)일 전까지 출석 일시와 장소, 출석 요구 사유의 사항을 관계인등에게 알려야 한다.
- 소방관서장은 화재조사를 위하여 필요한 (ㄴ: 최소한)의 범위에서 화재조사관에게 증거물을 수집하여 검사·시험·분석 등을 하게 할 수 있다.

06 정답 ④ SONICE 기본서 2권 p.26 ~ 27

해설 소방의 화재조사에 관한 법률 제8조

〈화재현장 보존 등〉
① 소방관서장은 화재조사를 위하여 필요한 범위에서 화재현장 보존조치를 하거나 화재현장과 그 인근 지역을 통제구역으로 설정할 수 있다. 다만, 방화(放火) 또는 실화(失火)의 혐의로 수사의 대상이 된 경우에는 관할 경찰서장 또는 해양경찰서장이 통제구역을 설정한다.
② 누구든지 소방관서장 또는 경찰서장의 허가 없이 설정된 통제구역에 출입하여서는 아니 된다.
③ ①에 따라 화재현장 보존조치를 하거나 통제구역을 설정한 경우 누구든지 소방관서장 또는 경찰서장의 허가 없이 화재현장에 있는 물건 등을 이동시키거나 변경·훼손하여서는 아니 된다. 다만, 공공의 이익에 중대한 영향을 미친다고 판단되거나 인명구조 등 긴급한 사유가 있는 경우에는 그러하지 아니하다.
④ 화재현장 보존조치, 통제구역의 설정 및 출입 등에 필요한 사항은 대통령령으로 정한다.

선지분석
④ 허가 없이 통제구역에 출입한 사람에게는 200만원 이하의 과태료를 <u>경찰서장</u>이 부과한다.

07

정답 ④   SONICE 기본서 1권   p.162 ~ 163

해설 소방시설공사업법 제15조

〈공사의 하자보수〉

① 공사업자는 소방시설공사 결과 자동화재탐지설비 등 대통령령으로 정하는 소방시설에 하자가 있을 때에는 대통령령으로 정하는 기간 동안 그 하자를 보수하여야 한다.

② 관계인은 ①에 따른 기간에 소방시설의 하자가 발생하였을 때에는 공사업자에게 그 사실을 알려야 하며, 통보를 받은 공사업자는 3일 이내에 하자를 보수하거나 보수 일정을 기록한 하자보수계획을 관계인에게 서면으로 알려야 한다.

③ 관계인은 공사업자가 다음의 어느 하나에 해당하는 경우에는 소방본부장이나 소방서장에게 그 사실을 알릴 수 있다.
   1. ②에 따른 기간에 하자보수를 이행하지 아니한 경우 [ㄱ]
   2. ②에 따른 기간에 하자보수계획을 서면으로 알리지 아니한 경우 [ㄴ]
   3. 하자보수계획이 불합리하다고 인정되는 경우 [ㄹ]

④ 소방본부장이나 소방서장은 ③에 따른 통보를 받았을 때에는 「소방시설 설치 및 관리에 관한 법률」 제18조제2항에 따른 지방소방기술심의위원회에 심의를 요청하여야 하며, 그 심의 결과 ③ 각 호의 어느 하나에 해당하는 것으로 인정할 때에는 시공자에게 기간을 정하여 하자보수를 명하여야 한다.

→ 옳은 보기는 "ㄱ, ㄴ, ㄹ"이다.

08

정답 ④   SONICE 기본서 1권   p.190 ~ 192

해설 소방시설공사업법 제26조

〈시공능력 평가 및 공시〉

④ 소방시설업자협회는 시공능력평가 및 공시를 위하여 제출된 자료가 거짓으로 확인된 경우에는 그 확인된 날부터 10일 이내에 공시된 해당 공사업자의 시공능력을 새로 평가하고 해당 공사업자의 등록수첩에 그 사실을 기재하여 발급하여야 한다.

SONICE TIP 방염처리능력평가, 시공능력평가, 점검능력평가

방염처리능력평가	시공능력평가	점검능력평가
방염처리업자	공사업자	관리업자
소방청장(~할 수 있다.)	소방청장(~할 수 있다.)	소방청장(~해야 한다.)
소방시설업자협회에 위탁한다.	소방시설업자협회에 위탁한다.	소방기술과 관련된 법인 또는 단체에 위탁한다.
매년 2월 15일까지 서류 제출	매년 2월 15일까지 서류 제출	매년 2월 15일까지 서류 제출
서류 15일 보완	서류 15일 보완	서류 15일 보완
실적+자본금+기술력+경력±신인도	실적+자본금+기술력+경력±신인도	실적(점검, 대행)+기술력+경력±신인도
7월 31일까지 결과공시	7월 31일까지 결과공시	7월 31일까지 결과공시 (소방청장, 시도지사 지체없이 결과통보)
서류 거짓 확인 시 10일 이내 재평가	서류 거짓 확인 시 10일 이내 재평가	-
유효 1년	유효 1년	유효 1년
-	1건의 공사도급금액	상시 점검능력평가 (신규 업체, 지위승계 신고, 재평가)

09 정답 ④   SONICE 기본서 1권   p.126 ~ 136

해설 소방시설공사업법 제4조
〈소방시설업의 등록〉
① 특정소방대상물의 소방시설공사등을 하려는 자는 업종별로 자본금(개인인 경우에는 자산 평가액을 말한다), 기술인력 등 대통령령으로 정하는 요건을 갖추어 시·도지사에게 소방시설업을 등록하여야 한다.
② 소방시설업의 업종별 영업범위는 대통령령으로 정한다.
③ 소방시설업의 등록신청과 등록증·등록수첩의 발급·재발급 신청, 그 밖에 소방시설업 등록에 필요한 사항은 행정안전부령으로 정한다.
④ ①에도 불구하고 「공공기관의 운영에 관한 법률」 제5조에 따른 공기업·준정부기관 및 「지방공기업법」 제49조에 따라 설립된 지방공사나 같은 법 제76조에 따라 설립된 지방공단이 다음 각 호의 요건을 모두 갖춘 경우에는 시·도지사에게 등록을 하지 아니하고 자체 기술인력을 활용하여 설계·감리를 할 수 있다. 이 경우 대통령령으로 정하는 기술인력을 보유하여야 한다.
  1. 주택의 건설·공급을 목적으로 설립되었을 것
  2. 설계·감리 업무를 주요 업무로 규정하고 있을 것

> 선지분석
> ① 특정소방대상물의 소방시설공사등을 하려는 자는 업종별로 자본금(개인인 경우에는 자산 평가액을 말한다), 기술인력 등 대통령령으로 정하는 요건을 갖추어 시·도지사에게 소방시설업을 등록하여야 한다.
> ② 전문 소방시설공사업은 주된 기술인력으로 소방기술사 또는 기계분야와 전기분야의 소방설비기사 각 1명(기계분야 및 전기분야의 자격을 함께 취득한 사람 1명) 이상, 보조 기술인력으로 2명 이상을 갖추어야 한다.
> ③ 소방시설공사업의 등록을 하려는 자는 기준을 갖추어 소방청장이 지정하는 금융회사 또는 소방산업공제조합이 자본금 기준금액의 100분의 20 이상에 해당하는 금액의 담보를 제공받거나 현금의 예치 또는 출자를 받은 사실을 증명하여 발행하는 확인서를 시·도지사에게 제출하여야 한다.

10 정답 ②   SONICE 기본서 1권   p.160

해설 소방시설공사업법 시행령 제5조
〈완공검사를 위한 현장확인 대상 특정소방대상물의 범위〉
1. **문화** 및 집회시설, **종교시설**, **판매시설**, **노**유자시설, **수**련시설, **운**동시설, **숙**박시설, **창**고시설, **지**하상가 및 「다중이용업소의 안전관리에 관한 특별법」에 따른 **다중이용업소** [ㄷ]
2. 다음 각 목의 어느 하나에 해당하는 설비가 설치되는 특정소방대상물
   가. **스**프링클러설비등 [ㄴ]
   나. **물**분무등소화설비(호스릴 방식의 소화설비는 제외한다)
3. 연면적 **1만**제곱미터 이상이거나 **11층** 이상인 특정소방대상물(아파트는 제외한다) [ㄱ]
4. 가연성가스를 제조·저장 또는 취급하는 시설 중 지상에 노출된 가연성가스탱크의 저장용량 합계가 1천톤 이상인 시설 [ㄹ]

암기TIP **스**울 **노숙**수는 **판매**를 위하여 **종교시설**에서 **창문**을 지운다. 1천, 1만, 11층

→ 완공검사를 받지 않은 경우 : 200만원 이하의 과태료

11

정답 ② SONICE 기본서 2권 p.91

해설 화재의 예방 및 안전관리에 관한 법률 제17조, 시행령 제16조

〈화재의 예방조치 등〉

1. 화재**예방**강화지구 [③, ④]
2. **제조소**등 [①]
3. 「고압가스 안전관리법」 제3조제1호에 따른 저장소 [②]
4. 「액화석유가스의 안전관리 및 사업법」 제2조제1호에 따른 액화**석**유가스의 저장소·판매소
5. 「수소경제 육성 및 수소 안전관리에 관한 법률」 제2조제7호에 따른 **수**소연료**공**급시설 및 같은 조 제9호에 따른 **수**소연료**사**용시설
6. 「총포·도검·화약류 등의 안전관리에 관한 법률」 제2조제3항에 따른 **화**약류를 저장하는 장소

암기TIP 예방 제석저화 수공사

12

정답 ④ SONICE 기본서 2권 p.71 ~ 72

해설 화재의 예방 및 안전관리에 관한 법률 제5조, 시행규칙 제2조

〈실태조사〉

① 소방청장은 기본계획 및 시행계획의 수립·시행에 필요한 기초자료를 확보하기 위하여 소방대상물의 용도별·규모별 현황 등에 대하여 실태조사를 할 수 있다.
② 실태조사는 통계조사, 문헌조사 또는 현장조사의 방법으로 하며, 정보통신망 또는 전자적인 방식을 사용할 수 있다.
③ 소방청장은 실태조사를 실시하려는 경우 실태조사 시작 7일 전까지 조사 일시, 조사 사유 및 조사 내용 등을 포함한 조사계획을 조사대상자에게 서면 또는 전자우편 등의 방법으로 미리 알려야 한다.

13

정답 ② SONICE 기본서 2권 p.174

해설 화재의 예방 및 안전관리에 관한 법률 시행규칙 제40조

〈소방안전교육 대상자 등〉

㉠ 소방안전교육의 교육대상자는 소방안전관리대상물에 해당하지 않는 특정소방대상물 중 다음의 어느 하나에 해당하는 특정소방대상물의 관계인으로서 관할 소방서장이 소방안전교육이 필요하다고 인정하는 사람으로 한다.
  1. 소화기 또는 비상경보설비가 설치된 공장·창고 등의 특정소방대상물 [①, ②, ③]
  2. 그 밖에 관할 소방본부장 또는 소방서장이 화재에 대한 취약성이 높다고 인정하는 특정소방대상물 [④]
㉡ 소방본부장 또는 소방서장은 소방안전교육을 실시하려는 경우에는 교육일 10일 전까지 특정소방대상물 관계인 소방안전교육 계획서를 작성하여 통보해야 한다.

14 정답 ② SONICE 기본서 2권 p.67 ~ 70

해설 화재의 예방 및 안전관리에 관한 법률 제4조, 시행령 제2조, 제3조, 제4조
〈화재의 예방 및 안전관리 기본계획 등의 수립·시행〉,
② 소방청장은 화재의 예방 및 안전관리에 관한 기본계획을 계획 시행 전년도 8월 31일까지 관계 중앙행정기관의 장과 협의한 후 계획 시행 전년도 9월 30일까지 수립해야 한다.

SONICE TIP 화재의 예방 및 안전관리에 관한 기본계획에 포함되어야 하는 사항

기본계획에는 다음의 사항이 포함되어야 한다.
1. 화재예방정책의 기본**목표** 및 추진방향
2. 화재의 예방과 안전관리를 위한 **법령**·제도의 마련 등 기반 조성
3. 화재의 예방과 안전관리를 위한 **대**국민 교육·홍보
4. 화재의 예방과 안전관리 관련 **기술**의 개발·보급
5. 화재의 예방과 안전관리 관련 **전문**인력의 육성·지원 및 관리
6. 화재의 예방과 안전관리 관련 산업의 **국제**경쟁력 향상
7. 그 밖에 대통령령으로 정하는 화재의 예방과 안전관리에 필요한 사항
   ㉠ **화재발생** 현황
   ㉡ 소방대상물의 **환경** 및 화재위험특성 변화 추세 등 화재예방정책의 여건 변화에 관한 사항
   ㉢ 소방시설의 설치·관리 및 화재안전**기준**의 **개선**에 관한 사항
   ㉣ **계절**별·**시**기별·소방대상물별 화재예방대책의 추진 및 평가 등에 관한 사항
   ㉤ 그 밖에 화재의 예방 및 안전관리와 관련하여 소방청장이 필요하다고 인정하는 사항

암기TIP 국제 목표 법전 대기 + 화재발생 계시 환경 기준 개선

15 정답 ③ SONICE 기본서 2권 p.114 ~ 115

해설 화재의 예방 및 안전관리에 관한 법률 시행령 제24조
〈화재안전취약자 지원 대상 및 방법〉
㉠ 어린이, 노인, 장애인 등 화재의 예방 및 안전관리에 취약한 자(이하 "화재안전취약자"라 한다)에 대한 지원의 대상은 다음과 같다.
   1. 「국민기초생활 보장법」 제2조제2호에 따른 수급자 [②]
   2. 「장애인복지법」 제6조에 따른 중증장애인 [②]
   3. 「한부모가족지원법」 제5조에 따른 지원대상자
   4. 「노인복지법」 제27조의2에 따른 홀로 사는 노인 [②]
   5. 「다문화가족지원법」 제2조제1호에 따른 다문화가족의 구성원
   6. 그 밖에 화재안전에 취약하다고 소방관서장이 인정하는 사람
㉡ 소방관서장은 ㉠의 사람에게 다음의 사항을 지원할 수 있다.
   1. 소방시설등의 설치 및 개선 [③]
   2. 소방시설등의 안전점검 [③]
   3. 소방용품의 제공 [③]
   4. 전기·가스 등 화재위험 설비의 점검 및 개선 [③]
   5. 그 밖에 화재안전을 위하여 필요하다고 인정되는 사항
㉢ 규정한 사항 외에 지원의 방법 및 절차 등에 관하여 필요한 사항은 소방청장이 정한다.

16
정답 ④　SONICE 기본서 2권　p.350 ~ 351

해설 소방시설 설치 및 관리에 관한 법률 시행규칙 제23조
〈소방시설등의 자체점검 결과의 조치 등〉
④ 완료기간 내에 이행계획을 완료한 관계인은 이행을 완료한 날부터 <u>10일 이내</u>에 소방시설등의 자체점검 결과 이행완료 보고서에 서류를 첨부하여 소방본부장 또는 소방서장에게 보고해야 한다.

17
정답 ①　SONICE 기본서 2권　p.353

해설 소방시설 설치 및 관리에 관한 법률 시행규칙 제25조
〈자체점검 결과의 게시〉
(<u>ㄱ : 소방본부장 또는 소방서장</u>)에게 자체점검 결과 보고를 마친 관계인은 보고한 날부터 (<u>ㄴ : 10</u>)일 이내에 소방시설등 자체점검기록표를 작성하여 특정소방대상물의 출입자가 쉽게 볼 수 있는 장소에 (<u>ㄷ : 30</u>)일 이상 게시해야 한다.
→ 점검기록표를 기록하지 아니하거나 특정소방대상물의 출입자가 쉽게 볼 수 있는 장소에 게시하지 아니한 관계인 : 300만원 이하의 과태료를 부과한다.

18
정답 ②　SONICE 기본서 2권　p.262

해설 소방시설 설치 및 관리에 관한 법률 제7조
〈소방시설의 내진설계기준〉
「지진·화산재해대책법」 제14조제1항 각 호의 시설 중 대통령령으로 정하는 특정소방대상물에 대통령령으로 정하는 소방시설(소방시설 중 옥내소화전설비, 스프링클러설비 및 <u>물분무등소화설비[ㄷ, ㄹ]</u>)을 설치하려는 자는 지진이 발생할 경우 소방시설이 정상적으로 작동될 수 있도록 소방청장이 정하는 내진설계기준에 맞게 소방시설을 설치하여야 한다.
→ 옳은 보기는 "ㄷ, ㄹ(2개)"이다.

19
정답 ①　SONICE 기본서 2권　p.290

해설 소방시설 설치 및 관리에 관한 법률 시행령 [별표 6]
〈소방시설을 설치하지 않을 수 있는 특정소방대상물 및 소방시설의 범위〉
① 화재위험도가 낮은 특정소방대상물 - <u>석재, 불연성금속, 불연성 건축재료 등의 가공공장·기계조립공장 또는 불연성 물품을 저장하는 창고</u>
② 화재안전기준을 적용하기 어려운 특정소방대상물 - 펄프공장의 작업장, 음료수 공장의 세정 또는 충전을 하는 작업장, 그 밖에 이와 비슷한 용도로 사용하는 것 / 정수장, 수영장, 목욕장, 농예·축산·어류양식용 시설, 그 밖에 이와 비슷한 용도로 사용되는 것
③ 화재안전기준을 달리 적용해야 하는 특수한 용도 또는 구조를 가진 특정소방대상물 - 원자력발전소, 중·저준위방사성폐기물의 저장시설
④ 「위험물안전관리법」 제19조에 따른 자체소방대가 설치된 특정소방대상물 - 자체소방대가 설치된 제조소등에 부속된 사무실

20 정답 ③ SONICE 기본서 1권 p.527

해설 위험물안전관리법 시행규칙 [별표 17]

〈소화난이도등급Ⅱ의 제조소등에 설치하여야 하는 소화설비〉

제조소등의 구분	소화설비
제조소 옥내저장소 옥외저장소 주유취급소 판매취급소 일반취급소	방사능력범위 내에 당해 건축물, 그 밖의 공작물 및 위험물이 포함되도록 대형수동식소화기를 설치하고, 당해 위험물의 소요단위의 1/5 이상에 해당되는 능력단위의 소형수동식소화기등을 설치할 것
옥외탱크저장소 옥내탱크저장소	대형수동식소화기 및 소형수동식소화기등을 각각 1개 이상 설치할 것

[비고]
1. 옥내소화전설비, 옥외소화전설비, 스프링클러설비 또는 물분무등소화설비를 설치한 경우에는 당해 소화설비의 방사능력범위 내의 부분에 대해서는 대형수동식소화기를 설치하지 아니할 수 있다.
2. 소형수동식소화기등이란 제4호의 규정에 의한 소형수동식소화기 또는 기타 소화설비를 말한다. 이하 같다.

21 정답 ② SONICE 기본서 1권 p.334

해설 위험물안전관리법 시행령 제18조

〈자체소방대를 설치하여야 하는 사업소〉

1. 제조소 또는 일반취급소에서 취급하는 제4류 위험물의 최대수량의 합이 지정수량의 3천배 이상
2. 옥외탱크저장소에 저장하는 제4류 위험물의 최대수량이 지정수량의 50만배 이상

① 300만리터의 경유를 취급하는 일반취급소
  → 경유 : 제4류 위험물 중 제2석유류(비수용성), 지정수량 1,000L
  → 지정수량의 배수 = $\frac{취급량}{지정수량}$ = $\frac{3,000,000L}{1,000L}$ = 3,000배 (3천배 이상)

② 500만리터의 중유를 취급하는 일반취급소
  → 중유 : 제4류 위험물 중 제3석유류(비수용성), 지정수량 2,000L
  → 지정수량의 배수 = $\frac{취급량}{지정수량}$ = $\frac{5,000,000L}{2,000L}$ = 2,500배 (3천배 미만)

③ 150만리터의 메틸알코올을 취급하는 제조소
  → 메틸알코올 : 제4류 위험물 중 알코올류, 지정수량 400L
  → 지정수량의 배수 = $\frac{취급량}{지정수량}$ = $\frac{1,500,000L}{400L}$ = 3,750배 (3천배 이상)

④ 80만리터의 휘발유를 취급하는 제조소
  → 휘발유 : 제4류 위험물 중 제1석유류(비수용성), 지정수량 200L
  → 지정수량의 배수 = $\frac{취급량}{지정수량}$ = $\frac{800,000L}{200L}$ = 4,000배 (3천배 이상)

22
정답 ① **SONICE 기본서 1권** p.393, p.414

해설 위험물안전관리법 시행규칙 [별표 5], [별표 10]
〈옥내저장소, 이동탱크저장소의 위치·구조 및 설비의 기준〉
- 옥내저장소에 저장·취급하는 경우 하나의 저장창고 바닥면적은 1,000m² 이하여야 한다.
  → 특수인화물, 제1석유류, 알코올류
- 위험등급 II에 해당한다.
  → 제1석유류, 알코올류
- 이동탱크저장소에 저장·취급할 때에는 접지도선을 설치하여야 한다.
  → 특수인화물, 제1석유류, 제2석유류

> **선지분석**
> ① 제1석유류 : 아세톤
> ② 제4석유류 : 기어유
> ③ 알코올류 : 메틸알코올
> ④ 특수인화물 : 디에틸에테르

23
정답 ① **SONICE 기본서 1권** p.388

해설 위험물안전관리법 시행규칙 [별표 4]
〈제조소의 위치·구조 및 설비의 기준 - 압력계 및 안전장치〉
위험물을 가압하는 설비 또는 그 취급하는 위험물의 압력이 상승할 우려가 있는 설비에는 압력계 및 다음 각목의 1에 해당하는 안전장치를 설치하여야 한다. 다만, 라목의 파괴판은 위험물의 성질에 따라 안전밸브의 작동이 곤란한 가압설비에 한한다.
가. 자동적으로 **압력**의 상승을 정지시키는 장치
나. 감압측에 안전밸브를 부착한 **감압밸브**
다. 안전밸브를 겸하는 **경보장치**
라. **파괴판**

암기TIP 감경파 압력

24
정답 ④ **SONICE 기본서 1권** p.356

해설 위험물안전관리법 시행령 제22조
〈업무의 위탁〉
① 소방본부장 또는 소방서장은 정기검사를 한국소방산업기술원에 위탁한다. (운반용기검사는 시·도지사가 한국소방산업기술원에 위탁하는 업무이다.)
② 소방청장은 탱크시험자의 기술인력으로 종사하는 자에 대한 안전교육을 한국소방산업기술원에 위탁한다.
③ 시·도지사는 용량이 100만리터 이상인 액체위험물을 저장하는 탱크에 대한 탱크안전성능검사를 한국소방산업기술원에 위탁한다.

25 정답 ③ SONICE 기본서 1권 p.335

해설 위험물안전관리법 시행령 [별표 8]

〈자체소방대에 두는 화학소방자동차 및 인원〉

사업소의 구분	화학소방자동차	자체소방대원의 수
1. 제조소 또는 일반취급소에서 취급하는 제4류 위험물의 최대수량의 합이 지정수량의 3천배 이상 12만배 미만인 사업소	1대	5인
2. 제조소 또는 일반취급소에서 취급하는 제4류 위험물의 최대수량의 합이 지정수량의 12만배 이상 24만배 미만인 사업소	2대	10인
3. 제조소 또는 일반취급소에서 취급하는 제4류 위험물의 최대수량의 합이 지정수량의 24만배 이상 48만배 미만인 사업소	3대	15인
4. 제조소 또는 일반취급소에서 취급하는 제4류 위험물의 최대수량의 합이 지정수량의 48만배 이상인 사업소	4대	20인
5. 옥외탱크저장소에 저장하는 제4류 위험물의 최대수량이 지정수량의 50만배 이상인 사업소	2대	10인

※ 비고 : 화학소방자동차에는 행정안전부령으로 정하는 소화능력 및 설비를 갖추어야 하고, 소화활동에 필요한 소화약제 및 기구(방열복 등 개인장구를 포함한다)를 비치하여야 한다.

26 정답 ③ SONICE 기본서 1권 p.31

해설 소방기본법 제7조

〈소방의 날 제정과 운영〉

① 국민의 안전의식과 화재에 대한 경각심을 높이고 안전문화를 정착시키기 위하여 매년 11월 9일을 소방의 날로 정하여 기념행사를 한다.

② 소방의 날 행사에 관하여 필요한 사항은 소방청장 또는 시·도지사가 따로 정하여 시행할 수 있다.

③ 소방청장은 다음에 해당하는 사람을 명예직 소방대원으로 위촉할 수 있다.

1. 「의사상자 등 예우 및 지원에 관한 법률」 제2조에 따른 의사상자로서 같은 법 제3조제3호 또는 제4호에 해당하는 사람
2. 소방행정 발전에 공로가 있다고 인정되는 사람

27

정답 ② | SONICE 기본서 1권 | p.57 ~ 58

해설 소방기본법 제16조의2

〈소방지원활동〉

① 소방청장·소방본부장 또는 소방서장은 공공의 안녕질서 유지 또는 복리증진을 위하여 필요한 경우 소방활동 외에 다음 각 호의 활동(이하 "소방지원활동"이라 한다)을 하게 할 수 있다.
　1. 산불에 대한 예방·진압 등 지원활동
　2. 자연재해에 따른 급수·배수 및 제설 등 지원활동
　3. 집회·공연 등 각종 행사 시 사고에 대비한 근접대기 등 지원활동
　4. 화재, 재난·재해로 인한 피해복구 지원활동
　5. 그 밖에 행정안전부령으로 정하는 활동
② 소방지원활동은 소방활동 수행에 지장을 주지 아니하는 범위에서 할 수 있다.
③ 유관기관·단체 등의 요청에 따른 소방지원활동에 드는 비용은 지원요청을 한 유관기관·단체 등에게 부담하게 할 수 있다. 다만, 부담금액 및 부담방법에 관하여는 지원요청을 한 유관기관·단체 등과 협의하여 결정한다.

28

정답 ④ | SONICE 기본서 2권 | p.17

해설 소방의 화재조사에 관한 법률 시행령 제3조

〈화재조사의 내용·절차〉

㉠ 현장출동 중 조사 : 화재발생 접수, 출동 중 화재상황 파악 등
㉡ 화재현장 조사 : 화재의 발화원인, 연소상황 및 피해상황 조사 등
㉢ 정밀조사 : 감식·감정, 화재원인 판정 등
㉣ 화재조사 결과 보고

29

정답 ② | SONICE 기본서 1권 | p.115

해설 소방시설공사업법 시행령 [별표 3]

〈소방기술자의 배치기준 및 배치기간〉

㉠ 공사업자는 소방기술자를 소방시설공사의 착공일부터 소방시설 완공검사증명서 발급일까지 배치한다.
㉡ 공사업자는 ㉠에도 불구하고 시공관리, 품질 및 안전에 지장이 없는 경우로서 다음의 어느 하나에 해당하여 발주자가 서면으로 승낙하는 경우에는 해당 공사가 중단된 기간 동안 소방기술자를 공사 현장에 배치하지 않을 수 있다.
　1) 민원 또는 계절적 요인 등으로 해당 공정의 공사가 일정 기간 중단된 경우 [④]
　2) 예산의 부족 등 발주자(하도급의 경우에는 수급인을 포함한다. 이하 이 목에서 같다)의 책임 있는 사유 또는 천재지변 등 불가항력으로 공사가 일정기간 중단된 경우 [③]
　3) 발주자가 공사의 중단을 요청하는 경우 [①]

SONICE TIP 소방공사 감리원의 배치기간

㉠ 감리업자는 소방공사 감리원을 상주 공사감리 및 일반공사감리로 구분하여 소방시설공사의 착공일부터 소방시설 완공검사증명서 발급일까지의 기간 중 행정안전부령으로 정하는 기간 동안 배치한다.
㉡ 감리업자는 가목에도 불구하고 시공관리, 품질 및 안전에 지장이 없는 경우로서 다음의 어느 하나에 해당하여 발주자가 서면으로 승낙하는 경우에는 해당 공사가 중단된 기간 동안 감리원을 공사현장에 배치하지 않을 수 있다.
　1) 민원 또는 계절적 요인 등으로 해당 공정의 공사가 일정 기간 중단된 경우
　2) 예산의 부족 등 발주자(하도급의 경우에는 수급인을 포함한다. 이하 이 목에서 같다)의 책임 있는 사유 또는 천재지변 등 불가항력으로 공사가 일정기간 중단된 경우
　3) 발주자가 공사의 중단을 요청하는 경우

30

정답 ① SONICE 기본서 1권 p.189

해설 소방시설공사업법 시행령 제12조의5
〈하도급계약 자료의 공개〉
① 소방시설공사등의 하도급계약 자료의 공개는 하도급에 관한 사항을 통보받은 날부터 30일 이내에 해당 소방시설공사등을 발주한 기관의 인터넷 홈페이지에 게재하는 방법으로 하여야 한다.
② 소방시설공사등의 하도급계약 자료의 공개대상 계약규모는 하도급계약금액[하수급인의 하도급금액 산출내역서의 계약단가(직접·간접 노무비, 재료비 및 경비를 포함한다)를 기준으로 산출한 금액에 일반관리비, 이윤 및 부가가치세를 포함한 금액을 말하며, 수급인이 하수급인에게 직접 지급하는 자재의 비용 등 관계 법령에 따라 수급인이 부담하는 금액은 제외한다]이 1천만원 이상인 경우로 한다.

31

정답 ② SONICE 기본서 2권 p.138

해설 화재의 예방 및 안전관리에 관한 법률 시행규칙 제11조
〈자위소방대 및 초기대응체계의 구성·운영 및 교육 등〉
자위소방대에는 대장과 부대장 1명을 각각 두며, 편성 조직의 인원은 해당 소방안전관리대상물의 수용인원 등을 고려하여 구성한다. 이 경우 자위소방대의 대장·부대장 및 편성조직의 임무는 다음 각 호와 같다.
1. **대**장은 자위소방대를 총괄 지휘한다.
2. **부**대장은 대장을 보좌하고 대장이 부득이한 사유로 임무를 수행할 수 없는 때에는 그 임무를 대행한다.
3. 비상**연**락팀은 화재사실의 전파 및 신고 업무를 수행한다.
4. **초**기소화팀은 화재 발생 시 초기화재 진압 활동을 수행한다.
5. 피난**유**도팀은 재실자(在室者) 및 장애인, 노인, 임산부, 영유아 및 어린이 등 이동이 어려운 사람(이하 "피난약자"라 한다)을 안전한 장소로 대피시키는 업무를 수행한다.
6. **응**급구조팀은 인명을 구조하고, 부상자에 대한 응급조치를 수행한다.
7. **방**호안전팀은 화재확산방지 및 위험시설의 비상정지 등 방호안전 업무를 수행한다.

암기TIP 부대 연초 유응방

32

정답 ② SONICE 기본서 2권 p.171

해설 화재의 예방 및 안전관리에 관한 법률 시행규칙 제36조
〈근무자 및 거주자에 대한 소방훈련과 교육〉
② 소방본부장 또는 소방서장이 화재예방을 위하여 필요하다고 인정하여 2회의 범위에서 추가로 실시할 것을 요청하는 경우에는 소방훈련과 교육을 추가로 실시해야 한다.

33

정답 ③ SONICE 기본서 2권 p.156 ~ 157

해설 화재의 예방 및 안전관리에 관한 법률 시행규칙 제20조, 제21조, 제22조
〈소방안전관리자 자격시험〉
① 소방청장은 소방안전관리자 자격시험을 특급 소방안전관리자의 경우 연 2회 이상 실시한다.
② 소방청장은 소방안전관리자 자격시험을 1급·2급·3급 소방안전관리자의 경우 월 1회 이상 실시한다.
④ 소방청장은 소방안전관리자 자격시험을 종료한 날부터 30일(특급 소방안전관리 자격시험의 경우에는 60일) 이내에 인터넷 홈페이지에 합격자를 공고하고, 응시자에게 휴대전화 문자 메시지로 합격 여부를 알려 줄 수 있다.

34
정답 ③ SONICE 기본서 2권 p.389 ~ 390

해설 소방시설 설치 및 관리에 관한 법률 제50조
〈권한 또는 업무의 위임·위탁 등〉
①②④ : 소방청장 → 소방기술과 관련된 법인 또는 단체
③ : 소방청장 → 한국소방산업기술원 또는 제품검사전문기관

SONICE TIP 업무의 위탁
소방청장은 다음의 업무를 대통령령으로 정하는 바에 따라 소방기술과 관련된 법인 또는 단체에 위탁할 수 있다.
1. 표준자체점검비의 산정 및 공표
2. 소방시설관리사증의 발급·재발급
3. 점검능력 평가 및 공시
4. 데이터베이스 구축·운영

35
정답 ③ SONICE 기본서 2권 p.292 ~ 310

해설 소방시설 설치 및 관리에 관한 법률 시행령 [별표 4]
〈특정소방대상물의 관계인이 특정소방대상물에 설치·관리해야 하는 소방시설의 종류〉
1. 모든 터널 : 소화기구
2. 터널로서 길이가 500m 이상인 것 : 비상경보설비[②], 비상조명등[①], 비상콘센트설비[④], 무선통신보조설비
3. 터널로서 길이가 1천m 이상인 것 : 옥내소화전설비, 자동화재탐지설비, 연결송수관설비

36
정답 ② SONICE 기본서 2권 p.314

해설 소방시설 설치 및 관리에 관한 법률 제16조
〈피난시설, 방화구획 및 방화시설의 관리〉
① 특정소방대상물의 관계인은 「건축법」 제49조에 따른 피난시설, 방화구획 및 방화시설에 대하여 정당한 사유가 없는 한 다음 각 호의 행위를 하여서는 아니 된다.
　1. 피난시설, 방화구획 및 방화시설을 폐쇄하거나 훼손하는 등의 행위
　2. 피난시설, 방화구획 및 방화시설의 주위에 물건을 쌓아두거나 장애물을 설치하는 행위
　3. 피난시설, 방화구획 및 방화시설의 용도에 장애를 주거나 「소방기본법」 제16조에 따른 소방활동에 지장을 주는 행위
　4. 그 밖에 피난시설, 방화구획 및 방화시설을 변경하는 행위
② 소방본부장이나 소방서장은 특정소방대상물의 관계인이 ① 각 호의 어느 하나에 해당하는 행위를 한 경우에는 피난시설, 방화구획 및 방화시설의 관리를 위하여 필요한 조치를 명할 수 있다.

37 정답 ③ SONICE 기본서 2권 p.322

해설 소방시설 설치 및 관리에 관한 법률 제21조

〈방염성능의 검사〉

③ 전시용 합판·목재 또는 무대용 합판·목재 중 설치 현장에서 방염처리를 하는 합판·목재류에 대한 방염성능검사는 시·도지사가 실시한다.

SONICE TIP 시·도지사가 실시하는 방염성능검사
1. 전시용 합판·목재 또는 무대용 합판·목재 중 설치 현장에서 방염처리를 하는 합판·목재류
2. 방염대상물품 중 설치 현장에서 방염처리를 하는 합판·목재류

38 정답 ① SONICE 기본서 1권 p.312

해설 위험물안전관리법 시행령 [별표 5]

〈위험물취급자격자의 자격〉

위험물취급자격자의 구분	취급할 수 있는 위험물
「국가기술자격법」에 따라 위험물기능장, 위험물산업기사, 위험물기능사의 자격을 취득한 사람	모든 위험물
안전관리자 교육이수자	제4류 위험물
소방공무원 경력자(소방공무원으로 근무한 경력이 3년 이상인 자)	제4류 위험물

39 정답 ① SONICE 기본서 1권 p.278 ~ 285

해설 위험물안전관리법 시행령 [별표 1]

〈위험물 및 지정수량〉

ㄱ. 황은 순도가 60중량퍼센트 이상인 것을 말하며, 순도측정을 하는 경우 불순물은 활석 등 불연성물질과 수분으로 한정한다.

ㄴ. "철분"이라 함은 철의 분말로서 53마이크로미터의 표준체를 통과하는 것이 50중량퍼센트 미만인 것을 제외한다.

ㄹ. "인화성 고체"라 함은 고형알코올 그 밖에 1기압에서 인화점이 섭씨 40도 미만인 고체를 말한다.

ㅁ. "제2석유류"라 함은 등유, 경유 그 밖에 1기압에서 인화점이 섭씨 21도 이상 70도 미만인 것을 말한다. 다만, 도료류 그 밖의 물품에 있어서 가연성 액체량이 40중량퍼센트 이하이면서 인화점이 섭씨 40도 이상인 동시에 연소점이 섭씨 60도 이상인 것은 제외한다.

ㅂ. "자기반응성물질"이라 함은 고체 또는 액체로서 폭발의 위험성 또는 가열분해의 격렬함을 판단하기 위하여 고시로 정하는 시험에서 고시로 정하는 성질과 상태를 나타내는 것을 말하며, 위험성 유무와 등급에 따라 제1종 또는 제2종으로 분류한다.

ㅅ. 질산은 그 비중이 1.49 이상인 것에 한하며, 산화성 액체의 성상이 있는 것으로 본다.

→ 옳은 보기는 "ㄷ(1개)"이다.

40 정답 ③ SONICE 기본서 1권 p.325, p.328, p.332, p.333

해설 위험물안전관리법 제17조, 시행령 제65조, 시행규칙 제70조

〈예방규정, 특정·준특정옥외탱크저장소의 정기점검, 정기검사의 시기〉

① 예방규정

    대통령령으로 정하는 제조소등의 관계인은 해당 제조소등의 화재예방과 화재 등 재해발생시의 비상조치를 위하여 행정안전부령으로 정하는 바에 따라 예방규정을 정하여 해당 제조소등의 사용을 시작하기 전에 시·도지사에게 제출하여야 한다. 예방규정을 변경한 때에도 또한 같다.

② 정밀정기검사 : 다음의 어느 하나에 해당하는 기간 내에 1회
  1. 특정·준특정옥외탱크저장소의 설치허가에 따른 완공검사합격확인증을 발급받은 날부터 12년
  2. 최근의 정밀정기검사를 받은 날부터 11년

③ 구조안전점검
  1. 특정·준특정옥외탱크저장소의 설치허가에 따른 완공검사합격확인증을 발급받은 날부터 12년
  2. 최근의 정밀정기검사를 받은 날부터 11년
  3. 특정·준특정옥외저장탱크에 안전조치를 한 후 구조안전점검시기 연장신청을 하여 해당 안전조치가 적정한 것으로 인정받은 경우에는 최근의 정밀정기검사를 받은 날부터 13년

④ 중간정기검사 : 다음의 어느 하나에 해당하는 기간 내에 1회
  1. 특정·준특정옥외탱크저장소의 설치허가에 따른 완공검사합격확인증을 발급받은 날부터 4년
  2. 최근의 정밀정기검사 또는 중간정기검사를 받은 날부터 4년

06회 소방관계법규 - 정답 및 간단해설

SONICE 파란불 실전 동형 모의고사 6회

01	02	03	04	05	06	07	08	09	10
④	②	④	④	②	④	①	③	②	④
11	12	13	14	15	16	17	18	19	20
②	②	②	④	②	①	③	④	③	①
21	22	23	24	25	26	27	28	29	30
①	③	③	②	④	②	③	④	①	④
31	32	33	34	35	36	37	38	39	40
②	①	④	①	②	③	②	④	③	④

🎤 **백사부의 한마디**

성공은 저절로 일어난 연소의 결과가 아니다.
스스로 자신의 불을 지펴야 한다.

---

01 정답 ④　SONICE 기본서 1권　p.88

해설 소방기본법 제27조

〈위험시설 등에 대한 긴급조치〉

① 소방본부장, 소방서장 또는 소방대장은 화재 진압 등 소방활동을 위하여 필요할 때에는 소방용수 외에 댐·저수지 또는 수영장 등의 물을 사용[ㄷ]하거나 수도(水道)의 개폐장치[ㄹ] 등을 조작할 수 있다.

② 소방본부장, 소방서장 또는 소방대장은 화재 발생을 막거나 폭발 등으로 화재가 확대되는 것을 막기 위하여 가스·전기 또는 유류 등의 시설에 대하여 위험물질의 공급을 차단[ㄱ, ㄴ]하는 등 필요한 조치를 할 수 있다.

→ 정당한 사유 없이 물의 사용이나 수도의 개폐장치의 사용 또는 조작을 하지 못하게 하거나 방해한 자, 위험시설 등에 대한 긴급조치를 정당한 사유 없이 방해한 자 : 100만원 이하의 벌금

02 정답 ② SONICE 기본서 1권 p.76

해설 소방기본법 시행규칙 [별표 4]

〈소방신호의 방법〉

〈보기〉 = 해제신호			
신호방법 종별	타종신호	사이렌신호	그밖의 신호
경계신호	1타와 연2타를 반복	5초 간격을 두고 30초씩 3회	"통풍대" "게시판" 적색/백색 화재경보발령중 "기" 적색/백색
발화신호	난타	5초 간격을 두고 5초씩 3회	
해제신호	상당한 간격을 두고 1타씩 반복	1분간 1회	
훈련신호	연3타 반복	10초 간격을 두고 1분씩 3회	

[비고]
1. 소방신호의 방법은 그 전부 또는 일부를 함께 사용할 수 있다.
2. 게시판을 철거하거나 통풍대 또는 기를 내리는 것으로 소방활동이 해제되었음을 알린다.
3. 소방대의 비상소집을 하는 경우에는 훈련신호를 사용할 수 있다.

SONICE TIP 소방신호의 종류
1. 경계신호 : 화재예방상 필요하다고 인정되거나 「화재의 예방 및 안전관리에 관한 법률」 제20조의 규정에 의한 화재위험경보시 발령
2. 발화신호 : 화재가 발생한 때 발령
3. 해제신호 : 소화활동이 필요없다고 인정되는 때 발령
4. 훈련신호 : 훈련상 필요하다고 인정되는 때 발령

03 정답 ④ SONICE 기본서 1권 p.44

해설 소방기본법 시행규칙 제8조의2

〈소방력의 동원 요청〉

① 소방청장은 각 시·도지사에게 소방력 동원을 요청하는 경우 동원 요청 사실과 다음 각 호의 사항을 팩스 또는 전화 등의 방법으로 통지하여야 한다. 다만, 긴급을 요하는 경우에는 <u>시·도 소방본부 또는 소방서의 종합상황실장</u>에게 직접 요청할 수 있다.
  1. 동원을 요청하는 인력 및 장비의 규모
  2. 소방력 이송 수단 및 집결장소
  3. 소방활동을 수행하게 될 재난의 규모, 원인 등 소방활동에 필요한 정보

② ①에서 규정한 사항 외에 그 밖의 시·도 소방력 동원에 필요한 사항은 소방청장이 정한다.

04 정답 ④ SONICE 기본서 1권 p.108 ~ 109

해설 소방기본법 시행령 [별표 3]

〈과태료의 부과기준〉

1. 일반기준

㉠ 위반행위의 횟수에 따른 과태료의 가중된 부과기준은 <u>최근 1년간</u> 같은 위반행위로 과태료 부과처분을 받은 경우에 적용한다. 이 경우 기간의 계산은 위반행위에 대하여 과태료 부과처분을 받은 날과 그 처분 후 다시 같은 위반행위를 하여 적발된 날을 기준으로 한다. [①]

㉡ ㉠에 따라 가중된 부과처분을 하는 경우 가중처분의 적용 차수는 그 위반행위 전 부과처분 차수(㉠에 따른 기간 내에 과태료 부과처분이 둘 이상 있었던 경우에는 높은 차수를 말한다)의 다음 차수로 한다.

㉢ 부과권자는 다음의 어느 하나에 해당하는 경우에는 제2호의 개별기준에 따른 과태료의 2분의 1 범위에서 그 금액을 줄여 부과할 수 있다. 다만, 과태료를 체납하고 있는 위반행위자에 대해서는 그렇지 않다.
  1) 위반행위가 사소한 부주의나 오류로 인한 것으로 인정되는 경우
  2) 위반행위자가 법 위반상태를 시정하거나 해소하기 위하여 노력한 사실이 인정되는 경우
  3) 위반행위자가 화재 등 재난으로 재산에 현저한 손실을 입거나 사업 여건의 악화로 그 사업이 중대한 위기에 처하는 등 사정이 있는 경우
  4) 그 밖에 위반행위의 정도, 위반행위의 동기와 그 결과 등을 고려하여 감경할 필요가 있다고 인정되는 경우

2. 개별기준

위반행위	과태료 금액(만원)		
	1회	2회	3회 이상
가. 한국119청소년단 또는 이와 유사한 명칭을 사용한 경우 [④]	100	150	200
나. 화재 또는 구조·구급이 필요한 상황을 거짓으로 알린 경우	200	400	500
다. 정당한 사유 없이 화재, 재난·재해, 그 밖의 위급한 상황을 소방본부, 소방서 또는 관계 행정기관에 알리지 않은 경우	500		
라. 소방자동차의 출동에 지장을 준 경우 [②]	100		
마. 전용구역에 차를 주차하거나 전용구역에의 진입을 가로막는 등의 방해행위를 한 경우	50	100	100
바. 권한 없이 소방활동구역을 출입한 경우 [③]	100		
사. 한국소방안전원 또는 이와 유사한 명칭을 사용한 경우	200		

05
정답 ② SONICE 기본서 2권 p.25

해설 소방의 화재조사에 관한 법률 시행령 제7조
〈화재합동조사단의 구성·운영〉
화재합동조사단은 화재조사를 완료하면 소방관서장에게 다음의 사항이 포함된 화재조사 결과를 보고해야 한다.
1. 화재합동조사단 운영 개요
2. 화재조사 개요
3. 화재조사에 관한 내용
   ㉠ 화재원인에 관한 사항
   ㉡ 화재로 인한 인명·재산피해상황
   ㉢ 대응활동에 관한 사항
   ㉣ 소방시설 등의 설치·관리 및 작동 여부에 관한 사항
   ㉤ 화재발생건축물과 구조물, 화재유형별 화재위험성 등에 관한 사항 [ㄹ]
   ㉥ 그 밖에 대통령령으로 정하는 사항
4. 다수의 인명피해가 발생한 경우 그 원인
5. 현행 제도의 문제점 및 개선 방안 [ㄱ]
6. 그 밖에 소방관서장이 필요하다고 인정하는 사항
→ 옳은 보기는 "ㄱ, ㄹ"이다.

06
정답 ④ SONICE 기본서 2권 p.31

해설 소방의 화재조사에 관한 법률 제12조
〈소방공무원과 경찰공무원의 협력사항〉
① 소방공무원과 경찰공무원(제주특별자치도의 자치경찰공무원을 포함한다)은 다음의 사항에 대하여 서로 협력하여야 한다.
   ㉠ 화재현장의 출입·보존 및 통제에 관한 사항
   ㉡ 화재조사에 필요한 증거물의 수집 및 보존에 관한 사항
   ㉢ 관계인등에 대한 진술 확보에 관한 사항
   ㉣ 그 밖에 화재조사에 필요한 사항
② 소방관서장은 방화 또는 실화의 혐의가 있다고 인정되면 지체 없이 경찰서장에게 그 사실을 알리고 필요한 증거를 수집·보존하는 등 그 범죄수사에 협력하여야 한다.

07 정답 ① SONICE 기본서 1권 p.162 ~ 163

해설 소방시설공사업법 제15조

〈공사의 하자보수〉

① 공사업자는 소방시설공사 결과 자동화재탐지설비 등 대통령령으로 정하는 소방시설에 하자가 있을 때에는 대통령령으로 정하는 기간 동안 그 하자를 보수하여야 한다.

② 관계인은 ①에 따른 기간에 소방시설의 하자가 발생하였을 때에는 공사업자에게 그 사실을 알려야 하며, 통보를 받은 공사업자는 3일 이내에 하자를 보수하거나 보수 일정을 기록한 하자보수계획을 관계인에게 서면으로 알려야 한다.

③ 관계인은 공사업자가 다음의 어느 하나에 해당하는 경우에는 소방본부장이나 소방서장에게 그 사실을 알릴 수 있다.
  1. ②에 따른 기간에 하자보수를 이행하지 아니한 경우
  2. ②에 따른 기간에 하자보수계획을 서면으로 알리지 아니한 경우
  3. 하자보수계획이 불합리하다고 인정되는 경우

④ 소방본부장이나 소방서장은 ③에 따른 통보를 받았을 때에는 「소방시설 설치 및 관리에 관한 법률」 제18조제2항에 따른 지방소방기술심의위원회에 심의를 요청하여야 하며, 그 심의 결과 ③ 각 호의 어느 하나에 해당하는 것으로 인정할 때에는 시공자에게 기간을 정하여 하자보수를 명하여야 한다.

선지분석

ㄴ. 관계인은 기간에 소방시설의 하자가 발생하였을 때에는 공사업자에게 그 사실을 알려야 하며, 통보를 받은 공사업자는 3일 이내에 하자를 보수하거나 보수 일정을 기록한 하자보수계획을 관계인에게 서면으로 알려야 한다.

ㄹ. 소방본부장이나 소방서장은 관계인에게 통보를 받았을 때에는 지방소방기술심의위원회에 심의를 요청하여야 하며, 그 심의 결과 인정할 때에는 시공자에게 기간을 정하여 하자보수를 명하여야 한다.

ㅁ. 피난기구, 유도등, 유도표지, 비상조명등, 비상방송설비 및 무선통신보조설비는 하자보수 보증기간이 2년이고, 자동소화장치, 자동화재탐지설비 및 비상콘센트설비는 하자보수 보증기간이 3년이다. (피난유도선은 하자보수 대상 소방시설에 해당하지 않는다.)

→ 옳은 보기는 "ㄱ, ㄷ(2개)"이다.

SONICE TIP 하자보수 보증기간

하자보수 대상 소방시설	하자보수 보증기간
1. 피난기구, 유도등, 유도표지, 비상경보설비, 비상조명등, 비상방송설비 및 무선통신보조설비	2년
2. 자동소화장치, 옥내소화전설비, 스프링클러설비, 간이스프링클러설비, 물분무등소화설비, 옥외소화전설비, 자동화재탐지설비, 상수도소화용수설비 및 소화활동설비(무선통신보조설비는 제외한다)	3년

08 정답 ③

해설 소방시설공사업법 시행규칙 제15조

〈소방공사감리자의 지정신고〉

① 특정소방대상물의 관계인은 공사감리자를 지정한 경우에는 해당 소방시설공사의 착공 전까지 소방공사감리자 지정신고서에 다음의 서류를 첨부하여 소방본부장 또는 소방서장에게 제출해야 한다. 다만, 「전자정부법」 제36조제1항에 따른 행정정보의 공동이용을 통하여 첨부서류에 대한 정보를 확인할 수 있는 경우에는 그 확인으로 첨부서류를 갈음할 수 있다. [①]
  1. 소방공사감리업 등록증 사본 1부 및 등록수첩 사본 1부
  2. 해당 소방시설공사를 감리하는 소속 감리원의 감리원 등급을 증명하는 서류(전자문서를 포함한다) 각 1부
  3. 소방공사감리계획서 1부
  4. 체결한 소방시설설계 계약서 사본(「소방시설 설치 및 관리에 관한 법률 시행규칙」 제3조제2항에 따라 건축허가등의 동의요구서에 소방시설설계 계약서가 첨부되지 않았거나 첨부된 서류 중 소방시설설계 계약서가 변경된 경우에만 첨부한다) 1부 및 소방공사감리 계약서 사본 1부

② 특정소방대상물의 관계인은 공사감리자가 변경된 경우에는 변경일부터 30일 이내에 소방공사감리자 변경신고서에 제1항 각 호의 서류를 첨부하여 소방본부장 또는 소방서장에게 제출하여야 한다. 다만, 「전자정부법」 제36조제1항에 따른 행정정보의 공동이용을 통하여 첨부서류에 대한 정보를 확인할 수 있는 경우에는 그 확인으로 첨부서류를 갈음할 수 있다. [③]

③ 소방본부장 또는 소방서장은 공사감리자의 지정신고 또는 변경신고를 받은 경우에는 2일 이내에 처리하고 그 결과를 신고인에게 통보해야 한다.

SONICE TIP 소방시설공사업법 제17조(공사감리자의 지정)

① 대통령령으로 정하는 특정소방대상물의 관계인이 특정소방대상물에 대하여 자동화재탐지설비, 옥내소화전설비 등 대통령령으로 정하는 소방시설을 시공할 때에는 소방시설공사의 감리를 위하여 감리업자를 공사감리자로 지정하여야 한다. 다만, 시·도지사가 감리업자를 선정한 경우에는 그 감리업자를 공사감리자로 지정한다.

② 관계인은 공사감리자를 지정하였을 때에는 행정안전부령으로 정하는 바에 따라 소방본부장이나 소방서장에게 신고하여야 한다. 공사감리자를 변경하였을 때에도 또한 같다. [②]

③ 관계인이 공사감리자를 변경하였을 때에는 새로 지정된 공사감리자와 종전의 공사감리자는 감리 업무 수행에 관한 사항과 관계 서류를 인수·인계하여야 한다.

④ 소방본부장 또는 소방서장은 공사감리자 지정신고 또는 변경신고를 받은 날부터 2일 이내에 신고수리 여부를 신고인에게 통지하여야 한다. [④]

⑤ 소방본부장 또는 소방서장이 정한 기간 내에 신고수리 여부 또는 민원 처리 관련 법령에 따른 처리기간의 연장을 신고인에게 통지하지 아니하면 그 기간(민원처리 관련 법령에 따라 처리기간이 연장 또는 재연장된 경우에는 해당 처리기간을 말한다)이 끝난 날의 다음 날에 신고를 수리한 것으로 본다.

09 정답 ② SONICE 기본서 1권 p.157

해설 소방시설공사업법 제13조, 시행규칙 제12조

〈착공신고〉

공사업자가 착공신고한 사항 가운데 행정안전부령으로 정하는 중요한 사항(시공자, 설치되는 소방시설의 종류, 책임시공 및 기술관리 소방기술자)을 변경하였을 때에는 행정안전부령으로 정하는 바에 따라 변경신고를 하여야 한다.[①] 이 경우 중요한 사항에 해당하지 아니하는 변경 사항은 다음의 어느 하나에 해당하는 서류에 포함하여 소방본부장이나 소방서장에게 보고하여야 한다. [②, ③]

1. 완공검사 또는 부분완공검사를 신청하는 서류
2. 공사감리 결과보고서

→ ② 공사업자는 설치되는 소방시설의 종류가 변경된 경우에는 변경일부터 30일 이내에 소방시설공사 착공(변경)신고서에 서류 중 변경된 서류를 첨부하여 소방본부장 또는 소방서장에게 신고하여야 한다.

SONICE TIP 착공신고의 변경신고(요약)

㉠ 행정안전부령으로 정하는 중요한 사항 변경(시공자, 설치되는 소방시설의 종류, 책임시공 및 기술관리 소방기술자) 변경 시 : 소방본부장 또는 소방서장에게 30일 이내 변경신고

㉡ 기타 사항 변경 시 : 소방본부장 또는 소방서장에게 완공검사 또는 부분완공검사를 신청하는 서류나 공사감리 결과보고서에 변경내용을 포함하여 보고

10 정답 ④ SONICE 기본서 1권 p.155

해설 소방시설공사업법 시행령 [별표 3]

〈소방기술자의 배치기준 및 배치기간〉

공사업자는 다음의 경우를 제외하고는 1명의 소방기술자를 2개의 공사 현장을 초과하여 배치해서는 안 된다. 다만, 연면적 3만제곱미터 이상의 특정소방대상물(아파트는 제외한다)이거나 지하층을 포함한 층수가 16층 이상으로서 500세대 이상인 아파트에 대한 소방시설 공사의 경우에는 1개의 공사 현장에만 배치해야 한다.

㉠ 건축물의 연면적이 5천제곱미터 미만인 공사 현장에만 배치하는 경우. 다만, 그 연면적의 합계는 2만제곱미터를 초과해서는 안 된다.

㉡ 건축물의 연면적이 5천제곱미터 이상인 공사 현장 2개 이하와 5천제곱미터 미만인 공사 현장에 같이 배치하는 경우. 다만, 5천제곱미터 미만의 공사 현장의 연면적의 합계는 1만제곱미터를 초과해서는 안 된다.

→ 아파트는 연면적에 관계없이 "지하층을 포함한 층수가 16층 이상으로서 500세대 이상인 아파트"에 해당해야 한다.

11

정답 ②　**SONICE 기본서 2권**　p.139

해설 화재의 예방 및 안전관리에 관한 법률 시행령 제28조

〈소방안전관리 업무의 대행 대상 및 업무〉

> 소방안전관리대상물 중 연면적 등이 일정규모 미만인 대통령령으로 정하는 소방안전관리대상물[ㄱ]의 관계인은 관리업자로 하여금 소방안전관리업무 중 대통령령으로 정하는 업무[ㄴ]를 대행하게 할 수 있다.

[ㄱ] : 대통령령으로 정하는 소방안전관리대상물

1. 지상층의 층수가 11층 이상인 1급 소방안전관리대상물(연면적 1만5천제곱미터 이상인 특정소방대상물과 아파트는 제외한다)
2. 2급 소방안전관리대상물
3. 3급 소방안전관리대상물

구분		특급	1급	2급	3급
아파트		업무대행 불가	업무대행 불가	업무대행 가능 O	업무대행 가능 O
일반			연면적 15,000m² 이상 업무대행 불가		
			층수 11층 이상 업무대행 가능 O		

[ㄴ] : 대통령령으로 정하는 업무
1. 피난시설, 방화구획 및 방화시설의 관리
2. 소방시설이나 그 밖의 소방 관련 시설의 관리

> **선지분석**
> ② ㄱ의 소방안전관리대상물에는 지상층의 층수가 11층 이상인 1급 소방안전관리대상물(연면적 1만5천제곱미터 이상인 특정소방대상물과 아파트는 제외한다)를 말한다.

12

정답 ②　**SONICE 기본서 2권**　p.102 ~ 103

해설 화재의 예방 및 안전관리에 관한 법률 시행령 [별표 2]

〈특수가연물〉

② 가연성 고체류 : 인화점이 섭씨 200도 이상이고 연소열량이 1그램당 8킬로칼로리 이상인 것으로서 녹는점(융점)이 100도 미만인 것

SONICE TIP 특수가연물 중 가연성 고체류, 가연성 액체류의 정의

1. 가연성 고체류
㉠ 인화점이 섭씨 40도 이상 100도 미만인 것
㉡ 인화점이 섭씨 100도 이상 200도 미만이고, 연소열량이 1그램당 8킬로칼로리 이상인 것
㉢ 인화점이 섭씨 200도 이상이고 연소열량이 1그램당 8킬로칼로리 이상인 것으로서 녹는점(융점)이 100도 미만인 것
㉣ 1기압과 섭씨 20도 초과 40도 이하에서 액상인 것으로서 인화점이 섭씨 70도 이상 섭씨 200도 미만이거나 ㉡ 또는 ㉢에 해당하는 것

2. 가연성 액체류

㉠ 1기압과 섭씨 20도 이하에서 액상인 것으로서 가연성 액체량이 40중량퍼센트 이하이면서 인화점이 섭씨 40도 이상 섭씨 70도 미만이고 연소점이 섭씨 60도 이상인 것

㉡ 1기압과 섭씨 20도에서 액상인 것으로서 가연성 액체량이 40중량퍼센트 이하이고 인화점이 섭씨 70도 이상 섭씨 250도 미만인 것

㉢ 동물의 기름과 살코기 또는 식물의 씨나 과일의 살에서 추출한 것으로서 다음의 어느 하나에 해당하는 것

1) 1기압과 섭씨 20도에서 액상이고 인화점이 250도 미만인 것으로서 「위험물안전관리법」 제20조제1항에 따른 용기기준과 수납·저장기준에 적합하고 용기외부에 물품명·수량 및 "화기엄금" 등의 표시를 한 것

2) 1기압과 섭씨 20도에서 액상이고 인화점이 섭씨 250도 이상인 것

13 정답 ② SONICE 기본서 2권 p.172 ~ 173

해설 화재의 예방 및 안전관리에 관한 법률 제37조, 시행령 제39조, 시행규칙 제38조, 제39조

〈소방안전관리대상물 근무자 및 거주자 등에 대한 소방훈련 등, 불시 소방훈련·교육〉

① 소방본부장 또는 소방서장은 소방안전관리대상물 중 불특정 다수인이 이용하는 대통령령으로 정하는 특정소방대상물의 근무자등에게 불시에 소방훈련과 교육을 실시할 수 있다.

③ 소방본부장 또는 소방서장은 불시 소방훈련과 교육을 실시하려는 경우에는 소방안전관리대상물의 관계인에게 불시 소방훈련·교육 실시 10일 전까지 불시 소방훈련·교육 계획서를 통지해야 한다.

④ 소방본부장 또는 소방서장은 평가를 실시한 경우 소방안전관리대상물의 관계인에게 불시 소방훈련·교육 종료일부터 10일 이내에 불시 소방훈련·교육 평가 결과서를 통지해야 한다.

14 정답 ④ SONICE 기본서 2권 p.92

해설 화재의 예방 및 안전관리에 관한 법률 시행규칙 제7조

〈화재예방 안전조치〉

④ 소방관서장은 협의 신청서를 받은 경우에는 화재예방 안전조치의 적절성을 검토하고 5일 이내에 화재예방 안전조치 협의 결과 통보서를 협의를 신청한 자에게 통보해야 한다.

15 정답 ② SONICE 기본서 2권 p.136

해설 화재의 예방 및 안전관리에 관한 법률 시행령 제27조
〈소방안전관리대상물의 소방계획서 작성 등〉
1. 소방안전관리대상물의 위치·구조·연면적·용도 및 수용인원 등 일반 현황 [③]
2. 소방안전관리대상물에 설치한 소방시설, 방화시설, 전기시설, 가스시설 및 위험물시설의 현황 [④]
3. 화재 예방을 위한 자체점검계획 및 대응대책 [①]
4. 소방시설·피난시설 및 방화시설의 점검·정비계획 [②]
5. 피난층 및 피난시설의 위치와 피난경로의 설정, 화재안전취약자의 피난계획 등을 포함한 피난계획
6. 방화구획, 제연구획, 건축물의 내부 마감재료 및 방염대상물품의 사용 현황과 그 밖의 방화구조 및 설비의 유지·관리계획
7. 관리의 권원이 분리된 특정소방대상물의 소방안전관리에 관한 사항
8. 소방훈련·교육에 관한 계획
9. 소방안전관리대상물의 근무자 및 거주자의 자위소방대 조직과 대원의 임무(화재안전취약자의 피난 보조 임무를 포함한다)에 관한 사항
10. 화기 취급 작업에 대한 사전 안전조치 및 감독 등 공사 중 소방안전관리에 관한 사항
11. 소화에 관한 사항과 연소 방지에 관한 사항
12. 위험물의 저장·취급에 관한 사항(「위험물안전관리법」 제17조에 따라 예방규정을 정하는 제조소등은 제외한다)
13. 소방안전관리에 대한 업무수행에 관한 기록 및 유지에 관한 사항
14. 화재발생 시 화재경보, 초기소화 및 피난유도 등 초기대응에 관한 사항
15. 그 밖에 소방본부장 또는 소방서장이 소방안전관리대상물의 위치·구조·설비 또는 관리 상황 등을 고려하여 소방안전관리에 필요하여 요청하는 사항

16 정답 ① SONICE 기본서 2권 p.307

해설 소방시설 설치 및 관리에 관한 법률 시행령 [별표 4]
〈제연설비를 설치해야 하는 특정소방대상물〉
㉠ 문화 및 집회시설, 종교시설, 운동시설 중 무대부의 바닥면적이 200㎡ 이상인 경우에는 해당 무대부
㉡ 문화 및 집회시설 중 영화상영관으로서 수용인원 100명 이상인 경우에는 해당 영화상영관
㉢ 지하층이나 무창층에 설치된 근린생활시설, 판매시설, 운수시설, 숙박시설, 위락시설, 의료시설, 노유자 시설 또는 창고시설(물류터미널로 한정한다)로서 해당 용도로 사용되는 바닥면적의 합계가 1천㎡ 이상인 경우 해당 부분
㉣ 운수시설 중 시외버스정류장, 철도 및 도시철도 시설, 공항시설 및 항만시설의 대기실 또는 휴게시설로서 지하층 또는 무창층의 바닥면적이 1천㎡ 이상인 경우에는 모든 층
㉤ 지하상가로서 연면적 1천㎡ 이상인 것
㉥ 예상 교통량, 경사도 등 터널의 특성을 고려하여 행정안전부령으로 정하는 터널
㉦ 특정소방대상물(갓복도형 아파트등은 제외한다)에 부설된 특별피난계단, 비상용 승강기의 승강장 또는 피난용 승강기의 승강장

17 정답 ③ SONICE 기본서 2권 p.247

해설 소방시설 설치 및 관리에 관한 법률 시행령 [별표 2]
〈특정소방대상물〉
둘 이상의 특정소방대상물이 다음 각 목의 어느 하나에 해당되는 구조의 복도 또는 통로(이하 이 표에서 "연결통로"라 한다)로 연결된 경우에는 이를 하나의 특정소방대상물로 본다.
㉠ 내화구조로 된 연결통로가 다음의 어느 하나에 해당되는 경우
  1) 벽이 없는 구조로서 그 길이가 6m 이하인 경우
  2) 벽이 있는 구조로서 그 길이가 10m 이하인 경우. 다만, 벽 높이가 바닥에서 천장까지의 높이의 2분의 1 이상인 경우에는 벽이 있는 구조로 보고, 벽 높이가 바닥에서 천장까지의 높이의 2분의 1 미만인 경우에는 벽이 없는 구조로 본다.
㉡ 내화구조가 아닌 연결통로로 연결된 경우
㉢ 컨베이어로 연결되거나 플랜트설비의 배관 등으로 연결되어 있는 경우
㉣ 지하보도, 지하상가, 터널로 연결된 경우
㉤ 자동방화셔터 또는 60분+ 방화문이 설치되지 않은 피트(전기설비 또는 배관설비 등이 설치되는 공간을 말한다)로 연결된 경우
㉥ 지하구로 연결된 경우

18 정답 ④ SONICE 기본서 2권 p.251

해설 소방시설 설치 및 관리에 관한 법률 시행령 [별표 3]
〈소방용품 - 소화설비를 구성하는 제품 또는 기기〉
㉠ **소화**기구(소화약제 외의 것을 이용한 간이소화용구는 제외한다)
㉡ **자동**소화장치
㉢ 소화설비를 구성하는 소화**전**, **관**창, 소방**호**스, **스**프링클러헤드, 기동용 수압개폐장치[ㄹ], 유수제어밸브[ㄴ] 및 가스관선택밸브

암기TIP 자동 소스 기호 관전가유
→ 옳은 보기는 "ㄴ, ㄹ"이다.

19 정답 ③ SONICE 기본서 2권 p.245

해설 소방시설 설치 및 관리에 관한 법률 시행령 [별표 2]
〈특정소방대상물 - 발전시설 중 전기저장시설〉
(ㄱ: 20킬로와트시)를 초과하는 리튬·나트륨·레독스플로우 계열의 (ㄴ: 2차) 전지를 이용한 전기저장장치 또는 (ㄷ: 무정전전원공급장치(UPS))의 시설을 말한다.

20 정답 ① SONICE 기본서 2권 p.255

해설 소방시설 설치 및 관리에 관한 법률 시행령 제7조

〈건축허가등의 동의대상물의 범위〉

1. 연면적이 400제곱미터 이상인 건축물이나 시설. 다만, 다음 각 목의 어느 하나에 해당하는 건축물이나 시설은 해당 목에서 정한 기준 이상인 건축물이나 시설로 한다.
    가. 건축등을 하려는 학교시설: 100제곱미터
    나. 노유자 시설 및 수련시설: 200제곱미터
    다. 정신의료기관(입원실이 없는 정신건강의학과 의원은 제외하며, 이하 "정신의료기관"이라 한다): 300제곱미터
    라. 장애인 의료재활시설: 300제곱미터
2. 지하층 또는 무창층이 있는 건축물로서 바닥면적이 150제곱미터(공연장의 경우에는 100제곱미터) 이상인 층이 있는 것
3. 차고·주차장 또는 주차 용도로 사용되는 시설로서 다음 각 목의 어느 하나에 해당하는 것
    가. 차고·주차장으로 사용되는 바닥면적이 200제곱미터 이상인 층이 있는 건축물이나 주차시설
    나. 승강기 등 기계장치에 의한 주차시설로서 자동차 20대 이상을 주차할 수 있는 시설
4. 층수가 6층 이상인 건축물
5. 항공기 격납고, 관망탑, 항공관제탑, 방송용 송수신탑
6. 특정소방대상물 중 공동주택, 의원(입원실 또는 인공신장실이 있는 것으로 한정한다)·조산원·산후조리원, 숙박시설, 위험물 저장 및 처리 시설, 발전시설 중 풍력발전소·전기저장시설, 지하구 [①]
7. 제1호나목에 해당하지 않는 노유자 시설 중 다음의 어느 하나에 해당하는 시설. 다만, 가목2) 및 나목부터 바목까지의 시설 중 「건축법 시행령」 별표 1의 단독주택 또는 공동주택에 설치되는 시설은 제외한다.
    가. 노인 관련 시설 중 다음의 어느 하나에 해당하는 시설
        1) 노인주거복지시설, 노인의료복지시설 및 재가노인복지시설 [②]
        2) 학대피해노인 전용쉼터
    나. 아동복지시설(아동상담소, 아동전용시설 및 지역아동센터는 제외한다)
    다. 장애인 거주시설
    라. 정신질환자 관련 시설(공동생활가정을 제외한 재활훈련시설과 종합시설 중 24시간 주거를 제공하지 않는 시설은 제외한다)
    마. 노숙인 관련 시설 중 노숙인자활시설, 노숙인재활시설 및 노숙인요양시설
    바. 결핵환자나 한센인이 24시간 생활하는 노유자 시설
8. 「의료법」 제3조제2항제3호라목에 따른 요양병원. 다만, 의료재활시설은 제외한다.
9. 특정소방대상물 중 공장 또는 창고시설로서 「화재의 예방 및 안전관리에 관한 법률 시행령」 별표 2에서 정하는 수량의 750배 이상의 특수가연물을 저장·취급하는 것 [③]
10. 가스시설로서 지상에 노출된 탱크의 저장용량의 합계가 100톤 이상인 것 [④]

21

정답 ① SONICE 기본서 1권 p.325 ~ 326

해설 위험물안전관리법 시행령 제15조

〈관계인이 예방규정을 정하여야 하는 제조소등〉
1. 지정수량의 **10배** 이상의 위험물을 취급하는 **제조소**
2. 지정수량의 **100배** 이상의 위험물을 저장하는 **옥외**저장소 [②]
3. 지정수량의 **150배** 이상의 위험물을 저장하는 **옥내**저장소
4. 지정수량의 **200배** 이상의 위험물을 저장하는 **옥외탱크**저장소 [③]
5. **암**반탱크저장소
6. **이**송취급소
7. 지정수량의 **10배** 이상의 위험물을 취급하는 **일**반취급소. 다만, 제4류 위험물(특수인화물을 제외한다)만을 지정수량의 50배 이하로 취급하는 일반취급소(제1석유류·알코올류[④]의 취급량이 지정수량의 10배 이하인 경우에 한한다)로서 다음 각목의 어느 하나에 해당하는 것을 제외한다.
   가. 보일러·버너 또는 이와 비슷한 것으로서 위험물을 소비하는 장치로 이루어진 일반취급소
   나. 위험물을 용기에 옮겨 담거나 차량에 고정된 탱크에 주입하는 일반취급소

암기TIP 암이 제일 쉽게(10) 걸려! 옥외 100, 옥내 150, 옥외탱 200

선지분석
① 대통령령으로 정하는 제조소등의 관계인은 해당 제조소등의 화재예방과 화재 등 재해발생시의 비상조치를 위하여 행정안전부령으로 정하는 바에 따라 예방규정을 정하여 해당 제조소등의 사용을 시작하기 전에 시·도지사에게 제출하여야 한다.

22

정답 ③ SONICE 기본서 1권 p.409

해설 위험물안전관리법 시행규칙 [별표 9]

〈간이탱크저장소의 위치·구조 및 설비의 기준〉
- 간이저장탱크는 두께 3.2mm 이상의 강판으로 흠이 없도록 제작하여야 하며, (ㄱ : 70)[kPa]의 압력으로 10분간의 수압시험을 실시하여 새거나 변형되지 아니하여야 한다.
- 간이저장탱크는 움직이거나 넘어지지 아니하도록 지면 또는 가설대에 고정시키되, 옥외에 설치하는 경우에는 그 탱크의 주위에 너비 (ㄴ : 1.0)[m] 이상의 공지를 둔다.

23 정답 ③   SONICE 기본서 1권   p.426 ~ 427

해설 위험물안전관리법 시행규칙 [별표 14]

〈판매취급소의 위치·구조 및 설비의 기준〉

구분	제1종 판매취급소	제2종 판매취급소
공통기준	① 건축물의 1층에 설치할 것 ② 보기 쉬운 곳에 "위험물 판매취급소(제1종)" 또는 "위험물 판매취급소(제2종)"라는 표시를 한 표지와 방화에 관하여 필요한 사항을 게시한 게시판 및 해당 판매취급소가 금연구역임을 알리는 표지를 설치해야 한다. ③ 판매취급소의 용도로 사용하는 부분의 창 또는 출입구에 유리를 이용하는 경우에는 망입유리로 할 것 ④ 판매취급소의 용도로 사용하는 건축물에 설치하는 전기설비는 전기사업법에 의한 전기설비기술기준에 의할 것 ⑤ 위험물을 배합하는 실은 다음에 의할 것 　㉠ 바닥면적은 6㎡ 이상 15㎡ 이하로 할 것 　㉡ 내화구조 또는 불연재료로 된 벽으로 구획할 것 　㉢ 바닥은 위험물이 침투하지 아니하는 구조로 하여 적당한 경사를 두고 집유설비를 할 것 　㉣ 출입구에는 수시로 열 수 있는 자동폐쇄식의 60분+방화문 또는 60분방화문을 설치할 것 　㉤ 출입구 문턱의 높이는 바닥면으로부터 0.1m 이상으로 할 것 　㉥ 내부에 체류한 가연성의 증기 또는 가연성의 미분을 지붕 위로 방출하는 설비를 할 것	
부분 (벽, 기둥, 바닥), 보, 천장, 격벽	⑥ 제1종 판매취급소의 용도로 사용되는 건축물의 부분은 내화구조 또는 불연재료로 하고, 판매취급소로 사용되는 부분과 다른 부분과의 격벽은 내화구조로 할 것 ⑦ 제1종 판매취급소의 용도로 사용하는 건축물의 부분은 보를 불연재료로 하고, 천장을 설치하는 경우에는 천장을 불연재료로 할 것	⑥ 제2종 판매취급소의 용도로 사용하는 부분은 벽·기둥·바닥 및 보를 내화구조로 하고, 천장이 있는 경우에는 이를 불연재료로 하며, 판매취급소로 사용되는 부분과 다른 부분과의 격벽은 내화구조로 할 것
상층	⑧ 제1종 판매취급소의 용도로 사용하는 부분에 상층이 있는 경우에 있어서는 그 상층의 바닥을 내화구조로 하고, / 상층이 없는 경우에 있어서는 지붕을 내화구조 또는 불연재료로 할 것	⑦ 제2종 판매취급소의 용도로 사용하는 부분에 상층이 있는 경우에 있어서는 상층의 바닥을 내화구조로 하는 동시에 상층으로의 연소를 방지하기 위한 조치를 강구하고, / 상층이 없는 경우에는 지붕을 내화구조로 할 것
창, 출입구	⑨ 제1종 판매취급소의 용도로 사용하는 부분의 창 및 출입구에는 60분+방화문·60분방화문 또는 30분방화문을 설치할 것	⑧ 제2종 판매취급소의 용도로 사용하는 부분 중 연소의 우려가 없는 부분에 한하여 창을 두되, 당해 창에는 60분+방화문·60분방화문 또는 30분방화문을 설치할 것 ⑨ 제2종 판매취급소의 용도로 사용하는 부분의 출입구에는 60분+방화문·60분방화문 또는 30분방화문을 설치할 것. 다만, 해당 부분 중 연소의 우려가 있는 벽에 설치하는 출입구에는 수시로 열 수 있는 자동폐쇄식의 60분+방화문 또는 60분방화문을 설치해야 한다.

선지분석

③ 제1종 판매취급소의 용도로 사용하는 부분에 상층이 있는 경우에 있어서는 그 상층의 바닥을 내화구조로 하고, 상층이 없는 경우에 있어서는 지붕을 내화구조 또는 불연재료로 하여야 한다.

SONICE TIP 판매취급소 기준 요약

구분		제1종	제2종
공통기준		❶ <u>1층</u> ❷ 표지 및 게시판 ❸ 창 OR 출입구 유리 설치 시 : <u>망입유리</u> ❹ <u>위험물 배합하는 실</u> : 바닥(6~15m², 집유설비) 출입구(0.1m↑ 문턱, 자동폐쇄식 60분+, 60분), 벽(내화 OR 불연), 지붕(가연성 증기 OR 미분 방출하는 설비)	
벽		내화 OR 불연	**내화**
기둥		내화 OR 불연	**내화**
바닥		내화 OR 불연	**내화**
보		불연	**내화**
천장		불연	불연
격벽		내화	내화
상층	있는 경우(상층 바닥)	내화	내화 + **연소확대 방지 조치**
	없는 경우(지붕)	내화 OR 불연	**내화**
창		60분+, 60분 OR 30분	60분+, 60분 OR 30분 + **연소 우려 X**
출입구		60분+, 60분 OR 30분	60분+, 60분 OR 30분 (연소우려O 장소의 경우: 자동폐쇄식 60분+ OR 60분)

24 정답 ② SONICE 기본서 1권 p.439

해설 위험물안전관리법 시행규칙 [별표 18]
〈옥내저장소의 저장기준〉

- 옥내저장소에서 동일 품명의 위험물이더라도 자연발화할 우려가 있는 위험물 또는 재해가 현저하게 증대할 우려가 있는 위험물을 다량 저장하는 경우에는 지정수량의 10배 이하마다 구분하여 상호간 (ㄱ: 0.3)[m] 이상의 간격을 두어 저장하여야 한다. 다만, 제48조의 규정에 의한 위험물 또는 기계에 의하여 하역하는 구조로 된 용기에 수납한 위험물에 있어서는 그러하지 아니하다.
- 옥내저장소에서는 용기에 수납하여 저장하는 위험물의 온도가 (ㄴ: 55)[℃]를 넘지 아니하도록 필요한 조치를 강구하여야 한다.

25

정답 ④ **SONICE 기본서 1권** p.302

해설 위험물안전관리법 제11조의2

〈제조소등의 사용 중지〉

① 제조소등의 관계인은 제조소등의 사용을 중지하려는 경우에는 위험물의 제거 및 제조소등에의 출입통제 등 행정안전부령으로 정하는 안전조치를 하여야 한다. (제조소등의 관계인은 사용 중지신고에 따라 제조소등의 사용을 중지하는 기간 동안에는 위험물안전관리자를 선임하지 아니할 수 있다.)

② 제조소등의 관계인은 제조소등의 사용을 중지하거나 중지한 제조소등의 사용을 재개하려는 경우에는 해당 제조소등의 사용을 중지하려는 날 또는 재개하려는 날의 14일 전까지 행정안전부령으로 정하는 바에 따라 제조소등의 사용 중지 또는 재개를 시·도지사에게 신고하여야 한다.

③ 시·도지사는 신고를 받으면 제조소등의 관계인이 안전조치를 적합하게 하였는지 또는 위험물안전관리자가 직무를 적합하게 수행하는지를 확인하고 위해 방지를 위하여 필요한 안전조치의 이행을 명할 수 있다.

SONICE TIP 위험물의 제거 및 제조소등에의 출입통제 등 행정안전부령으로 정하는 안전조치

1. 탱크·배관 등 위험물을 저장 또는 취급하는 설비에서 위험물 및 **가**연성 증기 등의 제거
2. 관계인이 아닌 사람에 대한 해당 제조소등에의 **출**입금지 조치
3. 해당 제조소등의 사용중지 사실의 **게시**
4. 그 밖에 위험물의 사고 **예방**에 필요한 조치

암기TIP 가출 예방 게시

26

정답 ② **SONICE 기본서 1권** p.83

해설 소방기본법 시행령 제7조의15

〈운행기록장치 장착 소방자동차의 범위〉

1. 소방**펌프**차
2. 소방**물**탱크차
3. 소방**화**학차
4. 소방**고가**차 [ㄷ]
5. 무인**방**수차 [ㄹ]
6. **구조**차
7. 그 밖에 소방청장이 소방자동차의 안전한 운행 및 교통사고 예방을 위하여 운행기록장치 장착이 필요하다고 인정하여 정하는 소방자동차 [ㅁ]

암기TIP 고물 펌프 방구화

→ 옳은 보기는 "ㄷ, ㄹ(2개)"이다.

27 정답 ③ SONICE 기본서 1권 p.27, p.63

해설 소방기본법 시행규칙 [별표 3의3]

〈소방안전교육훈련의 시설, 장비, 강사자격 및 교육방법 등의 기준〉

구분	자격 기준
강사	1) 소방 관련학과의 석사학위 이상을 취득한 사람 2) 「소방기본법」 제17조의2에 따른 소방안전교육사, 「소방시설 설치 및 관리에 관한 법률」 제25조에 따른 소방시설관리사, 「국가기술자격법」에 따른 소방기술사 또는 소방설비기사 자격을 취득한 사람[ㄷ] 3) 응급구조사[ㄴ], 인명구조사, 화재대응능력 등 소방청장이 정하는 소방활동 관련 자격을 취득한 사람 4) 소방공무원으로서 5년 이상 근무한 경력이 있는 사람
보조강사	1) 가목에 따른 강사의 자격을 갖춘 사람 2) 소방공무원으로서 3년 이상 근무한 경력이 있는 사람 3) 그 밖에 보조강사의 능력이 있다고 소방청장, 소방본부장 또는 소방서장이 인정하는 사람

→ 옳은 보기는 "ㄴ, ㄷ"이다.

SONICE TIP 소방체험관의 교수요원 및 조교

구분	자격 기준
교수요원	소방공무원 중 다음의 어느 하나에 해당하는 사람이어야 한다. 1) 소방 관련학과의 석사학위 이상을 취득한 사람 2) 「소방기본법」 제17조의2에 따른 소방안전교육사, 「소방시설 설치 및 관리에 관한 법률」 제25조에 따른 소방시설관리사, 「국가기술자격법」에 따른 소방기술사 또는 소방설비기사 자격을 취득한 사람 3) 간호사[ㄱ] 또는 「응급의료에 관한 법률」 제36조에 따른 응급구조사 자격을 취득한 사람 4) 소방청장이 실시하는 인명구조사시험 또는 화재대응능력시험에 합격한 사람 5) 「소방기본법」 제16조 또는 제16조의3에 따른 소방활동이나 생활안전활동을 3년 이상 수행한 경력이 있는 사람[ㄹ] 6) 5년 이상 근무한 소방공무원 중 시·도지사가 체험실의 교수요원으로 적합하다고 인정하는 사람
조교	1) 가목에 따른 교수요원의 자격을 갖춘 사람 2) 「소방기본법」 제16조 및 제16조의3에 따른 소방활동이나 생활안전활동을 1년 이상 수행한 경력이 있는 사람 3) 중앙소방학교 또는 지방소방학교에서 2주 이상의 소방안전교육사 관련 전문교육과정을 이수한 사람 4) 소방체험관에서 2주 이상의 체험교육에 관한 직무교육을 이수한 의무소방원 5) 그 밖에 1)부터 4)까지의 규정에 준하는 자격 또는 능력을 갖추었다고 시·도지사가 인정하는 사람

28

정답 ④ | SONICE 기본서 2권 | p.44

해설 소방의 화재조사에 관한 법률 시행령 제12조

〈화재감정기관의 지정기준〉
1. 화재조사를 수행할 수 있는 다음 각 목의 시설을 모두 갖출 것
    가. 증거물, 화재조사 장비 등을 안전하게 보호할 수 있는 설비를 갖춘 시설
    나. 증거물 등을 장기간 보존·보관할 수 있는 시설
    다. 증거물의 감식·감정을 수행하는 과정 등을 촬영하고 이를 디지털파일의 형태로 처리·보관할 수 있는 시설 [①]
2. 화재조사에 필요한 다음 각 목의 구분에 따른 전문인력을 각각 보유할 것

구분	내용
주된 기술인력	다음의 어느 하나에 해당하는 사람을 2명 이상 보유할 것 [②] 1) 「국가기술자격법」에 따른 국가기술자격의 직무분야 중 화재감식평가 분야의 기사 자격 취득 후 화재조사 관련 분야에서 5년 이상 근무한 사람 [④] 2) 화재조사관 자격 취득 후 화재조사 관련 분야에서 5년 이상 근무한 사람 3) 이공계 분야의 박사학위 취득 후 화재조사 관련 분야에서 2년 이상 근무한 사람
보조 기술인력	다음의 어느 하나에 해당하는 사람을 3명 이상 보유할 것 [②] 1) 「국가기술자격법」에 따른 국가기술자격의 직무분야 중 화재감식평가 분야의 기사 또는 산업기사 자격을 취득한 사람 2) 화재조사관 자격을 취득한 사람 3) 소방청장이 인정하는 화재조사 관련 국제자격증 소지자 4) 이공계 분야의 석사 이상 학위 취득 후 화재조사 관련 분야에서 1년 이상 근무한 사람

3. 화재조사를 수행할 수 있는 감식·감정 장비, 증거물 수집 장비 등을 갖출 것 [③]

29

정답 ① | SONICE 기본서 1권 | p.194

해설 소방시설공사업법 시행규칙 제23조의4

〈소방시설업 종합정보시스템의 구축·운영〉
① 소방청장은 소방시설업 종합정보시스템의 구축 및 운영 등을 위하여 다음의 업무를 수행할 수 있다.
    1. 소방시설업 종합정보시스템의 구축 및 운영에 관한 연구개발 [①]
    2. 소방시설업자의 자본금·기술인력 보유 현황, 소방시설공사등 수행상황, 행정처분 사항 등 소방시설업자에 관한 정보에 대한 **수집·분석** 및 **공유** [②]
    3. 소방시설공사등의 착공 및 완공에 관한 사항, 소방기술자 및 감리원의 배치 현황 등 소방시설공사등과 관련된 정보에 대한 **수집·분석** 및 **공유** [③]
    4. 소방시설업 종합정보시스템의 **표준화** 및 **공동활용** 촉진 [④]
    암기TIP 수분공유 연구 공표
② 소방청장은 소방시설업 종합정보시스템의 효율적인 구축과 운영을 위하여 협회, 소방기술과 관련된 법인 또는 단체와 협의체를 구성·운영할 수 있다.
③ 소방청장은 필요한 자료의 제출을 요청하는 경우에는 그 범위, 사용 목적, 제출기한 및 제출방법 등을 명시한 서면으로 해야 한다.
④ 관련 기관 또는 단체는 소방청장에게 필요한 정보의 제공을 요청하는 경우에는 그 범위, 사용 목적 및 제공방법 등을 명시한 서면으로 해야 한다.

30 정답 ④ SONICE 기본서 1권 p.153

해설 소방시설공사업법 시행령 [별표 2]
〈소방기술자의 배치기준 및 배치기간〉

소방기술자의 배치기준	소방시설공사 현장의 기준
가. 행정안전부령으로 정하는 특급기술자인 소방기술자(기계분야 및 전기분야)	1) 연면적 20만제곱미터 이상인 특정소방대상물의 공사 현장 2) 지하층을 포함한 층수가 40층 이상인 특정소방대상물의 공사 현장
나. 행정안전부령으로 정하는 고급기술자 이상의 소방기술자(기계분야 및 전기분야)	1) 연면적 3만제곱미터 이상 20만제곱미터 미만인 특정소방대상물(아파트는 제외한다)의 공사 현장 2) 지하층을 포함한 층수가 16층 이상 40층 미만인 특정소방대상물의 공사 현장
다. 행정안전부령으로 정하는 중급기술자 이상의 소방기술자(기계분야 및 전기분야)	1) 물분무등소화설비(호스릴 방식의 소화설비는 제외한다) 또는 제연설비가 설치되는 특정소방대상물의 공사 현장 2) 연면적 5천제곱미터 이상 3만제곱미터 미만인 특정소방대상물(아파트는 제외한다)의 공사 현장 3) 연면적 1만제곱미터 이상 20만제곱미터 미만인 아파트의 공사 현장
라. 행정안전부령으로 정하는 초급기술자 이상의 소방기술자(기계분야 및 전기분야)	1) 연면적 1천제곱미터 이상 5천제곱미터 미만인 특정소방대상물(아파트는 제외한다)의 공사 현장 2) 연면적 1천제곱미터 이상 1만제곱미터 미만인 아파트의 공사 현장 3) 지하구의 공사 현장
마. 자격수첩을 발급받은 소방기술자	연면적 1천제곱미터 미만인 특정소방대상물의 공사 현장

→ 소방기술자를 공사 현장에 배치하지 않은 경우 : 200만원 이하의 과태료

31 정답 ② SONICE 기본서 2권 p.142

해설 화재의 예방 및 안전관리에 관한 법률 시행규칙 제14조
〈소방안전관리자의 선임신고 등〉
② 용도변경으로 인하여 특정소방대상물이 소방안전관리대상물로 된 경우 소방안전관리대상물의 관계인은 소방안전관리자를 용도변경 사실을 건축물관리대장에 기재한 날부터 30일 이내에 선임해야 한다.

SONICE TIP 소방안전관리자 선임신고의 기준일
소방안전관리대상물의 관계인은 소방안전관리자를 다음의 구분에 따라 해당 호에서 정하는 날부터 30일 이내에 선임해야 한다.
1. 신축·증축·개축·재축·대수선 또는 용도변경으로 해당 특정소방대상물의 소방안전관리자를 신규로 선임해야 하는 경우 : 해당 특정소방대상물의 사용승인일
2. 증축 또는 용도변경으로 인하여 특정소방대상물이 영 제25조제1항에 따른 소방안전관리대상물로 된 경우 또는 특정소방대상물의 소방안전관리 등급이 변경된 경우 : 증축공사의 사용승인일 또는 용도변경 사실을 건축물관리대장에 기재한 날
3. 특정소방대상물을 양수하거나 「민사집행법」에 따른 경매, 「채무자 회생 및 파산에 관한 법률」에 따른 환가(換價), 「국세징수법」·「관세법」 또는 「지방세기본법」에 따른 압류재산의 매각이나 그 밖에 이에 준하는 절차에 따라 관계인의 권리를 취득한 경우 : 해당 권리를 취득한 날 또는 관할 소방서장으로부터 소방안전관리자 선임 안내를 받은 날. 다만, 새로 권리를 취득한 관계인이 종전의 특정소방대상물의 관계인이 선임신고한 소방안전관리자를 해임하지 않는 경우는 제외한다.
4. 관리의 권원이 분리된 특정소방대상물의 소방안전관리에 따른 특정소방대상물의 경우 : 관리의 권원이 분리되거나 소방본부장 또는 소방서장이 관리의 권원을 조정한 날
5. 소방안전관리자의 해임, 퇴직 등으로 해당 소방안전관리자의 업무가 종료된 경우 : 소방안전관리자가 해임된 날, 퇴직한 날 등 근무를 종료한 날
6. 소방안전관리업무를 대행하는 자를 감독할 수 있는 사람을 소방안전관리자로 선임한 경우로서 그 업무대행 계약이 해지 또는 종료된 경우: 소방안전관리업무 대행이 끝난 날
7. 소방안전관리자 자격이 정지 또는 취소된 경우: 소방안전관리자 자격이 정지 또는 취소된 날

32

정답 ① SONICE 기본서 2권 p.82

해설 화재의 예방 및 안전관리에 관한 법률 제10조
〈화재안전조사위원회 구성·운영〉
① 소방관서장은 화재안전조사의 대상을 객관적이고 공정하게 선정하기 위하여 필요한 경우 화재안전조사위원회를 구성하여 화재안전조사의 대상을 선정할 수 있다.

SONICE TIP 화재안전조사위원회의 위원
1. 과장급 직위 이상의 소방공무원
2. 소방기술사
3. 소방시설관리사
4. 소방 관련 분야의 석사 이상 학위를 취득한 사람
5. 소방 관련 법인 또는 단체에서 소방 관련 업무에 5년 이상 종사한 사람
6. 「소방공무원 교육훈련규정」 제3조제2항에 따른 소방공무원 교육훈련기관, 「고등교육법」 제2조의 학교 또는 연구소에서 소방과 관련한 교육 또는 연구에 5년 이상 종사한 사람

33

정답 ④ SONICE 기본서 2권 p.288

해설 소방시설 설치 및 관리에 관한 법률 시행령 제15조
〈특정소방대상물의 증축 시의 소방시설기준 적용의 특례〉
④ 기존 부분과 증축 부분이 「건축법 시행령」 제64조제1항제1호에 따른 60분+ 방화문으로 구획되어 있는 경우에는 기존 부분에 대해서 증축 당시의 소방시설의 설치에 관한 대통령령 또는 화재안전기준을 적용하지 않는다.

SONICE TIP 특정소방대상물의 증축 시 소방시설기준 적용
소방본부장 또는 소방서장은 특정소방대상물이 증축되는 경우에는 기존 부분을 포함한 특정소방대상물의 전체에 대하여 증축 당시의 소방시설의 설치에 관한 대통령령 또는 화재안전기준을 적용해야 한다. 다만, 다음 각 호의 어느 하나에 해당하는 경우에는 기존 부분에 대해서는 증축 당시의 소방시설의 설치에 관한 대통령령 또는 화재안전기준을 적용하지 않는다.
1. 기존 부분과 증축 부분이 내화구조로 된 바닥과 벽으로 구획된 경우 [①]
2. 기존 부분과 증축 부분이 「건축법 시행령」 제46조제1항제2호에 따른 자동방화셔터(이하 "자동방화셔터"라 한다) 또는 같은 영 제64조제1항제1호에 따른 60분+ 방화문(이하 "60분+ 방화문"이라 한다)으로 구획되어 있는 경우
3. 자동차 생산공장 등 화재 위험이 낮은 특정소방대상물 내부에 연면적 33제곱미터 이하의 직원 휴게실을 증축하는 경우 [②]
4. 자동차 생산공장 등 화재 위험이 낮은 특정소방대상물에 캐노피(기둥으로 받치거나 매달아 놓은 덮개를 말하며, 3면 이상에 벽이 없는 구조의 것을 말한다)를 설치하는 경우 [③]

34 정답 ① SONICE 기본서 2권 p.302

해설 소방시설 설치 및 관리에 관한 법률 시행령 [별표 4]
〈자동화재속보설비를 설치해야 하는 특정소방대상물〉
자동화재속보설비를 설치해야 하는 특정소방대상물은 다음의 어느 하나에 해당하는 것으로 한다. 다만, 방재실 등 화재수신기가 설치된 장소에 24시간 화재를 감시할 수 있는 사람이 근무하고 있는 경우에는 자동화재속보설비를 설치하지 않을 수 있다.
㉠ 노유자 생활시설
㉡ 노유자 시설로서 바닥면적이 500㎡ 이상인 층이 있는 것 [②]
㉢ 수련시설(숙박시설이 있는 것만 해당한다)로서 바닥면적이 500㎡ 이상인 층이 있는 것 [③]
㉣ 문화유산 중「문화유산의 보존 및 활용에 관한 법률」제23조에 따라 보물 또는 국보로 지정된 목조건축물
㉤ 근린생활시설 중 다음의 어느 하나에 해당하는 시설
  가) 의원, 치과의원 및 한의원으로서 입원실이 있는 시설
  나) 조산원 및 산후조리원
㉥ 의료시설 중 다음의 어느 하나에 해당하는 것
  가) 종합병원, 병원, 치과병원, 한방병원 및 요양병원(의료재활시설은 제외한다)
  나) 정신병원 및 의료재활시설로 사용되는 바닥면적의 합계가 500㎡ 이상인 층이 있는 것 [④]
㉦ 판매시설 중 전통시장

35 정답 ② SONICE 기본서 2권 p.336 ~ 337

해설 소방시설 설치 및 관리에 관한 법률 시행규칙 [별표 3]
〈소방시설등 자체점검의 구분 및 대상, 점검자의 자격, 점검 장비 및 점검 횟수 등 자체점검 시 준수하여야 할 사항〉

〈보기〉 = 연면적이 10만제곱미터 이상이므로 "특급 소방안전관리대상물"에 해당한다.

② 종합점검은「소방시설공사업법 시행규칙」별표 4의2에 따른 특급점검자가 점검할 수 없다.「소방시설공사업법 시행규칙」별표 4의2에 따른 특급점검자는 간이스프링클러설비(주택전용 간이스프링클러설비는 제외한다) 또는 자동화재탐지설비가 설치된 특정소방대상물의 작동점검만 할 수 있다.

36 정답 ③ SONICE 기본서 2권 p.273 ~ 274

해설 소방시설 설치 및 관리에 관한 법률 시행규칙 제10조, 제11조
〈성능위주설계평가단〉
③「소방시설공사업법」제28조제3항에 따른 특급감리원 자격을 취득한 사람으로 소방공사 현장 감리업무를 10년 이상 수행한 사람은 평가단원이 될 수 있다.

SONICE TIP 평가단의 구성
평가단원은 다음의 어느 하나에 해당하는 사람 중에서 소방청장 또는 관할 소방본부장이 임명하거나 위촉한다. 다만, 관할 소방서의 해당 업무 담당 과장은 당연직 평가단원으로 한다.
1. 소방공무원 중 다음 각 목의 어느 하나에 해당하는 사람
  가. 소방기술사
  나. 소방시설관리사
  다. 다음의 어느 하나에 해당하는 자격을 갖춘 사람으로서「소방공무원 교육훈련규정」제3조제2항에 따른 중앙소방학교에서 실시하는 성능위주설계 관련 교육과정을 이수한 사람
    1) 소방설비기사 이상의 자격을 가진 사람으로서 제3조에 따른 건축허가등의 동의 업무를 1년 이상 담당한 사람

2) 건축 또는 소방 관련 석사 이상의 학위를 취득한 사람으로서 제3조에 따른 건축허가등의 동의 업무를 1년 이상 담당한 사람
2. 건축 분야 및 소방방재 분야 전문가 중 다음 각 목의 어느 하나에 해당하는 사람
   가. 중앙소방기술심의위원회의 위원 또는 지방소방기술심의위원회 위원
   나. 「고등교육법」 제2조에 따른 학교 또는 이에 준하는 학교나 공인된 연구기관에서 부교수 이상의 직(職) 또는 이에 상당하는 직에 있거나 있었던 사람으로서 화재안전 또는 관련 법령이나 정책에 전문성이 있는 사람
   다. 소방기술사
   라. 소방시설관리사
   마. 건축계획, 건축구조 또는 도시계획과 관련된 업종에 종사하는 사람으로서 건축사 또는 건축구조기술사 자격을 취득한 사람
   바. 「소방시설공사업법」 제28조제3항에 따른 특급감리원 자격을 취득한 사람으로 소방공사 현장 감리업무를 10년 이상 수행한 사람

37 정답 ② SONICE 기본서 2권 p.276

해설 소방시설 설치 및 관리에 관한 법률 제10조
〈주택에 설치하는 소방시설〉
① 다음 각 호의 주택의 소유자는 소화기 등 대통령령으로 정하는 소방시설(이하 "주택용소방시설"이라 한다)을 설치하여야 한다.
  1. 「건축법」 제2조제2항제1호의 단독주택
  2. 「건축법」 제2조제2항제2호의 공동주택(아파트 및 기숙사는 제외한다)
② 국가 및 지방자치단체는 주택용소방시설의 설치 및 국민의 자율적인 안전관리를 촉진하기 위하여 필요한 시책을 마련하여야 한다.
③ 주택용소방시설의 설치기준 및 자율적인 안전관리 등에 관한 사항은 시·도의 조례로 정한다.

38 정답 ④ SONICE 기본서 1권 p.278 ~ 285

해설 위험물안전관리법 시행규칙 제3조
〈위험물 품명의 지정〉
① 「위험물안전관리법 시행령」 별표 1 제1류의 품명란 제10호에서 "행정안전부령으로 정하는 것"이라 함은 다음 각호의 1에 해당하는 것을 말한다.
  1. 과아이오딘산염류
  2. 과아이오딘산
  3. 크로뮴, 납 또는 아이오딘의 산화물
  4. 아질산염류
  5. 차아염소산염류
  6. 염소화아이소사이아누르산
  7. 퍼옥소이황산염류
  8. 퍼옥소붕산염류
② 영 별표 1 제3류의 품명란 제11호에서 "행정안전부령으로 정하는 것"이라 함은 염소화규소화합물을 말한다.
③ 영 별표 1 제5류의 품명란 제10호에서 "행정안전부령으로 정하는 것"이라 함은 다음 각호의 1에 해당하는 것을 말한다.
  1. 금속의 아지화합물
  2. 질산구아니딘
④ 영 별표 1 제6류의 품명란 제4호에서 "행정안전부령으로 정하는 것"이라 함은 할로젠간화합물을 말한다.

39 정답 ③ SONICE 기본서 1권 p.434

해설 위험물안전관리법 시행규칙 [별표 17]

〈소화설비, 경보설비 및 피난설비의 기준〉

제조소등의 구분	제조소등의 규모, 저장 또는 취급하는 위험물의 종류 및 최대수량 등	경보설비
가. 제조소 및 일반취급소	• 연면적이 500제곱미터 이상인 것 • 옥내에서 지정수량의 100배 이상을 취급하는 것(고인화점위험물만을 100℃ 미만의 온도에서 취급하는 것은 제외한다) • 일반취급소로 사용되는 부분 외의 부분이 있는 건축물에 설치된 일반취급소(일반취급소와 일반취급소 외의 부분이 내화구조의 바닥 또는 벽으로 개구부 없이 구획된 것은 제외한다)	자동화재탐지설비
나. 옥내저장소	• 지정수량의 100배 이상을 저장 또는 취급하는 것(고인화점위험물만을 저장 또는 취급하는 것은 제외한다) • 저장창고의 연면적이 150제곱미터를 초과하는 것[연면적 150제곱미터 이내마다 불연재료의 격벽으로 개구부 없이 완전히 구획된 저장창고와 제2류 위험물(인화성고체는 제외한다) 또는 제4류 위험물(인화점이 70℃ 미만인 것은 제외한다)만을 저장 또는 취급하는 저장창고는 그 연면적이 500제곱미터 이상인 것을 말한다] • 처마 높이가 6미터 이상인 단층 건물의 것 • 옥내저장소로 사용되는 부분 외의 부분이 있는 건축물에 설치된 옥내저장소[옥내저장소와 옥내저장소 외의 부분이 내화구조의 바닥 또는 벽으로 개구부 없이 구획된 것과 제2류(인화성고체는 제외한다) 또는 제4류의 위험물(인화점이 70℃ 미만인 것은 제외한다)만을 저장 또는 취급하는 것은 제외한다]	자동화재탐지설비
다. 옥내탱크저장소	단층 건물 외의 건축물에 설치된 옥내탱크저장소로서 제41조제2항에 따른 소화난이도등급Ⅰ에 해당하는 것	자동화재탐지설비
라. 주유취급소	옥내주유취급소	자동화재탐지설비
마. 옥외탱크저장소	특수인화물, 제1석유류 및 알코올류를 저장 또는 취급하는 탱크의 용량이 1,000만 리터 이상인 것	• 자동화재탐지설비 • 자동화재속보설비
바. 가목부터 마목까지의 규정에 따른 자동화재탐지설비 설치 대상 제조소등에 해당하지 않는 제조소등 (이송취급소는 제외한다)	지정수량의 10배 이상을 저장 또는 취급하는 것	자동화재탐지설비, 비상경보설비, 확성장치 또는 비상방송설비 중 1종 이상

40 정답 ④ SONICE 기본서 1권 p.437

해설 위험물안전관리법 시행규칙 [별표 18]

〈제조소등에서의 위험물의 저장 및 취급에 관한 공통기준 중 중요기준〉

1. 제1류 위험물은 가연물과의 접촉·혼합이나 분해를 촉진하는 물품과의 접근 또는 과열·충격·마찰 등을 피하는 한편, 알카리금속의 과산화물 및 이를 함유한 것에 있어서는 물과의 접촉을 피하여야 한다.
2. 제2류 위험물은 산화제와의 접촉·혼합이나 불티·불꽃·고온체와의 접근 또는 과열을 피하는 한편, 철분·금속분·마그네슘 및 이를 함유한 것에 있어서는 물이나 산과의 접촉을 피하고 인화성 고체에 있어서는 함부로 증기를 발생시키지 아니하여야 한다.
3. 제3류 위험물 중 자연발화성물질에 있어서는 불티·불꽃 또는 고온체와의 접근·과열 또는 공기와의 접촉을 피하고, 금수성물질에 있어서는 물과의 접촉을 피하여야 한다.
4. 제4류 위험물은 불티·불꽃·고온체와의 접근 또는 과열을 피하고, 함부로 증기를 발생시키지 아니하여야 한다.
5. <u>제5류 위험물은 불티·불꽃·고온체와의 접근이나 과열·충격 또는 마찰을 피하여야 한다.</u>
6. 제6류 위험물은 가연물과의 접촉·혼합이나 분해를 촉진하는 물품과의 접근 또는 과열을 피하여야 한다.

07회 소방관계법규 – 정답 및 간단해설

SONICE 빨간불 실전 동형 모의고사 7회

01	02	03	04	05	06	07	08	09	10
④	④	④	②	③	③	④	①	④	②
11	12	13	14	15	16	17	18	19	20
③	②	②	②	④	②	④	②	④	①
21	22	23	24	25	26	27	28	29	30
②	③	③	②	②	③	④	④	②	②
31	32	33	34	35	36	37	38	39	40
③	①	①	①	①	②	③	③	③	②

🎙 백사부의 한마디

꿈은 다가오는 것이 아니라,
다가가는 것이다.

---

01 정답 ④ SONICE 기본서 1권 p.33 ~ 34

해설 소방기본법 시행령 제2조
〈국고보조 대상사업의 범위와 기준보조율〉
① 국고보조 대상사업의 범위는 다음과 같다.
  1. 다음의 소방활동장비와 설비의 구입 및 설치
    가. 소방자동차
    나. 소방헬리콥터 및 소방정
    다. 소방전용통신설비 및 전산설비
    라. 그 밖에 방화복 등 소방활동에 필요한 소방장비
  2. 소방관서용 청사의 건축(「건축법」 제2조제1항제8호에 따른 건축을 말한다)
② 소방활동장비 및 설비의 종류와 규격은 행정안전부령으로 정한다.
③ 국고보조 대상사업의 기준보조율은 「보조금 관리에 관한 법률 시행령」에서 정하는 바에 따른다.

SONICE TIP 국고보조의 대상이 되는 소방활동장비 및 설비의 종류와 규격

구분	종류			규격
소방활동장비	소방자동차	펌프차	대형	240마력 이상
			중형	170마력 이상 240마력 미만
			소형	120마력 이상 170마력 미만
		물탱크소방차	대형	240마력 이상
			중형	170마력 이상 240마력 미만
		화학소방차	비활성가스를 이용한 소방차	
			고성능	340마력 이상
			내폭	340마력 이상
			일반 대형	240마력 이상
			일반 중형	170마력 이상 240마력 미만
		사다리소방차	고가(사다리의 길이가 33m 이상인 것에 한한다)	330마력 이상
			굴절 27m 이상급	330마력 이상
			굴절 18m 이상 27m 미만급	240마력 이상
		조명차	중형	170마력
		배연차	중형	170마력 이상
		구조차	대형	240마력 이상
			중형	170마력 이상 240마력 미만
		구급차	특수	90마력 이상
			일반	85마력 이상 90마력 미만
	소방정		소방정	100톤 이상급, 50톤급
			구조정	30톤급
	소방헬리콥터			5~17인승

02

정답 ④ **SONICE 기본서 1권** p.20

해설 소방기본법 시행령 제2조의2
〈비상소화장치의 설치대상 지역〉

1. 화재예방강화지구
   ㉠ 시장지역
   ㉡ 공장·창고가 밀집한 지역
   ㉢ 목조건물이 밀집한 지역
   ㉣ 노후·불량건축물이 밀집한 지역 [ㄴ]
   ㉤ 위험물의 저장 및 처리 시설이 밀집한 지역
   ㉥ 석유화학제품을 생산하는 공장이 있는 지역
   ㉦ 「산업입지 및 개발에 관한 법률」 제2조제8호에 따른 산업단지 [ㄷ]
   ㉧ 소방시설·소방용수시설 또는 소방출동로가 없는 지역
   ㉨ 「물류시설의 개발 및 운영에 관한 법률」 제2조제6호에 따른 물류단지 [ㄹ]
   ㉩ 그 밖에 ㉠부터 ㉨까지에 준하는 지역으로서 소방관서장이 화재예방강화지구로 지정할 필요가 있다고 인정하는 지역

2. 시·도지사가 비상소화장치의 설치가 필요하다고 인정하는 지역 [ㅁ]

→ 옳은 보기는 "ㄴ, ㄷ, ㄹ(3개)"이다.

03 정답 ④ SONICE 기본서 1권 p.86

해설 소방기본법 제24조(소방활동 종사 명령)
① 소방본부장, 소방서장 또는 소방대장은 화재, 재난·재해, 그 밖의 위급한 상황이 발생한 현장에서 소방활동을 위하여 필요할 때에는 그 관할구역에 사는 사람 또는 그 현장에 있는 사람으로 하여금 사람을 구출하는 일 또는 불을 끄거나 불이 번지지 아니하도록 하는 일을 하게 할 수 있다. 이 경우 소방본부장, 소방서장 또는 소방대장은 소방활동에 필요한 보호장구를 지급하는 등 안전을 위한 조치를 하여야 한다.
② 소방활동에 종사한 사람은 시·도지사로부터 소방활동의 비용을 지급받을 수 있다. 다만, 다음의 어느 하나에 해당하는 사람의 경우에는 그러하지 아니하다.
  1. 소방대상물에 화재, 재난·재해, 그 밖의 위급한 상황이 발생한 경우 그 관계인
  2. 고의 또는 과실로 화재 또는 구조·구급 활동이 필요한 상황을 발생시킨 사람
  3. 화재 또는 구조·구급 현장에서 물건을 가져간 사람

04 정답 ② SONICE 기본서 1권 p.65

해설 소방기본법 시행규칙 제9조
〈소방안전교육훈련의 운영계획〉
㉠ 소방청장, 소방본부장 또는 소방서장은 소방안전교육훈련을 실시하려는 경우 매년 12월 31일까지 다음 해의 소방안전교육훈련 운영계획을 수립하여야 한다.
㉡ 소방청장은 소방안전교육훈련 운영계획의 작성에 필요한 지침을 정하여 소방본부장과 소방서장에게 매년 10월 31일까지 통보하여야 한다.

05 정답 ③ SONICE 기본서 2권 p.14 ~ 15

해설 소방의 화재조사에 관한 법률 제2조
〈정의〉
① 화재란 사람의 의도에 반하거나 고의 또는 과실에 의하여 발생하는 연소 현상으로서 소화할 필요가 있는 현상 또는 사람의 의도에 반하여 발생하거나 확대된 화학적 폭발현상을 말한다.
② 화재조사란 소방청장, 소방본부장 또는 소방서장이 화재원인, 피해상황, 대응활동 등을 파악하기 위하여 자료의 수집, 관계인등에 대한 질문, 현장확인, 감식, 감정 및 실험 등을 하는 일련의 행위를 말한다.
④ 관계인등이란 화재가 발생한 소방대상물의 소유자·관리자 또는 점유자 및 화재 현장을 발견하고 신고한 사람, 화재 현장을 목격한 사람, 소화활동을 행하거나 인명구조활동(유도대피 포함)에 관계된 사람, 화재를 발생시키거나 화재발생과 관계된 사람을 말한다.

06 정답 ③ SONICE 기본서 2권 p.16

해설 소방의 화재조사에 관한 법률 시행령 제3조
〈화재조사의 내용·절차〉
소방관서장은 화재조사를 하는 경우 다음의 사항에 대하여 조사하여야 한다.
㉠ 화재**원**인에 관한 사항
㉡ 화재로 인한 인명·재산**피**해상황
㉢ **대**응활동에 관한 사항
㉣ **소**방시설 등의 설치·관리 및 작동 여부에 관한 사항
㉤ 화재발생건축물과 구조물, 화재유형별 화재**위**험성 등에 관한 사항 [ㄷ]
㉥ 그 밖에 대통령령으로 정하는 사항 : 화재안전**조**사의 실시 결과에 관한 사항 [ㄴ]

암기TIP 원피소 대위 조사

→ 옳은 보기는 "ㄴ, ㄷ"이다.

07 정답 ④ SONICE 기본서 1권 p.239 ~ 240

해설 소방시설공사업법 시행규칙 [별표 4의2]
〈소방기술자의 기술등급 : 기술자격에 따른 기술등급(위험물 관련 자격증)〉

기계분야	위험물기능장	위험물산업기사	위험물기능사
특급 기술자	13년 이상	-	-
고급 기술자	11년 이상	13년 이상	-
중급 기술자	5년 이상	8년 이상	-
초급 기술자	2년 이상	4년 이상	6년 이상

08 정답 ① SONICE 기본서 1권 p.150

해설 소방시설공사업법 시행규칙 제11조의2
〈소방시설업자 등의 처분통지〉
소방청장 또는 시·도지사는 다음의 경우에는 처분일부터 7일 이내에 소방시설업자협회에 그 사실을 알려주어야 한다.
1. 소방시설업의 등록취소·시정명령 또는 영업정지를 하는 경우
2. 과징금을 부과하는 경우
3. 소방기술 인정 자격수첩 또는 경력수첩의 자격을 취소하거나 정지하는 경우

09 정답 ④ SONICE 기본서 1권 p.179~180

해설 소방시설공사업법 제21조의3

〈도급의 원칙〉
① 소방시설공사등의 도급 또는 하도급의 계약당사자는 서로 대등한 입장에서 합의에 따라 공정하게 계약을 체결하고, 신의에 따라 성실하게 계약을 이행하여야 한다.
② 소방시설공사등의 도급 또는 하도급의 계약당사자는 그 계약을 체결할 때 도급 또는 하도급 금액, 공사기간, 그 밖에 대통령령으로 정하는 사항을 계약서에 분명히 밝혀야 하며, 서명날인한 계약서를 서로 내주고 보관하여야 한다.
③ 수급인은 하수급인에게 하도급과 관련하여 자재구입처의 지정 등 하수급인에게 불리하다고 인정되는 행위를 강요하여서는 아니 된다.
④ 도급을 받은 자가 해당 소방시설공사등을 하도급할 때에는 행정안전부령으로 정하는 바에 따라 <u>미리 관계인과 발주자에게 알려야 한다.</u> 하수급인을 변경하거나 하도급 계약을 해지할 때에도 또한 같다.
⑤ 하도급에 관하여 이 법에서 규정하는 것을 제외하고는 그 성질에 반하지 아니하는 범위에서「하도급거래 공정화에 관한 법률」의 해당 규정을 준용한다.

10 정답 ② SONICE 기본서 1권 p.164

해설 소방시설공사업법 제16조

〈감리〉
소방공사감리업을 등록한 자는 소방공사를 감리할 때 다음 각 호의 업무를 수행하여야 한다.
1. 소방시설등의 설치계획표의 <u>적법성 검토</u> [ㄴ]
2. 소방시설등 설계도서의 적합성(적법성과 기술상의 합리성을 말한다. 이하 같다) 검토
3. 소방시설등 설계 변경 사항의 적합성 검토
4. 「소방시설 설치 및 관리에 관한 법률」 제2조제1항제7호의 소방용품의 위치·규격 및 사용 자재의 적합성 검토
5. 공사업자가 한 소방시설등의 시공이 설계도서와 화재안전기준에 맞는지에 대한 지도·감독 [ㄹ]
6. 완공된 소방시설등의 성능시험
7. <u>공사업자</u>가 작성한 시공 상세 도면의 적합성 검토 [ㄷ]
8. 피난시설 및 방화시설의 적법성 검토 [ㄱ]
9. 실내장식물의 불연화(不燃化)와 방염 물품의 적법성 검토
→ 감리업자가 수행업무를 위반하여 감리를 하거나 거짓으로 감리한 자 : 1년 이하의 징역 또는 1천만원 이하의 벌금

11 정답 ③ SONICE 기본서 2권 p.78~79

해설 화재의 예방 및 안전관리에 관한 법률 시행령 제8조

〈화재안전조사의 방법·절차〉
소방관서장은 화재안전조사를 효율적으로 실시하기 위하여 필요한 경우 다음의 기관의 장과 합동으로 조사반을 편성하여 화재안전조사를 할 수 있다.
1. 관계 중앙행정기관 또는 지방자치단체
2. 「소방기본법」 제40조에 따른 한국소방안전원
3. 「소방산업의 진흥에 관한 법률」 제14조에 따른 한국소방산업기술원 [ㄱ]
4. 「화재로 인한 재해보상과 보험가입에 관한 법률」 제11조에 따른 한국화재보험협회 [ㄴ]
5. 「고압가스 안전관리법」 제28조에 따른 한국가스안전공사 [ㄷ]
6. 「전기안전관리법」 제30조에 따른 한국전기안전공사
7. 그 밖에 소방청장이 정하여 고시하는 소방 관련 법인 또는 단체
→ 옳은 보기는 "ㄱ, ㄴ, ㄷ"이다.

12 정답 ② SONICE 기본서 2권 p.195

해설 화재의 예방 및 안전관리에 관한 법률 제52조

〈과태료〉

구분	내용
300만원 이하의 과태료	1. 정당한 사유 없이 제17조제1항 각 호(화재의 예방조치에 따른 위반행위)의 어느 하나에 해당하는 행위를 한 자 2. 특급 및 1급 소방안전관리대상물의 소방안전관리자를 겸한 자 3. 소방안전관리업무를 하지 아니한 특정소방대상물의 관계인 또는 소방안전관리대상물의 소방안전관리자 4. 소방안전관리업무의 지도·감독을 하지 아니한 관계인 [②] 5. 건설현장 소방안전관리대상물의 소방안전관리자의 업무를 하지 아니한 소방안전관리자 [①] 6. 피난유도 안내정보를 제공하지 아니한 관계인 7. 소방안전관리대상물의 소방훈련 및 교육을 하지 아니한 관계인 8. 화재예방안전진단 결과를 제출하지 아니한 안전원 또는 진단기관
200만원 이하의 과태료	1. 불을 사용할 때 지켜야 하는 사항 및 같은 조 제5항에 따른 특수가연물의 저장 및 취급 기준을 위반한 자 [③] 2. 소방설비등의 설치 명령을 정당한 사유 없이 따르지 아니한 자 3. 기간 내에 선임신고를 하지 아니하거나 소방안전관리자의 성명 등을 게시하지 아니한 자 4. 기간 내에 건설현장 소방안전관리자의 선임신고를 하지 아니한 자 5. 기간 내에 소방훈련 및 교육 결과를 제출하지 아니한 자
100만원 이하의 과태료	실무교육을 받지 아니한 소방안전관리자 및 소방안전관리보조자 [④]

13 정답 ② SONICE 기본서 2권 p.130

해설 화재의 예방 및 안전관리에 관한 법률 시행령 [별표 4]

〈소방안전관리자를 선임해야 하는 소방안전관리대상물의 범위와 소방안전관리자의 선임 대상별 자격 및 인원 기준〉

① 소방설비기사의 자격을 취득한 후 5년 이상 1급 소방안전관리대상물의 소방안전관리자로 근무한 실무경력이 있는 사람으로서 특급 소방안전관리자 자격증을 발급받은 사람

③ 소방공무원으로 20년 이상 근무한 경력이 있는 사람으로서 특급 소방안전관리자 자격증을 발급받은 사람

④ 소방청장이 실시하는 특급 소방안전관리대상물의 소방안전관리에 관한 시험에 합격한 사람으로서 특급 소방안전관리자 자격증을 발급받은 사람

14 정답 ② SONICE 기본서 2권 p.176

해설 화재의 예방 및 안전관리에 관한 법률 제40조
〈소방안전 특별관리시설물의 안전관리〉
1. 「공항시설법」 제2조제7호의 공항시설
2. 「철도산업발전기본법」 제3조제2호의 철도시설
3. 「도시철도법」 제2조제3호의 도시철도시설
4. 「항만법」 제2조제5호의 항만시설
5. 「문화유산의 보존 및 활용에 관한 법률」 제2조제3항의 지정문화유산 및 「자연유산의 보존 및 활용에 관한 법률」 제2조제5호에 따른 천연기념물등인 시설(시설이 아닌 지정문화유산 및 천연기념물등을 보호하거나 소장하고 있는 시설을 포함한다)
6. 「산업기술단지 지원에 관한 특례법」 제2조제1호의 산업기술단지
7. 「산업입지 및 개발에 관한 법률」 제2조제8호의 산업단지
8. <u>「초고층 및 지하연계 복합건축물 재난관리에 관한 특별법」 제2조제1호·제2호의 초고층 건축물 및 지하연계 복합건축물 [ㄴ]</u>
9. 「영화 및 비디오물의 진흥에 관한 법률」 제2조제10호의 영화상영관 중 수용인원 1천명 이상인 영화상영관
10. 전력용 및 통신용 지하구
11. 「한국석유공사법」 제10조제1항제3호의 석유비축시설
12. 「한국가스공사법」 제11조제1항제2호의 천연가스 인수기지 및 공급망
13. 「전통시장 및 상점가 육성을 위한 특별법」 제2조제1호의 전통시장으로서 대통령령으로 정하는 전통시장(점포가 500개 이상인 전통시장)
14. 그 밖에 대통령령으로 정하는 시설물
    ㉠ 「전기사업법」 제2조제4호에 따른 발전사업자가 가동 중인 발전소(「발전소주변지역 지원에 관한 법률 시행령」 제2조제2항에 따른 발전소는 제외한다)
    ㉡ 「물류시설의 개발 및 운영에 관한 법률」 제2조제5호의2에 따른 물류창고로서 연면적 10만제곱미터 이상인 것
    ㉢ <u>「도시가스사업법」 제2조제5호에 따른 가스공급시설 [ㄹ]</u>

→ 옳은 보기는 "ㄴ, ㄹ"이다.

15 정답 ④ SONICE 기본서 2권 p.150 ~ 151

해설 화재의 예방 및 안전관리에 관한 법률 제29조
〈건설현장 소방안전관리〉
(ㄱ : 공사시공자)가 화재발생 및 화재피해의 우려가 큰 대통령령으로 정하는 특정소방대상물을 신축·증축·개축·재축·이전·용도변경 또는 대수선 하는 경우에는 소방안전관리자로서 교육을 받은 사람을 소방시설공사 착공 신고일부터 (ㄴ : 건축물 사용승인일)까지 소방안전관리자로 선임하고 행정안전부령으로 정하는 바에 따라 소방본부장 또는 소방서장에게 신고하여야 한다.

16
정답 ② **SONICE 기본서 2권** p.263

해설 소방시설 설치 및 관리에 관한 법률 시행령 제9조
〈성능위주설계를 해야 하는 특정소방대상물의 범위〉
단, 신축하는 것만 해당한다.
1. 연면적 20만제곱미터 이상인 특정소방대상물. 다만, 아파트등은 제외한다. [ㄷ]
2. 50층 이상(지하층은 제외한다)이거나 지상으로부터 높이가 200미터 이상인 아파트등
3. 30층 이상(지하층을 포함한다)이거나 지상으로부터 높이가 120미터 이상인 특정소방대상물(아파트등은 제외한다)
4. 연면적 3만제곱미터 이상인 특정소방대상물로서 다음 각 목의 어느 하나에 해당하는 특정소방대상물
   가. 철도 및 도시철도 시설
   나. 공항시설
5. 창고시설 중 연면적 10만제곱미터 이상인 것 또는 지하층의 층수가 2개 층 이상이고 지하층의 바닥면적의 합계가 3만제곱미터 이상인 것 [ㄱ]
6. 하나의 건축물에 「영화 및 비디오물의 진흥에 관한 법률」 제2조제10호에 따른 영화상영관이 10개 이상인 특정소방대상물 [ㄹ]
7. 「초고층 및 지하연계 복합건축물 재난관리에 관한 특별법」 제2조제2호에 따른 지하연계 복합건축물에 해당하는 특정소방대상물
8. 터널 중 수저(水底)터널 또는 길이가 5천미터 이상인 것 [ㄴ]
→ 옳은 보기는 "ㄱ, ㄹ"이다.

17
정답 ④ **SONICE 기본서 2권** p.314

해설 소방시설 설치 및 관리에 관한 법률 시행령 [별표 8]
〈임시소방시설과 기능 및 성능이 유사한 소방시설로서 임시소방시설을 설치한 것으로 보는 소방시설〉

〈보기〉 = 간이소화장치

㉠ 간이소화장치를 설치한 것으로 보는 소방시설 : 소방청장이 정하여 고시하는 기준에 맞는 소화기(연결송수관설비의 방수구 인근에 설치한 경우로 한정한다) 또는 옥내소화전설비
㉡ 비상경보장치를 설치한 것으로 보는 소방시설 : 비상방송설비 또는 자동화재탐지설비
㉢ 간이피난유도선을 설치한 것으로 보는 소방시설 : 피난유도선, 피난구유도등, 통로유도등 또는 비상조명등

18
정답 ② **SONICE 기본서 2권** p.257 ~ 258

해설 소방시설 설치 및 관리에 관한 법률 시행규칙 제3조
〈건축허가등의 동의 요구〉
㉠ 동의 요구를 받은 소방본부장 또는 소방서장은 건축허가등의 동의 요구서류를 접수한 날부터 5일(허가를 신청한 건축물 등이 특급 소방안전관리대상물에 해당하는 경우에는 10일) 이내에 건축허가등의 동의 여부를 회신해야 한다.
㉡ 소방본부장 또는 소방서장은 동의요구서 및 첨부서류의 보완이 필요한 경우에는 4일 이내의 기간을 정하여 보완을 요구할 수 있다. 이 경우 보완 기간은 회신 기간에 산입하지 않으며 보완 기간 내에 보완하지 않는 경우에는 동의요구서를 반려해야 한다.
㉢ 건축허가등의 동의를 요구한 기관이 그 건축허가등을 취소했을 때에는 취소한 날부터 7일 이내에 건축물 등의 시공지 또는 소재지를 관할하는 소방본부장 또는 소방서장에게 그 사실을 통보해야 한다.
㉣ 소방본부장 또는 소방서장은 동의 여부를 회신하는 경우에는 별지 제1호서식의 건축허가등의 동의대장에 이를 기록하고 관리해야 한다.

19
정답 ④ **SONICE 기본서 2권** p.321

해설 소방시설 설치 및 관리에 관한 법률 시행령 제31조
〈방염대상물품 및 방염성능기준〉
④ 단란주점영업, 유흥주점영업 및 노래연습장업의 영업장에 설치하는 것으로서 섬유류 또는 합성수지류 등을 원료로 하여 제작된 소파·의자

SONICE TIP 제조 또는 가공 공정에서 방염처리를 한 다음 각 목의 물품
㉠ 창문에 설치하는 커튼류(블라인드를 포함한다)
㉡ 카펫
㉢ 벽지류(두께가 2밀리미터 미만인 종이벽지는 제외한다)
㉣ 전시용 합판·목재 또는 섬유판, 무대용 합판·목재 또는 섬유판(합판·목재류의 경우 불가피하게 설치 현장에서 방염처리한 것을 포함한다)
㉤ 암막·무대막(「영화 및 비디오물의 진흥에 관한 법률」 제2조제10호에 따른 영화상영관에 설치하는 스크린과 「다중이용업소의 안전관리에 관한 특별법 시행령」 제2조제7호의4에 따른 가상체험 체육시설업에 설치하는 스크린을 포함한다)
㉥ 섬유류 또는 합성수지류 등을 원료로 하여 제작된 소파·의자(「다중이용업소의 안전관리에 관한 특별법 시행령」 제2조제1호나목 및 같은 조 제6호에 따른 단란주점영업, 유흥주점영업 및 노래연습장업의 영업장에 설치하는 것으로 한정한다)

20
정답 ① **SONICE 기본서 2권** p.388

해설 소방시설 설치 및 관리에 관한 법률 제37조
〈청문〉
① 우수품질인증의 취소는 청문을 실시하여야 하는 대상에 해당한다. 그러나 "우수품질인증의 정지"는 처분을 내릴 수도 없으며, 청문을 실시하여야 하는 대상에 해당하지 않는다.

SONICE TIP 청문
소방청장 또는 시·도지사는 다음의 어느 하나에 해당하는 처분을 하려면 청문을 하여야 한다.
1. 관리사 자격의 취소 및 정지
2. 관리업의 등록취소 및 영업정지 [②]
3. 소방용품의 형식승인 취소 및 제품검사 중지 [④]
4. 성능인증의 취소
5. 우수품질인증의 취소
6. 전문기관의 지정취소 및 업무정지 [③]

21
정답 ② **SONICE 기본서 1권** p.276

해설 위험물안전관리법 제4조
〈지정수량 미만인 위험물의 저장·취급〉, 제5조〈위험물의 저장 및 취급의 제한〉
• 지정수량 미만인 위험물의 저장 또는 취급에 관한 기술상의 기준은 (㉠ : 시·도의 조례)로 정한다.
• (㉡ : 시·도의 조례)(가)으로 정하는 바에 따라 관할 (㉢ : 소방서장)의 승인을 받아 지정수량 이상의 위험물을 (㉣ : 90)일 이내의 기간동안 임시로 저장 또는 취급하는 경우

22

정답 ③　**SONICE 기본서 1권**　p.336

해설 위험물안전관리법 시행규칙 [별표 23]
〈화학소방자동차에 갖추어야 하는 소화능력 및 설비의 기준〉
① 포수용액 방사차 - 10만ℓ 이상의 포수용액을 방사할 수 있는 양의 소화약제를 비치할 것
② 분말방사차 - 분말의 방사능력이 매초 35kg 이상일 것
④ 제독차 - 가성소오다 및 규조토를 각각 50kg 이상 비치할 것

23

정답 ③　**SONICE 기본서 1권**　p.359

해설 위험물안전관리법 제34조의3
〈벌칙〉
③ 저장소 또는 제조소등이 아닌 장소에서 지정수량 이상의 위험물을 저장 또는 취급한 자는 3년 이하의 징역 또는 3천만원 이하의 벌금에 처한다.

24

정답 ②　**SONICE 기본서 1권**　p.325 ~ 326 (개정사항)

해설 위험물안전관리법 시행규칙 제63조
〈예방규정의 이행실태 평가〉
① 예방규정의 이행 실태 평가 중 정기평가는 최초평가 또는 직전 정기평가를 실시한 날을 기준으로 4년마다 실시. 다만, 수시평가를 실시한 경우에는 수시평가를 실시한 날을 기준으로 4년마다 실시한다.
② 소방청장은 평가를 실시하는 경우 제조소등의 위험성 등을 고려하여 서면점검 또는 현장검사의 방법으로 실시할 수 있다. 이 경우 현장검사는 소방청장이 정하여 고시하는 고위험군의 제조소등에 대하여만 실시한다. [O]
③ 소방청장은 평가를 실시하는 경우 평가실시일 30일 전까지(수시평가의 경우에는 7일 전까지를 말한다) 제조소등의 관계인에게 평가실시일, 평가항목 및 세부 평가일정에 관한 사항을 통보해야 한다.
④ 평가실시일부터 직전 1년 동안 「산업안전보건법」 제46조제4항에 따른 공정안전보고서의 이행 상태 평가 또는 「화학물질관리법」 제23조의2제2항에 따른 화학사고예방관리계획서의 이행 여부 점검을 받은 경우로서 해당 평가 또는 점검 항목과 중복되는 항목이 있는 경우에는 해당 항목에 대한 평가를 면제할 수 있다.

25

정답 ②　**SONICE 기본서 1권**　p.385

해설 위험물안전관리법 시행규칙 [별표 4]
〈제조소등의 위치·구조 및 설비의 기준 – 환기설비〉
② 환기구는 지붕 위 또는 지상 2[m] 이상의 높이에 회전식 고정 벤틸레이터 또는 루프팬방식(지붕에 설치하는 배기장치)으로 설치할 것
④ 바닥면적이 120[m²]인 경우에는 급기구의 면적을 600[cm²] 이상의 크기로 할 것

바닥면적	급기구의 면적
60[m²] 미만	150[cm²] 이상
60[m²] 이상 90[m²] 미만	300[cm²] 이상
90[m²] 이상 120[m²] 미만	450[cm²] 이상
120[m²] 이상 150[m²] 미만	600[cm²] 이상

26
정답 ③ **SONICE 기본서 1권** p.18 ~ 19

해설 소방기본법 제4조
〈119종합상황실의 설치와 운영〉
① 소방청장, 소방본부장 및 소방서장은 화재, 재난·재해, 그 밖에 구조·구급이 필요한 상황이 발생하였을 때에 신속한 소방활동(소방업무를 위한 모든 활동을 말한다. 이하 같다)을 위한 정보의 수집·분석과 판단·전파, **상황**관리, **현장**지휘 및 **조정**·**통제** 등의 업무를 수행하기 위하여 119종합상황실을 설치·운영하여야 한다.

암기TIP 정보 수분단전 현상 조통

② ①에 따라 소방본부에 설치하는 119종합상황실에는 「지방자치단체에 두는 국가공무원의 정원에 관한 법률」에도 불구하고 대통령령으로 정하는 바에 따라 경찰공무원을 둘 수 있다.
③ ①에 따른 119종합상황실의 설치·운영에 필요한 사항은 행정안전부령으로 정한다.

27
정답 ④ **SONICE 기본서 1권** p.94

해설 소방기본법 제41조
〈안전원의 업무〉
안전원은 다음의 업무를 수행한다.
1. 소방기술과 안전관리에 관한 **교육** 및 조사·연구
2. 소방기술과 안전관리에 관한 각종 **간행**물 발간 [③]
3. 화재 예방과 안전관리의식 고취를 위한 대국민 **홍보** [②]
4. 소방업무에 관하여 행정기관이 **위탁**하는 업무 [①]
5. 소방안전에 관한 **국제협력**
6. 그 밖에 회원에 대한 **기술**지원 등 정관으로 정하는 사항

암기TIP 홍교위 국간 기술

28
정답 ④ **SONICE 기본서 2권** p.21

해설 소방의 화재조사에 관한 법률 시행규칙 제4조
〈화재조사에 관한 시험〉
자격시험에 응시할 수 있는 사람은 소방공무원 중 다음의 어느 하나에 해당하는 사람으로 한다.
㉠ 화재조사관 양성을 위한 전문교육을 이수한 사람 [①]
㉡ 국립과학수사연구원 또는 소방청장이 인정하는 외국의 화재조사 관련 기관에서 8주 이상 화재조사에 관한 전문교육을 이수한 사람 [②, ③]

29
정답 ② **SONICE 기본서 1권** p.147

해설 소방시설공사업법 제9조
〈등록취소와 영업정지〉
다음에 해당하는 경우에는 그 등록을 취소하여야 한다.
1. 거짓이나 그 밖의 부정한 방법으로 등록한 경우 [ㄱ]
2. 등록 결격사유에 해당하게 된 경우. 다만, 제5조제6호 또는 제7호에 해당하게 된 법인이 그 사유가 발생한 날부터 3개월 이내에 그 사유를 해소한 경우는 제외한다. [ㄷ]
3. 영업정지 기간 중에 소방시설공사등을 한 경우 [ㅁ]

> **선지분석**
> ㄹ.: 소방시설업의 영업정지에 해당하며, 300만원 이하의 벌금에 해당한다.

→ 옳은 보기는 "ㄱ, ㄷ, ㅁ"이다.

30
정답 ② **SONICE 기본서 1권** p.213 ~ 214

해설 소방시설공사업법 시행령 제19조의2
〈소방시설업자협회의 설립인가 절차〉
① 소방시설업자협회를 설립하려면 소방시설업자 10명 이상이 발기하고 창립총회에서 정관을 의결한 후 소방청장에게 인가를 신청하여야 한다.
② 소방청장은 ①에 따른 인가를 하였을 때에는 그 사실을 공고하여야 한다.

SONICE TIP 소방시설업자협회의 수행 업무
1. 소방시설업의 기술발전과 소방기술의 진흥을 위한 조사·연구·분석 및 평가
2. 소방산업의 발전 및 소방기술의 향상을 위한 지원
3. 소방시설업의 기술발전과 관련된 국제교류·활동 및 행사의 유치
4. 이 법에 따른 위탁 업무의 수행

31
정답 ③ **SONICE 기본서 2권** p.135 ~ 136

해설 화재의 예방 및 안전관리에 관한 법률 제24조
〈특정소방대상물의 소방안전관리〉
특정소방대상물(소방안전관리대상물은 제외한다)의 관계인과 소방안전관리대상물의 소방안전관리자는 다음 각 호의 업무를 수행한다. 다만, 제1호·제2호·제5호 및 제7호의 업무는 소방안전관리대상물의 경우에만 해당한다.
1. 피난계획에 관한 사항과 대통령령으로 정하는 사항이 포함된 소방계획서의 작성 및 시행
2. 자위소방대 및 초기대응체계의 구성, 운영 및 교육 [ㄹ]
3. 피난시설, 방화구획 및 방화시설의 관리
4. 소방시설이나 그 밖의 소방 관련 시설의 관리
5. 소방훈련 및 교육 [ㄱ]
6. 화기 취급의 감독 [ㄴ]
7. 행정안전부령으로 정하는 바에 따른 소방안전관리에 관한 업무수행에 관한 기록·유지(제3호·제4호 및 제6호의 업무를 말한다)
8. 화재발생 시 초기대응 [ㄷ]
9. 그 밖에 소방안전관리에 필요한 업무
→ 옳은 보기는 "ㄴ, ㄷ"이다.

32
정답 ① **SONICE 기본서 2권** p.141

해설 화재의 예방 및 안전관리에 관한 법률 시행규칙 제15조
〈소방안전관리자 정보의 게시〉
1. 소방안전관리대상물의 명칭 및 등급 [③]
2. 소방안전관리자의 성명 및 선임일자 [②]
3. 소방안전관리자의 연락처 [①]
4. 소방안전관리자의 근무 위치(화재 수신기 또는 종합방재실을 말한다) [④]

33
정답 ① **SONICE 기본서 2권** p.99

해설 화재의 예방 및 안전관리에 관한 법률 시행령 [별표 1]
〈보일러 등의 설비 또는 기구 등이 위치·구조 및 관리와 화재예방을 위하여 불을 사용할 때 지켜야 하는 사항 – 노·화덕설비〉
㉠ 실내에 설치하는 경우에는 흙바닥 또는 금속 외의 불연재료로 된 바닥에 설치해야 한다.
㉡ 노 또는 화덕을 설치하는 장소의 벽·천장은 불연재료로 된 것이어야 한다. [①]
㉢ 노 또는 화덕의 주위에는 녹는 물질이 확산되지 않도록 높이 0.1미터 이상의 턱을 설치해야 한다. [②]
㉣ 시간당 열량이 30만킬로칼로리 이상인 노를 설치하는 경우에는 다음의 사항을 지켜야 한다.
  1) 「건축법」 제2조제1항제7호에 따른 주요구조부는 불연재료 이상으로 할 것 [③]
  2) 창문과 출입구는 「건축법 시행령」 제64조에 따른 60분+ 방화문 또는 60분 방화문으로 설치할 것 [④]
  3) 노 주위에는 1미터 이상 공간을 확보할 것

34
정답 ① **SONICE 기본서 2권** p.365

해설 소방시설 설치 및 관리에 관한 법률 제28조
〈자격의 취소·정지〉
소방청장은 관리사가 다음의 어느 하나에 해당할 때에는 행정안전부령으로 정하는 바에 따라 그 자격을 취소하거나 1년 이내의 기간을 정하여 그 자격의 정지를 명할 수 있다. 다만, 제1호, 제4호, 제5호 또는 제7호에 해당하면 그 자격을 취소하여야 한다.
1. 거짓이나 그 밖의 부정한 방법으로 시험에 합격한 경우
2. 「화재의 예방 및 안전관리에 관한 법률」 제25조제2항에 따른 대행인력의 배치기준·자격·방법 등 준수사항을 지키지 아니한 경우
3. 점검을 하지 아니하거나 거짓으로 한 경우
4. 소방시설관리사증을 다른 사람에게 빌려준 경우 [②]
5. 동시에 둘 이상의 업체에 취업한 경우 [④]
6. 성실하게 자체점검 업무를 수행하지 아니한 경우
7. 소방시설관리사의 결격사유에 해당하게 된 경우 [③]

35 정답 ① SONICE 기본서 2권 p.252

해설 소방시설 설치 및 관리에 관한 법률 시행령 제2조

〈정의〉
무창층이란 지상층 중 요건을 모두 갖춘 개구부의 면적의 합계가 해당 층의 바닥면적의 <u>30분의 1 이하</u>가 되는 층을 말한다.
㉠ 크기는 지름 50센티미터 이상의 원이 통과할 수 있을 것
㉡ 해당 층의 바닥면으로부터 개구부 밑부분까지의 높이가 1.2미터 이내일 것
㉢ 도로 또는 차량이 진입할 수 있는 빈터를 향할 것
㉣ 화재 시 건축물로부터 쉽게 피난할 수 있도록 창살이나 그 밖의 장애물이 설치되지 않을 것
㉤ 내부 또는 외부에서 쉽게 부수거나 열 수 있을 것

36 정답 ② SONICE 기본서 2권 p.317

해설 소방시설 설치 및 관리에 관한 법률 시행령 제22조

〈위원의 임명·위촉〉
중앙위원회의 위원은 과장급 직위 이상의 소방공무원[①]과 다음의 어느 하나에 해당하는 사람 중에서 소방청장이 임명하거나 성별을 고려하여 위촉한다.
1. 소방기술사
2. <u>석사 이상의 소방 관련 학위를 소지한 사람 [②]</u>
3. 소방시설관리사
4. 소방 관련 법인·단체에서 소방 관련 업무에 5년 이상 종사한 사람 [③]
5. 소방공무원 교육기관, 대학교 또는 연구소에서 소방과 관련된 교육이나 연구에 5년 이상 종사한 사람 [④]

37 정답 ③ SONICE 기본서 2권 p.266

해설 소방시설 설치 및 관리에 관한 법률 시행규칙 제5조

〈신고된 성능위주설계에 대한 검토·평가〉
③ 중앙소방기술심의위원회는 요청된 사항에 대하여 20일 이내에 심의·의결을 거쳐 성능위주설계 검토·평가 결과서를 작성하고 <u>관할 소방서장</u>에게 지체 없이 통보해야 한다.

SONICE TIP 성능위주설계 신고, 변경신고, 사전검토
1. 신고 : 20일 이내 심의·의결
2. 변경신고 : 14일 이내 심의·의결
3. 사전검토 : 제한없음

38
정답 ③　SONICE 기본서 1권　p.298

해설 위험물안전관리법 시행규칙 제20조

〈완공검사의 신청시기〉

제조소등의 완공검사 신청시기는 다음의 구분에 따른다.
1. 지하탱크가 있는 제조소등의 경우 : 당해 지하탱크를 매설하기 전 [①]
2. 이동탱크저장소의 경우 : 이동저장탱크를 완공하고 상시 설치 장소(이하 "상치장소"라 한다)를 확보한 후 [②]
3. 이송취급소의 경우 : 이송배관 공사의 전체 또는 일부를 완료한 후 [③]. 다만, 지하·하천 등에 매설하는 이송배관의 공사의 경우에는 이송배관을 매설하기 전 [④]
4. 전체 공사가 완료된 후에는 완공검사를 실시하기 곤란한 경우 : 다음 각목에서 정하는 시기
   가. 위험물설비 또는 배관의 설치가 완료되어 기밀시험 또는 내압시험을 실시하는 시기
   나. 배관을 지하에 설치하는 경우에는 시·도지사, 소방서장 또는 기술원이 지정하는 부분을 매몰하기 직전
   다. 기술원이 지정하는 부분의 비파괴시험을 실시하는 시기
5. 제1호 내지 제4호에 해당하지 아니하는 제조소등의 경우 : 제조소등의 공사를 완료한 후

39
정답 ③　SONICE 기본서 1권　p.352

해설 위험물안전관리법 시행규칙 [별표 24]

〈안전교육의 과정·기간과 그 밖의 교육의 실시에 관한 사항〉

	교육대상자	교육시간	교육시기	교육기관
①	안전관리자	8시간 이내	가. 제조소등의 안전관리자로 선임된 날부터 6개월 이내 나. 가목에 따른 교육을 받은 후 2년마다 1회	안전원
②	위험물운반자	4시간	가. 위험물운반자로 종사한 날부터 6개월 이내 나. 가목에 따른 교육을 받은 후 3년마다 1회	안전원
③	위험물운송자	8시간 이내	가. 이동탱크저장소의 위험물운송자로 종사한 날부터 6개월 이내 나. 가목에 따른 교육을 받은 후 3년마다 1회	안전원
④	탱크시험자의 기술인력	8시간 이내	가. 탱크시험자의 기술인력으로 등록한 날부터 6개월 이내 나. 가목에 따른 교육을 받은 후 2년마다 1회	기술원

40
정답 ②　SONICE 기본서 1권　p.418

해설 위험물안전관리법 시행규칙 [별표 13]

〈주유취급소의 위치·구조 및 설비의 기준〉

고정주유설비 또는 고정급유설비는 다음 각목의 기준에 적합한 위치에 설치하여야 한다.
㉠ 고정주유설비의 중심선을 기점으로 하여 도로경계선까지 4m 이상, 부지경계선·담 및 건축물의 벽까지 2m(개구부가 없는 벽까지는 1m) 이상의 거리를 유지하고, 고정급유설비의 중심선을 기점으로 하여 도로경계선까지 4m 이상, 부지경계선 및 담까지 (ㄱ : 1)[m] 이상, 건축물의 벽까지 (ㄴ : 2)[m](개구부가 없는 벽까지는 (ㄷ : 1)[m]) 이상의 거리를 유지할 것
㉡ 고정주유설비와 고정급유설비의 사이에는 4m 이상의 거리를 유지할 것

07회 소방관계법규 - 정답 및 간단해설

SONICE 파란불 실전 동형 모의고사 7회

01	02	03	04	05	06	07	08	09	10
②	②	③	②	②	②	①	④	③	②
11	12	13	14	15	16	17	18	19	20
④	④	①	④	④	②	③	③	①	④
21	22	23	24	25	26	27	28	29	30
③	②	①	③	④	③	③	①	②	②
31	32	33	34	35	36	37	38	39	40
④	④	③	①	③	②	④	④	③	④

🎤 **백사부의 한마디**

부러운 친구의 여유에 질투하지는 마.
순서가 조금 다른 것뿐

---

01 **정답** ② **SONICE 기본서 1권** p.67 ~ 68

해설 소방기본법 시행령 제7조의5

〈시험위원〉

① 소방청장은 소방안전교육사시험 응시자격심사, 출제 및 채점을 위하여 다음 각 호의 어느 하나에 해당하는 사람을 응시자격심사위원 및 시험위원으로 임명 또는 위촉하여야 한다.
   1. 소방 관련 학과, 교육학과 또는 응급구조학과 박사학위 취득자
   2. 「고등교육법」제2조제1호부터 제6호까지의 규정 중 어느 하나에 해당하는 학교에서 소방 관련 학과, 교육학과 또는 응급구조학과에서 조교수 이상으로 2년 이상 재직한 자
   3. 소방위 이상의 소방공무원
   4. 소방안전교육사 자격을 취득한 자

② 응시자격심사위원 및 시험위원의 수는 다음 각 호와 같다.
   1. 응시자격심사위원: 3명
   2. 시험위원 중 출제위원: 시험과목별 3명
   3. 시험위원 중 채점위원: 5명

③ 응시자격심사위원 및 시험위원으로 임명 또는 위촉된 자는 소방청장이 정하는 시험문제 등의 작성시 유의사항 및 서약서 등에 따른 준수사항을 성실히 이행해야 한다.

④ 임명 또는 위촉된 응시자격심사위원 및 시험위원과 시험감독업무에 종사하는 자에 대하여는 예산의 범위에서 수당 및 여비를 지급할 수 있다.

02 정답 ② SONICE 기본서 1권 p.56~58

해설 소방기본법 시행령 제7조의13
〈소방자동차 전용구역의 설치 기준·방법〉
ㄴ. 하나의 대지에 하나의 동으로 구성되고 「도로교통법」에 따라 정차 또는 주차가 금지된 편도 2차선 이상의 도로에 직접 접하여 소방자동차가 도로에서 직접 소방활동이 가능한 공동주택은 소방자동차 전용구역을 제외한다.
ㄹ. 공동주택의 건축주는 소방자동차가 접근하기 쉽고 소방활동이 원활하게 수행될 수 있도록 각 동별 전면 또는 후면에 소방자동차 전용구역을 1개소 이상 설치해야 한다. 다만, 하나의 전용구역에서 여러 동에 접근하여 소방활동이 가능한 경우로서 소방청장이 정하는 경우에는 각 동별로 설치하지 않을 수 있다.
→ 옳은 보기는 "ㄱ, ㄷ"이다.

03 정답 ③ SONICE 기본서 1권 p.19

해설 소방기본법 시행규칙 제3조
〈종합상황실의 실장의 업무〉
종합상황실의 실장은 다음 각 호의 어느 하나에 해당하는 상황이 발생하는 때에는 그 사실을 지체 없이 별지 제1호서식에 따라 서면·팩스 또는 컴퓨터통신 등으로 소방서의 종합상황실의 경우는 소방본부의 종합상황실에, 소방본부의 종합상황실의 경우는 소방청의 종합상황실에 각각 보고해야 한다.
1. 다음 각목의 1에 해당하는 화재
   가. 사망자가 5인 이상 발생하거나 사상자가 10인 이상 발생한 화재
   나. 이재민이 100인 이상 발생한 화재
   다. 재산피해액이 50억원 이상 발생한 화재
   라. 관공서·학교·정부미도정공장·문화재·지하철 또는 지하구의 화재
   마. 관광호텔, 층수가 11층 이상인 건축물, 지하상가, 시장, 백화점, 「위험물안전관리법」 제2조제2항의 규정에 의한 지정수량의 3천배 이상의 위험물의 제조소·저장소·취급소, 층수가 5층 이상이거나 객실이 30실 이상인 숙박시설 [ㄱ], 층수가 5층 이상이거나 병상이 30개 이상인 종합병원·정신병원·한방병원·요양소, 연면적 1만5천제곱미터 이상인 공장 또는 화재예방강화지구에서 발생한 화재
   바. 철도차량, 항구에 매어둔 총 톤수가 1천톤 이상인 선박, 항공기, 발전소 또는 변전소에서 발생한 화재 [ㄷ]
   사. 가스 및 화약류의 폭발에 의한 화재
   아. 「다중이용업소의 안전관리에 관한 특별법」 제2조에 따른 다중이용업소의 화재 [ㄹ]
2. 「긴급구조대응활동 및 현장지휘에 관한 규칙」에 의한 통제단장의 현장지휘가 필요한 재난상황 [ㅁ]
3. 언론에 보도된 재난상황 [ㄴ]
4. 그 밖에 소방청장이 정하는 재난상황
→ 옳은 보기는 "ㄱ, ㄴ, ㄹ, ㅁ"이다.

04 정답 ② SONICE 기본서 1권 p.70 ~ 71

해설 소방기본법 시행령 [별표 2의2]

〈소방안전교육사시험의 응시자격〉

1. 소방공무원으로서 다음 각 목의 어느 하나에 해당하는 사람
   가. 소방공무원으로 3년 이상 근무한 경력이 있는 사람
   나. 중앙소방학교 또는 지방소방학교에서 2주 이상의 소방안전교육사 관련 전문교육과정을 이수한 사람
2. 「초·중등교육법」 제21조에 따라 교원의 자격을 취득한 사람
3. 「유아교육법」 제22조에 따라 교원의 자격을 취득한 사람
4. 「영유아보육법」 제21조에 따라 어린이집의 원장 또는 보육교사의 자격을 취득한 사람(보육교사 자격을 취득한 사람은 보육교사 자격을 취득한 후 3년 이상의 보육업무 경력이 있는 사람만 해당한다)
5. 다음 각 목의 어느 하나에 해당하는 기관에서 교육학과, 응급구조학과, 의학과, 간호학과 또는 소방안전 관련 학과 등 소방청장이 고시하는 학과에 개설된 교과목 중 소방안전교육과 관련하여 소방청장이 정하여 고시하는 교과목을 총 6학점 이상 이수한 사람 [ㄱ, 10학점 이수]
   가. 「고등교육법」 제2조제1호부터 제6호까지의 규정의 어느 하나에 해당하는 학교
   나. 「학점인정 등에 관한 법률」 제3조에 따라 학습과정의 평가인정을 받은 교육훈련기관
6. 「국가기술자격법」 제2조제3호에 따른 국가기술자격의 직무분야 중 안전관리 분야(국가기술자격의 직무분야 및 국가기술자격의 종목 중 중직무분야의 안전관리를 말한다. 이하 같다)의 기술사 자격을 취득한 사람
7. 「소방시설 설치 및 관리에 관한 법률」 제25조에 따른 소방시설관리사 자격을 취득한 사람
8. 「국가기술자격법」 제2조제3호에 따른 국가기술자격의 직무분야 중 안전관리 분야의 기사 자격을 취득한 후 안전관리 분야에 1년 이상 종사한 사람
9. 「국가기술자격법」 제2조제3호에 따른 국가기술자격의 직무분야 중 안전관리 분야의 산업기사 자격을 취득한 후 안전관리 분야에 3년 이상 종사한 사람
10. 「의료법」 제7조에 따라 간호사 면허를 취득한 후 간호업무 분야에 1년 이상 종사한 사람 [ㄹ, 3년 종사]
11. 「응급의료에 관한 법률」 제36조제2항에 따라 1급 응급구조사 자격을 취득한 후 응급의료 업무 분야에 1년 이상 종사한 사람
12. 「응급의료에 관한 법률」 제36조제3항에 따라 2급 응급구조사 자격을 취득한 후 응급의료 업무 분야에 3년 이상 종사한 사람 [ㄴ, 3년 이상에 해당하지 않음]
13. 「화재의 예방 및 안전관리에 관한 법률 시행령」 별표 4 제1호나목 각 호의 어느 하나에 해당하는 사람
14. 「화재의 예방 및 안전관리에 관한 법률 시행령」 별표 4 제2호나목 각 호의 어느 하나에 해당하는 자격을 갖춘 후 소방안전관리대상물의 소방안전관리에 관한 실무경력이 1년 이상 있는 사람
15. 「화재의 예방 및 안전관리에 관한 법률 시행령」 별표 4 제3호나목 각 호의 어느 하나에 해당하는 자격을 갖춘 후 소방안전관리대상물의 소방안전관리에 관한 실무경력이 3년 이상 있는 사람
16. 「의용소방대 설치 및 운영에 관한 법률」 제3조에 따라 의용소방대원으로 임명된 후 5년 이상 의용소방대 활동을 한 경력이 있는 사람 [ㄷ, 의무소방대는 응시자격요건에 해당하지 않는다.]
17. 「국가기술자격법」 제2조제3호에 따른 국가기술자격의 직무분야 중 위험물 중직무분야의 기능장 자격을 취득한 사람

→ 옳은 보기는 "ㄱ, ㄹ"이다.

05 정답 ② SONICE 기본서 2권 p.19

해설 소방의 화재조사에 관한 법률 시행령 제5조

〈화재조사관의 자격기준〉

화재조사 업무를 수행하는 화재조사관은 다음의 어느 하나에 해당하는 소방공무원으로 한다.
㉠ 소방청장이 실시하는 화재조사에 관한 시험에 합격한 소방공무원
㉡ 「국가기술자격법」에 따른 국가기술자격의 직무분야 중 화재감식평가 분야의 기사 또는 산업기사 자격을 취득한 소방공무원

06 정답 ② SONICE 기본서 2권 p.19 ~ 20

해설 소방의 화재조사에 관한 법률 제6조, 제4조, 시행규칙 [별표]

〈화재조사전담부서의 설치·운영〉

ㄴ. 화재조사전담부서에서는 <u>화재조사의 실시 및 조사결과 분석·관리업무</u> 등을 수행한다. (현행 제도의 문제점 및 개선방안은 화재합동조사단의 화재조사 결과보고 시 포함되어야 하는 사항에 해당한다.)

ㄷ. 소방관서장은 화재조사전담부서에 화재조사관을 <u>2명 이상 배치</u>해야 한다.

ㅁ. 절연저항계, 확대경, 내시경현미경, 검전기는 모두 감식기기에 해당하고, <u>접점저항계, 온도기록계는 모두 감정용기기에 해당한다.</u>

→ 옳은 보기는 "ㄱ, ㄹ"이다.

SONICE TIP 감식기기 vs 감정용 기기

1. 감식기기 (16종)

전기	<u>절연</u>저항계, <u>접지</u>저항계, <u>누</u>설전류계, <u>검전</u>기, <u>멀티</u>테스터기, <u>클램프미터</u>, <u>정전기</u>측정장치
	암기TIP 누가 정전기 멀티킬! 절연 접지 검전
기계	<u>복합</u>가스측정기, <u>가스</u>(유증)<u>검지</u>기, <u>산업</u>용실체현미경, <u>내시경현미경</u>, <u>확대</u>경, 디지털탄화<u>심도</u>계, <u>휴대용</u>디지털현미경, <u>적</u>외선열상카메라, 슈미트해머
	암기TIP 복합가스검지 / 내시산업확대 / 심도깊은 적! 휴대용해머

2. 감정용 기기 (21종)

가스크로마토그래피, 고속카메라세트, 화재시뮬레이션시스템, X선 촬영기, 금속현미경, 시편(試片)절단기, 시편성형기, 시편연마기, 접점저항계, 직류전압전류계, 교류전압전류계, 오실로스코프(변화가 심한 전기 현상의 파형을 눈으로 관찰하는 장치), 주사전자현미경, 인화점측정기, 발화점측정기, 미량융점측정기, 온도기록계, 폭발압력측정기세트, 전압조정기(직류, 교류), 적외선 분광광도계, 전기단락흔실험장치[1차 용융흔, 2차 용융흔, 3차 용융흔 측정 가능]

07 정답 ① SONICE 기본서 1권 p.179

해설 소방시설공사업법 시행령 제11조의2

〈소방시설공사 분리 도급의 예외〉

1. 「재난 및 안전관리 기본법」 제3조제1호에 따른 재난의 발생으로 긴급하게 착공해야 하는 공사인 경우
2. 국방 및 국가안보 등과 관련하여 기밀을 유지해야 하는 공사인 경우
3. 착공신고를 해야 하는 소방시설공사에 <u>해당하지 않는</u> 공사인 경우 [①, ②]
4. 연면적이 1천제곱미터 이하인 특정소방대상물에 <u>비상경보설비</u>를 설치하는 공사인 경우 [③]
5. 다음 각 목의 어느 하나에 해당하는 입찰로 시행되는 공사인 경우
   ㉠ 「국가를 당사자로 하는 계약에 관한 법률 시행령」 및 「지방자치단체를 당사자로 하는 계약에 관한 법률 시행령」에 따른 대안입찰 또는 일괄입찰
   ㉡ 「국가를 당사자로 하는 계약에 관한 법률 시행령」 및 「지방자치단체를 당사자로 하는 계약에 관한 법률 시행령」에 따른 실시설계 기술제안입찰 또는 기본설계 기술제안입찰
   ㉢ 「국가첨단전략산업 경쟁력 강화 및 보호에 관한 특별조치법」에 따른 국가첨단전략기술 관련 연구시설·개발시설 또는 그 기술을 이용하여 제품을 생산하는 시설 공사인 경우
6. 그 밖에 국가유산수리 및 재개발·재건축 등의 공사로서 공사의 성질상 분리하여 도급하는 것이 곤란하다고 <u>소방청장</u>이 인정하는 경우 [④]

> 선지분석
> ① 자동화재속보설비를 신설하는 공사는 착공신고 대상에 해당하지 않으므로 소방시설공사 분리 도급의 예외에 해당한다.
> ② 간이스프링클러설비의 방호구역을 증설하는 공사는 착공신고 대상에 해당하므로 소방시설공사 분리 도급을 하여야 한다.

08 정답 ④ SONICE 기본서 1권 p.170 ~ 171

해설 소방시설공사업법 시행규칙 제16조
〈감리원의 세부 배치 기준〉
① 감리원의 세부적인 배치 기준은 다음의 구분에 따른다.

구분	내용
1. 상주 공사감리 대상인 경우	가. 기계분야의 감리원 자격을 취득한 사람과 전기분야의 감리원 자격을 취득한 사람 각 1명 이상을 감리원으로 배치할 것. 다만, 기계분야 및 전기분야의 감리원 자격을 함께 취득한 사람이 있는 경우에는 그에 해당하는 사람 1명 이상을 배치할 수 있다. 나. 소방시설용 배관(전선관을 포함한다. 이하 같다)을 설치하거나 매립하는 때부터 소방시설 완공검사증명서를 발급받을 때까지 소방공사감리현장에 감리원을 배치할 것
2. 일반 공사감리 대상인 경우	가. 기계분야의 감리원 자격을 취득한 사람과 전기분야의 감리원 자격을 취득한 사람 각 1명 이상을 감리원으로 배치할 것. 다만, 기계분야 및 전기분야의 감리원 자격을 함께 취득한 사람이 있는 경우에는 그에 해당하는 사람 1명 이상을 배치할 수 있다. 나. 별표 3에 따른 기간 동안 감리원을 배치할 것 다. 감리원은 주 1회 이상 소방공사감리현장에 배치되어 감리할 것 라. 1명의 감리원이 담당하는 소방공사감리현장은 5개 이하(자동화재탐지설비 또는 옥내소화전설비 중 어느 하나만 설치하는 2개의 소방공사감리현장이 최단 차량주행거리로 30킬로미터 이내에 있는 경우에는 1개의 소방공사감리현장으로 본다)로서 감리현장 연면적의 총 합계가 10만제곱미터 이하일 것. 다만, 일반 공사감리 대상인 아파트의 경우에는 연면적의 합계에 관계없이 1명의 감리원이 5개 이내의 공사현장을 감리할 수 있다.

② 상주 공사감리의 방법란 각 호에서 "행정안전부령으로 정하는 기간"이란 소방시설용 배관을 설치하거나 매립하는 때부터 소방시설 완공검사증명서를 발급받을 때까지를 말한다.
③ 일반공사감리의 방법란 제1호 및 제2호에서 "행정안전부령으로 정하는 기간"이란 별표 3에 따른 기간을 말한다.

09 정답 ③ SONICE 기본서 1권 p.146

해설 소방시설공사업법 시행규칙 제8조
〈소방시설업자가 보관하여야 하는 관계 서류〉
소방시설업자는 행정안전부령으로 정하는 관계 서류를 하자보수 보증기간 동안 보관하여야 한다.
1. 소방시설설계업 : 소방시설 설계기록부 및 소방시설 설계도서
2. 소방시설공사업 : 소방시설공사 기록부
3. 소방공사감리업 : 소방공사 감리기록부[②], 소방공사 감리일지[①] 및 소방시설의 완공 당시 설계도서[④]

10
정답 ② SONICE 기본서 1권 p.165

해설 소방시설공사업법 시행령 [별표 3]

〈소방공사 감리의 종류, 방법 및 대상〉
- 상주 공사감리 : 감리원이 행정안전부령으로 정하는 기간 중 부득이한 사유로 (ㄱ : 1일 이상) 현장을 이탈하는 경우에는 감리일지 등에 기록하여 발주청 또는 발주자의 확인을 받아야 한다.
- 일반 공사감리 : 감리업자는 감리원이 부득이한 사유로 (ㄴ : 14일 이내)의 범위에서 감리의 업무를 수행할 수 없는 경우에는 업무대행자를 지정하여 그 업무를 수행하게 해야 한다.

11
정답 ④ SONICE 기본서 2권 p.109

해설 화재의 예방 및 안전관리에 관한 법률 제19조

〈화재의 예방 등에 대한 지원〉
① <u>소방청장</u>은 소방설비등의 설치를 명하는 경우 해당 관계인에게 소방설비등의 설치에 필요한 지원을 할 수 있다.
② 소방청장은 관계 중앙행정기관의 장 및 시·도지사에게 지원에 필요한 협조를 요청할 수 있다.
③ 시·도지사는 제2항에 따라 소방청장의 요청이 있거나 화재예방강화지구 안의 소방대상물의 화재안전성능 향상을 위하여 필요한 경우 시·도의 조례로 정하는 바에 따라 소방설비등의 설치에 필요한 비용을 지원할 수 있다.

12
정답 ④ SONICE 기본서 2권 p.209

해설 화재의 예방 및 안전관리에 관한 법률 시행규칙 [별표 5]

〈강습교육 과목, 시간 및 운영방법〉
㉠ 특급 소방안전관리자가 되려는 사람 - 160시간
㉡ 1급 소방안전관리자가 되려는 사람 - 80시간
㉢ 2급, 공공기관 소방안전관리자가 되려는 사람 - 40시간
㉣ <u>3급, 건설현장 소방안전관리자가 되려는 사람 - 24시간</u>
㉤ 업무대행 감독 소방안전관리자가 되려는 사람 - 16시간

13
정답 ① SONICE 기본서 2권 p.179 ~ 180, p.182

해설 화재의 예방 및 안전관리에 관한 법률 제41조, 시행령 제43조, 시행규칙 제42조

〈화재예방안전진단〉
② 역사 및 역 시설의 연면적이 <u>5천제곱미터 이상</u>인 도시철도시설, 연면적이 5천제곱미터 이상인 발전소와 여객터미널의 연면적이 <u>1천제곱미터 이상</u>인 공항시설은 화재예방안전진단의 대상에 해당한다.
③ 화재예방안전진단을 실시한 안전원 또는 진단기관은 화재예방안전진단이 완료된 날부터 <u>60일 이내</u>에 소방본부장 또는 소방서장, 관계인에게 화재예방안전진단 결과 보고서에 서류를 첨부하여 제출해야 한다.
④ <u>소방본부장 또는 소방서장</u>은 제출받은 화재예방안전진단 결과에 따라 보수·보강 등의 조치가 필요하다고 인정하는 경우에는 해당 소방안전 특별관리시설물의 관계인에게 보수·보강 등의 조치를 취할 것을 명할 수 있다.

14
정답 ④ SONICE 기본서 2권 p.128 ~ 131

해설 화재의 예방 및 안전관리에 관한 법률 제24조

〈다른 안전관리자와 소방안전관리자 겸직금지〉
특급 및 1급 소방안전관리대상물의 경우에는 다른 안전관리자(다른 법령에 따라 전기·가스·위험물 등의 안전관리 업무에 종사하는 자를 말한다.)는 소방안전관리대상물 중 소방안전관리업무의 전담이 필요한 대통령령으로 정하는 소방안전관리대상물의 소방안전관리자를 겸할 수 없다.

[ㄱ] : 연면적이 10만제곱미터 이상이므로 특급 소방안전관리대상물에 해당하며, 다른 안전관리자와 소방안전관리자를 겸할 수 없다.

[ㄴ] : 지상층의 층수가 11층 이상이므로 1급 소방안전관리대상물에 해당하며, 다른 안전관리자와 소방안전관리자를 겸할 수 없다.

[ㄷ] : 「문화유산의 보존 및 활용에 관한 법률」 제23조에 따라 보물 또는 국보로 지정된 목조건축물은 2급 소방안전관리대상물에 해당하며, 다른 안전관리자와 소방안전관리자를 겸할 수 있다.

[ㄹ] : 가연성 가스를 100톤 이상 1천톤 미만을 저장하므로 2급 소방안전관리대상물에 해당하며, 다른 안전관리자와 소방안전관리자를 겸할 수 있다.

15 정답 ④ SONICE 기본서 2권 p.134

해설 화재의 예방 및 안전관리에 관한 법률 시행령 [별표 5]
〈소방안전관리보조자를 선임해야 하는 소방안전관리대상물의 범위와 선임 대상별 자격 및 인원기준〉

① 연면적 1만5천제곱미터 이상인 특정소방대상물(아파트 및 연립주택 제외)에 소방안전관리보조자를 선임해야 한다.

② 노유자 시설이 소재하는 지역을 관할하는 소방서장이 야간이나 휴일에 이용되지 않는다는 것을 확인한 경우에는 소방안전관리보조자를 선임하지 않을 수 있다.

③ 숙박시설로 사용되는 바닥면적의 합계가 1천500제곱미터 미만이고 관계인이 24시간 상시 근무하고 있는 숙박시설에는 소방안전관리보조자를 선임하지 않을 수 있다.

④ 연면적 1만5천제곱미터 이상인 특정소방대상물의 방재실에 자위소방대가 24시간 상시 근무하고 「소방장비관리법 시행령」 별표 1 제1호가목에 따른 소방자동차 중 소방펌프차를 운용하는 경우에는 소방안전관리보조자를 선임해야 한다. 단, 추가 선임기준에서 "초과되는 30,000제곱미터마다" 1명 이상을 추가로 선임해야 한다.

16 정답 ② SONICE 기본서 2권 p.272

해설 소방시설 설치 및 관리에 관한 법률 시행규칙 제9조
〈성능위주설계 기준〉
1. 소방자동차 진입(통로) 동선 및 소방관 진입 경로 확보
2. 화재·피난 모의실험을 통한 화재위험성 및 피난안전성 검증
3. 건축물의 규모와 특성을 고려한 최적의 소방시설 설치
4. 소화수 공급시스템 최적화를 통한 화재피해 최소화 방안 마련 [ㄴ]
5. 특별피난계단을 포함한 피난경로의 안전성 확보 [ㄷ]
6. 건축물의 용도별 방화구획의 적정성 [ㄱ]
7. 침수 등 재난상황을 포함한 지하층 안전확보 방안 마련 [ㄹ]
→ 옳은 보기는 "ㄱ, ㄹ"이다.

17 정답 ③ SONICE 기본서 2권 p.292

해설 소방시설 설치 및 관리에 관한 법률 시행령 [별표 7]
〈수용인원의 산정 방법〉

ㄱ. 판매시설 용도로 사용하는 바닥면적의 합계가 410m²인 특정소방대상물

→ 수용인원 = $\dfrac{410-50}{3} = \dfrac{360}{3} =$ 120명

ㄴ. 운동시설 용도로 사용하는 바닥면적의 합계가 510m²인 특정소방대상물

→ 수용인원 = $\dfrac{510-50}{4.6} = \dfrac{460}{4.6} = \dfrac{4600}{46} =$ 100명

ㄷ. 강의실 용도로 사용하는 바닥면적의 합계가 259m²인 특정소방대상물

→ 수용인원 = $\frac{259-50}{1.9} = \frac{209}{1.9} = \frac{2090}{19} =$ 110명

ㄹ. 1인용 침대와 2인용 침대가 각각 30개씩 설치되어 있으며 종사자가 5명 근무하는 숙박시설

→ 수용인원 = 30 + (30×2) + 5 = 30 + 60 + 5 = 95명

※ 주의사항 : 위 표에서 바닥면적을 산정할 때에는 복도(준불연재료 이상의 것을 사용하여 바닥에서 천장까지 벽으로 구획한 것을 말한다), 계단 및 화장실의 바닥면적을 포함하지 않는다.

18 정답 ③ SONICE 기본서 2권 p.301

해설 소방시설 설치 및 관리에 관한 법률 시행령 [별표 4]

〈자동화재탐지설비를 설치해야 하는 특정소방대상물〉

③ 위락시설로서 연면적 600㎡ 이상인 경우에는 모든 층

→ 위험물 저장 및 처리 시설로서 연면적 1천㎡ 이상인 경우에는 모든 층

19 정답 ① SONICE 기본서 2권 p.341 ~ 342

해설 소방시설 설치 및 관리에 관한 법률 시행규칙 [별표 3]

〈소방시설등 자체점검의 구분 및 대상, 점검자의 자격, 점검 장비 및 점검 횟수 등 자체점검 시 준수하여야 할 사항〉

① 아날로그감지기 등 특수감지기가 설치되어 있는 경우에는 수신기에서 원격 점검할 수 있으며, 점검할 때마다 모든 세대를 점검해야 한다.

SONICE TIP 공동주택 세대별 점검

㉠ 관리자(관리소장, 입주자대표회의 및 소방안전관리자를 포함한다. 이하 같다) 및 입주민(세대 거주자를 말한다)은 2년 주기로 모든 세대에 대하여 점검을 해야 한다.

㉡ ㉠에도 불구하고 아날로그감지기 등 특수감지기가 설치되어 있는 경우에는 수신기에서 원격 점검할 수 있으며, 점검할 때마다 모든 세대를 점검해야 한다. 다만, 자동화재탐지설비의 선로 단선이 확인되는 때에는 단선이 난 세대 또는 그 경계구역에 대하여 현장점검을 해야 한다.

㉢ 관리자는 수신기에서 원격 점검이 불가능한 경우 매년 작동점검만 실시하는 공동주택은 1회 점검 시 마다 전체 세대수의 50퍼센트 이상, 종합점검을 실시하는 공동주택은 1회 점검 시 마다 전체 세대수의 30퍼센트 이상 점검하도록 자체점검 계획을 수립·시행해야 한다.

20 정답 ④ SONICE 기본서 2권 p.408

해설 소방시설 설치 및 관리에 관한 법률 시행규칙 [별표 8]

〈행정처분 기준 - 감경 사유〉

㉠ 위반행위가 사소한 부주의나 오류 등 과실로 인한 것으로 인정되는 경우

㉡ 위반의 내용·정도가 경미하여 관계인에게 미치는 피해가 적다고 인정되는 경우

㉢ 위반 행위자가 처음 해당 위반행위를 한 경우로서 5년 이상 소방시설관리사의 업무, 소방시설관리업 등을 모범적으로 해 온 사실이 인정되는 경우 [④]

㉣ 그 밖에 다음의 경미한 위반사항에 해당되는 경우

1) 스프링클러설비 헤드가 살수반경에 미치지 못하는 경우 [③]
2) 자동화재탐지설비 감지기 2개 이하가 설치되지 않은 경우 [②]
3) 유도등이 일시적으로 점등되지 않는 경우
4) 유도표지가 정해진 위치에 붙어 있지 않은 경우 [①]

21 정답 ③ SONICE 기본서 1권 p.328 ~ 329

해설 위험물안전관리법 시행규칙 제65조
〈특정・준특정옥외탱크저장소의 정기점검〉
옥외탱크저장소 중 저장 또는 취급하는 액체위험물의 최대수량이 50만리터 이상인 것(이하 "특정・준특정옥외탱크저장소"라 한다)에 대해서는 정기점검 외에 다음 각 호의 어느 하나에 해당하는 기간 이내에 1회 이상 특정・준특정옥외저장탱크(특정・준특정옥외탱크저장소의 탱크)의 구조 등에 관한 안전점검(이하 "구조안전점검"이라 한다)을 해야 한다. 다만, 해당 기간 이내에 특정・준특정옥외저장탱크의 사용중단 등으로 구조안전점검을 실시하기가 곤란한 경우에는 관할소방서장에게 구조안전점검의 실시기간 연장신청(전자문서에 의한 신청을 포함한다)을 할 수 있으며, 그 신청을 받은 소방서장은 1년(특정・준특정옥외저장탱크의 사용을 중지한 경우에는 사용중지기간)의 범위에서 실시기간을 연장할 수 있다.
1. 특정・준특정옥외탱크저장소의 설치허가에 따른 완공검사합격확인증을 발급받은 날부터 12년
2. 최근의 정밀정기검사를 받은 날부터 11년
3. 특정・준특정옥외저장탱크에 안전조치를 한 후 구조안전점검시기 연장신청을 하여 해당 안전조치가 적정한 것으로 인정받은 경우에는 최근의 정밀정기검사를 받은 날부터 13년

22 정답 ② SONICE 기본서 1권 p.314 ~ 315

해설 위험물안전관리법 시행령 제12조
〈1인의 안전관리자를 중복하여 선임할 수 있는 경우 등〉
동일구내에 있거나 상호 100미터 이내의 (보행)거리에 있는 저장소로서 저장소의 규모, 저장하는 위험물의 종류 등을 고려하여 행정안전부령이 정하는 저장소를 동일인이 설치한 경우
1. 10개 이하의 옥내저장소
2. 30개 이하의 옥외탱크저장소 [①]
3. 옥내탱크저장소
4. 지하탱크저장소
5. 간이탱크저장소
6. 10개 이하의 옥외저장소 [②]
7. 10개 이하의 암반탱크저장소

23 정답 ① SONICE 기본서 1권 p.361

해설 위험물안전관리법 제38조
〈양벌규정〉
① 법인의 대표자나 법인 또는 개인의 대리인, 사용인, 그 밖의 종업원이 그 법인 또는 개인의 업무에 관하여 제33조제1항(고의성, 위험발생)의 위반행위를 하면 그 행위자를 벌하는 외에 그 법인 또는 개인을 5천만원 이하의 벌금에 처하고, 같은 조 제2항(고의성, 상해 또는 사망)의 위반행위를 하면 그 행위자를 벌하는 외에 그 법인 또는 개인을 1억원 이하의 벌금에 처한다. 다만, 법인 또는 개인이 그 위반행위를 방지하기 위하여 해당 업무에 관하여 상당한 주의와 감독을 게을리하지 아니한 경우에는 그러하지 아니하다.
② 법인의 대표자나 법인 또는 개인의 대리인, 사용인, 그 밖의 종업원이 그 법인 또는 개인의 업무에 관하여 제34조부터 제37조까지의 어느 하나에 해당하는 위반행위를 하면 그 행위자를 벌하는 외에 그 법인 또는 개인에게도 해당 조문의 벌금형을 과(科)한다. 다만, 법인 또는 개인이 그 위반행위를 방지하기 위하여 해당 업무에 관하여 상당한 주의와 감독을 게을리하지 아니한 경우에는 그러하지 아니하다.

24 정답 ③ SONICE 기본서 1권 p.278 ~ 285

해설 위험물안전관리법 시행령 [별표 1]

〈위험물 및 지정수량〉

㉠ 인화성 고체(제2류 위험물, 지정수량 1,000kg)

∴ 지정수량의 배수 = $\frac{1,500kg}{1,000kg}$ = 1.5

㉡ 금속분(제2류 위험물, 지정수량 500kg)

∴ 지정수량의 배수 = $\frac{1,000kg}{500kg}$ = 2

㉢ 철분 : 53㎛의 표준체를 통과한 것이 50중량% 미만은 제외한다.

→ 지정수량 배수의 총합 = 1.5 + 2 = <u>3.5배</u>

25 정답 ④ SONICE 기본서 1권 p.315

해설 위험물안전관리법 시행령 제12조

〈1인의 안전관리자를 중복하여 선임할 수 있는 경우〉

1. **제조소** [ㄹ]
2. **이송취급소** [ㄷ]
3. **일반취급소**. 다만, **인화점이 38도** 이상인 **제4류** 위험물만을 지정수량의 **30배** 이하로 취급하는 일반취급소로서 다음 각목의 1에 해당하는 일반취급소를 제외한다.

　가. 보일러·버너 또는 이와 비슷한 것으로서 위험물을 소비하는 장치로 이루어진 일반취급소

　나. 위험물을 용기에 옮겨 담거나 차량에 고정된 탱크에 주입하는 일반취급소

암기TIP 이제 일등 인싸 3830

→ 옳은 보기는 "ㄷ, ㄹ"이다.

26 정답 ③ SONICE 기본서 1권 p.37 ~ 38

해설 소방기본법 시행규칙 [별표 3]
〈소방용수시설의 설치기준〉
ㄱ. 주거지역·상업지역 및 공업지역에 설치하는 경우에는 소방대상물과의 수평거리는 100미터 이하가 되도록 설치할 것
ㄷ. 급수탑은 급수배관의 구경은 100밀리미터 이상으로 하고, 개폐밸브는 지상에서 1.5미터 이상 1.7미터 이하의 위치에 설치할 것
ㄹ. 저수조는 흡수부분의 수심이 0.5미터 이상일 것
→ 옳은 보기는 "ㄴ, ㅁ"이다.

27 정답 ③ SONICE 기본서 1권 p.91

해설 소방기본법 제39조의6
〈소방기술의 연구·개발사업 수행〉
㉠ 국가는 국민의 생명과 재산을 보호하기 위하여 다음의 어느 하나에 해당하는 기관이나 단체로 하여금 소방기술의 연구·개발사업을 수행하게 할 수 있다.
  1. 국공립 연구기관
  2. 「과학기술분야 정부출연연구기관 등의 설립·운영 및 육성에 관한 법률」에 따라 설립된 연구기관
  3. 「특정연구기관 육성법」 제2조에 따른 특정연구기관
  4. 「고등교육법」에 따른 대학·산업대학·전문대학 및 기술대학
  5. 「민법」이나 다른 법률에 따라 설립된 소방기술 분야의 법인인 연구기관 또는 법인 부설 연구소
  6. 「기초연구진흥 및 기술개발지원에 관한 법률」 제14조의2제1항에 따라 인정받은 기업부설연구소
  7. 「소방산업의 진흥에 관한 법률」 제14조에 따른 한국소방산업기술원
  8. 그 밖에 대통령령으로 정하는 소방에 관한 기술개발 및 연구를 수행하는 기관·협회
㉡ 국가가 ㉠에 따른 기관이나 단체로 하여금 소방기술의 연구·개발사업을 수행하게 하는 경우에는 필요한 경비를 지원하여야 한다.

> 선지분석
> ③ 국가는 국민의 생명과 재산을 보호하기 위하여 한국소방산업기술원으로 하여금 소방기술의 연구·개발사업을 수행하게 할 수 있다.

28
정답 ① SONICE 기본서 2권 p.39 ~ 40

해설 소방의 화재조사에 관한 법률 시행규칙 제8조
〈화재조사 결과의 공표〉
① 소방관서장은 다음의 경우에는 화재조사 결과를 공표할 수 있다.
  1. 국민이 유사한 화재로부터 피해를 입지 않도록 하기 위해 필요한 경우 [ㄷ]
  2. 사회적 관심이 집중되어 국민의 알 권리 충족 등 공공의 이익을 위해 필요한 경우
② 소방관서장은 화재조사의 결과를 공표할 때에는 다음의 사항을 포함시켜야 한다.
  1. 화재원인에 관한 사항
  2. 화재로 인한 인명·재산피해에 관한 사항
  3. 화재발생 건축물과 구조물에 관한 사항
  4. 그 밖에 화재예방을 위해 공표할 필요가 있다고 소방관서장이 인정하는 사항
③ 화재조사 결과의 공표는 소방관서의 인터넷 홈페이지에 게재하거나, 「신문 등의 진흥에 관한 법률」에 따른 신문 또는 「방송법」에 따른 방송을 이용하는 등 일반인이 쉽게 알 수 있는 방법으로 한다.
→ 옳은 보기는 "ㄷ"이다.

29
정답 ② SONICE 기본서 1권 p.186

해설 소방시설공사업법 시행령 제12조의3
〈하도급계약심사위원회의 구성 및 운영〉
① 하도급계약심사위원회는 위원장 1명과 부위원장 1명을 포함하여 10명 이내의 위원으로 구성한다.
② 위원회의 위원장은 발주기관의 장(발주기관이 특별시·광역시·특별자치시·도 및 특별자치도인 경우에는 해당 기관 소속 2급 또는 3급 공무원 중에서, 발주기관이 제11조의5 각 호의 공공기관인 경우에는 1급 이상 임직원 중에서 발주기관의 장이 지명하는 사람을 각각 말한다)이 되고, 부위원장과 위원은 다음의 어느 하나에 해당하는 사람 중에서 위원장이 임명하거나 성별을 고려하여 위촉한다.
  1. 해당 발주기관의 과장급 이상 공무원(제11조의5 각 호의 공공기관의 경우에는 2급 이상의 임직원을 말한다)
  2. 소방 분야 연구기관의 연구위원급 이상인 사람
  3. 소방 분야의 박사학위를 취득하고 그 분야에서 3년 이상 연구 또는 실무경험이 있는 사람
  4. 대학(소방 분야로 한정한다)의 조교수 이상인 사람
  5. 「국가기술자격법」에 따른 소방기술사 자격을 취득한 사람
③ 해당하는 위원의 임기는 3년으로 하며, 한 차례만 연임할 수 있다.
④ 위원회의 회의는 재적위원 과반수의 출석으로 개의(開議)하고, 출석위원 과반수의 찬성으로 의결한다.
⑤ 규정한 사항 외에 위원회의 운영에 필요한 사항은 위원회의 의결을 거쳐 위원장이 정한다.

SONICE TIP 위원회 등의 경력
㉠ 3년 이상의 경력 : 하도급계약심사위원회(소방시설공사업법), 화재합동조사단(화재조사법)
㉡ 5년 이상의 경력 : 기타 위원회 대부분

30
정답 ② SONICE 기본서 1권 p.216

해설 소방시설공사업법 제32조
〈청문〉
1. 소방시설업 등록취소처분[ㄱ]이나 영업정지처분
2. 소방기술 인정 자격취소처분[ㄷ]
→ 옳은 보기는 "ㄱ, ㄷ"이다.

31
정답 ④ **SONICE 기본서 2권** p.153

해설 화재의 예방 및 안전관리에 관한 법률 시행규칙 제18조
〈소방안전관리자 자격증의 발급 및 재발급〉
④ 소방청장은 신청자에게 자격증을 <u>3일 이내에</u> 재발급하고 소방안전관리자 자격증 재발급대장에 재발급 사항을 기록하고 관리해야 한다.

32
정답 ④ **SONICE 기본서 2권** p.87

해설 화재의 예방 및 안전관리에 관한 법률 시행령 제14조
〈손실보상〉
④ 보상금의 지급 또는 공탁의 통지에 불복하는 자는 지급 또는 공탁의 통지를 받은 날부터 <u>30일 이내</u>에 「공익사업을 위한 토지 등의 취득 및 보상에 관한 법률」 제49조에 따른 중앙토지수용위원회 또는 관할 지방토지수용위원회에 재결(裁決)을 신청할 수 있다.

33
정답 ③ **SONICE 기본서 2권** p.201 ~ 202

해설 화재의 예방 및 안전관리에 관한 법률 시행령 [별표 9]
〈과태료의 부과기준 - 개별기준〉

위반행위	과태료 금액(단위 : 만원)		
	1차 위반	2차 위반	3차 이상 위반
소방안전관리업무를 하지 않은 경우	100	200	300
소방안전관리자의 성명 등을 게시하지 않은 경우	50	100	200
피난유도 안내정보를 제공하지 않은 경우	100	200	300
소방훈련 및 교육을 하지 않은 경우	100	200	300
실무교육을 받지 않은 경우	50		

34
정답 ① **SONICE 기본서 2권** p.384 ~ 385

해설 소방시설 설치 및 관리에 관한 법률 제43조
〈우수품질 제품에 대한 인증〉
① 소방청장은 <u>형식승인</u>의 대상이 되는 소방용품 중 품질이 우수하다고 인정하는 소방용품에 대하여 인증을 할 수 있다.

35 정답 ③ SONICE 기본서 2권 p.247

해설 소방시설 설치 및 관리에 관한 법률 시행령 [별표 2]
〈특정소방대상물〉
연결통로 또는 지하구와 특정소방대상물의 양쪽에 다음의 어느 하나에 해당하는 시설이 적합하게 설치된 경우에는 각각 별개의 특정소방대상물로 본다.
㉠ 화재 시 경보설비 또는 자동소화설비의 작동과 연동하여 자동으로 닫히는 자동방화셔터 또는 60분+ 방화문이 설치된 경우 [①, ②]
㉡ 화재 시 자동으로 방수되는 방식의 드렌처설비 또는 개방형 스프링클러헤드가 설치된 경우 [④]

36 정답 ② SONICE 기본서 2권 p.369

해설 소방시설 설치 및 관리에 관한 법률 시행규칙 제32조
〈소방시설관리업의 등록증·등록수첩의 재발급 및 반납〉
관리업자는 다음 각 호의 어느 하나에 해당하는 경우에는 지체 없이 시·도지사에게 그 소방시설관리업 등록증 및 등록수첩을 반납해야 한다.
1. 등록이 취소된 경우
2. 소방시설관리업을 폐업한 경우 [ㄷ]
3. 재발급을 받은 경우 [ㄹ]. 다만, 등록증 또는 등록수첩을 잃어버리고 재발급을 받은 경우에는 이를 다시 찾은 경우로 한정한다.
→ 옳은 보기는 "ㄷ, ㄹ"이다.

37 정답 ④ SONICE 기본서 2권 p.321

해설 소방시설 설치 및 관리에 관한 법률 시행령 제31조
〈방염대상물품 및 방염성능기준〉
ㄱ. 방염대상물품에서 제외하는 대상이다.
ㄴ. 방염대상물품에서 제외하는 대상이다.
ㄷ. 숙박시설에서 사용하는 침구류가 해당한다.
→ 옳은 보기는 "ㄹ, ㅁ"이다.

SONICE TIP 방염권장대상
소방본부장 또는 소방서장은 방염대상물품 외에 다음의 물품은 방염처리된 물품을 사용하도록 권장할 수 있다.
1. 다중이용업소, 의료시설, 노유자 시설, 숙박시설 또는 장례식장에서 사용하는 침구류·소파 및 의자
2. 건축물 내부의 천장 또는 벽에 부착하거나 설치하는 가구류

38 정답 ④ SONICE 기본서 1권 p.496

해설 위험물안전관리법 시행규칙 [별표 11]
〈옥외저장소의 위치·구조 및 설비의 기준 – 보유공지〉

저장 또는 취급하는 위험물의 최대수량	공지의 너비
지정수량의 10배 이하	3m 이상
지정수량의 10배 초과 20배 이하	5m 이상
지정수량의 20배 초과 50배 이하	9m 이상
지정수량의 50배 초과 200배 이하	12m 이상
지정수량의 200배 초과	15m 이상

39 정답 ③ SONICE 기본서 1권 p.347 ~ 349

해설 위험물안전관리법 제23조 ~ 제27조
〈권한자〉
①②④ : 시·도지사, 소방본부장 또는 소방서장의 권한이다.
③ : 소방본부장 또는 소방서장의 권한이다.

40 정답 ④ SONICE 기본서 1권 p.332

해설 위험물안전관리법 시행규칙 제70조
〈정기검사의 시기〉
1. 정밀정기검사 : 다음의 어느 하나에 해당하는 기간 내에 1회
   ㉠ 특정·준특정옥외탱크저장소의 설치허가에 따른 완공검사합격확인증을 발급받은 날부터 12년
   ㉡ 최근의 정밀정기검사를 받은 날부터 11년
2. 중간정기검사 : 다음의 어느 하나에 해당하는 기간 내에 1회
   ㉠ 특정·준특정옥외탱크저장소의 설치허가에 따른 완공검사합격확인증을 발급받은 날부터 4년 [③]
   ㉡ 최근의 정밀정기검사 또는 중간정기검사를 받은 날부터 4년 [①, ②]

08회 소방관계법규 - 정답 및 간단해설

SONICE 빨간불 실전 동형 모의고사 8회

01	02	03	04	05	06	07	08	09	10
④	④	③	④	②	②	④	①	④	①
11	12	13	14	15	16	17	18	19	20
①	①	②	④	④	②	①	④	③	④
21	22	23	24	25	26	27	28	29	30
③	②	①	③	③	④	③	④	③	④
31	32	33	34	35	36	37	38	39	40
③	②	①	②	③	④	④	①	③	②

🎙 **백사부의 한마디**

아무리 힘들어도 포기하지 마세요.
열쇠 꾸러미에서 실제로 문을 여는 것은
가장 마지막 열쇠일 경우가 많습니다.

---

01 정답 ④ SONICE 기본서 1권 p.84

해설 소방기본법 시행규칙 제13조
〈운행기록장치의 데이터〉
(ㄱ: 소방청장, 소방본부장 및 소방서장)은 소방자동차 운행기록장치에 기록된 데이터(운행기록장치 데이터)를
(ㄴ: 6개월) 동안 저장·관리해야 한다.

SONICE TIP 운행기록장치

1. 관련 자료의 제출
   ㉠ 소방청장은 소방자동차의 안전한 운행 및 교통사고 예방을 위하여 소방본부장 또는 소방서장에게 운행기록장치 데이터 및 그 분석 결과 등 관련 자료의 제출을 요청할 수 있다.
   ㉡ 소방본부장은 관할 구역 안의 소방서장에게 운행기록장치 데이터 등 관련 자료의 제출을 요청할 수 있다.
   ㉢ 소방본부장 또는 소방서장은 자료의 제출을 요청받은 경우에는 소방청장 또는 소방본부장에게 해당 자료를 제출해야 한다. 이 경우 소방서장이 ㉠에 따라 소방청장에게 자료를 제출하는 경우에는 소방본부장을 거쳐야 한다.

2. 분석 및 활용
   ㉠ 소방청장 및 소방본부장은 운행기록장치 데이터 중 과속, 급감속, 급출발 등의 운행기록을 점검·분석해야 한다.
   ㉡ 소방청장, 소방본부장 및 소방서장은 분석 결과를 소방자동차의 안전한 소방활동 수행에 필요한 교통안전정책의 수립, 교육·훈련 등에 활용할 수 있다.

3. 기타사항
   규정한 사항 외에 운행기록장치 데이터의 보관, 제출 및 활용 등에 필요한 세부 사항은 소방청장이 정한다.

02 정답 ④ SONICE 기본서 1권 p.29 ~ 30(개정사항)

해설 소방기본법 시행규칙 제1조의4

〈소방업무에 대한 세부계획 추진실적 등의 평가〉
① 소방청장은 재난·재해, 그 밖의 위급한 상황으로부터 국민의 생명·신체 및 재산을 보호하기 위하여 세부계획 수립의 적절성, 세부계획 추진실적 등에 대하여 정기적으로 평가할 수 있다.
② 소방청장은 평가를 하려는 경우 다음 연도의 평가계획을 11월 30일까지 시·도지사에게 통지해야 한다.
③ 통지를 받은 시·도지사는 전년도 세부계획 추진실적 등을 1월 31일까지 소방청장에게 제출해야 하고, 소방청장은 평가결과를 3월 31일까지 시·도지사에게 통보해야 한다.
④ 규정한 사항 외에 세부계획 추진실적 등의 평가에 필요한 사항은 소방청장이 정한다.

03 정답 ③ SONICE 기본서 1권 p.105

해설 소방기본법 제54조

〈벌칙〉
다음의 어느 하나에 해당하는 자는 100만원 이하의 벌금에 처한다.
㉠ 정당한 사유 없이 소방대의 생활안전활동을 방해한 자 [②]
㉡ 정당한 사유 없이 소방대가 현장에 도착할 때까지 사람을 구출하는 조치 또는 불을 끄거나 불이 번지지 아니하도록 하는 조치를 하지 아니한 사람(관계인) [④]
㉢ 피난 명령을 위반한 사람
㉣ 정당한 사유 없이 물의 사용이나 수도의 개폐장치의 사용 또는 조작을 하지 못하게 하거나 방해한 자 [①]
㉤ 정당한 사유 없이 가스·전기 또는 유류 등의 시설에 대하여 위험물질의 공급을 차단하는 등 필요한 조치를 방해한 자
→ ③ 정당한 사유 없이 화재, 재난·재해, 그 밖의 위급한 상황을 소방본부, 소방서 또는 관계 행정기관에 알리지 아니한 관계인 : 500만원 이하의 과태료

SONICE TIP N차 과태료

위반행위	과태료 금액(만원)		
	1차 위반	2차 위반	3차 이상 위반
화재 또는 구조·구급이 필요한 상황을 거짓으로 알린 경우	200	400	500
정당한 사유 없이 화재, 재난·재해, 그 밖의 위급한 상황을 소방본부, 소방서 또는 관계 행정기관에 알리지 아니한 경우	500		

04 정답 ④ SONICE 기본서 1권 p.39

해설 소방기본법 시행규칙 제6조
〈소방용수시설 및 비상소화장치의 설치기준〉
ㄱ. 비상소화장치는 비상소화장치함, <u>소화전</u>, 소방호스, 관창을 포함하여 구성할 것
ㄷ. 비상소화장치함은 「소방시설 설치 및 관리에 관한 법률」 제40조제4항에 따라 소방청장이 정하여 고시하는 <u>성능인증</u> 및 제품검사의 기술기준에 적합한 것으로 설치할 것
→ 정당한 사유 없이 소방용수시설 또는 비상소화장치를 사용하거나 소방용수시설 또는 비상소화장치의 효용을 해치거나 그 정당한 사용을 방해한 사람 : 5년 이하의 징역 또는 5천만원 이하의 벌금

05 정답 ② SONICE 기본서 2권 p.17

해설 소방의 화재조사에 관한 법률 시행령 제3조
〈화재조사의 내용·절차〉
화재조사는 다음의 절차에 따라 실시한다.
1. 현장출동 **중** 조사 : 화재발생 접수, 출동 중 화재상황 파악 등
2. **화재현장** 조사 : 화재의 발화(發火)원인, 연소상황 및 피해상황 조사 등
3. <u>정밀조사 : 감식·감정, 화재원인 판정 등</u>
4. 화재조사 **결**과 보고

암기TIP 중화정결

06 정답 ② SONICE 기본서 2권 p.31 ~ 32

해설 소방의 화재조사에 관한 법률 제12조
〈소방공무원과 경찰공무원의 협력〉
① 소방공무원과 경찰공무원(제주특별자치도의 자치경찰공무원을 포함한다)은 다음 각 호의 사항에 대하여 서로 협력하여야 한다.
 1. 화재현장의 출입·보존 및 통제에 관한 사항 [①]
 2. 화재조사에 필요한 증거물의 수집 및 보존에 관한 사항
 3. 관계인등에 대한 진술 확보에 관한 사항
 4. 그 밖에 화재조사에 필요한 사항
② 소방관서장은 방화 또는 실화의 혐의가 있다고 인정되면 지체 없이 경찰서장에게 그 사실을 알리고 필요한 증거를 수집·보존하는 등 그 범죄수사에 협력하여야 한다. [③]
→ <u>화재조사 결과의 공표 및 화재증명원의 발급에 관한 사항은 협력해야 하는 사항에 해당하지 않는다.</u>

07 정답 ④ SONICE 기본서 1권 p.176 ~ 178

해설 소방시설공사업법 제20조의3

〈방염처리능력 평가 및 공시〉
① 소방청장은 방염처리업자의 방염처리능력 평가 요청이 있는 경우 해당 방염처리업자의 방염처리 실적 등에 따라 방염처리능력을 평가하여 공시할 수 있다.
② 평가를 받으려는 방염처리업자는 전년도 방염처리 실적이나 그 밖에 행정안전부령으로 정하는 서류를 소방청장에게 제출하여야 한다.
③ 방염처리능력 평가신청 절차, 평가방법 및 공시방법 등에 필요한 사항은 행정안전부령으로 정한다.

SONICE TIP 방염처리능력평가, 시공능력평가, 점검능력평가

방염처리능력평가	시공능력평가	점검능력평가
방염처리업자	공사업자	관리업자
소방청장(~할 수 있다.)	소방청장(~할 수 있다.)	소방청장(~해야 한다.)
소방시설업자협회에 위탁한다.	소방시설업자협회에 위탁한다.	소방기술과 관련된 법인 또는 단체에 위탁한다.
매년 2월 15일까지 서류 제출	매년 2월 15일까지 서류 제출	매년 2월 15일까지 서류 제출
서류 15일 보완	서류 15일 보완	서류 15일 보완
실적+자본금+기술력+경력±신인도	실적+자본금+기술력+경력±신인도	실적(점검, 대행)+기술력+경력±신인도
7월 31일까지 결과공시	7월 31일까지 결과공시	7월 31일까지 결과공시 (소방청장, 시도지사 지체없이 결과통보)
서류 거짓 확인 시 10일 이내 재평가	서류 거짓 확인 시 10일 이내 재평가	–
유효 1년	유효 1년	유효 1년
–	1건의 공사도급금액	상시 점검능력평가 (신규 업체, 지위승계 신고, 재평가)

08 정답 ① SONICE 기본서 1권 p.175

해설 소방시설공사업법 시행규칙 제19조

〈감리결과의 통보〉
감리업자가 소방공사의 감리를 마쳤을 때에는 소방공사감리 결과보고(통보)서에 다음의 서류를 첨부하여 공사가 완료된 날부터 7일 이내에 특정소방대상물의 관계인[③], 소방시설공사의 도급인[②] 및 특정소방대상물의 공사를 감리한 건축사[④]에게 알리고, 소방본부장 또는 소방서장에게 보고해야 한다.

1. 소방청장이 정하여 고시하는 소방시설 성능시험조사표 1부
2. 착공신고 후 변경된 소방시설설계도면(변경사항이 있는 경우에만 첨부하되, 설계업자가 설계한 도면만 해당된다) 1부
3. 소방공사 감리일지(소방본부장 또는 소방서장에게 보고하는 경우에만 첨부한다) 1부
4. 특정소방대상물의 사용승인(「건축법」 제22조에 따른 사용승인으로서 「주택법」 제49조에 따른 사용검사 또는 「학교시설사업 촉진법」 제13조에 따른 사용승인을 포함한다. 이하 같다) 신청서 등 사용승인 신청을 증빙할 수 있는 서류 1부

→ 공사감리 결과의 통보 또는 공사감리 결과보고서의 제출을 거짓으로 한 자 : 1년 이하의 징역 또는 1천만원 이하의 벌금

09 정답 ④ SONICE 기본서 1권 p.151

해설 소방시설공사업법 시행령 [별표 1의2]

〈성능위주설계를 할 수 있는 자의 자격·기술인력 및 자격에 따른 설계범위〉

성능위주설계자의 자격	기술인력
1. (㉠ : 전문 소방시설설계업)을 등록한 자 2. (㉠ : 전문 소방시설설계업) 등록기준에 따른 기술인력을 갖춘 자로서 (㉡ : 소방청장)이 정하여 고시하는 연구기관 또는 단체	소방기술사 (㉢ : 2명) 이상

SONICE TIP 정의(성능위주설계)

㉠ 소방시설공사업법 : 특정소방대상물(신축하는 것만 해당한다)에 대해서는 그 용도, 위치, 구조, 수용 인원, 가연물(可燃物)의 종류 및 양 등을 고려하여 설계

㉡ 소방시설 설치 및 관리에 관한 법률 : 건축물 등의 재료, 공간, 이용자, 화재 특성 등을 종합적으로 고려하여 공학적 방법으로 화재 위험성을 평가하고 그 결과에 따라 화재안전성능이 확보될 수 있도록 특정소방대상물을 설계하는 것

10 정답 ① SONICE 기본서 1권 p.158 ~ 159

해설 소방시설공사업법 시행령 제4조

〈소방시설공사의 착공신고 대상〉

1. 특정소방대상물(제조소등과 다중이용업소는 제외한다.)에 다음의 어느 하나에 해당하는 설비를 신설하는 공사
   가. 옥내소화전설비(호스릴옥내소화전설비를 포함한다. 이하 같다), 옥외소화전설비, 스프링클러설비·간이스프링클러설비(캐비닛형 간이스프링클러설비를 포함한다. 이하 같다) 및 화재조기진압용 스프링클러설비(이하 "스프링클러설비 등"이라 한다), 물분무소화설비·포소화설비·이산화탄소소화설비·할론소화설비·할로겐화합물 및 불활성기체 소화설비·미분무소화설비·강화액소화설비 및 분말소화설비(이하 "물분무등소화설비"라 한다), 연결송수관설비, 연결살수설비, 제연설비(소방용 외의 용도와 겸용되는 제연설비를「건설산업기본법 시행령」별표 1에 따른 기계설비·가스공사업자가 공사하는 경우는 제외한다), 소화용수설비(소화용수설비를「건설산업기본법 시행령」별표 1에 따른 기계설비·가스공사업자 또는 상·하수도설비공사업자가 공사하는 경우는 제외한다) 또는 연소방지설비
   나. 자동화재탐지설비, 비상경보설비, 비상방송설비(소방용 외의 용도와 겸용되는 비상방송설비를「정보통신공사업법」에 따른 정보통신공사업자가 공사하는 경우는 제외한다), 비상콘센트설비(비상콘센트설비를「전기공사업법」에 따른 전기공사업자가 공사하는 경우는 제외한다) 또는 무선통신보조설비(소방용 외의 용도와 겸용되는 무선통신보조설비를「정보통신공사업법」에 따른 정보통신공사업자가 공사하는 경우는 제외한다)

2. 특정소방대상물(제조소등과 다중이용업소는 제외한다.)에 다음의 어느 하나에 해당하는 설비 또는 구역 등을 증설하는 공사
   가. 옥내·옥외소화전설비
   나. 스프링클러설비·간이스프링클러설비 또는 물분무등소화설비의 방호구역, 자동화재탐지설비의 경계구역, 제연설비의 제연구역(소방용 외의 용도와 겸용되는 제연설비를「건설산업기본법 시행령」별표 1에 따른 기계설비·가스공사업자가 공사하는 경우는 제외한다), 연결살수설비의 살수구역, 연결송수관설비의 송수구역, 비상콘센트설비의 전용회로, 연소방지설비의 살수구역

3. 특정소방대상물(제조소등과 다중이용업소는 제외한다.)에 설치된 소방시설등을 구성하는 다음 각 목의 어느 하나에 해당하는 것의 전부 또는 일부를 개설(改設), 이전(移轉) 또는 정비(整備)하는 공사. 다만, 고장 또는 파손 등으로 인하여 작동시킬 수 없는 소방시설을 긴급히 교체하거나 보수하여야 하는 경우에는 신고하지 않을 수 있다.
   가. 수신반
   나. 소화펌프
   다. 동력(감시)제어반

> 선지분석
> ㄱ. 제조소등에서의 소방시설공사는 착공신고대상에 해당하지 않는다.
> ㄷ. 다중이용업소의 소방시설공사는 착공신고대상에 해당하지 않는다.
> ㄹ. 화재조기진압용 스프링클러설비를 증설하는 공사는 착공신고대상에 해당하지 않는다.
> → 옳은 보기는 "ㄴ"이다.

11 정답 ① SONICE 기본서 1권 p.154

해설 소방시설공사업법 시행령 [별표 2]

〈소방기술자를 배치하지 않을 수 있는 소방시설공사〉

소방공사감리업자가 감리하는 소방시설공사가 다음의 어느 하나에 해당하는 경우에는 소방기술자를 소방시설공사 현장에 배치하지 않을 수 있다.

㉠ 소방시설의 비상전원을 「전기공사업법」에 따른 전기공사업자가 공사하는 경우 [③]
㉡ 상수도소화용수설비, 소화수조·저수조 또는 그 밖의 소화용수설비를 「건설산업기본법 시행령」 별표1에 따른 기계설비·가스공사업자 또는 상·하수도설비공사업자가 공사하는 경우 [④]
㉢ 소방 외의 용도와 겸용되는 제연설비를 「건설산업기본법 시행령」 별표1에 따른 기계설비·가스공사업자가 공사하는 경우 [②]
㉣ 소방 외의 용도와 겸용되는 비상방송설비 또는 무선통신보조설비를 「정보통신공사업법」에 따른 정보통신공사업자가 공사하는 경우

12 정답 ① SONICE 기본서 2권 p.177

해설 화재의 예방 및 안전관리에 관한 법률 시행령 제42조

〈소방안전 특별관리기본계획·시행계획의 수립·시행〉

특별관리기본계획에는 다음의 사항이 포함되어야 한다.
1. 화재예방을 위한 **중기·장기** 안전관리정책 [③]
2. 화재예방을 위한 **교육·홍보** 및 **점검·진단** [②]
3. 화재대응을 위한 **훈련**
4. 화재대응과 **사후** 조치에 관한 역할 및 **공조체계** [④]
5. 그 밖에 화재 등의 안전관리를 위하여 필요한 사항

암기TIP 중장기 공사 훈교 홍(일)점 진단

13 정답 ② SONICE 기본서 2권 p.162

해설 화재의 예방 및 안전관리에 관한 법률 시행규칙 제27조

〈강습교육의 강사〉

강습교육을 담당할 강사는 과목별로 다음 각 호의 어느 하나에 해당하는 사람 중에서 소방에 관한 학식·경험·능력 등을 고려하여 소방청장이 임명 또는 위촉한다.

1. 안전원 직원
2. 소방기술사
3. 소방시설관리사 [①]
4. 소방안전 관련 학과에서 부교수 이상의 직(職)에 재직 중이거나 재직한 사람 [④]
5. 소방안전 관련 분야에서 석사 이상의 학위를 취득한 사람 [③]
6. 소방공무원으로 5년 이상 근무한 사람

14

정답 ④ **SONICE 기본서 2권** p.65 ~ 66

해설 화재의 예방 및 안전관리에 관한 법률 제2조
〈정의〉
1. "예방"이란 화재의 위험으로부터 사람의 생명·신체 및 재산을 보호하기 위하여 화재발생을 사전에 제거하거나 방지하기 위한 모든 활동을 말한다.
2. "안전관리"란 화재로 인한 피해를 최소화하기 위한 예방, 대비, 대응 등의 활동을 말한다.
3. "화재안전조사"란 소방청장, 소방본부장 또는 소방서장(이하 "소방관서장"이라 한다)이 소방대상물, 관계지역 또는 관계인에 대하여 소방시설등이 소방 관계 법령에 적합하게 설치·관리되고 있는지, 소방대상물에 화재의 발생 위험이 있는지 등을 확인하기 위하여 실시하는 현장조사·문서열람·보고요구 등을 하는 활동을 말한다.
4. "화재예방강화지구"란 특별시장·광역시장·특별자치시장·도지사 또는 특별자치도지사(이하 "시·도지사"라 한다)가 화재발생 우려가 크거나 화재가 발생할 경우 피해가 클 것으로 예상되는 지역에 대하여 화재의 예방 및 안전관리를 강화하기 위해 지정·관리하는 지역을 말한다.
5. "<u>화재예방안전진단</u>"이란 화재가 발생할 경우 사회·경제적으로 피해 규모가 클 것으로 예상되는 소방대상물에 대하여 화재위험요인을 조사하고 그 위험성을 평가하여 개선대책을 수립하는 것을 말한다.

15

정답 ④ **SONICE 기본서 2권** p.142 ~ 144

해설 화재의 예방 및 안전관리에 관한 법률 시행규칙 제14조
〈소방안전관리자의 선임신고〉
④ 소방본부장 또는 소방서장은 선임신고의 효율적 처리를 위하여 <u>소방안전관리대상물이 완공된 경우</u>에는 지체 없이 해당 소방안전관리대상물의 위치, 연면적 등의 정보를 종합정보망에 입력해야 한다.

16

정답 ② **SONICE 기본서 2권** p.379, p.380

해설 소방시설 설치 및 관리에 관한 법률 제37조
〈소방용품의 형식승인〉
② 소방용품의 형식승인 받아야 하는 대상에 <u>상업용 주방자동소화장치를 구성하는 제품 또는 기기는 제외한다.</u>

SONICE TIP 소방용품의 판매, 진열, 사용금지
누구든지 다음의 어느 하나에 해당하는 소방용품을 판매하거나 판매 목적으로 진열하거나 소방시설공사에 사용할 수 없다.
1. 형식승인을 받지 아니한 것
2. 형상등을 임의로 변경한 것
3. 제품검사를 받지 아니하거나 합격표시를 하지 아니한 것

17
정답 ① SONICE 기본서 2권 p.320 ~ 321

해설 소방시설 설치 및 관리에 관한 법률 시행령 제30조
〈방염성능기준 이상의 실내장식물 등을 설치해야 하는 특정소방대상물〉
ㄴ. 건축물의 옥내에 있는 운동시설(수영장은 제외한다)
ㄹ. 방송통신시설 중 방송국 및 촬영소
→ 옳은 보기는 "ㄱ, ㄷ"이다.

SONICE TIP 방염성능기준 이상의 실내장식물 등을 설치해야 하는 특정소방대상물
1. 근린생활시설 중 의원, 치과의원, 한의원, 조산원, 산후조리원, 체력단련장, 공연장 및 종교집회장
2. 건축물의 옥내에 있는 다음 각 목의 시설
   가. 문화 및 집회시설
   나. 종교시설
   다. 운동시설(수영장은 제외한다)
3. 의료시설
4. 교육연구시설 중 합숙소
5. 노유자 시설
6. 숙박이 가능한 수련시설
7. 숙박시설
8. 방송통신시설 중 방송국 및 촬영소
9. 「다중이용업소의 안전관리에 관한 특별법」 제2조제1항제1호에 따른 다중이용업의 영업소(이하 "다중이용업소"라 한다)
10. 제1호부터 제9호까지의 시설에 해당하지 않는 것으로서 층수가 11층 이상인 것(아파트등은 제외한다)

18
정답 ④ SONICE 기본서 2권 p.287 ~ 289

해설 소방시설 설치 및 관리에 관한 법률 시행령 제15조
〈특정소방대상물의 증축 또는 용도변경 시의 소방시설기준 적용의 특례〉
소방본부장 또는 소방서장은 특정소방대상물이 용도변경되는 경우에는 용도변경되는 부분에 대해서만 용도변경 당시의 소방시설의 설치에 관한 대통령령 또는 화재안전기준을 적용한다. 다만, 다음의 어느 하나에 해당하는 경우에는 특정소방대상물 전체에 대하여 용도변경 전에 해당 특정소방대상물에 적용되던 소방시설의 설치에 관한 대통령령 또는 화재안전기준을 적용한다.
1. 특정소방대상물의 구조·설비가 화재연소 확대 요인이 적어지거나 피난 또는 화재진압활동이 쉬워지도록 변경되는 경우
2. 용도변경으로 인하여 천장·바닥·벽 등에 고정되어 있는 가연성 물질의 양이 줄어드는 경우

19
정답 ③ SONICE 기본서 2권 p.397

해설 소방시설 설치 및 관리에 관한 법률 제59조
〈벌칙 – 300만원 이하의 벌금〉
1. 성능위주설계평가단 및 규정에 따라 위탁받은 업무를 수행하면서 알게 된 비밀을 이 법에서 정한 목적 외의 용도로 사용하거나 다른 사람 또는 기관에 제공하거나 누설한 자
2. 방염성능검사에 합격하지 아니한 물품에 합격표시를 하거나 합격표시를 위조하거나 변조하여 사용한 자 [④]
3. 방염성능검사에 거짓 시료를 제출한 자 [①]
4. 필요한 조치를 하지 아니한 관계인 또는 관계인에게 중대위반사항을 알리지 아니한 관리업자등 [②]
→ ③ : 1년 이하의 징역 또는 1천만원 이하의 벌금에 해당한다.

20 정답 ④ SONICE 기본서 2권 p.338

해설 소방시설 설치 및 관리에 관한 법률 시행규칙 [별표 3]

⟨소방시설등 자체점검의 구분 및 대상, 점검자의 자격, 점검 장비 및 점검 횟수 등 자체점검 시 준수하여야 할 사항⟩

① <u>제연설비</u>가 설치된 터널
② 물분무등소화설비가 설치된 연면적 5,000m² 이상인 <u>특정소방대상물(제조소등 제외)</u>
③ 「다중이용업소의 안전관리에 관한 특별법 시행령」 제2조제1호나목, 같은 조 제2호<u>(비디오물소극장업은 제외한다)</u>·제6호·제7호·제7호의2 및 제7호의5의 다중이용업의의 영업장에 설치된 특정소방대상물로서 연면적 2,000m² 이상인 것

SONICE TIP 종합점검의 실시 대상

1) 법 제22조제1항제1호에 해당하는 특정소방대상물(최초 점검대상)
2) 스프링클러설비가 설치된 특정소방대상물
3) 물분무등소화설비[호스릴(hose reel) 방식의 물분무등소화설비만을 설치한 경우는 제외한다]가 설치된 연면적 5,000㎡ 이상인 특정소방대상물(제조소등은 제외한다)
4) 「다중이용업소의 안전관리에 관한 특별법 시행령」 제2조제1호나목, 같은 조 제2호(비디오물소극장업은 제외한다)·제6호·제7호·제7호의2 및 제7호의5의 다중이용업의 영업장이 설치된 특정소방대상물로서 연면적이 2,000㎡ 이상인 것
5) 제연설비가 설치된 터널
6) 「공공기관의 소방안전관리에 관한 규정」 제2조에 따른 공공기관 중 <u>연면적(터널·지하구의 경우 그 길이와 평균 폭을 곱하여 계산된 값을 말한다)이 1,000㎡ 이상인 것으로서 옥내소화전설비 또는 자동화재탐지설비가 설치된 것.</u> [④] 다만, 「소방기본법」 제2조제5호에 따른 소방대가 근무하는 공공기관은 제외한다.

21 정답 ③ SONICE 기본서 1권 p.338, p.544

해설 위험물안전관리법 시행규칙 [별표 19]

⟨위험물의 운반에 관한 기준⟩

위험물은 Ⅰ의 규정에 의한 운반용기에 다음 각목의 기준에 따라 수납하여 적재하여야 한다. 다만, 덩어리 상태의 유황을 운반하기 위하여 적재하는 경우 또는 위험물을 동일구내에 있는 제조소등의 상호간에 운반하기 위하여 적재하는 경우에는 그러하지 아니하다(중요기준).

㉠ 위험물이 온도변화 등에 의하여 누설되지 아니하도록 운반용기를 밀봉하여 수납할 것. 다만, 온도변화 등에 의한 위험물로부터의 가스의 발생으로 운반용기안의 압력이 상승할 우려가 있는 경우(발생한 가스가 독성 또는 인화성을 갖는 등 위험성이 있는 경우를 제외한다)에는 가스의 배출구(위험물의 누설 및 다른 물질의 침투를 방지하는 구조로 된 것에 한한다)를 설치한 운반용기에 수납할 수 있다.
㉡ 수납하는 위험물과 위험한 반응을 일으키지 아니하는 등 당해 위험물의 성질에 적합한 재질의 운반용기에 수납할 것
㉢ 고체위험물은 운반용기 내용적의 95% 이하의 수납율로 수납할 것
㉣ 액체위험물은 운반용기 내용적의 <u>98% 이하</u>의 수납율로 수납하되, <u>55도의 온도</u>에서 누설되지 아니하도록 충분한 공간용적을 유지하도록 할 것
㉤ 하나의 외장용기에는 다른 종류의 위험물을 수납하지 아니할 것
㉥ 제3류 위험물은 다음의 기준에 따라 운반용기에 수납할 것
　1) 자연발화성물질에 있어서는 불활성 기체를 봉입하여 밀봉하는 등 공기와 접하지 아니하도록 할 것
　2) 자연발화성물질외의 물품에 있어서는 파라핀·경유·등유 등의 보호액으로 채워 밀봉하거나 불활성 기체를 봉입하여 밀봉하는 등 수분과 접하지 아니하도록 할 것
　3) ㉣의 규정에 불구하고 자연발화성물질 중 알킬알루미늄 등은 운반용기의 내용적의 90% 이하의 수납율로 수납하되, 50℃의 온도에서 5% 이상의 공간용적을 유지하도록 할 것

22 정답 ② SONICE 기본서 1권 p.393

해설 위험물안전관리법 시행규칙 [별표 5]
〈옥내저장소의 위치·구조 및 설비의 기준 – 복합용도 건축물의 옥내저장소의 기준〉
옥내저장소 중 지정수량의 20배 이하의 것(옥내저장소외의 용도로 사용하는 부분이 있는 건축물에 설치하는 것에 한한다)의 위치·구조 및 설비의 기술기준은 Ⅰ제3호, 제11호 내지 제17호의 규정에 의하는 외에 다음 각호의 기준에 의하여야 한다.
1. 옥내저장소는 벽·기둥·바닥 및 보가 내화구조인 건축물의 1층 또는 2층의 어느 하나의 층에 설치하여야 한다. [④]
2. 옥내저장소의 용도에 사용되는 부분의 바닥은 지면보다 높게 설치하고 그 층고를 6m 미만으로 하여야 한다. [③]
3. 옥내저장소의 용도에 사용되는 부분의 바닥면적은 75㎡ 이하로 하여야 한다. [①]
4. 옥내저장소의 용도에 사용되는 부분은 벽·기둥·바닥·보 및 지붕(상층이 있는 경우에는 상층의 바닥)을 내화구조로 하고, 출입구외의 개구부가 없는 두께 70㎜ 이상의 철근콘크리트조 또는 이와 동등 이상의 강도가 있는 구조의 바닥 또는 벽으로 당해 건축물의 다른 부분과 구획되도록 하여야 한다.
5. 옥내저장소의 용도에 사용되는 부분의 출입구에는 수시로 열 수 있는 자동폐쇄방식의 60분+방화문 또는 60분방화문을 설치하여야 한다. [②]
6. 옥내저장소의 용도에 사용되는 부분에는 창을 설치하지 아니하여야 한다.
7. 옥내저장소의 용도에 사용되는 부분의 환기설비 및 배출설비에는 방화상 유효한 댐퍼 등을 설치하여야 한다.

23 정답 ① SONICE 기본서 1권 p.345 (개정사항)

해설 위험물안전관리법 시행령 제20조의2
〈위험물 안전관리에 관한 협회의 설립인가 절차〉
① 위험물 안전관리에 관한 협회를 설립하려면 다음 각 호의 자 (ㄱ: 10)명 이상이 발기인이 되어 정관을 작성한 후 창립총회의 의결을 거쳐 (ㄴ: 소방청장)에게 인가를 신청해야 한다.
  1. 제조소등의 관계인
  2. 위험물운송자
  3. 탱크시험자
  4. 안전관리자의 업무를 위탁받아 수행할 수 있는 안전관리대행기관으로 소방청장의 지정을 받은 자
② 소방청장은 ①에 따른 인가를 하였을 때에는 그 사실을 공고해야 한다.

SONICE TIP 위험물 안전관리에 관한 협회 – 정관의 기재사항 (시행령 제20조의3)
협회의 정관에는 다음 각 호의 사항이 포함되어야 한다.
1. 목적
2. 명칭
3. 주된 사무소의 소재지
4. 업무 및 자산·회계에 관한 사항
5. 회원의 가입·탈퇴 및 회비에 관한 사항
6. 임원의 정원·임기 및 선출 방법
7. 기구와 조직에 관한 사항
8. 총회와 이사회에 관한 사항
9. 정관의 변경에 관한 사항
10. 해산에 관한 사항

24
정답 ③ SONICE 기본서 1권 p.381

해설 위험물안전관리법 시행규칙 [별표 4]
〈제조소의 위치・구조 및 설비의 기준 – 게시판의 주의사항〉

구분	주의사항
제1류 위험물 중 알칼리금속의 과산화물 제3류 위험물 중 금수성물질	물기엄금
제2류 위험물(인화성 고체 제외)	화기주의
제2류 위험물 중 인화성 고체 제3류 위험물 중 자연발화성 물질 제4류 위험물 제5류 위험물	화기엄금

③ 제1류 위험물 중 알칼리금속의 과산화물과 이를 함유한 것 또는 제3류 위험물 중 금수성물질에 있어서는 "물기엄금"의 주의사항을 표시한 게시판을 설치할 것

25
정답 ③ SONICE 기본서 1권 p.430

해설 위험물안전관리법 시행규칙 [별표 15]
〈이송취급소의 위치・구조 및 설비의 기준〉
1. 배관에 설치하는 긴급차단밸브의 설치위치
   ① 시가지에 설치하는 경우에는 약 4[km]의 간격
   ② 산림지역에 설치하는 경우에는 약 10[km]의 간격
   ③ 해상 또는 해저를 통과하여 설치하는 경우에는 통과하는 부분의 양 끝
   ④ 하천・호소 등을 횡단하여 설치하는 경우에는 횡단하는 부분의 양 끝
   ⑤ 도로 또는 철도를 횡단하여 설치하는 경우에는 횡단하는 부분의 양 끝
2. 이송취급소에 설치하여야 하는 경보설비
   ① 이송기지에는 비상벨장치 및 확성장치를 설치할 것
   ② 가연성증기를 발생하는 위험물을 취급하는 펌프실 등에는 가연성증기 경보설비를 설치할 것

26
정답 ④ SONICE 기본서 1권 p.101

해설 소방기본법 시행령 제13조
〈손실보상심의위원회의 설치 및 구성〉
① 소방청장등은 손실보상청구 사건을 심사・의결하기 위하여 각각 손실보상심의위원회(이하 "보상위원회"라 한다)를 둔다.
② 보상위원회는 위원장 1명을 포함하여 5명 이상 7명 이하의 위원으로 구성한다.
③ 보상위원회의 위원은 다음 각 호의 어느 하나에 해당하는 사람 중에서 소방청장등이 위촉하거나 임명한다. 이 경우 위원의 과반수는 성별을 고려하여 소방공무원이 아닌 사람으로 하여야 한다.
   1. 소속 소방공무원
   2. 판사・검사 또는 변호사로 5년 이상 근무한 사람
   3. 「고등교육법」 제2조에 따른 학교에서 법학 또는 행정학을 가르치는 부교수 이상으로 5년 이상 재직한 사람
   4. 「보험업법」 제186조에 따른 손해사정사
   5. 소방안전 또는 의학 분야에 관한 학식과 경험이 풍부한 사람
④ 위촉되는 위원의 임기는 2년으로 하며, 한 차례만 연임할 수 있다.
⑤ 보상위원회의 사무를 처리하기 위하여 보상위원회에 간사 1명을 두되, 간사는 소속 소방공무원 중에서 소방청장등이 지명한다.

27 정답 ③ SONICE 기본서 1권 p.62

해설 소방기본법 시행규칙 [별표 3의2]
〈소방대원에게 실시할 교육·훈련의 종류〉
1. 교육·훈련의 종류 및 교육·훈련을 받아야 할 대상자

종류	교육·훈련을 받아야 할 대상자
가. 화재진압훈련	1) 화재진압업무를 담당하는 소방공무원 2) 「의무소방대설치법 시행령」 제20조제1항제1호에 따른 임무를 수행하는 의무소방원 3) 「의용소방대 설치 및 운영에 관한 법률」 제3조에 따라 임명된 의용소방대원
나. 인명구조훈련	1) 구조업무를 담당하는 소방공무원 2) 「의무소방대설치법 시행령」 제20조제1항제1호에 따른 임무를 수행하는 의무소방원 3) 「의용소방대 설치 및 운영에 관한 법률」 제3조에 따라 임명된 의용소방대원
다. 응급처치훈련	1) 구급업무를 담당하는 소방공무원 2) 「의무소방대설치법」 제3조에 따라 임용된 의무소방원 3) 「의용소방대 설치 및 운영에 관한 법률」 제3조에 따라 임명된 의용소방대원
라. 인명대피훈련	1) 소방공무원 2) 「의무소방대설치법」 제3조에 따라 임용된 의무소방원 3) 「의용소방대 설치 및 운영에 관한 법률」 제3조에 따라 임명된 의용소방대원
마. 현장지휘훈련	소방공무원 중 다음의 계급에 있는 사람 1) 소방정 2) 소방령 3) 소방경 4) 소방위

2. 교육·훈련 횟수 및 기간

횟수	기간
2년마다 1회	2주 이상

3. 제1호 및 제2호에서 규정한 사항 외에 소방대원의 교육·훈련에 필요한 사항은 소방청장이 정한다.

28 정답 ④ SONICE 기본서 2권 p.25

해설 소방의 화재조사에 관한 법률 시행령 제7조
〈화재합동조사단의 구성·운영〉
다음의 어느 하나에 해당하는 사람 중에서 소방관서장이 임명하거나 위촉한다.
㉠ 화재조사관
㉡ 화재조사 업무에 관한 경력이 3년 이상인 소방공무원
㉢ 「고등교육법」에 따른 학교 또는 이에 준하는 교육기관에서 화재조사, 소방 또는 안전관리 등 관련 분야 조교수 이상의 직에 3년 이상 재직한 사람
㉣ 「국가기술자격법」에 따른 국가기술자격의 직무분야 중 안전관리 분야에서 <u>산업기사 이상</u>의 자격을 취득한 사람
㉤ 그 밖에 건축·안전 분야 또는 화재조사에 관한 학식과 경험이 풍부한 사람

29

정답 ③ **SONICE 기본서 1권** p.193

해설 소방시설공사업법 시행령 제12조의9

〈감리업자를 선정하는 주택건설공사의 규모 및 대상〉

① 시·도지사가 감리업자를 선정해야 하는 주택건설공사의 규모 및 대상은 「주택법」에 따른 공동주택(기숙사는 제외한다)으로서 300세대 이상인 것으로 한다.
② 시·도지사는 감리업자를 선정하려는 경우에는 주택건설사업계획을 승인한 날부터 7일 이내에 다른 공사와는 별도로 소방시설공사의 감리를 할 감리업자의 모집공고를 해야 한다.
③ 시·도지사는 ②에도 불구하고 「주택법 시행령」 제31조에 따른 공사 착수기간의 연장 등 부득이한 사유가 있어 사업주체가 요청하는 경우에는 그 사유가 없어진 날부터 7일 이내에 모집공고를 할 수 있다.
④ 모집공고에는 다음의 사항이 포함되어야 한다.
  1. 접수기간
  2. 낙찰자 결정방법
  3. 사업내용 및 제출서류
  4. 감리원 응모자격 기준시점(신청접수 마감일을 원칙으로 한다)
  5. 감리업자 실적과 감리원 경력의 기준시점(모집공고일을 원칙으로 한다)
  6. 입찰의 전자적 처리에 관한 사항
  7. 그 밖에 감리업자 모집에 필요한 사항
⑤ 모집공고는 일간신문에 싣거나 해당 특별시·광역시·특별자치시·도 또는 특별자치도의 게시판과 인터넷 홈페이지에 7일 이상 게시하는 등의 방법으로 한다.

30

정답 ④ **SONICE 기본서 1권** p.209

해설 소방시설공사업법 제29조

〈소방기술자의 실무교육〉

① 화재 예방, 안전관리의 효율화, 새로운 기술 등 소방에 관한 지식의 보급을 위하여 소방시설업 또는 「소방시설 설치 및 관리에 관한 법률」 제29조에 따른 소방시설관리업의 기술인력으로 등록된 소방기술자는 행정안전부령으로 정하는 바에 따라 실무교육을 받아야 한다.
② 소방기술자가 정하여진 교육을 받지 아니하면 그 교육을 이수할 때까지 그 소방기술자는 소방시설업 또는 「소방시설 설치 및 관리에 관한 법률」 제29조에 따른 소방시설관리업의 기술인력으로 등록된 사람으로 보지 아니한다.
③ 소방청장은 소방기술자에 대한 실무교육을 효율적으로 하기 위하여 실무교육기관을 지정할 수 있다.
④ 실무교육기관의 지정방법·절차·기준 등에 관하여 필요한 사항은 행정안전부령으로 정한다.
⑤ 지정된 실무교육기관의 지정취소, 업무정지 및 청문에 관하여는 「소방시설 설치 및 관리에 관한 법률」 제47조 및 제49조를 준용한다.

SONICE TIP 소방기술자의 실무교육(소방시설공사업법 시행규칙 제26조)

① 소방기술자는 실무교육을 2년마다 1회 이상 받아야 한다. 다만, 실무교육을 받아야 할 기간 내에 소방기술자 양성·인정 교육훈련을 받은 경우에는 해당 실무교육을 받은 것으로 본다.
② 소방기술자 실무교육에 관한 업무를 위탁받은 실무교육기관 또는 「소방기본법」 제40조에 따른 한국소방안전원의 장은 소방기술자에 대한 실무교육을 실시하려면 교육일정 등 교육에 필요한 계획을 수립하여 소방청장에게 보고한 후 교육 10일 전까지 교육대상자에게 알려야 한다.
③ 실무교육의 시간, 교육과목, 수수료, 그 밖에 실무교육에 관하여 필요한 사항은 소방청장이 정하여 고시한다.

31

정답 ③ SONICE 기본서 2권 p.102

해설 화재의 예방 및 안전관리에 관한 법률 시행령 [별표 2]
〈특수가연물〉
③ 석탄 · 목탄류 – 10,000kg 이상

SONICE TIP 특수가연물

품명		수량
면화류		200킬로그램 이상
나무껍질 및 대팻밥		400킬로그램 이상
넝마 및 종이부스러기		1,000킬로그램 이상
사류(絲類)		
볏짚류		
가연성 고체류		3,000킬로그램 이상
석탄 · 목탄류		10,000킬로그램 이상
가연성 액체류		2세제곱미터 이상
목재가공품 및 나무부스러기		10세제곱미터 이상
고무류 · 플라스틱류	발포시킨 것	20세제곱미터 이상
	그 밖의 것	3,000킬로그램 이상

32

정답 ② SONICE 기본서 2권 p.73

해설 화재의 예방 및 안전관리에 관한 법률 시행규칙 제3조
〈통계의 작성 · 관리〉
소방청장은 다음의 기관으로 하여금 통계자료의 작성 · 관리에 관한 업무를 수행하게 할 수 있다.
1. 「소방기본법」 제40조제1항에 따라 설립된 한국소방안전원 [③]
2. 「정부출연연구기관 등의 설립 · 운영 및 육성에 관한 법률」 제8조에 따라 설립된 정부출연연구기관 [④]
3. 「통계법」 제15조에 따라 지정된 통계작성지정기관 [①]

33

정답 ① SONICE 기본서 2권 p.88

해설 화재의 예방 및 안전관리에 관한 법률 제16조, 시행령 제15조
〈화재안전조사 결과 공개〉
소방관서장은 화재안전조사를 실시한 경우 다음의 전부 또는 일부를 인터넷 홈페이지나 전산시스템 등을 통하여 공개할 수 있다.
1. 소방대상물의 위치, 연면적, 용도 등 현황
2. 소방시설등의 설치 및 관리 현황 [ㄴ]
3. 피난시설, 방화구획 및 방화시설의 설치 및 관리 현황
4. 그 밖에 대통령령으로 정하는 사항
   ㉠ 제조소등 설치 현황 [ㄱ]
   ㉡ 소방안전관리자 선임 현황 [ㄷ]
   ㉢ 화재예방안전진단 실시 결과
→ 옳은 보기는 "ㄱ, ㄴ, ㄷ"이다.

34 정답 ② SONICE 기본서 2권 p. 267

해설 소방시설 설치 및 관리에 관한 법률 시행규칙 [별표 1]

〈성능위주설계 평가단 및 중앙소방기술심의위원회의 검토·평가 구분 및 통보 시기〉

② 평가단 또는 중앙위원회에서 검토·평가한 결과 소방 관련 법령 및 건축 법령에 위반되거나 평가 기준을 충족하지 못한 경우는 "부결"에 해당한다.

SONICE TIP 성능위주설계 평가단 및 중앙소방기술심의위원회의 검토·평가 구분 및 통보 시기

구분		성립요건	통보 시기
수리	원안 채택	신고서(도면 등) 내용에 수정이 없거나 경미한 경우 원안대로 수리	지체 없이
	보완	평가단 또는 중앙위원회에서 검토·평가한 결과 보완이 요구되는 경우로서 보완이 완료되면 수리	보완완료 후 지체 없이 통보
불수리	재검토	평가단 또는 중앙위원회에서 검토·평가한 결과 보완이 요구되나 단기간에 보완될 수 없는 경우	지체 없이
	부결	평가단 또는 중앙위원회에서 검토·평가한 결과 소방 관련 법령 및 건축 법령에 위반되거나 평가 기준을 충족하지 못한 경우	지체 없이

[비고]
보완으로 결정된 경우 보완기간은 21일 이내로 부여하고 보완이 완료되면 지체 없이 수리 여부를 통보해야 한다.

35 정답 ③ SONICE 기본서 2권 p.290

해설 소방시설 설치 및 관리에 관한 법률 시행령 [별표 6]

〈소방시설을 설치하지 않을 수 있는 특정소방대상물 및 소방시설의 범위〉

구분	특정소방대상물	설치하지 않을 수 있는 소방시설
1. 화재 위험도가 낮은 특정소방대상물	석재, 불연성금속, 불연성 건축재료 등의 가공공장·기계조립공장 또는 불연성 물품을 저장하는 창고	옥외소화전 및 연결살수설비
2. 화재안전기준을 적용하기 어려운 특정 소방대상물	펄프공장의 작업장, 음료수 공장의 세정 또는 충전을 하는 작업장, 그 밖에 이와 비슷한 용도로 사용하는 것	스프링클러설비, 상수도소화용수설비 및 연결살수설비
	정수장, 수영장, 목욕장, 농예·축산·어류 양식용 시설, 그 밖에 이와 비슷한 용도로 사용되는 것	자동화재탐지설비, 상수도소화용수설비 및 연결살수설비
3. 화재안전기준을 달리 적용해야 하는 특수한 용도 또는 구조를 가진 특정 소방대상물	원자력발전소, 중·저준위방사성폐기물의 저장시설	연결송수관설비 및 연결살수설비
4. 「위험물 안전관리법」 제19조에 따른 자체소방대가 설치된 특정소방대상물	자체소방대가 설치된 제조소등에 부속된 사무실	옥내소화전설비, 소화용수설비, 연결살수설비 및 연결송수관설비

36
정답 ④ **SONICE 기본서 2권** p.376

해설 소방시설 설치 및 관리에 관한 법률 시행규칙 제37조, 제38조
〈점검능력의 평가〉
④ 평가기관은 점검능력 평가 결과를 매년 7월 31일까지 평가기관의 인터넷 홈페이지를 통하여 공시하고, 상시 점검능력 평가 결과는 소방청장 및 시·도지사에게 통보한 날부터 3일 이내에 평가기관의 인터넷 홈페이지를 통하여 공시해야 한다.

37
정답 ④ **SONICE 기본서 2권** p.237 ~ 248

해설 소방시설 설치 및 관리에 관한 법률 시행령 [별표 2]
〈특정소방대상물〉
① 300[㎡] 미만의 공연장 - 근린생활시설,
   300[m] 이상의 공연장 - 문화 및 집회시설
② 500[㎡] 미만의 고시원 - 근린생활시설,
   500[㎡] 이상의 고시원 - 숙박시설
③ 500[㎡] 미만의 학원 - 근린생활시설,
   500[㎡] 이상의 학원 - 교육연구시설

38
정답 ① **SONICE 기본서 1권** p.292

해설 위험물안전관리법 시행령 제7조
〈군용 위험물시설의 설치 및 변경〉
① 군사목적을 위한 제조소등을 설치하고자 하는 군부대의 장은 당해 제조소등의 설치공사를 착수하기 전에 그 공사의 설계도서 등 관계서류를 시·도지사에게 제출해야 한다.

39
정답 ③ **SONICE 기본서 1권** p.294

해설 위험물안전관리법 제8조, 시행령 제8조, 제9조, 시행규칙 제18조
〈탱크안전성능검사〉

ㄱ = 충수·수압검사
ㄴ = 기초·지반검사

탱크안전성능검사의 신청시기는 다음의 구분에 의한다.
1. 기초·지반검사[ㄴ] : 위험물탱크의 기초 및 지반에 관한 공사의 개시 전
2. 충수·수압검사[ㄱ] : 위험물을 저장 또는 취급하는 탱크에 배관 그 밖의 부속설비를 부착하기 전
3. 용접부검사 : 탱크본체에 관한 공사의 개시 전
4. 암반탱크검사 : 암반탱크의 본체에 관한 공사의 개시 전

40
정답 ② **SONICE 기본서 1권** p.354

해설 위험물안전관리법 제29조
〈청문〉
시·도지사, 소방본부장 또는 소방서장은 다음의 어느 하나에 해당하는 처분을 하고자 하는 경우에는 청문을 실시하여야 한다.
1. 제조소등 설치허가의 취소
2. 탱크안전성능시험자의 등록취소 [②]

08회 소방관계법규 - 정답 및 간단해설

SONICE 빨간불 파란불 소방관계법규 실전 동형 모의고사

SONICE 파란불 실전 동형 모의고사 8회

01	02	03	04	05	06	07	08	09	10
③	①	④	①	①	③	③	④	②	②
11	12	13	14	15	16	17	18	19	20
③	①	①	③	②	④	①	③	③	④
21	22	23	24	25	26	27	28	29	30
③	②	②	④	①	③	③	③	①	④
31	32	33	34	35	36	37	38	39	40
③	④	②	①	④	②	②	③	②	①

🎙️ **백사부의 한마디**

돌이킬 수 없는 과거에 내가 할 수 있는 선택은
남은 오늘을 당당히 걸어가는 것.
다가올 내일을 선물처럼 여기는 것.

---

01 정답 ③ SONICE 기본서 1권 p.61

해설 소방기본법 제17조
〈소방교육·훈련〉
① 소방청장, 소방본부장 또는 소방서장은 소방업무를 전문적이고 효과적으로 수행하기 위하여 소방대원에게 필요한 교육·훈련을 실시하여야 한다.
② 소방청장, 소방본부장 또는 소방서장은 화재를 예방하고 화재 발생 시 인명과 재산피해를 최소화하기 위하여 다음 각 호에 해당하는 사람을 대상으로 행정안전부령으로 정하는 바에 따라 소방안전에 관한 교육과 훈련을 실시할 수 있다. 이 경우 소방청장, 소방본부장 또는 소방서장은 해당 어린이집·유치원·학교의 장 또는 장애인복지시설의 장과 교육일정 등에 관하여 협의하여야 한다.
  1. 「영유아보육법」 제2조에 따른 어린이집의 영유아
  2. 「유아교육법」 제2조에 따른 유치원의 유아 [ㄴ]
  3. 「초·중등교육법」 제2조에 따른 학교의 학생
  4. 「장애인복지법」 제58조에 따른 장애인복지시설에 거주하거나 해당 시설을 이용하는 장애인 [ㅁ]
③ 소방청장, 소방본부장 또는 소방서장은 국민의 안전의식을 높이기 위하여 화재 발생 시 피난 및 행동 방법 등을 홍보하여야 한다.
④ 교육·훈련의 종류 및 대상자, 그 밖에 교육·훈련의 실시에 필요한 사항은 행정안전부령으로 정한다.

02 정답 ① SONICE 기본서 1권 p.42 ~ 43

해설 소방기본법 시행규칙 제8조

〈소방업무의 상호응원협정〉

시・도지사는 이웃하는 다른 시・도지사와 소방업무에 관하여 상호응원협정을 체결하고자 하는 때에는 다음 각 호의 사항이 포함되도록 해야 한다.

1. 소방**활동**에 관한 사항
   가. 화재의 경계・진압활동 [②]
   나. 구조・구급업무의 지원
   다. 화재조사활동
2. **응원**출동대상지역 및 **규**모
3. 소요**경비**의 부담에 관한 사항
   가. 출동대원의 수당・식사 및 의복의 수선 [③]
   나. 소방장비 및 기구의 정비와 연료의 보급 [④]
   다. 그 밖의 경비
4. **응원**출동의 요청**방**법
5. **응원**출동훈련 및 **평가**

암기TIP 응원 활동 경비 방규평가

03 정답 ④ SONICE 기본서 1권 p.39 ~ 40

해설 소방기본법 시행규칙 [별표 2]

〈소방용수표지〉

① 시・도지사는 소방용수시설에 대하여 소방용수표지를 보기 쉬운 곳에 설치하여야 한다.
② 지하에 설치하는 소화전의 경우 승하강식 소화전에는 맨홀 뚜껑의 크기를 적용하지 않는다.
③ 지하에 설치하는 소화전의 경우 맨홀 뚜껑에는 "소화전・주정차금지" 또는 "저수조・주정차금지"의 표시를 하여야 하며, 맨홀뚜껑 부근에는 노란색 반사도료로 폭 15센티미터의 선을 그 둘레를 따라 칠하여야 한다. (빗금무늬는 소방자동차 전용구역에 대한 기준이다.)

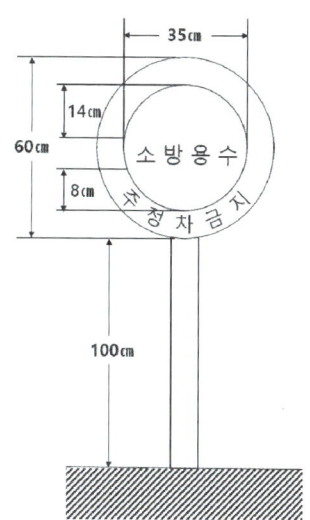

04
정답 ① SONICE 기본서 1권 p.77

해설 소방기본법 제19조
〈화재 등의 통지〉
① 화재 현장 또는 구조·구급이 필요한 사고 현장을 발견한 사람은 그 현장의 상황을 소방본부, 소방서 또는 관계 행정기관에 지체 없이 알려야 한다.
② 다음 각 호의 어느 하나에 해당하는 지역 또는 장소에서 화재로 오인할 만한 우려가 있는 불을 피우거나 연막(煙幕)소독을 하려는 자는 시·도의 조례로 정하는 바에 따라 관할 소방본부장 또는 소방서장에게 신고하여야 한다.
  1. 시장지역
  2. 공장·창고가 밀집한 지역
  3. 목조건물이 밀집한 지역
  4. 위험물의 저장 및 처리시설이 밀집한 지역
  5. 석유화학제품을 생산하는 공장이 있는 지역
  6. 그 밖에 시·도의 조례로 정하는 지역 또는 장소 [ㄷ]
→ 화재로 오인할 만한 우려가 있는 불을 피우거나 연막소독을 하려는 자가 신고를 하지 아니하여 소방자동차를 출동하게 한 자 : 20만원 이하의 과태료

05
정답 ① SONICE 기본서 2권 p.18

해설 소방의 화재조사에 관한 법률 제6조
〈화재조사전담부서의 수행업무〉
㉠ 화재조사의 실시 및 조사결과 분석·관리 [ㄱ]
㉡ 화재조사 관련 기술개발과 화재조사관의 역량증진
㉢ 화재조사에 필요한 시설·장비의 관리·운영 [ㄴ]
㉣ 그 밖의 화재조사에 관하여 필요한 업무
→ 옳은 보기는 "ㄱ, ㄴ"이다.

06
정답 ③ SONICE 기본서 2권 p.52

해설 소방의 화재조사에 관한 법률 시행령 [별표]
〈과태료의 부과기준〉

위반행위	과태료 금액[만원]		
	1회	2회	3회
허가 없이 통제구역에 출입한 경우	100	150	200
명령을 위반하여 보고 또는 자료 제출을 하지 않거나 거짓으로 보고 또는 자료 제출을 한 경우	100	150	200
정당한 사유 없이 출석을 거부하거나 질문에 대하여 거짓으로 진술한 경우	100	150	200

07 정답 ③ SONICE 기본서 1권 p.158 ~ 162, p.166

해설 소방시설공사업법 시행령 제4조, 제5조, 제6조, 제10조

〈착공신고, 완공검사 현장확인 대상물, 공사감리자 지정대상 특정소방대상물, 하자보수〉

① 비상경보설비를 신설하는 공사는 소방본부장 또는 소방서장에게 착공신고를 하여야 하는 대상에 해당한다.
② 창고시설에 대한 공사는 소방본부장이나 소방서장이 완공검사 현장 확인을 하여야 하는 대상에 해당한다.
③ 비상경보설비를 신설하는 공사는 공사감리자를 지정해야 하는 특정소방대상물의 범위에 해당하지 않는다.
④ 피난기구, 유도등, 유도표지, 비상경보설비, 비상조명등, 비상방송설비 및 무선통신보조설비는 하자보수 보증기간이 2년이다.

08 정답 ④ SONICE 기본서 1권 p.185

해설 소방시설공사업법 제22조의2

〈하도급계약의 적정성 심사〉

① 발주자는 하수급인이 계약내용을 수행하기에 현저하게 부적당하다고 인정되거나 하도급계약금액이 대통령령으로 정하는 비율에 따른 금액에 미달하는 경우에는 하수급인의 시공 및 수행능력, 하도급계약 내용의 적정성 등을 심사할 수 있다. 이 경우, 국가, 지방자치단체 또는 대통령령으로 정하는 공공기관이 발주자인 때에는 적정성 심사를 실시하여야 한다.

> 소방시설공사업법 시행령 제12조의2(하도급계약의 적정성 심사) - 대통령령으로 정하는 비율
> ㉠ 하도급계약금액이 도급금액 중 하도급부분에 **상당**하는 금액[하도급하려는 소방시설공사등에 대하여 수급인의 도급금액 산출내역서의 계약단가(직접·간접 노무비, 재료비 및 경비를 포함한다)를 기준으로 산출한 금액에 일반관리비, 이윤 및 부가가치세를 포함한 금액을 말하며, 수급인이 하수급인에게 직접 지급하는 자재의 비용 등 관계 법령에 따라 수급인이 부담하는 금액은 제외한다]의 100분의 82에 해당하는 금액에 미달하는 경우
> ㉡ 하도급계약금액이 소방시설공사등에 대한 발주자의 **예정**가격의 100분의 60에 해당하는 금액에 미달하는 경우
> **암기TIP** 60예정 빨리(82)상당

② 발주자는 ①에 따라 심사한 결과 하수급인의 시공 및 수행능력 또는 하도급계약 내용이 적정하지 아니한 경우에는 그 사유를 분명하게 밝혀 수급인에게 하수급인 또는 하도급계약 내용의 변경을 요구할 수 있다. 이 경우 ① 후단에 따라 적정성 심사를 하였을 때에는 하수급인 또는 하도급계약 내용의 변경을 요구하여야 한다.
③ 발주자는 수급인이 정당한 사유 없이 ②에 따른 요구에 따르지 아니하여 공사 등의 결과에 중대한 영향을 끼칠 우려가 있는 경우에는 해당 소방시설공사등의 도급계약을 해지할 수 있다.
④ ① 후단에 따른 발주자는 하수급인의 시공 및 수행능력, 하도급계약 내용의 적정성 등을 심사하기 위하여 하도급계약심사위원회를 두어야 한다.
⑤ ① 및 ②에 따른 하도급계약의 적정성 심사기준, 하수급인 또는 하도급계약 내용의 변경 요구 절차, 그 밖에 필요한 사항 및 ④에 따른 하도급계약심사위원회의 설치·구성 및 심사방법 등에 관하여 필요한 사항은 대통령령으로 정한다.

> **선지분석**
> ① 발주자는 하수급인이 계약내용을 수행하기에 현저하게 부적당하다고 인정되거나 하도급계약금액이 소방시설공사등에 대한 발주자의 예정가격의 100분의 60에 해당하는 금액에 미달하는 경우에는 하수급인의 시공 및 수행능력, 하도급계약 내용의 적정성 등을 심사할 수 있다.
> ② 발주자는 하수급인이 계약내용을 수행하기에 현저하게 부적당하다고 인정되거나 하도급계약금액이 도급금액 중 하도급부분에 상당하는 금액의 100분의 82에 해당하는 금액에 미달하는 경우에는 하수급인의 시공 및 수행능력, 하도급계약 내용의 적정성 등을 심사할 수 있다.
> ③ 국가, 지방자치단체, 공기업 및 준정부기관, 지방공사 및 지방공단이 발주자인 때에는 적정성 심사를 실시하여야 한다.

09 정답 ② SONICE 기본서 1권 p.206 ~ 207

해설 소방시설공사업법 시행규칙 [별표 4의2]

〈소방기술과 관련된 자격·학력 및 경력의 인정 범위〉

1. 소방기술자

구분	소방기술사	소방시설관리사	소방설비기사	소방설비산업기사
특급	자격취득	5년 경력	8년 경력	11년 경력
고급		자격취득	5년 경력	8년 경력
중급			자격취득	3년 경력
초급				자격취득

2. 소방공사 감리원

구분	소방기술사	소방시설관리사	소방설비기사	소방설비산업기사
특급	자격취득	별도 자격기준 X	8년 경력	12년 경력
고급			5년 경력	8년 경력
중급			3년 경력	6년 경력
초급			1년 경력	2년 경력

3. 소방시설 자체점검 점검자

구분	소방기술사	소방시설관리사	소방설비기사	소방설비산업기사
특급	자격취득	자격취득	8년 경력	10년 경력
고급			5년 경력	8년 경력
중급			자격취득	3년 경력
초급				자격취득

→ ② 소방시설관리사 자격을 취득한 사람은 고급 기술자 및 특급 점검자에 해당한다. (특급 감리원은 해당하지 않는다.)

10 정답 ② SONICE 기본서 1권 p.189

해설 소방시설공사업법 제23조

〈도급계약의 해지〉

특정소방대상물의 관계인 또는 발주자는 해당 도급계약의 수급인이 다음 각 호의 어느 하나에 해당하는 경우에는 도급계약을 해지할 수 있다.

1. 소방시설업이 등록취소되거나 영업정지된 경우 [ㄹ]
2. 소방시설업을 휴업하거나 폐업한 경우 [ㄱ]
3. 정당한 사유 없이 30일 이상 소방시설공사를 계속하지 아니하는 경우 [ㄴ]
4. 하도급계약의 적정성 심사 결과에 따른 발주자의 하수급인 또는 하도급계약 내용의 변경요구에 정당한 사유 없이 따르지 아니하는 경우

11 정답 ③ SONICE 기본서 2권 p.181

해설 화재의 예방 및 안전관리에 관한 법률 시행규칙 제41조

〈화재예방안전진단의 절차 및 방법〉

화재예방안전진단 신청을 받은 안전원 또는 진단기관은 다음의 절차에 따라 화재예방안전진단을 실시한다.

1. 위험요인 조사
2. 위험성 평가
3. 위험성 감소대책의 수립

12 정답 ① SONICE 기본서 2권 p.215

해설 화재의 예방 및 안전관리에 관한 법률 시행규칙 [별표 8]

〈화재예방안전진단의 지정취소 및 업무정지의 처분기준〉

① 위반행위의 횟수에 따른 행정처분 기준은 최근 3년간 같은 위반행위로 행정처분을 받은 경우에 적용한다.

위반 내용	처분기준		
	1차 위반	2차 위반	3차 이상 위반
가. 거짓이나 그 밖의 부정한 방법으로 안전진단기관으로 지정을 받은 경우	지정취소		
나. 화재예방안전진단 결과를 소방본부장 또는 소방서장, 관계인에게 제출하지 않은 경우	경고 (시정명령)	업무정지 3개월	업무정지 6개월
다. 지정기준에 미달하게 된 경우	업무정지 3개월	업무정지 6개월	지정취소
라. 업무정지기간에 화재예방안전진단 업무를 한 경우	지정취소		

13 정답 ① SONICE 기본서 2권 p.76 ~ 77

해설 화재의 예방 및 안전관리에 관한 법률 시행령 제7조

〈화재안전조사의 항목〉

소방청장, 소방본부장 또는 소방서장은 다음의 항목에 대하여 화재안전조사를 실시한다.

1. 법 제17조에 따른 화재의 예방조치 등에 관한 사항 [②]
2. 법 제24조, 제25조, 제27조 및 제29조에 따른 소방안전관리 업무 수행에 관한 사항
3. 법 제36조에 따른 피난계획의 수립 및 시행에 관한 사항 [③]
4. 법 제37조에 따른 소화・통보・피난 등의 훈련 및 소방안전관리에 필요한 교육(이하 "소방훈련・교육"이라 한다)에 관한 사항 [④]
5. 「소방기본법」 제21조의2에 따른 소방자동차 전용구역의 설치에 관한 사항
6. 「소방시설공사업법」 제12조에 따른 시공, 같은 법 제16조에 따른 감리 및 같은 법 제18조에 따른 감리원의 배치에 관한 사항
7. 「소방시설 설치 및 관리에 관한 법률」 제12조에 따른 소방시설의 설치 및 관리에 관한 사항
8. 「소방시설 설치 및 관리에 관한 법률」 제15조에 따른 건설현장 임시소방시설의 설치 및 관리에 관한 사항
9. 「소방시설 설치 및 관리에 관한 법률」 제16조에 따른 피난시설, 방화구획(防火區劃) 및 방화시설의 관리에 관한 사항
10. 「소방시설 설치 및 관리에 관한 법률」 제20조에 따른 방염(防炎)에 관한 사항
11. 「소방시설 설치 및 관리에 관한 법률」 제22조에 따른 소방시설등의 자체점검에 관한 사항
12. 「다중이용업소의 안전관리에 관한 특별법」 제8조, 제9조, 제9조의2, 제10조, 제10조의2 및 제11조부터 제13조까지의 규정에 따른 안전관리에 관한 사항
13. 「위험물안전관리법」 제5조, 제6조, 제14조, 제15조 및 제18조에 따른 위험물 안전관리에 관한 사항
14. 「초고층 및 지하연계 복합건축물 재난관리에 관한 특별법」 제9조, 제11조, 제12조, 제14조, 제16조 및 제22조에 따른 초고층 및 지하연계 복합건축물의 안전관리에 관한 사항
15. 그 밖에 소방대상물에 화재의 발생 위험이 있는지 등을 확인하기 위해 소방관서장이 화재안전조사가 필요하다고 인정하는 사항

14

정답 ③ SONICE 기본서 2권 p.194

해설 화재의 예방 및 안전관리에 관한 법률 제50조
〈벌칙〉
③ 화재예방안전진단기관으로부터 화재예방안전진단을 받지 아니한 자 – 1년 이하의 징역 또는 1천만원 이하의 벌금

SONICE TIP 300만원 이하의 벌금
1. 화재안전조사를 정당한 사유 없이 거부·방해 또는 기피한 자
2. 화재의 예방조치에 따른 소방관서장의 명령을 정당한 사유 없이 따르지 아니하거나 방해한 자
3. 소방안전관리자, 총괄소방안전관리자 또는 소방안전관리보조자를 선임하지 아니한 자
4. 소방시설·피난시설·방화시설 및 방화구획 등이 법령에 위반된 것을 발견하였음에도 필요한 조치를 할 것을 요구하지 아니한 소방안전관리자
5. 소방안전관리자에게 불이익한 처우를 한 관계인
6. 화재예방안전진단 및 안전원의 위탁업무를 수행하면서 알게 된 비밀을 이 법에서 정한 목적 외의 용도로 사용하거나 다른 사람 또는 기관에 제공하거나 누설한 자

15

정답 ② SONICE 기본서 2권 p.168 ~ 169

해설 화재예방법 시행규칙 제34조
1) 피난계획의 포함사항
① 화재경보의 수단 및 방식
② 층별, 구역별 피난대상 인원의 연령별·성별 현황
③ 피난약자의 현황
④ 각 거실에서 옥외(옥상 또는 피난안전구역을 포함한다)로 이르는 피난경로
⑤ 피난약자 및 피난약자를 동반한 사람의 피난동선과 피난방법
⑥ 피난시설, 방화구획, 그 밖에 피난에 영향을 줄 수 있는 제반 사항

2) 기타사항
① 소방안전관리대상물의 관계인은 해당 소방안전관리대상물의 구조·위치, 소방시설 등을 고려하여 피난계획을 수립해야 한다.
② 소방안전관리대상물의 관계인은 해당 소방안전관리대상물의 피난시설이 변경된 경우에는 그 변경사항을 반영하여 피난계획을 정비해야 한다.
③ 규정한 사항 외에 피난계획의 수립·시행에 필요한 세부 사항은 소방청장이 정하여 고시한다.

16

정답 ④ SONICE 기본서 2권 p.245

해설 소방시설 설치 및 관리에 관한 법률 시행령 [별표 2]
〈특정소방대상물〉
④ 야외음악당 – 관광 휴게시설

SONICE TIP 관광 휴게시설
㉠ 야외음악당
㉡ 야외극장
㉢ 어린이회관
㉣ 관망탑
㉤ 휴게소
㉥ 공원·유원지 또는 관광지에 부수되는 건축물

17 정답 ① SONICE 기본서 2권 p.256

해설 소방시설 설치 및 관리에 관한 법률 시행령 제7조
〈건축허가등의 동의대상물의 범위 중 제외대상〉
다음의 어느 하나에 해당하는 특정소방대상물은 소방본부장 또는 소방서장의 건축허가등의 동의대상에서 제외한다.
1. 특정소방대상물에 설치되는 소화기구, 자동소화장치[ㄷ], 누전경보기, 단독경보형감지기, 가스누설경보기[ㄱ] 및 피난구조설비(비상조명등은 제외한다[ㄴ])가 화재안전기준에 적합한 경우 해당 특정소방대상물
2. 건축물의 증축 또는 용도변경으로 인하여 해당 특정소방대상물에 추가로 소방시설이 설치되지 않는 경우 해당 특정소방대상물 [ㄹ]
3. 「소방시설공사업법 시행령」 제4조에 따른 소방시설공사의 착공신고 대상에 해당하지 않는 경우 해당 특정소방대상물 [ㅁ]
→ 옳은 보기는 "ㄱ, ㄷ"이다.

18 정답 ③ SONICE 기본서 2권 p.260 ~ 261

해설 소방시설 설치 및 관리에 관한 법률 시행규칙 제3조
〈건축허가등의 동의 요구〉
1. 「건축법 시행규칙」 제6조에 따른 건축허가신청서, 같은 법 시행규칙 제8조에 따른 건축허가서 또는 같은 법 시행규칙 제12조에 따른 건축·대수선·용도변경신고서 등 건축허가등을 확인할 수 있는 서류의 사본. 이 경우 동의 요구를 받은 담당 공무원은 특별한 사정이 있는 경우를 제외하고는 「전자정부법」 제36조제1항에 따른 행정정보의 공동이용을 통하여 건축허가서를 확인함으로써 첨부서류의 제출을 갈음할 수 있다.
2. 다음 각 목의 설계도서. 다만, 가목 및 나목2)·4)의 설계도서는 「소방시설공사업법 시행령」 제4조에 따른 소방시설공사 착공신고 대상에 해당되는 경우에만 제출하고, 이 경우 "나목 4)"의 서류 중 내진 시방서 및 계산서 등 세부 내용이 포함된 상세 설계도면은 「소방시설공사업법」 제13조에 따른 착공신고 시까지 제출해야 한다.
   가. 건축물 설계도서
      1) 건축물 개요 및 배치도
      2) 주단면도 및 입면도(立面圖: 물체를 정면에서 본 대로 그린 그림을 말한다. 이하 같다)
      3) 층별 평면도(용도별 기준층 평면도를 포함한다. 이하 같다)
      4) 방화구획도(창호도를 포함한다)
      5) 실내·실외 마감재료표
      6) 소방자동차 진입 동선도 및 부서 공간 위치도(조경계획을 포함한다) [③]
   나. 소방시설 설계도서
      1) 소방시설(기계·전기 분야의 시설을 말한다)의 계통도(시설별 계산서를 포함한다) [②]
      2) 소방시설별 층별 평면도 [①]
      3) 실내장식물 방염대상물품 설치 계획(「건축법」 제52조에 따른 건축물의 마감재료는 제외한다)
      4) 소방시설의 내진설계 계통도 및 기준층 평면도(내진 시방서 및 계산서 등 세부 내용이 포함된 상세 설계도면은 포함한다) [④]
3. 소방시설 설치계획표
4. 임시소방시설 설치계획서(설치시기·위치·종류·방법 등 임시소방시설의 설치와 관련된 세부 사항을 포함한다)
5. 「소방시설공사업법」 제4조제1항에 따라 등록한 소방시설설계업등록증과 소방시설을 설계한 기술인력의 기술자격증 사본
6. 「소방시설공사업법」 제21조 및 제21조의3제2항에 따라 체결한 소방시설설계 계약서 사본

19

정답 ③ **SONICE 기본서 2권** p.297

해설 소방시설 설치 및 관리에 관한 법률 시행령 [별표 4]
〈간이스프링클러설비를 설치해야 하는 특정소방대상물〉
ㄱ. 의원, 치과의원 및 한의원으로서 입원실 또는 인공신장실이 있는 시설
ㄹ. 근린생활시설로 사용하는 부분의 바닥면적 합계가 1천㎡ 이상인 것은 모든 층
→ 옳은 보기는 "ㄴ, ㄷ"이다.

20

정답 ④ **SONICE 기본서 2권** p.298 ~ 299

해설 소방시설 설치 및 관리에 관한 법률 시행령 [별표 4]
〈특정소방대상물의 관계인이 특정소방대상물에 설치·관리해야 하는 소방시설의 종류〉
④ 소화수를 수집·처리하는 설비가 설치되어 있지 않은 중·저준위방사성폐기물의 저장시설은 물분무등소화설비 중 이산화탄소소화설비, 할론소화설비, 할로겐화합물 및 불활성기체 소화설비를 설치해야 한다.

21

정답 ③ **SONICE 기본서 1권** p.300

해설 위험물안전관리법 제10조
〈제조소등 설치자의 지위승계〉
① 제조소등의 설치자가 사망하거나 그 제조소등을 양도·인도한 때 또는 법인인 제조소등의 설치자의 합병이 있는 때에는 그 상속인, 제조소등을 양수·인수한 자 또는 합병후 존속하는 법인이나 합병에 의하여 설립되는 법인은 그 설치자의 지위를 승계한다.
② 민사집행법에 의한 경매, 「채무자 회생 및 파산에 관한 법률」에 의한 환가, 국세징수법·관세법 또는 「지방세징수법」에 따른 압류재산의 매각과 그 밖에 이에 준하는 절차에 따라 제조소등의 시설의 전부를 인수한 자는 그 설치자의 지위를 승계한다.
③ ① 또는 ②의 규정에 따라 제조소등의 설치자의 지위를 승계한 자는 행정안전부령이 정하는 바에 따라 승계한 날부터 30일 이내에 시·도지사에게 그 사실을 신고하여야 한다.

22

정답 ② **SONICE 기본서 1권** p.529 ~ 530

해설 위험물안전관리법 시행규칙 [별표 17]
〈소화설비, 경보설비 및 피난설비의 기준〉
② 제3류 위험물 중 금수성 물품의 경우 분말소화설비 중 탄산수소염류등, 그 밖의 것에 적응성이 있다.

SONICE TIP 소화설비의 적응성 중 분말소화설비, 분말소화기(탄산수소염류등)
1. 제1류 위험물 중 알칼리금속의 과산화물등
2. 제2류 위험물 중 철분·금속분·마그네슘, 인화성 고체
3. 제3류 위험물 중 금수성물질
4. 제4류 위험물

23 정답 ② SONICE 기본서 1권 p.392

해설 위험물안전관리법 시행규칙 [별표 5]

〈옥내저장소의 위치·구조 및 설비의 기준〉

1. 안전거리의 예외규정

다음의 1에 해당하는 옥내저장소는 안전거리를 두지 아니할 수 있다.

㉠ 제4석유류 또는 동식물유류의 위험물을 저장 또는 취급하는 옥내저장소로서 그 최대수량이 지정수량의 20배 미만인 것
㉡ 제6류 위험물을 저장 또는 취급하는 옥내저장소
㉢ 지정수량의 20배(하나의 저장창고의 바닥면적이 150㎡ 이하인 경우에는 50배) 이하의 위험물을 저장 또는 취급하는 옥내저장소로서 다음의 기준에 적합한 것
  1) 저장창고의 벽·기둥·바닥·보 및 지붕이 내화구조인 것
  2) 저장창고의 출입구에 수시로 열 수 있는 자동폐쇄방식의 60분+방화문, 60분방화문 또는 30분 방화문이 설치되어 있을 것
  3) 저장창고에 창을 설치하지 아니할 것

2. 보유공지

옥내저장소의 주위에는 그 저장 또는 취급하는 위험물의 최대수량에 따라 다음 표에 의한 너비의 공지를 보유하여야 한다. 다만, 지정수량의 20배를 초과하는 옥내저장소와 동일한 부지내에 있는 다른 옥내저장소와의 사이에는 동표에 정하는 공지의 너비의 3분의 1(당해 수치가 3m 미만인 경우에는 3m)의 공지를 보유할 수 있다.

저장 또는 취급하는 위험물의 최대수량	공지의 너비	
	벽·기둥 및 바닥이 내화구조로 된 건축물	그 밖의 건축물
지정수량의 5배 이하		0.5m 이상
지정수량의 5배 초과 10배 이하	1m 이상	1.5m 이상
지정수량의 10배 초과 20배 이하	2m 이상	3m 이상
지정수량의 20배 초과 50배 이하	3m 이상	5m 이상
지정수량의 50배 초과 200배 이하	5m 이상	10m 이상
지정수량의 200배 초과	10m 이상	15m 이상

24 정답 ④ SONICE 기본서 1권 p.481 ~ 482

해설 위험물안전관리법 시행규칙 [별표 6]

〈옥외탱크저장소의 위치·구조 및 설비의 기준 - 방유제〉

방유제 내의 설치하는 옥외저장탱크의 수는 10(방유제내에 설치하는 모든 옥외저장탱크의 용량이 20만ℓ 이하이고, 당해 옥외저장탱크에 저장 또는 취급하는 위험물의 인화점이 70℃ 이상 200℃ 미만인 경우에는 20) 이하로 할 것. 다만, 인화점이 200℃ 이상인 위험물을 저장 또는 취급하는 옥외저장탱크에 있어서는 그러하지 아니하다.

→ 제4석유류는 인화점이 200℃ 이상 250℃ 미만인 것으로, 옥외저장탱크의 개수에 제한이 없다.

25 정답 ① SONICE 기본서 1권 p.325 ~ 326

해설 위험물안전관리법 시행령 제15조
〈관계인이 예방규정을 정하여야 하는 제조소등〉
[ㄱ] 지정수량의 150배 이상의 위험물을 저장하는 옥내저장소
  → 알코올류의 지정수량은 400L이므로 지정수량의 150배는 150 × 400L = 60,000[L] 이다.
[ㄴ] 지정수량의 200배 이상의 위험물을 저장하는 옥외탱크저장소
  → 황의 지정수량은 100kg이므로 지정수량의 200배는 200 × 100kg = 20,000[kg] 이다.
[ㄷ] 지정수량의 10배 이상의 위험물을 취급하는 제조소
  → 과망가니즈산염류의 지정수량은 1,000kg이므로 지정수량의 10배는 10 × 1,000kg = 10,000[kg] 이다.

※ 큰 순서대로 나열할 경우 ㄱ - ㄴ - ㄷ 이 된다.

26 정답 ③ SONICE 기본서 1권 p.24 ~ 25

해설 소방기본법 제5조, 시행규칙 제4조
〈소방박물관의 설립과 운영〉
① 소방의 역사와 안전문화를 발전시키고 국민의 안전의식을 높이기 위하여 소방청장은 소방박물관을, 시·도지사는 소방체험관(화재 현장에서의 피난 등을 체험할 수 있는 체험관을 말한다.)을 설립하여 운영할 수 있다.
② 소방박물관의 설립과 운영에 필요한 사항은 행정안전부령으로 정하고, 소방체험관의 설립과 운영에 필요한 사항은 행정안전부령으로 정하는 기준에 따라 시·도의 조례로 정한다.
④ 소방박물관에는 그 운영에 관한 중요한 사항을 심의하기 위하여 7인 이내의 위원으로 구성된 운영위원회를 둔다.

27 정답 ③ SONICE 기본서 1권 p.72

해설 소방기본법 제17조의3
〈소방안전교육사의 결격사유〉
다음의 어느 하나에 해당하는 사람은 소방안전교육사가 될 수 없다.
㉠ 피성년후견인 [①]
㉡ 금고 이상의 실형을 선고받고 그 집행이 끝나거나(집행이 끝난 것으로 보는 경우를 포함한다) 집행이 면제된 날부터 2년이 지나지 아니한 사람 [④]
㉢ 금고 이상의 형의 집행유예를 선고받고 그 유예기간 중에 있는 사람 [②]
㉣ 법원의 판결 또는 다른 법률에 따라 자격이 정지되거나 상실된 사람

28

정답 ③ **SONICE 기본서 2권** p.49

해설 소방의 화재조사에 관한 법률 제20조
〈연구개발사업의 지원〉
① 소방청장은 화재조사 기법에 필요한 연구·실험·조사·기술개발 등을 지원하는 시책을 수립할 수 있다. [①]
② 소방청장은 연구개발사업을 효율적으로 추진하기 위하여 다음의 어느 하나에 해당하는 기관 또는 단체 등에게 연구개발사업을 수행하게 하거나 공동으로 수행할 수 있다.
  1. 국공립 연구기관
  2. 「특정연구기관 육성법」 제2조에 따른 특정연구기관
  3. 「과학기술분야 정부출연연구기관 등의 설립·운영 및 육성에 관한 법률」에 따라 설립된 과학기술분야 정부출연 연구기관
  4. 「고등교육법」 제2조에 따른 대학·산업대학·전문대학·기술대학
  5. 「민법」이나 다른 법률에 따라 설립된 법인으로서 화재조사 관련 연구기관 또는 법인 부설 연구소
  6. 「기초연구진흥 및 기술개발지원에 관한 법률」 제14조의2제1항에 따라 인정받은 기업부설연구소 또는 기업의 연구개발전담부서
  7. 그 밖에 대통령령으로 정하는 화재조사와 관련한 연구·조사·기술개발 등을 수행하는 기관 또는 단체 (화재감정기관) [②]
③ 소방청장은 ②의 기관 또는 단체 등에 대하여 연구개발사업을 실시하는 데 필요한 경비의 전부 또는 일부를 출연하거나 보조할 수 있다. [④]
④ 연구개발사업의 추진에 필요한 사항은 행정안전부령으로 정한다.

29

정답 ① **SONICE 기본서 1권** p.182

해설 소방시설공사업법 시행령 제11조의6
〈공사대금의 지급보증 등의 예외가 되는 소방시설공사의 범위〉
1. 공사 1건의 도급금액이 <u>1천만원</u> 미만인 소규모 소방시설공사
2. 공사기간이 <u>3개월</u> 이내인 단기의 소방시설공사

30

정답 ④ **SONICE 기본서 1권** p.208

해설 소방시설공사업법 시행규칙 제25조의2
〈소방기술자 양성·인정 교육훈련의 실시〉
소방기술자 양성·인정 교육훈련기관의 지정 요건은 다음과 같다.
1. 전국 4개 이상의 시·도에 이론교육과 실습교육이 가능한 교육·훈련장을 갖출 것
2. 소방기술자 양성·인정 교육훈련을 실시할 수 있는 전담인력을 6명 이상 갖출 것
3. 교육과목별 교재 및 강사 매뉴얼을 갖출 것
4. 교육훈련의 신청·수료, 성과측정, 경력관리 등에 필요한 교육훈련 관리시스템을 구축·운영할 것

> **선지분석**
> ① 소방기술자 양성·인정 교육훈련기관의 지정요건 : <u>전국 4개 이상</u>의 시·도에 이론교육과 실습교육이 가능한 교육·훈련장을 갖출 것
> ② 소방기술자 양성·인정 교육훈련기관의 지정요건 : 소방기술자 양성·인정 교육훈련을 실시할 수 있는 전담인력을 <u>6명 이상</u> 갖출 것
> ③ 소방기술자 실무교육에 필요한 기술인력 및 시설장비 : 강사 <u>4명</u> 및 교무요원 <u>2명 이상</u>을 확보할 것

31
정답 ③ SONICE 기본서 2권 p.110 ~ 113

해설 화재의 예방 및 안전관리에 관한 법률 제21조(화재안전영향평가), 제22조(화재안전영향평가심의회)
① 소방청장은 화재발생 원인 및 연소과정을 조사·분석하는 등의 과정에서 법령이나 정책의 개선이 필요하다고 인정되는 경우 그 법령이나 정책에 대한 화재 위험성의 유발요인 및 완화 방안에 대한 평가를 실시할 수 있다.
② 소방청장은 화재안전영향평가에 관한 업무를 수행하기 위하여 화재안전영향평가심의회를 구성·운영할 수 있으며, 심의회는 위원장 1명을 포함한 12명 이내의 위원으로 구성한다.
④ 행정안전부, 고용노동부, 보건복지부, 국토교통부, 산업통상자원부에서 화재안전 관련 법령이나 정책을 담당하는 고위공무원단에 속하는 일반직공무원 중에서 해당 중앙행정기관의 장이 지명하는 사람은 화재안전영향평가심의회의 위원이 될 수 있다.

32
정답 ④ SONICE 기본서 2권 p.181

해설 화재의 예방 및 안전관리에 관한 법률 시행령 [별표 7]
〈화재예방안전진단 결과에 따른 안전등급 기준〉
④ 불량(E) : 화재예방안전진단 실시 결과 중대한 문제점이 발견되어 대상물의 화재안전을 위해 조치명령의 즉각적인 이행이 필요하고 대상물의 사용 중단을 권고할 필요가 있는 상태
→ 미흡(D) : 화재예방안전진단 실시 결과 광범위한 문제점이 발견되어 대상물의 화재안전을 위해 조치명령의 즉각적인 이행이 필요하고 대상물의 사용 제한을 권고할 필요가 있는 상태

33
정답 ② SONICE 기본서 2권 p.94 ~ 100

해설 화재의 예방 및 안전관리에 관한 법률 시행령 [별표 1]
〈보일러 등의 설비 또는 기구 등의 위치·구조 및 관리와 화재예방을 위하여 불을 사용할 때 지켜야 하는 사항〉
ㄱ. 보일러 : 보일러 본체와 벽·천장 사이의 거리는 0.6미터 이상이어야 한다.
ㄷ. 건조설비 : 주택에 사용하는 건조설비에는 적용하지 않는다.
ㄹ. 불꽃을 사용하는 용접·용단 기구 : 「산업안전보건법」 제38조의 적용을 받는 사업장에는 적용하지 않는다.
ㅂ. 음식조리를 위하여 설치하는 설비 : 주방설비에 부속된 배출덕트(공기 배출통로)는 0.5밀리미터 이상의 아연도금강판 또는 이와 같거나 그 이상의 내식성 불연재료로 설치할 것
ㅅ. 보일러, 난로, 건조설비, 불꽃을 사용하는 용접·용단기구 및 노·화덕설비가 설치된 장소에는 소화기 1개 이상을 갖추어 두어야 한다. (가스·전기시설은 해당하지 않는다.)
→ 옳은 보기는 "ㄴ, ㅁ(2개)"이다.

34
정답 ① SONICE 기본서 2권 p.300, p.303

해설 소방시설 설치 및 관리에 관한 법률 시행령 [별표 4]
〈특정소방대상물의 관계인이 특정소방대상물에 설치·관리해야 하는 소방시설의 종류〉
① 연면적 400㎡ 미만인 유치원에는 단독경보형 감지기를 설치해야 한다.

SONICE TIP 비상경보설비의 설치대상
㉠ 연면적 400㎡ 이상인 것은 모든 층
㉡ 지하층 또는 무창층의 바닥면적이 150㎡(공연장의 경우 100㎡) 이상인 것은 모든 층
㉢ 터널로서 길이가 500m 이상인 것
㉣ 50명 이상의 근로자가 작업하는 옥내 작업장

35 정답 ④ SONICE 기본서 2권 p.340

해설 소방시설 설치 및 관리에 관한 법률 시행규칙 [별표 3]
〈소방시설등 자체점검의 구분 및 대상, 점검자의 자격, 점검 장비 및 점검 횟수 등 자체점검 시 준수하여야 할 사항〉
④ 작동점검의 점검 시기에 따라 종합점검 대상은 종합점검을 받은 달부터 6개월이 되는 달에 실시하며, 특정소방대상물의 사용승인일이 속하는 달의 말일까지 실시한다.

SONICE TIP 작동점검의 기술인력

㉠ 간이스프링클러설비(주택전용 간이스프링클러설비는 제외한다) 또는 자동화재탐지설비가 설치된 특정소방대상물
  가) 관계인
  나) 관리업에 등록된 기술인력 중 소방시설관리사
  다) 「소방시설공사업법 시행규칙」 별표 4의2에 따른 특급점검자
  라) 소방안전관리자로 선임된 소방시설관리사 및 소방기술사
㉡ "㉠"에 해당하지 않는 특정소방대상물
  가) 관리업에 등록된 소방시설관리사
  나) 소방안전관리자로 선임된 소방시설관리사 및 소방기술사

36 정답 ② SONICE 기본서 2권 p.393 ~ 394

해설 소방시설 설치 및 관리에 관한 법률 제54조
〈조치명령등의 기간연장〉
① 소방대상물의 증축·용도변경 또는 대수선 등의 공사로 조치명령등을 그 기간 내에 이행할 수 없는 경우는 연기신청을 할 수 있는 사유에 해당하지 않는다.
③ 조치명령 또는 이행명령의 연기를 신청하려는 관계인 등은 조치명령등의 이행기간 만료일 5일 전까지 조치명령등의 연기신청서에 조치명령등을 그 기간 내에 이행할 수 없음을 증명할 수 있는 서류를 첨부하여 소방청장, 소방본부장 또는 소방서장에게 제출해야 한다.
④ 신청서를 제출받은 소방청장, 소방본부장 또는 소방서장은 신청받은 날부터 3일 이내에 조치명령등의 연기 신청 승인 여부를 결정하여 조치명령등의 연기 통지서를 관계인 등에게 통지해야 한다.

SONICE TIP 조치명령등의 연기신청 사유

1. 「재난 및 안전관리 기본법」 제3조제1호에 해당하는 **재**난이 발생한 경우
2. **경매** 등의 사유로 소유권이 변동 중이거나 변동된 경우
3. 관계인의 **질**병, 사고, 장기출장의 경우
4. 시장·상가·복합건축물 등 소방대상물의 관계인이 **여러** 명으로 구성되어 조치명령등의 이행에 대한 의견을 조정하기 어려운 경우
5. 그 밖에 관계인이 운영하는 사업에 부도 또는 도산 등 **중**대한 위기가 발생하여 조치명령등을 그 기간 내에 이행할 수 없는 경우

암기TIP 재질 여러 경매 중

37 정답 ② SONICE 기본서 1권 p.456

해설 위험물안전관리법 시행규칙 [별표 1의2]
〈판매취급소의 변경허가를 받아야 하는 경우〉
㉠ 건축물의 벽·기둥·바닥·보 또는 지붕을 증설 또는 철거하는 경우
㉡ 자동화재탐지설비를 신설 또는 철거하는 경우

38 정답 ③ SONICE 기본서 1권 p.501

해설 위험물안전관리법 시행규칙 [별표 13]
〈주유취급소의 위치·구조 및 설비의 기준〉
① 주유원간이대기실의 바닥면적은 2.5m² 이하이어야 한다.
② 주유원간이대기실는 불연재료로 하고, 바퀴가 부착되지 아니한 고정식이어야 한다.
④ 주유취급소의 직원 외의 자가 출입하는 주유취급소의 업무를 행하기 위한 사무소·자동차 등의 점검 및 간이정비를 위한 작업장 및 주유취급소에 출입하는 사람을 대상으로 한 점포·휴게음식점 또는 전시장의 용도에 제공하는 부분의 면적의 합은 1,000m²를 초과할 수 없다.

39 정답 ② SONICE 기본서 1권 p.321 ~ 322

해설 위험물안전관리법 시행규칙 제61조
〈변경사항의 신고〉
① 등록한 사항 가운데 행정안전부령이 정하는 중요사항을 변경한 경우에는 그날부터 30일 이내에 시·도지사에게 변경신고를 하여야 한다.
③ 대표자, 영업소 소재지의 변경은 행정안전부령으로 정하는 중요사항에 해당한다.
④ 시·도지사는 신고서를 수리한 때에는 등록증을 새로 교부하거나 제출된 등록증에 변경사항을 기재하여 교부하고, 기술자격증에는 그 변경된 사항을 기재하여 교부하여야 한다. (기간 X)

40 정답 ① SONICE 기본서 1권 p.278 ~ 285

해설 위험물안전관리법 제5조
〈위험물의 저장 및 취급의 제한〉
① 브로민산칼륨(브로민산염류, 제1류, 지정수량 300kg) 60kg,
   염소산칼륨(염소산염류, 제1류, 지정수량 50kg) 40kg

   → 지정수량의 배수 = $\dfrac{60kg}{300kg} + \dfrac{40kg}{50kg} = \dfrac{2}{10} + \dfrac{4}{5} = \dfrac{2}{10} + \dfrac{8}{10} = 1$ [지정수량 이상]

② 질산(제6류, 지정수량 300kg) 30kg, 알루미늄분(금속분, 제2류, 지정수량 500kg) 200kg

   → 지정수량의 배수 = $\dfrac{30kg}{300kg} + \dfrac{200kg}{500kg} = \dfrac{1}{10} + \dfrac{2}{5} = \dfrac{1}{10} + \dfrac{4}{10} = 0.5$ [지정수량 미만]

③ 질산칼륨(질산염류, 제1류, 지정수량 300kg) 120kg,
   다이크로뮴산나트륨(다이크로뮴산염류, 제1류, 지정수량 1,000kg) 500kg

   → 지정수량의 배수 = $\dfrac{120kg}{300kg} + \dfrac{500kg}{1,000kg} = \dfrac{40}{100} + \dfrac{50}{100} = \dfrac{90}{100} = 0.9$ [지정수량 미만]

④ 아이오딘산칼륨(아이오딘산염류, 제1류, 지정수량 300kg) 150kg,
   기어유(제4류위험물 중 제4석유류, 지정수량 6,000L) 1,000L

   → 지정수량의 배수 = $\dfrac{150kg}{300kg} + \dfrac{1,000L}{6,000L} = \dfrac{1}{2} + \dfrac{1}{6} = \dfrac{3}{6} + \dfrac{1}{6} = \dfrac{4}{6} = \dfrac{2}{3}$ [지정수량 미만]